FJF：

献给我的妻子 Donna，以及我的孩子们：

Francesco, Patricia 和 Karly

SMF：

献给我的母亲并缅怀我的父亲

PNK：

献给我的妻子和女儿，Carmen 和 Kimberly，

并缅怀我的岳父 John

FINANCE

WILEY

数量化股票投资：
技术与策略

金融学优秀著作译丛

Quantitative Equity Investing:
Techniques and Strategies

弗兰克·J.法博兹　塞尔吉奥·M.福卡尔迪
彼特·N.科姆　著

Frank J.Fabozzi　Sergio M.Focardi
Petter N.Kolm

赵胜民 等 译

厦门大学出版社　国家一级出版社
XIAMEN UNIVERSITY PRESS　全国百佳图书出版单位

译 序

　　股票市场是创造百万富翁的天堂,也是毁灭财富的地狱。自从它诞生之日起,便"引无数英雄竞折腰"。"Beat the market!"是投资人的梦想,然而股海沉浮,真正能战胜市场的人寥寥无几。随着股票市场不断的发展,衍生品的日益丰富和投资工具的推陈出新,股票投资理念也与时俱进,从威廉·江恩时代到沃伦·巴菲特时代再过渡到詹姆斯·西蒙斯时代。

　　江恩运用天文学、数学、几何学等方面的知识创立了独特的技术分析理论,包括波动法则、周期理论、江恩角度线、江恩四方形、江恩六角形等等。技术分析曾经是市场备受推崇的投资圣经。然而技术分析本身是一门仁者见仁智者见智、主观性很强的技术,即使同一时间同一K线图也是一千个人眼中有一千个哈姆雷特。随着2014年诺贝尔经济学奖得主法马所提出的有效市场假说逐渐被大家认同,技术分析也因为缺乏科学性而逐渐淡出投资人的视野。巴菲特是20世纪最伟大的投资家,他奉行的价值投资理念风靡全球。他认为"要投资那些始终把投资者利益放在首位的公司";"要投资资源垄断型企业";"要投资易了解,前途看好的公司"。然而价值投资在不成熟的股票市场上往往"水土不服",信息不对称问题和获取信息的成本使"价值投资"显得知易行难。与此同时,巴菲特的投资定律并没有数量化的标准,这让很多投资人无所适从。马克思曾经说过:"世界上任何一个学科如果没有发展到能与数学紧密联系在一起的程度,那就说明该学科还未发展成熟。"一种投资方法只有能够数量化地确定投资标准,才具有广泛性和实用性。因此,伴随着信息技术和金融理论的发展,数量化投资逐渐成为市场主流的投资理念。詹姆斯·西蒙斯,这位与陈省身合作提出陈氏—西蒙斯定理的数学家创造了华尔街的投资神话。从1989年到2009年间,他操盘的大奖章基金平均年回报率高达35%。无论是1998年俄罗斯债券危机,本世纪初的互联网泡沫,还是2007年爆发的次贷危机,大奖章基金历经数次金融危机,始终岿然不动,成功的秘诀便是投资理念和方法的创新。西蒙斯的文艺复兴科技公司开发了许多数学模型用来进行分析和交易,并在全球市场中进行投资。这些模型建立在海量的数据基础上,所以具有可靠性并可进行实际预测,一旦市场中出现交易机会便可利用计算机程序将交易自动化完成,将科学的理念与先进的方法结合,使数学的魅力在投资领域大放异彩。

定性投资方法很大程度上取决于对上市公司的调研、基金经理个人的经验及其对市场的主观判断。而数量化投资方法则更加强调数据的分析和应用,将金融理论、数量化统计分析技术与投资者的定性分析和判断有机地结合在一起作为研究工具,将投资思想通过具体指标、参数的设计体现在模型之中,并据此对市场进行跟踪分析,借助于计算机强大的数据处理能力来进行资产配置、股票选择、时机选择以及仓位控制等以保证在控制风险的前提下实现收益最大化。所以,与传统的定性分析方法相比,数量化投资方法能更为理性、客观地分析和筛选股票,避免投资的盲目性和偶然性以及主观认识的局限性,更有效地控制人为因素导致的风险。

数量化投资如此奇妙,然而其中所涉及的方法可谓种类繁多,令人眼花缭乱,并且都具有相当的难度,使得投资者无所适从,难以驾驭。因此投资者非常需要一本能够对数量化投资方法进行系统梳理的专著。由 Frank J. Fabozzi 教授等所著的这本书使人感到眼前一亮。本书较为全面地介绍了当前数量化投资中的主流方法和模型,包括金融计量学方法、因素模型理论、基于因素和因素模型的交易策略、数量化投资中的优化模型、交易成本和交易技术等,并提供了大量的案例,为读者呈现一幅数量化交易的"全景图",使读者能够清晰地了解数量化投资的投资思想、模型构建、检验和操作策略等。随着股指期货、融资融券和股票期权业务的逐步开展,股票市场衍生品数量越来越多,我国即将迎来数量化投资的黄金时代,所以非常有必要将这本书介绍给国内投资者。我们希望本书的翻译能够对国内的投资者有所帮助。

参与本书翻译工作的有:李依霖(第1章)、王娟(第2章)、梁璐璐(第3章)、郝晓姝(第4章)、徐辉(第5章)、莫晨栋(第6章)、张浏镠(第7章)、宋杨(第8章)、方意(第9章)、赵胜民(第10章和附录)、孙倩琳(第11、12章)。全书最后由赵胜民负责修改定稿。厦门大学出版社的吴兴友编辑为本书的出版付出了大量努力,在此,向表示衷心的感谢。我们本着严谨、认真的态度完成了本书的翻译工作,但限于时间和水平,书中难免存在一些错误之处,恳请广大读者批评指正。

赵胜民
2014年12月于南开园

前　言

数量化股票投资组合管理是投资管理的一个基本组成部分。投资管理的基本原理早在20世纪50年代哈里·马可维茨的开创性工作中就被提出了。由于他的这一工作，马可维茨在1990年被授予诺贝尔经济学奖。马可维茨这一思想的内涵被证明是极其丰富的。由它发展出了一个全新的研究领域，随着成本低廉、功能强大的计算机的普及，它在金融学的多个领域中都得到了重要的应用。

在马可维茨原始方法的后续发展中，我们可以看到：

■ CAPM和一般均衡资产定价模型的发展。
■ 多因素模型的发展。
■ 投资框架向动态多时期环境的扩展。
■ 统计工具的发展将他的框架延伸到厚尾分布。
■ 贝叶斯技术的发展将人的判断与模型结果综合在一起。
■ 优化方法和稳健优化技术的逐步使用。

上述理论及其他理论的发展，使得利用计算机程序进行投资管理逐渐成为可能，这些计算机程序会去寻找市场中最佳的风险—收益均衡。

人们总是试图去战胜市场，以获得免费的午餐。一开始，人们依赖于简单的观察和经验法则来选择胜者，随后，伴随着计算机的出现，带来了大量更加复杂的系统和数学模型。今天，所谓的买方数量分析使用了各种各样不同的技术来进行股票市场的交易，如从计量经济学、优化方法和计算机科学，到数据挖掘技术、机器学习和人工智能。他们的策略包含中期到长期，6个月到几年，再到亚毫秒级的超高频和高频策略。现代数量化技术已经用数学和金融理论的科学严谨代替了过时的经验和市场洞察力。

本书讨论的是如何利用现代技术来进行数量化股票投资组合的管理。本书的目标之一就是从理论和实践两个角度介绍数量化股票投资组合管理的发展，它们可以被称作"高级股票投资组合管理的最高水平"。我们的讨论覆盖了在当今行业中使用的数量化股票投资组合管理的最常用技术、工具和策略。对于很多高级的话题，我们为读者提供了在其领域中最新的应用性研究文献。

本书适用于学生、专业学者以及那些想要了解股票投资组合管理中最新的数量化技术和想要在这个迅速发展的领域中深化理解最前沿技术的金融从业人员。本书的写作相对独立，因此几乎不需要金融学的背景知识。不过，大学本科课程中线性代数和概率论的基本应用知识还是需要的，特别是对于本书中那些更偏重于数学的话题来说更是如此。

在第1章中，我们讨论了数学技术在金融领域中的角色和应用。除给出支持金融作为数学科学的理论观点之外,我们还讨论了关于股票投资组合管理中数量化方法传播的三项研究结果。在第 2 章和第 3 章,我们为用于数量化股票投资管理的一个主要工具——金融计量学——提供了大量的背景资料。第 2 章的内容包括现代回归理论、随机矩阵理论的应用和稳健方法。在第 3 章,我们将内容从金融经济学扩展至时间序列的动态模型、向量自回归模型和协整分析。金融工程学、估计方法的诸多缺陷和模型风险的控制方法是第 4 章的主题。在第 5 章,我们将介绍现代因素模型理论,包括近似因素模型和动态因素模型。

基于因素和因素模型的交易策略是第 6 章和第 7 章的重点。在这两章中,我们给出了关于如何根据基本因素构造因素模型和如何在此基础上设计并检测交易策略的现代观点。在这两章中,我们提供了大量因素模型应用的实例。

第 8 章、第 9 章和第 10 章的内容是优化模型在数量化股权管理中的应用。在第 9 章中,我们会回顾投资组合优化的基本知识,接下来对用于 Black-Litterman 框架的投资管理的贝叶斯方法进行了讨论。在第 10 章,我们将讨论稳健的优化技术,因为它大大提高了人们在实践中应用投资组合优化模型的能力。

本书的最后两章讨论了交易成本和交易技术这两个重要话题。在第 11 章中,我们将从实践的角度重点讨论有关交易成本和交易策略的执行问题。现代算法交易技术是本书最后一章——第 12 章——的主题。

本书最后附有三个附录。附录 A 对本书图表和示例中所使用的数据及因素的定义进行了描述。附录 B 对各种因素、因素的经济学原理及支持各因素选取的参考文献进行了总结。在附录 C 中,我们回顾了特征值和特征向量的知识。

使用本书教学

本书的很多章节都可用于数量化投资管理、计量经济学、交易策略和算法交易的课程和实习中。本书适合于大学本科投资管理的高级选修课和金融学、经济学或者是数学及物理学的研究生使用。

建议读者从第 1 章至第 3 章、第 5 章和第 8 章开始学习,其中涉及数量化投资管理行业、标准计量技术和现代投资组合与资产定价理论。诸如模型风险及其规避方法这样的重要实际问题将出现在第 4 章中。第 6 章和第 7 章重点讨论基于因素的交易策略的发展,并提供了很多实例。第 9 章至第 12 章覆盖了贝叶斯技术、稳健的优化方法和交易成本建模等重要话题,它们都是当前金融行业构建数量化投资组合所使用的标准工具。我们建议在更高级的课程中对这些话题展开较为详细的讨论。

读者可以针对一些特定的话题开展研究性学习,例如交易策略的开发(在第 6 章和第 7 章)、最优执行和算法交易(在第 11 章和第 12 章)。这些章节及本书其他章节中的很多参考文献,是开展研究的良好起点。

鸣谢

我们要感谢几个对本书作出贡献的人。第 6 章和第 7 章的交易策略是与 Aberdeen

资产管理公司的 Joseph A. Cerniglia 共同完成的。第 10 章的稳健投资组合优化则与巴布森学院的 Dessislava Pachamanova 共同执笔完成。第 12 章取自本书一位作者与兼职于纽约大学柯朗数学科学研究所的 Lee Maclin 共同撰写的、列入《计量金融学百科全书》中的一章,该书由 Rama Cont 主编,并将由 John Wiley&Sons 出版社出版。

我们还要感谢 Axioma 公司允许我们使用由 Sebastian Ceria 和 Robert Stubbs 合著的白皮书系列中的一些数据。

Megan Orem 对本书进行了排版和编辑。我们对她在大量修订过程中所表现出的耐心和理解表示感谢。

Frank J. Fabozzi
Sergio M. Focardi
Petter N. Kolm

作者简介

　　Frank J. Fabozzi 是耶鲁大学管理学院金融实务方向的教授和卡尔斯鲁厄大学统计、计量与数理金融学院的合聘教授。在成为耶鲁的教授之前，他是麻省理工学院斯隆商学院的金融学客座教授。Frank 是耶鲁大学金融国际中心和美国普林斯顿大学运筹与金融工程系咨询委员会的成员。他是《资产组合管理》杂志的编辑和黑石家族封闭式基金的托管人。2002 年，Frank 进入了固定收益分析师协会的名人堂，并在 2007 年获得了 CFA 协会授予的 C. Stewart Sheppard 奖。近期，他在 Wiley 出版社出版的合著书包括《机构投资管理》(2009)、《金融：资本市场、金融管理和投资管理》(2009)、《金融学中的贝叶斯方法》(2008)、《高级随机模型、风险评估和投资组合优化：理想风险、不确定性和绩效评估》(2008)、《股票市场的金融建模：从 CAPM 到协整性》(2006)、《稳健的投资组合优化和管理》(2007)以及《金融计量学：从基础到高级的建模技术》(2007)。Frank 于 1972 年获得纽约城市大学的经济学博士学位。他具有特许金融分析师和注册会计师的资格。

　　Sergio Focardi 是尼斯高等商学院的金融学教授和总部设在巴黎的天祥集团咨询公司的创办合伙人。他是《投资组合管理》杂志编辑委员会的成员。Sergio 写作了大量关于金融建模和风险管理的文章和书籍，其中包括以下由 Wiley 出版社出版的书籍：《金融计量学》(2007)、《股票市场的金融建模》(2006)、《金融建模和投资管理中的数学方法》(2004)、《风险管理：框架、方法和实践》(1998)以及《市场建模：新理论和技术》(1997)。他还写作了两篇由 CFA 协会出版的专题论文：《数量化股权管理的挑战》(2008)和《计量金融学的趋势》(2006)。Sergio 已经成为 CFA 协会演讲者保留计划中的演讲者。他的研究兴趣包括大量股票投资组合的计量和对体制转换的建模。Sergio 拥有热亚那大学的电子工程学学位和卡尔斯鲁厄大学的数理金融与金融计量学博士学位。

　　Petter N. Kolm 是纽约大学柯朗数学科学研究所金融数学硕士项目的副主任和副教授以及总部位于纽约的 Heimdall 集团金融咨询有限责任公司的创办合伙人。此前，Petter 曾在高盛资产管理公司的数量化策略小组中工作，负责为该小组的对冲基金研究和开发新的数量化投资策略。Petter 编著的书籍有《股票市场的金融建模：从 CAPM 到协整性》(Wiley, 2006)、《计量金融学的趋势》(CFA 研究协会, 2006)以及《稳健的投资组合管理和优化》(Wiley, 2007)。他的兴趣在于高频金融、算法交易、数量化交易策略、金融计量学、风险管理和最优投资组合策略。Petter 拥有耶鲁大学的数学博士学位、斯德哥尔摩皇家理工学院应用数学的研究硕士学位以及苏黎世联邦理工学院的数学理科硕士学位。Petter 是《投资组合管理》杂志编辑委员会的成员。

目 录

第一章　导论 …………………………………………………………… 1
　数理金融礼赞 ……………………………………………………………… 2
　数量化股票管理的应用研究 ……………………………………………… 6
　为什么实施数量化过程？ ………………………………………………… 28
　进入壁垒 …………………………………………………………………… 29
　数量化股票投资的展望 …………………………………………………… 31

第二章　金融计量经济学Ⅰ：线性回归 ……………………………… 33
　历史记载 …………………………………………………………………… 33
　协方差和相关系数 ………………………………………………………… 34
　回归、线性回归和投影 …………………………………………………… 43
　多变量回归 ………………………………………………………………… 53
　分位数回归 ………………………………………………………………… 54
　回归诊断 …………………………………………………………………… 55
　回归的稳健性估计 ………………………………………………………… 57
　分类回归树 ………………………………………………………………… 66
　总结 ………………………………………………………………………… 68

第三章　金融计量经济学Ⅱ：时间序列 ……………………………… 69
　随机过程 …………………………………………………………………… 69
　时间序列 …………………………………………………………………… 70
　稳定的向量自回归过程 …………………………………………………… 75
　单整变量和协整变量 ……………………………………………………… 77
　稳定的向量自回归(VAR)模型的估计 …………………………………… 81
　滞后期的估计 ……………………………………………………………… 93
　残差的自相关性以及分布性质 …………………………………………… 94
　平稳的自回归分布滞后模型 ……………………………………………… 95
　非平稳的 VAR 模型估计 ………………………………………………… 95
　利用典型相关方法估计 …………………………………………………… 103
　利用主成分分析法估计 …………………………………………………… 104
　利用伴随矩阵特征值估计 ………………………………………………… 105
　金融学中的非线性模型 …………………………………………………… 105

· 1 ·

因果关系 ·· 106
　　总结 ·· 107
第四章　金融建模中常见的错误 ·· 108
　　理论与工程 ·· 108
　　工程学与理论科学 ·· 109
　　工程学与金融产品设计 ·· 111
　　投资组合管理的学习方法、理论方法以及混合方法 ····························· 111
　　样本偏差 ·· 112
　　平均值的偏差 ·· 114
　　从大型数据集中进行抽样的错误 ·· 115
　　模型的时间聚集性以及数据频率选择中的错误 ································ 118
　　模型风险及其规避方法 ·· 119
　　总结 ·· 131

第五章　因素模型及其估计 ·· 133
　　因素的概念 ·· 133
　　静态因素模型 ·· 134
　　因素分析与主成分分析 ·· 140
　　为什么使用收益的因素模型 ·· 150
　　收益的近似因素模型 ·· 151
　　动态因素模型 ·· 152
　　总结 ·· 164

第六章　基于因素的交易策略Ⅰ：因素的构建和分析 ·························· 166
　　基于因素的交易 ·· 168
　　构建基于因素的交易策略 ·· 169
　　交易策略的风险 ·· 170
　　因素的理想特性 ·· 172
　　因素的来源 ·· 172
　　基于公司特征的因素构建 ·· 173
　　数据处理 ·· 173
　　因素数据的分析 ·· 179
　　总结 ·· 183

第七章　基于因素的交易策略Ⅱ：横截面模型及交易策略 ······················ 184
　　因素溢价评估的横截面方法 ·· 184
　　投资组合分类法 ·· 185
　　因素模型 ·· 190
　　因素表现的评估 ·· 197
　　基于因素的交易策略的模型构建方法 ·· 203
　　回溯测试 ·· 210

因素交易策略的回溯测试⋯⋯⋯⋯⋯⋯⋯⋯⋯⋯⋯⋯⋯⋯⋯⋯⋯⋯⋯⋯⋯⋯⋯ 211
　　总结⋯⋯⋯⋯⋯⋯⋯⋯⋯⋯⋯⋯⋯⋯⋯⋯⋯⋯⋯⋯⋯⋯⋯⋯⋯⋯⋯⋯⋯⋯⋯⋯⋯ 212

第八章　投资组合最优化：基本理论与实践　214
　　均值—方差分析：概述⋯⋯⋯⋯⋯⋯⋯⋯⋯⋯⋯⋯⋯⋯⋯⋯⋯⋯⋯⋯⋯⋯⋯⋯ 215
　　均值—方差最优化的经典框架⋯⋯⋯⋯⋯⋯⋯⋯⋯⋯⋯⋯⋯⋯⋯⋯⋯⋯⋯⋯ 217
　　包含无风险资产的均值—方差最优化⋯⋯⋯⋯⋯⋯⋯⋯⋯⋯⋯⋯⋯⋯⋯⋯⋯ 220
　　均值—方差最优化中使用的输入的估计：期望收益和风险⋯⋯⋯⋯⋯⋯⋯ 228
　　总结⋯⋯⋯⋯⋯⋯⋯⋯⋯⋯⋯⋯⋯⋯⋯⋯⋯⋯⋯⋯⋯⋯⋯⋯⋯⋯⋯⋯⋯⋯⋯⋯⋯ 245

第九章　投资组合最优化：Bayes 技术和 Black-Litterman 模型　247
　　在均值—方差优化中遇到的实际问题⋯⋯⋯⋯⋯⋯⋯⋯⋯⋯⋯⋯⋯⋯⋯⋯⋯ 247
　　收缩估计⋯⋯⋯⋯⋯⋯⋯⋯⋯⋯⋯⋯⋯⋯⋯⋯⋯⋯⋯⋯⋯⋯⋯⋯⋯⋯⋯⋯⋯⋯ 253
　　Black-Litterman 模型⋯⋯⋯⋯⋯⋯⋯⋯⋯⋯⋯⋯⋯⋯⋯⋯⋯⋯⋯⋯⋯⋯⋯⋯⋯ 256
　　Black-Litterman 模型的推导⋯⋯⋯⋯⋯⋯⋯⋯⋯⋯⋯⋯⋯⋯⋯⋯⋯⋯⋯⋯⋯ 257
　　总结⋯⋯⋯⋯⋯⋯⋯⋯⋯⋯⋯⋯⋯⋯⋯⋯⋯⋯⋯⋯⋯⋯⋯⋯⋯⋯⋯⋯⋯⋯⋯⋯⋯ 269

第十章　鲁棒投资组合优化　271
　　鲁棒均值—方差优化模型⋯⋯⋯⋯⋯⋯⋯⋯⋯⋯⋯⋯⋯⋯⋯⋯⋯⋯⋯⋯⋯⋯⋯ 271
　　收益协方差矩阵估计中的不确定性⋯⋯⋯⋯⋯⋯⋯⋯⋯⋯⋯⋯⋯⋯⋯⋯⋯⋯ 278
　　鲁棒均值—方差投资组合最优化在实践中的应用⋯⋯⋯⋯⋯⋯⋯⋯⋯⋯⋯ 282
　　关于鲁棒投资组合最优化模型的一些实践的评论⋯⋯⋯⋯⋯⋯⋯⋯⋯⋯⋯ 287
　　总结⋯⋯⋯⋯⋯⋯⋯⋯⋯⋯⋯⋯⋯⋯⋯⋯⋯⋯⋯⋯⋯⋯⋯⋯⋯⋯⋯⋯⋯⋯⋯⋯⋯ 288

第十一章　交易成本与交易执行　289
　　交易成本的分类⋯⋯⋯⋯⋯⋯⋯⋯⋯⋯⋯⋯⋯⋯⋯⋯⋯⋯⋯⋯⋯⋯⋯⋯⋯⋯⋯ 290
　　流动性与交易成本⋯⋯⋯⋯⋯⋯⋯⋯⋯⋯⋯⋯⋯⋯⋯⋯⋯⋯⋯⋯⋯⋯⋯⋯⋯⋯ 295
　　市场冲击的度量与实证发现⋯⋯⋯⋯⋯⋯⋯⋯⋯⋯⋯⋯⋯⋯⋯⋯⋯⋯⋯⋯⋯ 297
　　市场冲击的预测与建模⋯⋯⋯⋯⋯⋯⋯⋯⋯⋯⋯⋯⋯⋯⋯⋯⋯⋯⋯⋯⋯⋯⋯⋯ 300
　　考虑交易成本的资产配置模型⋯⋯⋯⋯⋯⋯⋯⋯⋯⋯⋯⋯⋯⋯⋯⋯⋯⋯⋯⋯ 304
　　投资组合综合管理：在期望收益和投资组合风险之外⋯⋯⋯⋯⋯⋯⋯⋯⋯ 307
　　总结⋯⋯⋯⋯⋯⋯⋯⋯⋯⋯⋯⋯⋯⋯⋯⋯⋯⋯⋯⋯⋯⋯⋯⋯⋯⋯⋯⋯⋯⋯⋯⋯⋯ 309

第十二章　投资管理与算法交易　310
　　市场冲击与指令记录簿⋯⋯⋯⋯⋯⋯⋯⋯⋯⋯⋯⋯⋯⋯⋯⋯⋯⋯⋯⋯⋯⋯⋯⋯ 310
　　最优执行⋯⋯⋯⋯⋯⋯⋯⋯⋯⋯⋯⋯⋯⋯⋯⋯⋯⋯⋯⋯⋯⋯⋯⋯⋯⋯⋯⋯⋯⋯ 312
　　冲击模型⋯⋯⋯⋯⋯⋯⋯⋯⋯⋯⋯⋯⋯⋯⋯⋯⋯⋯⋯⋯⋯⋯⋯⋯⋯⋯⋯⋯⋯⋯ 314
　　流行的算法交易策略⋯⋯⋯⋯⋯⋯⋯⋯⋯⋯⋯⋯⋯⋯⋯⋯⋯⋯⋯⋯⋯⋯⋯⋯⋯ 316
　　接下来是什么？⋯⋯⋯⋯⋯⋯⋯⋯⋯⋯⋯⋯⋯⋯⋯⋯⋯⋯⋯⋯⋯⋯⋯⋯⋯⋯⋯ 322
　　关于高频军备竞赛⋯⋯⋯⋯⋯⋯⋯⋯⋯⋯⋯⋯⋯⋯⋯⋯⋯⋯⋯⋯⋯⋯⋯⋯⋯⋯ 323
　　总结⋯⋯⋯⋯⋯⋯⋯⋯⋯⋯⋯⋯⋯⋯⋯⋯⋯⋯⋯⋯⋯⋯⋯⋯⋯⋯⋯⋯⋯⋯⋯⋯⋯ 326

索引　344

第一章 导 论

一个经济体可以被看作是一台投入劳动、自然资源,产出产品和服务的机器。从物理角度去研究这台机器非常困难,因为我们需要了解所有现代工程技术和生产过程的特性以及相互关系。经济学家从宏观视角观察这些过程,试图研究与经济体结构及其投入、产出相关联的经济价值的动力学。虽然很难找到联系经济数量的简单规则,但是就其本性而言,经济学是一门定量科学。

在大多数经济体中,价值可以通过市场中供给和需求相匹配的过程来获得。金融和金融市场在这里就开始发挥其作用了。它们提供了管理风险和在时间和空间上来优化资源分配的工具。和经济学一样,金融就其本质而言,也是定量的,只是它伴随着较大的风险。风险的度量以及基于风险的决策实施过程,使得金融成为一门定量科学,而不是简单的会计结算。

股票投资是最基本的金融过程之一。股票投资使得家庭可以将其储蓄投资于经济体的生产活动中。这种投资过程是一种基本的经济推动者:没有股票投资,经济体很难正常运行和发展。伴随着低价格强功能的计算机的普及和对金融过程理解的深入,金融模型已经成为投资决策过程中的决定性因素。尽管金融模型逐渐普及,反对使用模型的声音还是经常出现。

在 20 世纪 90 年代后半期,出现了太多对于数量化股票投资的怀疑论调,以至于将物理世界中的先进技术应用于基金管理的先驱者,*Nerds on Wall Street*[①] 一书的作者,David Leinweber 发表了一篇名为《数量化投资失灵了吗?》[②]的文章。在文章中,Leinweber 为数量化基金管理进行辩护并且坚持认为,在这个拥有更加高速的计算机和更大容量的数据库时代,数量化投资的存在有其合理性。在那时,一些引人注目的数量化基金的失败,使人们产生了对于数量化基金管理的怀疑,从而导致投资专业人士认为最好通过训练人们的判断力,来找出市场的无效。

尽管主流学派的观点认为市场是有效的和不可预测的,但是资产管理者的工作就是去找出市场的无效,并将其变为客户的增收。从学术角度来说,有效市场的概念被逐渐地放宽了。以往的经验证明金融市场在某种程度上是可预测的,并且系统性的市场无效性

---

① David Leinweber. *Nerds on Wall Street: Math, Machines, and Wired Markets* (Hoboken, NJ: John Wiley & Sons, 2009).

② David Leinweber. Is Quantitative Investing Dead. *Pensions & Investments*, February 8, 1999.

是可以检测到的。越来越多的证据表明存在着市场异常,它们可以被系统地利用来获得去除风险和交易成本以后的超额收益。① 面对这些证据,Andrew Lo 提出用市场适应性假说去代替有效市场假说,因为市场的无效性是在市场适应竞争环境中的变化时出现的。

在这个情形中,数量化股票投资管理过程的特征是以电脑化规则的使用作为决策的首要来源。在一个数量化的过程中,人为干预被限定为只能在特殊情况下修改计算机做出的决策。可以说数量化的过程就是将事物数量化的过程。事物量化的概念是一切现代科学的核心,包括可怕的经济学。有关核算的每件事情,在本质上都是定量的,包括资产负债表、损益表甚至在国家层面上的核算。所以,从狭义上来讲,金融从来都是定量的。新颖的是,我们现在要量化的是像风险这样不能被直接观察到的事物,或者像市场情形这样本身并非定量的而我们要去寻找简单的规则来将其量化的事物。

在本书中,我们将阐述数量化股票投资的技巧。在这一章,我们有三个目标。第一,我们将讨论数学和股票投资的相互关系,并看一下存在的反对声音。我们将试图说明大多数的反对都是错误的。第二,我们要讨论基于对主要市场参与者的调查和会谈所进行的针对数量化股票投资管理的三个研究的结果及其对于股票资产组合管理者的启示。这三个研究将有助于我们了解数量化股票投资的现状、趋势、挑战及其实施问题。第三,我们将讨论数量化股票投资面临的挑战。

数理金融礼赞

使用数学来描述和预测经济和金融现象恰当吗?这个问题最早是在 19 世纪末提出的,当时 Vilfredo Pareto 和 Leon Walras 首次尝试将经济形式化。从那时起,金融经济学家便分为了两个阵营:一方认为经济学是一门科学,因此可以用数学描述;另一方认为经济学本身就不同于可以用数学描述的物理现象。

Robert Merton 在写给 Paul Samuelson 的颂词中写道:

> 尽管很多人都认为金融、微观投资理论以及很多经济学的不确定性都属于现代金融经济学的领域,但是像其他专业研究一样,这个领域的边界是可渗透的和灵活的。但这个学科的核心就是研究每个家庭在不确定环境下配置其资源的个人行为,以及各经济组织在促进配置中所起到的作用。正是时间和不确定性的相互作用的复杂性使得研究这门学科富有刺激,事实上,金融经济学中的数学包含了概率论和最优化理论最有趣的一些应用。然而,面对看似突兀的数学的复杂性,其研究对于实践有直接重要的影响。②

---

① 关于市场有效性状况的现代介绍请参阅:M. Hashem Pesaran. Market Efficiency Today. Working Paper 05.41,2005 (Institute of Economic Policy Research).

② Robert C. Merton. Paul Samuelson and Financial Economics. *American Economist* 50,No. 2 (Fall 2006),pp. 262—300.

我们将讨论的反对将金融经济理论视为数学科学的三个最重要的观点是：(1)金融市场被不可预测的独特事件所驱动，因此试图使用数学方法描述和预测金融现象是徒劳的。(2)金融现象是由不可量化的力量和事件所驱动的，可是我们可以使用直觉和判断去做富有意义的金融论文。(3)虽然我们的确可以量化金融现象，但是我们不能使用现实的数学表示方法和/或者是计算机程序来进行预测或者描述金融现实，因为法则本身是一直在改变的。

对数学应用于金融经济学的一个主要批判是不确定性问题。由于存在可能对经济产生重大影响的不可预测事件，有人认为金融经济学不能转化为具有预测力的数学方法论。概括的说，这个问题不仅存在于金融市场，也存在于物理科学中。但是没有人因发生了我们不可预测的重大事件而怀疑数学在物理科学中的应用。对于金融，也应如此。数学可以被用于了解金融市场，并有助于避免灾难性事件的发生。[①] 然而，这并不是说使用数学能够实现无限制的收益的投机。科学让人们能够区分合理的可预测系统和高风险不可测系统。

有很多理由相信，金融经济规律中肯定存在一些基本的不确定性。从更广泛的层次来讲，其理由和证明金融市场中不可能存在套利机会的理由相同。试想经济代理人都是能够运用科学知识进行预测的聪明人。

如果金融经济规律都是确定的，那么代理人也将做出确定的预测。但是这意味着代理人之间将高度一致，以此确保在预测和由相同的预测所决定的行动之间是没有差异的。例如，所有投资机会都应该有完全相同的收益。只有完善的完全计划经济是确定性的，其他的任何经济体都一定存在不确定性因素。

在金融中，不确定性的数学处理基于挖掘数据的可能性。在金融中，我们只有小规模的样本，而且不能进行测试。如果只有一个样本，则使用统计模型的唯一严密的方式是引入遍历性。遍历过程是一个平稳的过程，其时间平均值的极限等于不随时间改变的随机过程均值。请注意，在金融建模时，不要求经济数量本身构成遍历过程，只要建模后的残差序列构成遍历过程即可。在实践中，我们希望模型提取所有的有用信息，并形成一个白噪声序列残差。

如果我们能给出这样的模型，它可以在扩展的时间段上产生白噪声残差序列，我们就可以把不确定性解释为概率，而把概率解释为相对频率。但是我们给不出这样的一个模型，因为我们没有一个坚实的先验理论。我们的模型是由理论假设、估计和学习结合而来，它们是需要被不断地更新和修正的适应性结构。

预测中的不确定性不仅是由于随机模型中的固有的概率不确定性，也是由于模型本身错定的可能性。系统的不确定性不能用通常概念中的概率来衡量，因为这种不确定性是由不可预测的改变造成的。根本上讲，数理金融经济学要依靠我们创造这样一种模型的能力，这种模型即使在金融市场发生突然的不可预测的变化时也能维持它们的描述和

---

① 这就是 Nassim Taleb 在他的书 *The Black Swan：The Impact of the Highly Improbable* (New York：Random House, 2007) 里对金融模型评论中所指的"珍宝"。

预测能力。数理金融经济学面临的挑战不是大量的不可预测的事件,而是我们构建可以认知这些事件的模型的能力。

这种状况并不仅局限于金融经济学中。现在已经知道有的物理系统也是完全不可预测的。这些系统可以是人造系统或是自然系统。随着非线性动力学的发展,我们已经可以制造出行为不可预测的人工系统。有一些具有实际重要性的不可预测的人工系统的例子。比如说湍流,它是一种混沌现象。在遇到湍流时,飞机的行为变得不可预测。从基因突变到海啸和地震,很多自然现象的发展都是高度非线性的,不能被单独地预测。但是我们不能因为存在不可预测的事件而反对将数学应用于物理科学。相反,我们运用数学去发现不可预测的危险领域。我们不能故意地让飞机在极度不确定的湍流中飞行,我们要避免构建可能出现灾难的危险结构。安全设计原则是合理的工程学中的一部分。

金融市场也不例外。金融市场是人们设计出的产品,我们可以让它具有或多或少的不可预测性。我们可以运用数学方法去了解使金融系统受可能造成灾难性结果的非线性行为支配的条件。我们可以提高对于需要控制的变量的了解,来避免进入混沌。

因此,因金融中存在有重大后果的不可预测的事件而反对将数学应用于金融是不合理的。确有一些不可预测的金融市场,我们除了可以通过数学知道它们是不可预测的以外,不能利用数学做其他事情。但是,我们可以运用数学使金融市场更加安全稳定。[①]

现在让我们来看第二个反对在金融中使用数学的观点。这个观点认为,金融问题本质上是定性的并且不能被形式化为数学表达,因而不能在金融中使用数学。例如,反对者认为管理质量或公司文化等需要重点考虑的定性因素是不能被形式化为数学表达的。

对这种观点的部分认同导致了将人的判断与模型相结合的技术的发展。这些技术包括从简单的技术分析师的观点到复杂的贝叶斯方法,它们将定性判断加入到数学模型中。这些混合的方法学将基于数据的模型与人类判断结合起来。

金融中存在不可简化的判断过程吗?从金融角度考虑,所有对于决策重要的数据都是定量的或能够依据逻辑关系表达。价格、利润、损失以及公司资产负债表的数据都是定量的。公司和市场的关联可以通过逻辑结构描述。从这些数据出发,我们可以创造诸如波动率这样的理论术语。有没有不能够被量化或用逻辑描述的隐藏元素呢?

从根本上讲,在金融中,存在既不可量化又不能被逻辑关系描述的隐藏元素这一信念,是与经济代理人是具有决策过程的人工代理人这一事实相关联的。萨缪尔森的这个观点被新古典经济学所替代,后者强调代理人的决策。令人好奇的是新古典经济学的代理人不是现实中的人类,而是一个用效用函数描述的数学最优化程序。

我们是不是需要那些不能被量化或者用逻辑关系描述的元素呢?在当前的科学发展阶段,如果将市场作为总体,我们的答案是不需要。运用统计方法,人类行为在总体上是可以预测的。至少在经济交换的层面上,个人间的相互作用可以用逻辑工具来描述。我们已经开发了很多数学工具,使我们能够描述那些可能导致存在不可预测性情况的总体

[①] 复杂系统理论家可能反对当我们在抉择是建立一个更安全的金融系统还是建立一个风险逐渐增加的系统来增加收益的时候存在一个基本不确定性。

上的关键点,这些情形可以被复杂的系统理论所描述。

我们可以得出结论,针对隐藏的定性变量的反对观点应该被驳回。如果我们从总体层面考虑,并且承认不确定性,就没有理由必须承认固有的定性判断。在实践中,我们将定性判断与模型相结合,因为(目前)在模型中加入所有变量是不切实际或代价昂贵的。如果我们考虑在目前科学水平上模拟个人决策,我们不会得到确切的答案。无论何时,只要金融市场依赖于个人决策,我们就将面对不能被量化的不确定性。然而,在物理科学中也有同样的状况,但是我们不会将其视为数学发展的障碍。

现在让我们来讨论第三个反对在金融中运用数学的观点。人们有时认为我们无法掌握在金融学中的数学规律,因为规律本身一直在变化。这个反对的观点在某些时候是对的。对于这个问题的解决引发了金融经济学特有研究方法的发展。首先,观察到很多物理系统是以变化的规律为特征的。例如,如果监测诸如核反应堆这样的复杂人造装置的行为,我们会发现它们的行为会随着老化而改变。我们可以将这些变化视为结构性改变。当然会有人反对说,如果我们有更多的信息,我们就能够建立一个精确的不随时间改变的规律。尽管如此,如果人工系统是复杂的,特别是如果我们不能了解它的所有部分,则我们将要面对真正的结构性破坏。例如,如果我们监测一个核反应堆的行为,我们可能无法正确地了解其行为。很多像火山一样的自然系统都不能被正确地观察并在结构上描述。我们只能监测它的行为,试图找到推测性的规律。我们可能会发现,我们的规律会突然地或者连续不断地改变。我们假设,如果我们拥有所有的必备信息,我们能够确定更加复杂的规律,尽管在实际中我们没有这些信息。

这些评论表明,关于规律变化的反对没有我们直觉想象的那么有力。真正的问题不是金融规律的连续变化。真正的问题是它们太复杂了。我们没有足够的理论知识来确定金融规律,如果我们尝试估计统计模型,我们也没有足够的数据去估计复杂的模型。换个说法就是,问题不在于我们是否可以在金融经济理论中使用数学,真正的问题在于:在研究金融市场的时候,我们能获得多少信息?金融中的规律和模型都是高度不确定的。一种部分地解决方法是使用适应性模型。适应性模型是由简单模型加上改变简单模型的参数的法则组成的。一个典型的例子就是非线性状态空间模型。非线性状态空间模型是由一个简单回归加上另外一个连续适应模型参量的过程所构成的。另一个例子是隐藏马尔柯夫模型,它可以表示由具有不同参量的一个随机游走序列所代表的价格。

因此我们可以得出结论,关于金融经济中没有固定规律的问题不能从根本上解决。从经验上,我们发现简单模型不能描述长期范围内的金融市场:如果我们使用适应性模型,将产生高度不确定性。

我们的整体结论分为两部分。第一,我们可以并且的确应该将数理金融视为使用数学方法的学科,这些数学方法专门针对该学科中出现的实际数据类型。考虑到我们的经济体连续变化的情况,我们不能强加地将数理金融变为基于微分方程的经典的数理物理学的范例。数理金融需要适应性的非线性模型,这样能够及时适应不断改变的实际环境。

这并不是说数理金融等同于数据挖掘。正好相反,我们必须运用所有已有的知识和金融经济学的理论推理。然而,模型并不能定义为不随时间改变的模型。在未来,有可能实现构建稳定的不随时间改变的模型的这样一个目标,但在目前,我们必须承认数理金融需要适应性,而且必须使用计算机模拟。即使利用现代适应性的计算方法的资源,在数理金融中也将继续存在大量的不确定性,不仅因为模型中的概率分布,还因为残差模型的不确定性。当改变发生的时候,模型的表现将受到干扰,而我们需要让模型适应新的情形。但是这不能证明抵制数理金融是正确的。数理金融的确可以告诉我们哪种情形更加危险并且可能导致瓦解。利用模拟结构复杂的模型,我们能够理解那些最为关键的情形。

经济体和金融市场是人们设计出来的事物。我们可以利用我们的科学知识去设计更加安全的经济和金融系统,或者我们可以最终决定更喜欢承担风险和高倾斜度回报。当然,我们可能反对社会所采取的道路的不确定性是所有不确定问题的一部分这一说法。这个反对是复杂系统理论家对于简化论的反对。一旦我们知道初始条件和边界条件,我们就可以使用基本定律研究一个系统,但是我们并不能解释初始条件和边界条件是如何形成的。这些推测在理论上是重要的,但是我们应该避免消极的宿命意识。在实践中,重要的是我们要意识到我们有方法去设计更加安全的金融系统,并且不要把通向不可预测性的道路看成是不可避免的。

数量化股票管理的应用研究

天祥集团最近有三项关于数量化股票管理的应用研究,这些研究基于对市场参与者的调查和采访。我们把这些研究分别称作 2003 天祥集团欧洲研究[1]、2006 天祥集团研究[2]和 2007 天祥集团研究[3]。

2003 天祥集团欧洲研究

2003 天祥集团欧洲研究涉及的是金融建模在欧洲资产管理公司中的使用。它是基于天祥集团评估市场从 2000 年 3 月的顶峰下降过程中的模型表现以及探究那时起发生的变化所进行的研究。总计 61 名来自比荷卢经济联盟、法国、德国、意大利、斯堪的纳维亚半岛、瑞士和英国的欧洲资产管理经理接受了采访(这项研究没有覆盖另类投资公司,例如对冲基金)。至少有一半被采访的公司是各自市场上的主要参与者,他们管理的资产从 500 亿欧元到 3 000 亿欧元不等。

---

[1] 这项研究的结果报道在 Frank J. Fabozzi, Sergio M. Focardi, and Caroline L. Jonas. Trends in Quantitative Asset Management in Europe. *Journal of Portfolio Management* 31, No. 4 (2004), pp. 125—132 (Special European Section).

[2] 这项研究的结果报道在 Frank J. Fabozzi, Sergio M. Focardi, and Caroline Jonas. Trends in Quantitative Equity Management: Survey Results. *Quantitative Finance* 7, No. 2 (2007), pp. 115—122.

[3] 这项研究的结果报道在 Frank J. Fabozzi, Sergio M. Focardi, and Caroline Jonas. *Challenges in Quantitative Equity Management* (CFA Institute Research Foundation, 2008) 以及 Frank J. Fabozzi, Sergio M. Focardi, and Caroline L. Jonas. On the Challenges in Quantitative Equity Management. *Quantitative Finance* 8, No. 7 (2008), pp. 649—655.

主要的发现如下：[①]

模型作用的增强

在2000年3月市场达到高点后的2年里，投资决策过程中的数量化方法起到了越来越重要的作用。差不多75%的被调查者都证实了这一点，然而大约15%的公司认为模型的作用维持原样。剩下10%公司指出，它们的投资过程在本质上已经是数量化的了。从另一个角度看，模型的作用也在增加，越来越多的资产被基金定量运作管理。一家公司报告指出，在过去的2年里，由基金数量化管理的资产增加了50%。

在模型使用的广度和深度上，大的欧洲公司已经稳步地追赶上它们的美国同行。随着计算机和计算机软件价格的下降，甚至小公司也报告说它们开始采用数量化模型。然而在美国公司和欧洲的公司之间还是存在差别。美国公司倾向于使用相对简单但适用范围广泛的技术，欧洲的公司则倾向于使用复杂的但适用范围较小的统计方法。

需求拉动和管理推动都是模型作用越发重要的原因。在需求方面，资产经理承受着在控制风险的同时创造收益的压力，他们开始挖掘数量化方法的潜能。在推动方面，一些受访者评论道，在研究了这几年的表现以后，相对于判断驱动的决策方法，他们的管理人员对于模型驱动的方法给出了积极的评价。在一些情况下，这导致公司转向数量化决策方法；而在另一些情况下，这导致将更多的资产转移到数量化管理基金。

据报道，建模已经延伸到资产管理中更广的领域。除了给管理过程中带来更多的结构和训练，研究的参与者们评论道模型有助于控制成本。在2000年3月市场下滑随后的时期里，很多公司一时间无法增加收益，便开始削减成本。然而，报告称建模预算大部分没有被削减。大约68%的参与者称，在之前的2年里，他们在建模上的投资反而增加了；而50%的参与者预期他们在建模上的投资在下一年继续增加。

客户对于风险控制的要求是促进模型使用增加的又一因素。尤其是来自机构投资者和咨询顾问的压力也促进了模型的广泛使用。

更一般地说，风险管理被广泛认为是模型使用推广的首要驱动力。

一些公司提及到它们已经对模型在资产组合管理中的作用进行了重新定位。并非像在欧洲通常的模型应用那样使用模型来选拔和评估资产，而是在资产管理者进行操作后应用模型，目的是衡量基本分析的有效性、刻画资产组合风格，最终通过衍生品来转换产品，优化投资组合，并追踪风险和表现。

模型表现的改进

超过50%的研究参与者回复表示，模型在2002年的表现要比之前的两年好。大约20%的参与者评价2002年的模型表现和前两年相差不大，剩下的20%认为模型的表现变得更糟糕。参与者们发现表现得更好或者更差的不是通用模型而是专门模型。

对于模型表现的改进存在几种解释。每个模型，从根本上说，都是由过去数据训练和估计的统计模型。当市场在2000年3月从顶峰开始下滑的时候，模型还没有经过能让它们捕获衰退的数据的训练，因此一些模型暂时表现较差。甚至比预期收益评估更稳定的

[①] 在对这些研究中的来源引用时，我们省略了标识参考文献和页码的惯例。引用所来自的研究是清晰的。

风险评估也成问题。在很多情况下,很难区分波动和模型风险。据报道,后来模型经过新的数据训练后,表现开始好转。

从严格的科学和经济理论观点看,模型总体表现的问题并不容易解决。在经济学中,不确定性成为理论的一部分,随着这种增加了的复杂性,基本的问题变成理论能够多好地描述现实。正如我们在前一节所提到的,我们不能反对金融建模,但是我们也不能事先就假装模型表现良好。建模应该反映出呈现在金融过程中的不确定性的客观数量。"模型表现更好"的论调暗示不确定水平改变了。为了使讨论富有意义,无疑我们应该以某种方式限制所考虑模型的范围。一般而言,利用给定类型的模型进行预测的不确定性等于市场的波动性。由于市场波动率不是一个可观测量,而是一个隐藏量,所以它具有模型依赖性。[①] 换言之,金融市场中不确定性的数量依赖于模型的准确性。例如,一个 ARCH-GARCH 模型给出的波动率的估计与基于恒定波动率假设的模型给出的波动率是不一样的。然而,在波动之上,还有另外一种不确定性的来源,即模型被错定的风险。后一种不确定性通常被认为是模型风险。

市场开始下滑时,出现的问题是模型不能预测波动,仅仅因为它们是被错定的。普遍的观点认为,现在的市场是剧烈波动的,它的另一种说法是模型不能很好地预测收益。然而现在的模型与实际更加一致,收益的波动与关于波动的预期是同步的。模型风险实质上减少了。

总的来说,参与研究的欧洲市场参与者总体上认为现在的模型更加可靠了。这意味着模型的风险已经减少,尽管它们预测收益的能力没有重大改进,但是模型可以更好地预测风险了。实践者对于模型表现的评价可以总结如下:(1)模型将带给我们越来越多的关于风险管理方面的观察力。(2)在股票选择方面,我们将看到一些本质上基于更好的数据,而不是更好的模型的改进。(3)在资产分配方面,模型的使用将依然困难,因为市场仍难以预测。

尽管模型的表现改进了,但欧洲市场参与者分享的看法只是关于市场宏观趋势的一个不确定性。模型经受着波动、结构变化还有不可预测的事件的连续挑战。除了面对一连串有关大型公众公司会计的令人不愉快的不确定性,参与者表示担心的还有大量基本的关于现金流方向的不确定性。

一个广泛认同的评价是,模型本身的独立性、对模型的理解及模型的限制方面有所改进。大多数的交易员和资产组合管理者至少接受过一些统计和金融理论的训练,使用计算机的能力大幅提升。因此,大部分市场参与者至少理解基本的市场统计分析。

多模型使用的增加

根据 2003 年研究的发现,在过去的几年里欧洲出现了三大趋势:(1)越来越多地使用多模型;(2)新增因素的建模;(3)基于价值的模型使用增加。

让我们首先从现代金融计量经济学的角度,特别是从减轻模型风险的角度评论一下

---

① 这个叙述并不完全正确。随着人们可以获取高频数据,对于将波动率视为一个可观察到的已实现的波动率的金融计量经济学增加了新的压力。

多模型的使用。目前应用于投资管理的金融建模的前景是广阔而清晰的。[①] 金融模型通常是计量经济学模型,它们不服从自然规律,而是一个具有有限效力的近似模型。每一个模型都存在与之关联的模型风险,这种风险可以被粗略地定义为模型不能正确预测的可能性。请注意,抽象地,而不针对每种可能的假设来考虑模型风险是没有意义的,只有在限定了替代假设的集合以后,模型风险的定义才是有意义的。例如,如果标的资产价格所服从的分布与期权定价模型所基于的分布不同,我们可能要计算由期权定价模型所得结果的误差。显然,我们必须要指定我们正在考虑的替代分布族的类型。

本质上每个模型都基于一些关于变量间相互依赖性的函数形式的假设以及噪声分布。给定假设,可以估计模型、做出决策。估计模型风险的想法就是估计当模型假设被违背时所产生的错误的分布。例如:当假定没有相关性或者自相关性的时候,它们是否存在?当假设噪声为白噪声和正态噪声时,是否存在厚尾性分布?从计量经济学的观点,以这种方式结合不同的模型意味着构建一个混合分布。这个过程的结果是由各个模型加权得到一个单一模型。

在2003年研究中的一些被采访的管理者提到他们在统计分析之前先进行判断。这就导致了模型在开始产生低于预期的结果时就得到检查。在实践中,数量化研究团队不断评估不同类型模型的表现,并采用其中表现更好的。不过这需要给出从一类模型转换为另一类的标准。反过来,这也需要大量的数据样本。

尽管存在这些困难,但是在金融中多模型的应用得到了广泛的认可。在资产管理方面,最主要的驱动力是有关估算收益的不确定性。

关注因素、相关系数、情绪以及惯性

2003年研究的参与者也汇报了他们在确定可能有助于预测预期收益的新因素方面所做的努力。情绪和惯性是在股票投资中被提到最多的两个模拟的现象。特别是市场情绪,得到了越来越多的关注。

因素模型的使用就其本身而言是金融建模中一个完善的实践。存在着很多不同类型模型都是有效的,从应用最广泛的经典静态回报因素分析模型到动态因素模型,它们都将在后面的第五章中进行介绍。因素的确定仍然是一个挑战。大量资源用于研究市场的相互关系。先进的相关性稳健估计技术正在应用于大公司和专门化金融机构。

据被调查对象说,在2001年以前的3年里,很多资产管理公司的数量化研究团队致力于确定哪个因素是反映价格变化的最佳指标。情绪经常作为建模策略方面的主要创新而被提到。资产管理公司通常模拟股票市场情绪,然而至少在欧洲大陆,用公司和消费者信心来度量情绪经常是中央银行宏观经济团队的责任。在收入估算方面,市场情绪通常被定义为分析师对收益估计校正的分布。其他的市场信息指标还有现金流、成交量、成交金额以及公司管理人员的交易。

根据这项研究,代表市场惯性的因素也越来越频繁地被采用。惯性意味着整个市场

[①] 关于金融模型和建模议题的不同学派的讨论,请参阅 Sergio M. Focardi and Frank J. Fabozzi. *The Mathematics of Financial Modeling and Investment Management* (Hoboken, NJ: John Wiley & Sons, 2004).

以相对小的不确定性朝着一个方向移动。有很多不同的方式来表示惯性现象。人们可能会确定一个定义市场惯性的具体因素,也就是一个估计市场惯性状况的变量。于是这个惯性变量改变了模型的形式。存在趋势市场模型和不确定市场的模型。

惯性也可以被说成是模型的一个基本特征。一个随机游走模型没有任何惯性,而一个自回归模型可能有其内在的惯性特征。

一些参与者也提到使用市场时间模型和板块轮换来进行积极的基金管理。考虑到金融市场很难被预测,产生精准的定时信号是复杂的。可预测性的来源之一是均值回归和协整现象的存在。

回到基于价值的模型

在进行 2003 年研究的时期,存在着一个普遍的看法是基于价值的模型在 2000 年以后的市场表现更好。据悉,市场利用公司价值的一个函数而非价格趋势来评估公司效果很好,而这并不否定关于诸如市场情绪这样的因素的应用越来越多的评论。从方法论的角度看,基于现金流分析的方法在欧洲已经普及。与更容易操作的收入估计相比,一个稳健积极运作的现金流被认为是衡量公司健康状况的更好指标。

基本分析正在变得高度数量化和自动化。几个公司提到,他们正在研发自动分析资产负债表的特有方法。利用在互联网上的有效信息,他们不用实地访问公司,就可以进行基本分析。一些参与者认为,在将价值模型的良好表现归功于市场时要谨慎。基于价值的模型的假设之一是,不存在通过偏好的渠道进行大量资金流转的机制。但在通讯、传媒、数字多媒体技术泡沫时期,该情况是存在的,这时基于价值的模型表现很差。该研究之前的最后一个牛市中,首要的是不要错过上涨行情,只关注价值的投资者获利都低。来自欧洲市场的调查对象说,他们现在同时关注趋势和价值。

风险管理

本研究之前投向资产管理的数量化方法的大多数注意力都集中在风险管理上。据 83% 的调查对象认为,在之前的两年里,风险管理的作用已经显著地向跨投资组合和跨方法的领域延伸。

在学术界和金融机构得到广泛关注的一个话题是极值理论(EVT)在金融风险管理中的应用。由 Paul Embrechts 率领的位于苏黎世的风险实验室率先在风险管理中使用了极值理论和 copula 函数。[1] 在公司层面上,诸如汇丰集团成员法国 CCF 银行这样的全能银行已经对 EVT 在风险管理中的可应用性进行了理论和实证研究。[2] 欧洲公司也对风险度量给予了大量关注。

在天祥集团研究的参与者看来,风险管理是数量化方法作出最大贡献的领域。自从哈里·马可维茨在 20 世纪 50 年代的开创性工作以后,投资管理的目标就被定义为确定

---

[1] 请参阅 Sergio M. Focardi and Frank J. Fabozzi. Fat Tails, Scaling and Stable Laws: A Critical Look at Modeling Extremal Events in Financial Phenomena. *Journal of Risk Finance* 5, No. 1 (Fall 2003), pp. 5—26.

[2] François Longin. Stock Market Crashes: Some Quantitative Results Based on Extreme Value Theory. *Derivatives Use, Trading and Regulation* 7 (2001), pp. 197—205.

投资者最优的风险—收益决策。在模型技术流传之前,风险—收益决策的评估由个人资产管理者的判断来进行。建模将事前风险—收益最优化问题放在最前面。资产管理公司使用数量化方法和最优化技术在源头控制风险。在这种情况下,唯一需要被监测和管理的风险就是模型风险。[①]

根据研究,使用完全自动化管理过程的纯粹的数量化管理者仍然很少。大多数管理者虽然以数量化为导向,但都使用混合方法,要求模型给出评估,再由管理者转化为决策。在这种情形下,风险没有在源头被完全控制。

绝大多数研究中被采访的公司已经建立了独立的风险管理部门作为监管实体,来控制不同投资组合的风险和最终(虽然现在仍然很少)在企业层面上的合计风险。大多数情况下,控制风险所选择的工具是多因素模型。当为机构投资者进行风险评估时,这类模型已经成为标准。然而对于内部使用,很多公司称它们是基于自有模型、EVT以及情景分析来进行风险评估的。

整合定性和定量信息

在2003年天祥集团的研究中,超过60%的受访公司称,它们已经将整合定量和定性输入的过程形式化了,虽然这其中有一半提到这个过程没有走得很远;30%的调查对象称根本没有将其形式化。一些公司提到,它们已经建立了一个理论框架去整合来自数量化模型的结果和基本观点。不同公司之间设定各种输入权重的方式是不同的,一些公司称它们对于定量输入设定的权重限制范围是50%～80%。

少数以数量化为导向的公司称它们已经将定性和定量信息的整合完全形式化了。在这种情况下,每个相关信息都进入了系统。同时进行数量化管理和传统管理的基金公司大多都报告称在前者中实施了形式化,而在后者中没有实施。

事实上,所有的公司都称至少部分实现了处理定性信息的自动化。一级自动化包括自动筛选、传送、分类和搜索,大部分是由卖方研究、一致性数据和新闻的供应方提供的。这些供应者使新闻、研究报告和其他信息的传递自动化。

大约30%的调查对象提到他们在第三方信息提供者提供的信息上增加了功能,通常是从诸如收入公告或者是分析师建议这样的容易量化的领域开始。有一些已经将其与某些定量信号结合起来,这些定量信号警告接受者改变自动进行初始分析的程序。

只有勇敢者才会挑战诸如自动的新闻汇总和分析这样的困难任务。在很大程度上,新闻分析仍被认为属于判断领域。研究中被采访的一些公司称,它们曾经试图去解决自动新闻分析问题,但最终放弃了努力。预测与新信息相关的价格变动方面有困难是放弃的一个主要原因。

2006天祥集团研究

我们将讨论的下一个研究基于2006年与业界代表的会谈和调查回复。虽然这个研

[①] 资产管理公司还面临着其他风险,也就是,未完成客户指令的风险或操作风险。虽然这些风险很重要,但是它们超出了我们研究的范围。

究是在次贷危机发生并对数量化资产管理者的业绩造成冲击之前进行的,但其提供的深刻见解依然是有用的。总计来自38个资产管理公司、共计管理4.3万亿美元股票市值的管理者参与了这项研究。参与者中包括了在北美洲和欧洲的大中型公司负责数量化股票管理和数量化股票投资研究的个人。[①] 63%的参与公司是各自所在国家中最大的资产管理公司之一;它们无疑代表了行业内大多数公司在股票投资组合管理中使用数量化方法的情况。[②]

2006年研究结果表明,20世纪90年代末对于数量化管理未来的怀疑到2006年已经消除,数量化方法在股票投资组合管理中起着重要的作用。38名调查参与者中,有11个参与者(占29%)报告称其超过75%的股票资产正在被数量化管理。这包含了广泛的公司范围,管理的股票资产从65亿美元到6 500亿美元以上不等。另外还有22家公司(占58%)报告称其有部分股票资产在数量化管理,尽管在这22家公司中有15家数量化管理的股票份额占全部管理的股票资产的份额低于25%,更普遍的是低于5%。调查中的38个参与者中的5个(占13%)称它们没有股票资产在被数量化管理。

相比于2004—2005年,大多数参与调查的公司(占84%)报告其数量化管理的股票资产数量增加了。调查对象认为数量化管理的股票资产增加的一个原因是现金流流入现有的数量化基金。一家超过一半股票资产被数量化管理的大型美国资产管理公司的信息来源称,在2006年该公司有三大独特的股票产品类型:价值型、增长型和定量型。定量型是规模最大而且增长最快的。

根据调查对象所言,促进数量化方法在股票投资组合管理中更广泛地应用的最重要的因素是应用这些方法所取得的良好业绩。一半参与者认为积极的结果是数量化方法被广泛应用的最重要因素。其他促进数量化方法在股票资产组合管理中更广泛使用的因素,按照参与者给出的重要性排列如下:(1)台式电脑强大的计算能力;(2)更多和更好的数据;(3)第三方分析软件和可视化工具的可用性。

调查参与者认为盛行的内部文化是阻碍数量化方法更广泛使用的最主要因素(这个评价明显不适用于那些能够被定量描述的公司):来自不以数量化为导向的公司的调查者中,超过1/3(10/27)认为这是最大的阻碍因素。在2006年对于股票资产组合管理模型的积极评价与大约十年前的怀疑形成了鲜明的对比。目前已经发生了一些改变。首先,在进行这个研究的时期,人们的预期变得更加现实。20世纪80—90年代,交易者一直在利用来自先进科学的方法进行试验,希望能取得巨大的超额收益。前十年的经验表明模型有能力实现目标,但是它们的表现必须有一个运行良好的市场与之相配合。

更现实的预期使得建模者在模型的测试和设计上更加坚持不懈,有利于采用本质上更为安全的模型。伴随着长期资本管理公司的失败,使用百倍杠杆的基金变得令人讨厌。这在本质上减少了重大失败的数量,对表现结果的看法会产生有益影响。我们可以说,模

---

① 参与公司的分布如下:15家来自北美洲(14家来自美国,1家来自加拿大),23家来自欧洲(英国7家,德国5家,瑞士4家,比荷卢3家,法国2家,意大利2家)。

② 在调查的38名参与者中,有2个只回答了部分问卷,所以对于一些问题,只有36个回答(不是38个)。

型在2006年运行更好是因为模型风险已经减少了:更加简单稳健的模型实现了预期。解释模型表现改进的其他技术原因包括计算能力的多方面增长以及更多更好的数据。在2006年建模者利用台式电脑所获得的计算能力在20世纪80年代末只有使用数百万美元的超级计算机才能获得。明显地,现在可以获得更完整的数据,包括日度数据以及企业行为或者分红的数据。另外,投资公司(和机构客户)已经学会了如何在投资管理全过程中使用模型。模型已经成为一个清楚表达的过程的一个组成部分,特别是就机构投资者来说,这样的过程涉及满足若干不同的目标,例如优质的信息比率。

模型在股票投资组合中角色的改变

2006年的研究显示数量化模型现在被用于积极管理以发现相对于基准的或绝对的超额利润(即alpha)的来源。而2003年天祥集团欧洲研究认为数量化模型主要用于为消极管理控制风险以及选择低成本的投资组合。二者之间存在很大的差别。

研究的另一个发现是由计算机程序自动管理的基金数目增加了。一旦未来机器自动运作基金而不受投资组合管理者干预的景象成为广泛的现实,55%(21/38)的调查对象称他们至少有一半的股票资产会用数量化方法自动管理,另外3家公司计划在未来的12个月内至少将其一部分股票投资组合实行自动化管理。股票投资过程的逐步自动化意味着自动数量化管理的技术链中没有缺失环节。从收益预测到投资组合的形式化和优化,所有需要的元素都就位了。直到最近,最优化还一直都代表着证券投资组合工程自动化中缺失的技术环节。考虑到过于敏感以至于不能安全地进行配置,很多公司都避开了最优化,将模型的使用限制在股票排名和风险控制方面。现在稳健估计方法(详见第二章)和最优化(详见第八章)的进展使得一个资产管理者可以在极少或者没有除了监督模型之外的人为干预下,从数千只股票中选出数百只来构建投资组合。

建模方法和业界评价

在20世纪80年代末,学者和研究人员在专门的数量化金融机构对很多复杂的建模方法进行了试验,包括混沌理论、分形和多重分形、自适应优化、学习理论、复杂性理论、复杂非线性随机模型、数据挖掘以及人工智能等。这些努力的绝大部分都未能和期望相符。也许是期望太高了,也许是缺乏需要的资源和保障。Emanuel Derman提供了一份易懂的关于数量化分析需要克服的困难的分析。据他所观察到的,虽然现代定量金融使用了一些物理技术,但是这两个学科之间仍有很大的差距。[1]

2006年研究显示建模的工作更加简单而且更加统一了。回归分析和惯性建模是使用最为广泛的技术:分别有100%和78%的调查对象称这些方法正在被他们公司使用。至于今天所使用的回归模型,调查表明自从套利定价模型(APT)这样的多因素模型被引进至今,已经经历了重大的变化。诸如APT这样的经典的多因素模型是一个静态模型,并同时嵌入了收益与要素之间的线性回归。静态模型是一个预测模型:根据t时刻的因素范围预测$t+1$时刻收益行为。在这些静态模型中,单个收益过程可能显示是非自相关

---

[1] Emanuel Derman. A Guide for the Perplexed Quant. *Quantitative Finance* 1, No. 5 (2001), pp. 476—480.

的,但仍可使用其他变量进行预测。预测变量可能包括金融和宏观经济因素以及诸如公司的财务比率这样的公司的具体参数。预测变量也可能包括人为判断,例如分析师的预测,或者是捕获例如惯性现象的技术因素。在一家数量化公司使用回归预测收益的一个调查对象说:

> 因素回归是我们建立模型的基础。财务报表中的比率是预测未来股票收益的最重要的因素之一。我们在基本的股票模型中广泛使用这些比率并将它们分为五类:运行效率、财务实力、收益质量、资本性支出以及外部融资活动。

在调查对象中,惯性和反转是第二大广泛应用的建模技术。一般而言,惯性和反转作为一个策略在使用,而不作为资产收益模型。惯性策略基于选择最高/最低收益形成资产组合,其中收益按特定的时间窗口来估计。调查对象对这些策略给出了总体上好的评价,但也注意到:(1)它们不是经常表现得这么好,(2)它们会导致高流通额(虽然有人使用约束/惩罚来处理这个问题),(3)识别反转时机是复杂的。

惯性是1993年由Jegadeesh和Titman在美国市场上首次提出的。[①] 九年以后,他们证实惯性在20世纪90年代的美国市场仍然存在。[②] 两年以后,Karolyi和Kho检验了用于解释惯性的不同模型并得出了没有任何随机游走或者自回归模型能够解释在实证中发现的惯性的大小的结论;[③] 他们认为随着时间变化的预期收益模型近似解释惯性的实际大小。目前惯性和反转采用实时更新的局部模型来解释。例如,惯性正如在最初的Jegadeesh和Titman的研究中所描述的那样,是基于这样的事实,当假定每个时期长度为一年时,股票价格可以说成是独立的随机游走。然而,公平地说,与局部模型不同,人们对在全局范围内判断惯性和反转以及特征事实的资产收益的计量经济学的看法并不完全一致。了解更多的研究惯性和反转的资产收益计量经济学是有益的。

在2006年的研究中,调查对象广泛应用的其他建模方法包括现金流量分析和行为建模。36家参与调查的公司中的17家称它们模拟了现金流量,而行为建模则被36家参与公司中的16家所使用。[④] 考虑到在资产预测中的重要作用,44%的调查对象称他们试图使用行为建模去模拟诸如投资者的理性偏离(例如坚持信念)、分析师估计模式以及公司

---

① Narasimhan Jegadeesh and Sheridan Titman. Returns to Buying Winners and Selling Losers: Implications for Stock Market Efficiency. *Journal of Finance* 48, No. 1 (1993), pp. 65—92.

② Narasimhan Jegadeesh and Sheridan Titman. Cross-Sectional and Time-Series Determinants of Momentum Returns. *Review of Financial Studies* 15, No. 1 (2002), pp. 143—158.

③ George A. Karolyi and Bong-Chan Kho. Momentum Strategies: Some Bootstrap Tests. *Journal of Empirical Finance* 11 (2004), pp. 509—536.

④ 行为建模这个术语经常被使用得不严谨。成熟的行为建模是采用人类心理学知识来识别投资者倾向于表现出来的导致市场无效的行为的情形。现在的趋势是将任何利用市场无效的模型都称为行为建模。然而,实施真正的行为建模是一个巨大的挑战,甚至参与调查的有很大很强的数量化团队的公司都报告称这是一个相当复杂的工作,需要将对合理性的违背转化为一系列识别股票和数量化股票选择过程进出点的规则。

管理者投资/收回投资行为这样的现象。行为金融学与惯性是相关联的,惯性经常被归因于坚持分析师的估计和投资者的观察等各种现象。一家将行为建模纳入积极股票策略的大型投资公司的调查对象说道:

> 行为金融的吸引力在于它比五年前强大了很多。现在每个人都承认市场不是有效的,有很多行为异常的现象。在过去,理论上市场是有效的,然而诸如自营商这样的市场参与者,无视理论,试图从异常现象中获利。现在我们看到了理论和实践的融合。

关于收益预测中使用的其他方法,调查对象提到了非线性方法和协整分析。19%(7/36)的回复公司正在使用非线性方法构建收益过程模型。调查参与者中使用最为广泛的非线性方法是分类回归树(CART)。CART 的优势在于它的简单性以及 CART 方法被嵌入一个直观框架的能力。调查中的一位受访者将 CART 看作在增强指数和长期价值投资组合的构建过程中的核心部分,他说:

> CART 将大量数据整理成一个能识别其基本特征的形式,所以它的输出很容易理解。CART 是非参数的,这意味着它能够处理极其广泛的统计分布,而且它还是非线性的,所以作为一个变量选择技术,它特别擅长处理变量间的高阶相互作用关系。

只有 11%(4/36)的调查对象回答称使用非线性体制转换模型;在大多数公司,用判断去评价体制改变。调查对象意识到检测体制转换精确时机的困难,而且估计转换需要较长的时间序列,这也是构建体制转换模型的障碍。一家试验过体制转换模型的公司的调查参与者说道:

> 每个人都知道收益受制于市场体制,但是当实施体制转换模型时,过度拟合的可能性很大。如果你能回溯 50 年的数据,就能够建立一个适当的模型,但是我们只有大约 10 年的数据,这不足以构建一个恰当的模型。

19%(7/36)的回复者正在采用协整模型。正如第三章中解释的那样,协整为短期动态性(方向)和长期均衡(公平价值)建模。对协整的总的理解就是:模型以经济和金融理论为基础并由经济数据计算出来。

最优化

2006 年的研究显示,另一个变化比较大的地方是最优化。根据调查对象所言,92%(33/36)的参与公司在实施最优化,虽然在某些情况下很少使用这一技术。均值—方差优化是在调查参与公司中使用最为广泛的技术;83%(30/36)的调查回复者正在使用。排在它后面的是效用最大化(42%或 15/36)以及鲁棒优化(25%或 9/36),只有一家公司提到它正在使用随机优化。

相比于 2003 年研究中很多公司称它们避开最优化，最优化更广泛地使用是一个重大的发展：识别预测错误的困难使那时的人们普遍认为最优化技术太脆弱，容易造成误差最大化。最优化更广泛的使用得益于能够将约束条件和鲁棒方法包含在估计和最优化中的大规模最优化的发展。由于组合形成策略依赖于最优化，其取得的成果意义是重大的。随着最优化方法可以实行，通向完全自动化的投资过程的大门敞开了。就这一点，值得注意的是，2006 年的研究中 55% 的调查回复称他们至少有一部分股票资产在由完全自动化的过程管理。

最优化是投资组合建立的设计部分，因此将在第 6 章、第 7 章和第 8 章中讨论。其中最优化用于获得期望的最佳的风险—收益状况，大多数投资组合建立问题都可以嵌入一个最优化框架。最优化是目前提供具有诸如保证收益这样专门设计收益的产品的技术支持。然而，提供具有特定的风险—收益状况的产品所需要的最优化技术超过了经典的均值—方差最优化范畴。特别是人们必须能够(1)使用现实世界的效用函数工作以及(2)将约束条件应用于最优化过程中。

挑战

模型的逐步发展并非没有挑战。2006 年调查参与者提到 3 个挑战：(1)产品差异化的难度增加；(2)销售数量化基金的困难，特别是对于非机构投资者；(3)业绩衰退。

数量化股票管理现在很盛行，一位来自多年从事数量化投资的公司的人士说道：

> 新公司进入数量化投资管理领域带来了很多竞争。面临的挑战是，要在客户心理的竞争中继续将自己与竞争者区别开来。

由于所有数量化基金都基于同样的方法并使用同样的数据，因而风险在于构建了具有同样风险—收益状况的产品。一位在大型数量化管理公司有着十年以上的数量化管理经验的积极股票管理负责人，在调查中说道，"每个人都在使用相同的数据并阅读相同的文章，很难进行差异化"。

调查中的调查对象称，客户需求推动了新的、纯粹的数量化基金的发展，而其中一些人提到数量化基金有点像强行推销。在一家为机构客户和高净值资产的个人服务的中型管理公司的一位调查对象说：

> 虽然数量化基金有明显的上升趋势，但数量化方法仍然很难销售给私人客户：它们太复杂，很难解释，可以讲的故事太少，并且 alpha 值一般也低。私人客户并不关心高信息比率。

市场也在影响数量化策略的表现。国际清算银行 2006 年的一份报告指出现在是历史上的低波动时期。通过这份报告可看出，这一时期的异常是所有变量——股票收益、债券利差、利率等的波动率同时下降。模型在减少波动率方面的作用尚不清楚，但可以肯定的是模型立刻将这种情况转变为了相当统一的行为。数量化基金或者通过发掘新的能够预测收益的未被利用的资源，例如解读财务报表的独特角度，或者使用最优化方法创造性地设计独特的风险—收益状况,以使自己与众不同。

一个潜在的更严重的问题是绩效下降。调查对象称模型的表现并不稳定。公司采用两种方式来处理这些问题。第一,他们使用模型风险消减技术来确保自己免受模型崩溃带来的损失,具体方法就是将不同模型的结果进行平均。所有模型都以同样的方式同时发生故障是不太可能的,所以对不同模型的结果进行平均可使资产管理者分散风险。第二,不断寻找新的因素、新的预测量以及因素和预测量的新总量。然而,从长远来看,可能需要一些更根本性的东西:这是下面章节的主题。

2007 天祥集团研究

天祥集团在 2007 年的研究,由 CFA 协会的研究基金会资助,以与资产经理、投资顾问、基金评级机构的访谈和来自美国和欧洲的 31 位资产经理的调查回复作为研究基础。总计有 12 位资产经理、8 名投资顾问和基金评级机构接受了访谈,31 位资产管理者参与了调查,这 31 位资产经理管理着总计 2.2 万亿美元的股票资产。参与调查的公司中,有一半来自美国;另一半是其所在国的最大资产管理公司。调查对象包括首席股票投资执行官与数量化管理和/或数量化研究的负责人。

该研究所关注的资产管理中的一个主要问题是,数量化策略的传播是否使得市场有效性提高,并因此减少获利机会。2007 年的夏天,许多数量化管理的基金遭受了巨大损失,这使我们必须直接面对这个问题。金融市场的传统观点认为,市场投机者使市场变得有效,从而减少补偿风险后获利的机会。这个观点构成了自 20 世纪 60 年代以来的几十年里学术思想的基础。然而实战派始终坚持更加实用的观点,即由会犯错误的人类个体(市场投机者也是一样)构成的市场可以提供获利机会,这是因为小缺陷最终会导致延迟回应或曲解新信息。

该项研究结果的概要将在后文列出。

模型驱动的投资策略会影响市场的有效性和价格过程吗?

关于市场变化性的实证问题正受到学术界的广泛关注。例如,根据 1927—2005 年的经验数据,Hwang 和 Rubesam[1] 指出,惯性现象在 2000—2005 年间消失了,然而 Figelman[2] 通过分析 1970—2004 年的标准普尔 500 指数,发现了之前没有指出的证明惯性和反转现象的新证据。Khandani 和 Lo[3] 告诉我们,在 1995—2007 年的 12 年间,他们用来分析市场行为的均值回归策略是如何丧失盈利能力的。

直觉告诉我们投资策略模型对价格过程有影响,但是模型使市场有效性提高还是降低取决于广泛使用的模型类型。考虑到有两种类型的模型:一些以基本面为基础,另一些

---

[1] Soosung Hwang and Alexandre Rubesam. The Disappearance of Momentum. (November 7, 2008). Available at SSRN: http://ssrn.com/abstract=968176.

[2] Ilya Figelman. Stock Return Momentum and Reversal. *Journal of Portfolio Management* 34 (2007), pp. 51—69.

[3] Amir E. Khandani and Andrew W. Lo. What Happened to the Quants in August 2007. *Journal of Investment Management* 5 (2007), pp. 29—78.

是以对以往价格和收益的时间序列进行分析为基础。前者根据公司的基本特征做出预测，至少在原则上，趋向于使市场更加有效。基于价格和收益的时间序列模型受制于自我参考性，实际上可能导致错误定价。一家同时拥有基本策略模型和数量化模型的大型金融公司的调查对象说：

> 模型对市场和价格过程的影响是非对称的。(技术)模型驱动策略不如基本驱动策略，因为前者一般基于跟随趋势。

又有调查对象称：

> 所有的定量分析都使得市场更加有效，但也有表现不好的模型使人遭受损失。拿惯性来说，我相信收入惯性，但是不相信价格惯性：在将有更愚蠢的人购买的假设下购买是愚蠢的。运用价格惯性的人假设总有人要从你手中买走资产，这是一个愚蠢的理论。研究表明，进入一个资产价格被哄抬以及每个人都有共同信念的惯性市场是可能的。

模型如何影响市场，即让市场有效性提高还是降低，取决于特定模型总体。只要使用的是基于价格和收益的时间序列的模型(即趋势跟随的模型)，就不可能假定模型使市场更加有效。要知道这不仅是模型如何同其他模型竞争的问题，也是模型如何对外生事件作出反应以及模型自身如何发展的问题。例如，超长的增长时期将创造一个不同于在低增长时期使用的模型品种。

绩效问题

在2006年初，天祥集团开始研究股票投资组合建模时，数量化管理的经理对于其业绩表现十分期待。到了2007年中期，这种期待大部分都没有了。等到2007年7—8月，有了很多困惑。

很多2007年天祥集团研究的参与者将最近很多数量化股票基金的欠佳表现归结于市场结构的改变。一家同时拥有基本过程和数量化过程的大型金融公司表示：

> 自2006年以来数量化基金的业绩问题是由于存在市场轮动。大部分数量化投资有比较强的价值乖离率，所以在价值型市场表现良好。在1998—1999年期间，数量化投资表现并不好，因为当时是增长型市场；在2001—2005年期间，我们进入了价值型市场，所以诸如数量化投资这样的价值倾斜式风格的基金表现得很好。在2006年，我们又回到了增长型市场。另外，在2007年，价差缩减。数量化的优势被削弱了。

有人可能得出结论：如果市场存在周期性，数量化投资的优势也应具有周期性。参与调查的一位投资顾问领军人物称：

在获得回报方面,数量化过程和基本过程谁更成功,这有很强的情境性:无论数量化过程还是基本过程,没有最好的过程。数量化分析是在寻找着消散在时间中的盈利机会。我不愿这样说,但是任何经理都必须了解其策略的特性和有利因素。

2007年8月,在一家大型跨国公司从事积极的数量化研究的领导说:

> 自从2007年年初,数量化过程就一直受到挑战。问题在于,基本过程和数量化过程一直在强调市场的某些特性——市场是价值型的还是增长型的,但在2007年年初对冲基金频繁投机,出现很多垃圾价值,很多泡沫。另外,还出现了大量的在价值型—增长型之间的循环,这是在宏观波动和利率起伏情况下的正常现象。当利率下降时,增长型因素起主导作用;当利率上升时,价值型因素起主导作用。基本方法和数量化方法不能持续接触到他们想要接触的因素。

还有人称:"我们试图采用价值—增长平衡方法,但是最大的危险是循环风险。任何人都需要通过长时期的观察来了解市场周期。"一个大型资产管理公司的股票首席咨询官补充道:"增长型和价值型市场是交替的,很难把握正确的时机。"

类型循环问题(例如,价值型与增长型之间的循环)是使模型适应不断变化的市场条件的总体问题中的一个部分。价值型和增长型代表着两个因素集合,双方都可以利用诸如Fama-French三因素模型[①]捕获。但是可以证明,还有更多的因素。因此,因素循环不只是价值型和增长型市场面临的问题,其他因素例如惯性也有同样的问题;换言之,一个因素在一种市场情况下起主要作用,在另一种市场情况下重要性下降,并被另一种因素代替。

导致2006年开始数量化产品整体表现下滑的原因还有很多,其中之一是,现在有更多的数量化管理者使用相同的数据、相似的模型并实行相似的策略。一位来自同时拥有基本过程和数量化过程的大型金融公司的调查对象说:

> 为什么表现下滑了?一个原因是与三五年前相比,如今有更多的人使用数量化方法。十年以前进入的门槛很高:数据更难获得,模型也是专有的。现在有第三方提供数据传送、分析和回溯检验功能。

一位咨询顾问附和说:

> 在接下来的12~24个月,几个因素将使数量化方法变得很艰难。一个因素是人们现在购买和使用数据方便。问题是太多的人运用相似的模型,所以模型的绩效下

---

① Eugene F. Fama and Kenneth R. French. Common Risk Factors and the Returns on Stocks and Bonds. *Journal of Financial Economics*, 47 (1993), pp. 427—465.

滑并且很难保持领先地位。然而绩效是人们真正关心的事。

但另一位调查对象表示：

> 数量化方法的绩效依赖于周期和长期趋势，但是优异的绩效导致了它自身的问题。据估计，包括被动型基金(passive)、主动型基金(active)、对冲基金和自营业务，有4万亿美元资产处于数量化股票管理之中。数量化方法的绩效有下滑趋势。由于数量化方法已经很成功，如果自营业务或者对冲基金要逃避风险，它们是做不到的。然后你会受损，因为其他人卖出的高于你被迫买入的。由于自营业务和对冲基金的规模庞大和交易需要导致交易更加不稳定——自营业务和对冲基金客户的持有期为6~12个月而非资产管理者的6年。

然而，并非所有调查对象都同意"数量化管理者使用相同的数据和相似的模型导致业绩下降"这一说法。有人说：

> 虽然所有的数量化方法使用相同的数据来源，但是我相信在模型和信号上是存在差别的。信号背后存在大量细节，问题在于你如何将它们组合在一起。证券投资组合的构造是一项很庞大的工程。

还有人补充道：

> 所有数量化分析使用相似的数据，但是再细小的差别都能导致评估的重大区别。如果你有15条信息，这些差别加总就会很大。如果你将分析和最优化中的细小差别组合起来，结果就会大不相同。虽然度量方法不止一个，但很多度量方法都是噪音。

投资咨询顾问把风险管理看成数量化过程的最大优点。有人这样说：

> 数量化管理者有更强的风险意识。他们习惯了基准风险和系统风险。基本管理者经常没有意识到因素或暴露的集中。

就绩效问题而言，调查对象被问到他们是否相信，随着市场无效性降低，数量化管理者越来越难以获得超额收益。只有50%多一点的人同意，32%不同意，还有16%没有表示意见。如果把问题反过来问，73%的调查对象同意，虽然盈利机会不会消失，但数量化管理者越来越难去发现他们。一个调查对象称：

> 绩效越来越差，并非因为每个人正在使用相同的数据和相似的模型，而是因为市场有效性提高了。所以我们将看到积极回报的夏普比率减小。管理者必须使用更大的杠杆来获得收益。对于数量化资产管理者来说，问题更加严重，因为他们全部使用

既定规则进行定价,这造成所有的定量头寸是高度相关的;而基本管理者对未来收益的评估方法各不相同。

当被问到在股票投资组合管理中,什么市场条件对数量化方法的应用造成最大的挑战时,调查对象按照重要性,列出了前三个:上升的相关性水平、类型循环和流动性不足。其他被评为重要的市场条件是市场基本面改变、高(跨部门)的波动性和低(交叉)波动性。被认为不太重要的是收益下降和非趋势性市场的影响。

在有关 2007 年夏季事件可能原因的报告中,Khandani 和 Lo[①] 注意到 1998—2007 年间相关性急剧上升。他们观察到相关性的上升反映了金融市场相互依赖性增强。这种互相依赖是 2007 年 7—8 月次贷危机向股票市场蔓延的原因之一。当次贷危机开始影响股票市场时,流动性危机发生了。流动性是一个在不同的环境中有不同含义的概念。在该研究中,流动性指找到买主的可能性以及在不承担重大损失的情况下去杠杆化的可能性。一位首席咨询官说:

> 数量化行业中的每个人使用相同的因素(因此构建了高度相关的证券投资组合,易产生严重的传染效应)。当你需要调整的时候,没有人进行交易;数量化分析师都是 Fama 和 French 的孩子。很多人正在使用收入调整模型。

另一位调查对象说:"数量化方法如此成功,不管你因为什么原因需要避免风险,你都无法避免。这导致了流动性抛售。"

具体到最近的市场混乱,调查参与者将对冲基金的多头空头平仓视为迄今为止导致 2007 年夏天一些数量化股票基金遭受损失的最主要因素。一个调查对象挖苦道:"每个人都在抱怨数量化投资,其实他们应该抱怨杠杆化。"

提升业绩

由于越来越难获得超额收益,许多数量化管理者转向使用杠杆来提升业绩——这是一种大多数人都认为相当冒险的策略。2007 年夏天的事件证明他们的担心是对的。关于业绩问题,调查参与者被问到,他们会采取什么举措来提升业绩。

寻找识别新的和/或独特的因素是最频繁提及的对策,作为补充,应当试图开发新的模型,一位股票首席信息官说:

> 通过 2007 年 7—8 月的危机,数量化管理者已经了解到哪些因素是他们特有的,并将集中精力于这些特有因素。这将驱使人们使用更多自有模型,进行更具有独特概念性的工作。但是这很难摆脱基本观念:你想持有运转良好的公司股权,但不想

---

① Khandani and Lo. What Happened to the Quants in August 2007. *Journal of Investment Management* 5 (2007).

为此花太多的钱。

就采用新模型的必要性问题,一位大型金融集团的数量化策略全球负责人说道:

> 回归是今天的工具箱中的技术。为了得到更好的业绩,我们必须要增大工具箱并增加信息、动态模型和静态模型。人们一直在改变世界,也许我们应该改变得稍微快一点。

2007年调查对象给出的提高业绩的其他策略包括使商业信息和数据来源多样化。正如一位投资顾问所说:

> 所有数量化管理者都依靠相同的数据集合,但是谁都不能依靠相同的数据而获得分析优势;这个问题很棘手。数量化管理者需要信息优势,掌握别人没有或者未使用的信息。它可能是来自学术界、资产负债表附注中的信息或者是市场中其他人没有使用的信息。

超过60%的调查对象认为,由于每个人使用相同的数据和相似的模型,数量化管理者需要独有的信息优势才能做得更好。调查对象指出,一些对冲基金经理现在正在给内部人打电话,对公司做专门的市场研究。

调查对象的观点分歧在于使用高频数据(直到最小的变动量)的好处。38%的参与者相信高频数据能够在股票投资组合管理中带来信息优势,27%的人表示反对,35%没有发表意见。在进行调查的时期,在股票投资组合管理中使用高频数据的经验确实有限。一位调查对象说:"从原来的每月更新改为现在的每天更新,资产管理者现在拥有更新更加频繁的数据,例如 World Scope,Compustat,Market QA,Bloomberg 和 Factset。但是当天数据的使用仅限于交易柜台。"

现金流

据估计,在2007年处于积极数量化策略管理下的资产数额从几亿美元到一万亿美元以上不等。在一项比较三年的时间内美国大型数量化产品和其他产品的累积净现金流占总资产百分比的研究中,Casey,Quirk 和 Associates[①]发现数量化基金资产增长了25%,和其他基金几乎持平,这三年恰好处于2001—2005年间的价值型市场阶段。这项研究的一位合作者说:

> 我们在对美国大盘股票基金进行的研究中发现,自从2004年以来,投资者已经收回了在基本管理者旗下的美国大盘股的部分资金,但积极的数量化管理者仍然维持着他们的资产数额,或有小幅增长。

---

① Casey,Quirk and Associates. The Geeks Shall Inherit the Earth. November 2005.

就 2007 年 7—8 月之前净现金流流入数量化管理的股票基金问题，一位行业领先的投资咨询公司的调查对象说：

> 在过去的 20 年或者更长的时间里，数量化股票基金长期增长，首先是消极量化阶段，在过去的 12～36 个月里，鉴于之前在价值市场上的成功而进入积极量化阶段。现在市场上，基本管理和积极数量化管理的比例分配大概为 80/20。如果主动数量化管理可以在我们现在所处的增长型市场上，继续其强劲表现，可以预计在未来三年内，分配比例将变为 75/25，积极数量化管理将每年持续增长几个百分点。

尽管在 2007 年夏天，一些多空数量化管理基金出现了备受关注的问题，但是 63% 的调查对象表示他们仍然持乐观态度，总体上，相对于传统管理的基金，数量化管理的股票基金的市场份额将继续增加，因为更多的公司引入了数量化产品，同时交易型开放式指数基金（ETF）给小型投资者提供了接触积极数量化产品的机会。然而，当问题再度发生时，乐观情绪就受到影响了。39% 的调查对象表示，总体上来说，2007 年，数量化管理基金相对于传统管理基金不能继续增加其市场份额，然而有 42% 的人反对。

在 2007 年 7—8 月市场骚动之前被采访的很多咨询顾问就怀疑数量化管理者能否继续其强劲的表现。怀疑者引用了 2006 年提到的绩效问题。

理柏追踪了数量化基金和非数量化基金在四个股票领域的现金流：高市值股票、增强型指数基金、市场中性以及多空基金。理柏数据覆盖了数量化和非数量化基金在 2005—2007 年 3 年间的表现，数据显示出在 2007 年除高市值股票以外的所有类型的数量化基金都表现不佳，是 2005—2006 年数量化管理者在四个领域均胜过非数量化管理者的一次逆转。然而理柏数据既没有做风险调整，也没有做费用调整，而且部分类型的数量化基金的样本很少。在 2005 年 1 月到 2008 年 6 月这段时间，按照理柏数据，只有数量化和非数量化的长期基金经历了资本净流出，而其他种类中除了非数量化的市场中性基金以外，都经历了资本净流入，尽管流入的比率不同。数量化基金和非数量化基金在百分比上的差别并不是很大，但是数量化基金表现出了更消极的结果。

就上述情况而言，调查对象被问到鉴于部分数量化基金在 2007 年的不佳表现，他们认为已经引入数量化管理的传统资产管理公司是否应该重新审视自己的决定时，将近 1/3 赞同，52% 不赞同（16% 没有发表意见）。赞同的一方大多来自管理的股票资产占总资产的比例小于 5% 的公司或者是对数量化过程进行实质性的基本覆盖管理的公司。

一位大型传统管理公司的数量化股票负责人说：

> 当公司早在 2000 年决定开展数量化业务作为业务延伸时，数量化分析还没有被看作是基本分析的竞争者。数量化管理者的最初定位是开发类似于 130/30 这样的策略或解决证券投资组合构造中的复杂问题。如果数量化效果不好，公司可能会重新考虑它的数量化产品。如果他们这样做了，我希望公司保留一些数量化分析师作为其基本业务的支持。

数量化过程、监管和覆盖

让我们来定义一下什么是数量化过程。许多进行传统管理的资产管理公司现在使用一些基于计算机的统计决策支持工具并进行一些风险建模。由资产管理者使用信息和判断来做投资决策的过程称为基本或传统的投资过程;如果投资决定主要由计算机运行的模型按照固定规则做出,则称为数量化投资过程。该研究将综合使用二者的过程称为混合过程。后者的实例是基本过程管理者使用计算机驱动的股票筛选系统来缩小他的投资组合选择范围。

调查对象中,2/3的人使用模型驱动过程,这种过程只允许最小量(5%~10%)的判断权或监管权,通常用来确保数据是有意义的,并确保不要发出购买陷入不被模型所理解的新闻或谣言中的公司的指令。模型监管是一项控制职能。当涉及大单买卖时,通常会实施监管。某数量化股票的领导者说:"决策的95%是模型做出的,但是我们也要查看一下交易员清单,进行认真检查,如果需要的话,就制止交易。"

一些公司指出,如果存在可能影响投资决策的外生事件,他们就会自动启动检测过程。有人说:

> 我们的过程是拥有5%监管权的模型驱动过程,并使用内部软件和商业调查对象的软件进行新闻扫描和标记。"数字有意义吗?"我们问我们自己。

上述说法强调了判断覆盖的关键功能之一:考虑还没有出现在预报中的预测信息。这些信息可能包括还没有被证实的重要事件的传闻,或隐藏在报告中的事实,或是逃出了大部分投资者注意范围的新闻发布。

基本分析师和管理者可能拥有一些信息来源,可以比公众得到更多的信息。然而,信息收集的判断方法存在瑕疵。正如一个调查对象所说:"一位分析师可能喜欢上某公司的财务总监,进而失去客观性。"

其他人提到了对如2007年7—8月发生的小概率事件的监管。某大型公司的数量化管理负责人说:

> 在极端市场事件下,投资组合经理会和交易员进行更多的交流。我们运用贝叶斯学习方法从过去的事件中学习,一般来说,市场错位很难建立模型。

贝叶斯先验是一种将历史数据和管理者判断整合到模型中的常用方法。

运用监管的另一实例是风险领域。有人说:"我们只监管风险(此时我们有一定的自由度)而不监管模型。"

关键问题是:有没有方法可以将判断与模型进行综合?它们有各自的缺点。天祥集团2007年进行的研究表明,人们关于判断与模型相综合的优势以及可行方式,观点不一。超过2/3(68%)的调查参与者不认为将数量化分析工具与基本覆盖相结合的股票投资管理过程是最有效的;只有26%认为基本覆盖可以增加价值。有趣的是,大多数被访的投资顾问和基金信用评级机构的评价一致,纷纷表示在数量化分析过程中增加基本覆盖不能增加价值。

某大型咨询公司受访者表示：

> 一旦你相信一个模型在长时间内是稳定有效的，那么最好不要去人为覆盖，因为它会带来个人情感和主观判断。对人为干预更好的替代是考虑如何提高模型绩效与改造模型。

有些人相信基本覆盖在极端情形中是有价值的，但并非每个人都同意这一观点。有人说：

> 覆盖是多余并且可能是有害的，而监管并非如此。它不会改变定量预测，但可以实施现实检验。例如2007年7—8月的市场情形，覆盖可能会造成惨重损失。市场运行过快，而且呈现了危机趋势。这是一个间隔的问题。

相信基本覆盖可以增加价值的那26%的受访者中，一些人提到了将所有信息考虑进模型的困难。某位使用模型进行资产管理的受访者说：

> 使用数量化模型时会存在数据问题。由基本覆盖，你会得到更多信息。很难将所有的基本数据转换成数量化模型，特别是诸如日元/美元汇率这样的宏观信息。

来自一家系统使用基本覆盖的公司的调查对象称：

> 现在的问题是如何解释定量输出。我们实施了基本覆盖，阅读了10-Qs和10-Ks以及补充说明，加上观察每日销售额的增长。我估计我们将继续使用基本覆盖：它提供了常识检测。你不能忽视现实世界的情形。

总之，模型驱动策略中的覆盖和人工监管可以以不同方式来实施。第一，作为控制功能，监管允许管理者在特殊情形中使用主观判断。第二，人工判断可以和模型预测相结合。

实施数量化过程

2007年研究的受访者回答了他们如何安排建模和回溯检验过程。1/4的受访者表示他们的公司采用多个过程。据调查，65%的公司，数量化模型的建立和回溯检验由资产管理者自己完成；39%的公司，数量化模型的建立和回溯检验由公司的研究中心完成。更少的是，23%的公司，模型的建立由公司研究中心按照资产管理者的要求完成；而16%的公司，模型由资产管理者建立，但是回溯检验由研究中心进行。①

---

① 由于存在重叠，百分数之和不等于100。

一些人也提到了非常有前景的定量研究和证券投资组合管理的组合模式。当然,某些在消极量化领域起家的最大的数量化公司已经开始采用这种模式了,正如一位受访者所说,在这个领域,证券投资组合管理者以使用 Unix 编程能力作为后天特征"。

不断更新模型被受访者视作数量化投资过程的最主要挑战之一。某行业投资顾问称:

每个管理者使用哪个具体模型并不重要,只要管理部门拥有一个方法可以确保模型的时效性就可以,这个方法就像通过一面三棱镜在相关模型范围内进行查看,不漏掉任何东西。在20世纪80—90年代,在美国存在的一个问题是模型在一个短时期内产生了惊人的业绩,随后业绩下滑。模型背后的数学是静态的且过分简单化,只能够捕获一个趋势。现在,数量化分析吸取了以往的教训:人们不断地进行评测以确定哪些在今年有效而明年可能不再有效。当事物持续变化时,问题变成如何捕捉正确的信号并恰当地对它们进行加权。

投资咨询顾问将能否持续进行研究作为选择管理者的决定性因素。某咨询顾问说:

数量化方法的业绩下滑一般是由于管理者自满了,然后模型不再有效。当我们挑选数量化管理者时,我们会问:他们能否会持续地进行研究?

确保模型适应不断变化的环境的一种方法是使用自适性建模技术。某数量化管理者说:

你不能永远使用一种情形、一个数据集合。为了保持始终良好的绩效,你需要新的策略和新的因素。我们使用我们机构里各种各样的过程,包括体制转换适应模型。自适性模型从一个池子中提取因素、选择随时变化的变量。

自适性模型和能够根据不断变化的市场条件来自我调节的策略的应用是一项重要的研究课题。从数学的角度看,有许多工具能够用来调整模型。在这当中,有一类众所周知的包含隐藏变量的模型,包括状态空间模型、隐式马尔科夫模型或体制转换模型。这些模型中都有一个或多个代表不同市场条件的变量。关键的挑战是估计:尽早识别体制转换的能力需要一个丰富的体制结构,但是估计一个丰富的体制转换模型需要非常大的数据样本,而这在金融中很少见。

受访者被问到,他们是否认为定量驱动的股票投资过程会走向完全自动化。在我们所说的完全自动化的量化投资过程中,投资决策由电脑来完成,极少甚至根本没有人为干预。自动化的过程包括输入数据、进行预测、最优化/投资组合的形成、监管以及交易。在发表意见的人中,38%认为数量化管理会走向完全自动化,而38%不这样认为。行业观察员和咨询顾问在判断趋势方面也存在困难。一位受访者称:"数量化投资中存在着各种程度的自动化,我觉得没有明显的走向自动化的趋势或远离自动化的趋势。"我们将继续看到管理模型的多样化。这种多样化是由于数量化股票投资管理背后缺乏坚实的科学基础;商业模式反映了组织内部的个性和技能的集合。

完全自动化的障碍并非是由技术上的不足造成的。正如前述,目前从预测到最优化的自动化链中没有缺失的环节。完全自动化是可行的,但是成功的实施依赖于将收益预测工具与投资组合形成策略进行无缝连接的能力。投资组合形成策略可以采取完全最优化的形式,也可以基于某些带有约束条件的启发。

完全自动化的发展将最终取决于其表现和投资者接受度。研究中受访的投资顾问在对于完全自动化是否明智的判断上存在分歧。有人表示:"同样条件下,若模型在长期内稳定有效,则我更倾向于完全自动化过程。"然而,另一位投资顾问说:"我不热衷于完全自动化过程。我希望在最优化前后,特别是交易前,看到人为干预和相互作用。"

风险管理

2007年7—8月的事件再一次突显出数量化管理基金面临着极端事件[即小概率(通常是不利的)事件]的风险。基本管理基金也面临着极端事件的风险,通常是更加熟悉的种类,例如市场崩溃或是单一公司或板块价值大跌。一位数量化管理负责人说:"存在特殊风险和系统性风险。基本管理者考虑特殊风险而数量化管理者考虑边缘移动,有时还增加杠杆。"

最新水平风险管理与金融实践之间貌似存在差距。至少,在2007年夏天之后发表的一些声明中将损失归因于极端事件。现在众所周知,金融现象并不遵循正态分布,极端事件发生的可能性大于其在正态分布假设下发生的可能性。金融现象服从厚尾分布。自从20世纪90年代以来,金融现象的厚尾特征已经成为金融计量经济学研究的前沿课题。实证研究显示,收益是非正态的,最可能的是用厚尾过程表示。

类似这样的因素对动态投资组合收益的分布产生了重要影响。因此在2007年的研究中,受访者被问到他们是否认为目前这一代风险模型存有缺陷,使得人们无法正确地预测诸如2007年7—8月发生的那些风险时,刚好超过2/3的受访者同意这样的观点:因为如今的风险模型没有考虑全球的系统性风险因素,所以不能预测像2007年7—8月发生的那些事件。有受访者说:

> 风险管理模型只在正常情况下才有效,当真正需要的时候往往没有效果。我们使用两种风险管理方法:主成分分析和稀有(六西格玛)事件,使用来自摩根斯坦利国际资本公司的芭拉和诺斯菲尔德的风险模型。但该风险模型存在错误假设:绝大多数股票都是高度相关的。

另一位受访者补充道:

> 包括在风险模型中的每一项都存在估计误差。你知道它们将会失败,所以我们在模型中使用启发式方法。风险模型没有包含下跌风险,但是它们的确有助于控制下跌风险。研究表明,风险模型的确提高了信息比率。

在股票投资组合管理中愈发频繁地使用衍生品增加了新的风险类型。一位受访者称：

> 衍生品市场易受混乱状态影响，它们相比于普通市场发展更快。衍生品合约是复杂的，没有人知道在不同情境下它们将如何表现。除此之外，在和类似 Sentinel 这样的如烟雾一样消失的非华尔街实体公司进行交易的过程中，存在信用风险/交易对手风险。他们将破产归罪于次贷危机，但实际上是欺诈。

63%的受访者赞同衍生品市场是由自身的供求状况和可能出现的不能从标的资产角度完全解释的风险来驱动的。

为什么实施数量化过程？

根据调查结果，决定采用（至少是部分采用）数量化股票投资过程的背后有三个主要目的：更谨慎地控制风险、更稳定的收益以及更好的总体表现。公司创始人的特质和内部盛行的文化与他们提供的必备环境相关联。

调查结果中，实施数量化股票投资过程决策的其他主要目标包括实现总体多样化或诸如130/30类型策略的新产品的多样化以及可伸缩性，包括调整到不同范围的能力。

关于总体意义下的多样性，某拥有小型数量化团队的大型资产管理公司的一位受访者说：

> 一个重要的激励因素是全部产品业绩的多样化。管理部门相信数量化产品和基本产品不会同时变化。

针对提供诸如多空策略这样的新产品的能力，某为买方建模的卖方公司的一位受访者说：

> 我们可见到这样有趣的事：因基本化而闻名的公司现在想要以隐蔽或其他形式引入数量化过程。这些公司正试图进入数量化领域，是130/30类型的产品正在推进这个趋势。

普遍认为，在130/30类型的产品领域，数量化管理基金比基本管理表现更好。策略的回溯检验能力增强了数量化管理基金的优势。一家同时提供基本产品和数量化产品的公司的经理说："潜在客户告诉我们，有大量的数量化方法和检验做保证，诸如130/30策略这样的新产品更加值得信赖。"

更普遍地，受访者相信，无论何时，在解决复杂问题方面数量化过程都有其优势。某投资顾问说：

在金融工程方面,定量化具有优势。当碰到选择构成成分和构造诸如130/30这样的产品问题时,投资过程是相同的,但是定量化会增加价值。

另一位受访者补充道:

数量化过程可以创造结构化产品。在美国,机构投资者正在使用结构化产品,特别是在固定收益和对冲基金中。随着时代的发展,我预期未来会有更多的需求来自个人投资者,他们需要能给他们带来收益,同时充当投资载体的产品,例如保险型支出比率、分解能力和构造能力的组合。

关于可伸缩性,一位产业投资顾问称:

数量化管理过程带给管理公司的一个好处是可以将模型快速应用于不同股票集合。例如,一家正在将数量化模型应用于美国大盘股的公司,也在暗中在12～15个其他主要市场测试这些模型。他们一旦看到模型在不同市场都取得成功,就开始将这些基金商业化。

在受访者当中,稳定成本、收入和业绩,或改善成本/收入比率的要求被列为相对较弱的引入数量化过程的激励因素。但来自某大型资产管理公司的一位受访者认为稳定成本、收益和业绩是公司决定是否接受数量化过程的一个重要因素。按照这位人士的说法:"多年以来,公司已经看到数量化过程中的高度一致性:费用、收入和成本都比基本过程更加稳定、更加始终如一。"

降低管理费用被受访者评为推动实施定量驱动股票投资过程的最弱因素。某拥有小型数量化团队的大型资产管理公司的一位受访者透露:

管理公司是否在数量化和基本股票投资管理过程之间进行了成本/收益比较分析?据我所知没有。几年前,我被雇用开始研究数量化过程。但是即使管理公司做了成本/收益比较分析并发现定量化的吸引力,它也不能够很快地进入数量化过程。机构投资者的基金团队平均由7个人构成,如果你变成2个人的数量化团队,80%的客户将离开。管理公司必须谨慎,客户不愿意看到改变。

进入壁垒

2007年研究最后研究了业务进入壁垒。77%的受访者相信积极数量化领域将继续呈现出少量大型机构主导,其余小型数量化机构参与的态势。只有10%的受访者反对这一观点。

受访者列举出一些阻止人们进入数量化股票投资领域的壁垒因素。最重要的壁垒依然是最普遍的内部文化。一家以基本管理起家的公司的受访者称,极少有公司强烈反对通过应用一些数量化技术来增强管理能力和提高业绩,问题是改变一个组织并不是那么容易的。

某家大型国际投资咨询公司的受访者指出:

> 对于一家非定量化公司,很难实现从个人判断向数量化过程的转换。那些就规模而言在积极数量化领域最成功的公司,也是从消极定量开始的。他们选择消极领域是因为他们清楚,与积极数量化管理相比,在消极领域更易取得成功。这些公司中的绝大部分已经成功转型为积极数量化管理。

某家同时拥有基本管理和数量化管理的大型公司的受访者表示:

> 基本管理公司会转型为数量化公司吗?这是可行的,但是成功的概率很小。基本管理者有不同的观点,这是定量化的困难所在。

招聘数量化人员的困难被评为第二大重要壁垒,而数量化人员的薪金并没有构成困难。第三大壁垒是如何获得投资者信任和确立市场领导地位。一位产业观察者认为:

> 最重要的是投资文化和市场信任度。如果一个投资者不相信管理者的数量化核心技能,管理者在数量化产品领域就得不到信任。这就存在一种风险,即投资者认为损失是由三个人密谋、人手不足、不负责任造成的。

受访者(理所应当地)将 α 的出现视为数量化基金的最佳卖点,其次是使用规范的方法和更好的风险管理手段,而降低管理和交易成本和以统计数据为基础的选股过程则被视为最差卖点。

受访者还对阻碍投资积极数量化股票产品的因素进行排序。数量化过程缺乏了解被投资者和咨询顾问认为是最重要的因素。一位来自基本管理公司的数量化管理者指出:"数量化产品是单调的。没有"故事"可以讲,使得投资顾问很难向客户推销。"

培训咨询顾问和投资者的目的相似,都是试图得到他们的信任,这被看作未来的主要挑战。培训投资者可能需要告知数量化过程的更多内幕。近一半的受访者赞同这一观点,1/4 不赞同,1/4 没有表达看法。

一位赞同以上观点的股票首席咨询官称:

> 随着夏季(即 2007 年 7—8 月)事件发生,数量化管理者需要更清楚解释他们在做什么和这么做的原因。他们需要为正在做的事情找出理由。他们要提供更多的支持其观点的报告。

然而,另一位持反对观点的股票首席咨询官说:

从 2007 年 7—8 月事件中得到的教训是当我们描述我们在做什么的时候应该更加细心谨慎。公开一个人在做什么,会导致其他人效仿,并因此减少获利机会。

业绩欠佳被认为是妨碍投资于数量化基金的次等重要因素。业绩欠佳可由更好的绩效稳定性所弥补。基金信用评级机构称:"因为数量化基金多样化,收益会被冲淡。数量化管理不能将球打出球场,但是它们业绩稳定。"实现稳定的业绩的能力即使不是闪光点,也是一大卖点。

数量化管理者用奥克兰运动家队的管理者 Billy Beane 使用棒球数据统计分析法提升队伍的成绩,通过客观(即统计的)证据进行棒球分析做例证。Beane 的分析使其转换重点,从追求得到击打最多全垒打的球员到得到占垒表现最稳定的球员。① 有趣的是,尽管获得美国大联盟冠军更加难得,但是 Beane 被人们铭记却是因为他使得奥克兰运动家队成为棒球界成本效率最好的队伍。

数量化股票投资的展望

刚刚讨论的研究揭示了受访者所遇到的实施数量化策略的挑战。我们还可以列举一些其他挑战。关于鲁棒优化、鲁棒估计以及二者整合的研究被许多公司提上了日程。当资产管理公司努力开发创新产品时,研究与开发部正热衷于研究稳健灵活的最优化方法。除此之外,由于资产管理公司试图运用投资策略来应对债务流(对照债务基准),多级随机优化方法成为想要在这个领域竞争的公司的优先选择。Pan,Sornette 和 Kortanek 把理论金融和不同学科的汇合领域称作"智能金融",这是理论金融的新领域在不同学科的汇合点。② 根据他们的观点,智能金融的理论框架主要由四部分组成:(1)金融信息融合;(2)多级随机动态过程模型;(3)积极投资组合和整体风险管理;(4)金融策略分析。

模型构造者面临的绩效下降问题是模型广泛应用的结果。传统的金融理论假设代理人在他们所了解的价格和收益的随机过程方面是完美的预测者。代理人不会犯系统性预测错误:他们的行为使得市场有效。这就是理性预期和 Merton 的跨时期模型下的基本观点。③

从业者(现在包括专业学者)放宽了市场有效性的假说;事实上,从业者通常寻找资产的错误定价来计算 α 系数。正如我们所看到的,一般认为行为现象造成错误定价,例如信念固执。这些行为使代理人的估值出现了模型在应用中(如惯性策略)试图利用的偏差。然而,模型的运行会破坏它们试图利用的收益来源。该问题在衡量交易影响的应用中受

---

① 这被报道于 Michael Lewis. *Moneyball*:*The Art of Winning an Unfair Game* (New York:Norton,2003).

② Heping Pan,Dider Sornette and Kenneth Kortanek. Intelligent Finance—An Emerging Direction. *Quantitative Finance* 6,No. 4 (2006),pp. 273—277.

③ Robert C. Merton. An Intertemporal Capital Asset Pricing Model. *Econometrica*,41,No. 5 (1973),pp. 867—887.

到了关注。在目前几乎所有的实践中,衡量交易带来的影响意味着衡量模型导致市场回到零收益状态的速度。没有市场影响的模型衡量相反的效果,即衡量最终由交易引起的动量。

有理由相信,模型的扩散将减少由行为现象造成的错误定价。然而,有人可能会问:模型的行为是否能从根本上让市场更加有效,彻底消除超额利润,或者模型是否可以创造能被其他模型利用的新机会,最终产生新一代的基于模型偏差的精确分析模型?体现在数学模型中的由个体组成的市场的有效性还远不明显。事实上,模型可能带来自身偏差。例如,惯性策略(买入赢家组合,卖出输家组合)是增加惯性的刺激因素,会进一步提高赢家组合的价格,降低输家组合的价格。

在过去研究人员研究由有限理性个体组成的市场的行为时,上述问题得到了广泛的关注。虽然将个体行为编码化基本上不可能,至少不切实际,但模型是明确界定的处理历史数据作出预测的模型。基于理论或模拟的几个研究试图分析由有限理性代理人组成的市场的行为,筛选历史数据形成预测。[①] 未来的一个挑战是研究哪种类型的无效是由基于历史数据自动决策的自动化决策制定者组成的市场产生的。可以预见,模拟与人工市场将作为探索装置发挥更大的作用。

[①] 关于从统计的观点上来看有限理性的理论基础,请参阅 Thomas J. Sargent, *Bounded Rationality in Macroeconomics* (New York:Oxford University Press,1994)。关于从行为金融前景的角度来看有限理性的理论基础,请参阅 Daniel Kahneman. Maps of Bounded Rationality:Psychology for Behavioral Economics. *American Economic Review* 93,No. 5 (2003),pp. 1449—1475. 关于有限理性代理人市场的计算金融的研究调查,请参阅 Blake LeBaron. Agent-Based Computational Finance. in Leigh Tesfatsion and Kenneth L. Judd (eds.) *Handbook of Computational Economics* (Amsterdam:North-Holland;2006)。

第二章 金融计量经济学 I:线性回归

金融计量经济学是描述金融过程并由实验数据估计参数的数学技术。金融计量经济学大部分都涉及金融过程的时间演化,但也有一些不涉及时间维度,这其中包括基于分析横截面数据和面板数据的金融计量经济学。著名的例子包括企业规模分布、股票市值、个人财富和个人收入。

在本章我们讨论协方差、相关系数、线性回归以及投影的概念和估计方法。这些方法在金融计量经济学中普遍存在。例如,相关系数和协方差是风险管理的基础。回归方法也出现在许多金融应用中。例如,静态资产定价理论就是用回归来表示的。自回归过程是许多动态模型,如自回归条件异方差模型(ARCH)和广义自回归条件异方差模型(GARCH)的基础。

下面我们来介绍目前在数量化股票投资组合管理中所使用的基本的和更高级的技术。其中包括大型协方差矩阵的估计、非标准假设下的回归分析(包括分位数回归和使用工具变量的估计)。我们也将讨论多元回归,它是在下一章讨论的向量自回归模型的基础。

历史记载

计量经济学这个术语,按其现代意义由挪威经济学家拉格纳·弗里希(Ragnar Frisch)引入经济文献,他和简·丁伯根(Jan Timbergen)于 1969 年共同获得第一个诺贝尔经济学奖。弗里希在将经济学建立为一门数量的和数学科学的过程中充当了奠基性的角色,他定义了很多我们现在使用的术语,如宏观经济学。他在 1926 年的论文中首次使用了计量经济学这个术语。[1] 在本章和下一章,我们将主要描述表示在离散时间间隔下观察到的金融过程的演变的方法。在本章,我们将首先介绍相关系数和协方差的基本概念,并对线性回归和预测的理论进行概述。在下一章,我们将介绍线性移动平均过程和自回归过程的理论,并讨论时间序列的表示问题和计量经济学中的因果概念。在第五章,我们将具体介绍静态和动态因素模型。

尽管随机过程理论和概率理论一样悠久,但是利用概率和统计方法来表示金融和经

---

[1] Ragnar Frisch. Kvantitativ formulering av den teoretiske onomikks lover. *Statsøkonomisk Tidsskrift*, 40 (1926), pp. 299—334. ["Quantitative formulation of the laws of economic theory"].

济定律（也就是计量经济学）的绝对可能性一直是争论的焦点。怀疑的主要原因是，在大多数情况下，我们只有经济过程的一个实现，而统计学是基于大量个体得出的样本进行分析的。如果要分析一个经济过程，我们可以通过在不同时刻观察大量个体形成的样本。经典的统计估计方法假定从有着明确分布的总体中抽取出一系列独立的样本，然而由于经济和金融时间序列存在着相关性和自相关性，故不能将其看作是抽取自某些分布的独立样本序列。

将计量经济学引入经济和金融理论应归功于弗里希的学生，1989年诺贝尔经济学奖得主哈维尔莫(Trygve Haavelmo)。在其1944年的论文中[①]，哈维尔莫提出了经济时间序列是"自然选择的样本"的观点。

该观点的关键在于将一个时间序列的有限样本的联合概率分布 $p(x_1,\cdots,x_T)$ 表示为最初分布和连续条件分布的乘积

$$p(x_1,\cdots,x_T) = p_1(x_1)p_2(x_2 \mid x_1)\cdots p_T(x_T \mid x_{T-1},\cdots,x_1)。[②]$$

这些条件分布确实是互相独立的。另外，如果我们可以用只包含少量过去数据的相同函数形式表示所有的条件分布，则我们就可以通过数据生成过程(DGP)来递归地表示一个序列。例如，如果条件分布只和上一期有关，我们可以将上式写为：$p(x_1,\cdots,x_T) = p_1(x_1)p_{DGP}(x_2 \mid x_1)\cdots p_{DGP}(x_T \mid x_{T-1})$。所有这些 p_{DGP} 是独立的，并且我们能够构造样本的似然函数。

从其他方面来说，可观察的变量和残差的分离使计量经济学成为可能。金融模型是从相关的观测值中提取出一系列独立残差的工具。残差是由独立样本形成的，因此允许用经典统计方法进行概率处理。如果我们可以确定从观察到的数据中提取独立样本的简单规则，则我们就可以将概率论的方法应用于金融理论。

在这一章，我们介绍建立金融模型的基本概念和方法。首先，我们讨论相关系数和协方差的概念，然后我们讨论回归及其估计。

协方差和相关系数

协方差和相关系数是数据之间线性独立性的度量。考虑用相同参数 i 排序的两个数据集：Y_i，X_i。如果数据间存在确定的线性关系，Y_i，X_i 将位于某线性函数 $y = ax + b$ 的路径上。然而在实际中，即使有真实的线性关系存在，观察到的数据也可能受到噪声的干扰，或者可能被其他变量影响。在这种情况下，Y_i，X_i 即使理论上是线性相关的，也不会位于一条直线上，而是将如图2.1所示的那样分散于平面的一个区域内。图中显示的数据是由模型 $Y_i = aX_i + b + U_i$ 生成的，其中 U_i 是均值为0、服从正态分布的随机变量。图中显示了对应于由 σ 表示的标准差的不同取值的散点图。如图2.1所示，当标准差小

[①] Trygve Magnus Haavelmo. The Probability Approach in Econometrics. Supplement to *Econometrica*, 11 (1944), pp. S1—S115.

[②] 关于方法论的问题，请参见 David F. Hendry. *Dynamic Econometrics* (Oxford: Oxford University Press, 1995).

的时候,散点紧靠一条直线;当标准差大的时候,散点占据更宽的区域。

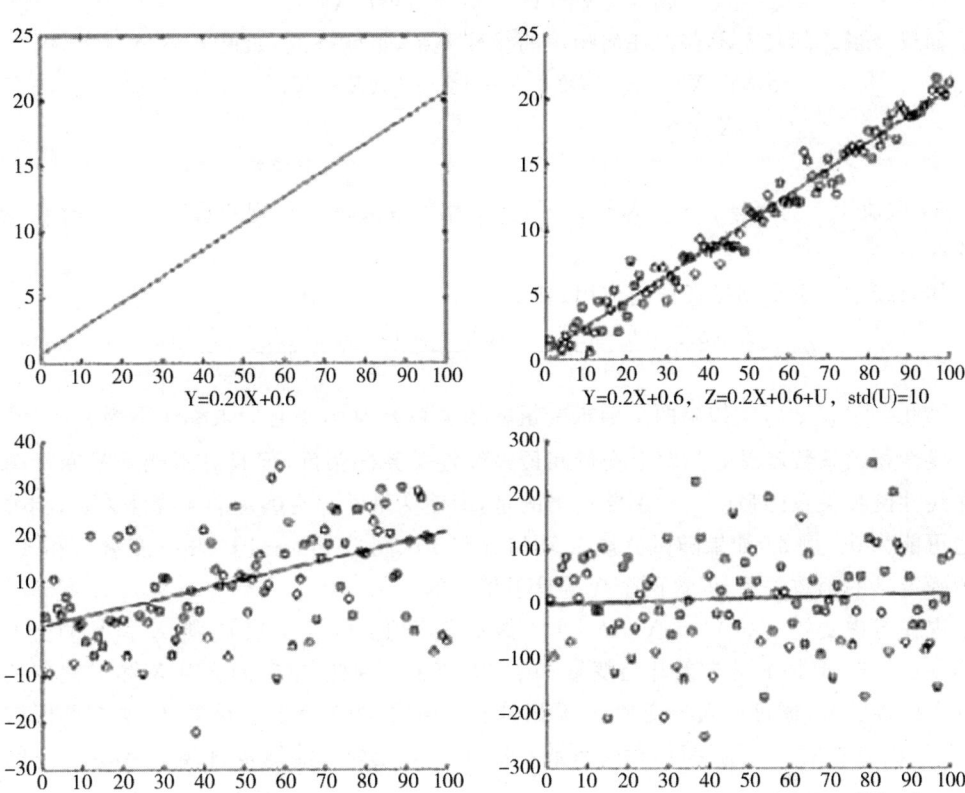

图 2.1　直线 $Y=0.2X+0.6$ 的图形及该直线加入噪声干扰的散点图

现在假设给定一组数据 Y_i, X_i。我们想要了解数据是否有线性函数关系,如果有的话,我们想要测量这种线性相关的强度。协方差和相关系数是这种线性相关性的度量。直观上,协方差和相关系数度量两个变量一起变动的紧密程度如何。两个随机变量 Y, X 的协方差定义如下:

$$\text{cov}(Y,X) = \text{cov}(x,y) = E[(Y-\overline{Y})(X-\overline{X})]$$
$$\overline{Y} = E(Y), \overline{X} = E(x)$$

如果 $Y = X$,则

$$\text{cov}(X,X) = \text{var}(x) = E[(X-\overline{X})^2]$$

两个变量间的协方差关于变量均值进行了标准化,使其不受变量均值移动的影响。然而,它依赖于波动的大小。尤其是它依赖于变量的大小和计量单位。

通过除以变量的标准差,我们可以使协方差不依赖于变量的大小。相关系数是协方差除以各变量标准差的乘积。

任意给定两个变量 Y, X,相关系数 ρ 是一个实数,$-1 \leqslant \rho_{YX} \leqslant 1$,定义如下:

$$\rho_{YX} = \frac{E[(Y-\overline{Y})(X-\overline{X})]}{\sigma_Y \sigma_X}$$

$$\overline{Y}=E(Y), \overline{X}=E(X)$$
$$\sigma_Y=\sqrt{\text{var}(Y)}, \sigma_X=\sqrt{\text{var}(X)}$$

如果变量之间具有不存在任何噪声的线性关系,也就是说,如果 $Y=aX+b$,则
$$\text{cov}(Y,X)=E[(aX+b-a\overline{X}-b)(X-\overline{X})]=a\sigma_X^2$$
$$\rho_{YX}=\frac{E[(aX+b-a\overline{X}-b)(X-\overline{X})]}{|a|\sigma_X^2}=\frac{aE[(X-\overline{X})^2]}{|a|\sigma_X^2}=\pm 1$$

ρ_{YX} 取决于 a 的符号。相反可以证明,如果相关系数是 ± 1,则变量间具有不存在噪音的线性关系。

如果线性关系受到噪音项的作用,即 $Y=aX+b+\varepsilon$,则
$$\rho_{YX}=\frac{E[(aX+b-a\overline{X}-b)(X-\overline{X})]}{|a|\sigma_X^2}=\frac{aE[(X-\overline{X})^2]}{|a|\sigma_{X+\varepsilon}\sigma_X}$$

因此,$|\rho_{YX}|<1$。如果两个随机变量的相关系数为 0,则它们被称作不相关。

线性相关系数度量的是两个变量间最终线性关系的强度,但是它不能度量变量间最终非线性函数关系的强度。特别要指出的是,即使变量间存在确定的非线性关系,相关系数也可能为 0。例如,如果随机变量 X 均匀分布于区间 $[-1,+1]$,尽管变量 x 和 X^2 存在明确定义的函数关系,但这两个变量是不相关的。

现在考虑变量 x 和 $Y=aX+b+\varepsilon$。如果噪声项 ε 和 X 不相关,则 X 和 Y 的协方差就不受 ε 影响,但是 Y 的方差却与变量 ε 的方差有关。因此,给定两变量 X 和 Y 之间的一个基本线性关系,通过加入与变量 X 不相关的噪声项,相关系数会被降低,协方差保持不变,而 Y 的方差增加。请注意,相关系数不依赖于 a,也就不能衡量直线 $Y=aX+b$ 的斜率。

协方差和相关系数的估计

现在我们来讨论协方差和相关系数的估计。假设给定变量 X 和 Y 的 N 个观测值的一个样本。让我们将样本数据放入两个 $N\times 1$ 矩阵:
$$\boldsymbol{Y}=\begin{bmatrix}Y_1\\ \vdots\\ Y_N\end{bmatrix}, \boldsymbol{X}=\begin{bmatrix}X_1\\ \vdots\\ X_N\end{bmatrix}$$

两个变量的期望值能够用样本均值来估计:
$$\hat{Y}=\frac{\sum_{i=1}^N Y_i}{N}, \hat{X}=\frac{\sum_{i=1}^N X_i}{N}$$

如果我们将所有分量为 1 的向量写作 **1**,样本均值也可以表示为:
$$\hat{Y}=\frac{\boldsymbol{1}^T\boldsymbol{Y}}{N}, \hat{X}=\frac{\boldsymbol{1}^T\boldsymbol{X}}{N}$$

协方差可以用 $\boldsymbol{X}$ 和 $\boldsymbol{Y}$ 乘积的样本均值来估计:

$$\text{cov}(\boldsymbol{Y},\boldsymbol{X}) = \frac{\sum_{i=1}^{N}(Y_i - \hat{Y})(X_i - \hat{X})}{N}$$

$$= \frac{\sum_{i=1}^{N}Y_iX_i - \sum_{i=1}^{N}Y_i\hat{X} - \sum_{i=1}^{N}X_i\hat{Y} + N\hat{Y}\hat{X}}{N}$$

$$= \frac{\sum_{i=1}^{N}Y_iX_i - \sum_{i=1}^{N}Y_i\hat{X} - \sum_{i=1}^{N}X_i\hat{Y} + N\hat{Y}\hat{X}}{N}$$

$$= \frac{\sum_{i=1}^{N}Y_iX_i - N\hat{Y}\hat{X} - N\hat{Y}\hat{X} + N\hat{Y}\hat{X}}{N}$$

$$= \frac{1}{N}\sum_{i=1}^{N}Y_iX_i - \hat{Y}\hat{X}$$

或者,用向量记号表示为:

$$\text{cov}(\boldsymbol{Y},\boldsymbol{X}) = \frac{(\boldsymbol{Y}-\hat{Y})^T(\boldsymbol{X}-\hat{X})}{N} = \frac{1}{N}\boldsymbol{Y}^T\boldsymbol{X} - \hat{Y}\hat{X}$$

变量 $\boldsymbol{X}$ 和 $\boldsymbol{Y}$ 的方差可以用样本方差估计如下:

$$\text{var}(\boldsymbol{Y}) = \sigma_Y^2 = \frac{(\boldsymbol{Y}-\hat{Y})^T(\boldsymbol{Y}-\hat{Y})}{N}, \quad \text{var}(\boldsymbol{X}) = \sigma_X^2 = \frac{(\boldsymbol{X}-\hat{X})^T(\boldsymbol{X}-\hat{X})}{N}$$

现在我们可以写出相关系数的估计量如下:

$$\text{corr}(\boldsymbol{Y},\boldsymbol{X}) = \frac{cov(\boldsymbol{Y},\boldsymbol{X})}{\sigma_Y\sigma_X}$$

在前面公式中,如果我们用除以 $N-1$ 代替除以 N,我们将获得更好的小样本性质。

现在我们考虑多元变量。假设我们给定一个由 P 个分量组成的 P 维向量:

$$\boldsymbol{X} = (X_1, \cdots, X_P)$$

我们可以就每对分量,计算其协方差和相关系数,并将它们放入两个 $P \times P$ 阶方阵,协方差矩阵 $\boldsymbol{\Omega}$ 和相关系数矩阵 $\boldsymbol{C}$:

$$\boldsymbol{\Omega} = \{\sigma_{ij}\}, \quad \sigma_{ij} = \text{cov}(\boldsymbol{X}_i, \boldsymbol{X}_j)$$
$$\boldsymbol{C} = \{c_{ij}\}, \quad c_{ij} = \text{corr}(\boldsymbol{X}_i, \boldsymbol{X}_j)$$

协方差矩阵和相关系数矩阵都是对称方阵,因为协方差和相关系数都与变量的顺序无关。协方差矩阵的对角元素是变量 X_i 的各自方差,而相关系数矩阵的对角元素都是1。

假设给定了 P 个变量的 N 个观察值的样本。将数据排列成一个 $N\times P$ 的矩阵 X,使得每列由一个变量的所有观察值组成,而每行由所有变量的一次观察值组成。如果观察发生在不同时刻,则每行对应于任何一个给定时间下的所有观测值。

$$\boldsymbol{X} = \begin{pmatrix} X_{11} & \cdots & X_{N1} \\ \vdots & \ddots & \vdots \\ X_{N1} & \cdots & X_{NP} \end{pmatrix}$$

利用以上公式，可以进行元素 σ_{ij} 的估计：

$$\sigma_{ij} = \frac{\sum_{s=1}^{N} X_{si} X_{sj} - N \overline{X}_i \overline{X}_j}{N}$$

利用矩阵记号，则协方差矩阵可以写成如下形式：

$$\boldsymbol{\Omega} = \{\sigma_{ij}\} = \frac{\boldsymbol{X}^T \boldsymbol{X}}{N} - \{\overline{X}_i \overline{X}_j\}$$

估计问题

下面介绍与估计协方差和相关系数有关的问题。第一个重要问题是相关系数和协方差的时变性。前面公式计算的是在用于估计的时间窗口中协方差和相关系数的平均值。很明显，在估计时间段末期——一个在大多数实际金融应用中很受重视的时间——的协方差及相关系数和平均值是有明显不同的。为了解决这个问题，一个常用的策略是使用加权计算方法，给近期的观察值赋予更大的权重。常用的权重计算方法是指数加权移动平均方法（EWMA），它以指数递减方式确定权重。

为简单起见，假设变量 X 均值为零。EWMA 方法将具有等同权重 $1/N$ 的估计公式：

$$\sigma_{ij} = \frac{1}{N} \sum_{s=1}^{N} X_{si} X_{sj}$$

替代为 EWMA

$$\sigma_{ij} = \frac{1-\lambda}{1-\lambda^N} \sum_{s=0}^{N-1} \lambda^s X_{N-s,i} X_{N-s,j}$$

其中 $0 < \lambda < 1$ 是一个待校准参数。

第二个问题是预测协方差矩阵。波动率参数的预测是现代计量经济学的一个主要成就。恩格尔（Robert Engle）引入了经济和金融序列的波动率是随时间变化的观念，并提出了用自回归条件异方差（ARCH）模型族来为波动性建立模型。[1] 由于这一发现，恩格尔和克莱夫·格兰杰（Clive Granger）被授予 2003 年诺贝尔经济学奖。最早的 ARCH 模型已经在很多方面得到扩展。特别是，有人建议将 ARCH 建模拓展到多变量过程，因此也就拓展到了整个协方差或者相关系数矩阵。考虑到存在大量的参数要去估计，人们提出了许多简化方法。[2]

另一个协方差估计方法由 Aguilar 和 West 提出。[3] 他们建议使用动态因素模型预测

---

[1] Robert F. Engle. Autoregressive Conditional Heteroskedasticity with Estimates of Variance of United Kingdom Inflation. *Econometrica*, 50 (1982), pp. 987—1008.

[2] 请参阅这些模型的评论，Robert F. Engle, Sergio Focardi, and Frank J. Fabozzi. ARCH/GARCH Models in Applied Financial Econometrics. in Frank J. Fabozzi (ed.), *Handbook of Finance*, Vol. III (Hoboken, NJ: John Wiley & Sons, 2008).

[3] Omar Aguilar and Mike West. Bayesian Dynamic Factor Models and Portfolio Allocation. *Journal of Business and Economic Statistics*, 18 (2000), pp. 338—357.

协方差矩阵。在本章的余下部分,我们将讨论在估计大型协方差矩阵时的精确度问题。首先我们需要简要介绍随机矩阵理论(Random Matrix Theory)。

随机矩阵理论

现在我们来讨论大型协方差矩阵的估计问题。例如,若要估计一个大型市场,比如美国股票市场中,股票间的协方差和相关系数,我们就会遇到如下问题:在这样的情形中,股票数量多达几百甚至几千。而周收益数据点的数量(实际收益的样本)至多有几百个。在考虑到实际收益的长时间序列时,存在两个主要问题。第一,在若干年的范围内,相关系数和协方差不可能保持恒定,因此实证的相关系数只是个平均值,但可能和期末的实际相关系数相差很大。第二,如果考虑长期,我们就只能选择那些在整个时期内都存在的股票。这造成估计存在显著偏差。我们可以得出结论,在金融时间序列中,样本数据的数目一般近似地与变量的数目相同。

当观察值的数目和变量的数目具有同数量级时,可以证明,协方差和相关系数的估计具有很大的不确定性。为了得到大型协方差矩阵估计不确定性的直观感受,考虑一个协方差矩阵(一个对称矩阵)的独立项个数是 $N(N+1)/2$,这个数目随着股票数目的平方增长。例如,500 只股票的协方差矩阵包含 125 250 个独立项,而 1 000 只股票的协方差矩阵包含 500 500 个独立项。然而,用于估计协方差矩阵的数据点的总体数目仅随股票数目线性增长。例如,一个五年的日收益率样本大约包括 1 000 个收益值。如果一个投资组合包含 500 只股票,将有 500 000 个数据点去估计 125 250 个独立项,每个独立项平均不到四个数据。考虑到这些数目,很显然,样本的统计波动导致大量的协方差估计值远离真实的协方差。

为了得到大型协方差矩阵的稳健估计,我们需要减少矩阵的维度,也就是说,我们需要减少独立项的数目。目前,人们想到一些方法。其中被广泛使用的方法是先估计协方差矩阵的特征值,并通过因素分析或主成分分析,重新得到一个稳健的协方差矩阵。估计协方差矩阵的问题因此转化为估计其特征值的问题。我们可以预料到,一个大型协方差矩阵的特征值表现出的是一种随机行为。这种随机行为的精确量化由随机矩阵理论(RMT)给出。实际上,RMT 的主要结果之一就是特征值的渐近分布的计算。

随机矩阵的矩阵变量为随机变量。RMT 最早提出是在 20 世纪 20 年代,以响应生物统计学和一般多元统计的具体应用需要。在 20 世纪 50 年代,RMT 成为量子物理学中的一个重要工具。如今已被应用于很多科学领域,从量子力学、统计物理学、无线通信到数论和金融计量经济学。我们将简要概述 RMT 并给出与计量经济学有关的近期成果。

随机矩阵模型(RMM)是一个概率空间 (Ω, P, F),其中样本空间是一个矩阵集。我们对于表示协方差矩阵的随机矩阵特别感兴趣。给定一个 $m \times n$ 的矩阵 H,其列为独立的实数/复数零均值高斯向量,协方差矩阵为 Σ,矩阵 $A = HH^T$ 被称为自由度为 n、协方差为 Σ 的中心 Wishart 矩阵 $W_m(n, \Sigma)$。如果 H 的项不是零均值的,Wishart 矩阵就是非中心的。Wishart 矩阵是概率空间的一个元素,我们可以确定其概率分布和概率分布函数(pdf)。一个 $n > m$ 的中心 Wishart 矩阵的概率分布函数有如下形式:

$$p_W(A) = \frac{\partial^{-\frac{m(m-1)1}{2}}}{(\det\boldsymbol{\Sigma})^n \prod_{i=1}^m (n-i)!} \exp[-trace(\boldsymbol{\Sigma}^{-1})] \det A^{n-m}$$

RMT 理论给出的一个基本见解是,如果观察值的数目接近于变量的数目,当样本容量 T 和股票数量 N 保持恒定比率 N/T 地趋于无穷大时,由样本协方差矩阵计算得到的特征值并不收敛于真实特征值。这个 N/T 比率被称为*纵横比*。RMT 区分了特征值的整体分布和边缘分布。让我们首先来讨论特征值的整体分布。特征值整体分布的结果可以总结如下。

Anderson(1963)证明,当样本量趋于无穷大时,一个 $N \times N$ 阶方阵的特征值的样本分布趋近于真实协方差矩阵的特征值分布。然而,如果样本量和协方差矩阵中项的数量都趋于无穷大,则样本特征值将不是真实特征值的一致估计量。

对于矩形矩阵的一个基本的渐进结果由 Marčenko 和 Pastur 所证明。[①] 他们证明,当矩阵规模趋于无穷大时,一个协方差矩阵的样本特征值的分布趋近于一个明确定义的分布。考虑一个 $T \times N$ 阶矩阵 H,其项是独立同分布(i.i.d.)的实值或复值的零均值变量,方差为 $1/T$,四阶矩为 $O(1/T^2)$。考虑矩阵 $A = H^T H$。由于矩阵 H 的项是独立同分布的变量,则矩阵 A 理论特征值都等于 1。然而,Marčenko 和 Pastur 证明,当 $T, N \to \infty, N/T \to \gamma$ 时,矩阵 A 的特征值的渐近分布有如下的密度函数:

$$f_\gamma(x) = (1 - \frac{1}{\gamma})^+ \delta(x) + \frac{\sqrt{(x-a)(b-x)}}{2\pi\gamma x}, a = (1-\sqrt{\gamma})^2 \leqslant x \leqslant b = (1+\sqrt{\gamma})^2$$

$$f_\beta(x) = 0, x < a, x > b$$

其中 $(z)^+ = \max(0, z)$。在相同的假设下,当 $T, N \to \infty, N/T \to \gamma$ 时,矩阵 HH^T 的特征值的渐近分布有如下的密度:

$$\widetilde{f}_\gamma(x) = (1-\gamma)^+ \delta(x) + \frac{\sqrt{(x-a)(b-x)}}{2\pi x}, a = (1-\sqrt{\gamma})^2 \leqslant x \leqslant b = (1+\sqrt{\gamma})^2$$

$$f_\beta(x) = 0, x < a, x > b$$

如果 $\gamma = 1$,奇异值(即相应特征值的平方根)的分布满足*四分之一圆定律*:

$$q(x) = \frac{\sqrt{4-x^2}}{\pi}, 0 \leqslant x \leqslant 2$$

$$q(x) = 0, x < 0, x > 2$$

在原点处的迪拉克 δ 反映出,如果 $\gamma \geqslant 1$,特征值中的 $(N-T)/2$ 部分等于 0。

以上的结论已经通过不同的方法得到了扩展和精炼。例如,Silverstein 在不假设四阶矩存在的情况下,证明了 Marčenko-Pastur 关于相关矩阵的结论的一个扩展。[②] 假设 $T \times N$ 的矩阵 H 的项为独立同分布的实值或复值变量,且具有零均值、单位方差以及有限的四阶矩。令 T_N 为一个固定的 $N \times N$ 厄尔密特矩阵(Hermitian matrix)(如果是实数

[①] V. A. Marčenko and L. A. Pastur. Distributions of Eigenvalues for Some Sets of Random Matrices. *Math. USSR-Sbornik*, 1 (1967), pp. 457—483.

[②] Jack W. Silverstein. Strong Convergence of the Empirical Distribution of Eigenvalues of Large Dimensional Random Matrices. *Journal of Multivariate Analysis*, 55 (1995), pp. 331—339.

阵的话，为酉矩阵）。假设样本向量为 $T_N^{\frac{1}{2}}$。这意味着 T_N 是总体协方差矩阵。考虑样本协方差矩阵：

$$B_N = \frac{1}{N} T_N^{\frac{1}{2}} H H' T_N^{\frac{1}{2}}$$

Silverstein 证明，如果矩阵 T_N 的特征值的分布趋于一个非随机分布，则样本协方差矩阵 B_N 也趋于一个非随机分布。他然后依照一个积分方程确定了特征值的分布。Burda 和 Jurkiewicz[1] 使用来自量子力学的预解方法和图解技术证明了 Marčenko-Pastur 法则。Burda，Jurkiewicz 和 Waclaw[2] 将 Marčenko-Pastur 法则扩展到了相关且自相关的样本上。Burda，Goerlich 和 Waclaw[3] 在 t 分布的情形下确定了由积分决定的精确公式。相似的结果已经由 Sengupta 和 Mitra 得到。[4]

特征值的渐近分布为将有意义的特征值与仅是围绕理论值 1 噪声波动的特征值进行分离提供了基准。因此理解最大特征值的行为很重要。Marčenko-Pastur 法则与位于最右边缘（最左边缘）的右边（左边）的一些离群特征值存在性是相容的。

让我们首先考虑不相关变量。Geman[5] 和 Silverstein[6] 证明，当 $T, N \to \infty, N/T \to \gamma$ 时，$T \times N$ 阶独立同分布矩阵 H 的协方差矩阵的最大特征值 λ_1 几乎必然收敛于值

$$b = (1 + \sqrt{\gamma})^2$$

并且特征值 λ_k，$k = \min(T, N)$ 收敛于值

$$a = (1 - \sqrt{\gamma})^2$$

如果 $T < N$，$\lambda_{k+1} = \lambda_N = 0$。也就是说最大和最小的特征值收敛于 Marčenko-Pastur 法则的上下边缘。

后面的结论并没有告诉我们关于最大的特征值的渐近分布的任何情况。这个分布被称为 Tracy-Widom 分布，已经被确认为特定的微分方程的解。[7] 如果矩阵 H 是厚尾的，

---

[1] Zdzislaw Burda and Jerzy Jurkiewicz. Signal and Noise in Financial Correlation Matrices. February 2004.

[2] Zdzislaw Burda, Jerzy Jurkiewicz and Bartlomiej Waclaw. Eigenvalue Density of Empirical Covariance Matrix for Correlated Samples. August 2005.

[3] Zdzislaw Burda, Andrzej T. Glich, and Bartlomiej Waclaw. Spectral Properties of Empirical Covariance Matrices for Data With Power-Law Tails. April 2006.

[4] A. M. Sengupta and P. P. Mitra. Distributions of Singular Values for Some Random Matrices. *Physical Review* E, 60 (1999).

[5] S. Geman. A Limit Theorem for the Norm of Random Matrices. *Annals of Probability*, 8 (1980), pp. 252—261.

[6] Silverstein. Strong Convergence of the Empirical Distribution of Eigenvalues of Large Dimensional Random Matrices.

[7] See for example, Peter J. Forrester and Taro Nagao. Eigenvalue Statistics of the Real Ginibre Ensemble. June 2007; Sen Johansen. Modelling of Cointegration in the Vector Autoregressive Model. *Economic Modelling*, 17 (2000), pp. 359—373; M. Iain Johnstone. On the Distribution of the Largest Eigenvalue in Principal Components Analysis. *Annals of Statistics*, 29 (2001), pp. 295—327.

最大特征值的特性将完全改变。Soshnikov,Fyodorov[①]和Soshnikov[②]证明,最大特征值的分布弱收敛于一个泊松过程。Biroli,Bouchaud和Potters[③]指出,一个其项的分布具有幂次分布的尾部特征的随机方阵,其最大特征值存在一个由Tracy-Widom法则到尾部指数为4的Frechet分布的相变。

上述结果描述了在矩阵H的项独立同分布的零假设下,最大特征值的特性。Bai和Silverstein[④]证明,在相关矩阵H特征值的渐近分布支集的外部不存在特征值的情况下,对于相关矩阵存在相似的结论。考虑矩阵

$$A = H^T H$$

假设观察值为

$$H = T_N^{\frac{1}{2}} Z$$

其中$T_N^{\frac{1}{2}}$是特征值收敛于服从适当概率分布的厄尔米特矩阵的平方根,Z具有独立同分布的标准复值项。他们证明了一个渐近精确分离定理,其内容为,对任何的分隔真实特征值的区间,都有一个相应的区间来分离相应的样本实验特征值。

Johnstone[⑤]引入了一个"锥形"协方差模型,其总体协方差矩阵为对角的,$N-r$个特征值为1,前r个最大的特征值大于1。Baik,Ben Arous和Péché[⑥]证明了对于这种"锥形"模型的相变法则。考虑一个$T \times N$阶复矩阵H,其行是取自一个多元分布的独立样本,使得协方差矩阵

$$S = \frac{1}{N} H^T H$$

的特征值为

$$(\underbrace{l_1, \cdots, l_r}_{r}, \underbrace{1, \cdots, 1}_{N-r})$$

假设$T, N \to \infty, N/T \to \gamma < 1$。则

$$(1 + \sqrt{\gamma})$$

是一个临界值,使得如果真实的特征值小于

$$(1 + \sqrt{\gamma})$$

---

① Alexander Soshnikov and Yan V. Fyodorov. On the Largest Singular Values of Random Matrices with Independent Cauchy Entries. *Journal of Mathematical Physics*, 46 (2005).

② Alexander Soshnikov. Poisson Statistics for the Largest Eigenvalues in Random Matrix Ensembles. *Mathematical Physics of Quantum Mechanics*, Vol. 690 of Lecture Notes in Physics (Berlin: Springer, 2006), pp. 351—364.

③ Giulio Biroli, Jean-Philippe Bouchaud, and Marc Potters. On the Top Eigenvalue of Heavy-Tailed Random Matrices. DSM/SPhT-T06/216 http://www-spht.cea.fr/articles/T06/216/.

④ Zhidong D. Bai and Jack W. Silverstein. Exact Separation of Eigenvalues of Large Dimensional Sample Covariance Matrices. *Annals of Probability*, 27 (1999), pp. 1536—1555.

⑤ Johnstone. On the Distribution of the Largest Eigenvalue in Principal Components Analysis.

⑥ Jinho Baik, Gérard Ben Arous and Sandrine Péché. Phase Transition of the Largest Eigenvalue for Nonnull Complex Sample Covariance Matrices. *Annals of Probability*, 33 (2005), pp. 1643—1697.

则它们相对应的样本特征值位于整体内,然而,如果真实的特征值大于
$$(1+\sqrt{\gamma})$$
则它们对应的样本特征值位于整体外。

这些结果证明,给定一个由 N 个变量的 T 个样本得到的大型样本协方差矩阵,我们可以建立一个基准区间,使得只有那些位于区间以外的样本特征值可以被可靠地看作是对不等于 1 的真实特征值的估计,因此,有助于求解真实的相关系数。

回归、线性回归和投影

之前我们讨论了作为两变量间线性关系强度度量的协方差和相关系数。在这一节,我们讨论两个或更多随机变量之间的函数关系的表示和估计。我们将首先讨论概率模型的回归,然后讨论回归的估计和数据模型的回归。

先说说函数关系的表示。确定性数据间的函数关系由数值函数来表示。例如,一个用弹性材料做成的弹簧的伸展度和作用于它的力之间存在一个近似的线性关系,称为胡克定律(Hooke's law)。尽管它们可能是近似的且存在一些测量误差,但是这种类型的函数关系被认为是一个或多个自变量与一个或多个因变量之间的确定性关系。

然而,在其他情况下,因变量是一个真实的随机变量。例如,不同时刻股票市场市值分布可以用一个时间的随机变量函数来建模。在这种情况下,时间被认为是一个确定性变量,而股票市场市值被认为是一个随机变量。在其他情况下,因变量和自变量也可以都是服从某个概率分布的真实随机变量。例如,股票收益和其交易量之间的关系,如果存在的话,涉及两个随机变量——收益和交易量。当然,有人可能会说,每个样本关系都是随机变量之间的关系,因为总是存在测量误差。

首先分析由确定性变量引导的一个随机变量:$Y_x = Y(x)$(其中确定性变量一般由小写字母 x 表示)所构成的一个模型。每个 x 对应一个随机变量 Y_x 的概率分布和期望值。这个模型是典型的实验情况,其中自变量可以被观察者控制,同时因变量可以随机地假设为不同值。各种各样的观察设定都是可能的。在一些例子中,实验者可以控制一组参数,但是不能控制观察结果。例如,我们可以控制观测一只给定股票的收益的时间,但是不能控制收益本身,我们假设它为随机变量。在另一些例子中,我们可以从主体中随机地选择。例如,在一个质量控制实验中,我们可以控制执行质量控制的时间,并从中随机选择样本的生产批次参数。

利用有点被滥用的记号,我们定义回归函数为 $E(Y_x \mid x)$,表示在给定 x 条件下变量 Y_x 的期望。变量 Y 被称为因变量或者是回归变量,变量 x 被称为自变量或者是回归因子,差值 $u_x = Y_x - E(Y_x \mid x)$ 被称为回归的残差。请注意表达式 $E(Y_x \mid x)$ 不是一个真正的条件期望,因为变量 x 是确定性的。函数 $y(x) = E(Y_x \mid x)$ 不是一个随机变量,而是变量 x 的一个确定性函数。

如果我们可以确定回归函数的函数形式,则回归是一个有用的工具。线性回归可表示如下:
$$Y_x = ax + b + u_x$$

在本章的后面,我们将只讨论线性回归。如果我们不对残差项施加限制,则上述关系式只是残差项的定义式,因此总是有效的。这里是残差项的一组标准约束,使得线性回归可实证识别:

$$E(u_x) = 0, \forall x$$
$$E(u_x^2) = \sigma^2, \forall x$$
$$E(u_x u_y) = 0, \forall x, y \quad x \neq y$$

这些约束表明,变量 Y_x 可以被表示为一条确定性的直线加上一个均值为零、方差恒定且对应不同索引值互不相关的残差项。这个定义可以马上被推广到任意数目的自变量情况:

$$Y_x = \sum_{i=1}^{q} a_i x_i + b + u_x$$

其中,$x = (x_1, \cdots, x_q)$。

在这个模型中,u_x 是由变量 x 索引的随机变量族,具有零均值、恒定方差,并且对应索引 x 的不同值互不相关。如果我们不对高阶矩做任何假设,则随机变量 u_x 不一定服从同一分布。例如,残差在回归因子的函数中有不同的尾部。如果我们想让残差服从同一分布,就必须做出具体而合理的假设。如果 u_x 是正态分布变量,则它们的确是同分布的,因为正态分布变量仅由均值和方差确定。

现在考虑我们不能控制的随机变量之间的函数关系。例如,我们可能想要了解一个给定股票的交易量和股票收益之间是否存在关系。两个量都是随机的,因此恰当的统计模型是两个随机变量的函数关系式。

有人可能观察到,自变量是确定性的还是随机的并没有带来任何差别,因为无论哪种情况,我们感兴趣的是不同变量间的函数关系。利用哈维尔莫的表述,可以这样说,不同变量之间的关系不依赖于回归变量是由观察者选择或者"由自然选择"的事实。答案应该是,当变量之间的关系不受样本如何选择影响时,所有变量都是随机的统计模型可以解决自变量为确定性的模型所不能解决的问题。例如,在确定性环境中,自变量和因变量之间的相关系数是一个没有意义的概念。

现在考虑定义在相同概率空间上的两个随机变量 Y 和 X。让我们假定联合概率分布 $f(x,y)$ 存在。回忆 X 的边际分布被定义为

$$f_X(x) = \int_{-\infty}^{+\infty} f(x,y) \mathrm{d}y$$

同时在给定 X 条件下,YX 的条件分布被定义为

$$f(y \mid x) = \frac{f(x,y)}{f_X(x)}$$

同时回忆一下,对于给定 X,Y 的条件均值或条件期望是如下定义的 X 的随机变量函数:

$$E(Y \mid X=x) = \int_{-\infty}^{+\infty} y f(y \mid x) \mathrm{d}y$$

Y 关于 X 的回归函数被定义为 X 给定条件下的 Y 的条件期望:

$$F(x) = E(y \mid x)$$

我们可以写成 $Y = F(x) + u$，其中 u 为残差。条件期望是随机变量 x 的函数 $F(x)$，所以 $F(x)$ 和 u 都是随机变量。

正如前面的例子中那样，我们需要对残差施加约束，并对条件期望的函数形式做出一些假设。我们假设条件期望 $E(y \mid x)$ 是一个线性关系式：

$$Y = aX + b$$

又假设残差是零均值的变量、具有有限方差、与变量 X 不相关：

$$E(u) = 0$$
$$E(u^2) = \sigma_u^2$$
$$E(uX) = 0$$

如同 x 是确定性变量的情形，变量 Y 被称为回归变数或因变量，X 被称为回归因子或自变量。

总之，线性回归函数是连接回归变数和回归因子的线性函数，它表示给定回归因子条件下回归变数的条件期望。如果回归因子是确定性的，则回归函数就是确定性变量间的确定性关系式；如果回归因子是随机变量，则回归函数就是两个随机变量之间的线性关系式。图 2.2 展示了确定性的回归函数和随机变量间的回归函数之间的区别。在确定性情况下，变量 X 和 Y 的值都是等距间隔的，而在随机变量的情况下，它们是随机间隔的。然而，回归变数和回归因子间的线性关系在两种情况下是一样的。图 2.3 展示了加入服从正态分布的噪声 u 的情形。

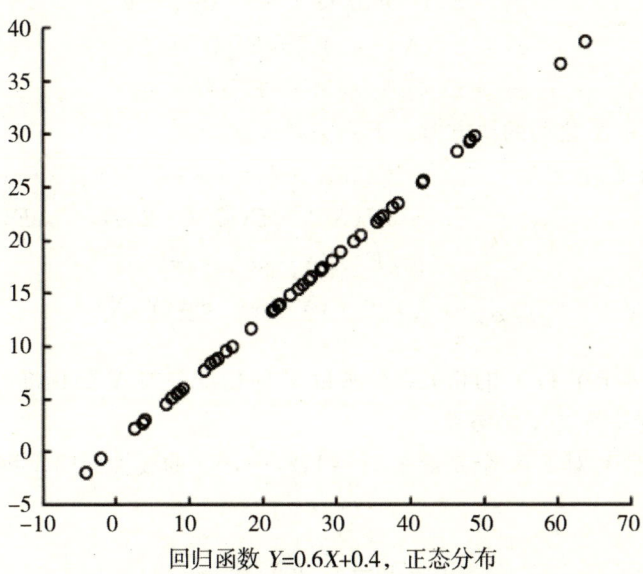

回归函数 $Y=0.6X+0.4$，正态分布

图 2.2 确定性回归因子和随机回归因子的回归函数

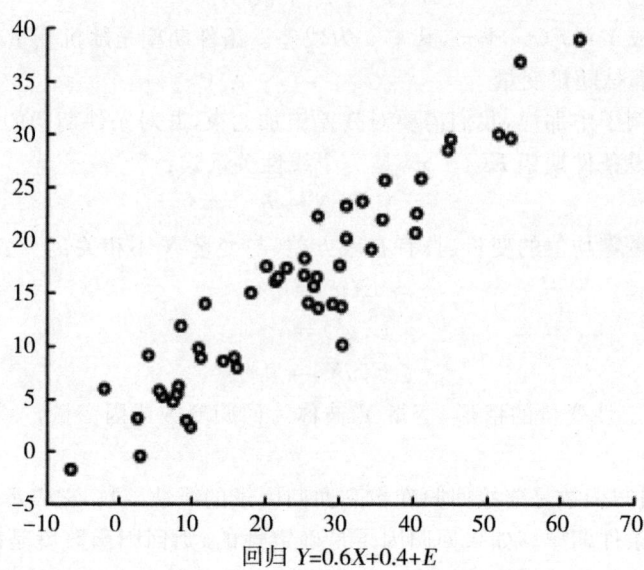

回归 $Y=0.6X+0.4+E$

图 2.3 加入残差的确定性回归因子和随机回归因子的回归函数

给定上述假设,变量 Y 和 X 的均值和方差之间存在下列关系:
$$\mu_X = E(x), \mu_Y = E(Y)$$
$$\mu_Y = E(Y) = aE(x) + b = a\mu_X + b$$
$$\sigma_X^2 = E[(X-\mu_X)^2] = E[X^2] - \mu_X^2$$
$$\sigma_Y^2 = E[(Y-\mu_Y)^2] = E[Y^2] - \mu_Y^2$$

现在考虑 Y 和 X 之间的协方差。下列关系成立:
$$E[(Y-\mu_Y)(X-\mu_X)] = E[(aX+b+u-a\mu_X-b)(X-\mu_X)]$$
$$= aE(X^2) + E(uX) - 2a\mu_X^2 - \mu_X E(u) + a\mu_X^2$$
$$= aE(X^2) - a\mu_X^2 = a\sigma_X^2$$
$$a = \rho_{YX}\frac{\sigma_Y}{\sigma_X} = \frac{\operatorname{cov}(Y,X)}{\sigma_Y\sigma_X}\frac{\sigma_Y}{\sigma_X} = \frac{\operatorname{cov}(Y,X)}{\sigma_X^2}$$

因此系数 a 等于 Y 和 X 的相关系数乘以 Y 的标准差与 X 的标准差的比值,它等价于 Y 和 X 的协方差除以 X 的方差。

现在考虑变量 Y 对于 N 个变量 $X_i(i=1,2,\cdots,N)$ 的线性回归。我们写出线性回归式如下:
$$Y = b_1 + \sum_{i=2}^{N} b_i X_i + U$$

如果定义变量 $X_1 \equiv 1$,我们可以将线性回归式写成如下形式:
$$Y = \sum_{i=1}^{N} b_i X_i + U$$

回归的术语保持不变:Y 是因变量或回归变数;X 是自变量或回归因子;U 是残差。

一个回归变数对于多个回归因子的回归被称为多元回归,不要与多变量回归相混淆,后者是多个回归变数对于多个回归因子的回归。下列假设是回归理论的标准假设:

$$E(u) = 0$$
$$E(u^2) = \sigma_u^2$$
$$E(uX_i) = 0, \forall i = 1, \cdots, N$$

这些标准假设不是唯一的可能假设,还可以放松,之后我们会谈到这一点。不过,它们是定义一个合理模型的假设。残差为零均值变量的条件是非严格的,因为它意味着 Y 的可能的常数值由截距 b_1 所代表。残差的方差恒定的条件带来了重要的数学简化,这满足了普通最小二乘法(OLS)的要求。这个可能看上去不太自然,因为它导致残差的大小与变量的规模无关。

最后,$E(uX) = 0$ 的条件作为总体的性质等价于最小二乘原理。以下是证明。首先假设所有观察到的变量具有有限均值和有限方差:

$$-\infty < E(Y) < +\infty, -\infty < E(X_i) < +\infty, i = 1, \cdots, N$$
$$E(Y^2) < +\infty, E(X_i^2) < +\infty, i = 1, \cdots, N$$

因此,由柯西—许瓦尔兹不等式,可知所有的协方差存在。应用于总体的最小二乘原理要求参数 $b_i (i = 1, \cdots, N)$ 使得残差平方的期望最小:

$$E\left(Y - \sum_{i=1}^{N} b_i X_i\right)^2$$

我们现在可以证明条件 $E(uX) = 0$ 成立当且仅当参数 $b_i (i = 1, \cdots, N)$ 满足最小二乘原理。条件 $E(uX) = 0$ 被称为正交条件,因为它规定残差和回归因子不相关。不相关变量被称为是正交的,因为相关系数可以被解释为内积。因此,不相关变量是正交的,因为其内积为零。

当关于 b_i 的所有偏导数都等于 0 时,表达式 $E\left(Y - \sum_{i=1}^{N} b_i X_i\right)^2$ 作为 $b_i (i = 1, \cdots, N)$ 的函数最小:

$$\frac{\partial}{\partial b_i} E\left(Y - \sum_{i=1}^{N} b_i X_i\right)^2 = -2E\left[\left(Y - \sum_{i=1}^{N} b_i X_i\right) X_i\right] = 0$$

因此,令误差平方期望的偏导数等于 0 得出正交条件,这证明了正交条件和最小二乘原理之间的等价。使用矩阵表示,我们可以将正交条件重写如下:

$$E(\boldsymbol{X}^T \boldsymbol{Y}) = E(\boldsymbol{X}^T \boldsymbol{X}) \boldsymbol{B}$$

假设矩阵 $E(\boldsymbol{X}^T \boldsymbol{X})$ 是非奇异的,则有

$$\boldsymbol{B} = [E(\boldsymbol{X}^T \boldsymbol{X})]^{-1} E(\boldsymbol{X}^T \boldsymbol{Y})$$

概括起来,正交条件的假设等价于限定线性回归的回归参量的选择,从而使残差平方的期望最小化。请注意这个最小化期望条件是总体的一般性质,而不是一个估计方程:残差和线性回归的回归因子不相关的假设等价于回归系数满足最小二乘原理的假设。[①]

当 b_i 满足最小二乘正交条件时,随机变量

---

① 例子和讨论详见 Thomas Sargent. *Macroeconomic Theory* (London:Academic Press,1987).

$$\sum_{j=1}^{N} b_j X_{ij}$$

被称为 Y 关于 X 的投影并被写为：

$$P(Y \mid X_1, \cdots, X_N) = \sum_{j=1}^{N} b_j X_{ij}$$

一个投影将变量 Y 分解为两个相互正交的部分：投影 $P(Y \mid X_1, \cdots, X_N)$ 和残差 U。可以证明投影遵循以下的递归关系：

$$P(Y \mid X_1, \cdots, X_N, X_{N+1}) =$$
$$P(Y \mid X_1, \cdots, X_N) + P[Y - P(Y \mid X_1, \cdots, X_N) \mid X_N - P(X \mid X_1, \cdots, X_N)]$$

这个递归关系显示我们可以先将一个变量关于部分变量做回归，然后逐步增加新的变量，而不改变之前确定的系数，在这种意义上，回归可以被逐步构造。

回归系数的估计

现在让我们转向回归参数的估计。假设我们有一个因变量 Y 和 N 个自变量 $X_i (i = 1, 2, \cdots, N)$ 的 T 个观察值。按如下矩阵形式排列样本数据：

$$Y = \begin{bmatrix} Y_1 \\ Y_2 \\ \vdots \\ Y_T \end{bmatrix}, X = \begin{bmatrix} X_{11} & X_{12} & \cdots & X_{1N} \\ X_{21} & X_{22} & \cdots & X_{2N} \\ \vdots & \vdots & \ddots & \vdots \\ X_{T1} & X_{T2} & \cdots & X_{TN} \end{bmatrix}, U = \begin{bmatrix} U_1 \\ U_2 \\ \vdots \\ U_T \end{bmatrix}$$

矩阵 X 被称为*设计矩阵*。设计矩阵的每一行为 N 个自变量的一组观察值；每一列代表一个自变量的所有 T 个观察值。我们规定，如果回归方程中需要常数项，则第一列的值全部为 1。向量 Y 和 U 的每个元素分别代表因变量 Y 的一个观察值和相应残差值。让我们将所有的回归系数放入一个 N 维列向量：

$$B = (b_1, \cdots, b_N)^T$$

每一次观察值对应一个回归方程，假设存在常数项，它们可以被写成如下形式：

$$Y_1 = b_1 + b_2 X_{12} + \cdots + b_N X_{1N}$$
$$\cdots\cdots\cdots\cdots\cdots\cdots\cdots\cdots\cdots\cdots$$
$$Y_T = b_1 + b_2 X_{T2} + \cdots + b_N X_{TN}$$

使用矩阵表示，我们可以将所有观察值的所有回归方程简洁地写成如下形式：

$$Y = XB + U$$

其中 Y 和 U 是 T 维向量，B 是 N 维向量，X 是一个 $T \times N$ 阶矩阵。所有的 X, Y, U 都由随机变量组成。假设样本是独立的，我们可以将回归模型的假设重新写为：

$$E(U) = 0$$
$$E(UU^T) = \sigma_u^2 I_T$$

我们也可以假设残差和自变量对所有变量和所有滞后阶数都是独立的，并且矩阵 $X^T X$ 是非奇异的。在这些假设下，高斯—马尔科夫定理称，回归系数的如下估计量：

$$B = (X^T X)^{-1} X^T Y$$

是*最佳线性无偏估计*（BLUE）。

下面概述 OLS 方法，来确定估计量 $\boldsymbol{B}=(\boldsymbol{X}^T\boldsymbol{X})^{-1}\boldsymbol{X}^T\boldsymbol{Y}$。OLS 原理是数据分析的一种方法。本质上，OLS 方法并不需要任何的统计假设。我们首先用一个例子来演示这一方法。假设我们给定 100 对数据 $(Y_i, X_i)(i=1,\cdots,100)$ 的一个样本。这个样本的 Y 和设计矩阵是：

$$Y' = [1.1877 \quad 2.5339 \quad -1.5088 \quad 1.6622 \quad 1.1688 \quad -0.4077 \quad 0.5164$$
$$1.3426 \quad 4.6284 \quad 3.8694 \quad -0.1999 \quad 4.2349 \quad 1.9754 \quad 1.2369 \quad 2.0647$$
$$3.4302 \quad 2.3389 \quad 2.9347 \quad 2.6769 \quad 1.6966 \quad 2.3439 \quad 1.3127 \quad 3.0384$$
$$1.0529 \quad 1.1811 \quad 1.4905 \quad -0.5943 \quad 3.8384 \quad 2.7752 \quad 1.7451 \quad 3.9203$$
$$0.8885 \quad 2.5478 \quad 2.4586 \quad 3.0692 \quad 3.1129 \quad 1.9851 \quad 2.8699 \quad 2.7851$$
$$3.6277 \quad 4.1433 \quad 4.2093 \quad 2.2863 \quad 3.2774 \quad 2.0359 \quad 2.1865 \quad 3.3432$$
$$4.9326 \quad 5.3942 \quad 3.9859 \quad 2.4584 \quad 3.2577 \quad 2.9884 \quad 6.4505 \quad 3.5344$$
$$4.9006 \quad 5.3942 \quad 3.9859 \quad 2.4584 \quad 3.2577 \quad 2.9884 \quad 6.4505 \quad 3.5344$$
$$4.9481 \quad 4.0576 \quad 5.1886 \quad 3.5852 \quad 2.9977 \quad 3.0276 \quad 4.9882 \quad 4.3726$$
$$4.4039 \quad 6.0693 \quad 4.9916 \quad 4.9478 \quad 6.3877 \quad 4.0455 \quad 5.5966 \quad 5.7851$$
$$4.7563 \quad 5.2657 \quad 3.9342 \quad 4.0020 \quad 5.3049 \quad 5.9723 \quad 7.8855 \quad 4.6831$$
$$5.5873 \quad 5.3675 \quad 3.5670 \quad 5.1110 \quad 3.8053]$$

$$X' = \begin{bmatrix} 1 & 1 & 1 & \cdots & 1 \\ 1 & 2 & 3 & \cdots & 100 \end{bmatrix}$$

图 2.4 给出了数据的散点图。

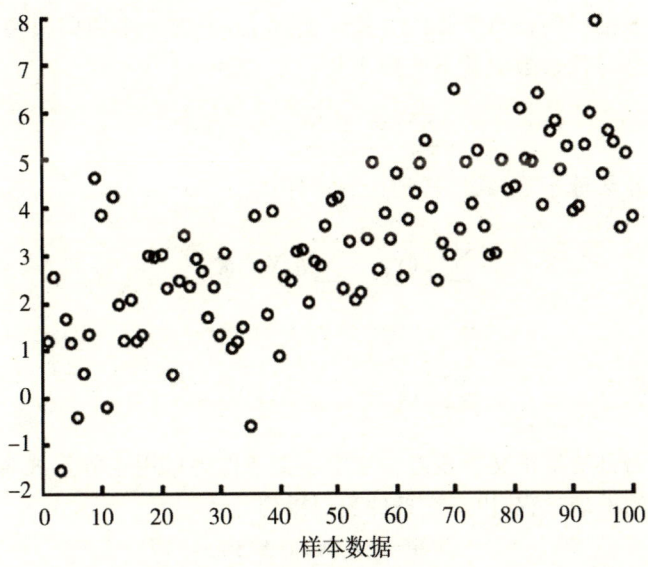

图 2.4 样本数据的散点图

我们想要确定最接近 $\boldsymbol{X}$ 和 $\boldsymbol{Y}$ 之间线性关系的直线 $y = b_1 + b_2 x$。最小二乘法寻找的是使得数据和直线之间偏差的平方和最小的直线。在两个变量的情形中，我们要最小化下面的表达式：

$$\sum_{i=1}^{100}(Y_i - b_1 + b_2 X_i)^2$$

将这个表达式关于 b_1，b_2 求偏导，并让偏导数等于零，得到条件：

$$2\sum_{i=1}^{100}(Y_i - b_1 - b_2 X_{i2}) = 0$$

$$2\sum_{i=1}^{100}(Y_i - b_1 - b_2 X_{i2})X_{i2} = 0$$

这些条件可以写成向量矩阵的形式：

$$\boldsymbol{X}_1^T \boldsymbol{U} = 0$$
$$\boldsymbol{X}_2^T \boldsymbol{U} = 0$$

这些条件被称为正交条件，因为它们意味着残差和自变量是不相关的。不存在相关性被称为正交，因为相关系数在代数上可以解释为内积。这些条件用矩阵形式可以写成：

$$\boldsymbol{X}^T \boldsymbol{U} = 0$$

现在考虑回归模型 $\boldsymbol{Y} = \boldsymbol{XB} + \boldsymbol{U}$，两边左乘 $\boldsymbol{X}^T$，可以得到

$$(\boldsymbol{X}^T\boldsymbol{X})\boldsymbol{B} = \boldsymbol{X}^T\boldsymbol{Y} + \boldsymbol{X}^T\boldsymbol{U}$$

请注意 $\boldsymbol{Y}$ 是一个 T 维向量，$\boldsymbol{X}^T$ 是一个 $N \times T$ 阶矩阵。正如我们刚刚看到的那样，最小二乘法的条件意味着 $\boldsymbol{X}^T\boldsymbol{U} = 0$。因此两边左乘 $\boldsymbol{X}^T\boldsymbol{X}$ 的逆，我们得到估计量 $\boldsymbol{B} = (\boldsymbol{X}^T\boldsymbol{X})^{-1}\boldsymbol{X}^T\boldsymbol{Y}$。如果我们将这个公式运用于我们的数据，我们得到 $\boldsymbol{B} = [1.0807\ 0.0429]$，与由 $\boldsymbol{B} = [1\ 0.05]$ 生成的实验数据很吻合。

我们可以马上推广到任意数目的变量。实际上，考虑一个回归模型 $\boldsymbol{Y} = \boldsymbol{XB} + \boldsymbol{U}$。最小二乘法的条件是寻找参数以使下式最小化：

$$\sum_{i=1}^{T}(Y_i - \sum_{j=1}^{N}b_j X_{ij})^2$$

微分并令偏导数等于零，我们得到正交条件：

$$\sum_{i=1}^{T}\left[(Y_i - \sum_{j=1}^{N}b_j X_{ij})X_{i1}\right]$$

$$\cdots\cdots\cdots\cdots\cdots\cdots\cdots\cdots\cdots$$

$$\sum_{i=1}^{T}\left[(Y_i - \sum_{j=1}^{N}b_j X_{ij})X_{iN}\right]$$

这些条件说明自变量正交于残差。这组正交条件可以用矩阵形式表示为：$\boldsymbol{X}^T\boldsymbol{U} = 0$。采用和上文一样的推理过程，由正交条件我们得到

$$\boldsymbol{B} = (\boldsymbol{X}^T\boldsymbol{X})^{-1}\boldsymbol{X}^T\boldsymbol{Y}$$

到目前为止，我们还没有假设任何统计模型，但是我们已经确定了使残差的平方和

$$\sum_{i=1}^{T}(Y_i - \sum_{j=1}^{N}b_j X_{ij})^2$$

最小的系数向量 $\boldsymbol{B}$。OLS 过程可以被应用于任何数据集，不管它们是如何生成的。如果我们假设数据是由统计模型 $\boldsymbol{Y} = \boldsymbol{XB} + \boldsymbol{U}$ 生成的，并且仅假设残差是零均值、恒定方差、彼

此不相关而且与回归因子不相关的变量,则 B 是真实回归系数的 BLUE 估计量。请注意这里除了要求零均值和恒定方差外,没有对残差和回归因子的分布做出任何假设。观察一下,我们将 OLS 估计量 B 看作是将正交条件 $E(X^TY) = E(X^TX)B$ 用样本均值代替期望来获得的。

这是直觉。如果我们可以用一个回归因子与残差不相关的回归模型来描述总体,则作为总体性质,模型的系数满足最小二乘的条件。当对样本数据应用 OLS 时,我们用样本平均代替期望来估计总体最小二乘性质。

$$P(Y \mid X_1, \cdots, X_N) = \sum_{j=1}^{N} b_j X_{ij}$$

$$P(Y \mid X_1, \cdots, X_N, X_{N+1}) =$$
$$P(Y \mid X_1, \cdots, X_N) + P[Y - P(Y \mid X_1, \cdots, X_N) \mid X_N - P(X \mid X_1, \cdots, X_N)]$$

OLS 方法是一种数据分析方法,只要二阶矩存在就可使用,而不管变量的分布如何。OLS 估计量不是唯一可能的估计量。如果所有的变量都服从正态分布,我们可以得到最大似然估计。可以证明,使用最大似然估计方法得到与 OLS 方法相同的估计量。证明很简单。实际上,假设正态分布的残差具有一个对角协方差矩阵,样本似然估计量 L 可以写成如下形式:

$$L(B, \sigma) = \prod_{i=1}^{T} \sigma^{-1} \exp\left(-\frac{1}{2\sigma^2}(Y_i - \sum_{j=1}^{N} b_j X_{ij})^2\right)$$

对似然量取自然对数:

$$\ln L(B, \sigma) = T\sigma^{-1} - \frac{1}{2\sigma^2} \sum_{i=1}^{T}(Y_i - \sum_{j=1}^{N} b_j X_{ij})^2$$

最大化下面的项,可以得到最大似然估计

$$\sum_{i=1}^{T}(Y_i - \sum_{j=1}^{N} b_j X_{ij})^2$$

和 OLS 方法一样,这一项是残差平方和。

估计量 $\hat{B}$ 是依赖于样本数据的随机变量。估计量 $\hat{B}$ 是无偏的,因此它们的期望等于回归系数的真实值:$E(\hat{B}) = B$。由于 $\hat{B}$ 是 BLUE,它在所有的线性无偏估计量中方差最小。可以证明,如果残差是不相关的,方差有如下形式:

$$\text{cov}(\hat{B}) = \sigma^2 (X^TX)^{-1}$$

σ^2 的无偏估计 s^2 为:

$$s^2 = \frac{(U^TU)}{T - N}$$

如果残差服从正态分布,比率 $= s^2(T-N)/\sigma^2$ 服从自由度为 $T-N$ 的 t 分布。

放松假设

现在我们可以放松之前对回归所做的一些假设。

广义最小二乘法

假设残差可能是相关的并且/或者没有恒定的方差。因此假定模型 $Y=XB+U$ 的残差具有下列的协方差矩阵：

$$\text{cov}(U)=\sigma^2\Sigma$$

其中我们假定 Σ 已知，而 σ^2 是待估计的尺度参数。请注意，这个协方差矩阵同时代表了残差可能的异方差和自相关结构。特别地，Σ 对角线上的项表示残差方差依时间变化，而非对角线上的项表示不同时间的残差间的自相关性。

为了确定回归参数，我们可以使用广义最小二乘法（GLS）原理。GLS 原理是与 OLS 原理对应的，用于残差相关的情形下。它与 OLS 原理相似，即它也要求残差平方最小化。然而，给定残差是随机变量，残差平方和依赖于它们的协方差矩阵。实际上，我们可以将 GLS 条件写为：

$$\underset{B}{\arg\min}[(Y-BX)^T\sigma^{-2}\Sigma^{-1}(Y-BX)]$$

如果进行微分，并令偏导数等于零，我们得到：

$$(X^T\Sigma^{-1}X)B=X^T\Sigma^{-1}Y$$

假设矩阵 $X^T\Sigma^{-1}X$ 是非奇异的，上式得出广义最小二乘（GLS）估计量，也被称为 Aitken 估计量（Aitken's estimator）：

$$\hat{B}=(X^T\Sigma^{-1}X)^{-1}X^T\Sigma^{-1}Y$$

此外，如果把回归模型左乘 $\Sigma^{-1/2}$，得到另一个回归模型 $Y^*=X^*B+U^*$，其中 $Y^*=\Sigma^{-1/2}Y, X^*=\Sigma^{-1/2}X, U^*=\Sigma^{-1/2}U$，其中 $\text{cov}(U^*)=\sigma^2 I$。换句话说，如果残差的协方差矩阵是已知的，就可能将具有相关性的残差的回归模型转化为具有不相关性的残差的标准回归模型。

高斯—马尔科夫定理可以推广到 GLS 估计量，因为可以证明 GLS 估计量是 BLUE 的。GLS 估计量的协方差矩阵是

$$\text{cov}(\hat{B})=\sigma^2(X^T\Sigma^{-1}X)$$

虽然理论上是令人满意的，但是 GLS 原理本身在实践应用中价值不大，因为残差的协方差矩阵通常并不是已知的。在实践中，GLS 被可行广义最小二乘法（FGLS）所代替，在后者中，残差的协方差矩阵被同一矩阵的一个估计量所代替。FGLS 用的是迭代法。第一步是使用 OLS 估计多元回归系数 B。一般而言，从初始这步中得到的残差将给出一个协方差矩阵 $\Sigma\neq\sigma^2 I$。第二步是使用由 OLS 得到的残差的样本协方差矩阵来给出一个更新的 GLS 类型的回归系数 B 的估计。这个过程反复进行，直至达到收敛。

工具变量

考虑一个线性模型 $Y=XB+U$。一个变量 Z_b 被称为工具变量，或者更简单地称为工具，如果它与所有的残差都不相关：$E(Z_i u)=0$。H 个工具变量 $Z_1,\cdots,Z_H$ 的一个集合被称为一个工具变量系，如果变量 Z_b 是线性无关的，也就是说，没有变量是其他变量的线性组合。这一条件保证了矩阵 $Z^T Z$ 是非奇异的。

假设线性模型 $Y=XB+U$ 不满足正交条件，但是存在一个工具变量系。如果工具变量的个数 H 等于回归因子的数量 N，并且如果矩阵 $Z^T X$ 是非奇异的，则回归系数的工具变量估计量是：

$$\hat{B} = (Z^T X)^{-1} Z^T Y$$

工具变量不是必然存在的。当一个恰当数目的工具变量系存在时,工具变量提供了一种在回归因子和残差相关的情形下估计回归的方法。

多变量回归

到目前为止,我们已经讨论了一个变量对多个变量回归的单一方程回归。然而,在经济学和金融计量经济学中,我们经常需要将多个回归变数对多个回归因子进行回归。这种类型的回归被称为多变量回归。

多变量回归有多种形式。回归模型的最完整设定由线性连接 Y_i 和 X_j 的一个线性方程组给出。多方程模型的一般形式如下:

$$Y_{t,1} = a_{21} Y_{t,2} + \cdots + a_{M1} Y_{t,M} = b_{11} X_{t1} + \cdots + b_{N1} X_{t1} + U_{t1}$$
$$\cdots\cdots\cdots\cdots\cdots\cdots\cdots\cdots\cdots\cdots\cdots\cdots\cdots\cdots\cdots\cdots\cdots\cdots$$
$$Y_{t,M} = a_{1M} Y_{t,1} + \cdots + a_{M-1M} Y_{t,M} = b_{1M} X_{t1} + \cdots + b_{NM} X_{t1} + U_{tM}$$

这个方程组可以写成如下矩阵形式:

$$YA = XB + U$$

在这个方程组中,变量 Y 由外生变量 X 的函数内生确定。假设矩阵 A 是非奇异的,两边同时乘以 A^{-1},方程组可以被写为:

$$Y = XBA^{-1} + UA^{-1}$$
$$Y = XC + V$$

在这个公式中,内生变量直接由外生变量的函数表示。如果残差是零均值、恒定方差并与回归因子不相关的变量,则多变量回归可以使用 OLS 方法进行估计。

估计量具有与多元回归相同的形式:

$$\hat{B} = (X^T X)^{-1} X^T Y$$

然而,其中的 $\hat{B}$ 此时是一个系数矩阵。

半相依回归

半相依回归(SUR)模型是一个多变量回归模型,其中所有方程式是相互独立的但是残差是互相关的。SUR 模型由 Arnold Zellner 在他 1962 年的论文中提出。[1] Zellner 观察到如果使用相同数据回归,残差可能是相关的,即使它们是半相依方程式。SUR 模型可能好像违反直觉,因为很难想象有着不同因变量和自变量的独立方程之间会有共同点。

SUR 的设定如下。考虑 M 个经典的回归方程:

---

[1] Arnold Zellner. An Efficient Method of Estimating Seemingly Unrelated Regression Equations and Tests for Aggregation Bias. *Journal of the American Statistical Association*, 57 (1962), pp. 348–368.

$$Y_{1,t} = \sum_{i=1}^{K_1} \beta_{1i} X_{i1,t} + U_{1,t}$$

$$\cdots\cdots\cdots\cdots\cdots\cdots\cdots\cdots$$

$$Y_{M,t} = \sum_{i=1}^{K_1} \beta_{Mi} X_{iM,t} + U_{M,t}$$

假设每个方程式都可以用 OLS 估计,残差是相关的且协方差矩阵为 $\boldsymbol{\Sigma} \neq \sigma^2 \boldsymbol{I}$。则每个方程式的 OLS 估计量可能都不是有效的。SUR 模型使用了一个应用于总体模型的 GLS 估计量。

分位数回归

迄今为止,我们分析了经典的回归模型,其预测值是因变量的条件均值的点估计值。实际上,回归函数被定义为给定回归因子条件下回归变数的条件期望。也已被证明的是 OLS 和 GLS 计算过程实际是估计条件均值。条件均值不是回归变数分布的点估计的唯一可能选择。例如,另一个可能选择是中位数。

事实上,在 18 世纪就有关于中位数和均值作为分布的点估计的优缺点的科学争论。作为科学家和数学家的 Pierre-Simon Laplace 支持中位数,然而数学家 Karl Friedrich Gauss 支持均值和他提出的 OLS 方法。此后,首选的点估计成了均值,首选的数据分析方法成了 OLS 回归。首选 OLS 背后的原因包括:OLS 是基于残差平方和最小化的,这一任务可以通过使用分析方法来完成,并得到封闭形式的公式。然而,随着高速计算机的出现和更有效的优化方法的发展,这个优势大大减弱。[1]

另外的考虑因素可能开始发挥作用。例如,相比均值,中位数对于异常值更不敏感,因此基于条件中位数的回归比基于条件均值的回归更加稳健。稳健性不是唯一的原因。更一般地,我们可能想要获得比均值或中位数这样的点估计更多的关于因变量分布的信息。由 Koenker 和 Basset 在 1978 年提出的*分位数回归*的主要思想,[2] 是要为条件分位数建模,换言之,是为给定的回归因子的分位数建模。

为了解释分位数回归,让我们回忆一些基本事实。首先,给定一组数 $X_i, i = 1, \cdots, N$,均值和中位数可以描绘成如下最小化问题:

---

[1] 请参阅 Stephen Portnoy and Roger Koenker. The Gaussian Hare and the Laplacian Tortoise: Computability of Squared-Error versus Absolute-Error Estimators. *Statistical Science*, 12 (1997), pp. 279—300.

[2] Roger Koenker and Gilbert Basset. Regression Quantiles. *Econometrica*, 46 (1978), pp. 33—50.

$$\operatorname*{argmin}_{\mu}(\sum_{i=1}^{N}(X_i-\mu)^2)=\operatorname{mean}(X_i)$$

$$\operatorname*{argmin}_{\mu}(\sum_{i=1}^{N}|X_i-\mu|)=\operatorname{median}(X_i)$$

现在考虑一个多变量数据集,我们可以像上一节那样,用向量 Y 和第一列是 1 的设计矩阵 X 来表示这些数据。下列性质成立:

$$\operatorname*{argmin}_{a,b}(\sum_{t=1}^{T}(Y_t-\sum_{i=1}^{N}b_iX_{ti})^2) \text{ 产生条件均值,}$$

$$\operatorname*{argmin}_{a,b}(\sum_{t=1}^{T}|Y_t-\sum_{i=1}^{N}b_iX_{ti}|) \text{ 产生条件中位数。}$$

正如 Koenker 和 Basset 所示那样,这个关系可以被推广到任意分位数。推导如下:假设 $\tau, 0<\tau<1$ 表示分位数。例如,$\tau=0.09$ 表示上十分位数。下面的表达式:

$$\operatorname*{argmin}_{b}(\sum_{\substack{t=1 \\ t:Y_t\geqslant\sum_{i=1}^{N}b_iX_{ti}}}^{T}\tau|Y_t-\sum_{i=1}^{N}b_iX_{ti}|+\sum_{\substack{t=1 \\ t:Y_t<\sum_{i=1}^{N}b_iX_{ti}}}^{T}(1-\tau)|Y_t-\sum_{i=1}^{N}b_iX_{ti}|)$$

得出条件 τ 分位数。

分位数回归在金融中已经得到重要的应用。例如,分位数回归被 Engle 和 Manganelli 用来直接计算被称为在险价值(VaR)的风险度量,而无须估计概率分布。[①]

回归诊断

我们已经估计了一个回归模型,但还需要检验回归的质量。下面几种经典的方法利用样本来评估经典回归的质量:

- 回归系数的置信区间。
- R^2 统计量。
- F 统计量。
- p 值。
- 杠杆点。

为了计算回归诊断量,我们需要对回归变量的分布做出假设。实践中是假定残差服从正态分布。

在残差彼此不相关并且与回归因子不相关(如果后者是随机变量)的假设下,回归系

---

① Robert F. Engle and Simone Manganelli. CAViaR:Conditional Autoregressive Value at Risk by Regression Quantiles. *Journal of Business and Economic Statistics*, 22 (2004), pp. 367—381. For a further discussion of applications in finance, see Chris Gowland, Zhijie Xiao and Qi Zeng. Beyond the Central Tendency:Quantile Regression as a Tool in Quantitative Investing. *Journal of Portfolio Management*, 35 (2009), pp. 106—119.

数由

$$\hat{B} = (X^TX)^{-1}X^TY$$

估计,残差的方差由

$$\hat{\sigma}^2 = \left(\frac{1}{T-N}\right)\sum_{t=1}^{T}U_t^2$$

估计。可以证明残差的方差估计服从自由度为 $T-N$ 的 χ^2 分布,系数 B 服从正态分布,并且

$$E[(\hat{B}-B)(\hat{B}-B)'] = \hat{\sigma}^2(X^TX)$$

因此数量

$$\frac{(\hat{B}_j - b_j)}{\hat{\sigma}}\sqrt{a_{jj}}$$

其中 a_{jj} 是矩阵(X^TX)的对角线元素,服从自由度为 $T-N$ 的 t 分布。这就允许我们为回归系数建立显著性区间。给定变量的置信区间是以事先设定的概率包含变量值的区间。例如,b_1 的 95% 置信区间是在被估计的 $\hat{B}_1$ 附近的区间 (b_{1l}, b_{1b}),在给定的假设下,我们有 95% 的概率可以在这个区间内找到 b_1 的真实值。换句话说,如果模型是正确的,参数 b_1 的真实值将在区间 (b_{1l}, b_{1b}) 内。当然只有模型正确,置信区间才有意义。

在实践中,大多数统计软件包都会计算被估计的回归系数的 N 维向量

$$\begin{bmatrix} b \\ b_N \end{bmatrix}$$

和包含在规定的置信水平下的相对置信区间的一个 $N \times 2$ 阶矩阵

$$\begin{bmatrix} b_{1l} & b_{1b} \\ \vdots & \vdots \\ b_{Nl} & b_{Nb} \end{bmatrix}$$

R^2 统计量,也称为*可决系数*,度量的是由回归解释的因变量的全变差的百分比。考虑一个单一方程式的多元回归。如果要评估回归拟合数据的好坏如何,我们可以比较残差的全变差和数据的全变差。使用本章的记号,我们称 Y 为自变量,U 为残差。残差的全变差和因变量的全变差之间的比率

$$\frac{\sum_{t=1}^{T}U_t^2}{\sum_{t=1}^{T}Y_t^2}$$

度量了没有被回归解释的数据方差的百分比。因此,量

$$R^2 = 1 - \frac{\sum_{t=1}^{T}U_t^2}{\sum_{t=1}^{T}Y_t^2}$$

度量了由回归方程解释的因变量的全变差的百分比。

以这种方式定义的 R^2 容易产生误导,而且可能导致严重的过度拟合。实际上,利用样本解释的全变差的百分比随回归因子的数目增加而提高。然而,这种方式产生的 R^2 的

提高可能是一个数字假相。由于这个原因,有人提出调整 R^2,惩罚使用很多回归因子的模型。在大多数软件包中所使用的 *修正的 R^2* 或者 *调整的 R^2* 定义如下:

$$\tilde{R}^2 = 1 - \left(\frac{N-1}{N-K-1}\right) \frac{\sum_{t=1}^{T} U_t^2}{\sum_{t=1}^{T} Y_t^2}$$

$\tilde{R}$ 包含元素

$$\left(\frac{N-1}{N-K-1}\right)$$

其随回归因子的数目增加而增长,因此惩罚了

$$\frac{\sum_{t=1}^{T} U_t^2}{\sum_{t=1}^{T} Y_t^2}$$

其随着回归因子的数目增长而变小。

F 统计量是一个大多数统计软件包都会计算的,用于检验所有回归系数都为零: $B = 0$ 这一零假设的统计量。完全的 F 统计量被定义如下:

$$F = \frac{R^2}{1-R^2} \frac{N-K}{K-1}$$

可以证明,F 统计量的分布为 F 分布 $F(K-1, N-K)$,它允许人们确定相对的 p 值。p 值是在统计量取值右侧的分布尾部的概率。大多数的统计软件包都能计算 F 统计量并由 F 分布计算相应的 p 值。若 p 值很小则拒绝零假设 $B=0$,因为它意味着计算的统计量非常不可能远在尾部区域给出。

回归的稳健性估计

在这一节,我们讨论稳健回归估计的方法。稳健估计是稳健统计学的一个主题。因此,我们首先介绍稳健统计学的一般概念和方法,然后将它们应用于回归分析。特别地,我们将介绍稳健回归估计量和稳健回归诊断。

稳健统计学

稳健统计学处理的问题是给出估计,这些估计对所用统计模型基本假设的细微变化是不敏感的。稳健统计学的概念和方法起源于 20 世纪 50 年代。*稳健统计学* 这一技术术语由 G. E. P. Box 在 1953 年提出。

统计模型基于一组假设,最重要的包括:(1)关键变量的分布,例如误差的正态分布;(2)模型设定,例如模型是线性的还是非线性的。这些假设中有的对于估计过程是至关重要的:如果它们被违背,估计就变得不可靠。稳健统计学(1)评估由于基本假设的细微变化而造成的估计的改变,(2)创建新的对某些假设中的一些微小变化不敏感的估计。本部分的核心是构造对误差分布的细微变化,特别是有异常值出现时的稳健估计。

稳健统计也有助于将分布尾部的贡献与数据主体的贡献分离开来。我们可以说稳健统计学和经典的非稳健统计学是互补的。通过进行稳健分析,我们可以更好地阐明重要的计量结果。

如同 Peter Huber 观察的那样,*稳健*、*自由分布*和*非参数*看上去是紧密相关的特征,但实际上却不是。[①] 例如,样本均值和样本中位数是均值和中位数的非参数估计,但是均值关于异常值并不是稳健的。事实上,单一观察值的改变可能对均值有不可控的影响,而中位数对多达一半样本的改变都不敏感。稳健方法假设在研究的分布中的确有参数,并试图将异常值和分布图形的错误假设的影响控制在最小。

稳健性的一般定义是相当技术性的。原因是我们需要定义关于分布改变的稳健性。也就是说,我们需要给出分布(它是一个函数)的微小改变导致估计(它是一个数)的小的变化的精确概念。让我们首先给出关于稳健性的现代概念以及如何测量稳健性的直观的、非技术性的综述。

定性稳健性和定量稳健性

在这里我们介绍估计量的定性稳健性和定量稳健性的概念。估计量是样本数据的函数。给定一个来自累积分布函数为 $F(x)$ 的总体的 N 个数据样本,$\boldsymbol{X}=(x_1,\cdots,x_N)'$,总体分布函数依赖于参数 θ_∞,θ_∞ 的估计量是一个函数 $\hat{\vartheta}=\vartheta_N(x_1,\cdots,x_N)$。考虑可以被写为累积经验分布函数的估计量:

$$F_N(x) = N^{-1}\sum_{i=1}^{N} I(x_i \leqslant x)$$

其中 I 为示性函数。对于这些估计量,我们可以写成

$$\hat{\vartheta} = \vartheta_N(F_N)$$

大多数估计量,特别是 ML 估计量,可以以概率 1 被写成这种形式。一般而言,当 $N \to \infty$ 时,则几乎必然有 $F_N(x) \to F(x)$,同时依概率并且几乎必然有 $\vartheta_N \to \vartheta_\infty$。估计量 ϑ_N 是一个依赖于样本的随机变量。在分布 F 下,它将拥有概率分布 $L_F(\vartheta_N)$。直观地,如果被定义为分布的泛函统计量关于分布函数是连续的,则它们就是稳健的。在 1968 年,Hampel 基于分布的函数空间上的度量引入了关于定性稳健性的一个技术上的定义。[②] Hampel 的定义称,该估计量关于一个给定的分布 F 是稳健的,如果在给定的度量下,F 的微小偏差,导致在同样的度量下或者最终在其他关于规模渐增的样本序列的度量下,$L_F(\vartheta_N)$ 也产生微小偏差。也可以通过定量评估分布 F 的变化如何影响 $L_F(\vartheta_N)$ 的分布来给出定量稳健性的定义。

[①] Huber 的书是稳健分析的标准指南:Peter J. Huber. *Robust Statistics* (New York:John Wiley & Sons,Inc.,1981).

[②] F. R. Hampel. A General Qualitative Definition of Robustness. *Annals of Mathematical Statistics*,42 (1971),pp. 1887−1896.

耐抗估计量

如果一个估计量对于单一观察值的改变不敏感,则它就被称为是*耐抗的*。[①] 给定一个估计量 $\vartheta = \vartheta_N(F_N)$,我们想要了解如果我们在一个大样本中增加一个 x 的新观察值,会发生什么。为此,我们定义*影响曲线*(influence curve, IC),也称为*影响函数*。IC 是给定 ϑ 和 F 情况下 x 的函数,被定义如下:

$$IC_{\vartheta,F}(x) = \lim_{s \to 0} \frac{\vartheta((1-s)F + s\delta_x) - \vartheta(F)}{s}$$

其中 δ_x 表示 x 处的点质量 1(也就是集中于单一点 x 处的概率分布)。正如我们由前面定义中可以看到的那样,IC 是新增加的单一观察值的大小的函数。换句话说,IC 度量的是对于给定一个分布 F,单一观察值 x 对于统计量 ϑ 的影响。实践中,通过将 X 的单个点加到 Y 上来计算统计值,并绘出统计值关于 X 的曲线来得到影响曲线。例如,均值的 IC 是一条直线。影响曲线的几个方面我们特别感兴趣:

■ X 趋于极端值时曲线有界吗?稳健的统计量应该是有界的。也就是说,一个稳健的统计量不应该受到单一极端值的过度影响。

■ 当 X 的观察值趋于极端值时,一般的反应是什么?例如,当值变为极端值时,它会光滑地降低权重吗?

■ 如果 X 点位于 Y 的各个点的中央,影响是什么?

现在我们介绍在应用工作中重要的概念。然后我们介绍稳健估计量。

崩溃边界(breakdown (BD) bound)或崩溃点是观察值的最大可能部分,即当样本的那个部分没有限制地改变时,估计量的改变量存在一个边界。例如,我们可以改变至多 50% 的样本点而不引起中位数的无限变化。相反,一个单一观察值的改变就可能对均值产生无限的影响。

拒绝点(rejection point)被定义为这样一个点:超过它,IC 变为 0。请注意:超过拒绝点的观察值对最终的估计没有贡献,除非通过辅助规模估计。具有一个有限拒绝点的估计量是回降的(redescending),而且可以不受大的异常值的影响。然而,一个有限的拒绝点通常导致数值范围被低估。这是因为,当接近于分布的尾部的观察值被忽略时,留下观测值的一个不充分部分给估计过程。这反过来会对估计量的有效性产生不利的影响。

总误差敏感度(gross error sensitivity)表明一个受污染的观察值会对估计量产生的最大效应。它是 IC 的最大绝对值。

局部移动敏感性(local shift sensitivity)测量的是去掉 y 点处的一个质量,然后在 x 处再将它引入的影响。对于连续可微的 IC,局部变化敏感度由 IC 上任一点的斜率的最大绝对值给出。

Winsor 原则陈述了所有分布在中间是正态的。

M 估计量是通过最小化样本数据的函数而获得的估计量。假如,我们给定了 N 个样

[①] 对于贝塔估计量的估计的应用,请参阅 R. Douglas Martin and Timothy T. Simin. Outlier Resistant Estimates of Beta. *Financial Analysts Journal*, 59 (2003), pp. 56-58. 我们在本章的后面讨论这一应用。

本数据 $X=(x_1,\cdots,x_N)'$。估计量 $T(x_1,\cdots,x_N)$ 称为 M 估计量,如果它是通过求解如下的最小化问题得到:

$$T=\arg\min_t\left\{J=\sum_{i=1}^N\rho(x_i,t)\right\}$$

其中 $\rho(x_i,t)$ 是任意函数。或者,如果 $\rho(x_i,t)$ 是一个光滑的函数,我们可以称 T 是一个 M 估计量,如果它由求解以下方程来得到:

$$\sum_{i=1}^N\psi(x_i,t)=0$$

其中

$$\psi(x_i,t)=\frac{\partial\rho(x_i,t)}{\partial t}$$

当 M 估计量是同变的时,即 $T(x_1+a,\cdots,x_N+a)=T(x_1,\cdots,x_N)+a,\forall a\in R$,我们可以根据残差 $x-t$ 来写出 ψ 和 ρ。通常一个辅助规模估计量、S,也被用来获得相对残差,$r=(x-t)/S$。如果估计量对于比例的改变也是同变的,则我们可以写出

$$\psi(x,t)=\psi\left(\frac{x-t}{S}\right)=\psi(r)$$

$$\rho(x,t)=\rho\left(\frac{x-t}{S}\right)=\rho(r)$$

ML 估计量是 M 估计量,其中 $\rho=-\ln f$,f 是概率密度。(实际上,M 估计量的名字意味着最大似然类型估计量)。LS 估计量也是 M 估计量。

M 估计量的 IC 具有一个特别简单的形式。实际上,可以证明,IC 与函数 ψ 成比例:

$$\text{IC}=\text{常数}\times\psi$$

为了理解下一个估计量,考虑一个容量为 N 的样本 $(x_1,\cdots,x_N)'$。给样本排序,使得 $x_{(1)}\leqslant x_{(2)}\leqslant\cdots\leqslant x_{(N)}$。有序样本的第 i 个元素 $X=x_{(i)}$ 被称为第 i 个顺序统计量。L 估计量是顺序统计量线性组合而得到的估计量:

$$L=\sum_{i=1}^N a_i x_{(i)}$$

其中 a_i 是固定的常数。常数通常被标准化,使得

$$\sum_{i=1}^N a_i=1$$

L 估计量的一个重要的例子是*截尾均值*。截尾均值是由除去最高和/或者最低样本部分而形成的均值。用这种方法得到的均值,不是一个稳健的估计量,但对异常值变得不敏感。

R 估计量通过最小化残差加权和来获得,其中每个残差的权重都是各自秩次的函数。要被最小化的函数如下:

$$\arg\min\left\{J=\sum_{i=1}^N a(R_i)r_i\right\}$$

其中 R_i 是第 i 个残差 r_i 的秩次,a 是一个非递减计分函数,满足条件

$$\sum_{i=1}^N a(R_i)=0$$

最小中值二乘法估计

代替在 LS 中最小化残差平方和的做法，为了估计参数向量，Rousseuw[①] 提出最小化残差平方的中位数，被称为最小中值二乘法（LMedS）估计量。这个估计量可以有效地截断 $N/2$ 个拥有最大残差的观察值，并将使用余下集合中的最大残差值作为最小化的准则。因此相当于*假定噪音比例为* 50%。

LMedS 由于其不可微分的形式，从计算的角度看是难以处理的。这就意味着需要对所有可能参数值进行类穷举搜索，来寻找全局最小值。

最小截取二乘法估计

*最小截取二乘法（LTS）估计量*通过最小化下面给定的目标函数，提供了寻找稳健估计量的一个有效方法

$$\{J = \sum_{i=1}^{b} r_{(i)}^2\}$$

其中 $r_{(i)}^2$ 是当残差按升序排序时第 i 个最小的残差或距离，换言之，$r_{(1)}^2 \leqslant r_{(2)}^2 \leqslant \cdots \leqslant r_{(N)}^2$，$b$ 是我们想要将其残差纳入总和的数据点的数目。这个估计量通过识别 $N-b$ 个拥有最大残差的点作为异常值并将它们从数据集中去掉，从而找到一个稳健的估计。得到的估计量本质上是截断的数据集的 LS 估计。请注意，b 应该尽可能地接近于我们不考虑异常值时的数据点数目。

重新加权最小二乘估计

一些算法利用一组区分正常值和异常值的权重明确地设定了目标函数。然而，这些权重通常依赖于尺度度量，这也是很难估计的。例如，重新加权最小二乘（RLS）估计使用下面的目标函数：

$$\arg\min\{J = \sum_{i=1}^{N} \omega_i r_i^2\}$$

其中 r_i 是由近似 LMedS 或 LTS 方法得到的稳健残差。这里权重 ω_i 用于将异常值从 LS 最小化所用的数据中去除，而且可以在 LMedS 或 LTS 过程的初步近似步骤后计算出来。

中心稳健估计 均值估计分布的中心，但它是不耐抗的。中心的耐抗估计量如下：[②]

■ 截尾均值。假设 $x_{(1)} \leqslant x_{(2)} \leqslant \cdots \leqslant x_{(N)}$ 是样本顺序统计量（换言之，排序后的样本）。截尾均值 $T_N(\delta, 1-\gamma)$ 定义如下：

$$T_N(\delta, 1-\gamma) = \frac{1}{U_N - L_N} \sum_{j=L_N+1}^{U_N} x_j$$

$\delta, \gamma \in (0, 0.5), L_N = \text{floor}[N\delta], U_N = \text{floor}[N\gamma]$

■ 缩尾均值。缩尾均值 $\overline{X}_W$ 是缩尾数据的均值：

[①] P. Rousseuw. Least Median of Squares Regression. *Journal of the American Statistical Association*, 79 (1984), pp. 871-890.

[②] 此处和下文的讨论参见 Anna Chernobai and Svetlozar T. Rachev. Applying Robust Methods to Operation Risk Modelling. *Journal of Operational Risk*, 1 (2006), pp. 27-41.

$$y_j = \begin{cases} x_{I_N+1} & j \leqslant L_N \\ x_j & L_N+1 \leqslant j \leqslant U_N \\ x_j = x_{U_N+1} & j \geqslant U_N+1 \end{cases}$$

$$\overline{X_W} = \overline{Y}$$

■ 中位数。中位数 $Med(x)$ 被定义为在样本顺序统计量中位于中间位置的值:

$$\text{Med}(X) = \begin{cases} x_{((N+1)/2)} & \text{如果 } N \text{ 为奇数} \\ ((x_{(N/2)} + x_{(N/2+1)})/2) & \text{如果 } N \text{ 为偶数} \end{cases}$$

偏离的稳健估计 方差是偏离的经典估计量,但不是稳健的。偏离的稳健估计量如下:

■ 中位数绝对离差。中位数绝对离差(MAD)被定义为一个变量和它的中位数差异的绝对值的中位数,也就是,

$$\text{MAD} = \text{MED}|X - \text{MED}(x)|$$

■ 四分位距。四分位距(IQR)被定义为上四分位数和下四分位数之间的差异:

$$\text{IQR} = Q(0.75) - Q(0.25)$$

其中 $Q(0.75)$ 和 $Q(0.25)$ 是数据的第 75 和第 25 个百分位数。

■ 平均绝对偏差。平均绝对偏差(MAD)被定义如下:

$$\frac{1}{N}\sum_{j=1}^{N}|x_j - MED(x)|$$

■ 缩尾标准差。缩尾标准差是缩尾数据的标准差,也就是:

$$\sigma_W = \frac{\sigma_N}{(U_N - L_N)/N}$$

回归的稳健估计量

现在让我们将稳健统计量的概念应用于对异常值敏感的回归系数的估计上。

识别回归的稳健估计量是相当难的问题。事实上,估计量的选择不同,稳健或者不稳健,可能导致斜率和截距完全不同的估计。考虑下面的线性回归模型:

$$Y = \beta_0 + \sum_{i=1}^{N}\beta_i X_i + \varepsilon$$

标准的非稳健的 LS 估计出的回归系数使残差平方和最小化

$$\sum_{i=1}^{T}\varepsilon_t^2 = \sum_{i=1}^{T}(Y_i - \sum_{j=0}^{N}\beta_{ij}X_{ij})^2$$

最小化问题的解是

$$\hat{\boldsymbol{\beta}} = (\boldsymbol{X}'\boldsymbol{X})^{-1}\boldsymbol{X}'\boldsymbol{Y}$$

Y 的拟合值(也就是,期望的 LS 估计量)是

$$\hat{\boldsymbol{Y}} = \boldsymbol{X}(\boldsymbol{X}'\boldsymbol{X})^{-1}\boldsymbol{X}'\boldsymbol{Y} = \boldsymbol{H}\boldsymbol{Y}$$

矩阵 $\boldsymbol{H}$ 被称为*帽子矩阵*,因为它带了个帽子,就是说,它计算了 $\boldsymbol{Y}$ 的期望 $\hat{\boldsymbol{Y}}$。帽子矩阵 $\boldsymbol{H}$ 是一个对称的 $T \times T$ 阶的投影矩阵;就是说,满足以下关系: $\boldsymbol{HH} = \boldsymbol{H}$。矩阵 $\boldsymbol{H}$ 有 N 个特征值等于 1,$T-N$ 个特征值等于 0。对角元素 $b_i \equiv b_{ii}$ 满足:

$$0 \leqslant b_i \leqslant 1$$

而且它的迹（即对角线元素之和）等于 N：

$$\operatorname{tr}(H) = N$$

假设误差是独立的，而且服从均值为 0，方差为 σ^2 的同一分布，可以证明，$\hat{Y}$ 是一致的，即当样本趋于无穷时依概率有 $\hat{Y} \to E(Y)$，当且仅当 $b = \max(b_i) \to 0$。b_i 取值大的点被称为*杠杆点*。可以证明，杠杆点的出现表示有观察值可能对回归系数的估计有决定性影响。在 Huber[①] 的文献中提出的经验法则建议，值 $b_i \leqslant 0.2$ 是安全的，$0.2 \leqslant b_i \leqslant 0.5$ 需要谨慎关注，更高的值应该避免。

到目前为止，我们已经讨论了确定回归稳健性的方法。现在让我们来讨论实现回归估计稳健的方法，也就是基于 M 估计量和 W 估计量的方法。

基于 M 估计量的稳健回归

首先让我们来讨论如何使用 Huber M 估计量来构造*稳健回归*。LS 估计量 $\hat{\boldsymbol{\beta}} = (\boldsymbol{X}'\boldsymbol{X})^{-1}\boldsymbol{X}'\boldsymbol{Y}$ 是 M 估计量，但是并非稳健的。我们可以推广 LS 方法来寻找最小化

$$J = \sum_{i=1}^{T} \rho\left(Y_i - \sum_{j=0}^{N} \beta_{ij} X_{ij}\right)$$

这可以通过解 $N+1$ 个联立方程来实现

$$\sum_{i=1}^{T} \psi\left(Y_i - \sum_{j=0}^{N} \beta_{ij} X_{ij}\right) X_{ij} = 0$$

其中

$$\psi = \frac{\partial \rho}{\partial \beta}$$

基于 W 估计量的稳健回归

W 估计量提供了 M 估计量的一种替代形式。它们通过将 M 估计量进行如下改写而获得：

$$\psi\left(Y_i - \sum_{j=0}^{N} \beta_{ij} X_{ij}\right) = w\left(Y_i - \sum_{j=0}^{N} \beta_{ij} X_{ij}\right)\left(Y_i - \sum_{j=0}^{N} \beta_{ij} X_{ij}\right)$$

因此 $N+1$ 个联立方程变为

$$w\left(Y_i - \sum_{j=0}^{N} \beta_{ij} X_{ij}\right)\left(Y_i - \sum_{j=0}^{N} \beta_{ij} X_{ij}\right) = 0$$

或者，写成矩阵形式

$$\boldsymbol{X}'\boldsymbol{W}\boldsymbol{X}\boldsymbol{\beta} = \boldsymbol{X}'\boldsymbol{W}\boldsymbol{Y}$$

其中 $\boldsymbol{W}$ 是一个对角矩阵。

以上所述不是一个线性系统，因为权重函数一般是数据的非线性函数。一个典型的方法是通过反复采用重新加权最小二乘法（RLS）过程，迭代地确定权重。很明显，迭代过程数值上依赖于权重函数的选择。两个常用的选择是 Huber 权重函数 $w_H(e)$，其定义为

$$w_H(e) = \begin{cases} 1 & \text{对于 } |e| \leqslant k \\ k/|e| & \text{对于 } |e| > k \end{cases}$$

[①] Huber. *Robust Statistics* (New York: John Wiley & Sons, Inc., 1981).

和 Tukey 双平方权重函数 $w_T(e)$,其定义为

$$w_T(e) = \begin{cases} (1-(e/k)^2)^2 & \text{对于 } |e| \leqslant k \\ 0 & \text{对于 } |e| > k \end{cases}$$

其中 k 是一个细调常数,在 Huber 函数中经常被设定为 1.345×误差的标准差,而在 Tukey 函数中经常被设定为 $k=4.6853×$误差的标准差。

协方差和相关系数矩阵的稳健估计

方差—协方差矩阵对现代投资组合理论极为重要。实际上,方差—协方差矩阵的估计对于投资组合管理和资产配置来说是至关重要的。假设收益是一个多变量随机向量,其被写作

$$r_t = \mu + \varepsilon_t$$

随机扰动项 ε_t 用协方差矩阵 $\boldsymbol{\Omega}$ 来表征。

$$\rho_{X,Y} = \text{Corr}(\boldsymbol{X},\boldsymbol{Y}) = \frac{\text{Cov}(\boldsymbol{X},\boldsymbol{Y})}{\sqrt{\text{Var}(\boldsymbol{X})\text{Var}(\boldsymbol{Y})}} = \frac{\sigma_{X,Y}}{\sigma_X \sigma_Y}$$

相关系数完整地体现了多元正态分布的依赖结构。更一般的,相关系数是椭圆分布(也就是在椭球体内为常量的分布)的依赖性的有效度量。在其他情形中,依赖性的不同测量是需要的(例如:Copula 函数)。①

两个变量间的样本协方差被定义为

$$\hat{\sigma}_{X,Y} = \frac{1}{N-1}\sum_{i=1}^{N}(X_i - \overline{X})(Y_i - \overline{Y})$$

其中

$$\overline{X} = \frac{1}{N}\sum_{i=1}^{N}X_i, \quad \overline{Y} = \frac{1}{N}\sum_{i=1}^{N}Y_i$$

是变量的样本均值。

样本相关系数是用各自样本标准差的乘积规范化的样本协方差:

$$\hat{\rho}_{X,Y} = \frac{\hat{\sigma}_{X,Y}}{\hat{\sigma}_X \hat{\sigma}_Y}$$

样本标准差被定义为

$$\hat{\sigma}_X = \frac{1}{N}\sqrt{\sum_{i=1}^{N}(X_i - \overline{X})^2}, \quad \hat{\sigma}_Y = \frac{1}{N}\sqrt{\sum_{i=1}^{N}(Y_i - \overline{Y})^2}$$

样本协方差和相关系数是不稳健的,因为它们对于尾部或者是异常值高度敏感。协方差和相关系数的稳健估计量对于尾部是不敏感的。然而,如果依赖关系不是线性的,则稳健化相关系数是没有意义的。

存在协方差稳健估计的不同策略,其中有:

■ 成对协方差的稳健估计。

---

① Paul Embrechts, Filip Lindskog, and Alexander McNeil. Modelling Dependence with Copulas and Applications to Risk Management", in S. T. Rachev (ed.), *Handbook of Heavy Tailed Distributions in Finance* (Amsterdam:Elsevier/North-Holland,2003).

■ 椭圆分布的稳健估计。

在这里我们只讨论成对协方差的稳健估计。正如 Huber 详述的那样,①以下恒等式成立:

$$\text{Cov}(x,y) = \frac{1}{4ab}[\text{Var}(aX+bY) - \text{Var}(aX-bY)]$$

假定 S 是一个稳健的尺度泛函:

$$S(aX+b) = |a|S(x)$$

一个稳健协方差被定义为

$$C(x,y) = \frac{1}{4ab}[S(aX+bY)^2 - S(aX-bY)^2]$$

取

$$a = \frac{1}{S(x)}, b = \frac{1}{S(Y)}$$

一个稳健的相关系数被定义为

$$c = \frac{1}{4}[S(aX+bY)^2 - S(aX-bY)^2]$$

如此定义的稳健的相关系数不能确保存在于区间[-1,+1]之内。为此,常常使用下面的这个替代定义:

$$r = \frac{S(a\boldsymbol{X}+b\boldsymbol{Y})^2 - S(a\boldsymbol{X}-b\boldsymbol{Y})^2}{S(a\boldsymbol{X}+b\boldsymbol{Y})^2 + S(a\boldsymbol{X}-b\boldsymbol{Y})^2}$$

应用

回归分析已经被用于估计某只股票的市场风险(β 值)和估计因素模型中的因素载荷。稳健回归已用于改进这两个领域中的估计。

Martin 和 Simin 给出了异常值对于贝塔估计影响的第一个全面分析。② 此外,他们提出了一个带有数据相关权重的加权最小二乘估计量来估计 β,将这个估计量称作耐抗 β,并报告称这个 β 比使用 LS 计算出来的 β 能够更好地预测未来的风险和收益特征。为了更好地看到 LS β 和耐抗潜在 β 的巨大差别,下面展示了 Martin 和 Simin 给出的四个公司的 β 估计量和估计的标准误差:③

	OLS 估计		耐抗估计	
	β	标准误差	β	标准误差
AW Computer Systems	2.33	1.13	1.10	0.33
Chief Consolidated	1.12	0.80	0.50	0.26
Mining Co. Oil City Petroleum	3.27	0.90	0.86	0.47
Metallurgical Industries Co.	2.05	1.62	1.14	0.22

---

① Huber. *Robust Statistics* (New York:John Wiley & Sons,Inc. ,1981).
② Martin and Simin. Outlier-Resistant Estimates of Beta.
③ 记录于 Martin-Simin 研究的表一。使用的时期为 1962 年 1 月到 1996 年 12 月。

Martin 和 Simin 使用 1992 年 1 月到 1996 年 12 月期间 8 314 家公司的周收益率给出了 OLS β 和耐抗 β 之间绝对差大小的比较。分布的概要如下：

β 绝对差	公司数	百分比
0.0～0.3	5 043	60.7
0.3～0.5	2 206	26.5
0.5～1.0	800	9.6
>1.0	265	3.2

Fama 和 French 的研究发现市值的规模和净值/市价比是解释横截面收益的重要因素。[1] 这些结果纯粹以经验为依据，因为没有均衡资产定价模型可以表明任何一个因素与预期收益有关。规模可能是获得风险溢价的一个因素（通常被称为小公司效应或者是规模效应）的实验性证据最早由 Banz 提出。[2] Knez 和 Ready 使用稳健回归，更具体地说是之前讨论的最小截取二乘法回归，再次检查了实证证据。[3] 他们的结果分为两部分。第一，他们发现，当每个月最极端的 1% 观察值被截断时，Fama 和 French 所发现的规模因素的风险溢价消失了。第二，当样本被截断时，Banz，Fama 和 French 所指出的规模和风险溢价之间的反向关系（也就是市值越大，风险溢价越小）不再成立。例如，使用 LS 估计的每月平均风险溢价是－12 个基点。然而，当样本的 5% 被截断时，平均每月风险溢价被估计为 33 个基点；当样本的 1% 被截断时，估计的平均风险溢价是 14 个基点。

分类回归树

采用回归分析的局限性之一是它从平均的角度来处理我们想要去预测其值的变量。换言之，根据设计将解释变量和回归系数进行线性组合得到一个平均效应。此外，由于只解释平均效应，在回归中解释变量间线性组合使得很难考虑解释变量间的相互作用或者去检查在一个条件基础下的关系。通常被称为分类回归树（CART）的方法可以克服回归分析的这些局限，它允许人们（1）研究非线性行为，（2）考虑解释变量间的相互作用，（3）检验条件基础下的关系。[4] CART 是在第一章中讨论的调查研究受访者时所使用的方法之

---

[1] Eugene F. Fama and Kenneth R. French. The Cross-Section of Expected Stock Returns. *Journal of Finance*, 47 (1992), pp. 427－466; Common Risk Factors in the Returns on Stocks and Bonds. *Journal of Financial Economics*, 33 (1993), pp. 3－56.

[2] Rolf W. Banz. The Relationship Between Return and Market Value of Common Stocks. *Journal of Financial Economics*, 9 (1981), pp. 3－18.

[3] Peter J. Knez and Mark J. Ready. On the Robustness of Size and Book-to-Market in Cross-Sectional Regressions. *Journal of Finance*, 52 (1997), pp. 1355－1382.

[4] 这个技术引自于 Leo Breiman, Jerome H. Friedman, Richard A. Olshen, and Charles J. Stone, *Classification and Regression Trees* (Belmont: Wadsworth, 1984).

一。

　　CART通过建立决策树(用于回归目的)来预测因变量和(用于分类目的)获得分类预测变量。CART是一个指导式学习方法。这意味着CART方法建立于一个具有已知分类或回归值的已知样本上。当模型建立后,它被用于新的情况。在新的情况中,CART规则用于预测,输出结果是一个分类或回归值。[①]

　　CART允许人们通过使用一系列"如果—则"决策规则这一复杂的树形结构数据分析技术来研究基于条件的关系。"如果—则"规则是分析不确定条件下复杂问题的自然方法。这种方法可以使得研究者有效地确定对于感兴趣变量(也就是因变量)的最显著的影响。例如,在股票投资的应用中,感兴趣的变量是股票市场的行为。CART可帮助投资组合经理确定什么是影响股票市场的更重要因素,例如,是经济还是股票价值。CART能估计可能影响因变量的因素的恰当等级,并指派概率。

　　据我们所知,Sorensen,Mezrich和Miller是最早将CART应用于数量化投资管理的。[②] 他们将其应用于基于传统资源配置目的的相对价值分析,这是数量化投资管理中最普遍的问题之一。具体的应用是建立最优决策树来对S&P 500相对于现金的相对表现建模。他们将相对价值定义为S&P 500的收益率减去长期公债收益率,高的相对价值预示着未来股票市场的更好地表现。该模型的结果分配概率给三种市场状态:表现好、表现差和中性。他们想要回答的问题是我们之前提到过的:什么因素在驱动股票市场中更重要,经济还是股票价值(以市盈率测量)？他们发现,例如,价值的关联性次于经济。就是说,在强势经济中,投资者不会那么关心市场的市盈率。

　　为了大致了解CART模型,我们简要描述一下Sorensen,Mezrich和Miller所做的工作。他们首先确定了是股票收益的主要决定因素的解释变量。他们所使用的解释变量有收益率曲线的倾斜度、信用差价、股票风险溢价和股息率溢价(也就是,S&P 500的股息率减去长期公债收益率)。然后用CART将因变量,即股票收益率分到两个不同的组,每一组尽可能地同质。为了实现这个目的,要确定解释变量的一个临界水平来分解因变量。CART算法接下来继续将这两个子组中的每一个分为更细的子组,使得每组在统计上是可区分的,但是组内是同质的。分解继续直到根据额外的解释变量的分解不能再改善每个子组的统计同质性。得到的解释变量的分层结构使得整棵树有最小的误分类率。CART的最终结果是一个非线性的"如果—则"规则的树形结构层次,其中每一个规则根

[①] CART方法通过构造二进制递归树运作。树的每个节点被预测变量之一的双值决策分为两部分。最佳的分裂标准是将样本分为最均质的两个次级样本。最常用的同质标准是基于基尼系数。分裂过程可以继续于单个单位,从而建立一棵完整的树。然而,一棵完整的树将产生很差的一般化表现。因此,学习过程的一个主要方面是何时停止分裂这棵树的规则。或者,可以建立一棵完整的树,然后删减一些,使其到达样本外的最佳性能。一旦树的长度决定了,我们将要给每个最后的节点分配分类值。可以给每个节点分配样本中出现更频繁的分类值。完成这步以后,树就为在新状况中使用做好准备了。

[②] Eric H. Sorensen, Joseph J. Mezrich, and Keith L. Miller. A New Technique for Tactical Asset Allocation. Chapter 12 in Frank J. Fabozzi, ed., *Active Equity Portfolio Management* (Hoboken: John Wiley & Sons, 1998).

据它之前的规则决定其行为。从这个树形结构层次中,可以得到到达因变量的每个状态的一组概率值。在 Sorensen,Mezrich 和 Miller 的应用中,它是赋予三个市场状态的概率:表现好、表现差和中性。他们称,当表现好的预测概率超过 70% 时,模型在几乎 70% 的时间里是正确的。

总　结

- 如果残差是不相关的白噪声,则金融时间序列的概率性描述是可能的。
- 协方差与相关系数度量随机变量间的线性依赖性。
- 当样本长度和过程数量是同数量级时,估计许多过程间的相关系数和协方差是很困难的。
- 指数加权移动平均缓解了协方差和相关系数估计中的有关问题。
- 随机矩阵理论提供了对大型协方差和相关系数矩阵估计的不确定水平的系统分析。
- 线性回归表示变量间的线性函数关系。
- 标准的回归模型可以通过普通最小二乘法来估计。
- 广义最小二乘法是应用于残差间相关情形的、普通最小二乘法的扩展。
- 回归模型的扩展包括工具变量模型和多变量回归。
- 分位数回归能获得比均值和中位数的点估计更多的有关因变量的分布的信息;主要的想法是对条件分位数建模(也就是,给定回归因子,为分位数建模)。
- 回归诊断包括系数的显著性检验和杠杆点的分析。
- 稳健统计技术处理的问题是获得对于统计模型所使用的基本假设的细微改变不敏感的估计量,并有助于将数据尾部的贡献从数据主体的贡献中分离出来。
- 稳健统计方法可以用于估计对异常值敏感的回归系数。
- 分类回归树方法是一个非线性回归工具,可以用于分析解释变量间的相互作用或者用于检验基于条件的关系;该方法涉及建立决策树以预测因变量,以及获取分类的预测变量以分类。

第三章　金融计量经济学Ⅱ:时间序列

在这一章中,我们将介绍时间序列理论以及时间序列的估计方法。首先,我们将介绍时间序列的时域和频域表示理论。然后再介绍向量自回归过程、协整的概念并讨论它们各自的估计方法。

随机过程

*随机过程*是一簇与时间有关的随机变量。考虑一个概率空间(Ω, P),这里Ω是这个世界可能状态$\omega \in \Omega$的集合,而P为概率测度。随机过程是指随着时间变量t的变化而变化的随机变量X_t的集合,因此随机过程是时间和状态的双变量函数$X(t,\omega)$。随机过程的一条路径是由给定一个$\omega \in \Omega$时,所有的值$X(t,\omega)$的集合所形成的关于时间的单变量函数。所以我们可以说随机过程是其所有路径的集合。两个随机过程可能拥有相同的路径,但是它们的概率分布可能不同。比如,考虑一个股票市场,所有的股票价格过程都有相同的路径,但不同股票的概率分布是不同的。

描述随机过程的一个可能方式是利用有限维联合分布族,即对任意n以及任意选择的n个时间点,有限维联合概率分布

$$F(x_1, \cdots, x_n) = P(x(t_1) \leqslant x_1, \cdots, x(t_n) \leqslant x_n), t_1 \leqslant \cdots t_i \cdots \leqslant t_n$$

由于有限维分布不能决定一个随机过程的全部性质,因此它们不能唯一地确定一个随机过程。

如果有限维分布不取决于时点的具体位置,而是仅取决于时间间隔:$\tau_i = t_i - t_{i-1}$,则这个过程就称为*平稳随机过程*或者*严格平稳随机过程*,此时,有限维分布就可以写成$F(\tau_1, \cdots, \tau_{n-1})$。

在第二章中,我们观察到,是否能对金融事件进行统计描述是目前争论的一个热点。实际上,对于每个股票价格过程,我们只有一个实现,而股票价格过程的统计模型包括了无穷多条路径。因此对于由单一实现进行统计推断的这种可能性表示怀疑是可以理解的。根本的解决方法是:假定全体路径的统计特性可以由单一实现的点的集合的统计特性推导出来。一个平稳的随机过程称为*遍历的*(ergodic),如果所有(时间无关的)矩都等于时间趋于无穷大时对应的时间平均值的极限。例如,如果一个随机过程是遍历的,均值等于时间平均值。如果一个过程是遍历的,它的统计参数可以由一个单一实现推断出来。

我们可以很自然地将随机过程的定义拓展到多元过程中,*多元随机过程*是一个随时间变化的随机向量:$\boldsymbol{X}_t = (X_{1,t}, \cdots, X_{p,t})$。因此,一个多元随机过程是$p$个双变量函数组

成的集合：$X(t,\omega)=[X_1(t,\omega),\cdots,X_p(t,\omega)]$。有限维分布是 p 个变量在 n 个不同的时间点上的联合分布。平稳性和遍历性的定义如同单变量情形。

时间序列

如果时间参数呈离散型变化，这个随机过程称为*时间序列*。一个单变量的时间序列是一个随机变量序列：

$$X(t_1),\cdots,X(t_s),\cdots$$

各时间点的间隔可以相同，即相邻的两个时间点的差为一个常数：$t_s-t_{s-1}=\Delta t$。时间点的间隔也可以是随机的，或是遵循某一种确定性的规则。在前一种情形，时间序列更准确地称为一个*点过程*。多变量时间序列是一个随机向量序列。

时间序列的时间点一般被看作是无穷的。时间序列可以在正负两个方向上都无限，从 $-\infty$ 到 $+\infty$，或者也可以有一个起始点 t_0。任何实际观察到的时间序列都可以看成是从一个无限时间序列中抽取出来的样本。严格来讲，只有当时间序列在正负两个方向上都无限时，它才能是平稳的。

一个多变量时间序列称为*协方差平稳序列*或*弱平稳序列*或*广义平稳时间序列*，如果均值向量在各个时间点上是相等的：

$$E[X_1(t_i),\cdots,X_N(t_i)]=E[X_1(t_j),\cdots,X_N(t_j)],\forall i,j$$

并且所有的协方差、自协方差、相关系数以及自相关系数仅与滞后期数有关：

$$\text{corr}[X_i(t_r),X_j(t_s)]=\text{corr}[X_i(t_{r+q}),X_j(t_{s+q})],$$
$$\forall i,j=1,\cdots,N,\forall q,r,s=\cdots,-2,-1,0,1,2,\cdots$$
$$\text{Cov}[X_i(t_r),X_j(t_s)]=\text{Cov}[X_i(t_{r+q}),X_j(t_{s+q})],$$
$$\forall i,j=1,\cdots,N,\forall q,r,s=\cdots,-2,-1,0,1,2,\cdots$$

如果一个时间序列是协方差平稳序列，则它的协方差和相关系数均为常数，我们可以定义自相关函数与自协方差函数如下：

$$\rho_{ij,\tau}(\tau)=\text{corr}[X_i(t_r),X_j(t_{r+\tau})]$$
$$r_{ij,\tau}(\tau)=\text{Cov}[X_i(t_r),X_j(t_{r+\tau})]$$

注意一个严格平稳序列不一定是协方差平稳序列，因为期望和协方差可能不存在。如果期望和协方差存在，则严格平稳时间序列的确为协方差平稳序列。

时间序列的表示

无论是在理论工作中还是在实际工作中，我们都需要描述和表示时间序列。时间序列的表示方法有很多种。对于协方差平稳序列的一个最基本最普遍的表示由"沃尔德表达式（Wold representation）"给出。它因统计学家沃尔德（Herman Ole Andreas Wold）而得名。沃尔德曾在克莱默（Harald Cramer[1]）门下攻读博士学位，他在克莱默指导下在其

---

[1] Harald Cramer，著名瑞典数学家，精算学奠基人之一。

学位论文中提出了这个表达式。所以,沃尔德表达式又常常被称为克莱默—沃尔德表达式(Cramer-Wold representation)。

让我们首先阐述沃尔德在 1938 年证明的关于单变量时间序列的沃尔德表达式[①]。考虑一个均值为 0、协方差平稳序列 X_t。沃尔德表示定理称,X_t 可以表述为两个随机过程的加总。第一个随机过程由过去新息的无限移动平均形成,第二个过程是一个可以由 X_t 滞后值准确地线性预测的过程。

$$X_t = \sum_{j=0}^{\infty} b_j \varepsilon_{t-j} + \omega_t$$

$E(\varepsilon_t) = 0, E(\varepsilon_t \omega_s) = 0, \forall t, s, E(\varepsilon_t^2) = \sigma^2, E(\varepsilon_t \varepsilon_s) = 0, \forall t, s \quad t \neq s$

$b_0 = 1, \sum_{j=0}^{\infty} b_j^2 < \infty$

为了得到对沃尔德理论的直观了解,假定随机过程 X_t 的均值为 0,并构造 X_t 关于 $X_t, \cdots, X_{t-n}$ 的线性投影:

$$\hat{X}_t^{(n)} = \sum_{i=1}^{n} a_i X_{t-i} = P[X_t \mid X_{t-1}, \cdots, X_{t-n}]$$

现在考虑残差

$$\omega_t^{(n)} = X_t - P[X_t \mid X_{t-1}, \cdots, X_{t-n}]$$

根据我们在第二章中讨论过的正交性质可知,投影和相对残差是正交的:

$$E(w_t^{(n)}, P[X_t \mid X_{t-1}, \cdots X_{t-n}]) = 0$$

可以证明,如果我们令 n 趋向于无穷,则投影序列

$$P[X_t \mid X_{t-1}, \cdots, X_{t-n}]$$

在均方意义下收敛于一个很好地定义的随机变量:

$$\hat{X}_t = \sum_{i=1}^{\infty} a_i X_{t-i} = P[X_t \mid X_{t-1}, X_{t-2}, \cdots]$$

残差 $\varepsilon_t = X_t - \hat{X}_t$ 与所有的 X_{t-j} 都是正交的。残差线性投影

$$P[X_t \mid X_{t-1}, X_{t-2}, \cdots]$$

留下的新息,并且它是线性不可预测的。沃尔德分解定理称任意平稳过程都可以表示为两个随机过程的和:

$$X_t = \sum_{j=0}^{\infty} b_j \varepsilon_{t-j} + \omega_t$$

它们在每个滞后期都是相互正交的,并使得过程 ω_t 可以由过去的 X_{t-j} 完全地线性预测,而过程

$$\sum_{j=0}^{\infty} b_j \varepsilon_{t-j}$$

是线性不可预测的。因此过程 ω_t 称为*线性确定性的*,而上面的过程称为*完全不确定性*

---

① Herman O. A. Wold, *The Analysis of Stationary Time Series* (Uppsala: Almqvist and Wicksell, 1938).

的。

要注意的是,虽然是确定性的,过程 ω_t 仍是由不同路径的无穷集合构成的随机过程,而这些路径各自都是线性可预测的函数。应该把过程 ω_t 与非随机过程的确定性趋势区分开来。线性确定性平稳随机过程的一个例子由随机过程 $y_t = a\sin(\omega t) + b\cos(\omega t)$ 给出,其中 a,b 为相互不相关的随机变量。

沃尔德分解定理(Wold decomposition)推广到多变量的情况。考虑一个多变量序列 $X_t = (X_{1t}, \cdots, X_{nt})$。在多变量情形,单变量情况中的协方差函数被协方差矩阵 $\Gamma_\tau = \{r_{ij,\tau}\}$ 所取代,这个协方差矩阵中的项是在滞后期 τ 上的自交协方差:$\gamma_{ij,\tau} = E(X_{i,t}X_{j,t-\tau})$。沃尔德分解定理认为一个多元随机过程可以唯一地分解为两个独立的过程:

$$X = \sum_{i=0}^{\infty} B_i U_{t-i} + W_t$$

这里 B_i 是 n 阶方阵,且 $B_0 = I_n$,和式

$$\sum_{i=0}^{\infty} B_i B'_t$$

收敛,过程 U_t 是 n 元实值白噪声过程,它满足:

$$E(U_t) = 0, E(U_t U_t^T) = \Sigma, E(U_t U_{t-s}^T) = 0, \forall m > 0$$

而 W_t 是一个线性确定性过程。与单变量情形类似,后面的条件意味着,存在一个 n 维向量 C_0 以及一个 n 阶方阵 C_s,使得过程 W_t 能够由其滞后项完全地线性预测出来:

$$W_t = C_0 + \sum_{s=1}^{\infty} C_s W_{t-s}$$

且

$$E(U_t W_{t-m}^T) = 0, m = 0, \pm 1, \pm 2 \cdots$$

和单变量情形一样,n 元白噪声过程 U_t 是新息的,因为它是 X_t 的最佳线性预测的残差项,即 $U_t = X_t - P(X_t | X_{t-1}, X_{t-2} \cdots)$。

如同前面所述,沃尔德分解定理适用于由 $-\infty$ 延续到 $+\infty$ 的平稳过程。克莱默拓展了沃尔德分解定理,他证明了任意过程都可以分解为一个确定性过程(不一定是线性的)加上一个非确定性过程的和。[①]

沃尔德分解作为一个线性移动平均表示是唯一的,但是它并非是一个平稳随机过程的唯一可能表示。例如,一个非线性过程除了沃尔德表示之外还可能会有其他的非线性表示。值得注意的是,甚至是非线性过程也有沃尔德表示,而它是线性的。

可逆性与自回归表示

首先介绍滞后算子 L。L 将时间序列向后移动一期:$L(X_t) = X_{t-1}$。滞后算子可以

[①] Harald Cramer. On Some Classes of Non-Stationary Processes. *Proceedings of the 4th Berkeley Symposium on Mathematical Statistics and Probability*,University of California Press,1961,pp. 221-230.

递归使用：

$$L^0(X_t) = X_t$$
$$L^1(X_t) = X_{t-1}$$
$$L^2(X_t) = L(L(X_t)) = X_{t-2}$$
$$\cdots\cdots\cdots\cdots\cdots\cdots\cdots\cdots\cdots\cdots$$
$$L^n(X_t) = L(L^{n-1}(X_t)) = X_{t-n}$$

使用滞后算子，沃尔德表达式可以写成：

$$X_t = B(L)\varepsilon_t = \sum_{j=0}^{\infty} b_j L^j \varepsilon_t + \omega_t$$

其中

$$B(L) = \sum_{j=0}^{\infty} b_j L^j 。$$

假设线性可预测部分已经去掉，则 X 成为完全非确定性过程 $X_t = B(L)\varepsilon_t$。我们形式地写出算子 $B(L)$ 的逆如下：

$$B(L)^{-1}B(L) = I, I = 1 + 0L + 0L^2 + \cdots$$

于是我们可以形式地建立两个关系：

$$X_t = B(L)\varepsilon_t$$
$$\varepsilon_t = B(L)^{-1}X_t$$

并非所有的算子 $B(L)$ 都有逆。如果逆存在，则这个过程就称为*可逆的*。在这种情况下，过程 X_t 就可以表示为互不相关的新息项的和，而新息项又可以表示为过程的无穷多滞后项的和。

频域表示

让我们回忆一些与在频域内时间序列分析相关的事实。[1] 谱分析(spectral analysis)的基础是傅立叶级数(Fourier series)以及傅立叶变换(Fourier transform)。周期为 2τ 的周期函数 $x(t)$ 可以表示为一个傅立叶级数，这个级数由可数多个正弦函数和余弦函数构成：

$$x(t) = \frac{1}{2}a_0 + \sum_{n=1}^{\infty} \left(a_n \cos\left(\frac{\pi}{\tau}t\right) + b_n \sin\left(\frac{\pi}{\tau}t\right) \right)$$

这个级数可以被反求出来，因为其中系数可以通过下列积分形式的公式表示：

$$a_n = \frac{1}{\tau}\int_{-\tau}^{+\tau} x(t)\cos\left(\frac{\pi}{\tau}t\right)dt$$
$$b_n = \frac{1}{\tau}\int_{-\tau}^{+\tau} x(t)\sin\left(\frac{\pi}{\tau}t\right)dt$$

---

[1] 我们参照 M. B. Priestley. *Spectral Analysis and Time Series* (London: Academic Press, 1983); D. R. Cox and H. D. Miller. *The Theory of Stochastic Processes* (Boca Ratom, FL: Chapman & Hall/CRC, 1977).

如果 $x(t)$ 是平方可积的,它就能表示成傅里叶积分(Fourier integral)的形式:

$$x(t) = \frac{1}{\sqrt{2\pi}} \int_{-\infty}^{+\infty} e^{i\omega t} F(\omega) d\omega$$

其中函数 $F(\omega)$ 称为 $x(t)$ 的傅立叶变换:

$$F(\omega) = \frac{1}{\sqrt{2\pi}} \int_{-\infty}^{+\infty} e^{-i\omega t} x(t) dt$$

在周期函数和非周期函数两种情形中,帕萨瓦尔定理(Parseval's Theorem)都成立:

$$\int_{-\infty}^{+\infty} x^2(t) dt = 2\tau \sum_{n=1}^{\infty} c_n^2, c_0 = \frac{1}{2} a_0, c_n = \sqrt{\frac{1}{2}(a_n^2 + b_n^2)}$$

$$\int_{-\infty}^{+\infty} x^2(t) dt = \int_{-\infty}^{+\infty} |F(\omega)|^2 d\omega$$

上述的傅里叶分析适用于确定性函数 $x(t)$。现假设 $x(t)$ 是连续时间上的一个单变量平稳随机过程。随机过程是一个路径的集合。由于过程是无限且平稳的,所以其路径并不具有周期性,当时间 t 趋于无穷时,它们并不趋向于0,它们作为时间的函数不是平方可积的。

考虑信号的功率和功率谱。给定一个平稳序列(信号),它的能量(即其平方的积分)是无限的,但序列的功率(即能量除以时间)可能趋向于一个有限的极限值。

考虑一个平稳时间序列,沃尔德理论认为,序列 $\rho(t)$($t=0,\pm 1,\pm 2\cdots$)为一个离散平稳随机过程 $x(t)$,$t=0,\pm 1,\pm 2\cdots$ 的自相关函数的充要条件是:存在一个非减函数 $F(\omega)$,使得 $F(-\pi)=0, F(+\pi)=1$ 并且

$$\rho(r) = \int_{-\pi}^{+\pi} e^{i\omega r} dF(\omega)$$

假设 $F(\omega)$ 是可微的并且:

$$\frac{dF(\omega)}{d\omega} = f(\omega)$$

我们可以写出

$$\rho(r) = \int_{-\pi}^{+\pi} e^{i\omega r} f(\omega) d\omega$$

这个关系可以利用傅立叶级数进行转换:

$$f(\omega) = \frac{1}{2\pi} \sum_{r=-\infty}^{r=+\infty} \rho(r) e^{-i\omega r}$$

如果序列 $x(t), t=0, \pm 1, \pm 2\cdots$ 为实值的,则 $\rho(r)$ 是一个偶序列,我们可以将 $f(\omega)$ 写成:

$$f(\omega) = \frac{1}{2\pi} \sum_{r=-\infty}^{r=+\infty} \rho(r) \cos r\omega = \frac{1}{2\pi} + \frac{1}{\pi} \sum_{r=-\infty}^{r=+\infty} \rho(r) \cos r\omega$$

对于协方差可以建立类似的关系。特别地

$$R(r) = \int_{-\pi}^{+\pi} e^{i\omega t} dH(\omega)$$

如果存在密度

$$\frac{dH(\omega)}{d\omega} = h(\omega)$$

则前面的公式变为：
$$R(r) = \int_{-\pi}^{+\pi} e^{i\omega t} h(\omega) d\omega$$

这个表达式可以反过来写成：
$$h(\omega) = \frac{1}{2\pi} \sum_{r=-\infty}^{r=+\infty} R(r) e^{-i\omega t}$$

如果时间序列是实值的，则：
$$h(\omega) = \frac{1}{2\pi} \sum_{r=-\infty}^{r=+\infty} R(r) \cos r\omega = \frac{\sigma_x}{2\pi} + \frac{1}{\pi} \sum_{r=-\infty}^{r=+\infty} R(r) \cos r\omega$$

误差和残差

在统计学中，误差和残差之间存在着典型的区别。误差是指与真实总体均值的偏离，而残差是指与计算出的样本均值的偏离。这两个概念经常被混淆并且几乎相互替代使用。然而，两个概念之间存在着本质的区别。例如，误差可以是独立的，但残差通常是非独立的。为说明这一点，我们考虑从一个总体中随机抽取出的一个样本。因为假设样本是从总体中独立地抽取的，所以可以假设误差也是独立的。然而，由其结构，实际样本平均值的残差的均值为0，这就使得残差在理论上是非独立的。当然，如果样本很大，实际均值的残差则几乎可以看作是独立的。

在第二章中讨论回归时，我们发现误差方差为常数的假定意味着在变量的不同区间上误差的重要性是有差异的。事实上，当回归分析变量的值较大时，误差的重要性相对较小。因此，带有常数误差项的线性回归分析在变量取极端值时会给出比变量值居中时更好的拟合。

在时间序列建模情况下，讨论一个抽象概率模型时，我们会对模型误差进行假设。但是当我们估计一个模型时，我们观察到的是期望条件均值建模后的残差而非真正的误差。我们可以做出关于误差的不同假设，从而建立不同的概率模型。例如，我们可以假定误差服从 GARCH 过程。给定样本后，我们需要确定哪种模型和残差能更好地拟合数据分析。

一般来讲，我们可以说任意给定的模型在模型本身与其残差之间分摊预测。在理想的情形中，残差是白噪声过程，它不携带任何信息。然而在大多数情形中，主要模型会赋予残差更多的结构。限制残差的结构是很重要的，否则模型无任何现实意义。

稳定的向量自回归过程

首先考虑一个单变量零均值的平稳序列。单变量时间序列的自回归模型是如下形式的模型：
$$X_t = a_1 X_{t-1} + \cdots + a_q X_{t-q} + \varepsilon_t$$

这里我们假设 ε_t 是一个互不相关的白噪声序列并且具有同方差。这个序列是可逆的，如果方程
$$1 - a_1 z - \cdots - a_q z^q = 0$$

这里 z 是一个复变数,所有根的模都大于 1。例如,考虑 $q=1$ 情形:

$$X_t = a_1 X_{t-1} + \varepsilon_t$$
$$(1 - a_1 L) X_t = \varepsilon_t$$
$$X_t = \frac{1}{1 - a_1 L} = \sum_{i=1}^{\infty} a_1^i L^i \varepsilon_t$$

如果 $|a_1| < 1$,则级数

$$\sum_{i=1}^{\infty} a_1^i L^i \varepsilon_t$$

收敛。$|a_1| < 1$ 意味着方程 $1 - a_1 z = 0$ 的实值解 $z = \frac{1}{a_1}$ 大于 1。

考虑一个序列的协方差函数:

$$p(1) = E(X_t X_{t-1}) = E(X_{t-1}(a_1 X_{t-1} + \varepsilon_t)) = a_1 E(X_{t-1} X_{t-1}) = a_1 \sigma^2$$
$$p(2) = E(X_t X_{t-2}) = E(X_{t-2}(a_1^2 X_{t-2} + a_1 \varepsilon_{t-1} + \varepsilon_t)) = a_1^2 E(X_{t-2} X_{t-2}) = a_1^2 \sigma^2$$
$$\cdots\cdots$$
$$p(\tau) = E(X_t X_{t+\tau}) = a_1^\tau \sigma^2$$

一个自回归时间序列 $X_t = a_1 X_{t-1} + \cdots + a_q X_{t-q} + \varepsilon_t$ 是我们在第二章中所讨论过的类型的回归模型。假设方程 $1 - a_1 z - \cdots - a_q z^q = 0$ 的所有根的模都大于 1。如果残差序列不相关且具有同方差性,则我们可以用普通最小二乘法 OLS 来估计自回归模型。首先,我们像在线性回归中那样排列样本数据。滞后为 q 期的自回归模型是具有 q 个变量和一个常数的回归模型。假设给定一个时间序列的样本:

$$(X_1, \cdots, X_q, X_{q+1}, \cdots, X_{T+q})'$$

我们可以将样本数据和残差如下排列:

$$\boldsymbol{X} = \begin{bmatrix} X_{q+1} \\ \vdots \\ X_{q+T} \end{bmatrix}, \boldsymbol{Z} = \begin{bmatrix} 1 & X_q & \cdots & X_1 \\ \vdots & \vdots & \ddots & \vdots \\ 1 & X_{q+T-1} & \cdots & X_T \end{bmatrix}, \boldsymbol{E} = \begin{bmatrix} \varepsilon_1 \\ \vdots \\ \varepsilon_T \end{bmatrix}$$

称 $A = (a_0, a_1, \cdots, a_q)$ 为模型系数向量。自回归模型可以简洁地写成矩阵形式:

$$\boldsymbol{X} = \boldsymbol{Z}\boldsymbol{A} + \boldsymbol{E}$$

而模型的最小二乘估计量为:

$$\hat{\boldsymbol{A}} = (\boldsymbol{Z}'\boldsymbol{Z})^{-1} \boldsymbol{Z}' \boldsymbol{X}$$

现在我们来把它推广到多变量过程。考虑一个多变量时间序列:

$$\boldsymbol{X}_t = (X_{1t}, \cdots, X_{Nt})'$$

并假设它满足如下线性差分方程组:

$$X_{1t} = c_1 + a_{11}^{(1)} X_{1t-1} + \cdots + a_{1N}^{(1)} X_{Nt-1} + \cdots + a_{11}^{(q)} X_{1t-q} + a_{1N}^{(q)} X_{Nt-q} + \cdots + \varepsilon_{1t}$$
$$\cdots\cdots$$
$$X_{Nt} = c_N + a_{N1}^{(1)} X_{1t-1} + \cdots + a_{NN}^{(1)} X_{Nt-1} + \cdots + a_{N1}^{(q)} X_{1t-q} + a_{NN}^{(q)} X_{Nt-q} + \cdots + \varepsilon_{Nt}$$

这里我们假定残差序列 ε 是序列不相关的且具有相同的协方差矩阵 $\sum$。

如果我们定义 N 阶系数矩阵:

$$A_1 = \begin{bmatrix} a_{11}^{(1)} & \cdots & a_{1N}^{(1)} \\ \vdots & \ddots & \vdots \\ a_{N1}^{(1)} & \cdots & a_{NN}^{(1)} \end{bmatrix}, \cdots, A_q = \begin{bmatrix} a_{11}^{(q)} & \cdots & a_{1N}^{(q)} \\ \vdots & \ddots & \vdots \\ a_{N1}^{(q)} & \cdots & a_{NN}^{(q)} \end{bmatrix}$$

以及常向量 $C=(c_1,\cdots,c_N)'$ 和残差向量 $E_t=(\varepsilon_{1t},\cdots,\varepsilon_{Nt})'$，我们可以将上述模型写成矩阵形式：

$$X_t = C + A_1 X_{t-1} + \cdots + A_q X_{t-q} + E_t$$

这种类型的模型称为 q 阶*向量自回归模型*（即 VAR 模型）。

q 阶的 VAR 模型常常等价于一个一阶 VAR 模型。为了证明这一点，我们定义如下的一个新的时间序列：

$$Z_t = (X'_t, X'_{t-1}, \cdots, X'_{t-q+1})'$$
$$Z_{t-1} = (X'_{t-1}, X'_{t-2}, \cdots, X'_{t-q})'$$

序列 Z 满足方程：

$$Z_t = D + AZ_{t-1} + F$$

这里 A 为下面的 $N_q \times N_q$ 阶伴随矩阵：

$$\begin{bmatrix} A_1 & A_2 & A_3 & \cdots & \cdots & A_q \\ I & 0 & 0 & \cdots & \cdots & 0 \\ 0 & I & 0 & \cdots & \cdots & 0 \\ 0 & 0 & \ddots & \ddots & \cdots & 0 \\ 0 & 0 & \ddots & I & 0 & 0 \\ 0 & 0 & \cdots & 0 & I & 0 \end{bmatrix}$$

$F=(E',0,\cdots,0)'$ 是一个 $Nq \times 1$ 维列向量，其前 q 个元素为残差 E，其他元素均为 0，而 D 为常数向量，其前 q 个元素都是常数向量 C，其余元素为 0。

一个 VAR 模型称为*平稳的*，如果方程式

$$\det(1 - A_1 z - \cdots - A_q z^q) = 0$$

的所有根都在单位圆之外，这里 z 为复变数。等价地，一个 VAR 模型是平稳的，如果伴随矩阵 A 的所有特征值的模都小于 1。由无穷的滞后值出发的平稳 VAR 模型产生一个平稳过程 X。

假设序列 X_t 为协方差平稳序列。对方程式 $X_t = C + A_1 X_{t-1} + \cdots + A_q X_{t-q} + E_t$ 两边同时取期望，我们可以看到 X_t 的无条件均值为：

$$\mu = (I - A_1 - \cdots - A_q)^{-1} C$$

将方程式两边减去均值，我们可以将过程重新写成以下形式：

$$X_t - \mu = A_1(X_{t-1} - \mu) + \cdots + A_q(X_{t-q} - \mu) + E_t$$

一个平稳的 VAR 模型可以作为多变量回归估计出来。

注意到 VAR 模型是一个*半相依回归模型*（SUR model）。这个事实意味着在残差序列不相关且同方差假设下，多变量 VAR 模型能够利用 OLS 逐个方程进行估计。

单整变量和协整变量

迄今为止，我们已经考虑了平稳序列模型，特别是协方差平稳序列。一个单变量序列

称为 d 阶单整序列，如果这个序列经过 d 次差分变为平稳序列，而经过 $d-1$ 次差分仍为非平稳序列。特别地，一个非平稳序列称为一阶单整序列或简称单整序列，如果它经过一次差分可以变成平稳序列。考虑一个一阶单整过程 X，过程 X 由所有的过去冲击组成的和构成。即单整过程的任何冲击都不会衰减。

单整过程最简单的一个例子是如下定义的随机游走：

$$X_t = X_{t-1} + \varepsilon_t, t = 0, 1, \cdots$$

$$X_t = \sum_{s=0}^{t} \varepsilon_t + X_0$$

$$\text{var}(X_t) = t\text{var}(\varepsilon_t) + \text{var}(X_0)$$

这里 ε_t 为不相关的白噪声过程。随机游走过程是非平稳的并且其方差随着时间 t 的变化呈线性增加。另外，可以证明当时间趋向于无穷时，时间上远离的两个点之间的相关系数趋向于 1。

单整过程是非平稳的，通常都会给定一个起始时间和初始条件，否则很难判定关于有限矩的任何条件。

所以，一个过程是 d 阶单整的，如果它是非平稳的但经过至少 d 次差分之后变为平稳的。在前面的观察下，即单整过程存在一个时间起点，这个概念变得有些歧义。从严格的理论观点来看，如果我们对一个存在时间起点的单整过程进行差分，则我们会得到另一个具有时间起点的过程。而一个具有时间起点的过程不可能是平稳过程。为了解决这个问题，我们可以用*渐近平稳性*（asymptotic stationarity）的概念来取代平稳性条件。渐近平稳性是指当时间 t 趋于无穷时，过程的相关矩，特别是均值向量与协方差矩阵均趋向于有限的极限值。在实践中，我们假定经过一个过渡时期后，差分过程会变为平稳的。

如果我们在进行了 d 次差分后还继续差分，我们就是对一个平稳序列进行差分。对平稳序列进行差分的过程称为*过度差分*（overdifferencing），对一个平稳序列进行差分得到的序列称为是*过度差分序列*。

如果对一个平稳序列进行差分，则我们会得到另一个平稳序列，而新得到的序列是不可逆的。实际上，差分算子 $1-L$ 本身就不可逆，因为我们有

$$(1 - \lambda L)^{-1} = \sum_{i=1}^{\infty} \lambda^i L^i$$

它在 $\lambda = 1$ 时是不收敛的。

现在我们来考虑一个多变量序列，多变量单整序列的概念更为复杂，因为有可能存在这样的情况：各个分量序列单个来讲是单整的但在存在这些序列的平稳线性组合的意义下整个过程并不是联合单整的。当这种情况出现时，这个多变量序列被称为是协整的。故一个 VAR 模型必须考虑其组成序列的可能的协整。

考虑一个多变量时间序列：$\boldsymbol{X}_t = (X_{1t}, \cdots, X_{Nt})'$。假设所有的 X_{it} 都是 d 阶单整序列。如果存在 K 个独立的线性组合

$$\sum_{i=1}^{N} \alpha_i^{(k)} X_{it}, i = 1, \cdots, K$$

其单整阶数 $d' < d$，则过程 $\boldsymbol{X}_t$ 称为 K 阶协整序列。

非平稳 VAR 模型

考虑一个 VAR 模型 $X_t = A_1 X_{t-1} + \cdots + A_q X_{t-q} + E_t$。如果特征方程 $\det(I - A_1 Z - \cdots - A_q Z^q) = 0$ 的一个根位于单位圆上，则这个 VAR 模型就称为*非平稳的*。由非平稳 VAR 模型定义的过程是非平稳过程，并且它包含单整变量。然而，非平稳 VAR 模型的解也可能包括协整变量。在不稳定、非平稳 VAR 模型理论中的一个重要问题是模型解可能的协整阶数。为了讨论这个问题，下面我们需要介绍误差修正 VAR 模型的概念。

误差修正 VAR 模型

为了理解 VAR 分析如何应用于单整过程，我们首先写出一个分量序列均一阶单整的过程的 VAR 模型：
$$X_t = A_1 X_{t-1} + \cdots + A_q X_{t-q} + E_t$$
假定其中不存在常数或确定项。随后我们将放宽这一假设。如果在左右两边同时减去 X_{t-1}，则我们将得到新的方程：
$$X_t - X_{t-1} = (A_1 - I) X_{t-1} + \cdots + A_q X_{t-q} + E_t$$
$$\Delta X_t = (1 - L) X_t = (A_1 - I) X_{t-1} + A_2 X_{t-2} + \cdots + A_q X_{t-q} + E_t$$
现在假设在方程右边加上并减去 $(A_1 - I) X_{t-2}$，我们得到一个新的等价方程：
$$\Delta X_t = (A_1 - I) \Delta X_{t-1} + (A_2 + A_1 - I) X_{t-2} + \cdots + A_q X_{t-q} + E_t$$
现在假设在方程右边加上并减去 $(A_2 + A_1 - I) X_{t-3}$，我们得到一个新的等价方程：
$$\Delta X_t = (A_1 - I) \Delta X_{t-1} + (A_2 + A_1 - I) \Delta X_{t-2} + \cdots + A_q X_{t-q} + E_t$$
我们可以重复这个过程一直到最后一项：
$$\Delta X_t = (A_1 - I) \Delta X_{t-1} + (A_2 + A_1 - I) \Delta X_{t-2} + \cdots + (A_{q-1} + \cdots + A_1 - I) \Delta X_{t-q+1}$$
$$+ (A_q + \cdots + A_1 - I) X_{t-q} + E_t$$
以上就是一个 VAR 模型的*误差修正形式*；它表明一个 VAR 模型可以写成一阶差分加上同期误差修正项的模型：
$$\Delta X_t = BX_1 \Delta X_{t-1} + BX_2 \Delta X_{t-2} + \cdots + BX_{q-1} \Delta X_{t-q+1} + BX_q X_{t-q} + E_t$$
误差修正项可以放在任何位置上。例如，另一个更有用的公式如下给出。首先加上并减去 $A_q X_{t-q}$，我们得到：
$$X_t = A_1 X_{t-1} + \cdots + (A_{q-1} + A_q) X_{t-q+1} - A_q \Delta X_{t-q} + E_t$$
接下来我们加上并减去 $(A_{q-1} + A_q) X_{t-q+2}$，我们得到
$$X_t = A_1 X_{t-1} + \cdots + (A_{q-2} + A_{q-1} + A_q) X_{t-q+2} + (A_{q-1} + A_q) \Delta X_{t-q+1} - A_q \Delta X_{t-q} + E_t$$
我们重复这个过程直到我们得到：
$$\Delta X_t = (A_1 + \cdots + A_q - I) X_{t-1} - (A_2 + \cdots + A_{q-1} + A_q) \Delta X_{t-2} -$$
$$\cdots - (A_{q-1} + A_q) \Delta X_{t-q+1} - A_q \Delta X_{t-q} + E_t$$
以上方程可以称为*向量误差修正模型*（VECM）表达式，它可以写成：
$$\Delta X_t = \Pi X_{t-1} + \Gamma_1 \Delta X_{t-1} + \cdots + \Gamma_{q-1} \Delta X_{t-q+1} + \Gamma_q \Delta X_{t-q} + E_t$$
$$\Pi = (A_1 + \cdots + A_q - I), \Gamma_j = -(A_{j+1} + \cdots + A_q), j = 1, \cdots, q-1, \Gamma_q = -A_q$$
我们假设过程 X 是一阶单整的，这时所有差分项都是零阶平稳的，因此 ΠX_{t-1} 项也

一定是平稳的。

因为我们假定 X 过程是单整的,所以矩阵 $\mathbf{\Pi} = (\mathbf{A}_1 + \cdots + \mathbf{A}_q - \mathbf{I})$ 不可能是满秩的。如果矩阵 $\mathbf{\Pi} = (\mathbf{A}_1 + \cdots + \mathbf{A}_q - \mathbf{I})$ 为零矩阵,则不存在协整且过程 X 可以由一阶差分来估计。

假定矩阵 $\mathbf{\Pi} = (\mathbf{A}_1 + \cdots + \mathbf{A}_q - \mathbf{I})$ 的秩为 $K(0 < K < N)$。在这种情况下,由矩阵理论我们知道,我们可以将 $N \times N$ 阶矩阵 Π 表示为两个秩均为 K 的 $N \times K$ 阶矩阵 $\boldsymbol{\alpha}$ 和 $\boldsymbol{\beta}$ 的乘积:$\mathbf{\Pi} = \boldsymbol{\alpha\beta}'$。我们把 $\boldsymbol{\beta}$ 的列称为协整关系。K 个线性组合 $\boldsymbol{\beta}'\boldsymbol{X}_t$ 为平稳过程。协整关系并不是唯一的。实际上,任意给定非奇异矩阵 P,取 $\boldsymbol{\alpha}^* = \boldsymbol{\alpha}P, \boldsymbol{\beta}^* = \boldsymbol{\alpha}P^{-1}$,我们得到另一个分解 $\mathbf{\Pi} = \boldsymbol{\alpha}^* \boldsymbol{\beta}^{*'}$。

$\Pi \boldsymbol{X}_{t-1}$ 这一项称为*长期项部分*或*误差修正(均衡修正)*项。矩阵 Γ_j 中的项称为*短期参数*。

VAR 模型的解的协整阶数 K 与矩阵 α、β 的秩相等。因此确定 VAR 模型解的协整阶数可以通过确定矩阵 $\prod = \boldsymbol{\alpha\beta}'$ 的秩来进行,其中 $\prod = \boldsymbol{\alpha\beta}'$ 包括了误差修正模型 VECM 表达式中同期项的系数。

确定性项

到现在为止,我们都假设过程 X 的均值为 0,并且在方程
$$\boldsymbol{X}_t = \boldsymbol{A}_1 \boldsymbol{X}_{t-1} + \cdots + \boldsymbol{A}_q \boldsymbol{X}_{t-q} + \boldsymbol{E}_t$$
中没有常数项。现在我们把这个方程式重新写成如下形式:
$$\boldsymbol{X}_t - \boldsymbol{A}_1 \boldsymbol{X}_{t-1} - \cdots - \boldsymbol{A}_q \boldsymbol{X}_{t-q} = \boldsymbol{E}_t$$
$$(\boldsymbol{I} - \boldsymbol{A}_1 L - \cdots - \boldsymbol{A}_q L^q) \boldsymbol{X}_t = \boldsymbol{E}_t$$
$$\boldsymbol{A}(L)\boldsymbol{X}_t = \boldsymbol{E}_t, \boldsymbol{A}(L) = (\boldsymbol{I} - \boldsymbol{A}_1 L - \cdots - \boldsymbol{A}_q L^q)$$

为了理解确定性趋势对向量自回归模型的影响,我们考虑最简单的单变量无趋势 VAR 模型,即随机游走过程:
$$\boldsymbol{X}_t = \boldsymbol{X}_{t-1} + \varepsilon_t, t = 0, 1, \cdots$$

现在给它加上一个线性趋势 $\omega_t = c_0 + c_1 t$。如果我们如下给随机游走过程加上一个线性趋势:
$$y_t = \boldsymbol{X}_t + \omega_t = \sum_{s=0}^{t} \varepsilon_s + c_0 + c_1 t$$

或者如果我们把随机游走模型写成:
$$y_t = c_0 + c_1 t + y_{t-1} + \varepsilon_t$$

二者会存在很大差别。后者得到了一个二次趋势:
$$y_0 = c_0 + y_{-1} + \varepsilon_0$$
$$y_1 = c_0 + c_1 + c_0 + y_{-1} + \varepsilon_0 + \varepsilon_1$$
$$y_2 = c_0 + 2c_1 + c_0 + y_{-1} + \varepsilon_0 + \varepsilon_1 + \varepsilon_2$$
$$\cdots\cdots\cdots\cdots\cdots\cdots\cdots\cdots$$
$$y_t = (t+1)c_0 + c_1 \sum_{i=0}^{t} i + \sum_{i=0}^{t} \varepsilon_i = (t+1)c_0 + c_1 \frac{t(t+1)}{2} + \sum_{i=0}^{t} \varepsilon_i$$

图 3.1 说明了两个模型的差别。这里采用相同的误差项和相同的线性趋势参数,但分别使用以下模型:
$$y_t = c_0 + c_1 t + y_{t-1} + \varepsilon_t$$
或
$$y_t = \boldsymbol{X}_t + \omega_t = \sum_{s=0}^{t} \varepsilon_s + c_0 + c_1 t$$
中的一个来模拟两个随机游走。前者得到一个二次趋势而后者得到一个线性趋势。

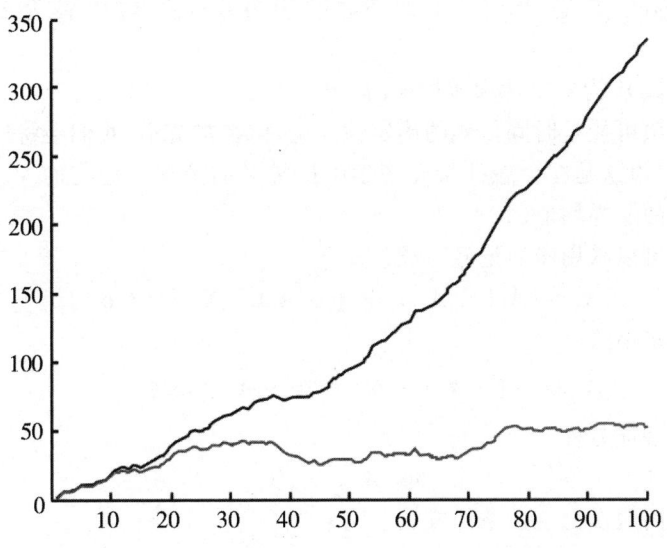

图 3.1 具有线性趋势和二次趋势的随机游走过程

推广至多变量 VAR 模型,我们首先考虑模型
$$Y_t = \boldsymbol{X}_t + W_t = \boldsymbol{X}_t + C_0 + C_1 t$$
这里 X 是一个零均值随机过程并且符合 VAR 模型的条件。现在假设 VAR 模型的方程式中包含一个确定性趋势,该模型如下写出:
$$Y_t = C_0 + C_1 t + \boldsymbol{A}_1 Y_{t-1} + \cdots + \boldsymbol{A}_q Y_{t-q} + \boldsymbol{E}_t$$
在方程 $Y_t = \boldsymbol{X}_t + C_0 + C_1 t$ 两边的各变量前面乘以 $A(L)$,我们得到:
$$A(L)Y_t = A(L)\boldsymbol{X}_t + A(L)(C_0 + C_1 t)$$
$$A(L)Y_t = E_t + A(L)(C_0 + C_1 t)$$
它给出了过程 Y 的同期表示并对确定性项施加了约束条件。

协整在经济和金融建模中扮演了重要角色。在第五章中,我们将讨论协整与均值回归之间的关系。

稳定的向量自回归(VAR)模型的估计

最小二乘法和最大似然估计法可以直接用来估计无约束的稳定 VAR 模型。请注意一个模型称为无约束的,如果估计过程可以给出任何可能的结果;一个模型称为有约束的,如果估计过程可以决定满足某些给定约束条件的参数,这些条件是参数取值的可能范围。

假设给定一个实际的时间序列,而序列的数据生成过程(DGP)是一个有限维 VAR(p)模型。请回忆 VAR 模型具有下列形式:

$$x_t = A_1 x_{t-1} + A_2 x_{t-2} + \cdots + A_p x_{t-p} + v + \varepsilon_t$$

其中 $x_t = (x_{1,t}, \cdots, x_{N,t})'$ 是一个向量形式的 N 维随机时间序列;

$A_i = (a^i_{s,t}), i = 1, 2, \cdots, p, s, t = 1, 2, \cdots, N$ 为确定的 N 阶矩阵;

$\varepsilon_t = (\varepsilon_{1,t}, \cdots, \varepsilon_{N,t})'$ 是一个多元白噪声过程,其方差—协方差矩阵为 $\Sigma = (\sigma_1, \cdots, \sigma_N)'$;

$v = (v_1, \cdots, v_N)'$ 为确定性项所构成的向量。

虽然确定性项可能是时间依赖的确定性向量,但在本节中,我们会将讨论限制在截距为常数的情形,因为这是在金融计量经济学中最常见的情况。稳定的 VAR 模型中的常数截距得到过程的非零均值。

前面的模型可以采用滞后记号写成:

$$x_t = (A_1 L + A_2 L^2 + \cdots + A_p L^p) X_t + v + \varepsilon_t$$

考虑其矩阵多项式:

$$A(z) = I - A_1 z - A_2 z^2 - \cdots - A_p z^p, z \in \mathbb{C}$$

并考虑可逆特征方程:

$$\det(A(z)) = 0$$

在本节中我们假设稳定性条件成立

$$\det(A(z)) \neq 0 \text{ 对所有的 } |z| \leq 1$$

即可逆的特征方程的根严格位于单位圆之外。结果就是 VAR 模型是稳定的,相对应的过程是平稳的。平稳的性质只能对那些在整个实轴上有定义的过程成立,因为在一个给定起点的开始过程不能是严格时间不变的。一般来说,我们会考虑一个在 $t=1$ 开始的过程,并假定 p 个初始条件给定:$x_{-p+1}, \cdots, x_0$。[①] 在这种情况下,稳定的 VAR 模型得到渐近平稳的过程。当不存在混淆的风险时,我们将不再强调这个区别。

再回顾一下,之前的 N 维 VAR(p) 模型等价于下面的 Np 维 VAR(1) 模型:

$$X_t = AX_{t-1} + V + U_t$$

这里

$$X_t = \begin{bmatrix} X_t \\ X_{t-1} \\ \vdots \\ X_{t-p+1} \end{bmatrix}, A = \begin{bmatrix} A_1 & A_2 & \cdots & A_{p-1} & A_P \\ I_N & 0 & \cdots & 0 & 0 \\ 0 & I_N & \cdots & 0 & 0 \\ 0 & 0 & \ddots & \vdots & \vdots \\ 0 & 0 & \cdots & I_N & 0 \end{bmatrix}, V = \begin{bmatrix} v \\ 0 \\ \vdots \\ 0 \end{bmatrix}, U_t = \begin{bmatrix} \varepsilon_t \\ 0 \\ \vdots \\ 0 \end{bmatrix}$$

---

① 由于在这一章中我们假定整个时间序列已经实际给出,区分为初始条件与剩余数据仅仅是为了简化表达。

矩阵 A 称为 VAR(p) 模型的*伴随矩阵*。

请注意,在本节中,我们没有对模型参数施加任何先验的计算约束,尽管我们仍然假定模型是稳定的。模型稳定性的假设保证了过程是平稳的。这也确保了协方差是时间无关的。因为之前的 VAR(p) 模型是无约束的,它可以像线性回归那样来估计,因此它可以利用线性回归理论来估计。由于我们只考虑一致的估计量,估计出的参数(在无限样本的极限下)满足稳定性条件。然而在一个有限样本上,估计出的参数可能会不满足稳定性条件。

我们将首先展示如何使用最小二乘法或最大似然估计法来估计一个 VAR(p) 模型以及其等价的 VAR(1) 模型。

向量化算子和张量积

首先我们来定义*向量化算子*。给定一个 $m \times n$ 阶矩阵:

$$A = \begin{pmatrix} a_{11} & \cdots & a_{1n} \\ \vdots & \ddots & \vdots \\ a_{m1} & \cdots & a_{mn} \end{pmatrix}$$

向量化算子记为 vec(A)[①],它将矩阵中的各列排成如下的一个列向量:

$$\text{vec}(A) = \begin{pmatrix} a_{11} \\ \vdots \\ a_{m1} \\ \vdots \\ a_{1n} \\ \vdots \\ a_{mn} \end{pmatrix}$$

接下来定义克罗内克积(Kronecker product)是十分有用的。给定 $m \times n$ 阶矩阵

$$A = \begin{pmatrix} a_{11} & \cdots & a_{1n} \\ \vdots & \ddots & \vdots \\ a_{m1} & \cdots & a_{mn} \end{pmatrix}$$

以及 $p \times q$ 矩阵:

$$B = \begin{pmatrix} b_{11} & \cdots & b_{1q} \\ \vdots & \ddots & \vdots \\ b_{p1} & \cdots & b_{pq} \end{pmatrix}$$

我们将克罗内克积 $C = A \otimes B$ 定义如下:

$$C = A \otimes B = \begin{pmatrix} a_{11}B & \cdots & a_{1n}B \\ \vdots & \ddots & \vdots \\ a_{m1}B & \cdots & a_{mn}B \end{pmatrix}$$

---

① 要把向量化算子和 vech 算子区分开来,后者是把矩阵对角线及其下方的元素排在一个向量中。

克罗内克积也称为*直积或张量积*，是一个$(mp) \times (nq)$阶的矩阵。可以证明张量积满足结合律和分配律，并且对于给定的恰当阶数的矩阵A、B、C、D，下列性质成立：

$$\text{vec}(A \otimes B) = (B' \otimes I) \text{vec}(A)$$
$$(A \otimes B)(C \otimes D) = (AC) \otimes (BD)$$
$$(A \otimes B)' = (A') \otimes (B')$$
$$\text{Trace}(A'BCD') = \text{vec}(A))'(D \otimes B)\text{vec}(C)$$

接下来我们讨论使用多变量最小二乘估计法来估计模型的参数的问题。

多变量最小二乘估计

从概念上来说，多变量最小二乘(LS)估计方法与第二章中线性回归的最小二乘法是相同的，但其表示却要复杂得多，这是因为我们处理的是多变量时间序列，而且各噪声项之间存在相关关系。与我们在回归估计中所做的相似，现在我们把应用于现在样本和历史样本数据的自回归过程写成一个单矩阵方程。请注意$VAR(p)$过程是一个自回归过程，其中变量x_t对其滞后期进行回归：回归量是因变量的滞后值。我们将介绍两种不同的但等价的表述。

假设给定N元变量的T次观测的一个样本x_t，$t = 1, \cdots, T$以及P个初始条件的一个历史样本：$x_{-p+1}, \cdots, x_0$。我们首先像回归情形中所做那样，把所有的观测值$x_t, t = 1, \cdots, T$排列在一个向量里：

$$x = \begin{Bmatrix} x_{1,1} \\ \vdots \\ x_{N,1} \\ \vdots \\ x_{1,T} \\ \vdots \\ x_{N,T} \end{Bmatrix}$$

引入一个将在后面有用的记号，我们也可以写成：

$$x = \text{vec}(X)$$

$$X = (x_1, \cdots, x_r) = \begin{bmatrix} x_{1,1} & \cdots & x_{1,T} \\ \vdots & \ddots & \vdots \\ x_{N,1} & \cdots & x_{N,T} \end{bmatrix}$$

换句话说，x是$NT \times 1$维向量，所有观测都存储于其中，而X是一个$N \times T$阶矩阵，其每一列都是N元变量的一个观测值。

对于新息项类似地进行，我们将新息项排列成为如下一个$NT \times 1$维向量：

$$u = \begin{Bmatrix} \varepsilon_{1,1} \\ \vdots \\ \varepsilon_{N,1} \\ \vdots \\ \varepsilon_{1,T} \\ \vdots \\ \varepsilon_{N,T} \end{Bmatrix}$$

我们也可以将它另外表示为：

$$u = \text{vec}(U)$$

$$U = \begin{bmatrix} \varepsilon_{1,1} & \cdots & \varepsilon_{1,T} \\ \vdots & \ddots & \vdots \\ \varepsilon_{N,1} & \cdots & \varepsilon_{N,T} \end{bmatrix}$$

这里 U 为 $N \times T$ 阶矩阵，它的每一列都表示一个 N 元新息项。

新息项具有非退化的协方差矩阵

$$\Sigma = [\sigma_{i,j}] = E[\varepsilon_{i,t}\varepsilon_{j,t}]$$

而 $E[\varepsilon_{i,t}\varepsilon_{j,s}] = 0, \forall i, j, t \neq s$。$u$ 的协方差矩阵 Σ_u 现在可以写成：

$$\Sigma_u = I_T \otimes \Sigma = \begin{bmatrix} \Sigma & \cdots & 0 \\ \vdots & \ddots & \vdots \\ 0 & \cdots & \Sigma \end{bmatrix}$$

换句话说，u 的协方差矩阵是一个分块对角矩阵，其中所有的对角块都等于 Σ。这种协方差矩阵的结构反映了假设的新息项的白噪声本性，即排除了新息项的自相关以及交叉自相关。

在第二章我们讨论多元单方程回归情形时，我们把回归量的观测值放在一个矩阵中，该矩阵的每列都代表一个回归量的所有观测值。这里我们想要使用相同的技巧，但存在两个不同之处：(1)在这种情况下，回归量的观测值与因变量的观测值之间没有区别；(2)在构建回归量矩阵时要特别注意方程组的多重性。一种可行的解决方法是构造图 3.2 所示的回归量的观测值的 $(NT \times (N^2 p + N))$ 阶矩阵。

这个矩阵可以简洁地写成 $w = (W' \otimes I_N)$，其中

$$W = \begin{bmatrix} I & I & \cdots & I & I \\ x_0 & x_1 & \cdots & x_{T-2} & x_{T-1} \\ x_{-1} & x_0 & \cdots & x_{T-3} & x_{T-2} \\ \vdots & \vdots & \ddots & \vdots & \vdots \\ x_{p-1} & x_{p-2} & \cdots & x_{T-p-1} & x_{T-p} \end{bmatrix}$$

$$
=\begin{pmatrix}
\boldsymbol{I} & \boldsymbol{I} & \cdots & \boldsymbol{I} & \boldsymbol{I} \\
x_{1,0} & \boldsymbol{x}_{1,1} & \cdots & \boldsymbol{x}_{1,T-2} & \boldsymbol{x}_{1,T-1} \\
\vdots & \vdots & \ddots & \vdots & \vdots \\
\boldsymbol{x}_{N,0} & \boldsymbol{x}_{N,1} & \cdots & \boldsymbol{x}_{N,T-2} & \boldsymbol{x}_{N,T-1} \\
\boldsymbol{x}_{1,-1} & \boldsymbol{x}_{1,0} & \cdots & \boldsymbol{x}_{1,T-3} & \boldsymbol{x}_{1,T-2} \\
\vdots & \vdots & \ddots & \vdots & \vdots \\
\boldsymbol{x}_{N,-1} & \boldsymbol{x}_{N,0} & \cdots & \boldsymbol{x}_{N,T-3} & \boldsymbol{x}_{N,T-2} \\
\vdots & \vdots & \ddots & \vdots & \vdots \\
\vdots & \vdots & \ddots & \vdots & \vdots \\
\vdots & \vdots & \ddots & \vdots & \vdots \\
\boldsymbol{x}_{1,1-p} & \boldsymbol{x}_{1,2-p} & \cdots & \boldsymbol{x}_{1,T-p-1} & \boldsymbol{x}_{1,T-p} \\
\vdots & \vdots & \ddots & \vdots & \vdots \\
\boldsymbol{x}_{N,1-p} & \boldsymbol{x}_{N,2-p} & \cdots & \boldsymbol{x}_{N,T-p-1} & \boldsymbol{x}_{N,T-p}
\end{pmatrix}
$$

是一个 $((Np+1)\times T)$ 阶矩阵，I_N 是 N 阶单位矩阵。

我们把所有的模型系数放在一个 $(N\times(Np+1))$ 阶矩阵中，即：

$$
\mathbf{A}=(\boldsymbol{v},\boldsymbol{A}_1,\cdots,\boldsymbol{A}_p)
$$

$$
=\begin{pmatrix}
v_1 & a_{11}^1 & \cdots & a_{1N}^1 & \cdots & \cdots & \cdots & a_{11}^p & \cdots & a_{1N}^p \\
\vdots & \vdots & \ddots & \vdots & \vdots & \ddots & \vdots & \vdots & \ddots & \vdots \\
v_N & a_{N1}^1 & \cdots & a_{NN}^1 & \cdots & \cdots & \cdots & a_{N1}^p & \cdots & a_{NN}^p
\end{pmatrix}
$$

$$
\mathbf{w}=\left(\begin{array}{cccccccccccccccccccccccc}
1 & \cdots & 0 & \boldsymbol{x}_{1,0} & \cdots & 0 & \cdots & \cdots & \cdots & \boldsymbol{x}_{N,0} & \cdots & 0 & \cdots & \cdots & \cdots & \boldsymbol{x}_{1,1-p} & \cdots & 0 & \cdots & \cdots & \cdots & \boldsymbol{x}_{N,1-p} & \cdots & 0 \\
\vdots & \ddots & \vdots & \vdots & \ddots & \vdots & \vdots & \ddots & \vdots & \vdots & \ddots & \vdots & \vdots & \ddots & \vdots & \vdots & \ddots & \vdots & \vdots & \ddots & \vdots & \vdots & \ddots & \vdots \\
0 & \cdots & 1 & 0 & \cdots & \boldsymbol{x}_{1,0} & \cdots & \cdots & \cdots & 0 & \cdots & \boldsymbol{x}_{N,0} & \cdots & \cdots & \cdots & 0 & \cdots & \boldsymbol{x}_{1,1-p} & \cdots & \cdots & \cdots & 0 & \cdots & \boldsymbol{x}_{N,1-p} \\
1 & \cdots & 0 & \boldsymbol{x}_{1,1} & \cdots & 0 & \cdots & \cdots & \cdots & \boldsymbol{x}_{N,1} & \cdots & 0 & \cdots & \cdots & \cdots & \boldsymbol{x}_{1,2-p} & \cdots & 0 & \cdots & \cdots & \cdots & \boldsymbol{x}_{N,2-p} & \cdots & 0 \\
\vdots & \ddots & \vdots & \vdots & \ddots & \vdots & \vdots & \ddots & \vdots & \vdots & \ddots & \vdots & \vdots & \ddots & \vdots & \vdots & \ddots & \vdots & \vdots & \ddots & \vdots & \vdots & \ddots & \vdots \\
0 & \cdots & 1 & 0 & \cdots & \boldsymbol{x}_{1,1} & \cdots & \cdots & \cdots & 0 & \cdots & \boldsymbol{x}_{N,1} & \cdots & \cdots & \cdots & 0 & \cdots & \boldsymbol{x}_{1,2-p} & \cdots & \cdots & \cdots & 0 & \cdots & \boldsymbol{x}_{N,2-p} \\
\vdots & \cdots & \vdots & \vdots & \cdots & \vdots & & & & \vdots & \cdots & \vdots & & & & \vdots & \cdots & \vdots & & & & \vdots & \cdots & \vdots \\
\vdots & \ddots & \vdots & \vdots & \ddots & \vdots & & \ddots & & \vdots & \ddots & \vdots & & \ddots & & \vdots & \ddots & \vdots & & \ddots & & \vdots & \ddots & \vdots \\
\vdots & \cdots & \vdots & \vdots & \cdots & \vdots & & & & \vdots & \cdots & \vdots & & & & \vdots & \cdots & \vdots & & & & \vdots & \cdots & \vdots \\
1 & \cdots & 0 & \boldsymbol{x}_{1,T-2} & \cdots & 0 & \cdots & \cdots & \cdots & \boldsymbol{x}_{N,T-2} & \cdots & 0 & \cdots & \cdots & \cdots & \boldsymbol{x}_{1,T-p-1} & \cdots & 0 & \cdots & \cdots & \cdots & \boldsymbol{x}_{N,T-p-1} & \cdots & 0 \\
\vdots & \ddots & \vdots & \vdots & \ddots & \vdots & \vdots & \ddots & \vdots & \vdots & \ddots & \vdots & \vdots & \ddots & \vdots & \vdots & \ddots & \vdots & \vdots & \ddots & \vdots & \vdots & \ddots & \vdots \\
0 & \cdots & 1 & 0 & \cdots & \boldsymbol{x}_{1,T-2} & \cdots & \cdots & \cdots & 0 & \cdots & \boldsymbol{x}_{N,T-2} & \cdots & \cdots & \cdots & 0 & \cdots & \boldsymbol{x}_{1,T-p-1} & \cdots & \cdots & \cdots & 0 & \cdots & \boldsymbol{x}_{N,T-p-1} \\
1 & \cdots & 0 & \boldsymbol{x}_{1,T-1} & \cdots & 0 & \cdots & \cdots & \cdots & \boldsymbol{x}_{N,T-1} & \cdots & 0 & \cdots & \cdots & \cdots & \boldsymbol{x}_{1,T-p} & \cdots & 0 & \cdots & \cdots & \cdots & \boldsymbol{x}_{N,T-p} & \cdots & 0 \\
\vdots & \ddots & \vdots & \vdots & \ddots & \vdots & \vdots & \ddots & \vdots & \vdots & \ddots & \vdots & \vdots & \ddots & \vdots & \vdots & \ddots & \vdots & \vdots & \ddots & \vdots & \vdots & \ddots & \vdots \\
0 & \cdots & 1 & 0 & \cdots & \boldsymbol{x}_{1,T-1} & \cdots & \cdots & \cdots & 0 & \cdots & \boldsymbol{x}_{N,T-1} & \cdots & \cdots & \cdots & 0 & \cdots & \boldsymbol{x}_{1,T-p} & \cdots & \cdots & \cdots & 0 & \cdots & \boldsymbol{x}_{N,T-p}
\end{array}\right)
$$

图 3.2　回归量的观测值矩阵

并且构造 $(N(Np+1)\times 1)$ 维向量：

$$\beta = \text{vec}(\mathbf{A}) = \begin{Bmatrix} v_1 \\ \vdots \\ v_N \\ a_{11}^1 \\ \vdots \\ a_{N1}^1 \\ \vdots \end{Bmatrix}$$

利用前面的记号,我们现在可以把 VAR(p) 模型简单地写成如下的两种等价形式:

$$X = AW + U$$
$$x = w\beta + u$$

第一个方程是矩阵方程,它的左端和右端都是 $N \times T$ 阶矩阵,矩阵的每列都表示每一观测值的 VAR(p) 方程。第二个方程式两边都是 $NT \times 1$ 维向量,它可以利用之前建立的向量化算子和张量积的性质,由第一个方程推导出来。推导过程如下:

$$\text{vec}(\mathbf{X}) = \text{vec}(\mathbf{AW}) + \text{vec}(\mathbf{U})$$
$$\text{vec}(\mathbf{X}) = (\mathbf{W}' \otimes \mathbf{I}_N)\text{vec}(\mathbf{A}) + \text{vec}(\mathbf{U})$$
$$x = w\beta + u$$

最后这个方程与第二章所建立的回归方程等价。

为了估计模型,我们必须像回归中那样写出残差的平方和。然而,正如已经提到的那样,我们也必须考虑噪声项的多变量特征以及相关性的存在。

我们的出发点将是回归方程 $x = w\beta + u$,我们可以把它写成 $u = x - w\beta$。由于新息项存在相关结构,我们必须像广义最小二乘法(*Generalized Least Squares*)情形中那样进行。我们将残差的平方和如下写出:

$$S = u'\Sigma_u^{-1}u = \sum_{t=1}^{T}\varepsilon_t'\Sigma^{-1}\varepsilon_t$$

对于给定的一系列观测值,S 是模型参数的一个函数 $S = S(\beta)$。S 还可以表示如下:

$$S(\beta) = \text{trace}[(\mathbf{X} - \mathbf{AW})'\Sigma_u^{-1}(\mathbf{X} - \mathbf{AW})] = \text{trace}[\mathbf{U}'\Sigma_u^{-1}\mathbf{U}]$$

事实上,我们可以写出以下推导:

$$S = u'\Sigma_u^{-1}u = (\text{vec}(\mathbf{U}))'(\mathbf{I}_T \otimes \Sigma)^{-1}\text{vec}(\mathbf{U})$$
$$= (\text{vec}(\mathbf{X} - \mathbf{AW}))'(\mathbf{I}_T \otimes \Sigma^{-1})\text{vec}(\mathbf{X} - \mathbf{AW})$$
$$= \text{trace}[(\mathbf{X} - \mathbf{AW})'\Sigma_u^{-1}(\mathbf{X} - \mathbf{AW})] = \text{trace}[\mathbf{U}'\Sigma^{-1}\mathbf{U}]$$

这些表达式在 VAR 过程估计理论以及多元回归理论中反复出现。

现在我们来估计模型参数,施加最小二乘条件:估计参数 $\hat{\beta}$ 应使 $S = S(\beta)$ 达到最小值。S 的最小值在那些使 $S(\beta)$ 对 β 的偏导数等于 0 的点处取得:

$$\frac{\partial S(\beta)}{\partial \beta} = 0$$

通过让这些偏导数等于 0 得到了所谓的最小二乘估计的正规方程,我们可以推导如下:

$$S = u'\Sigma_u^{-1}u = (x - w\beta)'\Sigma_u^{-1}(x - w\beta)$$

$$= x'\Sigma_u^{-1}x + \beta'w'\Sigma_u^{-1}w\beta - 2\beta'w'\Sigma_u^{-1}x$$

因此正规方程为:

$$\frac{\partial S(\beta)}{\partial \beta} = 2w'\Sigma_u^{-1}w\beta - 2w'\Sigma_u^{-1}x = 0$$

另外,海塞(Hessian)矩阵是正定的,因为:

$$\frac{\partial^2 S(\beta)}{\partial \beta \partial \beta'} = 2w'\Sigma_u^{-1}w$$

因此,最小二乘估计量为

$$\hat{\beta} = (w'\Sigma_u^{-1}w)^{-1}w'\Sigma_u^{-1}x$$

这个表达式与 Aitkin 的广义最小二乘估计量具有相同的形式,它是最小二乘估计方法的一个基本的表达式。然而在这个情形中,由于回归量的结构,进一步的简化是可能的。事实上,最小二乘估计量也可以如下写出:

$$\hat{\beta} = ((WW')^{-1}W \otimes I_N)x$$

为了证明这一点,我们来看以下推导:

$$\hat{\beta} = (w'\Sigma_u^{-1}w)^{-1}w\Sigma_u^{-1}x$$
$$= ((W' \otimes I_N)'(I_T \otimes \Sigma)^{-1}(W' \otimes I_N))^{-1}(W' \otimes I_N)(I_T \otimes \Sigma)^{-1}x$$
$$= ((W' \otimes I_N)(I_T \otimes \Sigma^{-1})(W' \otimes I_N))^{-1}(W' \otimes I_N)(I_T \otimes \Sigma^{-1})x$$
$$= ((W'I_N) \otimes (I_T\Sigma^{-1})(W' \otimes I_N))^{-1}(W'I_T) \otimes (I_N \otimes \Sigma^{-1})x$$
$$= ((I_T \otimes \Sigma^{-1})(W' \otimes I_N)(W' \otimes I_N))^{-1}(W \otimes \Sigma)x$$
$$= ((WW')^{-1}) \otimes (\Sigma^{-1}\Sigma)x$$
$$= ((WW')^{-1}) \otimes I_N)x$$

这个推导过程表明,在一个稳定的无约束的 VAR 过程情形中,多变量最小二乘估计量与通过 $S = u'u$ 最小化所得到的普通最小二乘估计量相同。因此我们可以说,在 VAR 过程的情形中,最小二乘估计量和通过逐个方程计算出来的普通最小二乘估计量是一样的。在计算上,这带来了显著的简化。

我们也可以写出这个估计量的另一个表达式。事实上,我们可以写出矩阵 A 的下列估计量:

$$\hat{A} = XW'(WW')^{-1}$$

上述关系的推导如下:

$$\hat{\beta} = ((WW')^{-1}W \otimes I_N)x$$
$$\text{vec}(\hat{A}) = ((WW')^{-1}W \otimes I_N)\text{vec}(X)$$
$$= \text{vec}(XW'(WW')^{-1})$$

概括起来,我们已经得到下列结果:

1. 给定一个 VAR(p) 过程,多变量最小二乘估计量与逐个方程计算的普通最小二乘估计量相等。

2. 以下三种估计量的表达形式是等价的:

$$\hat{\boldsymbol{\beta}} = ((w'\boldsymbol{\Sigma}_u^{-1}w)^{-1}w'\boldsymbol{\Sigma}_u^{-1}x)x$$
$$\hat{\boldsymbol{\beta}} = ((WW')^{-1}W \otimes \boldsymbol{I}_N)x$$
$$\hat{\boldsymbol{A}} = XW'(WW')^{-1}$$

接下来我们会讨论这些估计量的大样本(渐近)分布。

最小二乘估计量的渐近分布

估计量的值依赖于样本,因此它也被认为是随机变量。为了评价估计量的性质,必须先确定估计量的分布。在大样本和小样本的情况下,这些分布的性质是不同的。

很难计算出之前所确定的平稳 VAR 过程的最小二乘估计量的小样本分布。考虑到对白噪声过程的分布所加的唯一约束就是假设它具有一个非奇异的协方差矩阵。一个平稳 VAR 过程的小样本性质可通过蒙特卡洛(Monte Carlo)的方法来近似地确定。

在大样本情形,显著的简化近似地成立;而当样本大小趋于无穷时,显著的简化渐近地成立。最本质的结果是模型估计量的分布变为正态分布。在白噪声过程的附加假定下,我们可以来建立最小二乘估计量的渐近性质。假设白噪声过程具有有限且有界的四阶矩,不同时间点的噪声变量不仅仅如我们之前假定的那样是不相关的,而且还是独立的。(注意这些条件是任何高斯白噪声过程自然满足的条件)。在这些假设下,可以证明下列性质成立:

- $((Np+1) \times (Np+1))$ 阶矩阵

$$\boldsymbol{\Gamma} = p\lim \frac{WW'}{T}$$

存在且非奇异。

- 估计的模型参数的 $(N(Np+1) \times 1)$ 维向量 $\hat{\boldsymbol{\beta}}$ 服从正态分布:

$$\sqrt{T}(\hat{\boldsymbol{\beta}} - \boldsymbol{\beta}) \xrightarrow{d} N(0, \boldsymbol{\Gamma}^{-1} \otimes \boldsymbol{\Sigma})$$

- $(N(Np+1) \times N(Np+1))$ 阶矩阵 $\boldsymbol{\Gamma}^{-1} \otimes \boldsymbol{\Sigma}$ 是参数分布的协方差矩阵。

由上述讨论可以看出,利用任何大的但有限的样本,我们可以确定矩阵 $\boldsymbol{\Gamma}, \boldsymbol{\Sigma}$ 的下列估计量:

$$\hat{\boldsymbol{\Gamma}} = \frac{WW'}{T}$$

$$\hat{\boldsymbol{\Sigma}} = \frac{1}{T}X(I_T - W'(WW')^{-1}W)X'$$

请注意,在估计模型参数时并不需要这些矩阵;它们只是用来理解模型参数的分布的。如果 $N=1$,这些表达式就与我们在多元回归中已经建立的表达式相同。

去均值过程估计

在前一节中,我们假定 VAR(p) 模型具有常数截距并且过程变量一般具有非零均值。请注意截距与均值并不是相同的数。事实上,假定过程是平稳的,我们可以写出:

$$E(\boldsymbol{x}_t) = \boldsymbol{A}_1 E(\boldsymbol{x}_{t-1}) + \boldsymbol{A}_2 E(\boldsymbol{x}_{t-2}) + \cdots + \boldsymbol{A}_p E(\boldsymbol{x}_{t-p}) + v$$

$$\boldsymbol{\mu} - \boldsymbol{A}_1\boldsymbol{\mu} - \boldsymbol{A}_2\boldsymbol{\mu} - \cdots - \boldsymbol{A}_p\boldsymbol{\mu} = v$$

$$\boldsymbol{\mu} = (I_N - \boldsymbol{A}_1 - \boldsymbol{A}_2 - \cdots - \boldsymbol{A}_p)^{-1}v$$

假设过程变量是去均值的,具有一个零截距,我们可以用不同的记号重新写出前面的推导。在这种情况下,我们可以把 VAR 过程重新写成下列形式:
$$x_t - \mu = A_1(x_{t-1} - \mu) + A_2(x_{t-2} - \mu) + \cdots + A_p(x_{t-p} - \mu) + \varepsilon_t$$
如果我们记 $y_t = x_t - \mu$,则 VAR 过程变为:
$$y_t = A_1 y_{t-1} + A_2 y_{t-2} + \cdots + A_p y_{t-p} + \varepsilon_t$$
由于截距项消失了,现在的模型只包含 N 个参数,少于之前的模型。如果均值未知,它可以单独地估计为:
$$\hat{\mu} = \sum_{t=1}^{T} x_t$$

前面建立的公式成立但存在某些明显的变化。我们将明确地写出这些公式,因为它们将在下一节中用到:
$$Y = (\Sigma y_1, \cdots, y_T)$$
$$U = (\varepsilon_1, \cdots, \varepsilon_T)$$
$$y = \text{vec}(Y)$$
$$u = \text{vec}(U)$$
$$\Sigma_u = I_T \otimes \Sigma$$
$$A = (A_1, \cdots, A_p)$$
$$\alpha = \text{vec}(A)$$
$$Z = \begin{pmatrix} y_0 & \cdots & y_{T-1} \\ \vdots & \ddots & \vdots \\ y_{1-p} & \cdots & y_{T-p} \end{pmatrix}$$
$$z = (Z' \otimes I_N)$$

模型则写成矩阵形式:
$$y = z\alpha + u$$
$$Y = AZ + U$$

最小二乘估计量则可以如下写出:
$$\hat{\alpha} = (z' \Sigma_u^{-1} z)^{-1} z' \Sigma_u^{-1} y$$
$$\hat{\alpha} = ((ZZ')^{-1} Z \otimes I_N) y$$
$$\hat{A} = YZ'(ZZ')^{-1}$$

可以证明样本均值
$$\hat{\mu} = \sum_{t=1}^{T} x_t$$
是此过程均值的一个一致估计量,它服从渐近正态分布。如果过程没有去掉均值,并且有恒定的估计截距值 $\hat{v}$,则均值可以通过下列估计量来估计:
$$\hat{\mu} = (I_N - A_1 - A_2 - \cdots - A_p)^{-1} \hat{v}$$

这个估计量是一致的且服从渐近正态分布。

现在我们把注意力转移到最大似然估计方法上来。

最大似然估计

在高斯新息项的假定条件下,最大似然估计法(ML)与最小二乘法是一致的。回忆一下,给定一个已知分布,最大似然估计法试图寻找使似然函数(即由样本本身计算出的样本联合分布)最大化的分布参数。在一个多元去均值 VAR(p) 过程的情形中,所给出的样本数据是对 N 元变量的 T 期实际观测值 y_t, $t=1,\cdots,T$,以及 p 个初始条件的历史样本 $y_{p+1},\cdots,y_0$。如果我们假定这个过程是平稳的并且新息项为高斯白噪声过程,则变量 y_t, $t=1,\cdots,T$ 也服从联合正态分布。

我们可以以样本数据的函数来给出样本 y_t, $t=1,\cdots,T$ 的联合分布,然后将最大似然估计法应用于这个分布。然而,利用数据的函数来表示噪声项的联合分布要简单一些。由于白噪声过程被假定为高斯白噪声,因此不同时间的噪声变量是相互独立的。

假定噪声项 $(\boldsymbol{\varepsilon}_1,\cdots,\boldsymbol{\varepsilon}_T)$ 是相互独立的且具有常值协方差矩阵 $\boldsymbol{\Sigma}$,因此 $\boldsymbol{u}=\mathrm{vec}(\boldsymbol{U})$ 的协方差矩阵为 $\boldsymbol{\Sigma}_u = \boldsymbol{I}_T \otimes \boldsymbol{\Sigma}$。在高斯白噪声的假设下,$\boldsymbol{u}$ 的概率密度 $f_u(\boldsymbol{u})$ 为下列 NT 元的正态分布密度:

$$\begin{aligned} f_u(\boldsymbol{u}) &= \frac{1}{(2\pi)^{\frac{NT}{2}}} \mid \boldsymbol{I}_T \otimes \boldsymbol{\Sigma} \mid^{-\frac{1}{2}} \exp\left(-\frac{1}{2}\boldsymbol{u}'(\boldsymbol{I}_T \otimes \boldsymbol{\Sigma}^{-1}\boldsymbol{u})\right) \\ &= \frac{1}{(2\pi)^{\frac{NT}{2}}} \mid \boldsymbol{\Sigma} \mid^{-\frac{1}{2}} \exp\left(-\frac{1}{2}\sum_{t=1}^{T}\boldsymbol{\varepsilon}'_t \boldsymbol{\Sigma}^{-1} \boldsymbol{\varepsilon}_t\right) \end{aligned}$$

这个密度由无法观测到的噪声项的函数来表示。为了进行估计,我们需要用观测值来表示这个密度。利用 VAR(p) 方程

$$\begin{aligned} \boldsymbol{\varepsilon}_1 &= \boldsymbol{y}_1 - \boldsymbol{A}_1 \boldsymbol{y}_0 - \boldsymbol{A}_2 \boldsymbol{y}_{-1} - \cdots - \boldsymbol{A}_p \boldsymbol{y}_{1-p} \\ \boldsymbol{\varepsilon}_2 &= \boldsymbol{y}_2 - \boldsymbol{A}_1 \boldsymbol{y}_1 - \boldsymbol{A}_2 \boldsymbol{y}_0 - \cdots - \boldsymbol{A}_p \boldsymbol{y}_{2-p} \\ &\cdots\cdots\cdots\cdots \\ \boldsymbol{\varepsilon}_p &= \boldsymbol{y}_p - \boldsymbol{A}_1 \boldsymbol{y}_{p-1} - \boldsymbol{A}_2 \boldsymbol{y}_{p-2} - \cdots - \boldsymbol{A}_p \boldsymbol{y}_0 \\ \boldsymbol{\varepsilon}_{p+1} &= \boldsymbol{y}_{p+1} - \boldsymbol{A}_1 \boldsymbol{y}_p - \boldsymbol{A}_2 \boldsymbol{y}_{p-2} - \cdots - \boldsymbol{A}_p \boldsymbol{y}_1 \\ &\cdots\cdots\cdots\cdots \\ \boldsymbol{\varepsilon}_{T-1} &= \boldsymbol{y}_{T-1} - \boldsymbol{A}_1 \boldsymbol{y}_{T-2} - \boldsymbol{A}_2 \boldsymbol{y}_{T-3} - \cdots - \boldsymbol{A}_p \boldsymbol{y}_{T-p-1} \\ \boldsymbol{\varepsilon}_T &= \boldsymbol{y}_T - \boldsymbol{A}_1 \boldsymbol{y}_{T-1} - \boldsymbol{A}_2 \boldsymbol{y}_{T-2} - \cdots - \boldsymbol{A}_p \boldsymbol{y}_{T-p} \end{aligned}$$

密度函数可以很容易地由观测值表示出来。前面这些等式可以重写为如下矩阵形式:

$$\begin{pmatrix} \pmb{\varepsilon}_1 \\ \pmb{\varepsilon}_2 \\ \vdots \\ \pmb{\varepsilon}_p \\ \pmb{\varepsilon}_{p+1} \\ \vdots \\ \pmb{\varepsilon}_{T-1} \\ \pmb{\varepsilon}_T \end{pmatrix} = \begin{pmatrix} \pmb{I}_N & 0 & \cdots & 0 & 0 & 0 & \cdots & \cdots & 0 & 0 & \cdots & 0 & 0 \\ -\pmb{A}_1 & \pmb{I}_N & \cdots & 0 & 0 & 0 & \cdots & \cdots & 0 & 0 & \cdots & 0 & 0 \\ \vdots & \vdots & \ddots & \vdots & \vdots & \vdots & \ddots & \ddots & \vdots & \vdots & \ddots & \vdots & \vdots \\ -\pmb{A}_p & -\pmb{A}_{p-1} & \cdots & -\pmb{A}_1 & \pmb{I}_N & 0 & \cdots & \cdots & 0 & 0 & \ddots & 0 & 0 \\ 0 & -\pmb{A}_p & \cdots & -\pmb{A}_2 & -\pmb{A}_1 & \pmb{I}_N & \cdots & \cdots & 0 & 0 & \cdots & 0 & 0 \\ \vdots & \vdots & \ddots & \vdots & \vdots & \vdots & \ddots & \ddots & \vdots & \vdots & \ddots & \vdots & \vdots \\ 0 & 0 & \cdots & 0 & 0 & 0 & \cdots & 0 & -\pmb{A}_p & -\pmb{A}_{p-1} & \cdots & \pmb{I}_N & 0 \\ 0 & 0 & \cdots & 0 & 0 & 0 & \cdots & 0 & 0 & -\pmb{A}_p & \cdots & -\pmb{A}_1 & \pmb{I}_N \end{pmatrix} \cdots$$

$$\begin{pmatrix} \pmb{y}_1 \\ \pmb{y}_2 \\ \vdots \\ \pmb{y}_p \\ \pmb{y}_{p+1} \\ \vdots \\ \pmb{y}_{T-p} \\ \vdots \\ \pmb{y}_{T-1} \\ \pmb{y}_T \end{pmatrix} + \begin{pmatrix} -\pmb{A}_p & -\pmb{A}_{p-1} & \cdots & -\pmb{A}_1 \\ 0 & -\pmb{A}_p & \cdots & -\pmb{A}_2 \\ \vdots & \vdots & \ddots & \vdots \\ 0 & 0 & \cdots & -\pmb{A}_p \\ \vdots & \vdots & \ddots & \vdots \\ 0 & 0 & \cdots & 0 \end{pmatrix} \begin{pmatrix} \pmb{y}_{1-p} \\ \pmb{y}_{2-p} \\ \vdots \\ \pmb{y}_{-1} \\ \pmb{y}_0 \end{pmatrix}$$

利用这些表达式以及模型方程 $\pmb{y} = \pmb{z\alpha} + \pmb{u}$,我们现在能够利用变量来表示密度函数:

$$f_y(\pmb{y}) = \left| \frac{\partial \pmb{u}}{\partial \pmb{y}} \right| f_u(\pmb{u}) = \frac{1}{(2\pi)^{\frac{NT}{2}}} | \pmb{I}_T \otimes \pmb{\Sigma} |^{-\frac{1}{2}} \exp\left(-\frac{1}{2} (\pmb{y} - \pmb{z\alpha})' (\pmb{I}_T \otimes \pmb{\Sigma}^{-1}) (\pmb{y} - \pmb{z\alpha}) \right)$$

使用与我们在最小二乘估计方法中所使用的相似推理,我们可以写出对数似然函数如下:

$$\begin{aligned} \ln(l) &= -\frac{NT}{2} \ln(2\pi) - \frac{T}{2} \ln | \pmb{\Sigma}_u | - \frac{1}{2} \sum_{t=1}^{T} \pmb{\varepsilon}'_t \pmb{\Sigma}^{-1} \pmb{\varepsilon}_t \\ &= -\frac{NT}{2} \ln(2\pi) - \frac{T}{2} \ln | \pmb{\Sigma}_u | - \frac{1}{2} (\pmb{y} - \pmb{z\alpha})' (\pmb{I}_T \otimes \pmb{\Sigma}^{-1}) (\pmb{y} - \pmb{z\alpha}) \\ &\quad - \frac{NT}{2} \ln(2\pi) - \frac{T}{2} \ln | \pmb{\Sigma}_u | - \frac{1}{2} \sum_{t=1}^{T} \pmb{\varepsilon}'_t \pmb{\Sigma}^{-1} \pmb{\varepsilon}_t \\ &= -\frac{NT}{2} \ln(2\pi) - \frac{T}{2} \ln | \pmb{\Sigma}_u | - \frac{1}{2} \mathrm{trace}(\pmb{U}' \pmb{\Sigma}_u^{-1} \pmb{U}) \\ &= -\frac{NT}{2} \ln(2\pi) - \frac{T}{2} \ln | \pmb{\Sigma}_u | - \frac{1}{2} \mathrm{trace}((\pmb{Y} - \pmb{AZ})' \pmb{\Sigma}_u^{-1} (\pmb{Y} - \pmb{AZ})) \end{aligned}$$

令这个表达式的偏导数为零,我们可以得到与使用最小二乘估计法所得到的估计量相同的估计量。在高斯噪声的情形中,最小二乘法/普通最小二乘法与最大似然估计法所得到的结果是相同的。

滞后期的估计

在前面各节中,我们假设实际的过程是由一个稳定的 VAR 模型产生的。这个假设使得产生的过程是一个平稳过程。在最小二乘估计和最大似然估计中,模型的阶数 p(即模型中的滞后期数)都被假定为已知。然而,在估计方法中并没有一个办法来确定具体的模型期数。给出一个实际的时间序列,我们可以利用任意滞后期数来拟合 VAR(p) 模型。

这一节的目标就是找出一个可以先验地确定正确的滞后期数的准则。该想法需要更为精确地进行陈述。就像我们在前面各节中估计模型的系数时所做的那样,我们假设真实的数据生成过程(DGP)是一个 VAR 模型。在这种情况下,我们预期正确的模型滞后期数恰好为 p,即我们预期找到模型滞后期的一个一致估计。这与寻找一个最优的滞后期,来用 VAR 模型拟合一个可能并非由线性 DGP 所产生的过程是不同的问题。这里我们假设模型的类型是恰当地设定的,并在此假设下讨论估计模型的方法。

如同观察到的那样,我们可以用任意阶数的模型拟合任何的样本数据。一般来说,增加模型的阶数会降低残差的大小但也会降低模型的预测能力。这是学习理论的一个基本法则,即通过增加参数的数量,我们可以提高样本内的精确性但却会降低样本外的预测能力。在本节中,我们只在 DGP 线性自回归且参数未知的假设下考虑线性模型。[①]

为了理解滞后期数的增加如何降低模型的预测能力,我们考虑到一个线性 VAR 模型的预测能力可以被估计出来。可以证明,一个 VAR 模型的最优预测是条件均值。这意味着在给定过程的直至现在为止的 p 个过去的值的条件下,最优的一步预测为

$$x_{t+1} = A_1 x_t + A_2 x_{t-1} + \cdots + A_p x_{t-p+1} + v$$

预测的均方误差(MSE)可以被估计出来。可以证明一步 MSE 的近似估计由下式给出:

$$\Sigma_x(1) = \frac{T + Np + 1}{T} \Sigma(p)$$

这里 $\Sigma(p)$ 是一个 p 阶模型的协方差矩阵。$\Sigma_x(1)$ 是预测误差的协方差矩阵。基于 $\Sigma_x(1)$,Akaike[②] 提出了一个估计模型滞后阶数的准则。首先我们需要用 $\Sigma(p)$ 的估计值来代替 $\Sigma(p)$。在零均值过程的情形中,我们可以将 $\Sigma(p)$ 估计为:

$$\hat{\Sigma}(p) = \frac{1}{T} X (I_T - W'(WW')^{-1}W) X'$$

数量

[①] 我们不应该轻视这两种方法的区别。从通用性方面来说,学习理论是为了在事先不知道真实 DGP 的任何信息情况下寻找实证数据所匹配的模型。然而,在本节中,我们假定存在一个真实的 DGP 并且它是一个有限的 VAR 过程。

[②] Hirotugu Akaike. Fitting Autoregressive Models for Prediction. *Annals of the Institute of Statistical Mathematics*, 21(1969), pp. 243—247.

$$\mathrm{FPE}(p) = \left[\frac{T+Np+1}{T-Np+1}\right]^N \det(\hat{\mathbf{\Sigma}}(p))$$

称为*最终预测误差(FPE)*。在 1969 年，Akaike[①] 提出通过最小化 FPE 来确定模型阶数。四年后，他又提出了一种基于信息理论考虑的不同准则。这个新的准则通常被称为*赤池信息准则*(AIC, Akaike Information Criterion)，通过最小化下列表达式来确定模型阶数：

$$\mathrm{AIC}(p) = \ln|\hat{\mathbf{\Sigma}}(p)| + \frac{2pN^2}{T}$$

由于它们是在无穷样本的极限情况下确定模型正确意义下的阶数，FPE 估计量和 AIC 估计量都不是一致估计量。不同的但一致准则已经被提出来了。在它们当中，*贝叶斯信息准则*(BIC, Bayesian Information Criterion)相当流行。由 Schwartz[②] 提出的 BIC 选择使下式最小化的模型：

$$\mathrm{AIC}(p) = \ln|\hat{\mathbf{\Sigma}}(p)| + \frac{\ln T}{T}2pN^2$$

关于模型选择准则现在已有大量的文献。每一种准则的评判都需要信息理论、统计学以及学习理论方面相当复杂的考虑[③]。

残差的自相关性以及分布性质

最小二乘法的有效性不依赖于新息项的分布，只要新息项的协方差矩阵存在即可。然而，如果新息项不服从正态分布，则最小二乘法可能不是最优的。与此相反，最大似然估计法严重地依赖于新息项的分布性质。虽然如此，这两种方法对于新息项可能存在的自相关都十分敏感。因此，确定不存在残差自相关性、探明与正态分布的背离是十分重要的。

估计的 VAR 模型的分布性质在实际应用中，例如资产分配、投资组合管理和风险管理等方面是十分重要的。残差分布尾端的存在可能会改变最优性条件和整个最优化过程。

检验估计的 VAR 模型分布性质可以使用检验自相关和正态性的方法中的一种来进行。在估计完 VAR 模型的参数和模型阶数之后（这个过程需要迭代估计的过程），计算出过程的残差。假定模型是线性的，模型分布的正态性可以仅通过分析残差来检验。

[①] Hirotugu Akaide. Information Theory and an Extension of the Maximum Likelihood Principle. in B. N. Petrov and F. Csaki (eds.), *Second International Symposium on Information Theory* (Budapest: Akademiaio Kiado, 1973).

[②] Gideon Schwarz. Estimating the Dimension of a Model. *Annals of Statistics*, 6 (1978), pp. 461—464.

[③] 请参见，例如，Dean P. Foster and Robert A. Stine. An Information Theoretic Comparison of Model Selection Criteria. Working Paper 1180, 1997, Northwestern University, Center for Mathematical Studies in Economics and Management Science.

残差的自相关性可以通过迪基—富勒检验(DF,Dickey-Fuller)或者增广的迪基—富勒(ADF,Augmented Dickey-Fuller)检验来检验。这两种方法都是在大多数时间序列计算机程序中进行自相关检验所广泛使用的方法。DF 和 ADF 检验方法的原理是估计出残差的自回归系数并将其与临界值表进行对比。

平稳的自回归分布滞后模型

对标准 VAR 模型的一个重要扩展是自回归分布滞后模型(ARDL)。ARDL 模型本质上是一个回归模型和一个 VAR 模型的结合。ARDL 模型如下写出：

$$y_t = v + \Phi_1 y_{t-1} + \cdots + \Phi_s y_{t-s} + P_0 x_t + \cdots + P_q x_{t-q} + \eta_t$$

$$x_t = A_1 x_{t-1} + \cdots + A_p X_{t-p} + \varepsilon_t$$

在 ARDL 模型中，变量 y_t 对其滞后值以及服从 VAR(p) 模型的变量 x_t 作回归。ε_t 和 η_t 均假定为具有定常的协方差矩阵的白噪声过程。

前面的 ARDL 模型可以重写成如下的一个 VAR(1) 模型：

$$\begin{pmatrix} y_t \\ y_{t-1} \\ \vdots \\ y_{t-s+2} \\ y_{t-s+1} \\ x_t \\ \vdots \\ x_{t-p+1} \\ x_{t-p} \end{pmatrix} = \begin{pmatrix} v \\ 0 \\ \vdots \\ 0 \\ 0 \\ 0 \\ \vdots \\ 0 \\ 0 \end{pmatrix} + \begin{pmatrix} \Phi_1 & \Phi_2 & \cdots & \Phi_{s-1} & \Phi_s & P_0 & P_1 & \cdots & P_q & 0 & 0 \\ I & 0 & \cdots & 0 & 0 & 0 & 0 & \cdots & 0 & 0 & 0 \\ \vdots & \vdots & \ddots & \vdots & \vdots & \vdots & \vdots & \ddots & \vdots & \vdots & \vdots \\ 0 & 0 & \cdots & I & 0 & 0 & 0 & \cdots & 0 & 0 & 0 \\ 0 & 0 & \cdots & 0 & I & 0 & 0 & \cdots & 0 & 0 & 0 \\ 0 & 0 & \cdots & 0 & 0 & A_1 & \cdots & A_q & \cdots & A_{p-1} & A_p \\ 0 & 0 & \cdots & 0 & 0 & I & 0 & \cdots & 0 & 0 & 0 \\ \vdots & \vdots & \ddots & \vdots & \vdots & \vdots & \vdots & \ddots & \vdots & \vdots & \vdots \\ 0 & 0 & \cdots & 0 & 0 & 0 & 0 & \cdots & I & 0 & 0 \end{pmatrix} \begin{pmatrix} y_{t-1} \\ y_{t-2} \\ \vdots \\ y_{t-s+1} \\ y_{t-s} \\ x_t \\ x_{t-1} \\ \vdots \\ x_{t-q} \\ \vdots \\ x_{t-p} \\ x_{t-p-1} \end{pmatrix} + \begin{pmatrix} \eta_t \\ 0 \\ \vdots \\ 0 \\ 0 \\ \varepsilon_t \\ 0 \\ \vdots \\ 0 \end{pmatrix}$$

因此对 ARDL 模型的估计可以使用对 VAR 模型进行估计的方法。系数可以通过普通最小二乘法来估计，滞后期数可以利用之前讨论的 AIC 或 BIC 准则来确定。

ARDL 模型在金融计量经济学中十分重要：许多股票收益模型实质上就是 ARDL 模型。特别地，所有那些股票收益对服从 VAR 模型的若干状态变量作回归的模型均为 ARDL 模型。现在我们开始讨论 VAR 过程的一些应用。

非平稳的 VAR 模型估计

在前面的讨论中我们假设所有的过程是平稳的，所有的模型是稳定的。在这一节中，我们去掉这个限制，考察非平稳的过程和不稳定模型的估计。在一个非平稳过程中，均值、方差以及协方差都会随着时间的变动而变动。一个有点令人惊讶的事实是，最小二乘法可以应用于非平稳过程，虽然其他方法更有效。

考虑下面的 VAR 过程：
$$x_t = A_1 x_{t-1} + A_2 x_{t-2} + \cdots + A_p x_{t-p} + v + \varepsilon_t$$
$$(I - A_1 L - A_2 L^2 - \cdots - A_p L^p) x_t = v + \varepsilon_t$$

回忆一下，一个 VAR 模型也可以写成下面的误差修正形式：
$$\Delta x_t = D_1 \Delta x_{t-1} + D_2 \Delta x_{t-2} + \cdots - \Pi x_{t-p} + v + \varepsilon_t$$
$$D_i = -I + \sum_{q=1}^{i} A_i, i = 1, 2, \cdots, p-1, \Pi = I - A_1 - A_2 - \cdots - A_p$$

事实上，我们可以写出：
$$x_t - x_{t-1} = (A_1 - I) x_{t-1} + A_2 x_{t-2} + \cdots + A_p x_{t-p} + v + \varepsilon_t$$
$$\Delta x_t = (A_1 - I) \Delta x_{t-1} + (A_2 + A_1 - I) x_{t-2} + \cdots + A_p x_{t-p} + v + \varepsilon_t$$
$$\Delta x_t = (A_1 - I) \Delta x_{t-1} + (A_2 + A_1 - I) \Delta x_{t-2} + \cdots - (I - A_1 - A_2 - \cdots - A_p) x_{t-p} + v + \varepsilon_t$$

作为另一种选择，一个 VAR 模型也可以写成下面的误差修正形式：：
$$\Delta x_t = -\Pi x_{t-1} + F_1 \Delta x_{t-1} + F_2 \Delta x_{t-2} + \cdots + F_{p-1} \Delta x_{t-p+1} + v + \varepsilon_t$$
$$F_i = -\sum_{q=i+1}^{p} A_i, \Pi = I - A_1 - A_2 - \cdots - A_p$$

因为误差修正项 Π 是相同的，所以以上两个公式对于我们的目的来说是等价的。误差修正项 Π 也可以置于任何中间位置。

VAR 模型的单整和协整性质取决于矩阵 Π 的秩 r。如果 $r=0$，则 VAR 模型不存在任何协整关系，并且可以把它当作一阶差分后的平稳过程来进行估计。在这种情况下，过程的一阶差分可以通过之前讨论过的估计稳定的 VAR 模型的最小二乘法或最大似然法来进行估计。

如果 $r=N$，即矩阵 Π 为满秩的，则 VAR 模型本身是稳定的，可以作为一个稳定过程来估计。如果秩 r 是一个中间值，即 $0<r<N$，则 VAR 过程就存在协整。这时，我们可以把矩阵 Π 写成乘积 $\Pi = HC'$，其中 H 和 C 都是秩为 r 的 $N \times r$ 阶矩阵。矩阵 C 的 r 个列向量均为过程的协整向量。

下面我们将讨论非平稳但存在协整的 VAR 模型的不同估计方法，首先是最小二乘估计法。

利用无约束最小二乘法对协整 VAR 模型的估计

在本节对于非平稳 VAR 过程的估计，为了简单起见，我们假设 $v=0$，也就是说，我们将 VAR 过程写成如下形式：
$$x_t = A_1 x_{t-1} + A_2 x_{t-2} + \cdots + A_p x_{t-p} + \varepsilon_t$$

协整条件给模型加入了一个约束。事实上，如果我们假设模型存在 r 个协整关系，则我们必须限定 $\text{rank}(\Pi) = r$，这里 $\Pi = I - A_1 - A_2 - L - A_p$。这个约束使得标准的最小二乘法不能利用。然而,Sims,Stock 和 Waston[①] 以及 Park 和 Phillips[②] 证明,如果我们把之前的模型当作无约束的 VAR 模型来估计,所得到的估计量是一致的,并且具有与下一节将讨论的最大似然估计量相同的渐近性质。

最后的这个结论可能看起来让人很迷惑,因为之前我们说归咎于约束条件,最小二乘估计法不能应用——因此似乎得到了一个矛盾的陈述。为了弄清这个问题,考虑下面事实。我们假设实际数据是由一个有约束的 VAR 模型产生的。如果我们想利用有限样本来估计那个 VAR 模型并强加约束条件,则我们无法应用标准的最小二乘法。然而,就其本身而论,把无约束的最小二乘法用于同样的数据却是可以的。Sims,Stock,Watson Park 和 Phillips 证明:如果我们这样做,我们可以得出渐近地服从约束的一致估计量。在有限样本下,一般来讲,约束不可能得到满足。直观上很明显可以看出,如果一个无约束估计过程是一致的,则其估计量渐近服从约束条件。然而,其证明远非明显的,因为人们必须证明最小二乘方法可以一致地应用。

为了写出这个估计量,像在稳定的 VAR 模型中所做的那样,我们定义下列记号:

$$X = (x_1, \cdots, x_T)$$
$$A = (A_1, \cdots, A_p)$$
$$Z = \begin{pmatrix} x_0 & \cdots & x_{T-1} \\ \vdots & \ddots & \vdots \\ x_{1-p} & \cdots & x_{T-p} \end{pmatrix}$$

利用这些记号,我们可以像前几节中讨论的那样,将协整 VAR 模型的估计量写成通常的最小二乘估计量:

$$\hat{A} = XZ'(ZZ')^{-1}$$

还需证明的是,这个估计量与我们即将讨论的最大似然估计量具有相同的渐近性质。

最大似然估计量

最大似然估计方法已经成为具有相对较少维数的系统的最为先进的估计方法,其表现好于其他方法。最大似然估计法最初是由约翰森[③]提出的,因而也常称之为约翰森法(Johansen method)。我们将按照约翰森的做法,假定新息项为独立同分布的多元相关的高斯变量。这个估计方法也可以推广至新息项非正态分布的情形,但计算会更加复杂并且依赖于其分布。我们将使用 VAR 模型中的误差修正方程式,即我们将把协整 VAR 写成如下形式:

$$\Delta x_t = -\Pi x_{t-1} + F_1 \Delta x_{t-1} + F_2 \Delta x_{t-2} + \cdots + F_{p-1} \Delta x_{t-p+1} + \varepsilon_t$$

[①] Christopher A. Sims, James H. Stock and Mark W. Waston. Inference in Linear Time Series Models with Some Unit Roots. *Econometrica*. 58, *no*.1, *pp*.161−182.

[②] Joon Y. Park and Peter C. B. Phillips. Statistical Inference in Regressions with Integrated Processes. Part 2. *Econometric Theory*, 5(1989), pp.95−131.

[③] Soren Johansen. Estimation and Hypothesis Testing of Cointegration Vectors in Gaussian Vector Autoregressive Models. *Econometrica*, 59(1991), pp.1551−1581.

首先,我们描述由班纳吉和亨德里(Banerjee and Hendry)[1]提出的协整过程的最大似然估计方法。然后将建立其与约翰森的降秩回归法的联系。

班纳吉和亨德里的方法建立在"集中似然"(concentrated likelihood)的基础上。集中似然是一种可以把原始的似然函数转变成一个变量更少的函数的数学方法,而得到的新函数称为"集中似然函数"(CLF)。集中似然函数在统计学中以"样本似然"(profile likelihood)著称。为了理解 CLF 如何运用,假设似然函数是两个独立参数集的函数:

$$L = L(\vartheta_1, \vartheta_2)$$

在这个情形中,最大似然原理可以写成以下形式:

$$\max_{\vartheta_1,\vartheta_2} L(\vartheta_1,\vartheta_2) = \max_{\vartheta_1}(\max_{\vartheta_2} L(\vartheta_1,\vartheta_2)) = \max_{\vartheta_1}(L^C(\vartheta_1))$$

这里 $L^C(\vartheta_1)$ 就是一个集中似然函数,它仅是参数 ϑ_1 的函数。

为了理解这个结果是如何得出的,让我们来回忆一下第二章中的讨论,假定所有常规条件成立,LF 的最大值在对数似然函数 L 的偏导数等于零点处取得。特别地

$$\frac{\partial L(\vartheta_1,\vartheta_2)}{\partial \vartheta_2} = 0$$

如果我们能够解出这个函数方程组,我们得到 $\vartheta_2 = \vartheta_2(\theta_1)$。由最大似然估计量的同变性(equivariance)[2]可知两个估计参数集之间的下列关系一定成立:

$$\hat{\vartheta}_2 = \vartheta_2(\hat{\vartheta}_1)$$

这样,我们可以看到原始的似然函数被*集中*为一个具有更小参数集合的函数。现在我们把这种思想应用于协整模型的最大似然估计。为方便起见,我们引入一些记号,这些记号与我们之前引入的记号是平行的但是适用于我们将要使用的协整 VAR 模型的特殊形式,即:

$$\Delta x_t = -\Pi x_{t-1} + F_1 \Delta x_{t-1} + F_2 \Delta x_{t-2} + \cdots + F_{p-1} \Delta x_{t-p+1} + \varepsilon_t$$

我们定义

$$X = (x_0, \cdots, x_{T-1})$$

$$\Delta x_t = \begin{pmatrix} \Delta x_{1,t} \\ \vdots \\ \Delta x_{N,t} \end{pmatrix}$$

$$\Delta X = (\Delta x_1, \cdots, \Delta x_T) = \begin{pmatrix} \Delta x_{1,1} & \cdots & \Delta x_{1,T} \\ \vdots & \ddots & \vdots \\ \Delta x_{N,1} & \cdots & \Delta x_{N,T} \end{pmatrix}$$

$$\Delta Z_t = \begin{pmatrix} \Delta x_t \\ \vdots \\ \Delta x_{t-p+2} \end{pmatrix}$$

---

[1] Anindya Banerjee and David F. Hendry. Testing Integration and Cointegration: An overview. *Oxford Bulletin of Economics and Statistics*, 54(1992), pp. 225—255.

[2] 回忆一下,极大似然估计量的不变性称:如果参数 a 是参数 b 的函数,则 a 的极大似然估计量是 b 的极大似然估计量的相同函数。

$$\Delta Z = \begin{pmatrix} \Delta x_0 & \cdots & \Delta x_{T-1} \\ \vdots & \ddots & \vdots \\ \Delta x_{-p+2} & \cdots & \Delta x_{T-p+1} \end{pmatrix} = \begin{pmatrix} \Delta x_{1,0} & \cdots & \Delta x_{1,T-1} \\ \vdots & \ddots & \vdots \\ \Delta x_{N,0} & \cdots & \Delta x_{N,T-1} \\ \vdots & \ddots & \vdots \\ \Delta x_{1,-p+2} & \cdots & \Delta x_{1,T} \\ \vdots & \ddots & \vdots \\ \Delta x_{N,-p+2} & \cdots & \Delta x_{N,T} \end{pmatrix}$$

$$F = (F_1, F_2, \cdots, F_{p-1})$$

利用矩阵记号，当我们假定 $\Pi = HC$ 时，我们可以将模型紧凑地写成下面形式：

$$\Delta X = F\Delta Z - HCX + U$$

按照我们在平稳 VAR 模型情形中所进行的推导，我们可以将对数似然函数写出如下：

$$\begin{aligned}
\ln(l) &= -\frac{NT}{2}\ln(2\pi) - \frac{T}{2}\ln|\Sigma_u| - \frac{1}{2}\sum_{t=1}^{T}\varepsilon'_t\Sigma^{-1}\varepsilon_t \\
&= -\frac{NT}{2}\ln(2\pi) - \frac{T}{2}\ln|\Sigma_u| - \frac{1}{2}\mathrm{trace}(U'\Sigma_u^{-1}U) \\
&\quad -\frac{NT}{2}\ln(2\pi) - \frac{T}{2}\ln|\Sigma_u| - \frac{1}{2}\mathrm{trace}(\Sigma_u^{-1}UU') \\
&= -\frac{NT}{2}\ln(2\pi) - \frac{T}{2}\ln|\Sigma_u| \\
&= -\frac{1}{2}\mathrm{trace}((\Delta X - FZ + HCX)'\Sigma_u^{-1}(\Delta X - FZ + HCX))
\end{aligned}$$

现在我们专注于这个对数似然函数，消掉 Σ 和 F。如之前所解释的那样，这需要求偏导并令其为 0，并且要把 Σ 和 F 用其他参数来表示。对 Σ 求偏导使其为 0，可以证明 $\Sigma_C = T^{-1}UU'$。将这个表达式带入对数似然函数，我们得到消掉 Σ 后的集中似然函数：

$$\begin{aligned}
l^{Cl} &= K - \frac{T}{2}\ln|UU'| \\
&= K - \frac{T}{2}\ln|(\Delta X - FZ + HCX)(\Delta X - FZ + HCX)'|
\end{aligned}$$

这里 K 是一个常数，它包括集中后留下的所有常数项。

然后我们再消掉 F。将 l 对 F 求偏导并令偏导数等于 0，并在 Σ_C 处求解。执行完所有计算，可以证明估值与 Σ_C 是无关的，并且下列公式成立：

$$F_C = (\Delta X + HCX)\Delta Z'(\Delta Z \Delta Z')^{-1}$$

把这个表达式代入 l^{Cl} 的公式中，也就是去掉 Σ_C 的对数似然函数，我们得到：

$$l^{CI} = K - \frac{T}{2}\ln\left|\begin{matrix}(\Delta X - ((\Delta X + HCX)\Delta Z'(\Delta Z\Delta Z')^{-1})\Delta Z + HCX) \\ (\Delta X - (\Delta X + HCX)\Delta Z'(\Delta Z\Delta Z')^{-1}\Delta Z + HCX)\end{matrix}\right|$$

$$= K - \frac{T}{2}\ln\left|\begin{matrix}(\Delta X + HCX - ((\Delta X + HCX)\Delta Z'(\Delta Z\Delta Z')^{-1})\Delta Z) \\ (\Delta X + HCX - (\Delta X + HCX)\Delta Z'(\Delta Z\Delta Z')^{-1}\Delta Z)\end{matrix}\right|$$

$$= K - \frac{T}{2}\ln\left|\begin{matrix}((\Delta X + HCX)(I_T - \Delta Z'(\Delta Z\Delta Z')^{-1})\Delta Z)) \\ ((\Delta X + HCX)(I_T - \Delta Z'(\Delta Z\Delta Z')^{-1}\Delta Z))\end{matrix}\right|$$

$$= K - \frac{T}{2}\ln\left|(\Delta X + HCX)M(\Delta X + HCX)'\right|$$

$$= K - \frac{T}{2}\ln\left|\Delta XM\Delta X' + HCXM\Delta X' + \Delta XM(HCX)' + HCXM(HCX)'\right|$$

这里 $M = I_T - \Delta Z'(\Delta Z\Delta Z')^{-1}\Delta Z$。矩阵 $A = I - B'(BB')^{-1}B$ 称为投影矩阵。A 是幂等并且对称的,即 $A = A'$, $AA = A^2 = A$。上述推导过程的最后三步用到了后一个性质。

我们将把 CLF 进行如下重写。定义 $R_0 = \Delta XM$, $R_1 = XM$ 且

$$S_{ij} = \frac{R_i R_j}{T}, i,j = 1,2$$

则我们可以把 CLF 重新写成如下形式

$$l^{CI}(HC) = K - \frac{T}{2}\ln\left|S_{00} - S_{10}HC - S_{01}(HC)' + HCS_{11}(HC)'\right|$$

约翰森最初的分析运用*降秩回归法*也得到了相同的结论。降秩回归为多元回归,其中系数矩阵满足约束条件。约翰森通过将 Δx_t 和 Δx_{t-1} 对 $(\Delta x_{t-1}, \Delta x_{t-2}, \cdots, \Delta x_{t-p+1})$ 进行回归来消除 F 项从而得到残差如下:

$$R_{0t} = \Delta x_t - D_1\Delta x_{t-1} + D_2\Delta x_{t-2} + \cdots + D_{p-1}\Delta x_{t-p+1}$$

$$R_{1t} = \Delta x_{t-1} - E_1\Delta x_{t-1} + E_2\Delta x_{t-2} + \cdots + E_{p-1}\Delta x_{t-p+1}$$

这里

$$D = (D_1, D_2, \cdots, D_{p-1}) = \Delta X\Delta Z'(\Delta Z\Delta Z')^{-1}$$

且

$$E = (E_1, E_2, \cdots, E_{p-1}) = X\Delta Z'(\Delta Z\Delta Z')^{-1}$$

因此最初的模型简化为如下的较简单模型:

$$R_{0t} = HCR_{1t} + u_t$$

这个模型的似然函数只依赖于 R_{0t}、R_{1t} 两个变量。它可以写成如下形式:

$$l(HC) = K_1 - \frac{T}{2}\ln\left|(R_0 + R_1(HC))'(R_0 + R_1(HC))\right|$$

这里我们还像之前那样定义 R_0, R_1。如果我们也像之前那样定义 S_{ij},我们可以得到形式完全相同的 CLF:

$$l^{CII}(HC) = K - \frac{T}{2}\ln\left|S_{00} - S_{10}HC - S_{01}(HC)' + HCS_{11}(HC)'\right|$$

现在我们需要求出这个 CLF 的最大值。请注意这个问题并没有很好确定,因为给定任何解 H 和 C,以及任何非退化矩阵 G,以下关系总成立:

$$\prod = HC = HGG^{-1}C = H^*C^*$$

所以矩阵
$$H^* = HG$$
$$C^* = G^{-1}C$$
也是解。因此这里必须附加额外约束条件。

如果矩阵 $\prod = HC$ 没有被约束,则 CLF 的最大化将得出:
$$\prod = S_{01}S_{11}^{-1}$$

然而,现在我们的问题是求出符合协整条件的解,即 $\prod$ 的秩 r 也为 H、C 共同的秩。为了达到这个目的,我们可以先将 CLF 关于 H 集中,再关于 C 求解。通过进行相当长的计算,可以证明我们通过求解如下特征值问题得到一个解:
$$|S_{10}S_{00}^{-1}S_{01} - \lambda S_{11}| = 0$$

这个特征值问题,连同规范化条件,将可以得出 N 个特征值 λ_i 和 N 个特征向量 Λ_i。为了使这个问题很好地确定,约翰森附加了规范化条件:$\Lambda'S_{11}\Lambda = I$。将特征值排序并且挑出与 r 个最大特征值对应的 r 个特征向量。可以证明,矩阵 C 的最大似然估计量由
$$\hat{C} = (\Lambda_1, \cdots, \Lambda_r)$$
给出,而矩阵 H 的估计量由 $\hat{H} = S_{00}\hat{C}$ 给出。对数似然函数的最大值为:
$$l_{max} = K - \frac{T}{2}\ln|S_{00}| - \frac{T}{2}\sum_{i=1}^{r}\ln(1-\lambda_i)$$

前面特征值问题的解,即特征值 λ_i,可以解释为 Δx_t 与 x_{t-1} 之间的典型相关系数(Canonical correlations)。*典型相关系数可以被解释为 Δx_t 和 x_{t-1} 的线性组合之间的最大相关系数。*因此我们看到,协整关系是 x_t 的那些线性组合,其与 Δx_{t-1} 经过保留项调整后的线性组合具有最大相关性。

有关不同类型的规范化条件已经得到研究并在研究文献中得到描述。Pesan 和 Shin[①] 提出了考虑关于矩阵 C 的一般非线性约束的长期建模理论。这个理论超出了本书的讨论范围。

估计协整关系个数

约翰森的最大似然估计法以及它的扩展都高度依赖于协整关系的个数 r 的正确估计。特别地,与 Johansen 方法相关的两种检验方法被提出:迹检验(trace test)以及最大特征值检验。*迹检验的检验的假设是:最多存在 r 个协整向量,而最大特征值检验的假设是:有 $r+1$ 个协整向量而非 r 个协整向量。*详细的数学推导在约翰森较早讨论的论文中给出。

---

① M. Hashem Pesaran and Yongcheol Shin. Long-Run Structural Modelling. Chapter11 in S. Strom(ed.), *Econometrics and Economic Theory in the 20th Century: The Ragnar Frisch Centennial Symposium* (Cambrideg, Cambridge University Press, 2001).

Lütkepohl,Saikkonen 以及 Trenkler[1] 分析了各种形式的检验的优点和功效。这里我们仅仅对这些检验进行一个大体阐述,这些检验应用于许多标准统计软件包中。

迹检验由约翰森方法直接得出。回忆本章之前的讨论,约翰森估计法中的对数最大似然函数的最大值为:

$$l_{max} = K - \frac{T}{2}\ln|S_{00}| - \frac{T}{2}\sum_{i=1}^{r}\ln(1-\lambda_i)$$

最多存在 r 个协整向量的原假设的似然比检验统计量为:

$$\lambda_{trace} = -T\sum_{i=r+1}^{r}\ln(1-\lambda_i)$$

这里求和扩展到 $n-r$ 个较小的特征值。这个统计量的渐近分布并非正态分布。它的分布由一个通过布朗运动的泛函所形成的随机矩阵的迹给出。它在不同置信水平下的临界值已被列出并被用于大部分统计软件包中。

最大特征值检验的似然比统计量如下:

$$\lambda_{max} = -T\ln(1-\lambda_{r+1})$$

对于前面的检验来说,这个检验统计量的渐近分布不是正态分布。它的分布也是由一个通过布朗运动的泛函所形成的随机矩阵的最大特征值给出的。它在不同的置信水平下的临界值已被列出并被用于许多标准统计软件包中。

存在线性趋势情形的最大似然估计量

之前的讨论假定模型具有零截距,因此过程中不存在线性趋势或非零截距。如果给 VAR 模型加上一个截距,我们可能会得到在变量中的线性趋势。在协整模型中情况更复杂些,协整变量可能存在也可能不存在线性趋势。换句话说,协整向量把 I(1) 变量转化成平稳变量或趋势平稳变量。

恩格尔和格兰杰(Engle and Granger)[2]对于协整的最初定义排除了协整变量中存在的确定性趋势。现在我们来区分随机协整和确定性协整。一组 I(1) 变量称为随机协整的,如果存在这些变量的趋势平稳的线性组合(即一个平稳过程加上一个确定性趋势)。一组 I(1) 变量称为是确定性协整的,如果存在这些变量的不包含任何确定趋势并且平稳的线性组合。

因此,当我们考虑一个协整 VAR 模型中的确定项时,我们不能仅仅考虑常数截距,而是一定要包括线性趋势。就像我们在平稳模型中所做的那样,我们给模型变量加一个常数项和一个线性趋势,之前所讨论的估计过程仍然是有效的。

---

[1] Helmut Lutkepohl, Pentti Saikkonen and Carsten Trenkler. Maximum Eigenvalue Versus Trace Tests for the Cointegrating Rank of a VAR Process. *Econometrics Journal*, 4(2001), pp. 287−310.

[2] Robert F. Engle and Clive W. J. Granger. Cointegration and Error Correction: Representation, Estimation, and Testing. *Econometrica*, 55(1987), pp. 251−276.

利用典型相关方法估计

典型相关分析（CCA）的使用首先由 Bossaerts[①] 在 1988 年提出。1995 年，比尤利（Bewley）和杨（Yang）[②]为基于典型相关分析的方法提供了一个更严密的基础，他们称之为水平典型相关分析（LCCA），因为典型相关是按时间水平计算的。基于典型相关分析的协整检验基于这样的思想：典型相关分析应该区分变量的那些 I(1) 线性组合和 I(0) 线性组合。实际上，单整变量更具有可预测性，而平稳变量不具可预测性。

Bossaerts 建议运用典型相关分析的方法并且用标准迪基—富勒（DF）检验，来区分那些 I(1) 的典型变量。他考虑下面类型的模型：

$$\Delta \boldsymbol{x}_t = \boldsymbol{HC}\boldsymbol{x}_t + \boldsymbol{\varepsilon}_t$$

对 $\Delta \boldsymbol{x}_t$ 和 $\boldsymbol{x}_t$ 进行典型相关分析后，对典型变量进行单位根检验。Bossarts 推测（没有实际证明），人们可以使用迪基—富勒检验的标准临界值。

比尤利和杨扩展了这个方法，他们考虑了确定性趋势和其他能够解释短期动态特征的变量。他们提出了新的检验方法，发展了渐近理论并且计算出确定协整向量数量的临界值。

从计算方面来看，比尤利和杨的水平典型相关分析与约翰森的理论相去不远。沿着比尤利和杨的想法，水平典型相关分析如下进行。首先，如果有附加变量，就要通过将 $\boldsymbol{x}_t$ 和 $\boldsymbol{x}_{t-1}$ 对这些变量作回归，从而消除这些变量。称这些回归的残差为 $\boldsymbol{R}_{0t}, \boldsymbol{R}_{1t}$，并构造回归：

$$\boldsymbol{R}_{0t} = \boldsymbol{B}\boldsymbol{R}_{1t} + \boldsymbol{u}_t$$

现在我们需要确定 $\boldsymbol{R}_{0t}$ 与 $\boldsymbol{R}_{1t}$ 间的典型相关关系。这个工作利用与约翰森的方法中相同的方程完成，即解如下特征问题（参见附录 B）：

$$|\boldsymbol{S}_{10}\boldsymbol{S}_{00}^{-1}\boldsymbol{S}_{01} - \lambda \boldsymbol{S}_{11}| = 0$$

这里

$$S_{ij} = \frac{\boldsymbol{R}_i \boldsymbol{R}_j}{T}, i,j = 1,2$$

与约翰森方法中相同。然而，这些量的解释与之前是不同的。这里我们在寻求各变量间的按时间水平的典型相关性，而约翰森法中我们同时考虑了时间水平和差分。LCCA 方法与约翰森方法一样找出最大的特征值。比尤利和杨提出了渐近性理论以及四种协整检验，两种迪基—富勒类型的检验，一种迹检验以及一个最大特征值检验。在每个检验中，他们都把 6 个变量的临界值确定出来并编制成表。临界值的列表在他们的论文中给出。

比尤利和杨提出的渐近性理论表明：人们的确可以使用标准的单位根检验，如迪基—

---

① Peter Bossaerts. Common Non-stationary Components of Asset Prices. *Journal of Economic Dynamics and Control*, 12(1988), pp. 348—364.

② Ronald Bewley and Minxian Yang. Tests for Cointegration Based on Canonical Correlation Analysis. *Journal of the American Statistical Association*, 90(1995), pp. 990—996.

富勒检验以及菲利浦斯检验,但是临界值取决于变量个数且它们并非是标准的。因此,人们不能像 Bossaerts 推测的那样,使用 DF 检验的标准临界值。

利用主成分分析法估计

到现在为止,我们讨论了普通最小二乘法、最大似然估计法以及典型相关分析法。在这一节,我们将介绍另一种基于主成分分析法(PCA)的重要方法。PCA 是一种众所周知的统计学方法,对于给定的一个多元数据集,它找出最大方差的方向。基于 PCA 的方法常用于稳定收益的经典的因素分析中。

Stock 和 Waston[①] 最早提出将基于 PCA 的方法应用于单整变量。他们最早观察到,在 n 维时间序列中存在 r 个协整向量意味着存在 r 个共同的随机趋势。这意味着存在 r 个独立的变量线性组合为 I(1),而剩下的 $n-r$ 个为 I(0)。另外,它还意味着 n 个变量中的每一个都可以表示为共同的随机趋势的一个线性组合加上一个平稳过程。

Stock 和 Waston 推测,那些 I(1)的线性组合一定具有最大方差。因此,对水平变量作主成分分析,人们可以通过挑出最大的特征值来确定协整向量。Stock 和 Waston 方法的具体过程如下所示。

假设 DGP 为通常的 VAR(p)模型:

$$x_t = A_1 x_{t-1} + A_2 x_{t-2} + \cdots + A_p x_{t-p} + \varepsilon_t$$

这里我们假定截距项为 0。又假设滞后期 p 已独立地确定。然后对变量 x_t 进行主成分分析。这就必须求解下面的特征值问题:

$$\Omega \beta = \mu \beta$$

这里 Ω 为 x_t 的样本协方差矩阵,其定义为,

$$\Omega = \sum_{t=1}^{T} x_t x_t'$$

μ 和 β 分别为要确定的特征值和特征向量。

将所有的特征值排序,挑出最大的 m 个特征值 $\mu_i, i=1,\cdots,m$。与之相对应的特征向量为待选的协整向量。构造线性组合:$P_{i,t} = \beta_i x_t$,可以得到向量 $P_t = (P_{1,t},\cdots,P_{m,t})'$,即形成了 m 个主成分。我们现在必须检查假设,即这些主成分都为 I(1)序列并且互相之间不存在协整关系。

为此,Stock 和 Watson 方法估计下面的平稳 VAR(p)模型:

$$\Delta P_t = A_1 \Delta P_{t-1} + \cdots + A_{p-1} \Delta P_{t-p+1} + \varepsilon_t$$

然后计算

$$\hat{F}_t = P_t - \hat{A}_1 \Delta P_{t-1} - \cdots - \hat{A}_{p-1} \Delta P_{t-p+1}$$

用 F_{t-1} 对 ΔF_t 作回归,计算出回归矩阵 B 的标准化特征值,并将其与 Stock 和 Wat-

[①] James H. Stock and Mark W. Waston. Testing for Common Trends. *Journal of the American Statistical Association*,83(1988),pp. 1097—1107.

son 论文中列表所示的临界值进行比较,从而检验存在 m 个共同趋势而非 $m-q$ 个共同趋势的零假设。

如果 VAR 模型的截距不为零,则变量中就可能存在线性趋势。这个事实反过来又引出了随机协整和确定性协整的问题。计算的具体过程十分复杂[①]。

基于 PCA 的方法的一个主要优势在于临界值仅仅依赖于共同趋势的数量而非所涉及的时间序列的数量。因此,它可以用于确定在大量的时间序列中的少数共同趋势。这在金融计量经济学中是一个很大的优势,我们将在后面的动态因素部分中再次对此进行讨论。

利用伴随矩阵特征值估计

如果一个过程可以写成 $x_t = \rho x_{t-1} + \eta_t$,其中 $\rho = 1$,η_t 为平稳过程,则它就称为一阶单整的。迪基和富勒建立了 ρ 的渐近性分布并且将临界值都列在表中,这构成了 DF 和 ADF 单位根检验的基础。Ahlgren 和 Nyblom[②] 提出了多元过程的一个等价方法。他们研究了 N 元的 VAR(1) 过程:

$$x_t = \prod x_{t-1} + \varepsilon_t$$

他们研究的主要结果是协整关系的数量取决于自回归矩阵的特征值。Ahlgren 和 Nyblom 确定了利用最小二乘法估计出自回归矩阵特征值的渐近分布并计算了临界值。通过将其原始模型转化为 VAR(1) 模型并考虑其伴随矩阵,这个方法可以被推广到任意阶数的 VAR 模型。

金融学中的非线性模型

非线性模型描述了收益或其他金融变量之间的非线性关系。它们可以被用于各种横截面数据或序列数据。对于样本内的准确性和样本外的扩展能力的权衡,在非线性模型中尤为重要。实际上,一般来说,非线性模型要比相当的线性模型估计更多的参数。

这种情况的发生是因为一般来说我们并不知道非线性关系的精确形式,因此我们需要使用非线性近似方法。例如,假定我们想要以一个非线性回归 $y = f(x) + \varepsilon$ 来替换线性回归 $y = ax + b + \varepsilon$。如果我们知道函数的准确形式 $f(x)$,则两个模型的参数数目可能是相同的。例如,如果我们能用一个回归 $y = ax^\alpha + b + \varepsilon$ 来替代原来的线性回归方程,并且 α 为已知,则我们只需要像线性情形中那样估计 a 和 b 就行了。然而,一般来说,我们需要估计包含多个项的模型。例如,一般来说,我们需要用 $y = A_1 x + A_2 x^2 + \cdots + A_n x^n +$

[①] 有兴趣的读者可以参考 Stock 和 Watson 的原始论文。

[②] Niklas Ahlgren and Jukka Nyblom. A General Test for the Cointegrating Rank in Vector Autoregressive Models. working Paper No. 499, 2003, Swedish School of Economics and Business Administration.

$b+\varepsilon$ 这种类型的回归来代替线性回归,这里有很多参数 A_i 都需要估计。

另外,有很多不同的非线性替换形式是不太容易转化为大量参数来进行估计的。这里考虑到不同模型的数量和复杂度,我们只列出一些金融中重要的非线性模型。

聚类模型

聚类模型(clustering models)将数据按某种准则进行分组,各组内数据最大限度地具有同质性。这些模型可以应用于多变量数据集合或时间序列。例如,我们可以将收益的时间序列按照彼此相关程度的水平来聚类划分。与聚类相关的权衡与类别数量的选择有关。聚类模型在金融领域众多的应用中,我们可以提及资产负债表账户或财务比率的聚类和时间序列的聚类,前者用来判断特定公司的经营情况,后者可以作为大型数据集合的事前处理以使那些不能对整个数据集合进行运算的统计方法得以应用。

体制转换模型

体制转换模型(regime shifting models)代表了某一类非线性模型,该模型将一个基本线性模型和另一个决定不同体制之间转换的模型(即可以确定对应于不同体制的参数的模型)进行配对。此类模型需要分析很长的时间序列,以获得足够多的转换样本来估计驱动体制间转换的模型。

不规则间隔的数据模型

随着高频数据的普及,另一类非线性模型变得越来越重要,那就是*不规则间隔的数据模型*(models of irregularly spaced data)。高频数据的间隔常常是不规则的,因为它们记录的是个体交易数据。间隔分布模型本身是非线性模型,它们是理解在非常短的间隔上的收益行为的重要模型。

非线性 DGP 模型

非线性 DGP 模型(Nonlinear DGP models)是一类捕获相邻收益之间关系所固有的非线性性质的模型。其中最广为人知的模型便是神经网络。神经网络可以模拟 DGP 的任何函数形式,但这意味着需要估计大量的参数,并且会有过度拟合以及损失预测能力的风险。

因果关系

因果关系的主题是广泛的,在哲学和科学中都有很多含义。这里我们仅仅介绍出现在第二次世界大战之后的两种主要的因果关系方法:考尔斯委员会(Cowles Commission)的方法以及格兰杰因果关系。考尔斯委员会的方法与西蒙(Herbert Simon)所提出的因果关系方法相似,他们都强调模型的结构性质。特别地,重点关注外生变量和内生变量之间的区别。考尔斯委员会的方法不包含任何明确地与时间有关的因素。这种方法的哲学根源要追溯到罗素,在这种方法中因果关系意味由方程组内部决定的量与由方程组之外确定的量之间的区别。

相反,格兰杰的方法基本与时间有关。我们说变量 X_t 是变量 Y_{t+1} 的格兰杰原因,如果概率 $P(Y_{t+1}|$ 时间 t 及以前的所有信息)与概率 $P(Y_{t+1}|$ 时间 t 及以前除了 X_t 信息之外的所有信息)是不同的。由于我们没有过去的全部信息,实际上格兰杰因果关系是通过将检验用于线性回归来进行检验的。假设,例如,我们想要在一个双变量模型中进行格兰杰因果关系检验,其中 X 和 Y 关于两个变量的滞后变量做回归。我们通过在任一方程中加入一个变量或其他变量的滞后项并检验回归的解释能力是提高还是降低来进行格兰杰因果关系检验。

总　结

- 随机过程是随时间变化的变量序列;多元随机过程是随时间变化而变化的随机向量。
- 如果一个随机过程的时间参数离散变化,则该随机过程就称为时间序列;多变量时间序列就是一个随机向量序列。
- 沃尔德表示理论说明任何平稳时间序列都可以表示为两个随机过程的和:一个线性可预测的过程和一个无限移动平均过程。
- 一个时间序列是可逆的,如果它可以表示成一个无限自回归过程。
- 时间序列也可以在频域内表示。
- 向量自回归模型是过程对其滞后项回归的模型。
- 向量自回归模型可以用普通最小二乘法作为回归来估计,或者当其分布已知时利用最大似然估计法估计。
- 一个单整变量是指在差分后变得平稳的变量;过度差分会产生不可逆的过程。
- 协整过程单独来讲是单整的,但存在平稳的线性组合。
- 协整过程可以表示为一个误差修正模型,它是一个具有同期修正项的 VAR 模型。
- 很多估计协整关系的方法已被提出,包括基于最大似然估计的约翰森方法以及基于主成分分析的 Stock-Watson 法。
- 如果一个向量时间序列存在协整关系,则我们可以找出一系列共同趋势,而且所有的序列都可以表示为对趋势的回归。
- 存在基于信息理论的方法来估计一个 VAR 模型的滞后期。
- 在将 VAR 模型应用于资产配置、资产组合管理和风险管理时,估计模型的分布性质非常重要,因为尾部的存在可能改变最优条件以及整个最优化过程。
- 有很多自相关和正态性的检验可以用来检验一个估计的 VAR 模型的分布性质,例如,迪基—富勒检验或增广的迪基—富勒检验。

第四章 金融建模中常见的错误

本章讨论金融工程和金融理论之间的关系。两者之间有很明确的区别。金融理论为诸如价格、收益和利率等预测量提供数学描述和基础。而另一方面金融工程处理的是金融产品的构建以及实际应用,例如衍生工具合约或投资组合构建。

金融工程依赖于金融理论,特别是在预测金融变量的能力上。当然,金融工程没有金融理论那么规范化,但是其对金融实践的重要性毋庸置疑。这种情况在物理学和经济学领域都是成立的。在这些领域中,科学能够为分析提供框架但却不能将它们结合起来。几百年的科学研究使我们拥有杰出的建模能力,即把我们的世界以数学形式表达出来。然而,我们对特定事物的综合能力非常有限,但这种能力在实际应用中十分重要。

我们通常通过直觉来给出新的设计。然后,再用科学工具分析这个设计,并且经过反复试验加以修改来得到最终产品。只有当我们能够形成这个优化过程,我们的设计能力才与分析能力相匹配。在这一章中,我们讨论资产组合形成过程中的工程部分或产品设计过程在实际中是如何进行的。

理论与工程

工程师合成产品(如飞机或投资组合)要使用现有的知识。但解决办法有时会失效,可能的原因是没有认识到问题的解决需要进一步的理论支持。

了解是否需要进一步的理论对于成功解决工程问题十分重要,无论这个问题是属于航天领域还是金融领域。

考虑超音速飞机的设计和制造。航空旅客能够很容易地识别出波音747大型喷气式客机,这不仅因为它的体积巨大,而且还因为它在机身前部具有特征性的隆起部分。这个奇怪的隆起部分既是飞行员的的座舱也是上层乘客的舱面,它使得超音速飞机与一般的具有光滑机身的喷气式飞机不同。这个隆起设计其实也是空气动力学的一个重要突破,即惠特科姆面积定律,或者简称为面积定律,这个定律在航空工程师那里以细腰形(wasp-waisted shapping)闻名。面积定律说明了一个实际问题是如何通过工程独创力和科学发现的结合来解决的。

面积定律首先是由海因里希·埃泰尔(Heinrich Hertel)和奥托·富兰(Otto Frenzl)发现的,1943—1945年,他们在德国飞机制造商容克斯的一个跨音速风洞实验室工作,面积定律的发现在第二次世界大战末期的混乱当中丢失了。之后在1952年,理查德·惠特科姆(Richard Whitcomb)又独立地重新发现了这一定律,他是一个年经的空气动力学家并且在国家航空咨询委员会位于弗吉尼的汉普顿的兰利中心工作。

20 世纪 40 年代末期,人们相信制造超音速飞机的能力代表了在军事和商业方面的一个主要优势。然而,开发超音速飞机过程的前期所做的试验结果却令人失望:在跨音速(即接近音速的速度)飞行时,传统的机身设计受到的空气阻力会越来越高。喷气式发动机所具有的有限推力不足以克服这个阻力,而那时的空气动力学理论无法提出解决方案来。

众人皆知,最理想的机身应该是平滑设计,即像雪茄的平滑线条那样。惠特科姆取得了突破性的发现:阻力是由两翼的非连续性产生的,要减小这个阻力,那么机身和两翼的间断必须做得尽可能平滑。惠特科姆将这个发现转化为实际定律——面积定律——它可以应用于飞机设计。它首先用于创新的细腰飞机的设计,即康威尔 F-102 三角牵引机,惠特科姆面积定律使得空气阻力下降了 25%,因此使 F-102 可以满足合同规格。惠特科姆面积定律随后又应用于跨音速飞机的制造。

另一个能够说明工程失败是由于没有认识到需要一个主要的理论发展的例子来自力学领域。金属疲劳是这样一种现象:金属在不断重复的作用力下突然失去弹性而发生断裂。自从 19 世纪初,人们就已经知道金属疲劳现象了,但是直到现在,这方面的理论还是很匮乏。这种基础理论的缺失导致了很多重大的工程上的事故,例如 1842 年 5 月 8 日从凡尔塞开往巴黎的火车的撞毁,1980 年 3 月 27 日亚历山大开兰石油平台的沉没,以及最早的商业喷气式飞机——哈维兰彗星型客机——在 1954 年的连续坠毁。所有这些例子中,以当时所具有的知识来看,它们的设计都是正确的,然而,最基本的基础理论——金属疲劳理论却缺失了。

工程学与理论科学

在本部分,我们简要介绍一下工程和科学的概念。现代科学建立在由数学语言所表达的自然规律的概念的基础上,并(对于大多数来讲)由微分方程来表示。微分方程是联系数量及其变化率的表达式。例如,给定一个不变利率 r,我们可以通过下面的简单方程

$$\frac{dC}{dt} = Cr$$

计算出资本 C 的增长。给定初始条件或者边界条件,一个微分方程可以推断出一个系统在未来或其他空间区域内的行为。当涉及概率定律时,则微分方程或者其离散情形对应的差分方程就描述了概率分布的变化。例如,期权的价格可以表示为一个价格概率分布的微分方程。

现在,微分方程是分析的和描述的:自然规律使我们能分析和描述诸如行星的运动或者飞机的飞行这样的一个给定的物理系统。然而,发现是人类积极努力的成果,今天通常都配备了实验室和诸如计算机这样的工具。科学不是合成的,不需要给我们一种构造性的方法来获得新发现或工程制品。

另一方面,工程过程的目标是制造诸如飞机、火车或者金融中的资产组合、衍生品等有目的的产品,在这个意义上,它是一个合成过程。在工程中,别人给我们一个设计规范,

然后我们试图合成满足这些规范的设计或是产品。例如，在金融中，我们的出发点可能是一份资产组合业绩规范或者一份套期保值工具要求规范。

工程过程建立在合成和分析重复循环的基础上：我们首先合成一个大致的设计，然后用建立在我们的科学知识基础上的分析工具对其进行分析。科学赋予我们分析能力：在设计飞机的例子中，通过使用复杂的工具，工程师们能够检验并分析结构稳定性、飞行行为以及对诸如暴风雨和闪电这样的非正常考验（重压）的可能反应。通常分析会给出对最初设计的必要修正。这个设计过程会不断重复直到总体设计能够让人满意为止。在过程的最后，我们得到一个完整的设计。

我们可以把工程看成是一个解决问题的过程。自从电脑出现以来，人们更多地把注意力集中于自动化求解问题。赫伯特·西蒙（Herbert Simon），1978年经济学诺贝尔奖获得者，是人类解决问题能力可以形式化并能用电脑模仿这一观点的最早倡导者之一。在西蒙的开创性思想指引下，人工智能领域的研究者们在问题解决自动化方面付出了巨大努力。

问题解决自动化最关键的思想如下。我们为了解决问题必须不断重复分析，给出一个近似的解并用科学工具来进行分析。通过分析对初始解决方法给出修改建议。然后我们提出另一个希望是更好的近似解，再进行下一次循环分析。问题解决自动化的关键想法是定义任一近似解与真实解或最优解之间的距离。每一轮循环中，我们都力图缩小该距离。

当解可以表示为某个目标函数的最大化时，即问题可以嵌入一个最优化框架中的时候，自动化求解可以顺利进行。现在，我们已经有很多理论工具以及电脑程序来解决最优化问题。然而，目标函数的最优化与标志着现代科学发展的创造性的概念上的创新相去甚远。例如，很难想象，像量子力学这样重大的科学发现可以简化为一个目标函数的最优化问题。我们还没有任何具有现实意义的构造性方法来取得这样的发现。

只有当我们能够进行优化时，即将我们的设计以变量的形式进行表述并且用一个定义在设计变量上的目标函数来表示我们设计的质量时，构造性方法才有效。一旦我们达到了这个水平，设计就可以自动化地进行了。有很多但并非全部的金融工程问题可以转化为最优化问题（参见第8章、第9章、第10章）。

总结：

■ 科学是分析的：我们用模型来分析一个给定的系统。

■ 设计是一个构造性过程：我们要合成一个设计首先必须设定一般的高水平的规范。

■ 构造性设计的过程要多次重复：我们给出一个大致设计并对其进行分析。分析给出修改意见，对修改后的设计再进行分析。我们重复这个过程直到设计令人满意为止。

■ 设计自动化：只有当我们能够把设计的质量用目标函数来表示时，设计过程才能实现自动化。这样我们就可以接下来进行最优化——一个自动化设计方法。

工程学与金融产品设计

金融工程可以简单定义为:以制造具有特定特征的金融产品为目的的工程过程。金融分析师设计满足特定客户需要的衍生产品的过程就属于金融工程范畴。但资产组合管理也是金融工程的一部分,实际上,组合经理也是在设计具有特定性质,如给定的风险收益分布的资产组合。

的确,大部分金融工程过程,包括资产组合构建以及基于衍生品的策略都可以嵌入一个最优化的框架中[1],至少在理论上是可以的,但这并不意味着构建复杂的衍生工具、风险管理产品以及投资产品的整个过程都可以自动化。无论如何,一旦定义了一个金融问题的规范,工程学方面一般可以从理论上把它转化成一个最优化问题。

最优化问题很大程度上依赖于预测以及对预测的风险进行估计的能力。在任何最优化模型中,预测因素都必须十分明确。经济预测方法和最优化方法的结合在某种程度上需要小心处理,因为预测过程中的误差可能在最优化过程中被最大化。但这两种方法在结合上的困难很多年来都是最优化应用过程中的一个阻碍因素。无论如何,最优化方法现在可以得到更有效的应用了,这有两个原因:一是我们现在学会如何做出更稳健的预测,即我们知道如何度量我们的预测所能带来的真实信息的数量;二是我们现在有了进行最优化过程所必需的技术,它可以使优化过程对测量误差以及输入的不确定性更具鲁棒性(参见第十章)。

实际上,在很多金融应用中,我们不使用最优化方法而是使用探索法或判断法。例如,一个资产组合经理可能使用排序系统把大量的股票显示在屏幕上,然后形成组合,他不使用正规的最优化方法而是根据自己的判断做出决策。

最优化方法需要仔细区分工程部分和基础科学,工程部分即最优化部分,基础科学,即用来预测的计量经济模型。然而,在一些重要的案例中,工程学和计量经济学的区分有些模糊。例如,考虑反转策略或动量投资策略。组合分析师以及经理们用力学方法来构建组合,但是这些策略背后的计量经济学细节仍然未被完全揭示。

投资组合管理的学习方法、理论方法以及混合方法

现在我们来讨论金融建模的基本方法,即学习方法、理论方法以及学习—理论法。学习—理论法是前两种方法的融合。

金融建模的学习方法原则上来说是低成本高性能计算机不断发展的结果。它基于使用一些具有以下特征的模型:(1)包括参数的个数没有限制;(2)能够非常准确地估计样本数据。神经网络是一个典型的例子,神经网络的层数和节点个数没有限制,它能够以任意

---

[1] 参见 H. Dahl, A. Meeraus, and S. Zenios. Some Financial Optimization Models: Part I and Some Financial Optimization Models: Part I. in S. Zenios (ed.). Financial Optimization (New York: Cambridge University Press, 1993).

精度估计任何函数。为了表示这个事实,我们把神经网络称为通用函数近似量。

然而,实践证明如果我们非常精确地表示出样本数据,我们通常得到的预测表现不佳。原因是:通常数据的主要特征可以由一个简单结构模型加上一个不可预测的噪声过程来描述。因为噪声过程是不可预测的,所以模型的目标就变成关注结构因素了。一个非常准确的样本数据模型(样本内)也将试图匹配不可测噪声。这种现象被称作过度拟合,导致一个差的(样本外)预测能力。显然,不能保证数据真正由一个简单的结构模型加上噪声来描述。样本数据可能是完全随机的或者要用一个复杂模型来描述。

为了避免过度拟合,学习方法限制了模型的复杂性。这通常通过引入惩罚函数来实现。首先,学习方法的出发点是一系列模型。每个模型都具有相同的调整参数集,但是每个模型调整参数的值是不相同的。参数是学习的,即作为数据的函数来确定。具体地来讲,就是通过最小化一个测量在样本数据上模型精度的目标函数来确定。一个例子就是最小化残差平方和的最小二乘法。

然而,如果我们使用具有足够数量参数的通用函数近似量,那么目标函数就会变得任意小。例如,神经网络可以使残差的平方和任意小。学习理论的中心是为目标函数加上一个惩罚项。这个惩罚项随着参数数量的增加而增长,随着样本点数的增加而减小。如果我们增加参数数量,我们会使原来的目标函数减小但却增大惩罚项。因此,求这个新的目标函数的最小值的过程就是在样本内准确性和模型复杂性上的权衡过程。

另外,金融建模的理论方法是建立在人类创造力的基础上的。在这个方法中,模型是已在理论中体现的新的科学见解的结果,物理科学是理论方法的一个典型。像麦克斯韦的电磁方程式那样,这个规律的发现并不是通过一个学习的过程,而是由于一个天才的灵光乍现。在金融经济学中,理论模型最著名的例子可能就是资本资产定价模型(CAPM)了。

混合方法同时具有理论和学习方法的特点。它用理论基础来确定模型系列。但却使用学习方法在系列中挑选出正确的模型。例如,ARCH/GARCH模型系列是由理论方法提出的,在实际应用中,我们用学习方法来确定模型参数并选择正确的模型。

样本偏差

我们来看看样本是如何产生偏差从而降低我们正确估计模型参数的能力的。在金融建模中一种广为人知的偏差类型是存活者偏差(survivorship bias),它是按照最后时点有效准则从样本总体中选择出的样本所表现出的偏差。若我们的数据中存在存活者偏差,则在那个时间之前不存在的公司的收益过程会被忽略。例如,业绩不佳的共同基金经常倒闭(因此也就退出样本了),而业绩较好的共同基金会继续存活下去(因此仍保留在样本中)。在这种情况下,对所有样本过去收益的估计就会导致过度估计的现象,这是由存活者偏差造成的。

另一个重要的偏差是指数样本选择偏差,这种偏差是在诸如罗素1 000指数[①](大盘

---

① 不必说,很多其他指数也具有这种偏差,这里只是选择罗素指数作为一个例子。

股)这样的指数样本中所固有的偏差。罗素1 000指数包括了罗素3 000指数中最大型的前1 000个证券(大盘股);罗素3 000指数代表了占美国股票市场上大约98%市值的股票。为了理解选择偏差,我们利用一个类似于罗素1 000的选择法则去人为地产生随机游走。考虑人为产生的随机游走能使我们在一个可控的环境中去研究选择偏差,而不受其他现象的影响。我们形成了10 000个独立的在1 000个时期上的随机游走价格过程,每一个过程都代表一个公司的股价。构造价格过程采用如下公式

$$P_i(2) = (1 + R_i(2)) \times P_i(1) = 1 + 0.007 \times \varepsilon_i(2)$$
$$P_i(3) = (1 + R_i(3)) \times P_i(2) = (1 + 0.007 \times \varepsilon_i(3)) \times (1 + 0.007 \times \varepsilon_i(2))$$
$$\vdots$$
$$P_i(n) = (1 + 0.007 \times \varepsilon_i(n)) \times \cdots \times (1 + 0.007 \times \varepsilon_i(3)) \times (1 + 0.007 \times \varepsilon_i(2))$$

这里我们假定 $P_i(1) = 1$,波动率水平为 0.007,它与现实市场价值的情况相符。我们首先来简单假定:每个公司都有相同数量的流通(outstanding)股票。每 50 个时期,我们重新选择一次,选择具有最大市值的1 000个过程。在我们给定的假设条件下,它们就是具有最高市场价格的股票。这种选择方式与罗素1 000的选择方式大致相同,并假定一期就代表一周。我们把这个随机游走样本称为 AR1000。

随机游走的样本路径如图 4.1 所示。

我们将考察两个不同的总体。第一个总体中我们仅考虑在最近一个选择日所选择的那些过程。例如,在500~520的任意时间点,这个总体包括了在500期上选取的1 000个过程。第二个总体包括了在整个时期内的任意时点上所选择的所有过程。第二个总体存在信息的预测问题,因为除包含最近时间外它还包含所有时间所选择的价格过程,这些过程包含的信息只能在以后才能获知。

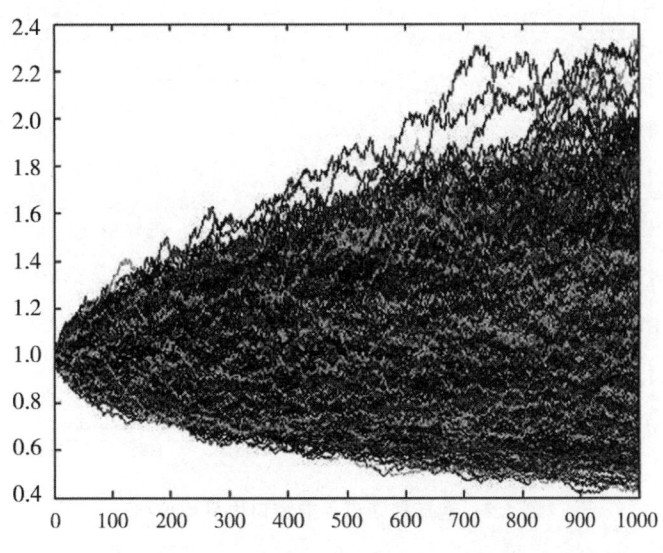

图 4.1 几何随机游走的 10 000 个样本路径

现在我们来研究平均偏差。换句话说,在时间 t 时,第二个总体包含了某些股票,其包含于总体的信息只能在某个时间 $s > t$ 时才能获知。

平均值的偏差

现在我们来说明诸如罗素1 000这样的数据集在估计其平均值时是如何产生偏差的。注意这并不是批评罗素1 000数据集,任何其他的基于在固定日期选择最大的或最小的公司方式构成的数据集都会存在相似的偏差。特别地,我们将说明利用实证平均或通过最小二乘法——当今大多数模型所采用的两个基本方法——计算期望收益,将导致期望收益的高估。在计量经济学实践中,模型是在移动的窗口上估计的。例如,估计一个多因素模型,首先要做的是在给定长度的移动窗口中估计其期望收益和协方差矩阵。预期收益可以用移动平均收益来估计。我们选择一个100期的移动窗口,如果一期代表一周,那么100期大约就是2年。

继续我们的例子,我们来选取两个移动窗口,分别在第500期和501期终止,即刚好在501期进行股票选择之前和之后。对于每个移动窗口,我们都画出所有10 000个价格过程的平均值以及对应时期上AR1000的价格过程的平均值。因此,对于在500期结束的时间窗口,我们平均的是在第451期时所选择的1000个过程。而对于在501期结束的时间窗口,我们平均的是在第501期时所选择的1 000个价格过程。如图4.2和图4.3所示。

正如我们在图4.2所见到的那样,所选取的1 000个过程的平均值在前50期呈上升趋势,之后就与整体均值一样趋势较为平坦。然而在图4.3中我们看到,在501期选择的过程在整个时期上都呈现上升趋势。

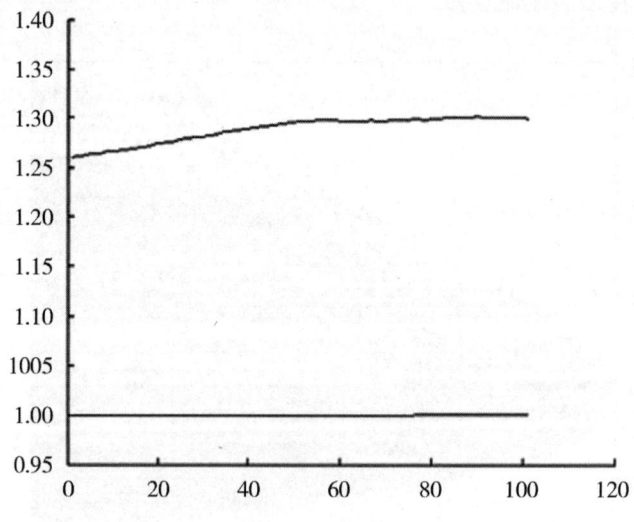

图4.2 选择规则应用前窗口内平均价格

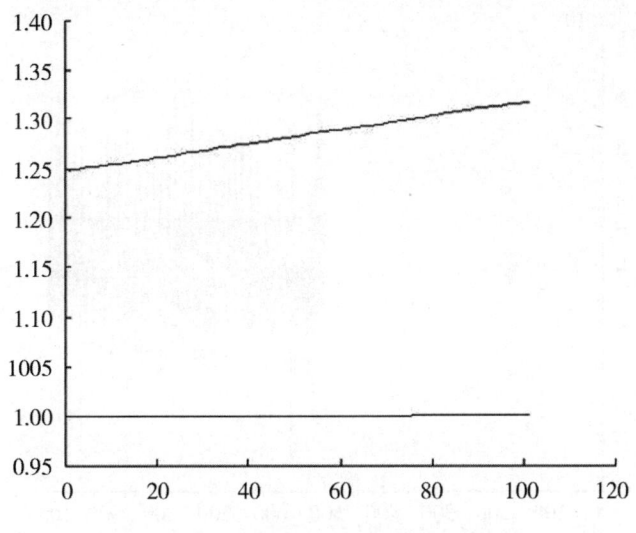

图 4.3 选择规则应用后窗口内平均价格

这些走向并不反映任何真实的增长路径。实际上，由于使用上述设计方法，我们人工创造出的随机游走路径不具有任何本质的增长态势。在图 4.2 和图 4.3 中所呈现的增长完全是由于所选择的过程在之前的时间窗口是增长的。但这个增长是一个假的偏差。选择时点之后的平均收益为 0。

为了检验这个结果，我们计算每一时刻所选的移动窗口内价格过程的平均收益以及该时刻刚结束的时期上的平均收益。因为我们考虑的是人工创造出的随机游走过程，如果样本无偏差，那么任意移动窗口的实际平均收益都应该能估计接下来时期上的预期收益。因此，移动窗口内的平均收益与移动窗口后面时期上的平均收益应该相等。然而我们所得到的结果如下：

移动窗口内的实际平均收益＝0.00038698%

移动窗口后的实际平均收益＝0.0030430%

图 4.4 给出了两种实际平均收益的图形。

点线代表了移动窗口估计的预期收益。当实施了选择规则后，收益率马上上升然后又减少，就像图 4.2 和图 4.3 中所示那样。连续线代表移动窗口后的收益。由图 4.4 可以看出，由于我们仅考虑一期，移动窗口后的收益波动十分剧烈。但很明显的是，平均来讲，移动窗口后的收益比移动窗口内的收益要小。

这个差异是不容忽略的。移动窗口后的实际平均收益接近于零：相关的年化收益约为 0.02%。但移动窗口内的年化收益要大于 2%。这意味着，在像罗素 1 000 这样的数据集里，将预期收益估计为过去实际收益的平均值，会高估 2%，这仅仅是由于样本偏差。

从大型数据集中进行抽样的错误

很多投资管理过程都基于在一个很大的具有固定特性的价格/收益过程集合中进行

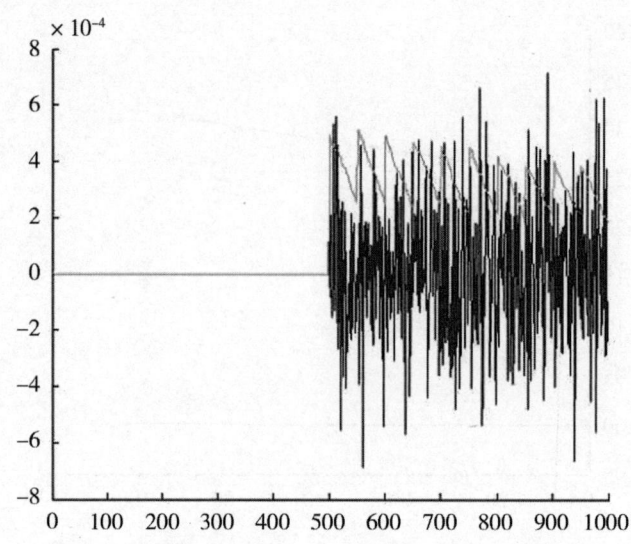

图 4.4 移动窗口内和移动窗口后的实际平均收益

选择。可能最明显的例子便是配对交易了。配对交易是以选取在价格上高度相关的两种股票为基础的。人们普遍认同的是,配对交易是由在摩根斯坦利做交易员的 Nunzio Tartaglia 在 1980 年首次引入到投资管理中的。

假定我们知道两只股票的价格将非常接近,当它们的距离达到最大时,我们可以买入价格较低的股票而卖出另外一只股票。由于它们的历史价格路径非常接近,我们假定它们会再次接近甚至转换其价值顺序,当它们之间的距离减小或变号时,就产生了利润。

给定很多股票,配对交易策略将寻找具有协整关系的配对股票。一个典型的方法就是对每对股票进行协整检验。实际上,可以使用包含对每对股票进行协整关系检验的多重检验。

任何统计检验,无论它的复杂性和作用,都会在一定数量的情况下偶然地被拒绝。也就是说,一对股票可能纯属偶然地在一个样本期上通过了协整检验,或者真正具有协整关系的一个配对却被拒绝。实际上,任何统计检验都有一个显著水平,它可以告诉我们在多大百分比上检验将被偶然拒绝。因此,即使对价格过程进行协整检验后发现一些过程通过了检验,也不能得出所有这些过程都真正具有协整关系的结论。

举例说明这个现象,我们考虑 1 000 个具有 1 000 期的算术随机游走过程的路径。在样本集中有 (1 000×1 000−1 000)/2＝499 500 个不同的过程对。对这些过程进行协整检验。因为我们把这些过程构造为随机游走过程,所以这些随机过程路径中没有一对是具有协整关系的。但是,我们会发现在检验中有些随机游走路径对可以通过协整检验,这完全是偶然的。

为了说明这点,我们执行以下三个标准协整检验:

①增广的迪基—富勒(ADF)检验
②约翰森迹检验
③约翰森最大特征值检验

ADF 检验基于一个过程对另一个过程作回归分析并且检验残差的稳定性。如果残差是平稳的,那么,由定义,这两个过程是协整的。约翰森迹检验和最大特征值检验是基于约翰森方法(见第 3 章)的标准协整检验。

实际中,这些检验的应用都包括了将某些检验值与列表判定值的比较。我们对随机游走过程实现的样本集执行这三个检验。而随机游走是由如下递归方程定义的:

$$P_i(t) = P_i(t-1) + 0.007 \times \varepsilon_i(t)$$

其中 $\varepsilon_i(t)$ 是由标准正态分布 $N(0,1)$ 中独立地提取出来的。和前面一样,我们取波动率为 0.007,这与市场价值情况相符。

在我们的检验中,允许常数项的存在,没有确定性趋势项,滞后期最大为 10。利用相同参数给出两个样本,样本 1 和样本 2,并进行检验,得到如下结果:

- 使用 ADF 检验,显著性水平为 1%,样本 1 中有 1.1% 通过了协整检验,而样本 2 中有 0.8% 通过了协整检验。
- 使用约翰森迹检验,显著性水平为 99%,样本 1 中有 2.7% 通过了协整检验,而样本 2 中有 1.9% 通过了协整检验。
- 使用约翰森最大特征值检验,样本 1 中有 1.7% 通过了协整检验,而样本 2 中有 1.1% 通过了协整检验。

同时使用三个检验,样本 1 中有 0.5% 通过检验,样本 2 中有 0.4% 通过检验。这些结果在图 4.5 中进行了总结。

图 4.5 具有相同参数的两个独立的随机游走实现样本中的协整对的个数

	ADF	迹	最大特征值	三种全通过
样本 1	1.1%	2.7%	1.7%	0.5%
样本 2	0.8%	1.9%	1.1%	0.4%

这些数据涉及随机游走实现的两个样本。我们可以看到两个样本间有很大的波动,三个不同的检验之间也有很大的差异。注意这里通过协整检验的过程对的数量差异完全是由偶然因素造成的。我们使用具有相同参数的相同检验并且采用具有相同参数的相同数据产生过程。尽管涉及很多过程(1 000 个过程),但通过协整检验的过程对的数量仍有很大差异。我们注意:严重的问题在于所有通过协整检验的过程实际上都不是协整的,如果一个人以这些过程为基础进行配对交易,那么他就会遭受损失。因此我们有理由得出这样的结论:给定一个价格过程集合,其中某些过程对通过协整检验并不在本质上意味着这些过程真的具有协整关系。

给定一个包含有一些真正具有协整关系的过程的集合,我们如何识别真正具有协整关系的配对呢?我们必须找到能够决定协整对数的判定值,如果通过协整检验的配对数超过该判定值,我们就有理由说存在真正的协整配对。

协整对数量的判定值的一个简单选择方法是:用总的配对数乘以显著性水平。也就是说,如果检验的显著性水平为 1%,并且有 499 500 个不同的配对组合,我们可以假定为确保协整关系存在的结论可靠,通过协整检验的配对数必须超过 499 500 × 0.01 ≈ 5 000。然而,这些对与对之间并非独立关系。例如,如果我们检验了配对 a、b 和配对 b、c,那么配对 a、c 就与前两者不独立了。很难为小的样本建立数学准则,因此需要模拟研究。

无论如何,如我们所见,随机游走样本中通过协整检验的配对数有很大波动。因此,我们需要改进我们的准则。这里我们就不再介绍许多专业的方法。我们的目的只是通过例子来说明在大的数据集合中,我们总能找到一定比例的过程能通过特定的检验。为了得出结论,我们必须通过模拟和启发(heuristics)来获得对这些由百分数表示的判定值的更好的理解。

模型的时间聚集性以及数据频率选择中的错误

在物理科学中,自然规律通常是用微分方程来表示的。微分方程可以将函数与其导数即时连接起来。求解微分方程的一个方法是将微分方程离散化,换句话说,确定离散的差分方程来逼近原始的微分方程[①]。为了得到一个好的逼近,离散的步长通常必须很小。

要确定不同点之间的函数关系,我们需要求解出微分方程。例如,考虑投向海中的一块石头的轨迹,这个石头的轨迹是由一个动态微分方程、流体力学以及重力因素决定的。这些方程是即时有效的。为了确定石头在每秒的位置,我们必须求解方程,并考虑在这一秒区间内的解。通常没有简单的离散方程能得到石头在每一秒的位置。

在金融理论中,存在离散时间模型和连续时间模型。连续时间模型与物理中的微分方程相似。例如,(Black-Scholes)期权定价模型。为了确定任意给定日期的期权价格分布,我们必须求解 Black-Scholes 定价方程。在某些假设下,可以给出它的一个封闭解。

在这个讨论中,我们注意到在分析模型中的时间步长通常任意小(无穷小);我们可以通过求解微分方程得到在任意给定点处所要求的量。

现在我们来讨论离散时间模型。例如,考虑一个一阶向量自回归模型,它可以记为 VAR(1),其形式如下:

$$\boldsymbol{X}_t = \boldsymbol{A}\boldsymbol{X}_{t-1} + \boldsymbol{E}_t$$

这个模型的特征是时间步长。如果 $\boldsymbol{X}$ 为收益,那么时间 t 可以是天、周或是月,我们要研究的问题是:给定一个过程,我们确信它由一个给定的模型描述,我们是否可以随便选择时间步长?还是不同的模型应有不同的时间步长?

如果可以在一个模型中使用不同的步长,则我们就认为该模型在时间累积下是不变的。同时还要考虑另一个问题:我们能否通过缩短时间步长来提高模型的性能?这个问题随着高频数据的应用变得越来越重要。

[①] 这不是唯一的方法。例如,我们也可以使用基于完全不同原理的有限元法。参见 Thomas J. R. Hughes. *The Finite Element Method:Linear Static and Dynamic Finite Element Analysis* (Englewood Cliffs,NJ:Prentice Hall,1987)。

对于这些问题并没有统一的答案。现在使用的大部分模型在时间聚集下不是不变的。因此，在离散模型领域，我们不得不接受在不同的时间步长和不同的水平下会有不同的模型这一事实。我们必须决定要研究哪种动态和哪种模型。在更长的时间范围内模型不一定会简化。每个模型都是对给定的一个时间步长和时间范围有效的近似，但对其他的步长和范围可能是无效的。

使用较短的时间步长并非总是有利的，它可能会让我们对短期动态性有更好的理解但不一定对长期预测有利：我们需要明白我们想要哪种类型的动态性。

模型风险及其规避方法

我们务实地假设在选择和估计模型中误差是不可避免的。这是因为模型仅仅是一个对于真实数据产生过程的估计，不可避免地存在被错定的状况。我们现在来讨论如何降低这些误差。首先，要找出导致模型错定的误差的来源，然后寻找补救的办法，尤其是基于信息理论的方法、贝叶斯方法、收缩法，以及随机系数模型。在第6章中我们再谈基于因素的交易策略中的模型风险话题。

模型风险的来源

首先，我们来介绍模型风险的概念，简单直观地看，模型风险是指我们无法确定所选择的表示数据的模型是否正确，如果模型不正确，预测误差就会显著。

为了更科学地定义模型风险，我们注意到物理学对模型风险不怎么关注。虽然在深层次的哲学上来看，物理科学是假设的并且常常被修订，但很多科学知识还是被认为是高度有效的。没有一个科学家会认为决定火车、飞机运行的物理规律会崩溃，虽然在一个更高的概念层次上可能会有变化。

模型风险概念伴随着复杂产品工程、复杂系统的研究以及统计学习方法的广泛应用进入了科学领域。这是因为，在处理大的产品和诸如经济学这样的复杂系统时，科学开始处理一个本质完全不同的问题。当为诸如金融市场这样的复杂系统建模时，我们可能会遇到以下特征：

■ 研究的现象可能很复杂，因此只能把描述简化，这使一些重要的方面可能会被漏掉。

■ 研究的现象可能存在严重干扰，因而科学实践包括了要从高度干扰的环境中提取少量的信息。

■ 由于并非是自然规律，而是产品行为，研究对象会受不可预测的变化的影响。

在金融计量经济学中，很多误差来源会导致模型错定（虽然我们的考虑范围很广并且用于一般建模过程，我们把分析限制在关于股价和股票收益的模型中）。特别地，金融计量经济学的误差来源包括以下两个方面：

1. 实际数据近似随机但看起来具有某种结构。
2. 实际数据是由一个随时间变化或随机变化的数据产生过程（DGP）所产生的，而所选择的模型是静态的或是服从一个不同的时间动态性。

第一种误差的来源——随机数据看起来有某种结构——是因为金融时间序列中存在大量的噪声。因此模型所得到的表面规律实际上仅仅是偶然的结果。金融时间序列如此嘈杂，几乎到了完全随机的程度，这样的事实说明市场为弱式有效市场。金融时间序列中，任何可发现的利润都会被发掘，然后消失，这就是无套利原理。

由于不存在套利机会，股票价格时间序列看起来像随机游走一样，而股票收益序列则接近于一个随机噪声。因此价格对数的基准模型就是一个随机游走过程。另外，由于收益过程是高度相关的，多元股价对数的多变量基准模型是相关的随机游走过程。与基准模型的偏差使得获利策略变得有效。因为在最好的情况下，金融时间序列没有真正的结构（也就是说，数据本来就是随机的），寻找到没有结构的序列是可能的。给出样本容量，统计检验不足以给出充分的证据来证明数据不是随机的。

我们必须过滤掉大量的噪声，这就要求由滤波来处理不确定性。例如，估计多个股票价格的一个无限制的向量自回归模型时，会产生交叉自相关的估计结构，而这几乎完全是错误的：模型系数中存在干扰。第 7 章中，我们将讨论如何降低模型维数，例如利用动态因素模型，以便得到真的信息。现在我们在模型风险中遇到同样的问题。

另一种误差的可能来源——数据的结构很简单，但是却会有一些未反映在模型中的突然或不可预测的变化（也就是说，数据是由一个随时间变化或随机变化的数据产生过程所生成的），这可能是模型风险最严重的来源了。例如，实际数据可以由一个在给定的一段时期上平稳的 DGP 来表示，但是经济发生变化时，DGP 也发生变化了。如果我们有很多数据并且它们变化十分频繁，那么我们就可以察觉并估计所发生的变化。然而，由于我们通常只有很少的可使用的同类数据，要发现所发生的变化是很难的。模型风险的一个关键来源是：我们基于过去数据样本正确地估计了模型，然而 DGP 发生了改变，而这种改变没有被察觉。

处理随时间变化的 DGP 过程的一个方法是引入体制变换模型（见第三章）。然而，体制变换模型并不能完全解决这个问题。实际上，任何体制变换模型都是在过去数据的基础上进行估计得到的。因此，它只能发现在过去时期里相关统计量的变化。如果在这个时期中出现了一次或两次体制变化，模型将无法发现这些变化。我们可以分开研究体制变化的可能性，但当应用于一个体制变化的模型时，其过程非常复杂并且不确定性很大。

上述论述给出了为了减少在模型选择和估计中误差的来源所能采用的技术方法。可行的技术方法总结起来如下：

- 信息理论，用来评估时间序列的复杂性以及预测时的限制。
- 贝叶斯模型，它假定模型是某个先验模型的变异。
- 收缩法，一种不同模型间的平均形式。
- 随机系数模型，一种对数据集估计的模型求平均的技术。

下面讨论模型风险降低技术，首先讨论降低模型风险的信息理论方法。

降低模型风险的信息理论方法

现在我们采用众多的方法，探讨如何用信息理论来降低模型风险而不涉及任何其他具体模型。

上面我们看到风险的一个重要来源是由于模型可能会把仅具有随机结构的实际数据误认为具有稳定结构特征。为了减少这种误差,学习理论使用基于信息理论的准则来限制模型的复杂程度。

直观来看,如果模型具有过多的结构(例如,在金融时间序列中,如果模型显示出能提供充分实现超额收益的机会),则模型可能是被错定的。因此,也就出现了模型风险。重要的问题是:

- 能否估计从一个金融时间序列中能提取出的最大量信息?
- 能否给出一个信息边界,使得合理的鲁棒模型所产生的信息都在边界之内?
- 能否评估实际时间序列内在的复杂性?

我们先讨论信息理论在降低模型风险中所起的作用。首先,给出信息和熵(entropy)的概念。信息的概念总是与克劳德·香农的名字连在一起的,克劳德在1948年为信息理论奠定了基础。[1] 20年前,哈特利[2]将定量测量信息的概念引入通信工程领域。

考虑一个概率分布。很直观,如果这个分布是平坦的或是具有很高的峰尖,则在信息方面有很大区别。如果一个人抛骰子,6种可能的结果中每一个发生的概率都是相同的,并且我们对未来的结果完全未知,那么这个分布就是平坦的;如果骰子不均匀,比如说,数字6出现的概率为80%,则我们就能很有信心地说下一个结果是6,这时分布就是具有峰尖的。

在一个具有 N 种结果的有限概率结构中[3],每种结果的概率为 $p_i, i=1,2,\cdots,N$。信息可以定义为

$$I = \sum_{i=1}^{T} p_i \ln(p_i)$$

数量 I 总是负的,如果所有的结果都具有相同的概率,那么 I 取得最小值为

$$I = \ln\left(\frac{1}{N}\right)$$

如果一种结果的概率为1,所有其他结果概率均为0,即只有一个确定结果,则 I 取得最大值为 $I=0$。从以上的公式可以看出,最大信息为0。而一个等概率分布的最小信息可以为任意负值。

人们可以进行更多的思考来使 I 成为一个合理的信息测量值[4]。然而,真正使信息的概念如此重要的原因是我们可以构造一个在实证科学的角度非常有意义的信息理论。换句话说,如果我们能够把信息量与物理过程联系起来,那么我们就可以建立在实际中有

---

[1] Claude Shannon. The Mathematical Theory of Communication. *Bell System Technical Journal*, 27(1948), pp. 379—423 and 623—656.

[2] Ralph V. L. Hartley. Transmission of Information. *Bell System Technical Journal*, 7(1928), pp. 535—564.

[3] 信息的概率可以推广到连续概率情况,但是这种推广很复杂。对于我们的目的来说,离散的概率情况就够了。

[4] 现代信息理论的阐述可以参见:Thomas M. Cover and Joy A. Thomas, Elements of Information Theory (New York: John Wiley & Sons, 1991).

意义的定律。

为说明这一点，我们首先考虑 I 是一个与物理学中有名的"熵"H 相反的量，即：$I=-H$。熵是对混乱程度的一个测量[①]。物理学的一个基本定律——热力学第二定律认为，在一个封闭的系统中，熵的总量，即混乱的程度，是随着时间变化递增或不变的。接下来考虑的是：信息理论中的一个基本结果是一个通信通道的物理特性与该通道所能传送的信息率的联系。正是由于这样的一些物理定律，信息的概念在物理和工程学中已经变得十分重要了。

现在我们来介绍粗粒化和符号动力学。考虑一个实际的金融时间序列。通过粗粒化过程，我们可以把这个序列看成一系列符号。实际上，粗粒化意味着把序列可能的结果 x_t 分成不同的区间并且将每个区间与一个符号相联系。例如，将 $v_{i-1} < x_t < v_i$ 范围内 x_t 与符号 A_i 联系起来。这样，原来的时间序列的 DGP 就可以生成相应的符号序列的离散随机动态过程。

现在已经提出了选择最佳数据划分方式的模拟技术[②]。原理上，粗粒化过程并没有任何限制，因为现实世界中的金融时间序列是离散的。例如，股价可以假定为一个离散值的集合。然而，给定样本大小，实际中可以使用的符号数量比一个序列可能出现的离散数值要少得多。例如，一个金融时间序列可以按包含三个符号的序列进行分析，但股票价格却可以取精确到十分之一美元的任意价格。

给定符号序列的概率动态性，我们赋予任意的 n 个符号的序列以概率 $p(i_1,\cdots,i_n)$。回顾一下，按上面定义，熵 H 是与信息量相反的数量，也就是说

$$H = -\sum_{i=1}^{T} p_i \ln(p_i)$$

因此我们可以定义长度为 n 的分块的熵(或块熵)为：

$$H_n = -I_n = -\sum p(i_1,\cdots,i_n) \ln p(i_1,\cdots,i_n)$$

由分块熵，我们现在可以定义条件熵 h_n 为长度为 $n+1$ 的分块熵和长度为 n 的分块熵之差

$$h_n = H_{n+1} - H_n = -\sum p(i_{n+1}|i_1,\cdots,i_n) \ln p(i_{n+1}|i_1,\cdots,i_n)$$

最后，我们可以定义柯莫哥洛夫—西奈熵或者源熵为 n 较大时条件熵的极限值。条件熵是基于前 n 期的知识所得的下期信息。数量 $r_n = 1 - h_n$ 称为序列的预测能力。

条件熵和源熵的概念是理解模型复杂性的一个非常重要的基础概念。它们提供了一种不依赖于模型来估计时间序列的基本可预测性的方法。不幸的是，熵和信息的概念并

[①] 熵是由 Rudolf Clausius 于 1864 年研究热力学问题时最早引入物理学中的。奥地利物理学家 Ludwig Boltzman 天才地建立了作为热力学概念的熵和作为统计力学中测量紊乱的概念的熵之间的联系。Boltzman 的理论当时不被接受并且被孤立，他最终在 1906 年自杀了。

[②] Ralf Steuter, Lutz Molgedey, Wierner Ebeling and Miguel A. Jimenez-montano. Entropy and Optimal Partition for Data Analysis. *European Physical Journal* B, 19(2001), pp. 265－269.

未广泛渗透于金融计量经济学领域。艾伯林等人[①]利用一个使用三个字母的符号动态学方法对金融时间序列的基本可预测性做出了估计,换句话说,他们把一个时间序列粗粒化为三个符号。他们发现诸如 S&P 500 指数的收益率序列具有一个有限可预测水平——在 5%~8%之间。

基于信息理论的时间序列可预测性分析是模型风险评估的一个基础工具。它给出了模型性能的一个合理的边界。模型似乎在很大程度上超出了基于信息熵的估计预测水平,也就意味着可能存在很高的模型风险。

粗粒模型中的条件熵和源熵可以给出序列的复杂性以及它的预测能力的估计,而最近提出的转移熵[②]精确度量了从一个序列到另一个序列的信息流。转移熵的定义为:从 I 和 J 的过去观测值中所得到的关于未来观测值 $I(t+1)$ 的信息减去仅从 I 的过去观测值中所得到的关于未来值 $I(t+1)$ 的信息。

这个定义已经表明了转移熵相对于其他交叉相关统计量的优势:它是一个非对称的测量。它仅考虑了统计依赖性,而不是那些由共同的外部驱动因素所产生的相关性。将上述的关系用条件熵来表达,可以写成如下表达式:

$$T_{I\to J}(m,l) = \sum p(i_1,\cdots,i_{m+1},j_1,\cdots,j_l) \ln\left[\frac{p(i_{m+1}\mid i_1,\cdots,i_m,j_1,\cdots,j_l)}{p(i_{m+1}\mid i_1,\cdots,i_m)}\right]$$

这个量估计了由一个序列流向另一个序列的信息量。转移熵可以用来定量评价一般设置(环境)中的交叉自相关,而不依赖于特定模型,并且可能考虑非线性超前滞后效应。[③]

有人可能会问,我们能否使用信息理论来评估一个具体类型模型的恰当性。詹姆斯—汉密尔顿引入一系列具体检验来评估马尔可夫转换模型的恰当性。[④] 汉密尔顿的检验是建立在对模型的评分的基础上的,评分定义为关于参数向量的 n 次观测的条件对数似然函数的导数。这个方法技术性非常强,有兴趣的读者可以查阅相关文献。

一个非常一般的估计从有限样本中学习的极限的方法是由俄国物理学家 Vapnik 和 Chervonenkis 在 20 世纪下半叶提出的(以下称为 VC 理论)。他们超越了香农的传统信息理论,定义了一些概念和量(Vapnik 熵、实证风险、结构风险和 VC 维数)来刻画学习过

---

① Werner Ebeling, Lutz Molgedey, Jürgen Kurths and Udo Schwarz. Entropy Complexity, Predictability and Data Analysis of Time Series and Letter Sequences. Chapter 1 in Amin Bunde, Jurgen Kropp and Hans Joachim Schellnhuber (eds.). Theories of Disaster: Scaling Laws Governing Weather, Body and Stock Market Dynamics (Berlin: Springer, 2002).

② Thomas Schreiber. Measuring Information Transfer. *Physical Review Letters*, 85 (2000), p. 461.

③ Robert Marschinski and Lorenzo Matassini. Financial Markets as a Complex System: A Short Time Scale Perspective. Deutsche Bank Research Note in Economics & Statistics (November 2001).

④ James D. Hamilton. Specification Testing in Markov-Switching Time-Series Models. *Journal of Econometrics*, 70 (1996), pp. 127-157.

程的特征。VC理论给出了在由这些概念精确给出的意义下,模型学习能力的极限。[1] 这是一个很大的突破,VC理论导致了支持向量机的发展,它是基于 VC 理论的一种学习方法。然而,迄今为止,VC 理论概念上的困难以及实际应用中的困难使得它在金融建模中一直无法得到广泛应用。

总之,信息理论提供了很多在非常一般的范围内和一个鲁棒的框架下,评估一个给定的时间序列可预测性边界的工具。因此信息理论对于评估模型风险来说是一个有价值的工具。对于信息方法,最为重要的是粗粒化时间序列的方法和技术。目前已经提出了很多实际的基于信息的方法,并广泛应用于物理科学。但是到目前为止,信息理论在金融计量经济学中的应用还仅限于诸如赤池信息准则(Akaike criterion)这样的应用。

贝叶斯模型

动态模型的贝叶斯方法建立在贝叶斯统计理论的基础上。因此,我们在讨论贝叶斯模型前,先简要地介绍一下贝叶斯统计理论。

贝叶斯统计理论

贝叶斯统计理论可能是统计科学中难度最大的一个领域。它的困难不在于数学上而在于概念上:即在于贝叶斯概率解释上。经典的统计学(即到现在为止本书所用过的统计方法)采用频率论者对概率的解释;换名话说,事件发生的概率本质上取决于它在大样本中发生的频率。然而,众所周知,纯粹的相对频率并不是衡量概率的一个无懈可击的基准:我们不能用相对频率来严格定义概率。我们需要一个可以将概率这样的一个抽象的概念与实际的相对频率连接起来的桥梁原理。这已经在文献中得到了广泛的讨论,尤其是在带有哲学倾向的统计文献中,但是在实际中,传统的统计学却把概率定义为大样本中的相对频率。当我们无法取得大样本时,例如在分析尾部事件时,传统统计学就采用理论思考。

频率论解释在现在大多数的估计方法中都有应用。当统计学家计算出实际概率分布时,他们实际上已经将概率与相对频率等同看待了。这个概念也隐含在似然估计方法中。实际上,分布参数的最大似然估计可以解释为使其分布与经验分布尽可能接近的参数。当我们计算经验分布时,也就支持了概率的频率论说法。

在传统统计学中,包含在一个统计模型中的概率分布没有不确定性。传统统计学的观点是:一个给定的总体具有一个真实的分布;而统计学的目的就是从一个总体样本中推断出这个真实分布。

虽然大部分数学方法都与传统统计学相似,但贝叶斯统计理论[2]却是建立在一套不

---

[1] Vapnik 在他的书 *The Nature of Statistical Learning Theory* (Berlin:Springer-Verlag,1991)中介绍了 VC 理论。

[2] 对于贝叶斯统计理论的完整阐述,基本的讨论可以参见:Donald A. Berry. Statistics:A Bayesian Perspective (Belmont,CA:Wadsworth Publishing,1996); Thomas Leonard and John Hsu. Bayesian Methods:An Analysis for Statisticians and Interdisciplinary Researchers (Cambridge,UK:Cambridge University Press,1999);更深入的讨论可参见 Jose M. Bernardo and Adrian F. M. Smith,Bayesian Theory (Chichester,UK:John Wiley & Sons,2000)。

同的概念基础上的。下面三个概念说明了贝叶斯统计理论的特征：

1. 统计模型是不确定的；当获得新信息时，模型需要修正。

2. 先验概率（或先验分布）与后验概率是有区别的，前者是指基于先验信息的概率估计，而后者是指在得到新信息后对先验概率的修正。

3. 连接先验概率和后验概率之间的数学纽带就是贝叶斯定理。

理解上述说法有些困难。前两个说法似乎仅仅是基于事实的常识；而第三种说法是一个简单的数学陈述，我们将在接下来的几段中对它进行举例说明。然而，常识并不能构成科学。最常见的科学解释是：贝叶斯统计理论在本质上讲是一种基于概率主观解释论进行决策的严密方法。

在贝叶斯统计理论中，概率是指以数据作为引导的主观判断。贝叶斯统计理论的完整陈述超出了本书的范围，对其关键点可以总结如下。贝叶斯统计理论的根源在于随着新信息和数据的出现，概率判断也必须相应做出修正。然而，根据贝叶斯统计理论，存在一个不可消除的主观因素，而这个主观因素是由初始的先验概率所给出的，它无法用贝叶斯理论来解释。

认为贝叶斯统计理论仅仅是一个用来进行主观不确定性推断的严密方法，而传统统计学是在真实数据基础上进行推断的观点是错误的。[①] 贝叶斯统计理论明确地指出在概率描述中存在某些无法消除的主观因素，并且试图通过修正概率来减少这个主观因素的影响。传统统计学在设立从数据过渡到概率的规则时，也含蓄地承认了这种主观因素的存在。

简而言之，传统统计学和贝叶斯统计学都存在概念上的问题，即概率本身与现实经验没有本质联系。我们无法观察到概率，能观察到的只是一个在概率意义下解释的事件。传统统计学和贝叶斯统计理论中的问题是如何将概率与现实数据联系起来。如果要构建数学上合理的和可解释的概率描述，那么就需要建立两者之间的桥梁原理。

在结束讨论贝叶斯理论之前，注意在金融计量经济学中有一大类文献及相关方法都是建立在实证贝叶斯统计理论的基础上的。在实证贝叶斯理论中，先验概率是由一般的传统方法来估计的，当出现新信息时再对其进行修正。在本章中的后面我们将再介绍这方面内容。

贝叶斯定理

现在我们来讨论贝叶斯定理，它有两种表示方法。一种是传统意义上的一个简单的概率描述。给定两个事件 A 和 B，下面的性质成立：

$$P(A|B) = \frac{P(B|A)P(A)}{P(B)}$$

$$P(B|A) = \frac{P(A|B)P(B)}{P(A)}$$

[①] 不确定推断的贝叶斯理论在机器学习和人工智能方面十分重要。可以参见，例如，Judea Pearl. Probabilistic Reasoning in Intelligent Systems: Networks of Plausible Inference (San Francisco, CA: Morgan Kaufmann Publishers, 1988).

我们将这些性质称为贝叶斯定理。这些性质是条件概率定义的一个基本推论。
$$P(AB) = P(A|B)P(B) = P(B|A)P(A)$$

在贝叶斯定理的第二种表达方法中,我们把事件 A 换成一个统计假设 H,把事件 B 换成数据($data$),则有:

$$P(H|data) = \frac{P(data|H)P(H)}{P(data)}$$

贝叶斯定理的这种形式是贝叶斯统计理论的数学基础。假定 $P(data)$ 是无条件概率,不依赖于 H,我们可以把上式写成:

$$P(H|data) \propto P(data|H)P(H)$$

概率 $P(H)$ 称为先验概率,而 $P(H|data)$ 称为后验概率。给定 H 时 data 的概率 $P(data|H)$ 称为似然概率。

贝叶斯定理可以利用相反概率表示为不同的形式。H 的相反概率即 H 不成立的概率,记为 $P(\infty)$,这时贝叶斯定理可以写成:

$$P(H|data)/P(\infty|data) = P(data|H)P(H)/P(data|\infty)P(\infty)$$

贝叶斯定理的另一种表示方法并非第一种方法的推理结果;它是一个独立的原理,赋予统计假设以概率。

在用于建模时,贝叶斯定理是用分布而非概率来表达的。贝叶斯定理可以用分布形式表达为:

$$p(\vartheta|y) \propto L(y|\vartheta)\pi(\upsilon)$$

在这个公式中,y 代表数据,ϑ 为参数集,$p(\vartheta|y)$ 为后验分布,$L(y|\vartheta)$ 为似然函数,$\pi(\vartheta)$ 为先验分布。

贝叶斯统计理论的一个关键问题在于如何确定先验分布。虽然先验分布是主观的,但它并不是随意的;如果先验分布可以是随意的,那么估计过程就没有意义了。先验分布代表了在考虑了具体的测量之前的基本认知。我们常用到两种先验分布:扩散先验分布以及共轭先验分布。扩散先验分布假定我们对所研究的现象没有任何先验的认知。扩散先验分布是在不确定范围上的均匀分布。共轭先验分布是这样的一个先验分布:对于一个给定的似然函数,它使得先验分布和后验分布是一致的。

针对模型风险的贝叶斯方法

处理模型风险的贝叶斯方法是建立在贝叶斯动态模型基础上的。回顾之前讨论的降低模型风险的目的是使模型选择误差的概率和影响最小。模型风险的贝叶斯方法假定,虽然模型存在不确定性,但我们对模型的基本形式有很好的了解。这种不确定性用模型参数的先验分布来表示,其均值决定了基础模型。换句话说,在用贝叶斯方法估计模型时,估计过程并不是通过数据来确定模型,而是利用数据来确定实际模型与理想模型之间的偏差。我们可以说贝叶斯模型是基础模型的扰动理论。

贝叶斯统计理论的典型特点是:结果的质量取决于先验分布。那些表示完全不确定性的先验分布导致了与古典框架下得到的相同估计,这种说法似乎合理,但实际上并非如此。关键点在于什么样的先验分布表达了完全不确定性。[①] 具体来说,目前对于在单位根过程中无信息的先验分布的定义还没有一致结论。

现在来看贝叶斯理论是如何降低模型风险的。我们观察到金融时间序列有很多干扰,而我们只能从所有这些干扰中提取出一小部分的信息。如果一个模型看起来可以提取大量的信息,那么通常存在信息中隐藏噪声的风险。

我们已经探究了通过降低维数来弥补模型错定。维数的降低限制了模型的复杂性,并且可以提供有效的估计过程。在很大的多元时间序列中,维数降低最常见的形式是因素模型。针对模型风险的贝叶斯方法假定,我们已知以参数的先验分布形式出现的一个(理想)鲁棒模型。例如,我们接下来会看到的,李特曼模型只允许随机游走过程在很小范围内扰动。下面我们来看贝叶斯方法在实际中是如何应用的。

单变量自回归模型(AR(1))的贝叶斯分析

现在我们在扩散先验分布的假定下对单变量自回归模型进行贝叶斯分析。考虑以下简单自回归模型:

$$y_t = \rho y_{t-1} + \varepsilon_t$$

假定该模型服从高斯分布,因此似然函数也服从高斯分布。由于模型是线性的,高斯革新项也为高斯变量。似然函数已知,它并非是先验的。似然函数是一个数据的函数,包括初始条件 y_0、自回归参数 ρ 以及革新项的方差 σ 三个参数,具体可以写成如下形式:

$$L(y \mid \rho, \sigma, y_0) = \frac{1}{\sqrt{(2\pi)^T}} \sigma^{(-T)} \exp\left(-\frac{\sum_{t=1}^{T} \varepsilon_t^2}{2\sigma^2}\right)$$

$$= \frac{1}{\sqrt{(2\pi)^T}} \sigma^{(-T)} \exp\left(-\frac{\sum_{t=1}^{T} (y_t - \rho y(t-1))^2}{2\sigma^2}\right)$$

假设 (ρ, σ) 先验分布平稳,即:

$$\pi(\rho, \sigma) \propto \frac{1}{\sigma}, \quad -1 < \rho < 1, \sigma > 0$$

则联合后验分布为:

$$p(\rho, \sigma \mid y, y_0) \propto \sigma^{-T-1} \exp\left(-\frac{\sum_{t=1}^{T} \varepsilon_t^2}{2\sigma^2}\right)$$

$$= \frac{1}{\sqrt{(2\pi)^T}} \sigma^{-T} \exp\left(-\frac{\sum_{t=1}^{T} (y_t - \rho y_{t-1})^2}{2\sigma^2}\right)$$

设

[①] George S. Maddala and In-Moo Kim. Unit Roots, Cointegration and Structural Change (Cambridge, UK: Cambridge University Press, 1998).

$$\hat{\rho} = \frac{\Sigma y_t y_{t-1}}{\Sigma y_{t-1}^2}$$ 为自回归参数的最小二乘估计量,并记

$$Q = \Sigma y_{t-1}^2$$

和

$$R = \Sigma (y_t - \hat{\rho} y_{t-1})^2$$

通过重新排列整理,可以证明(ρ,σ)的边际分布为:

$$P(\rho \mid y, y_0) \propto (R + (\rho - \hat{\rho})^2 Q)^{-0.5T}$$

$$P(\sigma \mid y, y_0) \propto \sigma^{-T} \exp\left(-\frac{R}{2\sigma^2}\right)$$

由这些表达式中,人们可以看出 ρ 的边际分布是一个单变量 t 分布,它对称地分布在最小二乘估计量 $\hat{\rho}$ 的两边,而 σ 的边际分布是一个倒 Gamma-2 分布。

向量自回归模型的贝叶斯分布

贝叶斯向量自回归(BVAR)是指一个向量自回归模型的贝叶斯形式。BVAR 方法基于定义模型参数的先验分布,类似于我们之前在单变量 AR(1)模型中所做的那样。在一个简单但也许更直观的意义下,这意味着估计的 VAR 模型与基础模型间只能有小的偏差,这个偏差是先验设定的。与基准模型之间偏差的具体形式是由先验分布来表示的。例如,李特曼 BVAR 的基准模型是一个随机游走过程。李特曼模型规定了 BVAR 模型的系数是围绕随机游走系数波动的正态分布。换句话说,BVAR 方法规定任何多元股价模型都不能与随机游走过程偏差过大。

现在来看如何估计 BVAR 模型,考虑如下 VAR(p)模型:

$$x_t = A_1 x_{t-1} + A_2 x_{t-2} + \cdots + A_p x_{t-p} + v + \varepsilon_t$$

这里 $x_t = (x_{1,t}, \cdots x_{N,t})'$ 是一个向量形式的 N 维随机时间序列;$A_i = (a_{s,t}^i)$, $i = 1, 2, \cdots, p, s, t = 1, 2, \cdots, N$,为确定性的 $N \times N$ 阶矩阵;$\varepsilon_t = (\varepsilon_{1,t}, \cdots, \varepsilon_{N,t})'$ 为多元白噪声过程,其方差—协方差矩阵为 $\Sigma = (\sigma_1, \cdots, \sigma_N)$;$v = (v_1, \cdots v_N)'$ 为确定性的截距项的向量。采用与第二章中相同的记号,我们可以把 VAR(p)模型简洁地写成如下形式:

$$X = AW + U$$
$$x = w\beta + u$$

这里

$$x = (x_1 \cdots, x_T) = \begin{pmatrix} x_{1,1} & \cdots & x_{1,T} \\ \vdots & \ddots & \vdots \\ x_{N,1} & \cdots & x_{N,T} \end{pmatrix}, x = \text{vec}(X)$$

$$W = \begin{pmatrix} 1 & 1 & \cdots & 1 & 1 \\ x_0 & x_1 & \cdots & x_{T-2} & x_{T-1} \\ x_{-1} & x_0 & \cdots & x_{T-3} & x_{T-2} \\ \vdots & \vdots & \ddots & \vdots & \vdots \\ x_{-p+1} & x_{-p+2} & \cdots & x_{T-p-1} & x_{T-p} \end{pmatrix}, w = (W \otimes I_N)$$

$$U = \begin{pmatrix} \varepsilon_{1,1} & \cdots & \varepsilon_{1,T} \\ \vdots & \ddots & \vdots \\ \varepsilon_{N,1} & \cdots & \varepsilon_{N,T} \end{pmatrix}$$

$\boldsymbol{\Sigma} = [\sigma_{i,j}] = E[\varepsilon_{i,t}, \varepsilon_{j,t}]$,而 $E[\varepsilon_{i,t}, \varepsilon_{i,s}] = 0$ 对任意的 $i, j, t \neq s$。U 的协方差距阵 $\boldsymbol{\Sigma}_u$ 可以写成以下形式：

$$\boldsymbol{\Sigma}_u = I_r \otimes \boldsymbol{\Sigma} = \begin{pmatrix} \boldsymbol{\Sigma} & \cdots & 0 \\ \vdots & \ddots & \vdots \\ 0 & \cdots & \boldsymbol{\Sigma} \end{pmatrix}$$

$$A = (v, A_1, \cdots, A_p) = \begin{pmatrix} v_1 & \alpha_{11}^1 & \cdots & \alpha_{1N}^1 & \cdots & \cdots & \alpha_{11}^p & \cdots & \alpha_{1N}^p \\ \vdots & \vdots & \ddots & \vdots & \vdots & \ddots & \vdots & \ddots & \vdots \\ v_N & \alpha_{N1}^1 & \cdots & \alpha_{NN}^1 & \cdots & \cdots & \alpha_{N1}^p & \cdots & \alpha_{NN}^p \end{pmatrix}$$

和

$$\boldsymbol{\beta} = \text{vec}(A) = \begin{pmatrix} v_1 \\ \vdots \\ v_N \\ \alpha_{11}^1 \\ \vdots \\ \alpha_{N1}^1 \\ \vdots \\ \alpha_{1N}^p \\ \vdots \\ \alpha_{NN}^p \end{pmatrix}$$

似然函数可以写成如下经典形式：

$$l(x \mid \boldsymbol{\beta}) = (2\pi)^{-\frac{NT}{2}} \mid \boldsymbol{\Sigma} \mid^{-\frac{T}{2}} \exp\left(-\frac{1}{2}(x - w\boldsymbol{\beta})'(I_T \otimes \boldsymbol{\Sigma}^{-1})(x - w\boldsymbol{\beta})\right)$$

在这一点上，贝叶斯估计法有别于传统的估计法。事实上，在贝叶斯框架中我们假定已知模型参数的先验联合分布。假设参数向量 $\boldsymbol{\beta}$ 先验地服从一个多元正态分布，其均值 $\boldsymbol{\beta}^*$ 和协方差矩阵 V_β 均已知；先验概率密度可以写成：

$$\pi(\boldsymbol{\beta}) = (2\pi)^{-\frac{N^2 p}{2}} \mid \varepsilon V_\beta \mid^{-\frac{1}{2}} \exp\left(-\frac{1}{2}(\boldsymbol{\beta} - \boldsymbol{\beta}^*)' V_\beta^{-1} (\boldsymbol{\beta} - \boldsymbol{\beta}^*)\right)$$

现在我们得出后验分布 $p(\boldsymbol{\beta} \mid x) = l(x \mid \boldsymbol{\beta})\pi(\boldsymbol{\beta})$。可以证明下式成立：

$$p(\boldsymbol{\beta} \mid x) \propto \exp\left(-\frac{1}{2}(\boldsymbol{\beta} - \bar{\boldsymbol{\beta}})' V_\beta^{-1} (\boldsymbol{\beta} - \bar{\boldsymbol{\beta}})\right)$$

这里后验概率均值为：

$$\bar{\boldsymbol{\beta}} = [V_\beta^{-1} + WW' \otimes \boldsymbol{\Sigma}_u^{-1}]^{-1} [V_\beta^{-1} \boldsymbol{\beta}^* + (W \otimes \boldsymbol{\Sigma}_u^{-1})x]$$

而后验协方差矩阵为：

$$\bar{\boldsymbol{\beta}} = [V_\beta^{-1} + WW' \otimes \boldsymbol{\Sigma}_u^{-1}]^{-1} [V_\beta^{-1} \boldsymbol{\beta}^* + (W \otimes \boldsymbol{\Sigma}_u^{-1})x]$$

在实际中，先验均值 $\boldsymbol{\beta}^*$ 和先验协方差矩阵 V_β 需要具体设定。把所有被认为向零收缩的参数的先验均值都设为零。当所有变量都被确信是集成的时候，李特曼对于先验的分布的选择[①]是：使得 BVAR 模型是一个随机游走过程的微小扰动。李特曼先验量，也称为"明尼苏达"先验量，是正态分布的变量，每个方程的滞后一期的均值设为 1，其余系数均值设为 0。截距项的先验方差是无限的，其他系数的先验方差由下式给出：

$$\text{mean } v_{ij,l} = \begin{cases} (\lambda/l)^2, i=j \\ (\lambda \vartheta \sigma_i/l\sigma_j)^2, i \neq j \end{cases}, 协方差距阵为 \mathbf{V}_\beta$$

这里 $v_{ij,l}$ 是 $\mathbf{A}_l$ 的第 (i,j) 项的先验方差，λ 为 $\mathbf{A}_l$ 对角线元素的先验标准差。θ 是在 $(0,1)$ 上的一个常数，$\sigma_{i,j}$ 是 $\mathbf{\Sigma}_u$ 的第 i 个对角线元素。确定性项具有扩散先验方差。

对 VAR 模型的贝叶斯分析现在已经推广到了一般状态空间模型。韦斯特[②]讨论了不同状态空间模型的贝叶斯分析。

模型风险的模型平均法和收缩法

很多学者都支持用简单的模型平均来降低模型风险。例如，Pastor[③] 建议对不同模型所产生的预期收益求其平均值。模型平均直觉上十分简单，原因是：不同模型所得出的可靠的估计和预测应该是高度相关的。当它们不是高度相关时，这意味着估计和预测过程不可靠，而平均化可以实质上降低预测误差。模型平均应该对预测表现影响不大，但有助于避免大的预测误差。如果模型平均对预测表现具有很大的影响，那这就意味着预测值之间不相关，因而预测值是不可靠的。我们就必须重新考虑建模策略了。

对从不同模型中所得到的估计量进行平均这一过程，可以用一个称作收缩法的统计估计技术来完成。通过平均化，估计量之间变得更接近了。平均的权重可以通过贝叶斯方法或实证贝叶斯方法来得到。模型可能建立在完全不同的理论假设上。例如，协方差矩阵的估计可能会采用完全不同的方法，包括会得到高度干扰的协方差矩阵的实证估计法，或者基于 CAPM 模型的估计方法，其得出的协方差矩阵受到理论假设高度限制。收缩法通过采用适当的收缩系数进行平均，使得一个估计量向另一个估计量收缩。这种想法也可以用于动态模型。不同的模型为真实 DGP 提供了不同的估计值。通过对估计值和预测进行平均，我们保存了共同的鲁棒估计并且限制了来自任何给定模型估计失败所带来的破坏。

收缩法可以被推广用来求任意数量模型的平均值。如果我们知道模型间的相对重要性，那么加权因子可以由贝叶斯原理给出。收缩法是对可能的不同模型进行平均化的方

[①] Robert B. Litterman. Forecasting with Bayesian Vector Autoregressions—Five Year of Experience. *Journal of Business and Economic Statistics*, 4 (1986), pp. 25—38.

[②] 贝叶斯模型应用于状态空间模型的详细说明超出了本书的范围，有兴趣的读者可以参考：Mike West and P. Jeff Harrison, Bayesian Forecasting and Dynamic Models (New York: Springer-Verlag, 1989).

[③] Lubos Pastor. A Model Weighting Game in Estimating Expected Returns. in Financial Times, Mastering Investment, May 21, 2001 and Lubos Pastor and Robert F. Stambaugh. Comparing Asset Pricing Models: An Investment Perspective. *Journal of Financial Economics*, 56 (2000), pp. 335—381.

法。从贝叶斯的角度来看这称为多重先验法。①

随机系数模型

现在我们来介绍另一种降低模型风险的方法:随机系数模型。随机系数模型的基础是:将数据分割成很多簇,然后根据这些簇来估计模型。随机系数模型的概念是由斯瓦米②于1970年提出的。考虑一个普通线性回归。回归参数可以用完全汇总的数据通过普通最小二乘法来估计。这意味着所有可以使用的数据都被汇集到了一起,然后用于估计最小二乘估计量。然而,如果这些回归数据来自具有一些特征差异的不同实体,这种方法可能就不是最优的了。例如,考虑用股票收益对一个可预测变量做回归。如果股票收益数据来自不同规模不同行业的公司,我们可能会得到不同行业的不同的结果。

然而,如果我们的目的是降低模型风险,我们可以按照公司类型把数据分成不同的簇,然后对每个簇进行回归分析并把估计结果结合起来。随机系数建模技术假设用于估计的簇是从一个服从正态分布的簇的总体中随机选出来的。

为了弄清随机系数模型的原理,假定数据被分成簇并且各簇都各自进行回归,使用第二章中所建立的回归记号,我们把第 j 簇的回归方程写成:

$$y_j = X_j \beta_j + \varepsilon_j$$

这里 n_j 是第 j 簇中元素数量,ε_j 是相互独立的正态分布向量。

$$\varepsilon_j \sim N(0, \sigma^2 I_{n_j})$$

如果我们假定回归系数 β_j 是从一个多元正态分布

$$\beta_j \sim N(\beta, \Sigma)$$

中抽出的一个随机样本,β_j 与 ε_j 相互独立,那么我们可以把回归方程写成以下形式:

$$y_j = X_j \beta_j + X_j \gamma_j + \varepsilon_j$$

这里 γ_j 是回归系数与其期望值的偏差:

$$\gamma_j = \beta_j - \beta \sim N(0, \Sigma)$$

可以证明,这些回归方程可以用极大似然法或最小二乘法估计出来。③

总　结

■ 科学是可分析的,我们可以用模型来分析一个给定系统。
■ 设计是一个构造性的过程,合成一个设计一般是从一个高级别的规格开始。
■ 构造性的设计必须重复执行,直到分析显示解决方法和设计能令人满意为止。

---

① Raman Uppal, Lorenzo Garlappi and Tan Wang. Portfolio Selection with Parameter and Model Uncertainty: A Multi-Prior Approach. CEPR Discussion Paper No. 5041 (May 2005), Centre for Economic Policy Research.

② A. V. B. Swamy. Efficient Inference in a Random Coeficient Regression Model. *Econometrica*, 38 (1970), pp. 311−323.

③ 关于随机系数技术的更多内容参见: Nicholas T. Longford. *Random Coefficient Models* (Oxford, UK: Oxford University Press, 1993).

■ 只有当我们能够将设计的质量用一个目标函数表示时,设计过程才能实现自动化。自动化的过程是使设计最优化的过程。

■ 最优化需要一个预测模型。

■ 预测模型的方法包括学习法、理论法以及学习—理论综合法。

■ 金融样本常常会存在不可避免的偏差。

■ 当我们从一个大的数据集中选择复杂的结构时,我们会遇到随机干扰,在很多例子中只有模拟实验可以提供指导。后者在小样本的问题中不适用。

■ 金融模型常常会有模型风险。

■ 信息理论、贝叶斯模型以及模型平均化都是降低模型风险的方法。

第五章　因素模型及其估计

因素模型是在金融建模中经常使用的模型。尽管因素模型形式简单而且应用广泛，但是，它们仍旧存在难以被直接理解的概念上的微妙之处。在概念上，人们必须对静态因素模型与动态因素模型进行区分。静态因素模型以少量的 K 个被称为"因素"的不同随机变量来表现大量的 N 个随机变量的特征；动态因素模型以少量的 K 个被称为"动态因素"的不同时间序列来表现大量的 N 个时间序列的特征。在后一种情形中，因素模型实质上是状态空间模型的一个实例。在实践中，动态因素模型经常被用于一个静态的环境里——这是一个可能引起混淆的地方。另外，在因素模型的许多经典应用中，我们需要解释的是描述一个个体特征的很多变量（例如一个人对各种心理测试的不同反应），但在金融应用中我们需要解释的是描述大量个体的特征的多个变量（例如，某一特定时刻股票收益的横截面数据，其中每个收益都与不同的公司相关联），这是另一个可能会引起混淆的地方。我们将首先介绍静态因素模型，然后在本章后半部分介绍动态模型。在第六章与第七章我们将讨论如何在构建交易策略过程中使用因素与因素模型。

因素的概念

首先谈谈因素的概念。在日常用语中，我们使用名词"因素"去指代与一个事件具有因果关系的某个事物。我们用"因素"这个词同时表示可确认的外生事件和不同事件的特征。例如，我们可以说某给定地区的年降雨的英寸数是影响该地区农作物产量的一个因素。在这个例子中，该给定地区的年降雨的英寸数就是影响该地区农作物产量的一个外生因素。

我们也可以说广告是销售成功的一个因素，这表示高的广告费用会有助于一些产品的成功。在这个例子中，广告费用是每个公司的一个特征，并且随着公司的不同而不同。当我们做出如下陈述时："她的坚强意志是她职业生涯取得成功的极其重要的因素"，我们涉及一个隐含因素的概念，我们通过这个陈述说明人的性情扮演着极其重要的角色，尽管我们无法直接地观测人的性情。因此，在日常用语中，我们也有很多基于因素的形式概念给出的话题。

虽然在日常生活中不常见，但科学领域中所涉及的关于因素的两个重要方面需要在这里强调一下。首先，在科学上我们称那些能够给很多的其他变量提供普遍解释的变量为因素。当缺乏共性时，因素模型就变成一个简单的回归模型。其次，作为一个可观测变量的因素可以被用于预测其他观测指标，但是往往那些隐藏的不可观测的因素才是真正重要的变量,而观测值只是用来估计它们。例如,因素模型最早的应用是在心理学上,用于寻找一个共同的原因来解释心理测试中出现的很多不同的观测指标。智力或是个性是人们想要探知的重要变量,心理测试的结果等观测指标只是用来确定隐藏的人格因素的。在动态情形中,因素模型(即状态空间模型)被用于取得重要的参数指标,例如通过测量噪声给飞机定位。

在下一节我们将对静态线性因素模型进行更有条理的讨论。

静态因素模型

静态因素模型是其因素不具有任何动态性的因素模型。我们将只考虑线性因素模型,因为它们代表了金融领域中所使用的大部分模型。虽然我们主要关注收益因素模型,但我们在开始时还是把线性因素模型作为一般的统计模型来进行讨论。

线性因素模型

线性因素模型具有如下形式:

$$x_{it} = \alpha_i + \sum_{j=1}^{K} \beta_{ij} f_{jt} + \varepsilon_{it}, i=1,2,\cdots,N, j=1,2,\cdots,K, t=1,2,\cdots,T$$

其中,

$x_i = $ 第 i 个被解释变量

$\alpha_i = $ 第 i 个变量的平均值

$\beta_{ij} = $ 第 i 个变量对第 j 个因素的比例常数(因素载荷)

$f_j = $ 第 j 个因素

$\varepsilon_i = $ 第 i 个残差项

在这个模型里有 N 个变量和 K 个因素,并且我们假设 $N \gg K$。

我们可以将前面的线性因素模型写成矩阵形式

$$x = \alpha + \beta f + \varepsilon$$

或者明确地

$$\begin{bmatrix} x_1 \\ \vdots \\ x_N \end{bmatrix} = \begin{bmatrix} \alpha_1 \\ \vdots \\ \alpha_N \end{bmatrix} + \begin{bmatrix} \beta_{11} & \cdots & \beta_{1K} \\ \vdots & \ddots & \vdots \\ \beta_{N1} & \cdots & \beta_{NK} \end{bmatrix} \begin{bmatrix} f_1 \\ \vdots \\ f_K \end{bmatrix} + \begin{bmatrix} \varepsilon_1 \\ \vdots \\ \varepsilon_N \end{bmatrix}$$

其中,

$x = $ 变量的 N 维向量

$\alpha = x$ 均值的 N 维向量

$\beta = $ 因素载荷的 $N \times K$ 常数矩阵

$f = $ 因素的 K 维向量

$\varepsilon = $ 残差的 N 维向量

我们注意这里的向量 x, f 和 ε 是随机向量。例如,一个具有三个变量与两个因素的模型具有如下形式:

$$\begin{bmatrix} x_1 \\ x_2 \\ x_3 \end{bmatrix} = \begin{bmatrix} \alpha_1 \\ \alpha_2 \\ \alpha_3 \end{bmatrix} + \begin{bmatrix} \beta_{11} & \beta_{12} \\ \beta_{21} & \beta_{22} \\ \beta_{31} & \beta_{23} \end{bmatrix} \begin{bmatrix} f_1 \\ f_2 \end{bmatrix} + \begin{bmatrix} \varepsilon_1 \\ \varepsilon_2 \\ \varepsilon_3 \end{bmatrix}$$

从前面的表达式中我们可以看出为什么这些因素模型被称作静态的：在这个模型中没有任何暗含的动态性。它是对一个多维向量（N维）的一个较低维数的表述（K维）。

给定M个样本，我们可以把这个模型改写为一个明确的回归形式。我们首先将所有的观测值、因素和残差值放在三个矩阵当中，每一行对应于一组观测值：

$$x_{it} = \alpha_i + \sum_{j=1}^{K} \beta_{ij} f_{jt} + \varepsilon_{it}, i=1,2,\cdots,N, j=1,2,\cdots,K, t=1,2,\cdots,T$$

$$\bm{X} = \begin{bmatrix} x_{1,1} & \cdots & x_{1,N} \\ \vdots & \ddots & \vdots \\ x_{M,1} & \cdots & x_{M,N} \end{bmatrix}, \bm{F} = \begin{bmatrix} 1 & f_{1,1} & \cdots & f_{1,K} \\ \vdots & \vdots & \ddots & \vdots \\ 1 & f_{M,1} & \cdots & f_{M,K} \end{bmatrix}, \bm{E} = \begin{bmatrix} \varepsilon_{1,1} & \cdots & \varepsilon_{1,N} \\ \vdots & \ddots & \vdots \\ \varepsilon_{M,1} & \cdots & \varepsilon_{M,N} \end{bmatrix}$$

然后，我们建立一个矩阵$\bm{B} = \begin{bmatrix} \bm{\alpha} & \bm{\beta} \end{bmatrix}$，

$$\bm{B} = \begin{bmatrix} \alpha_1 & \beta_{1,1} & \cdots & \beta_{1,K} \\ \vdots & \vdots & \ddots & \vdots \\ \alpha_N & \beta_{N,1} & \cdots & \beta_{N,K} \end{bmatrix}$$

注意在因素矩阵$\bm{F}$中，我们添加了一列1来代表常数项。利用这个记法，我们可以将模型写成如下的回归形式：

$$\bm{X} = \bm{F}\bm{B}' + \bm{E}$$

例如，给定5个样本，前面的三变量二因素模型可以写成如下明确的回归形式：

$$\begin{bmatrix} x_{11} & x_{12} & x_{13} \\ x_{21} & x_{22} & x_{23} \\ x_{31} & x_{32} & x_{33} \\ x_{41} & x_{42} & x_{43} \\ x_{51} & x_{52} & x_{53} \end{bmatrix} = \begin{bmatrix} 1 & f_{11} & f_{12} \\ 1 & f_{21} & f_{22} \\ 1 & f_{31} & f_{32} \\ 1 & f_{41} & f_{42} \\ 1 & f_{51} & f_{52} \end{bmatrix} \begin{bmatrix} \alpha_1 & \alpha_2 & \alpha_3 \\ \beta_{11} & \beta_{21} & \beta_{31} \\ \beta_{12} & \beta_{22} & \beta_{32} \end{bmatrix} + \begin{bmatrix} \varepsilon_{11} & \varepsilon_{12} & \varepsilon_{13} \\ \varepsilon_{21} & \varepsilon_{22} & \varepsilon_{23} \\ \varepsilon_{31} & \varepsilon_{32} & \varepsilon_{33} \\ \varepsilon_{41} & \varepsilon_{42} & \varepsilon_{43} \\ \varepsilon_{51} & \varepsilon_{52} & \varepsilon_{53} \end{bmatrix}$$

因素f有可能被观测到或者不能被观测到。如果因素不能被观察到，它们就称为隐藏的潜在因素，或者潜在变量。因素分析以及相关方法，比如主成分分析法，主要考虑隐藏因素的确定。如果因素被给定或者被观察到，一个因素模型就是x关于f的多元回归模型，同时因素分析本身不能再应用。在本章后面我们会描述主成分分析与因素分析的方法。

前面的线性因素模型的一个变形包括了时间相关性：

$$x_{it} = \alpha_i + \sum_{j=1}^{K} \beta_{ij} f_{jt} + \varepsilon_{it}, i=1,2,\cdots,N, j=1,2,\cdots,K, t=1,2,\cdots,T$$

或写成矩阵形式

$$\bm{x}_t = \bm{\alpha} + \bm{\beta} f_t + \bm{\varepsilon}_t$$

其中：

$\bm{x}_t = $ 在t时刻变量的N维向量

$\bm{\alpha} = \bm{x}_t$均值常数的N维向量

$\boldsymbol{\beta}$ = 因素载荷的 $N \times K$ 常数矩阵

f_t = 在 t 时刻因素的 K 维向量

$\boldsymbol{\varepsilon}_t$ = 在 t 时刻残差值的 N 维向量

注意一点,在这个模型里我们有在不同的时间点上的不同变量,我们必须明确声明这些均值与负荷系数是常数。

在这个形式中,线性因素模型包含了时间相关性。一个包含时间相关性的因素模型是一个随机过程模型。如果在不同时间点上的所有变量是独立的并且没有任何动态性,我们可以将时间变量作为独立样本的一个标识,并仍然可以采用静态线性因素模型的概念。

对于收益因素模型的推断,我们仅仅只有这一过程的一次实现可以使用,即来自过去历史中每个时点上的观测数据。在这种情况下,上面的因素模型可以表达为:

$$X = FB' + E$$

这里矩阵 X, F, E 的每一列代表一个时间序列,同时每一行代表一个时间点($t=1$,$\cdots, N$)上的观测值。

$$X = \begin{bmatrix} x_{1,1} & \cdots & x_{1,N} \\ \vdots & \ddots & \vdots \\ x_{T,1} & \cdots & x_{T,N} \end{bmatrix}, F = \begin{bmatrix} 1 & f_{1,1} & \cdots & f_{1,K} \\ \vdots & \vdots & \ddots & \vdots \\ 1 & f_{T,1} & \cdots & f_{T,K} \end{bmatrix}, E = \begin{bmatrix} \varepsilon_{1,1} & \cdots & \varepsilon_{1,N} \\ \vdots & \ddots & \vdots \\ \varepsilon_{T,1} & \cdots & \varepsilon_{T,N} \end{bmatrix}$$

对于上述的因素模型存在三种可能的经验设定。第一种设定不包括任何时间相关性。考虑一个个人特征因素的模型。在这个模型中,x 是对一组个体样本的测试结果的样本。每个测试包含 N 个个体问题或测试,用于解释它们的隐藏因素的个数为 K。这样一个样本应该包括在一个给定人群中不同个体的观测值,而没有任何时间相关性。现在再考虑时间相关性。如果我们引进一个参数 t,我们的样本可能会包括每一时点上的多个观测值,或者每一时点上的单个观测值。例如,x_t 可以是对每个学年开始时进入大学的全体新生进行的测试的观测值。通过这个方式,我们获得的样本包含了每年许多学生的观测值。对一个个体的所有观测值而言,因素是共同的,但对不同个体而言是不同的。

现在考虑一个金融模型,其中 x_t 代表一个金融资产池的每日收益,f_t 代表 t 时刻的因素,N 代表一个给定市场中金融资产的数量,K 是用于解释收益的因素数量。假设收益、因素、残差是序列无关的,我们可以将每个 x_t 的值(和 f_t 的值,如果因素能被观察到)看作我们样本中的一个独立的观测值。现在这些因素与收益是一个多变量时间序列的一个实现,虽然不存在任何时间动态。从经验看,我们在每个时间点上只有一个观测值。

但是,考虑到如果进行 Monte Carlo 模拟,我们将模拟得到这些因素与收益的许多可能路径。如果使用 Monte Carlo 方法计算概率,我们就在每个时点上拥有多个独立样本。

模型的实证不确定性与因素转换

如果没有限制条件,上述模型中就没有一个能通过实证来确定。乍看上去,这似乎是一个复杂而且违反直觉的陈述,但实际上它是不言自明的。事实上,没有限制约束时,因素模型仅仅是残差值的解释定义。我们总可以构建变量间的线性组合:没有限制约束时,线性因素模型说明残差是观测值与因素的一个线性组合。当没有关于残差的限制时,任何包含残差的模型都无法通过实证确定。事实上,如果我们对残差不设置约束条件,每个模型都是残差的一个定义。[①]

从上述观点中可以清晰地看到,对一个因素模型残差项的约束,和对回归模型扰动项的约束一样,都是模型定义中一个关键部分,而非技术需要的部分。那么我们可以对残差项施加哪种类型的约束条件呢?一个强有力的约束条件包括要求残差项是均值为零的变量,彼此不相关且与因素也不相关。满足这些条件的线性因素模型称为严格的因素模型。我们可以将模型写为如下形式

$$x = \alpha + \beta f + \varepsilon$$
$$E(\varepsilon) = 0$$
$$E(f) = 0$$
$$\text{cov}(f, \varepsilon) = 0$$
$$\text{cov}(\varepsilon, \varepsilon) = D, D = (\sigma_1^2, \cdots, \sigma_N^2) I_N$$
$$D = \text{diag}(\sigma_1^2, \cdots, \sigma_N^2)$$

其中

$(\sigma_1^2, \cdots, \sigma_N^2) =$ 残差项的方差向量

$I =$ 单位矩阵

因素均值为零的条件不是限定条件,因为我们总可以从因素中扣除均值。观测值被认为是独立的。

如果模型表示成具有明确的时间相关性,则我们假设在每一时间点上相同的严格因素模型成立

$$x_t = \alpha + \beta f_t + \varepsilon_t$$
$$E(\varepsilon_t) = 0$$
$$E(f_t) = 0$$
$$\text{cov}(f_t, \varepsilon_t) = 0$$
$$\text{cov}(\varepsilon_t, \varepsilon_t) = D, D = (\sigma_1^2, \cdots, \sigma_N^2) I$$

并且在不同时刻的观测值和残差项是独立同分布的(i.i.d)变量。这些条件与多元回归模型所要求的条件相同。要注意的是,要求残差项彼此不相关并与因素不相关与要求残差是独立同分布变量是不同的。前者是对模型的假设,而后者是对不同样本如何分布的假设。

严格因素模型条件并不能保证唯一地识别因素。事实上,因素模型中的因素会以乘积 βf 的形式出现在模型中。给定任一非奇异矩阵 A,将模型中因素载荷的矩阵乘以 A^{-1},并且因素向量乘以矩阵 A,使得 $\beta^* = \beta A^{-1}, f^* = A f$。由于

$$x = \alpha + \beta^* f^* + \varepsilon = \alpha + (\beta A^{-1})(A f) + \varepsilon = \alpha + \beta f + \varepsilon$$

---

① 我们可以对一个微分方程给出同样的判断。例如,如下形式的一阶微分方程:$F(x, y, y') = \varphi(x)$,只有当我们设定 $\varphi(x)$ 的具体形式时,例如要求 $\varphi(x) = \text{cost}$,才是一个有效的方程。否则 $F(x, y, y') = \varphi(x)$ 是一个定义 $\varphi(x)$ 为 y 的函数的表达式。

因此新的模型 $x=\alpha+\beta^* f^*+\varepsilon$ 等价于原始的模型。我们断言,因素与贝塔值只能经由一个线性变换来定义。

我们可以利用这一事实将因素变换为一组标准正交化变量(也就是其协方差矩阵是单位矩阵的变量)。事实上,如果我们将因素 f 的协方差矩阵记作 Ω,变换后的因素 f^* 的协方差矩阵 Ω^* 可以写成如下形式

$$\Omega^* = E[f^* f^{*\prime}] = E[(Af)(Af)'] = E[Aff'A'] = A\Omega A'$$

Ω 是一个协方差矩阵,它是对称的和半正定的,其特征值是非负的实数,并且存在关系 $\Omega=\Omega'$。假设特征值彼此不同且不为零(协方差矩阵通常表现出这种特征),如果我们将矩阵 A' 的各列向量取为特征向量乘以对应的特征值平方根的倒数所得到的向量,则矩阵 Ω^* 为单位矩阵:$\Omega^* = I_K$。

这种变换(也就是使因素标准正交化的变换)不是唯一的,因为它由一个正交旋转来定义。事实上,假设我们将具有协方差矩阵 $\Omega^* = I_K$ 的标准正交因素 f 乘以任意的正交矩阵(也就是满足 $BB' = I_K$ 的任意一个非奇异矩阵 B)来进行旋转。旋转后的因素还是标准正交的,这是因为新的旋转后的因素的协方差矩阵为 $B\Omega^* B' = BIB' = I_K$。

要注意的是,如果我们假设因素模型是时间相关的且具有独立同分布的变量,则因素变成一系列独立的随机游走。因此,以带有 K 个标准正交化因素的严格因素模型来表示收益意味着将收益表示为 K 个独立随机变量的线性组合。这似乎是不符合直觉的,因为看起来仿佛模型不具有依据经验的内容。但是,必须考虑到模型中依据经验的内容是由均值和因素载荷矩阵来表示的。事实上,收益具有常数的均值和常数的协方差矩阵的假设是一个很强的主观假设,一般不能被证实。

观测值的协方差矩阵

因素模型是一种可以用于减少观测值协方差维数的工具。在金融应用中,观测值的协方差矩阵太过庞大而无法得到正确估计。例如,考虑与 Russell 1000 同样大小的一个股票池的收益协方差矩阵。1 000个收益的时间序列的协方差矩阵有 $1\,000 \times 999/2 = 499\,500$ 个不同的项。即使我们使用四年的每日收益数据(大约1 000天)来估计协方差,我们也只有总共 100 万个数据点去估计大约 50 万个矩阵项,也就是每一个估计对应两个数据点。这个样本明显是不足的。可以从形式上证明一个大的收益总体的协方差矩阵中大多数的项几乎都是随机数[①]。

如果我们可以确定一个严格因素模型,协方差估计问题就会得到明显地简化。事实上,在这种情况下,我们仅仅需要确定因素的协方差矩阵、贝塔系数的矩阵以及残差方差。在上面1 000个收益过程的例子中,假定我们可以确定一个十因素模型。因素的协方差矩阵包括 $100 \times 99/2 = 4\,950$ 个项,同时贝塔系数矩阵包含 $10 \times 1\,000 = 10\,000$ 个项。加上1 000个残差方差,我们还需要估计15 950个数字,或者说是一个完整的协方差矩阵所需

---

① Laurent Laloux, Pierre Cizeau, Jean-Philippe Bouchaud and Marc Potters. Noise Dressing of Financial Correlation Matrices. *Physical Review Letters*, 83 (August 1999), pp. 1467—1470.

估计量的 3.2%。现在我们对于每一个估计平均有 62 个数据点，与原来情况相比提高了 30 倍。

考虑因素模型：$x = \alpha + \beta f + \varepsilon$。我们可以将收益[①]的协方差矩阵写为

$$\Sigma = E[(x-\alpha)(x-\alpha)'] = E[(\beta f + \varepsilon)(\beta f + \varepsilon)'] = \beta \Omega \beta' + V + 2\beta E(f\varepsilon')$$

其中 $V = E(\varepsilon\varepsilon')$。由于假设因素和残差是独立的，因此最后一项为零。从而我们有

$$\Sigma = \beta \Omega \beta' + V$$

如果我们利用因素变换将因素变形为标准正交化因素，其协方差矩阵为单位矩阵，则该公式会进一步地简化

$$\Sigma = \beta\beta' + V$$

如果我们的因素模型是一个严格因素模型，则矩阵 V 变成一个对角矩阵 D，其协方差矩阵形式为

$$\Sigma = \beta \Omega \beta' + D$$

一个严格因素模型称为正规的（normal）因素模型，如果所有的残差具有相同的方差。这种情况下，我们可以写出 $D = \sigma^2 I_N$，并且协方差矩阵变为

$$\Sigma = \beta\beta' + \sigma^2 I_N$$

应用因素模型

我们如何使用因素模型？这里我们必须区分金融的与非金融的应用，区分一般因素模型与因素分析。因素模型最初用于社会学、心理学研究，以及诸如市场营销一类的商业应用和物理科学中的一些应用。在这些领域，因素模型通常是因素分析的结果。某人拥有大量的观测值，比如市场调查或者心理实验结果，并且想去研究导致这些观测值的共同原因（或因素）。一位市场经理会用因素分析来分析影响购买力的重要因素以制定市场营销战略。一位心理学家会实施心理测试并利用基于一个大样本总体开发并检验过的模型来计算每个个体的因素值。在这些情况下因素分析是有用的。

但在金融应用中，研究者的兴趣在于管理风险与构建投资组合。投资组合通过实施风险—收益最优化得到，而这要求计算协方差矩阵。正如上面我们所观察到的那样，对于大的股票池计算一个非约束的协方差矩阵是不可行的。因素模型将这个计算简化为关于每个因素的暴露加上较小的因素协方差矩阵以及特异误差的方差的计算。

这样使用的因素模型是风险模型。它们本身不具有预测能力，它们将每一时刻 t 的收益解释为在 t 时刻给定因素的线性组合。暴露于共同因素下的由收益方差所度量的风险为残余的不可分散风险——无论我们所选择的投资组合有多大该风险都无法被分散。但是，如果因素可以被预测，或者如果解释 t 时刻收益的因素在 $t-1$ 时刻是已知的，因素模型就可以用于预测收益。

从现在开始我们将仅讨论收益的因素模型。收益因素模型中的因素通常会被分为三

[①] 在这一节以及接下来的几节中，我们讨论收益的因素模型。但是，这一节讲到的关于因素分析的方法可以应用于任意变量，而不仅仅是收益。

类:统计因素、基础因素和宏观经济因素。统计因素由因素分析来确定,宏观经济因素是外生的宏观经济变量,基础因素由诸如收支平衡和收入状况这样的商业基本面所决定。接下来我们将讨论对应的三种构建因素模型的方法。

因素分析与主成分分析

统计因素由因素分析决定,在这一节我们讨论因素分析。观测变量为一个给定时间窗口中一个典型的大市场在给定频率下的收益。例如,我们可以观察 Russell,1 000 总体的每日收益。因素虽然不能观测到,但是一定要和模型一起决定。因素分析的结果将为:

- 因素的一个(多元)时间序列。
- 残差的一个(多元)时间序列。
- 因素的协方差矩阵。
- 每个收益过程的因素载荷。
- 每个残差项的方差。

因素载荷代表着收益在每个因素上的暴露。我们可以将这些数字用于样本内(回顾性),例如去估计与基金经理业绩相关联的风险。但是,如果要优化一个投资组合,我们就必须将我们的估计量用于样本外(前瞻性)。这意味着我们对风险暴露进行了预测。因此,风险模型还可以用于预测:它们假定因素暴露是稳定的并且在之后的时间里将不发生改变。自然地,这些假定是无根据的,尤其在市场压力(market stress)情况下。

有两种估计因素模型的基本方法:因素分析与主成分分析。

首先我们讨论因素分析。假设我们的收益由一个严格的因素模型描述。考虑带有标准(正交化)因素的一个收益的严格因素模型。由于我们总是可以从收益中减去均值,不失一般性,我们做出额外的假设:$\alpha = 0$。如果我们称收益为 r_t,则模型可以写为:

$$r_t = \beta f_t + \varepsilon_t$$
$$E(\varepsilon_t) = 0$$
$$E(f_t) = 0$$
$$E(r_t) = 0$$
$$\text{cov}(f_t, \varepsilon_t) = 0$$
$$\text{cov}(\varepsilon_t, \varepsilon_t) = D, D = (\sigma_1^2, \cdots, \sigma_N^2)I$$
$$\text{cov}(f_t, f_t) = I$$

在上述假定条件下,显式回归方程变为:

$$R = F\beta' + E$$

其中

$$R = \begin{bmatrix} r_1 \\ \vdots \\ r_T \end{bmatrix} = \begin{bmatrix} r_{1,1} & \cdots & r_{1,N} \\ \vdots & \ddots & \vdots \\ r_{T,1} & \cdots & r_{T,N} \end{bmatrix}, F = \begin{bmatrix} f_1 \\ \vdots \\ f_T \end{bmatrix} = \begin{bmatrix} f_{1,1} & \cdots & f_{1,N} \\ \vdots & \ddots & \vdots \\ f_{T,1} & \cdots & f_{T,N} \end{bmatrix}$$

$$E = \begin{bmatrix} \varepsilon_1 \\ \vdots \\ \varepsilon_T \end{bmatrix} \begin{bmatrix} \varepsilon_{1,1} & \cdots & \varepsilon_{1,N} \\ \vdots & \ddots & \vdots \\ \varepsilon_{T,1} & \cdots & \varepsilon_{T,N} \end{bmatrix}, \beta = \begin{bmatrix} \beta_{1,1} & \cdots & \beta_{1,K} \\ \vdots & \ddots & \vdots \\ \beta_{T,1} & \cdots & \beta_{T,K} \end{bmatrix}$$

因素分析过程是一个三步骤的过程：第一步我们估计标准正交化因素的因素载荷和残差的方差。第二步我们估计因素和残差。第三步我们可能会要旋转因素以得到对模型更好的直观理解。

运用最大似然法的因素分析

各种模型都可以用来进行因素分析，一些在统计上是严格的，其余的仅仅是启发式的。在收益、因素和残差是多元正态变量的假设下，对于线性严格因素模型存在一个完整而且严格的程序。在该假定条件下，我们可以使用现在将要描述的最大似然估计（MLE）原理。

假设因素模型是多元正态的，也就是说，除了上述假定条件之外，下面的关于分布的假设也成立

$$r_t \sim N(0, \Sigma)$$
$$f_t \sim N(0, I_K)$$
$$\varepsilon_t \sim N(0, D)$$

回想一下，在给定模型是一个带有标准正交化因素的严格因素模型的假设条件下，收益的协方差矩阵 Σ 可以表示为

$$\Sigma = \beta\beta' + D, D = (\sigma_1^2, \cdots, \sigma_N^2) I_N$$

其中 I_N 是一个 $N \times N$ 的单位矩阵。请注意，我们可以使用已观测数据确定经验协方差矩阵 Σ，但是需要预估因素载荷和残差的方差。

最大似然估计（MLE）法则通过将模型的似然量最大化来估计模型的参数。模型的似然量是基于所有样本估计出的模型变量的概率密度的乘积。在联合正态性和零均值的假设条件下，我们可以明确地写出收益的联合分布

$$r_t \sim N(\alpha, \Sigma) = [(2\pi)^N |\Sigma|]^{-\frac{1}{2}} \exp\{-\frac{1}{2} r_t' \Sigma^{-1} r_t\}$$

同时似然量为

$$L(\Sigma) = [(2\pi)^N |\Sigma|]^{-\frac{K}{2}} \prod_{t=1}^{T} \exp\{-\frac{1}{2} r_t' \Sigma^{-1} r_t\}$$

由于对数函数是一个单调函数，我们可以用似然函数的对数来替代它本身，形成对数似然量。这种变换往往会简化计算，因为它将乘积形式替换为求和形式

$$\ln L(\Sigma) = l(\Sigma) = -\frac{NK}{2} \ln(2\pi) - \frac{K}{2} \ln(|\Sigma|) - \frac{1}{2} \sum_{t=1}^{T} \{r_t' \Sigma^{-1} r_t\}$$

所谓的最大似然估计（MLE）方法将对数形式的似然量 $l(\Sigma)$ 作为协方差矩阵 Σ 的函

数进行最大化

$$\Sigma = \arg\max_{\Sigma} l(\Sigma)$$

其中使用了约束条件

$$\Sigma = \beta\beta' + D, D = (\sigma_1^2, \cdots, \sigma_N^2)I_N$$

除非因素是事先给定的,否则这个问题是无法解析求解的,需要借助于数值方法。

期望最大化算法

用于最大似然估计(MLE)的一个数值方法是基于期望最大化算法的,现在我们将对此进行描述。期望最大化(EM)算法是在一些变量缺失或者存在隐藏变量时,决定对数形式的似然估计量的迭代过程。EM算法由 Dempster,Laird 和 Rubin(此后称为 DLR)[1] 完整地推导得到。他们将 EM 算法作为一个一致的、完整的方法提出,给出了其背后的数学上以及统计上的合理性。Rubin 和 Thayer[2] 详述了 EM 算法在因素模型中的应用。

EM 算法假设除了被观察到的数据之外,也许还存在着缺失的或者所谓隐藏的数据。观测到的数据为收益 r_t,而缺失的数据为隐藏的、没有被观测到的因素 f_t。被观测到的收益 r_t 被称为不完整数据,而同时包含被观测到的收益 r_t 和未被观测到的因素 f_t 的变量集合被称为完整数据。称 z_t 为 t 时刻完整数据的向量

$$z_t = \begin{bmatrix} r_t \\ f_t \end{bmatrix}$$

如果因素可以被观测到,我们可以通过在给定所有观测到的数据情况下最大化似然估计量来直接应用 MLE 法则。然而,当因素没有被观测到时,我们就需要使用迭代的方法来计算模型参数。

直观地讲(虽然不严谨),EM 方法是一个在 E 步骤与 M 步骤这两个步骤之间交替进行的迭代的贝叶斯方法。E 步骤假设模型的参数已知,在给定已观测到的数据和先前步骤中估计的模型参数情况下,对隐藏变量作出最佳估计。紧接着,M 步骤通过 ML 估计方法使用在先前步骤估测出的隐藏变量来计算新的模型参数。然后新的模型参数被用于构建隐藏数据的新估计,进而开始一个新的循环。由模型参数最初的猜想开始,EM 方法在使用旧的参数估计新的隐藏数据和使用旧的隐藏数据估计新的参数这两个步骤之间不断地交替。

这种粗略的、简化的描述突显了 E 步骤中 EM 方法的贝叶斯属性,即在给出实际观测值的情况下对隐藏因素进行估计。但是,这是一个粗略的描述,正如我们在下面段落中将看到的那样,E 步骤没有直接估计隐藏数据,而是计算对数似然估计量的期望值。

现在我们遵循 DLR 的方式来正式描述 EM 算法。称 $p(r_t, f_t \mid \beta, D)$ 为模型变量的

---

[1] A. P. Dempster, N. Laird, and Donald B. Rubin. Maximum Likelihood from Incomplete Data via the EM Algorithm. *Journal of the Royal Statistical Society*, B, 39 (1977), pp. 1—38.

[2] Donald B. Rubin and D. T. Thayer. EM Algorithms for ML Factor Analysis. *Psychometrika*, 47 (1983), pp. 69—76.

依赖于参数 β, D 的联合概率密度函数。考虑 T 个独立的样本。我们将完整数据的似然估计量函数写为

$$L(r_t, f_t \mid \beta, D) = \prod_{t=1}^{T} p(r_t, f_t \mid \boldsymbol{\beta}, \boldsymbol{D})$$

并将对数形式的似然估计量函数写为

$$\ln L(r_t, f_t \mid \boldsymbol{\beta}, \boldsymbol{D}) = \ln \prod_{t=1}^{T} p(r_t, f_t \mid \boldsymbol{\beta}, \boldsymbol{D}) = \sum_{t=1}^{T} \ln(p(r_t, f_t \mid \boldsymbol{\beta}, \boldsymbol{D}))$$

我们可以用对数形式的似然估计量将 MLE 法则陈述为

$$\boldsymbol{\beta}, \boldsymbol{D} = \underset{\beta, D}{\mathrm{argmax}}\ \ln L(r_t, f_t \mid \boldsymbol{\beta}, \boldsymbol{D}) = \underset{\beta, D}{\mathrm{argmax}}(\sum_{t=1}^{T} \ln p(r_t, f_t \mid \boldsymbol{\beta}, \boldsymbol{D}))$$

然而,对于每一个样本,我们拥有收益 r_t 的观测值,但是,我们没有因素 f_t 的观测值。观察到我们可以将对数形式的似然估计量函数简化为

$$\ln L = \sum_{t=1}^{T} \ln p(r_t, f_t \mid \boldsymbol{\beta}, \boldsymbol{D}) = \sum_{t=1}^{T} \ln(p(r_t \mid f_t, \boldsymbol{\beta}, \boldsymbol{D})) p(f_t \mid \boldsymbol{\beta}, \boldsymbol{D})$$

$$= \sum_{t=1}^{T} \ln p(r_t \mid f_t, \boldsymbol{\beta}, \boldsymbol{D}) + \sum_{t=1}^{T} \ln p(f_t \mid \boldsymbol{\beta}, \boldsymbol{D})$$

当假设因素标准正交时,概率密度函数 $p(f_t \mid \boldsymbol{\beta}, \boldsymbol{D})$ 不再依赖于 $\boldsymbol{\beta}, \boldsymbol{D}$,因此我们可以写出

$$\ln L = \sum_{t=1}^{T} \ln p(r_t \mid f_t, \boldsymbol{\beta}, \boldsymbol{D}) + \sum_{t=1}^{T} \ln p(f_t)$$

对数形式的似然估计量的最大值是 β, D 的函数,因此最后一项不产生任何影响。因此,我们最大化函数

$$l_C = \sum_{t=1}^{T} \ln p(r_t \mid f_t, \boldsymbol{\beta}, \boldsymbol{D})$$

在上式中可以观察到,我们已经将基于完整数据联合分布的对数形式的似然估计量替代为基于隐藏因素给定条件下观测数据条件分布的对数形式的似然估计量。

上述推理过程可以被用于任何分布。接下来让我们明确写出在联合正态分布假设下的对数似然估计量。概率密度函数 $p(r_t \mid f_t, \boldsymbol{\beta}, \boldsymbol{D})$ 是正态分布的概率,因此它由均值与协方差唯一地决定。我们说均值和方差是计算对数似然估计量的充分统计量。当因素给定时,收益是独立的且服从正态分布,其均值与协方差为

$$E(r_t \mid f_t, \boldsymbol{\beta}, \boldsymbol{D}) = E(\boldsymbol{\beta} f_t + \varepsilon \mid f_t, \boldsymbol{\beta}, \boldsymbol{D}) = \boldsymbol{\beta} f_t$$
$$\mathrm{cov}(r_t \mid f_t, \boldsymbol{\beta}, \boldsymbol{D}) = E(r_t - \boldsymbol{\beta} f_t \mid f_t, \boldsymbol{\beta}, \boldsymbol{D}) = \boldsymbol{D}$$

由于因素是标准正交化变量,我们可以写出

$$\ln L = -\frac{TK}{2}\ln(2\pi) - \frac{T}{2}\ln|\boldsymbol{D}| - \frac{1}{2}\sum_{t=1}^{T}(\boldsymbol{r}_t - \boldsymbol{\beta f}_t)'\boldsymbol{D}^{-1}(\boldsymbol{r}_t - \boldsymbol{\beta f}_t) - \frac{1}{2}\sum_{t=1}^{T}\boldsymbol{f}_t'\boldsymbol{I}_K^{-1}\boldsymbol{f}_t$$

$$= -\frac{TK}{2}\ln(2\pi) - \frac{T}{2}\ln|\boldsymbol{D}| -$$

$$\frac{1}{2}\sum_{t=1}^{T}\{\boldsymbol{r}_t'\boldsymbol{D}^{-1}\boldsymbol{r}_t - \boldsymbol{\beta f}_t'\boldsymbol{D}^{-1}\boldsymbol{r}_t - \boldsymbol{r}_t'\boldsymbol{D}^{-1}\boldsymbol{\beta f}_t + \boldsymbol{f}_t''\boldsymbol{D}^{-1}\boldsymbol{\beta f}_t\} - \frac{1}{2}\sum_{t=1}^{T}\boldsymbol{f}_t'\boldsymbol{f}_t$$

$$= -\frac{TK}{2}\ln(2\pi) - \frac{T}{2}\ln|\boldsymbol{D}| -$$

$$\frac{1}{2}\sum_{t=1}^{T}\{\boldsymbol{r}_t'\boldsymbol{D}^{-1}\boldsymbol{r}_t - 2\boldsymbol{r}_t'\boldsymbol{D}^{-1}\boldsymbol{\beta f}_t + Tr[\boldsymbol{\beta}'\boldsymbol{D}^{-1}\boldsymbol{\beta f}_t'\boldsymbol{f}_t]\} - \frac{1}{2}\sum_{t=1}^{T}\boldsymbol{f}_t'\boldsymbol{f}_t$$

其中在最后一步里我们利用了恒等式 $\boldsymbol{x'Ax} = Tr[\boldsymbol{Ax'x}]$ 以及对角矩阵 $\boldsymbol{A'} = \boldsymbol{A}$ 这一关系。

遵循 DLR 的做法，EM 算法可以描述成如下形式。假定我们处于迭代过程的第 p 步，并且在这一步中，我们已经计算了与这一步有关的所有充分统计量。在这种情况下，假定我们已经决定了第 p 步中的矩阵 $\boldsymbol{\beta}_p$ 和对角矩阵 $\boldsymbol{D}_p$。一般而言，这些数量并非真实数量。使用这些统计量计算的对数形式的似然估计量是一个随机变量，因为它依赖于不能被观测的隐藏因素。为了提高我们的近似度，EM 算法采用以下两个步骤：

1. E 步骤使用因素的条件概率密度（给定数据）计算对数形式的似然估计量的期望（给定数据）。

2. M 步骤通过将在前一个 E 步骤中计算得到的期望对数似然估计量关于 $\boldsymbol{\beta}$ 和 $\boldsymbol{D}$ 最大化来计算新的矩阵 $\boldsymbol{\beta}_{p+1}$ 和 $\boldsymbol{D}_{p+1}$。

DLR 观察到，在具有正态分布的因素分析情形，EM 算法得到简化，可以用以下两个步骤描述：

1. E 步骤在给定观测数据并且矩阵 $\boldsymbol{\beta}_p$ 和 $\boldsymbol{D}_p$ 在先前的 M 步骤中已经计算出来的条件下，计算对数形式的似然估计量的充分统计量的期望。

2. M 步骤使用在前面 E 步骤中计算的充足统计量来计算新的矩阵 $\boldsymbol{\beta}_{p+1}$ 和 $\boldsymbol{D}_{p+1}$。

让我们看一下 EM 算法是如何应用于因素模型中的，我们需要最大化数量

$$l_C = -\frac{T}{2}\ln|\boldsymbol{D}| - \frac{1}{2}\sum_{t=1}^{T}\{\boldsymbol{r}_t'\boldsymbol{D}^{-1}\boldsymbol{r}_t - 2\boldsymbol{r}_t'\boldsymbol{D}^{-1}\boldsymbol{\beta f}_t + Tr[\boldsymbol{\beta'D}^{-1}\boldsymbol{\beta f}_t'\boldsymbol{f}_t]\}$$

因为完全的似然估计量中的其他项与 $\boldsymbol{\beta}$ 和 $\boldsymbol{D}$ 无关。首先我们考虑 E 步骤。

E 步骤

给定观测数据，E 步骤计算完整数据的对数形式的似然估计量的期望值。但是，DLR 观察到在指数分布的情况下，我们仅仅需要计算给定观察值时完整数据的充分统计量的期望值。在给定模型线性时，完整变量的联合分布 $p(\boldsymbol{r}_t, \boldsymbol{f}_t \mid \boldsymbol{\beta}, \boldsymbol{D})$ 是正态的并得出

$$E(z_t \mid \boldsymbol{\beta}, \boldsymbol{D}) = E\left(\begin{bmatrix}\boldsymbol{r}_t \\ \boldsymbol{f}_t\end{bmatrix}\right) = 0$$

$$\text{cov}(z_t z_t \mid \boldsymbol{\beta}, \boldsymbol{D}) = \boldsymbol{\Lambda} = \begin{bmatrix}\text{cov}(\boldsymbol{r}_t \boldsymbol{r}_t \mid \boldsymbol{\beta}, \boldsymbol{D}) & \text{cov}(\boldsymbol{r}_t \boldsymbol{f}_t \mid \boldsymbol{\beta}, \boldsymbol{D}) \\ \text{cov}(\boldsymbol{r}_t \boldsymbol{f}_t \mid \boldsymbol{\beta}, \boldsymbol{D})' & \text{cov}(\boldsymbol{f}_t \boldsymbol{f}_t \mid \boldsymbol{\beta}, \boldsymbol{D})\end{bmatrix} = \begin{bmatrix}\boldsymbol{\Lambda}_{11} & \boldsymbol{\Lambda}_{12} \\ \boldsymbol{\Lambda}_{21} & \boldsymbol{\Lambda}_{22}\end{bmatrix}$$

由于 $E(z_t | \beta, D) = 0$，完整数据的充分统计量为 $\Lambda_{11}, \Lambda_{12}, \Lambda_{22}$。第 p 步中的 E 步骤将完整数据的充分统计量替代为给定数据条件下它们的期望值。因此，我们需要去计算充分统计量 $E(z_t z_t' | r_t, \beta_p, D_p)$ 的期望值。遵循 Rubin 和 Thayer 的做法，充分统计量为

$$E(\Lambda_{11} | r_t, \beta_p, D_p) = E[\text{cov}(r_t r_t | r_t, \beta_p, D_p)] = \text{cov}(r_t r_t) = \frac{1}{T}\sum_{t=1}^T r_t' r_t$$

$$E(\Lambda_{12} | r_t, \beta_p, D_p) = E[\text{cov}(r_t f_t | r_t)] = \beta_p \gamma_{p+1}$$

$$E(\Lambda_{22} | r_t, \beta_p, D_p) = E[\text{cov}(f_t f_t | r_t)] = \gamma'_{p+1} \Lambda_{22} \gamma_{p+1} + \Delta_{p+1}$$

其中 γ_{p+1} 和 Δ_{p+1} 分别是因素 f_t 关于收益 r_t 的回归中的回归系数矩阵和残差的协方差矩阵。这些量可以通过消去变换简洁地描述出来

$$SWEEP(1,2,\cdots,N)\begin{bmatrix} \beta_p \beta'_p + D_p & \beta'_p \\ \beta_p & I_K \end{bmatrix} = \begin{bmatrix} (\beta_p \beta'_p + D_p)^{-1} & \gamma'_{p+1} \\ \gamma_{p+1} & \Delta_{p+1} \end{bmatrix}$$

附录 C 说明了如何消去变换得到了说明。

如果我们采用 E 步骤的最一般形式，在给定数据条件下计算 l_C 的期望值，也就是说，依据分布密度函数 $p(f_t | r_t, \beta, D)$ 进行计算

$$E[l_C] = E\left[-\frac{T}{2}\ln|D| - \frac{1}{2}\sum_{t=1}^T \{r_t' D^{-1} r_t - 2r_t' D^{-1} \beta f_t + Tr[\beta' D^{-1} \beta f_t' f_t]\}\right]$$

$$= -\frac{T}{2}\ln|D| - \frac{1}{2}\sum_{t=1}^T \begin{Bmatrix} r_t' D^{-1} r_t - 2r_t' D^{-1} \beta E(f_t | r_t, \beta_p, D_p) + \\ Tr[\beta' D^{-1} \beta E(f_t' f_t | r_t, \beta_p, D_p)] \end{Bmatrix}$$

其中参数 β_p, D_p 由先前的 M 步骤计算出来，则我们也许可以得到一个对 E 步骤更加直观的理解。

给定模型的联合正态性，我们仅需要计算均值 $E(f_t | r_t, \beta_p, D_p)$ 和协方差 $E(f_t' f_t | r_t, \beta_p, D_p)$。为了计算这些（充分的）统计量，我们需要得到给定数据条件下因素的分布，但模型规定了给定因素时数据的分布。因此，这里我们使用贝叶斯定理

$$p(f_t | r_t, \beta_p, D_p) \propto p(r_t | f_t, \beta_p, D_p) p(f_t)$$

M 步骤

M 步骤的过 H 程如下。首先我们将对数形式的似然估计量的充分统计量用 E 步骤中计算的它们的期望替代。然后我们令对数形式的似然估计量最大化，令其关于 β 和 D 的偏导数都为零

$$\frac{\partial}{\partial \beta} E[\ln L] = 0, \frac{\partial}{\partial D} E[\ln L] = 0$$

但是，在给定完整数据是正态分布的条件下，我们可以使用基于回归的简化方法，DLR 给出了这个回归的大体描述，Rubin 和 Thayer 对这个回归进行了详细描述。我们从如下的协方差中直接估计新的模型参数

$$SWEEP(N+1, 2\cdots, N+K)\begin{bmatrix} \Lambda_{11} & \Lambda_{11}\gamma_{p+1} \\ \gamma'_{p+1}\Lambda_{11} & \gamma'_{p+1}\Lambda_{11}\gamma_{p+1} + \Delta_{p+1} \end{bmatrix} = \begin{bmatrix} D^*_{p+1} \\ \beta^*_{p+1} \end{bmatrix}$$

从 EM 算法中已经发展出了许多其他形式的模型,尤其是 Liu 与 Rubin[①] 所描述的期望条件最大化模型。这些方法可以解决 EM 算法有时收敛速度慢的问题。有兴趣的读者可以参阅他们的著作。

通过主成分方法的因素分析

基于 MLE 法则的因素分析严重地依赖于收益服从正态分布的假设,但众所周知,收益不能被看作是正态的,它有比正态分布更厚的尾部。另外还有很多估计方法不依赖于收益服从正态分布这一假设。这些方法中最著名并且被广泛使用的就是主成分分析(PCA)方法。

虽然因素分析与 PCA 是相似的技术方法而且有着相似的目标,但其基本原理不同。首先让我们粗略描述一下 PCA 方法,然后指出它们与因素分析的不同,最后讨论在何种条件下因素分析与 PCA 方法是等价的[②]。

首先让我们从总体分布的角度来考虑 PCA 方法。考虑 N 个收益的一个随机向量:$\boldsymbol{r}=(r_1,\cdots,r_N)'$。假定变量的均值已经从对应的变量中扣除,因此 r 是一个均值为零的随机向量。考虑 r 的协方差矩阵 $\boldsymbol{\Sigma}$,其定义为:$\boldsymbol{\Sigma}=E(\boldsymbol{rr}')$,或者具体地,$\boldsymbol{\Sigma}=\{\sigma_{ij}\}$,$\sigma_{ij}=E(r_ir_j)$。作为一个协方差矩阵,$\boldsymbol{\Sigma}$ 是对称且半正定的。[③]

现在考虑矩阵 $\boldsymbol{\Sigma}$ 的特征值和特征向量。考虑第 i 个特征值 λ_i 及其对应的特征向量 h_i。由于 $\boldsymbol{\Sigma}$ 是一个半正定矩阵,我们有 $h_i'\boldsymbol{\Sigma}h_i=h_i'\lambda_ih_i\geqslant 0$,所以所有的特征值一定是实数。让我们假设所有的特征值互不相同且不为零。[④] 特征向量乘以常数仍为特征向量。因此我们可以要求所有的特征向量的模为 1,$h_i'h_i=1$。

将所有特征向量放入一个矩阵 $\boldsymbol{H}=[h_1\cdots h_N]$,并将所有特征值放入一个对角矩阵 $\boldsymbol{\Lambda}=\mathrm{diag}(\lambda_1\cdots\lambda_N)$,则下列关系成立

$$\boldsymbol{\Sigma H}=\boldsymbol{H\Lambda}$$
$$\boldsymbol{\Sigma}=\boldsymbol{H\Lambda H}^{-1}$$
$$\boldsymbol{\Lambda}=\boldsymbol{H\Sigma H}^{-1}$$

这意味着特征向量的矩阵将协方差矩阵对角化。由于协方差矩阵 $\boldsymbol{\Sigma}$ 是对称的,特征向量的矩阵 $\boldsymbol{H}$ 具有性质 $\boldsymbol{H}'=\boldsymbol{H}^{-1}$,因此有 $\boldsymbol{H}'\boldsymbol{H}=\boldsymbol{I}_N$;也就是说,所有不同的特征向量是彼此正交的,并且 $\boldsymbol{\Sigma}=\boldsymbol{H\Lambda H}'$。

现在考虑随机向量 r。随机向量 $\boldsymbol{p}=\boldsymbol{H}r$ 是一个正交随机变量的向量。事实上,下列关系成立。

[①] Chuanhai Liu and Donald B. Rubin. Maximum Likelihood Estimation of Factor Analysis Using The ECME Algorithm With Complete and Incomplete Data. *Statistica Sinica*,8 (1998),pp. 729—747.

[②] 关于 PCA 方法的更多细节可以参阅 Ian T. Jolliffe. *Principal Components Analysis*. 2nd Ed. (New York:Springer 2002).

[③] 矩阵 $\boldsymbol{A}$ 称为半正定的,如果任意向量 x 均有 K 成立。

[④] 关于特征值为零或相同的非常见情况的处理方法,参见 Jolliffe. *Principal Components Analysis*.

$$\mathrm{cov}(p) = E(pp') = E((Hr)(Hr)') = E(Hrr'H') = HE(rr')H' = H\Sigma H' = \Lambda$$

换句话说,用特征向量 h_i 乘以收益 r 的向量,我们可以构建最初收益的彼此正交的线性组合,这些组合的方差等于对应的特征值 λ_i。另外,我们可以利用正交向量 p 将向量 r 写为 $r = H'p$。我们称向量 p 是向量 r 的标准正交基。

关系式 $r = H'p$ 是一个精确关系。我们将矩阵 H 分割为两个子矩阵 $H = [H_1, H_2]$,其中 H_1 由 k 个最大特征值所对应的特征向量构成;将向量 $p = [p_1, p_2]$ 分割为两个向量 p_1, p_2,它们分别包含前 k 个和后 $N-k$ 个分量。因此我们可以用较少数量的特征向量去近似地表示向量 r 并写出下列形式:

$$r = H'_1 p_1 + H'_2 p_2 = H'_1 p_1 + e$$

该表达式在形式上类似于一个具有 k 个因素 p_1,因素载荷矩阵 H_1 和残差 e 的因素模型。但是,残差项通常不是不相关的,因此因素模型的基本约束条件没有得到证实。因此,PCA 表达式 $r = H'_1 p_1 + e$ 只是一个近似关系。

现在让我们从总体的理论性质转移到样本上去。从以上段落中所概述的理论中,我们推断可以通过如下四个步骤进行主成分分析。

1. 从样本中减去均值。
2. 估计样本的协方差矩阵。
3. 计算协方差矩阵的特征值和特征向量。
4. 挑选前 k 个特征向量作为前 k 个主要成分(PCs)。

但是,采用设计矩阵(即样本数据的矩阵)的奇异值分解的方式,PCA 方法也许能被更好地理解。考虑与前一节相同的观察值假设。给定 N 个收益的 T 个观测值的集合。假设从每个观察值中减去了样本均值的向量,将观察值排列为如下的设计矩阵

$$R = \begin{bmatrix} r_{1,1} & \cdots & r_{1,N} \\ \vdots & \ddots & \vdots \\ r_{T,1} & \cdots & r_{T,N} \end{bmatrix}$$

假定 $T \geqslant N$。考虑 $N \times N$ 阶方阵:$S = R'R$,并考虑其特征向量 $V = [v_1, \cdots, v_N]$ 和特征值 $[\lambda_1, \cdots, \lambda_N]$。矩阵 S 与样本的经验协方差矩阵成比例。让我们假定,正如我们在前一节中所做的那样,所有的特征值不为零且彼此不同。矩阵 S 是对称的,因为 $S' = (R'R)' = R'R = S$。我们将特征向量标准化为单位向量,使得这些特征向量构成 r 个标准正交向量的一个集合。非零的 N 维向量 v_i 是方程

$$(R'R)v_i = \lambda_i v_i$$

的解。

称正数 $\sigma_i = +\sqrt{\lambda_i}$ 为奇异值,考虑 T 维向量 $u_i = \sigma_i^{-1} R v_i$ 的集合,u_i 是一组标准正交化向量;事实上

$$\begin{aligned} u_i' u_j &= (\sigma_i^{-1} R v_i)' \sigma_j^{-1} R v_j = \sigma_i^{-1} \sigma_j^{-1} v_i' R' R v_j = \sigma_i^{-1} \sigma_j^{-1} v_i' \lambda_j v_j \\ &= \sigma_i^{-1} \sigma_j^{-1} \lambda_j v_i' v_j = \begin{cases} 0, \text{if } i \neq j \\ \sigma_i^{-1} \sigma_i^{-1} \lambda_i = 1, \text{if } i = j \end{cases} \end{aligned}$$

我们可以构建一个 $N \times N$ 的对角方阵 Σ,其对角线上的值为 σ_i 并按大小排序

$$\Sigma = \begin{bmatrix} \sigma_1 & \cdots & 0 \\ \vdots & \ddots & \vdots \\ 0 & \cdots & \sigma_N \end{bmatrix}, \sigma_1 \geqslant \sigma_2 \geqslant \cdots \geqslant \sigma_N$$

我们还可以构建一个 $T \times N$ 阶矩阵 U 并将其定义为 $U = [u_1, \cdots, u_N]$。使用上述所定义的关系,我们现在可以给出奇异值分解(SVD)关系式

$$RV = U\Sigma$$

$$R = U\Sigma V'$$

现在我们可以看到特征值分解与 SVD 之间的关系:我们定义矩阵

$$R^* = \frac{1}{\sqrt{T}} R$$

同时我们计算 R^* 的 SVD。R^* 的 SVD 决定了一个矩阵 V^*;矩阵 V^* 的列向量是矩阵 R 的主成分。使用 PCA 的好处在于存在比计算特征值与特征向量更加稳健的 SVD 的算法。

还存在另一种基于 Karhunen-Loéve 变换的对于 PCA 方法的解释。Karhunen-Loéve 变换寻求最大方差的轴线。考虑和前一节中相同的经验设定,我们需要确定具有最大可能方差的一个收益的线性组合,这里要求组合系数构成的向量具有单位长度。换句话说,我们需要在所有其权重构成一个单位长度的投资组合集合中寻求一个方差最大的投资组合。

考虑一个收益的线性组合

$$\sum_{j=1}^{N} \beta_{1j} r_{tj} = \boldsymbol{\beta}'_1 \boldsymbol{r}_t, \boldsymbol{r}_t = (r_{t1}, \cdots, r_{tN})', \boldsymbol{R} = (r_1, \cdots, r_T)'$$

其中权数 $\boldsymbol{\beta}_1 = (\beta_{11}, \cdots, \beta_{1N})'$ 满足条件 $\boldsymbol{\beta}'_1 \boldsymbol{\beta}_1 = 1$,我们需要找到使这个线性组合的方差最大化的权数。使用在前面几节中所定义的矩阵记法,我们可以写出

$$\boldsymbol{\beta}_1 = \underset{s.t.\boldsymbol{\beta}'_1\boldsymbol{\beta}_1=1}{\arg\max} \left(\sum_{t=1}^{T} \left(\sum_{j=1}^{N} \boldsymbol{\beta}_{1j} r_{tj} \right)^2 \right) = \underset{s.t.\boldsymbol{\beta}'_1\boldsymbol{\beta}_1=1}{\arg\max} \left(\sum_{t=1}^{T} (\boldsymbol{\beta}'_1 \boldsymbol{r}_t)^2 \right)$$

作为第二步,我们搜寻那些与第一个组合正交的、具有最大方差的线性组合 $\boldsymbol{\beta}_2$。为了做到这一点,我们在向量空间:$r_t^{(1)} = \boldsymbol{r}_t - \boldsymbol{\beta}_1 \boldsymbol{\beta}'_1 r$ 上应用相同的步骤,并写出条件

$$\boldsymbol{\beta}_2 = \underset{s.t.\boldsymbol{\beta}'_2\boldsymbol{\beta}_2=1, \boldsymbol{\beta}'_1\boldsymbol{\beta}_2=0}{\arg\max} \left(\sum_{t=1}^{T} (\boldsymbol{\beta}'_2 r_t^{(1)})^2 \right)$$

我们按这种方式重复 N 步。可以证明矩阵 $\boldsymbol{\beta}_1 = (\beta_1, \cdots, \beta_N)'$ 与协方差矩阵的特征值矩阵完全一样。

一般地,利用因素分析获得的结果与利用 PCA 方法得到的结果是不一致的。但是,可以证明给定一个具有 k 个标准正交因素的正规因素模型,其前 K 个主成分与经过正交变换的因素是一致的。回想一下,一个正规因素模型是一个所有残差项具有相同方差的严格因素模型。如果这个条件不被满足,那么一般来讲前 K 个主成分与因素将不一致。

这种考虑给出了因素分析与 PCA 两者之间的主要差异,两种方法都是数据缩减技术,它们都寻找对于数据的一种节省的表示方法。因素分析采用数据的一个计量经济模型,而 PCA 简单地对数据协方差矩阵进行特征值分解。如果因素的数量改变,因素分析

会得到不同的因素。但是如果添加额外的成分，PCA 中最初的成分也不会改变。

如何确定因素的个数

前一节讨论了作为决定统计因素技术的因素分析方法和 PCA 方法。正如上面讨论的那样，PCA 分析方法是一个近似的方法，它不需要经验数据产生于一个具体的因素模型的假设。正因如此，选择的主成分的数目依赖于我们想要达到的近似精度，这里近似精度由主成分所能解释的方差占总方差的百分比来度量。

但是，在因素分析的情形中，有必要先验地决定模型中因素的数量。一个因素模型中因素的数量的确定问题在许多学术文献中都有涉及，并且已经提出了许多不同的理论的和启发式的解决方案。

启发式的解决方案基于对模型因素由 p 个变为 $p+1$ 个时模型质量增量的估计。这些启发式解决方案中最著名的方法可能就是 Cattell 所提出的碎石堆检验法。[①] 碎石堆检验法基于协方差矩阵的特征值按大小顺序绘制的点线图。Cattell 观察到该图形首先快速下降，直到某一点后，下降速度缓慢下来。该图形下降趋势开始减缓的点是因素数量的一个近似估计值。

理论上的解决方案一般基于信息理论的准则。基于信息的准则引进了残差数量与模型复杂程度之间的一种权衡。例如，Bai 和 Ng[②] 提出了一个基于 Akaike 信息准则的变形的用于估计因素数量的有效方法。该方法的优点在于它在严格的因素模型和近似的因素模型中都可以应用。

但在实践中，由于因素模型从未被恰当地设定过，使得因素数量的估计问题变得很困难。在讨论近似因素模型之后，我们将再次返回这个问题。注意，如果收益可以由一个恰当设定的严格因素模型来表示，则因素的数量将可以被确定，同时因素也将可以在线性变换下经验地确定。

请注意，能否通过统计分析来决定因素依赖于市场的规模。一方面，如果我们仅仅考虑较少数目的收益过程，则我们不大可能精确地重新构建因素。另一方面，拥有成千上万个收益过程的大型市场则最有可能捕获决定收益的所有因素。在讨论因素—模拟投资组合时，我们将更加全面地阐述这一点。

[①] 碎石堆是一个地质学术语，用来指经常在岩石脚下发现的碎片。Cattell 利用碎石堆这个词指仅贡献噪声的特征值。参见 Raymond B. Cattell. The Scree Test for the Number of Factors. *Multivariate Behavioral Research*, 1 (1966), pp. 245–276.

[②] Jushan Bai and Serena Ng. Determining the Number of Factors in Approximate Factor Models. *Econometrica*, 70 (2002), pp. 191–221. (See also by the same authors "Errata", 2006, Web only.)

为什么使用收益的因素模型

经典的基础分析,例如,在 Graham 和 Dodd[①] 中所讨论的那样,认为每个公司是彼此独立的,并且假设其收益依赖于每个公司的特征。由 Sharpe[②]、Lintner[③] 和 Mossin[④] 所提出的资本资产定价模型(CAPM)颠覆了这种方法。CAPM 是一个因素模型,虽然只有一个因素并且只是出于理论动机。在 CAPM 中,每只股票的期望超额收益与整个市场投资组合的超额收益成比例。

CAPM 引入了一个强有力的思想,即任何对一只股票收益具有影响的事物都一定是同一股票对一个整体因素敏感性的结果,而任何特异性的事物无法被预测。这个概念在 Stephen Ross[⑤] 所表述的无套利定价理论(APT)中得到了扩展和部分修改。在 APT 理论中,任何股票的收益都是不同因素的加权平均值加上一个可能存在的常量的和。套利限制条件强调,只有少数收益中可以出现非零的常量。

基础因素模型和宏观经济因素模型都可预测收益,因为这些模型的结构不排斥滞后因素的使用。在这些模型中,预测仅仅依赖于整个市场所共有的整体因素的滞后值。他们假设收益可以被预测,并且预测依赖于对共有因素的敏感性。

预测因素模型将模型的预测能力和表现相关性的能力结合在一起。但是我们也许还需要考虑一些特异性的预测。比如考虑动量策略。动量策略,正如 Figelman[⑥] 所描述的,是非线性策略,其中动量是特定股票在某些具体时刻的特征。动量策略的结果不同于带有动量因素的因素模型所获得的结果。在当前金融建模的实践中,一些公司会使用某些实质上是利用计算机程序对基础分析的推理过程进行翻译的模型。这些模型对每一个企业来说都是独一无二的或是特异的。将特异模型和因素模型这两种模型进行组合需要动态建模技术,这超出了迄今为止所分析的静态模型范畴。我们将从分析近似因素模型开始,然后再转到完全成熟的动态因素模型上去。

样本规模和因素的唯一性

因素分析,正如到目前为止我们所考虑的那样,其假设前提为收益的数量是给定的,

---

① Benjamin Graham and David Dodd. *Security Analysis*: *Principles and Techniques* (New York: McGraw Hill, 1962).

② William F. Sharpe. Capital Asset Prices: A Theory of Market Equilibrium Under Conditions of Risk. *Journal of Finance*, 19 (1964), pp. 425—442.

③ John Lintner. The Valuation of Risk Assets and the Selection of Risky Investments in Stock Portfolios and Capital Budgets. *Review of Economics and Statistics*, 47 (1965), pp. 13—37

④ Jan Mossin. Equilibrium in a Capital Asset Market. *Econometrica*, 34 (1966), pp. 768—783.

⑤ Stephen Ross. The Arbitrage Theory of Capital Asset Pricing. *Journal of Economic Theory*, 13 (1976), pp. 341—360.

⑥ Ilya Figelman. Stock Return Momentum and Reversal. *Journal of Portfolio Management*, 34 (2007), pp. 51—67.

最后让独立样本的数量增长。也就是，N 是固定的而 T 可以增长到无限大。在统计学上，我们假设当样本规模增加时，估计的准确程度会提高。让 T 值增加会使样本更大进而提高估计的准确度。但在实践中，这也许是不成立的，因为模型的参数关于时间不是常数。但是，如果一个严格因素模型被恰当地设定，从统计学的角度来看，增大样本能够提高估计的准确度。

因素模型的另一方面，收益的数量 N，有着不同的考虑。如果我们让 N 增加并最终趋于无穷大，则我们改变了市场并因此改变了我们研究的对象。我们不能简单地增加样本，而是通过改变样本总体进而改变我们的模型。因此，我们无法期望像处理样本规模的增加那么简单地来处理收益数量的增加。

我们要在因素分析中增加收益的数量的原因有两个。第一个原因是实际需要，如我们可能想要了解大量股票的市场行为。第二个原因是理论需要。每一个收益过程都是对市场的一个调查。通过增加收益的数目，可以改善因素分析，从而获得对收益的驱动因素更加完整的了解。

让 N 和 T 都变得非常大，在趋于无穷的极限处，存在一个估计的价格。因素模型的 ML 估计只会让 T 趋于无穷大。因此，去理解很大数目的收益是否会改善因素分析是非常重要的。的确如此，Chamberlain 和 Rothschild[①] 已经论证了在一个无限的经济中因素可以由投资组合来模仿。在下一节讨论近似因素模型时，我们将采用这种方法：我们将让 N 和 T 都变得非常大（趋于无穷大）。在一个拥有无限多个资产的经济中，因素可由通过 PCA 所决定的投资组合来模仿。如果一个经济体非常大，则只能存在一种可能的因素集合，它在正交变换下唯一地决定。

收益的近似因素模型

对于大量的收益的横截面数据而言，严格因素模型的假定条件的限制性太强了。在实践中，施加残差项彼此独立的约束条件是不可能的。为了使因素模型适用于市场中观察到的资产收益，我们需要将严格因素模型的某些假定条件放宽。通向一个更现实的因素模型的第一步就是允许残差项具有某些相关性与自相关性。近似因素模型允许残差项存在适度水平的相关性与自相关性。它们也允许因素本身是自相关的。近似因素模型的理论在 Chamberlain 和 Rothschild[②]、Stock 和 Watson[③] 以及 Bai[④] 的论文中得到了发展。

[①] Gary Chamberlain and Michael Rothschild. Arbitrage, Factor Structure and Mean-Variance Analysis in Large Asset Markets. *Econometrica*, 51 (1983), pp. 1305—1324.

[②] Chamberlain and Rothschild. Arbitrage, Factor Structure and Mean-Variance Analysis in Large Asset Markets.

[③] James H. Stock and Mark W. Watson. Forecasting Using Principal Components From a Large Number of Predictors. *Journal of the American Statistical Association*, 97 (2002), pp. 1167—1179.

[④] Jushan Bai. Inferential Theory for Factor Models of Large Dimensions. *Econometrica*, 71 (2003), pp. 135—171.

我们如何定义相关性的一个适度水平？近似因素模型仅仅允许那些非整个市场范围的相关性存在。当我们在不同时间点上检验不同样本时，近似因素模型只承认残差项的局部自相关。该条件保证了当收益的数量趋于无穷大时（也就是当资产数目非常大时），协方差矩阵的特征值是有界的。

我们将假设残差项的自相关函数衰减为零。在这些模型中收益是局部自相关的，但是如果前后两个时间点之间的时间间隔足够长的话，收益就变为独立同分布变量的序列。这就将具有长期记忆的或单整过程排除在外了。[1] 另外，近似因素模型允许残差存在异方差。

因此，我们可以将近似因素模型概括为如下模型：

$$r_t = \beta f_t + \varepsilon_t$$

其中所有的变量是均值为零的平稳变量（我们假设均值已被减去）。我们允许因素服从一个带有有限个数滞后项的自回归模型，并且我们允许残差项是彼此相关的、自相关的甚至存在异方差。所有的这些条件都相当具有技术性，我们推荐读者参阅前文提及的相关参考文献。

近似因素模型理论的两个主要结论需要在这里强调。第一个结论就是PCA方法可以协调地应用于大规模的近似因素模型。PCA方法比纯因素分析更容易执行，并且具有将因素表现为投资组合的优点。事实上，主成分是收益的线性组合。

第二个主要结论是在一个大规模的经济里，PCA方法能决定所有的近似模拟真实因素的投资组合。最终得到一组在正交变换下唯一确定的因素。

动态因素模型

动态因素模型是允许一个资产经理去设定因素和过程本身所具有的动态性的模型。现在动态因素模型在金融经济领域以外具有重要的应用，比如在生态学的研究中。[2] 与静态因素模型相比，动态因素模型的发展是最近的事情。现代静态多元因素模型由Thurstone和Hotelling在1930年提出，而直到1977年，Grweke[3]，Sargent和Sims[4] 才在计量经济学领域提出了第一个动态因素模型。动态因素模型随后的发展遵循三条线路：(1)在"N有限，T很大（无限大）"情形中平稳过程的动态因素模型；(2)在"N很大

---

[1] 针对整合过程定义动态因素模型是可能的但需要额外条件。

[2] 参见 A. F. Zuur, I. D. Tuck and N. Bailey. Dynamic Factor Analysis to Estimate Common Trends in Fisheries Time Series. *Canadian Journal of Fisheries and Aquatic Sciences*, 60 (2003), pp. 542—552.

[3] John Geweke. The Dynamic Factor Analysis of Economic Time Series. in Dennis J. Aigner and Arthur S. Goldberger (eds.). *Latent Variables in Socio-Economic Models* (Amsterdam：North Holland，1977).

[4] Thomas J. Sargent and Christopher Sims. Business Cycle Modeling without Pretending to Have Too Much A Priori Economic Theory. Working Paper 55, Federal Reserve Bank of Minneapolis, 1977.

(无限大),T 很大(无限大)"情形中平稳过程的动态因素模型;(3)单整过程的动态因素模型。关于单整过程的动态因素模型的文献与关于协整的数量众多的文献有部分重叠。

动态性通过三种不同的方式进入因素模型:(1)设定因素的动态性;(2)设定残差项的动态性;(3)允许存在对滞后因素的回归。动态性通常设定为一个自回归过程。

考虑具有少数变量和数量趋于无穷大的观察值的一个动态因素模型。这种类型的动态模型是状态空间模型的一个实例,[①]这些模型的估计既可以通过最大似然估计法和 Kalman 滤波法来获得,也可以通过频域分析来获得。

Sargent,Sims 和 Geweke 都提出了如下形式的一个动态因素模型:

$$r_t = \sum_{i=0}^{\infty} \beta_i f_{t-i} + \varepsilon_t$$

其中收益是一个 $N \times 1$ 的向量,β_i 是 $N \times Q$ 的矩阵,对于每个时间 t,f_t 是一个 $K \times 1$ 的向量,ε_t 是一个 $N \times 1$ 的向量。假设 N 是有限的,$K \ll N$ 并且 T 趋于无穷大。还假设因素与残差是不相关的,并且残差项虽然可能是自相关的,但彼此之间是不相关的。该模型是一个严格因素模型的动态形式。估计量由频域中的最大似然估计法得到。因素的数量由似然比检验决定。

Quah 和 Sargent[②] 利用期望最大化方法研究了容量更大的模型(N 上升到 60)。

Peña 和 Box[③] 研究了下面更一般化的模型:

$$r_t = \beta f_t + \varepsilon_t$$
$$\Phi(L) = \Theta(L) \eta_t$$
$$\Phi(L) = I - \Phi_1 L - \cdots - \Phi_p L^p$$
$$\Theta(L) = I - \Theta_1 L - \cdots - \Theta_q L^q$$

其中因素是平稳过程,L 是滞后算子,ε_t 是一个带有完全协方差矩阵但序列无关的白噪声过程,η_t 具有一个满秩协方差矩阵并且是序列无关的,ε_t 和 η_t 在所有滞后项中彼此无关。也就是,共同的动态结构仅仅来自共同因素,而特异成分可以是相关的,但是不允许存在自相关。

Peña 和 Box 提出了以下的决定因素数量和估计因素的方法。假设因素通过识别条件 $\beta' \beta = I$ 被标准化。考虑协方差矩阵

$$\Gamma_r(k) = E(r_t r_{t-k}), k = 0, 1, 2, \cdots$$

和

$$\Gamma_f(k) = E(f_t f_{t-k}), k = 0, 1, 2, \cdots$$

则有下列关系成立

---

① 参见 H. L. Lütkepohl. *Introduction to Multiple Time Series Analysis* (Berlin: Springer, 1991).

② Danny Quah and Thomas J. Sargent. A Dynamic Index Model for Large Cross Sections. CEP Discussion Papers 0132, Centre for Economic Performance, London School of Economics, 1993.

③ Danel Peña and George E. P. Box. Identifying a Simplifying Structure in Time Series. *Journal of the American Statistical Association*, 82 (1987), pp. 836−843.

$$\boldsymbol{\Gamma}_r(0) = \beta\boldsymbol{\Gamma}_f(0)\beta' + \boldsymbol{\Sigma}_\epsilon, k=0$$
$$\boldsymbol{\Gamma}_r(k) = \beta\boldsymbol{\Gamma}_f(k)\beta' + \boldsymbol{\Sigma}_\epsilon, k\geqslant 1$$

计算 $\boldsymbol{\Gamma}_r(k) \geqslant 1$ 的特征值和特征向量。因素的数量即为矩阵 $\boldsymbol{\Gamma}_r(k) \geqslant 1$ 的共同的秩 Q。利用 $\boldsymbol{\Gamma}_r(k) \geqslant 1$ 的非零特征向量去估计因素载荷矩阵 β。再使用因素载荷矩阵去重新计算因素。

到目前为止所讨论的动态模型的设定都是经典统计学的设定:固定数量的时间序列和一组数量趋于无穷大的样本。在一系列的文献中,Stock 和 Watson[1] 讨论了使用大量的预测值预测时间序列的问题。这种研究方法被称为从大量预测值中创造扩散指数的方法。提出这种方法是基于是宏观经济学家可观察的大量变量,Stock 和 Watson 观察到在数以百计的时间序列范围内,大量观察到的时间序列的可获得性致使无法使用经典的 VAR 模型,这样的模型是宏观经济学家为精心挑选的几个变量建模所使用的。他们主张采用一种不同的方法,该方法基于从大量观察到的序列中构建出一定数量的扩散指数。

Stock 和 Watson[2] 引进了一个带有无穷量 N 和无穷量 T 的静态因素模型。他们观察到这种模型与带有有限个滞后项的动态因素模型是相容的,但是与带有无限个滞后项的动态因素模型不相容。Stock 和 Watson 证明在 N 和 T 趋向于正无穷的极限情形,因素可以利用主成分进行估计。因此,任何带有有限个滞后项的动态因素模型都可以写成一个静态的模型并且通过主成分进行估计。

主成分不能将因素从其滞后项中区别出来。Stock 和 Watson 建议利用信息准则来估计因素的数目。该模型用于预测一个变量,它是关于滞后因素的回归,因此不需要去估计因素。他们证明,可行的预测(也就是基于由主成分估计出来的因素的预测)与利用未知的真实因素进行的不可行预测渐近地相同。

Forni,Hallin,Lippi 和 Reichlin[3] 引入了一个广义动态因素模型,这个模型中,$N,T \to \infty$,因素个数 Q 有限,但允许滞后项个数为无穷。因素假设为标准正交的白噪声过程,同时假设因素载荷关于时间 t 为常量。其特异成分可能是相关的和自相关的,但是与各阶滞后的因素都不相关。与 Stock 和 Watson 文献中所描述的关于扩散指数的模型相比,这个模型的主要差异在于它允许无限个滞后项并施加了常量因素载荷的条件。

考虑收益和特异成分的谱密度矩阵。我们称动态特征值为在每一频率上谱密度的特征值。Forni,Hallin,Lippi 和 Reichlin 假设前 Q 个动态特征值发散,而特异成分的首个动态特征值一致有界。这些条件是对于一个近似因素模型特征值所假设的条件的动态等

---

[1] James H. Stock and Mark W. Watson. Macroeconomic Forecasting Using Many Predictors. in Graham Elliott,Clive Granger,and Allan Timmerman (eds.),Handbook of Economic Forecasting (Amsterdam:North Holland,2006).

[2] James H. Stock and Mark W. Watson. Diffusion Indexes. NBER Working Paper 6702,August 1998.

[3] Mario Forni,Marc Hallin,Marco Lippi and Lucrezia Reichlin. The Generalized Dynamic Factor Model:Identification and Estimation. *Review of Economics and Statistics*,82 (2000),pp. 540—554.

价条件。他们通过计算频域内的主成分来估计模型。Forni,Hallin,Lippi 和 Reichlin[①]用收敛路径函数 $N=N(T),T\to\infty$ 确定了收敛的速度。

迄今为止我们已经讨论了两种估计动态因素模型的研究方法:应用于 N 很小并且 $T\to\infty$ 的经典因素模型中的最大似然估计法;在 $N,T\to\infty$ 的情况下,应用于 Stock 和 Watson 文献中时间范围内的和 Forni,Hallin,Lippi 和 Reichlin 文献中频率范围内的主要成分分析法。Doz,Giannone,和 Reichlin[②]将这两种方法统一在一起。他们的论文证明一个动态因素模型可以通过拟最大似然估计法来估计。他们的基本思想是,利用最大似然估计法和 Kalman 滤波法将动态因素模型作为一个错定的精确因素模型来估计,然后证明误差渐近地消失。

Heaton 和 Solo[③]通过引进信噪比率将 N 较小时和 N 较大时的方法统一起来。其论文的设定与 Stock 和 Watson[④]的设定相同,那就是利用较少数量的扩散指数来预测一个变量。他们假设 N 是固定的,当因素用主成分近似估计时,用信噪比率的函数确定了预测误差的边界。

单整随机过程的动态因素模型

单整过程的因素模型的概念根植于协整的概念当中。Granger 和 Engle 因为发现了协整与自回归条件异方差(ARCH)行为而在 2003 年共同获得了诺贝尔经济学奖。按照 Granger 和 Engle 定义,两个或者更多的单整时间序列是协整的,如果这些序列的一个线性组合

$$\Sigma_{i=1}^{N}\alpha_i x_{it}$$

是平稳的。平稳的线性组合

$$\Sigma_{i=1}^{N}\alpha_i x_{it}$$

称作协整关系。

正如在第三章中所讨论的那样,存在大量的关于协整和协整关系数量决定的文献。

[①] Mario Forni, Marc Hallin, Marco Lippi and Lucrezia Reichlin. The Generalized Dynamic Factor Model Consistency and Rates. *Journal of Econometrics*, 119 (2004), pp. 231—255.

[②] Catherine Doz, Domenico Giannone and Lucrezia Reichlin. A Quasy Maximum Likelihood Approach for Large Approximate Dynamic Factor Models. European Central Bank Working Paper Series No 674, September 2006.

[③] Chris Heaton and Victor Solo. Asymptotic Principal Components Estimation of Large Factor Models. *Research Papers* 0303, Macquaire University, Department of Economics, 2003 and Chris Heaton, Chris and Victor Solo. Estimation of Approximate Factor Models: Is It Important to Have a Large Number of Variables. Presented at the North American Summer Meeting of the Econometric Society at the University of Minnesota in June 2006.

[④] Stock and Watson. Diffusion Indexes and James H. Stock and Mark W. Watson. Macroeconomic Forecasting Using Diffusion Indexes. *Journal of Business and Economics Statistics*, 20 (2002), pp. 147—162.

其中最先进的协整检验是 Johansen 检验。Johansen[1]，Hendry 和 Juselius[2] 提供了对协整的简明表述。

协整与动态因素模型最早联系出现在 Stock 和 Watson[3] 的研究中。这篇里程碑式的论文证明了如果一个包含 N 个时间序列的集合中存在 K 个协整关系，则存在 $Q=N-K$ 个共同的单整趋势，并且 N 个序列可以描述为关于共同趋势的回归。共同趋势可以通过一个推广的主成分分析来获得，也就是说，Q 个共同趋势由与一个推广的协方差矩阵

$$\Omega = \frac{1}{T}(X-\bar{X})'(X-\bar{X})$$

的 Q 个最大的特征值相关联的特征向量来决定。

Escribano 和 Peña[4] 提出，在"存在 K 个协整关系"与"数据可以由 $N-K$ 个动态因素表示"两种说法等价的意义上，共同趋势与共同动态因素是等价的。

Peña 和 Poncela[5] 推广了 Peña 和 Box[6] 所提出的研究方法。他们对于单整过程引入了一个推广的协方差矩阵，并且说明了一个类似于在频域中的分析方法对于单整过程也成立。Peña 和 Poncela 提出了一个基于对推广的协方差矩阵特征值分析的关于共同因素数目的检验方法。因素通过最大似然估计法估计。他们借助可能的单整因素去分析动态因素模型的预测表现。

主成分分析方法示例

现在让我们演示如何进行 PCA 分析。采用下列 10 只股票的月度观察数据：金宝汤、通用动力、太阳微系统、希尔顿、玛丽埃塔、可口可乐、诺斯罗普格鲁曼、水星交互、亚马逊网和联合技术。时间区间为 2000 年 12 月到 2005 年 11 月。图 5.1 展示了 10 只股票收益过程图形。

---

[1] Soren Johansen. Cointegration: A Survey. in Terrence C. Mills and Kerry Patterson (eds.) Palgrave Handbook of Econometrics: Volume 1, Econometric Theory (New York: Palgrave MacMillan, 2006), pp. 540—577.

[2] Katarina Juselius and David Hendry. Explaining Cointegration Analysis. University of Copenhagen, Department of Economics, Discussion Paper No. 00—20.

[3] James H. Stock and Mark W. Watson. Testing for Common Trends. *Journal of the American Statistical Society*, 83 (1988), pp. 1097—1107.

[4] Alvaro Escribano and Daniel Peña. Cointegration and Common Factors. *Journal Time Series Analysis*, 15 (1994), pp. 577—586.

[5] Daniel Peña, Daniel and Pilar Poncela. Nonstationary Dynamic Factor Analysis. *Journal of Statistical Planning and Inference*, 136 (2006), pp. 1237—1257, and Peña Daniel and Pilar Poncela. Forecasting with Nonstationary Dynamic Factor Models. *Journal of Econometrics*, 119 (2004), pp. 291—321.

[6] Peña and Box. Identifying a Simplifying Structure in Time Series. Peña Daniel and George E. P. Box, Identifying a Simplifying Structure in Time Series Journal of the American Statistical Association, 82 (1987), pp. 836—843.

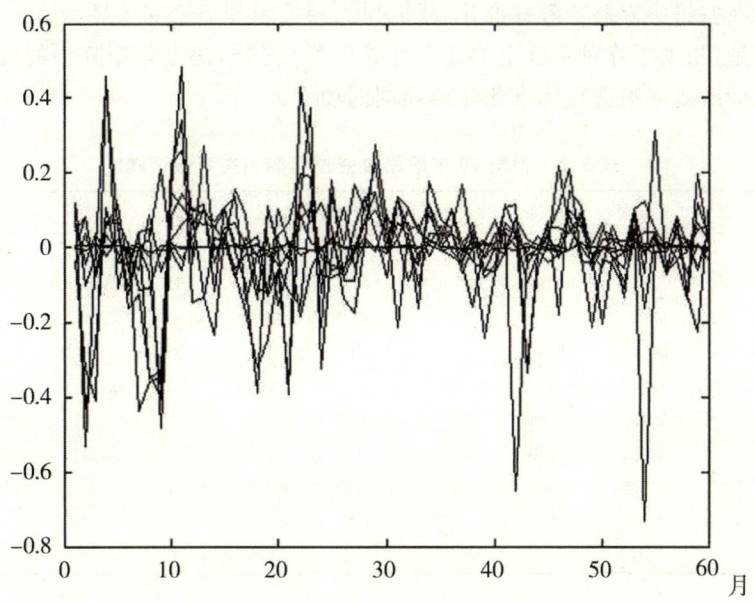

图 5.1　10 只股票收益过程的图形

正如先前所解释的那样,进行 PCA 分析等价于确定协方差矩阵或者相关矩阵的特征值与特征向量。这两个矩阵得到不同的结果。我们进行两个操作,分别使用收益过程的协方差矩阵和相关矩阵各自地去估计主成分。我们用经验协方差矩阵来估计协方差。回想一下,变量 (X_i, X_j) 之间的经验协方差 σ_{ij} 定义如下

$$\hat{\sigma}_{ij} = \frac{1}{T}\sum_{t=1}^{T}(X_i(t) - \overline{X_i})(X_j(t) - \overline{X_j})$$

$$\overline{X_i} = \frac{1}{T}\sum_{t=1}^{T}X_i(t), \overline{X_j} = \frac{1}{T}\sum_{t=1}^{T}X_j(t)$$

表 5.1 为协方差矩阵。

表 5.1　10 支股票收益的协方差矩阵

	太阳微系统	亚马逊网	水星交互	通用动力	诺斯罗普格鲁曼	金宝汤	可口可乐	玛丽埃塔	希尔顿	联合技术
太阳微系统	0.02922	0.017373	0.020874	3.38E-05	-0.00256	-3.85E-05	0.000382	0.004252	0.006097	0.005467
亚马逊网	0.017373	0.032292	0.020262	5.03E-05	-0.00277	0.000304	0.001507	0.001502	0.010138	0.007483
水星交互	0.020874	0.020262	0.0355	-0.00027	-0.0035	-0.00011	0.003541	0.003878	0.007075	0.008557
通用动力	3.38E-05	5.03E-05	-0.00027	9.27E-05	0.000162	2.14E-05	-0.00015	3.03E-05	-4.03E-05	-3.32E-05
诺斯罗普格鲁曼	-0.00256	-0.00277	-0.0035	0.000162	0.010826	3.04E-05	-0.00097	0.000398	-0.00169	-0.00205
金宝汤	-3.85E-05	0.000304	-0.00011	2.14E-05	3.04E-05	7.15E-05	2.48E-05	-7.96E-06	-9.96E-06	-4.62E-05
可口可乐	0.000382	0.001507	0.003541	-0.00015	-0.00097	2.48E-05	0.004008	-9.49E-05	0.001485	0.000574
玛丽埃塔	0.004252	0.001502	0.003878	3.03E-05	0.000398	-7.96E-06	-9.49E-05	0.004871	0.00079	0.000407
希尔顿	0.006097	0.010138	0.007075	-4.03E-05	-0.00169	-9.96E-06	0.001485	0.00079	0.009813	0.005378
联合技术	0.005467	0.007483	0.008557	-3.32E-05	-0.00205	-4.62E-05	0.000574	0.000407	0.005378	0.015017

利用标准差将协方差矩阵标准化,我们得到相关矩阵。表5.2显示了相关系数矩阵。需要注明的是,相关矩阵对角线上的元素都等于1。另外,协方差矩阵中的许多项都接近于零。利用标准差乘积进行标准化使得相同的项变大。

表5.2 相同10支股票收益过程的相关系数矩阵

	太阳微系统	亚马逊网	水星交互	通用动力	诺斯罗普格鲁曼	金宝汤	可口可乐	玛丽埃塔	希尔顿	联合技术
太阳微系统	1	0.56558	0.64812	0.020565	−0.14407	−0.02667	0.035276	0.35642	0.36007	0.26097
亚马逊网	0.56558	1	0.59845	0.029105	−0.14815	0.20041	0.1325	0.11975	0.56951	0.33983
水星交互	0.64812	0.59845	1	−0.14638	−0.17869	−0.06865	0.29688	0.29489	0.37905	0.37061
通用动力	0.020565	0.029105	−0.14638	1	0.16217	0.26307	−0.24395	0.045072	−0.04227	−0.02817
诺斯罗普格鲁曼	−0.14407	−0.14815	−0.17869	0.16217	1	0.034519	−0.14731	0.054818	−0.16358	−0.16058
金宝汤	−0.02667	0.20041	−0.06865	0.26307	0.034519	1	0.046329	−0.01349	−0.0119	−0.04457
可口可乐	0.035276	0.1325	0.29688	−0.24395	−0.14731	0.046329	1	−0.02147	0.23678	0.07393
玛丽埃塔	0.35642	0.11975	0.29489	0.045072	0.054818	−0.01349	−0.02147	1	0.11433	0.047624
希尔顿	0.36007	0.56951	0.37905	−0.04227	−0.16358	−0.0119	0.23678	0.11433	1	0.44302
联合技术	0.26097	0.33983	0.37061	−0.02817	−0.16058	−0.04457	0.07393	0.047624	0.44302	1

接下来使用协方差矩阵去进行PCA分析。我们需要去计算协方差矩阵的特征值与特征向量,表5.3给出了协方差矩阵的特征向量(表A)和特征值(表B)。

表5.3 协方差矩阵的特征向量与特征值

表A 特征向量

	1	2	3	4	5	6	7	8	9	10
1	−0.050374	0.50099	0.28903	−0.59632	−0.01824	−0.01612	0.22069	−0.08226	0.002934	−0.00586
2	−0.54013	−0.53792	0.51672	0.22686	−0.06092	0.25933	−0.10967	−0.12947	0.020253	0.016624
3	−0.59441	0.32924	−0.4559	0.52998	0.051976	0.015346	0.010496	0.21483	−0.01809	−0.00551
4	0.001884	−0.00255	0.018107	−0.01185	0.013384	0.01246	−0.01398	0.1317	−0.86644	0.4981
5	0.083882	0.10993	0.28331	0.19031	0.91542	−0.06618	0.14532	−0.02762	0.011349	−0.00392
6	−0.00085	−0.01196	0.016896	0.006252	−0.00157	0.01185	−0.00607	−0.02791	−0.49795	−0.86638
7	−0.0486	−0.02839	−0.1413	0.19412	−0.08989	−0.35435	0.31808	−0.08387	−0.01425	0.027386
8	−0.07443	0.19009	0.013485	−0.06363	0.11133	−0.22666	−0.90181	−0.27739	0.010908	0.002932
9	−0.20647	−0.36078	−0.01067	−0.1424	0.038221	−0.82197	0.052533	0.35591	−0.01155	−0.01256
10	−0.20883	−0.41462	−0.5835	−0.46223	0.3649	0.27388	−0.02487	−0.14688	0.001641	−0.00174

表B 协方差矩阵的特征值

1	0.0783
2	0.0164
3	0.0136
4	0.0109
5	0.0101
6	0.0055
7	0.0039
8	0.0028
9	0.0001
10	0.0001

表 5.3 中的表 A 里的每一列代表一个特征向量,其对应的特征值列于表 B 中。特征值按照下降的顺序排列;对应的特征向量在特征向量矩阵中从左到右排列。这样,最左边的特征向量对应于最大的特征值。特征向量并非唯一确定的。事实上,将任何特征向量乘以一个实常数得到另一个特征向量。表 5.3 中的特征向量是标准化的,其各个分量的平方和等于 1。可以很容易地验证,每一列中的项的平方和都等于 1。但这仍旧会留下不确定性,因为我们可以改变特征向量的符号而不会影响这种标准化。

正如之前所解释的那样,如果构建的投资组合的权重是特征向量,我们就可以构建 10 个正交的(也就是不相关的)投资组合。这些正交的投资组合被称为主成分,每个主成分的方差将等于对应的特征值。这样,第一个主成分(也就是与第一个特征值对应的投资组合)将会拥有可能最大的方差,而最后一个主成分(也就是与最后一个特征值对应的投资组合)将会拥有最小的方差。图 5.2 展示了具有最大和最小方差的主成分。

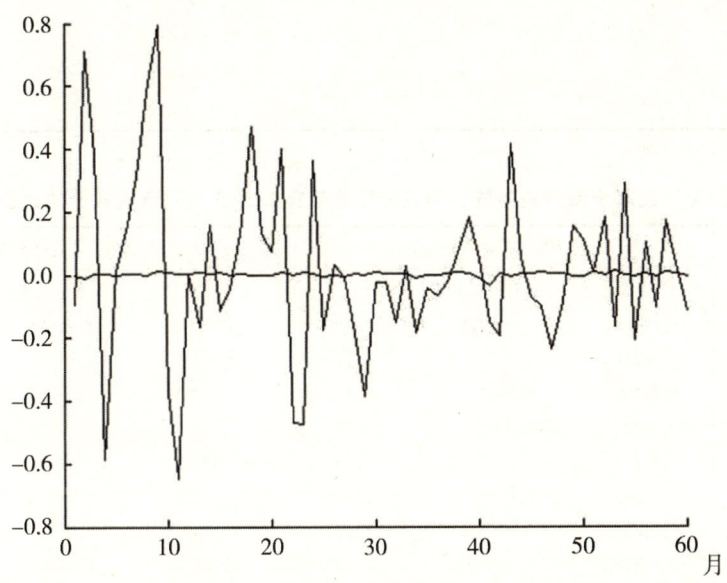

图 5.2 基于协方差矩阵的具有最大和最小方差的投资组合图形

这样得到的 10 个主成分是最初序列 $\boldsymbol{X}=(X_1,\cdots,X_N)'$ 的线性组合,也就是说,它们是由 $\boldsymbol{X}$ 乘以特征向量的矩阵得到的。如果特征值和对应的特征向量都彼此不同的,正如本例那样,我们将可以应用逆变换将 $\boldsymbol{X}$ 复原为主成分的线性组合。

PCA 分析法有趣的是,如果只使用少数的主成分,我们仍可获得一个好的近似。也就是说,我们使用 PCA 分析法去确定主成分,但我们仅仅使用那些具有较大方差的主成分去作为因素模型的因素。换句话说,我们将最初的序列 $\boldsymbol{X}$ 关于少数的主成分进行回归。在这种方式下,PCA 方法实现了维度缩减,因为其允许人们只保留少数的成分。通过选择具有最大方差的成分作为因素,我们可以解释 $\boldsymbol{X}$ 的总方差中的一大部分。

表 5.4 显示了由数量不断增长的成分所解释的总方差。这样,第一个成分解释了总方差的 55.2784% 的部分,前两个成分解释了总方差的 66.8507% 的部分,等等。显然地,

10个成分解释了总方差的100%。表5.5中的第二个、第三个和第四个列向量分别显示了太阳微系统公司带有1个、5个和10个成分的收益过程的残差值。成分个数从1变化到5时,其收益很大,但成分个数由5变到10时,其收益就不大了。

表5.4 基于协方差矩阵的由数目增长的成分所解释的总方差的百分比

主成分	占总的被解释变量的百分比
1	55.2784
2	66.8508
3	76.4425
4	84.1345
5	91.2774
6	95.1818
7	97.9355
8	99.8982
9	99.9637
10	100.000

表5.5 太阳微系统基于协方差矩阵和相关矩阵的带有1个、5个和所有成分的收益过程的残差

年月	基于协方差矩阵的残差			基于相关系数矩阵的残差		
	1个主成分	5个主成分	10个主成分	1个主成分	5个主成分	10个主成分
2000年12月	0.069044	0.018711	153E−16	0.31828	0.61281	−2.00E−15
2001年1月	−0.04723	−0.02325	1.11E−16	−0.78027	−0.81071	1.78E−15
2001年2月	−0.03768	0.010533	−1.11E−16	−0.47671	0.04825	2.22E−16
2001年3月	−0.16204	−0.02016	2.50E−16	−0.47015	−0.82958	−2.78E−15
2001年4月	−0.00819	−0.00858	−7.63E−17	−0.32717	−0.28034	−5.00E−16
2001年5月	0.048814	−0.00399	2.08E−17	0.36321	0.016427	7.22E−16
2001年6月	0.21834	0.025337	−2.36E−16	1.1437	1.37	7.94E−15
2001年7月	−0.03399	0.02732	1.11E−16	−0.7547	0.35591	1.11E−15
2001年8月	0.098758	−0.00146	2.22E−16	1.0501	0.19739	−8.88E−16
2001年9月	0.042674	0.006381	−5.55E−17	0.40304	0.28441	2.00E−15
2001年10月	0.038679	−0.00813	−5.55E−17	0.50858	0.17217	4.44E−16
2001年11月	−0.11967	−0.01624	1.11E−16	−0.89512	−0.8765	−7.77E−16
2001年12月	−0.19192	0.030744	1.67E−16	−1.001	0.047784	−1.55E−15
2002年1月	−0.13013	−0.00591	5.55E−17	−1.1085	−0.68171	−1.33E−15
2002年2月	0.003304	0.017737	0	−0.05222	0.20963	−9.99E−16
2002年3月	−0.072221	0.012569	5.55E−17	−0.35765	0.13344	2.22E−16
2002年4月	−0.08211	−0.00916	2.78E−17	−0.38222	−0.47647	−2.55E−15
2002年5月	−0.05537	−0.02103	0	−0.45957	−0.53564	4.22E−16
2002年6月	−0.15461	0.004614	1.39E−16	−1.0311	−0.54064	−3.33E−15
2002年7月	0.00221	0.013057	8.33E−17	0.24301	0.37431	−1.89E−15
2002年8月	−0.12655	0.004691	5.55E−17	−0.8143	−0.30497	2.00E−15
2002年9月	−0.07898	0.039666	5.55E−17	−0.25876	0.64902	−6.66E−16
2002年10月	0.15839	0.003346	−1.11E−16	0.98252	0.53233	−1.78E−15

续表 1

年月	基于协方差矩阵的残差			基于相关系数矩阵的残差		
	1 个主成分	5 个主成分	10 个主成分	1 个主成分	5 个主成分	10 个主成分
2002 年 11 月	−0.11377	0.013601	1.67E−16	−0.95263	−0.33884	−2.89E−15
2002 年 12 月	−0.06957	0.012352	1.32E−16	−0.10309	0.029623	−4.05E−15
2003 年 1 月	0.14889	−0.00118	−8.33E−17	1.193	0.73723	5.00E−15
2003 年 2 月	−0.03359	−0.02719	−4.16E−17	−0.02854	−0.38331	4.05E−15
2003 年 3 月	−0.05314	−0.00859	2.78E−17	−0.38853	−0.40615	−2.22E−16
2003 年 4 月	0.10457	−0.01442	−2.22E−16	0.73075	0.097101	−1.11E−15
2003 年 5 月	0.078567	0.022227	−5.55E−16	0.52298	0.63772	−7.77E−16
2003 年 6 月	−0.1989	−0.02905	1.39E−16	−1.4213	−1.3836	−3.55E−15
2003 年 7 月	−0.0149	−0.00955	0	0.13876	−0.1059	3.44E−15
2003 年 8 月	−0.12529	−0.00528	8.33E−17	−0.73819	−0.51792	9.99E−16
2003 年 9 月	0.10879	−0.00645	−8.33E−17	0.69572	0.25503	−2.22E−15
2003 年 10 月	0.07783	0.01089	−2.78E−17	0.36715	0.45274	−1.11E−15
2003 年 11 月	0.038408	−0.01181	−5.55E−17	0.11761	−0.13271	3.33E−16
2003 年 12 月	0.18203	0.012593	−1.39E−16	1.2655	0.98182	3.77E−15
2004 年 1 月	0.063885	−0.00042	6.94E−18	0.33717	0.038477	0
2004 年 2 月	−0.12552	−0.00225	1.11E−16	−0.70345	−0.49379	0
2004 年 3 月	−0.01747	0.016836	0	−0.1949	0.35348	−1.94E−16
2004 年 4 月	0.015742	0.013764	4.16E−17	0.2673	0.46969	−5.77E−15
2004 年 5 月	−0.03556	−0.02072	−6.94E−17	−0.60652	−0.68268	0
2004 年 6 月	0.14325	0.008155	−1.94E−16	0.54463	0.69768	3.22E−15
2004 年 7 月	0.030731	−0.00285	−4.16E−17	0.13011	0.028779	7.08E−16
2004 年 8 月	0.032719	−0.00179	−5.5E−17	0.26793	0.18353	2.05E−15
2004 年 9 月	0.083238	0.003664	0	0.58186	0.29544	3.77E−15
2004 年 10 月	0.11722	−0.00356	−1.39E−16	0.77575	0.38959	2.22E−16
2004 年 11 月	−0.04794	−0.00088	0	−0.47706	−0.35464	−3.13E−15
2004 年 12 月	−0.1099	−0.01903	1.11E−16	−0.69439	−0.64663	−2.22E−16
2005 年 1 月	0.0479	−0.00573	2.08E−17	0.24203	−0.04065	−4.45E−16
2005 年 2 月	−0.015	0.003186	1.39E−17	−0.07198	0.054412	3.28E−15
2005 年 3 月	0.005969	−0.0092	−4.16E−17	0.035251	−0.02106	3.83E−15
2005 年 4 月	−0.00742	−0.01241	−4.16E−17	−0.9335	−0.42659	−1.67E−16
2005 年 5 月	0.14998	−0.01126	6.25E−17	1.0219	0.034585	−9.05E−15
2005 年 6 月	−0.05045	−0.00363	3.47E−17	−0.25655	−0.1229	−4.66E−15
2005 年 7 月	0.065302	−0.00421	−5.20E−17	0.56136	0.16602	3.08E−15
2005 年 8 月	0.006719	−0.01174	1.39E−17	0.09319	−0.22119	−2.00E−15
2005 年 9 月	0.12865	−0.00259	−8.33E−17	0.95602	0.33442	3.50E−15
2005 年 10 月	−0.01782	0.011827	−8.33E−17	−0.2249	0.27675	1.53E−15
2005 年 11 月	0.026312	−0.0000772	−1.39E−17	0.26642	0.19725	1.67E−15

我们可以对相关矩阵重复相同的操作。表 5.6 显示了相关矩阵的特征向量(表 A)和特征值(表 B)。在协方差矩阵的情形中特征向量是标准化的。

表 5.6　相关矩阵的特征向量与特征值

表 A　特征向量

	1	2	3	4	5	6	7	8	9	10
1	−0.4341	0.19295	−0.26841	0.040065	−0.19761	0.29518	−0.11161	−0.72535	−0.72535	−0.14857
2	−0.45727	0.18203	0.20011	0.001184	0.013236	0.37606	0.05077	0.47275	0.47275	−0.55894
3	−0.47513	−0.03803	−0.16513	0.16372	−0.01282	0.19087	−0.08297	0.37432	0.37432	0.61989
4	0.06606	0.63511	0.18027	−0.16941	−0.05974	−0.24149	−0.66306	0.092295	0.092295	0.02113
5	0.17481	0.33897	−0.21337	0.14797	0.84329	0.23995	0.091628	−0.06105	−0.06105	0.001886
6	−0.00505	0.42039	0.57434	0.40236	−0.15072	−0.05018	0.48758	−0.15788	−0.15788	0.19532
7	−0.18172	−0.397	0.28037	0.58674	0.26063	−0.26864	−0.38592	−0.11336	−0.11336	−0.24105
8	−0.1913	0.26851	−0.55744	0.32448	−0.09047	−0.58736	0.20083	0.15935	0.15935	−0.13035
9	−0.40588	−0.309	0.20995	−0.20157	0.29193	−0.16641	−0.08666	−0.1739	−0.1739	0.37201
10	−0.32773	−0.05042	0.14067	−0.51858	0.24871	−0.41444	0.30906	−0.06781	−0.06781	−0.17077

表 B　特征值

1	3.0652
2	1.4599
3	1.1922
4	0.9920
5	0.8611
6	0.6995
7	0.6190
8	0.5709
9	0.3143
10	0.2258

表 5.7 显示了逐渐增加的成分所解释的总方差。这样第一个成分解释了总方差的 30.6522%，前两个成分解释了总方差的 45.2509%，等等。显然 10 个成分解释了总方差的 100%。解释能力随着成分数目增加而提高的速度慢于协方差矩阵情形。

表 5.7　使用相关矩阵由数目增加的成分所解释的总方差的百分比

主成分	被解释的总方差百分比
1	30.6522
2	45.2509
3	57.1734
4	67.0935
5	75.7044
6	82.6998
7	88.8901
8	94.5987
9	97.7417
10	100.0000

在相关矩阵情形中总方差被解释的比例增长要慢于协方差矩阵情形。图 5.3 显示了带有最大和最小方差的投资组合的图形。在该情形中这两个投资组合间的比率小于协方差情形。

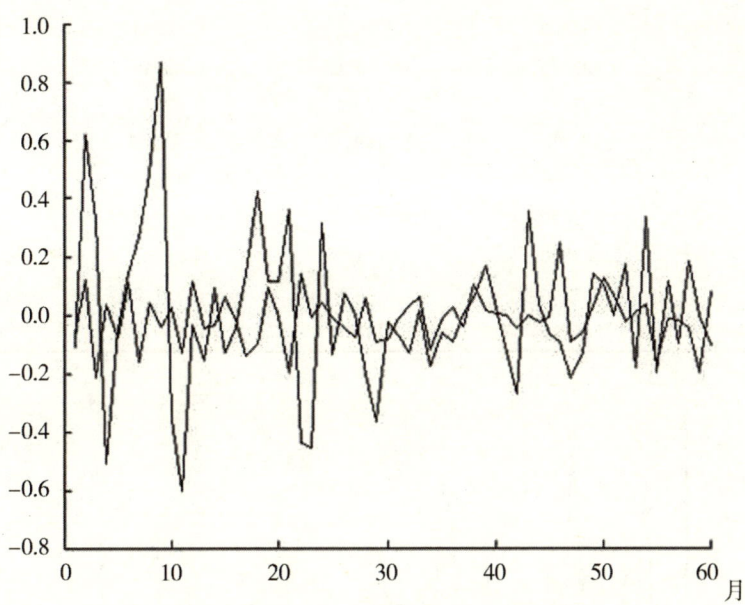

图 5.3　基于相关矩阵的具有最大和最小方差的投资组合的图形

表 5.5 中的最后三列显示了太阳微系统公司基于相关矩阵的分别带有 1 个、5 个和 10 个成分的收益过程的残差值。残差值逐步减小，但其下降速率低于协方差矩阵情形。

因素分析的一个示例

现在让我们演示一下因素分析是如何进行的。为了做到这一点，我们将采用我们演示主要成分分析法时所用的相同的 10 只股票从 2000 年 12 月到 2005 年 11 月期间的收益数据。

要进行因素分析，我们仅仅需要估计因素载荷和噪声项的特异方差。我们假设该模型有三个因素。表 5.8 显示了因素载荷。每一行代表了对应于每一只股票的三个因素载荷。表中的最后一列显示了特异方差。

特异方差是 0 到 1 之间的数字，其中 0 意味着方差完全由共同因素所解释，1 意味着共同因素完全不能解释方差。

概率值结果是等于 0.6808，因此不能拒绝 3 个因素的零假设。估计带有 1 个和 2 个因素的模型我们得到更低的概率值，而当模型带有 4 个或者更多的因素时我们会陷入数值计算的困难。因此我们可以接受 3 个因素的零假设。图 5.4 显示了 3 个因素的图形。

表 5.8　因素载荷与特异方差

	因素载荷			方差
	β_1	β_2	β_3	
SUNW	0.656940	0.434420	0.27910	0.301780
AMZN	0.959860	−0.14705	−0.00293	0.057042
MERQ	0.697140	0.499410	−0.08949	0.256570
GD	0.002596	−0.23761	0.435110	0.754220
NOC	−0.17471	−0.11996	0.23013	0.902130
CPB	0.153360	−0.34440	0.13520	0.839590
KO	0.170520	0.180660	−0.46988	0.717500
MLM	0.184870	0.361180	0.28657	0.753250
HLT	0.593540	0.011929	−0.18782	0.612300
UTX	0.385970	0.144390	−0.15357	0.806590

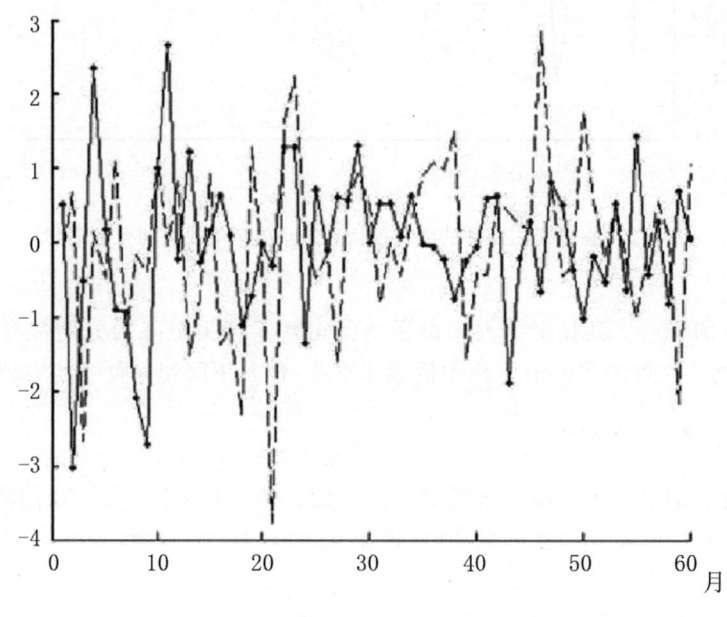

图 5.4　三个因素的图形

总　结

■ 因素模型被用于资产管理的各个方面:构建投资组合、股票选择和绩效评估(收益归因分析)。

■ 因素模型是回归模型,其中因素利用统计技术来确定或者外生给定。

■ 因素模型可以划分为静态模型和动态模型。

■ 在静态因素模型中,大量的随机变量由被称为因素的少数不同随机变量来表示,并且那些因素没有任何动态性。

■ 动态因素模型用少数被称为动态因素的不同的时间序列去表示大量的时间序列。

■ 因素模型受到许多不同类型的不确定性的影响,其不确定性可以通过作出具体假设来解决。

■ 因素分析所使用的统计方法要求估计协方差矩阵。

■ 协方差矩阵具有很强的扰动性,并且仅有有限数量的因素可以被有效地决定。

■ 没有被观察到的因素称为隐藏的或潜在的因素,或者潜在的变量,并且用来决定隐藏因素的主要统计工具是因素分析和诸如主成分分析法这样的相关方法。

■ 确定隐藏因素的因素分析的结果是得到因素的(多元)时间序列、残差项的(多元)时间序列、因素的协方差矩阵、每个收益过程的因素载荷以及每个残差项的方差。

■ 因素载荷表示收益在每个因素上的暴露。

■ 目前对于因素模型理论上的范例是由无穷长度的无限时间序列所形成的近似因素模型,该模型实践上很难应用于收益序列,因为协方差矩阵特征值的以经验为依据的分布衰减得很慢。

■ 动态因素模型通过将收益过程对滞后因素作回归来引进动态性。

■ 实践中,本质上是空间状态模型的一个实例的动态因素模型经常被用于静态环境中——这是可能会引起混淆的地方。

第六章 基于因素的交易策略 I：
因素的构建和分析

在股票市场获得正的超额收益是一件很有挑战性的事情。为实现这个目标，我们需要的是成功地研究设计出一个投资策略，并付诸实践。

我们可以粗略地把投资策略分为以下几类：(1)基于因素的交易策略(也被称为股票选择模型或 α 模型)；(2)统计套利；(3)高频策略；(4)事件研究。我们在第一章中讨论过的天祥集团调查的结果表明因素和基于因素的模型构成了如今大部分定量交易策略的核心。这些类型的模型将是我们下面将要关注的重点。

作为背景，在开始关于因素交易策略的讨论之前，我们先简要回顾一下市场有效性假说的发展过程。新古典主义金融学认为市场是有效的。这里的有效市场意味着个人投资者理性地形成预期，市场能够有效地综合各种信息同时均衡价格中包含了所有可得到的信息。有效市场理论(EMT)意味着即使存在获得超额收益的机会，这种机会也是十分有限的。但是从 20 世纪 70 年代后期开始，研究人员就已经找出了能证明存在异常现象和超额收益机会的实证结果。附录 C 提供了一些最广为人知的因素和其背后基本的经济学逻辑以及参考文献。新古典主义金融学的批判者则认为投资者是非理性的，他们的行为会影响证券的定价，而这反过来可能会导致市场的非有效性。[1] Andrew Lo 提出了他称之为适应性市场假说的理论，从而使得关于市场无效性的各种观察结果可以共存。[2] 他的这一理论是建立在用包含认知神经系统学在内的进化论的方法研究经济的相互作用基础之上的。

大多数的学者和从业者都认为有效市场假说并不是任何时候都成立的，因此战胜市场的可能性是存在的。投资管理和对冲基金等行业的存在就是很好的例子，而且在学术期刊上发表的大量的关于市场预测能力的论文也能证明这一点。但是这些研究的主旨和

---

[1] 关于行为金融学的概述，参见 Nicholas Barberis and Richard Thaler. A Survey of Behavioral Finance. in George M. Constantinides, M. Harris, and Rene M. Stulz (eds.), *Handbook of the Economics of Finance*, (Amsterdam: Elsevier Science, 2003).

[2] Andrew W. Lo. The Adaptive Markets Hypothesis. *Journal of Portfolio Management*, 30 (2004), pp. 15—29.

第六章 基于因素的交易策略 I：因素的构建和分析

动机是不同的。很多论文认为运用基本面分析[1]和财务报表分析[2]有很大可能获得比市场更好的收益。而另外一些研究人员则认为一系列不同的因素或者基于因素的模型是有能力对市场进行预测的。[3] 还有另一些模型则结合了多个不同的投资理论。[4]

我们在第五章中介绍了因素的概念。而这一章和下一章的重点将是如何根据股票的共同（有代表性的）特征构建基于因素的交易策略。为了达到这个目的，首先我们将给出一个比第五章所提出的更加确切的关于因素的定义。然后我们将考察与交易策略有关的风险的主要来源并说明因素是如何在公司特征和市场数据的基础上构建出来的。在这个过程中所使用的数据的质量是至关重要的。我们也将介绍几种数据处理和调整的方法，这些方法可以用来解决数据回填、数据重报、数据遗失、报告的数据不连贯以及生存偏差和前置偏差等问题。在这一章的最后一部分，我们将分析因素的统计性质。在下一章中，我们将把这个分析扩展到多个因素以及执行多因素交易策略的方法方面。

在贯穿这两章的一系列例子中，我们展示了构建一个基本的交易策略的各个步骤。给出这些例子的目的并不在于提供一个有利可图的交易策略，而是为了介绍分析人员在做研究时所遵循的过程。实际上，为达到这个目的我们采用的都是众所周知的并且已被从业者研究了多年的因素。我们认为这些例子的价值在于其对基于因素的交易模型的研究和发展过程的具体诠释。

---

[1] Jeffery S. Abarbanell and Brian J. Bushee. Fundamental Analysis, Future Earnings and Stock Prices. *Journal of Accounting Research*, 35 (1997), pp. 1—24; Jeffery S. Abarbanell and Brian J. Bushee. Abnormal Returns to a Fundamental Analysis Strategy. *Accounting Review*, 73 (1998), pp. 19—45.

[2] Jane A. Ou and Stephen H. Penman. Financial Statement Analysis and the Prediction of Stock Returns. *Journal of Accounting and Economics*, 11 (1989), pp. 295—329; Doron Nissim and Stephen H. Penman. Ratio Analysis and Equity Valuation: From Research to Practice. *Review of Accounting Studies*, 6 (2001), pp. 109—154; Stephen H. Penman, *Financial Statement Analysis and Security Valuation* (New York: McGraw Hill Company, 2001).

[3] Barr Rosenberg, Kenneth Reid and Ronald Lanstein. Persuasive Evidence of Market Inefficiency. *Journal of Portfolio Management*, 11 (1985), pp. 9—17; G. William Schwert. Anomalies and Market Efficiency. in George M. Constantinides, M. Harris, Rene M. Stulz (eds.), Handbook of the Economics of Finance, Vol. 1, Chapter 15, 2003, pp. 939—974; Eugene F. Fama and Kenneth R. French. The Cross—Section of Expected Stock Returns. *Journal of Finance*, 47, (1992), pp. 427—466; Robert Haugen and Nardin Baker. Commonality in the Determinants of Expected Stock Returns. *Journal of Financial Economics*, 41 (1996), pp. 401—439; Louis K. C. Chan, Jason Karceski and Josef Lakonishok. The Risk and Return from Factors. *Journal of Financial and Quantitative Analysis*, 33, (1998), pp. 159—188; Chu Zhang. Factor-Mimicking Portfolios from Return-Predictive Firm-Specific Variables. *Working Paper*, 2003.

[4] Clifford Asness. The Interaction of Value and Momentum Strategies. *Financial Analysts Journal*, 53 (1997), pp. 29—36.

基于因素的交易

自从 Benjamin Graham 和 David Dodder 关于证券分析的经典教材的第一版[①]——被认为是证券基本面分析方法的圣经——于 1934 年出版之后,股票投资组合管理和交易策略获得了长足的发展。Graham 和 Dodder 通过运用财务报表中的信息[②]并确切给出了决定证券吸引力的基本原则[③]而扩展了传统的定价方法,在因素模型发展的早期作出了突出的贡献。

今天的数量化投资管理者利用因素作为建立交易模型的基本模块。在一个交易策略中,因素决定了何时买进以及何时卖出证券。在这一章和下一章基于因素的策略的讨论中,我们将会对在第五章中给出的因素概念给出更加确切的定义。具体来说,我们将因素定义为一组资产的共同特征。例如,固定收益市场中的一个因素就是债券的信用评级。在股票市场中,因素可能就是一个特定的财务比率,比如市盈率(P/E)或者市净率(P/B)。

大多数情况下,我们会扩展这个基本定义以包含更多的客观情况。首先,因素中常常会包含一定的经济常识。例如,一个因素可以通过参考资产所面临的宏观经济风险的来源、基本面的特点或者基本的市场行为帮助我们理解资产的价格。其次,我们应该意识到具有相似因素(特征)的资产往往会有相似的表现,这个特征对于一个因素的成功与否是至关重要的。再次,我们希望我们确立的因素能够区分不同的市场和样本。最后,我们希望因素在不同的时期都是稳健的。

因素可以分为三类——宏观经济的影响因素、横截面特征因素和统计因素。宏观经济的影响因素是衡量可观测的经济活动的时间序列,比如利率水平、国内生产总值和工业生产值。横截面特征因素是指可观测的资产的特征或公司的特征,比如股息收益率、账面价值和波动性。统计因素是指通常存在于一组资产中的不可观测的或潜在的因素。这些因素没有对资产特征做出明确的假设,而这些假设往往会有利于找出资产的共性。统计因素并非来源于外生的数据而是从其他变量——比如收益——中提取出来的。这些因素是利用各种各样的统计方法——比如在第五章中讨论的主成分分析法或因素分析法——计算得出的。

在资产管理公司内部,因素和预测模型被用于很多目的。这些目的也是管理投资组合的核心。比如,投资组合经理能够直接将模型的结果交给交易部门执行。另外,模型还能够为分析人员和投资组合管理团队提供分析上的支持。比如,模型常被用于将投资范围缩小到包含可管理的数量的证券从而使分析师团队可以在较小规模的证券中进行基本面的分析。

因素同时也被运用于金融理论的其他领域,比如资产定价、风险管理和业绩归因。在资产定价中,研究人员把因素作为经济中共同的不可分散的风险来源的代表来理解在未

[①] Benjamin Graham and David Dodd. *Security Analysis* (New York: McGraw-Hill, 1962).

[②] Benjamin Graham. *The Intelligent Investor* (New York: Harper & Row, 1973).

[③] Peter L. Bernstein. *Capital Ideas: The Improbable Origins of Modern Wall Street* (New York: The Free Press, 1992).

来收益不确定情况下的证券的价格或价值。具体的例子包括市场的股息收益率[1]以及长期债券与短期债券收益率之间的价差。在风险管理中,风险管理者利用风险模型中的因素解释并分解证券收益的多变性,而投资组合经理则依靠风险模型得到协方差、构建投资组合并进行风险测量。在业绩归因中,投资组合经理在分析投资组合所面临的各种风险的基础上解释过去的投资组合回报产生的原因。因素在这些领域中的作用还在不断扩大。最近的研究还提出了一种可以将正收益、循迹误差和信息比率归因于一系列常见因素的方法。[2]

本章和下一章的重点是利用因素构建股票预测模型,也被称为阿尔法模型或股票选择模型。该模型的作用在于对交易策略进行数学上的描述。在这个描述中,未来收益作为因变量,因素作为自变量。

构建基于因素的交易策略

交易策略的构建与工程项目的开发有许多相似之处。我们首先需要设计一个框架,这个框架要足够灵活以便于其中的组件可以很容易地被修改,但同时还要有足够的结构性使我们始终聚焦设计一个有利可图的交易策略这一最终目标。

基本框架和模块构建

构建一个交易策略的典型步骤是:
- 交易构思或投资策略的定义。
- 因素的构建。
- 数据的采集和处理。
- 因素的分析。
- 策略的构建。
- 策略的评价。
- 策略的回溯测试。
- 策略的执行。

接下来我们将详细地讨论每一个步骤。

交易构思或投资策略的定义

一个成功的交易策略通常起源于某个构思,而这个构思则是基于合理的经济常识、市场洞察力或是异常发现得出的。适当的背景研究有助于对前人已尝试或完成的工作有所了解。

我们根据基本的经济动机的不同来对交易构思和交易策略进行区分。交易构思侧重于短期而且往往与一个事件或错误定价有关。交易策略则更侧重于长期,而且往往是建

---

[1] Eugene F. Fama and Kenneth R. French. Dividend Yields and Expected Stock Returns. *Journal of Financial Economics*, 22 (1988), pp. 3—25.

[2] Jose Menchero and Vijay Poduri. Custom Factor Attribution. *Financial Analysts Journal*, 62 (2008), pp. 81—92.

立在与异常现象或某个特征有关的溢价的基础之上的。

因素的构建

因素为用于构建投资策略的模型提供了基石。在本章的前面部分我们给出因素的一般定义。在构建交易策略之后我们将把注意力从经济概念转移到符合直觉的因素构建上。在这一章中我们将提供一些因素的实例，这些因素都来源于股票的横截面特征。

数据的采集和处理

交易策略是利用准确且干净的数据来构建因素的。有很多第三方的解决方案和数据库都可以用于实现这个目的，比如 Thomson MarketQA，[1]Factset Research Systems[2] 和 Compustat Xpressfeed。[3]

因素的分析

为了评估因素的实证性质，需要运用很多统计和计量的方法对数据进行处理。这种实证研究用于了解因素的风险和回报潜力。因素的分析是构建交易策略模型的出发点。

策略的构建

模型可以给出交易策略的数学描述。在这个描述中有两个重要的问题需要考虑：选择什么样的因素以及如何将这些因素整合起来。这两个问题都需要通过交易策略背后的经济常识来解决。我们不建议仅仅通过数据对模型进行描述，因为这常常会导致模型的过度拟合从而高估模型的预测质量。

策略的评价、回溯测试和执行

最后一步包括对模型的估计结果、规范程度和预测质量的评估。这一分析包括检验模型的拟合优度（通常利用样本内数据）、预测能力（通常利用样本外数据）以及该模型的敏感性和风险特征。

我们将在第七章中对最后两步做详细的讨论。

交易策略的风险

在投资管理中风险是一个主要问题。大部分的交易策略都不是没有风险的，而是很容易受到各种各样风险的影响。熟悉交易策略中最常见的风险是很重要的。事先对这些风险有一定的了解，我们就可以通过实证研究来确定它们是如何影响我们的策略的。此外，我们还可以通过各种技术手段来规避模型构建阶段可能会出现的风险。

接下来我们将描述因素交易策略以及诸如风险套利策略等其他交易策略所共同面临的各种风险。许多此类风险已经被划归为行为金融学的范畴中。[4] 我们所讨论的风险包括基本面风险、噪声交易者风险、期限风险、模型风险、执行风险和流动性风险。

---

[1] http://thomsonreuters.com/products_services/financial/financial_products/quantitative_analysis/quantitative_analytics.

[2] http://www.factset.com.

[3] http://www.compustat.com.

[4] 参见 Barberis and Thaler. A Survey of Behavioral Finance.

基本面风险是指投资者面临不利的基本面消息的风险。例如,假设我们的交易策略主要是购买高市盈率的股票。假如模型显示一只医药股得分很高,在购买了该股票之后,该公司发布消息说由于它的一种药物没有标明副作用,因而正面临一起集体诉讼。在此期间其他具有高市盈率的股票可能表现良好,但这只医药股将会表现不佳,尽管它在一些方面很有吸引力。我们可以通过在很多公司中的分散投资来最小化交易策略所面临的基本面风险。基本面风险并不总是某个公司所特有的,有时候该风险可能是系统性的。这样的例子包括1987年的外部市场对股票市场的冲击,1997年的亚洲金融危机和2000年的科技股泡沫。在这些例子中,多样化投资作用并不大。但是一般情况下,采取部门或市场中性策略的投资组合管理会更好。

噪声交易者风险是指一个错误定价可能在短期内恶化的风险。典型的例子是一个明显被低估的公司(本该在一个更高的价格被交易)。但是,由于噪声交易者可能在相反的方向进行交易,这个错误定价得以持续很长时间。与噪声交易者风险密切相关的是期限风险。它在这里的含义是实现溢价或者价值需要太长的时间以至于实际回报率小于目标回报率。

模型风险,也被称为误设风险,是指与作出错误假设和决策有关的风险。它包括变量和方法的选择以及模型的运行环境等所面临的风险。我们曾在第五章中讨论了可能会导致模型误设的原因。此外,我们还回顾了基于信息理论、贝叶斯方法、收缩性和随机系数模型的一些补救措施。

执行风险是投资者执行交易策略时所面临的另一个风险。这类风险包括交易成本风险和资金风险。诸如佣金、买卖价差和市场冲击之类的交易成本可以对交易策略的结果产生不利的影响。如果策略中包含空头头寸,那么诸如找到能够卖空的证券的能力及证券的借贷成本等其他的执行成本就会上升。当投资组合经理不再能得到实施交易策略所必需的资金时,就会产生资金风险。比如,很多统计套利基金利用杠杆来增加其基金的收益率。如果杠杆作用受到限制,那么策略就不会获得可观的回报。Khandani 和 Lo 发现竞争的更加激烈和盈利水平的下降使现在的数量交易策略需要更大的杠杆来维持相同的预期回报水平,从而证实了上述例子。[1]

流动性风险是投资者需要考虑的另一个问题。我们将流动性定义为:(1)在没有明显价格变动下能够进行迅速交易的能力。(2)在没有明显价格变动下能够进行大规模交易的能力。Cerniglia 和 Kolm 讨论了在始于2007年8月的次贷危机中流动性风险的影响。[2] 他们向我们展示了数量化基金快速的流动性是如何对交易特征产生影响的,以及价格对于个人证券的交易和各种基于因素的交易策略的影响。

这些风险可能不利于也可能有利于交易策略的成功。这些风险如何对于交易策略产

---

[1] Amir E. Khandani and Andrew W. Lo. What Happened to the Quants in August 2007?. *Journal of Investment Management*,5 (2007),pp. 5—54.

[2] Joseph A. Cerniglia and Petter N. Kolm. The Information Content of Order Imbalances:A Tick-by-Tick Analysis of the Equity Market in August 2007. Working Paper. Courant Institute,New York University,2009.

生不利影响是很显然的。我们不太清楚的是,什么时候这些意外风险会有助于策略的成功。也就是说,当我们建立交易策略的时候,有时会对风险有些偏见。当我们发现与某个意外风险相关的溢价时,实施策略将会获取额外收益。但不久之后与该风险相关的溢价可能就会消失。比如,侧重于价格动量的交易策略在 1998 年和 1999 年表现优异。但投资者可能没有注意到的是,在此期间投资组合越来越侧重于科技股,尤其是跟互联网相关的股票。在 2000 年这些股票表现得非常差。

因素的理想特性

因素应建立在合理的经济直觉、市场洞察力或异常情况的基础之上。除了符合基本的经济学原理,因素还应具有有助于进行有效预测的一些其他特征。

如果因素对于投资者来说是直观的,则这就是它的优势之一。很多投资者会仅投资于某一种特定基金,如果他们理解并认同其交易策略背后的基本思路。因素对于投资组合管理者来说是一种与投资者交流他们投资意向很好的工具。

寻找具有经济意义的因素时应避免仅仅依赖于纯粹的历史分析,同时模型在使用因素时不应仅对良好的因素进行评估而将不太好的因素予以去除。一个模型所使用的因素不应在评估较好的因素同时去除不太好的因素的过程中产生。

最重要的是,一组因素应该能简洁地解释交易策略。这就需要对不同因素之间的相互作用进行认真评估。比如高度相关的因素将使多元方法得出的推论的可靠性降低。使用多种因素时,另一个可能出现的问题在于建模过程中的过度拟合。

任何数据集中都包含离群值,也就是偏离数据平均特征的观测值。处理离群值往往是比较困难的,有时候我们希望能够忽略它们,而有时候我们又希望能够保留它们。比如,离群值可能是错误的报告值,也可能是是合理的反常值。在这一章中稍后我们将讨论处理数据的一些一般性方法。少数离群值的出现不是评价因素选取成功与否的决定因素。在大多数情况下我们希望构建同样能够对离群值给出合理解释的因素。

因素的来源

我们怎样才能找到因素?因素的来源是非常广泛的,并没有一个明显占主导地位的来源。广泛利用各个来源才是发现因素的最好方法,这些因素对于新模型的构建是十分关键的。

我们有许多方法来构建基于经济基础的因素。这可能首先需要细致的观察或是对市场参与者行为的研究。比如,我们可能需要考虑其他市场参与者是如何评估一个公司的收益或业务前景的。我们可能还需要考虑股票的哪些特征在未来会给投资者带来收益。另一种常见的方法是寻找投资者处理信息方式中缺乏效率之处。比如,研究发现收益估计的一致性预期可能是有偏见的。

获取因素的一个好的来源是由公司管理部门公布的各种报告。许多报告中都包含有价值的信息,并可能提供管理部门解释公司业绩和财务特征的附录。比如季度收益报告

(10-Q 报告)可能会特别强调有关该公司的财务指标和公司所处的竞争环境。其他的公司财务报表和诸如 10-K 或 8-K 表等由美国证券交易委员会公布的文件也为因素的构建提供了信息来源。注意管理部门在其报告中所强调的财务数据往往也是十分有益的。

通过与投资组合经理或者交易者等市场参与者进行交流也可以发现因素。通过了解有经验的投资者曾成功使用过的因素也能发现因素。这些经验知识可以被转化成因素和模型。

华尔街分析师的报告,也被称为卖方报告或权益研究报告,也可能包含有价值的信息。读者感兴趣的往往不是最后的结论,而是分析师在预测一家公司的未来业绩时所使用的方法或标准。研究大量的投资组合经理和交易者写的描述他们选股过程的书籍也是很有价值的。

附录 C 中提到的关于金融、会计和经济学的文献证明了大量的能获得超额收益的因素和交易策略的存在。但并非所有的策略在实施时都能获得超额收益,比如因为存在制度上的限制和交易成本。Bushee 和 Raedy[1] 发现由于价格压力、对卖空的限制、对多元化投资组合的激励以及持有一个公司股权不可超过 5% 的限制等原因,交易策略的盈利能力被明显削弱了。

我们在寻找因素时应该把经济常识放在第一位,而把数据分析放在第二位。这就避免了单纯的数据挖掘或是简单地对过去历史数据的拟合。研究与创新是找到新因素的关键。当今,分析和测试新的因素及改进现有的因素本身就已经是一个很大的产业了。

基于公司特征的因素构建

接下来的几节中我们将侧重于讨论基于公司特征的因素构建方法。通常我们希望我们的因素能把公司提供的财务数据与投资者选择股票时所使用的数据比如估值比率、经营效率比率、盈利比率和偿债能力比率[2]等联系起来。因素还应涉及市场数据,比如分析师的预测、价格和收益以及交易量。

数据处理

在本节中我们将讨论如何处理数据以及数据的质量问题,其中包括一些可以用来提高数据质量的一些好的方法。虽然获取和分析数据的工作是平淡乏味的,但是不要忘记高质量的数据对于交易策略的成功是至关重要的。我们必须意识到用来校准模型的数据的质量决定了模型输出结果的好坏。俗话说:"投入垃圾,产出垃圾。"[3]

---

[1] Brian J. Bushee and Jana Smith Raedy. Factors Affecting the Implementability of Stock Market Trading Strategies. Working Paper, University of Pennsylvania and University of North Carolina, 2005.

[2] 对于这些会计数据的定义,可以参见 Pamela P. Peterson and Frank J. Fabozzi. *Analysis of Financial Statements* (*Second Edition*) (John Wiley & Sons, 2006).

[3] 这句话是 George Fuechsel 在纽约说过的,他曾经是 IBM 公司 305 RAMAC 的技术人员。现在这句话被用来说明错误的决定是由数据的不正确、不完善或其他方式的不精确等原因造成的。

了解财务数据的结构同样是很重要的。我们把财务数据分为三类：时间序列数据、横截面数据和面板数据。时间序列数据是在多个时间点收集的信息和变量；横截面数据是在同一时间点从许多不同的公司收集到的数据（相关公司的横截面）；面板数据是在不同的时间点收集到的横截面数据。我们需要注意的是面板数据很可能不是一致的，比如公司的横截面从一个时间点到另一个时间点上是可能变化的。

数据的完整性

高质量的数据通常具有几个特征，比如可以提供一致的历史观测值、保持良好的数据可获得性、没有生存偏差和前置偏差。由于所有的数据集都有其局限性，所以对于数据研究人员来说能够识别数据的局限性并相应地调整数据是很重要的。[①]

研究中使用的数据应当能够提供一致的历史观测值。数据回填和数据重报是影响财务数据一致性的两个常见问题。如果公司在当期首次进入到数据库时它的历史数据也被加了进去就会发生数据回填问题。这个回填数据的过程将会造成选择偏差，因为我们现在能够找到这家最近入库的公司的历史数据，而在此前是不可获得的。数据重报也是影响数据一致性的一个常见的因素。比如，如果一家公司在首次公布盈利数据后又修改了其每股收益，那么许多数据库将用最新公布的数据覆盖原先的记录。

与金融数据库有关的一个常见而普遍的问题就是数据的可获得性。第一，某些数据可能只在较短的时间内存在。比如，在过去很多年中，将股票期权授予雇员时相关的费用并不需要在财务报表中披露。直到2005年会计标准才要求公司将股票期权的相关费用反映在损益表中。第二，数据可能只在公司横截面的部分公司中可以获得。有些公司有研发支出而有的则没有，当然这取决于它们所处的行业。比如，许多制药公司都会有研发支出，而公用事业单位却没有。第三，数据可能仅仅因为在某些特定时间点没有被记录而无法获得。有时这种情况只出现在几个观测值上，而有时这种情况可能出现在一个公司的某项数据的整个时间序列上。第四，不同的数据项有时会被合并。比如，有时折旧及摊销费用并不是损益表上的独立科目，而是被包含在商品的销售支出中。第五，某些数据项只在某个特定的期间内存在。比如，一些公司的季度财务报告比较详细，而其他公司的年度报告数据可能更为详细。第六，不同的公司、部门或行业公布的数据可能是不一致的。当财务数据提供者在将出自公司报告的财务数据转化为特定的数据库项目（不完全的映射）过程中忘记或者没有做出正确的调整时就会发生上述情况。

对于这些问题，一些数据库提供特定的代码来标识导致数据缺失的原因。有一个能够区分导致数据缺失的不同原因并作出调整和修正的程序是十分重要的。

[①] 很多年前本书的一位合著者遇见了 Charter Oak 投资系统的建立者 Marcus C. Bogue。他的公司建立了一个 Compustat 附加数据库，并通过存储当前 Compustat 数据库中未被重报的数据来满足更定量化、更长期的回溯测试研究者的需要。Bogue 先生大多数时间都在数量化投资管理行业中工作。在与他的谈话中就谈到了最成功的数量化组合经理的不同之处在哪里的问题。Bogue 先生认为他们对数据的熟悉程度是与他人不同之处。对数据熟悉包括了解投资过程中使用的数据的质量、定义、测量和简单的特征。

另外两个与数据库有关的常见的问题是生存偏差和前置偏差。当公司因为不再存续而从数据库中被剔除时就会出现生存偏差。比如,公司可能因为合并或破产而被剔除出数据库。因为只有成功的公司才会被包含在整个样本中,所以这种偏差可能会歪曲结果。当研究中使用的数据在实际的分析期内是不可得到的时候就会产生前置偏差。比如,在报告期末立即使用年终收益数据是不正确的,因为这些数据直到本报告期末的数天或数周后才会由该公司公布。

数据调整是在处理多个数据库时需要考虑的另外一个问题。很多数据库都使用不同的标识来代表一个公司。一些数据库有自己特定的标识,而另外一些则使用共同的标识,比如CUSIPs或股票代码。不幸的是,CUSIPs和股票代码经常随时间而改变并且往往被重复使用。这样一来就使得将在不同数据库、不同时间点中的同一个证券联系起来变得困难。

举例:EBITDA/EV 因素。

本例将说明数据处理的细微差别是如何影响某项特定研究的结果的。我们使用Compustat Point-In-Time 数据库中的数据并计算出 EBITDA/EV。[1] 这一因素定义为未扣除利息、税收、折旧及摊销的收益与企业价值的比值(EBITDA/EV)。我们的股票池是从 1989 年 12 月至 2008 年 12 月的去除金融公司股票之后的 Russell 1000 指数中的股票。我们用两个等价的但不同的方法来计算 EBITDA/EV。两种方法的不同之处在于计算分子(EBITDA)时使用的数据不同:

1. EBITDA＝销售收入(Compustat 数据的第 2 项)－商品成本(Compustat 数据的第 30 项)－销售及一般行政开支(Compustat 数据的第 1 项)。

2. EBITDA＝折旧前营业收入(Compustat 数据的第 21 项)。

根据 Compustat 数据库手册,有如下等式成立:

$$折旧前营业收入＝销售收入－商品成本－销售和一般行政开支$$

尽管这个数学等式是成立的,但我们通过数据发现并不是这样情况。当我们分别计算了这两个因素之后,我们分别得到了这两个因素值最高的前 20% 的投资组合并比较组合之间个人持股量的排名。图 6.1 显示了两个投资组合之间关于公司排名的比例的差异。我们发现其结果是不相同的。事实上两者之间存在着巨大差异,尤其是在早期的时候。也就是说,这两个在数学上等效的方法并不能得出相同的实证结果。

数据的潜在偏差

有许多潜在的偏差可能源于数据的质量问题。认识到这些数据问题的直接影响并非先天就显著是很重要的。这里我们将强调三个重要的影响:[2]

1. 对股票特征均值的影响。当计算各种横截面度量数据均值的时候,如市净率或市

---

[1] EBITDA/EV 预测未来收益的能力的讨论参见 Patricia M. Dechow, S. P. Kothari, and Ross L. Watts. The Relation Between Earnings and Cash Flows. *Journal of Accounting and Economics*, 25 (1998), pp. 133－168.

[2] Stefan Nagel. Accounting Information Free of Selection Bias: A New UK Database 1953－1999. Working Paper, Stanford Graduate School of Business, 2001.

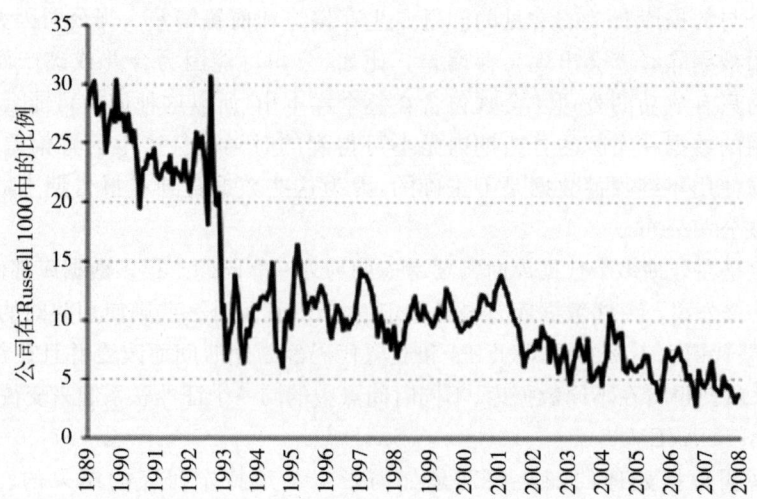

图 6.1 根据 EBITDA/EV 因素 Russell 1000 中具有不同排名公司的百分数

值,数据的质量问题会使统计信息出现偏差并导致对用于研究的总体特征的错误推断。

2. 对投资组合收益的影响。数据的质量问题对投资组合收益的影响常常是不确定的。比如,生存偏差会导致企业从样本中被剔除。通常情况下,企业会由于并购或是破产而被从样本中剔除。在大多数情况下,企业是被溢价收购的,将这些公司从样本中剔除会使投资组合的收益产生负偏差。而当公司破产时股票价格会剧烈下跌,将这些公司从样本中剔除会使投资组合的收益产生正偏差。

3. 对收益的矩估计的影响。Kothari,Sabino 和 Zach 的研究[1]发现不再存续的公司之前往往是表现很好或者很不好的。生存偏差的存在则意味着忽略了这种极端的情况。该研究认为即使是对这种极端情况极小程度、非随机的忽略都会对样本股票收益的矩估计产生很大的影响。

对常见的数据问题的处理

大多数的数据集都容易受到质量问题的影响。为了有效地开展工作,我们需要熟悉数据的定义和数据库的设计。我们还需要使用一些方法来减小可能引发错误结论的数据问题的潜在影响。

首先我们应该熟悉数据供应商收集和处理数据的标准化流程。比如,许多数据供应商使用不同的模板来存储数据。具体说来,Compustat US 数据库使用一个模板报告收入报表数据,而 Worldscope Global 数据库则使用四个不同的模板,这取决于公司被分到银行、保险公司、工业公司或者其他金融公司中的哪一类。使用者需要熟悉的与数据标准化有关的其他问题还包括:

■ 数据的来源是什么——公开的财务报表、监管文件、新闻专题报道或其他来源?

---

[1] S. P. Kothari, Jowell S. Sabino and Tzachi Zach. Implications of Survival and Data Trimming for Tests of Market Efficiency. *Journal of Accounting and Economics*, 39 (2005), pp. 129—161.

- 是否有统一的报告模板？
- 从信息公布到它能在数据库中被使用之间有多久的延时？
- 数据是否因为股票分割而被调整过？
- 已经不存在或是不活跃公司的历史数据是否可获得？
- 对于拥有多种股票的公司是如何处理其数据的？
- 用于汇总数据的方法是什么？

了解处理数据时所依据的会计原理是至关重要的。估值方法和数据披露是这里涉及的两个重要的原理。对于估值，我们应了解各个会计科目使用的成本准则的类型。具体来说，对于资产，是应选用历史成本准则、公允价值会计准则还是其他标准来计算呢？对于信息披露的有关会计原则，我们则需要了解会计术语的定义、账目的格式以及一些更具体的细节。

研究人员利用财务报表构建因素时应先回顾以下基本会计原则的发展历史。比如，公司披露的现金流量表多年来已经发生了一些变化。在1988年7月15日之前的财政年度生效的85♯财务会计标准（SFAS♯85）要求公司必须披露现金流量表。在采用这个会计标准之前，公司可以披露以下三个报表中的一个：营运资金报表、包括资金来源和使用情况的现金表或者包含经营活动的现金表。对任何包含现金流量项目的因素进行历史分析时都需要根据公司所采用报表的不同而对因素的定义进行调整。

我们更好的选择则是采用自动化流程以减少数据问题的潜在影响。我们需要检验数据的一致性和准确性。可以通过观察离群值和寻找缺失的数据对单个因素的时间序列进行分析。我们可以采用幅度测试比较当前的数据项与之前时期同一数据项的区别，从而找出大于预定方差的数据。当找出可疑项之后我们就应研究错误产生的原因以及能够做出的改进。

调整因素的方法

最初的因素中包含从数据库中得到的以一定经济意义组合而成的原始数据。之后，我们需要利用分析或者统计的方法对因素进行调整使之更符合建模的要求。以下是常见的三种调整方法。

标准化

标准化是在保留一个变量数据原有顺序的条件下对其重新调整。通常情况下，我们利用如下公式将变量转化为具有零均值和单位标准差的标准化变量：

$$x_i^{new} = \frac{x_i - \overline{x}}{\sigma_x}$$

其中 x_i 是股票的因素得分，$\overline{x}$ 是总体均值，σ_x 是总体标准差。用这种方法调整变量有几个优点。第一，我们可以通过它确定股票相对于总体平均水平所处的位置。第二，因为有着相同的平均值和标准差，我们可以通过它对不同的股票进行更好的比较。第三，其可以用于结合多个变量。

正交化

有时候一个因素可能与另一个因素相关。相对其他特定因素来对某个因素进行正交化可以消除这种相关关系。我们可以通过利用平均值或回归来正交化。

我们可以按照以下步骤,利用行业或部门的平均值对因素进行正交化。首先对于每个行业,我们计算每个行业的得分

$$s_k = \frac{\sum_{i=1}^{n} x_i \cdot ind_{i,k}}{\sum_{i=1}^{n} ind_{i,k}}$$

其中 x_i 是股票的因素得分,$ind_{i,k}$ 代表股票 i 在行业 k 中的比重。接下来我们从每个股票的得分中减去行业得分的平均值 S_k。我们计算

$$x_i^{new} = x_i - \sum_{k \in Industries} ind_{i,k} \cdot s_k$$

其中 x_i^{new} 是新的行业中性的因素。

我们可以使用第二章中描述的线性回归方法对因素进行正交化。首先我们确定方程的回归系数

$$x_i = a + b \cdot f_i + \varepsilon_i$$

其中 f_i 为对因素 x_i 进行正交化时用到的因素,b 是 f_i 对 x_i 的解释程度,ε_i 是 x_i 中与 f_i 无关的部分。ε_i 和 f_i 是正交的(即 ε_i 与 f_i 是独立的),而且 ε_i 代表了中性化后的因素。

$$x_i^{new} = \varepsilon_i$$

用同样的方法,我们可以利用多元线性回归将变量相对于一组因素进行正交化。

$$x_i = a + \sum_j B_j \cdot f_j + \varepsilon_i$$

然后设定 $x_i^{new} = \varepsilon_i$。

投资组合经理通常使用风险模型来预测风险,使用阿尔法模型来预测回报。因而风险模型和阿尔法模型中因素之间的相互作用常常是投资组合经理所要考虑的问题。解决这一问题的一个可行的办法是相对于风险模型中使用的因素对阿尔法模型中的因素或者因素的最后得分进行正交化。稍后在本章我们将详细讨论这个问题。

转换

对统计和计量经济模型中使用的数据进行转换是常用的方法。特别地,人们经常对因素进行变换以便得到时间序列为对称的或是近似服从正态分布的。常用的转换方法包括求自然对数、指数和平方根。比如,因为大盘股的样本中通常包括大型资本公司的股票,所以像诸如市值之类的因素就会有较大的偏差。为了减少大型资本公司的影响,我们可以在线性回归模型中使用市值的自然对数。

离群值的检测和管理

离群值是与数据集中的其他值不一致的观测值。财务数据包含离群值的原因有很多,包括数据错误、测量误差或者异常事件的发生。用包含离群值的数据进行解释可能会产生错误的结果。例如,我们的估计可能是存在偏差的或者歪曲的,从而导致错误的结论。

我们有几种方法可以检测离群值。图形中的盒状图、散点图或直方图对于从视觉上直观地识别离群值是非常有用的。此外还有许多可用的数值方法。一个常见的方法是计算四分间距,然后将此间距之外的观测值确定为离群值。四分间距是对离散程度的测量,

它计算的是样本第三个四分位数和第一个四分位数之间的差异。这种方法反映的是样本的中间50%的数据,从而剔除了离群值的影响。

确定了离群值之后,我们需要降低它们对于我们分析的影响。正如我们在第二章中所解释的那样,修整及缩尾方法是实现这一目的的常见的方法。修整舍弃了数据集当中的极端值。这种方法需要研究者确定这种转化的方向(对称的或不对称的)及修整的数据的数量。

缩尾方法是将数据集合中的极端值进行转化的方法。首先,我们需要计算数据的百分位数。其次我们根据某一百分位数排序来定义离群值。比如任何百分位数在2.5～97.5之外的观测值可以被认为是离群值。最后,我们将所有大于或者小于特定百分位数的值调整为某些特定值。在我们的例子中,我们可以将所有大于第97.5百分位数的值调整为第97.5百分位数值,将所有小于第2.5百分位数的值调整为第2.5百分位数值。充分分析使用这些方法的实际影响是十分重要的。在下一章中,我们将应用接下来介绍的因素的统计特征来构建模型并执行我们的交易策略。

因素数据的分析

在为可投资范围内的所有证券构建因素之后,我们应该单独地分析每个因素。计算出时间序列数据和横截面数据的均值、标准差和分布的主要百分位数将为理解所选择的因素的特点提供有用的信息。

虽然我们经常采用这样的技巧,即假设基础数据服从或至少近似服从正态分布,但大多数的财务数据并非如此。体现整体投资者行为和金融市场特点的基本数据的形成过程是未知的并且表现出很大的不确定性。由于不是所有的投资者都能作出理性的决定或者具有相同的目标,所以投资者行为是不确定的。对数据的特征进行分析可以帮助我们更好地了解不确定性是如何影响我们的选择和模型的调整的。

下面我们将给出各种因素的横截面特征的一些例子。为了叙述的方便,我们使用直方图而非标准的统计检验对数据进行评估。我们将利用直方图特定的模式或属性来指导我们选择适当的方法对因素进行建模。我们建议一个直观的研究之后应该采用一个较正式的统计方法进行检验。在这里我们使用的方法是分析整个样本值、所有的正值、所有的负值以及零值。全面的分析中还应该包括单独的子样本的分析,虽然这里我们将它省略掉了。

例1:EBITDA/EV

我们要讨论的第一个因素是息税及摊销前收益与公司价值之比(EBITDA/EV)。公司价值就是公司资本结构的市场价值。这一因素反映的是投资者为得到公司的现金流(EBITDA)而支付的价格(EV)。这一因素背后的经济学常识是一个公司的现金流决定了其对于投资者的吸引力。

图6.2中的图A给出了贯穿于整个研究历史的EBITDA/EV因素的所有横截面数据的直方图。该分布接近于正态分布,表明公司所获估值的离差是十分对称的。图6.2中的图B显示因素的所有正值也几乎服从正态分布。图6.2中的图C显示因素负值的分布是左偏的。但是由于负值的个数比较少,所以其对模型的影响应该不会很大。

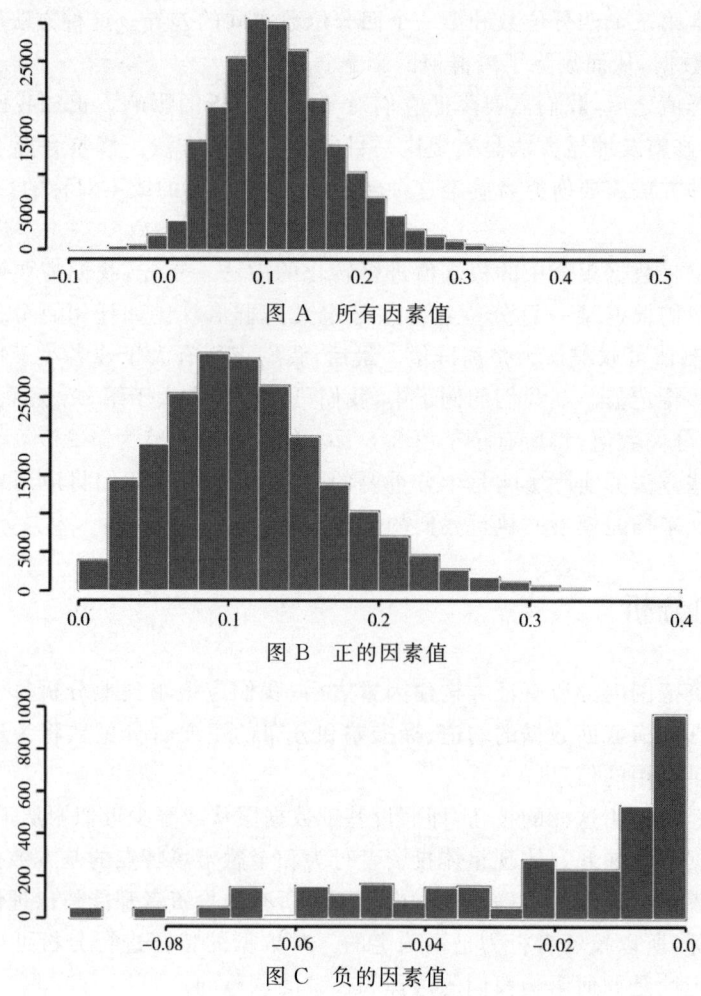

图 6.2　EBITDA/EV 因素的横截面数据的直方图

例 2：修正值

我们将评估盈利修正因素的横截面数据的分布。① 我们所使用的修正数据都是从 IBES 数据库中的卖方分析师的收益预测中得到的。该因素的计算方法是用向上修正盈利预测的分析师数量减去向下修正的数量然后除以总的预测数。这一因素背后的经济学常识是盈利预测的变化和收益之间应该有正向的关系。

从图 6.3 中的图 A 我们可以看到，修正的分布是对称的并且频率分布在零均值附近存在一个尖峰。这种分布是与修正背后的经济学常识有关的。由于公司的行业前景通常不是每个月都会改变的，所以卖方分析师不会每个月都修正其盈利预测。由此，我们预期并且发现横截面数据会在零点达到峰值。图 6.3 中的图 B 和图 C 分别表明存在较少数

---

① 一个有代表性的研究参见 Anthony Bercel. Consensus Expectations and International Equity Returns. *Financial Analysts Journal*, 50 (1994), pp. 76—80.

量的正的盈利修正和负的盈利修正,并且二者分布都是偏斜的。

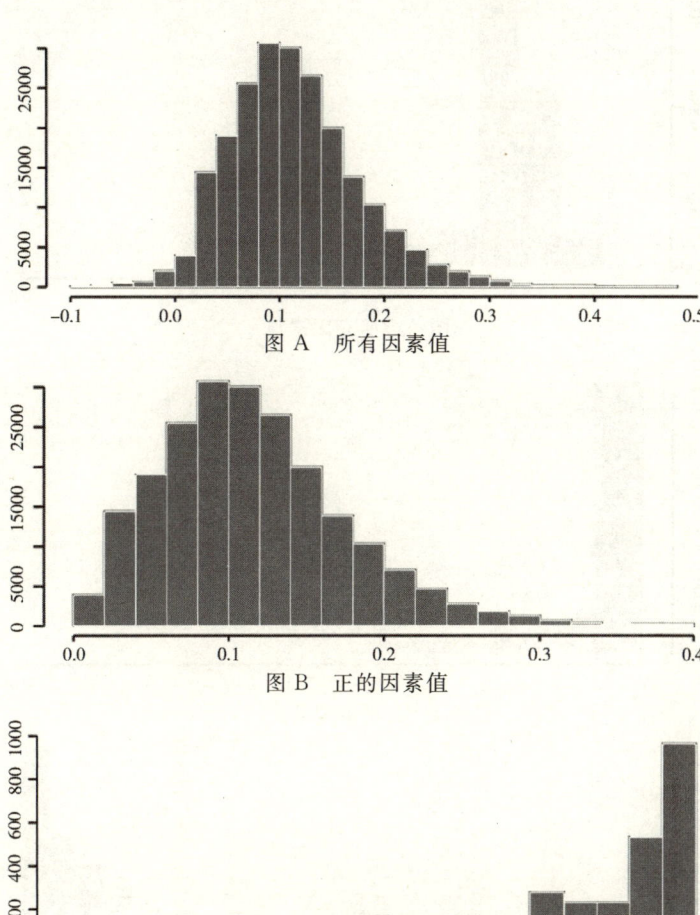

图 6.3　修正值因素的横截面数据直方图

例 3:股票回购量

我们将评估股票回购量因素的横截面数据的分布。这一因素的计算方法是用当前在外流通的普通股的数量与 12 个月之前流通的股票数量之差除以 12 个月前在外流通的股票的数量。这一因素背后的经济学常识是股票回购为投资者提供了关于未来公司收益和公司股票价值的信息。[①] 我们预期在流通股票数量的减少和随后的收益增加之间存在着正向的关系。

---

① Gustavo Grullon and Roni Michaely. The Information Content of Share Repurchase Programs. *Journal of Finance*,59 (2004),pp. 651-680.

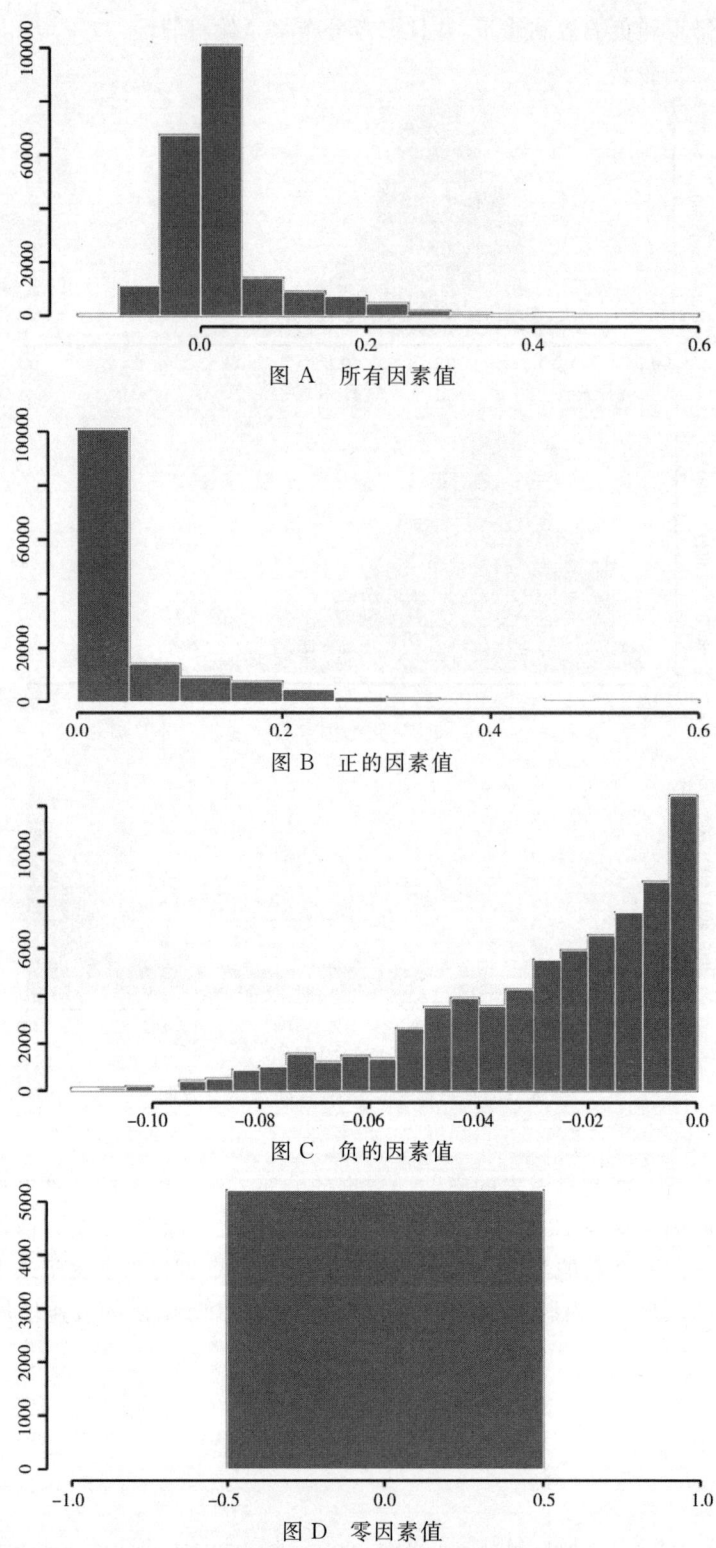

图 6.4 股票回购量因素的横截面数据直方图

我们可以看到,在图 6.4 的图 A 中的分布存在尖峰。我们还看到,正值是右偏的(见图 6.4 的图 B),负值都聚集在一个小的范围内(见图 6.4 的图 C)。股权回购背后的经济学常识是公司股票数量的增加意味着他们需要额外的现金来源。这种需求可能是公司正经历较高的经营风险或财务危机的早期迹象。我们预期这些公司的未来收益会比较低。而减少股票数量的公司会有多余的现金并且将会给股东分红。由于管理层认为股票的价值被低估了,股票数量才会减少。正如所预期的那样,我们发现该横截面数据在零点达到峰值(见图 6.4 的图 D),这是因为不是所有的公司都定期地发行或回购股票。

总　结

■因素是在一组资产当中的共同特征。因素应建立在合理的经济常识、市场洞察力或异常情况之上。

■因素分为三类:宏观经济因素、横截面因素和统计因素。

■构建基于因素的交易策略的主要步骤是:(1)定义交易构思或投资策略;(2)构建因素;(3)获取并处理数据;(4)分析因素;(5)构建策略;(6)评估策略;(7)策略的回溯测试;(8)策略的执行。

■大多数交易策略都是有风险的。风险主要包括基本面风险、噪声交易者风险、期限风险、模型风险、执行风险和流动性风险。

■因素往往来自公司的特征和指标,以及市场数据。公司的特征和指标包括:估值比率、经营效率比率、盈利比率、偿债能力比率。有用的市场数据包括分析师的预测、价格和收益,以及交易量。

■高质量的数据对于交易策略的成功是十分重要的。模型输出的好坏仅仅依赖于对其进行校准的数据的好坏。

■常见的数据问题和偏差包括数据回填和重报、数据丢失、不一致的报告数据,以及生存偏差和前置偏差。

■检测和调整离群值的能力对于数量化投资过程是至关重要的。

■调整数据的常用方法有标准化、正交化、转换、修整和缩尾方法。

■需要仔细分析因素的统计性质。基本的统计量有时间序列和横截面数据的均值、标准差和关键的百分位数。

第七章 基于因素的交易策略 Ⅱ：横截面模型及交易策略

在上一章中，我们介绍了因素是如何利用公司特征和市场数据进行构建的。随后，我们讨论分析了这些因素的统计特性。在这一章中，我们要把我们的分析扩展到多因素情形，目的是建立能包含诸如交易数量、交易成本、行业差别和跟踪误差等许多常见的制度约束在内的动态多因素交易策略。为了达到这个目的，我们将使用增长率、价值量、质量和动量等因素的组合。我们的股票池是从 1989 年 12 月至 2008 年 12 月间罗素 1 000 指数中的股票，而且我们使用 Compustat Point-In-Time 和 IBES 数据库来构建因素。[①]

首先，我们将回顾一下评估因素的收益溢价和风险特征的几种方法，包括投资组合分类法、因素模型法、因素组合法和信息系数法。然后，我们将讨论把几个因素合并到一个模型——交易策略——中的方法。具体来说我们将讨论数据驱动法、因素模型法、试探法和最优化方法。对一个交易策略进行样本外数据回溯测试以了解它的性能和风险特征是十分重要的。我们将会讨论分裂样本测试和递归的样本外测试。

在本章中，我们会提供一系列的例子，包括多因素交易策略的回溯测试。正如在前面的章节中所说的那样，提供这些例子的目的并不是为了给出能获得收益的交易策略，而是为了说明分析人员进行研究时所遵循的过程。需要强调的是，我们使用的因素都是众所周知的而且已经被业内人士研究了很多年。我们认为这些例子的额外价值在于其对于基于因素的交易模型的研发过程的详尽阐述。

因素溢价评估的横截面方法

有几种方法可以用于评估因素的收益溢价和风险特征。本节我们将讨论四种最常用的方法：投资组合分类法、因素模型法、因素组合法和信息系数法。我们将研究每种方法并总结其优点和缺点。

实际中，在给定的情况下要确定合适的方法需要考虑几个决定因素。第一个决定因素是财务数据的结构。第二个决定因素是因素背后的经济学常识。例如，有时我们要寻

[①] 本章中使用的因素和数据集合的完整列表参见附录 A。本章由作者与 Joseph A. Cerniglia 合著。

找的是收益和因素之间的单调关系,而另外一些时候我们则只关心极端值。第三个决定因素是每种方法的基本假设对于采用的数据生成过程来说是否是有效的。

投资组合分类法

在资产定价的文献中,投资组合分类法的使用可以追溯到资本资产定价模型(CAPM)最初的检验阶段。这一特定检验的目的是确定因素是否能获得系统性收益。投资组合是通过把具有类似特征(因素)的证券组合在一起构建出来的。例如,我们可以根据市值把股票分为 10 个投资组合,从最小到最大,从而使得每一个组合中都包含市值相近的股票。下一步就是计算和评估这些投资组合的收益。

每个组合的收益是通过对单只股票收益率进行等权重的加权平均计算出来的。这些投资组合描述了在因素的不同值之间收益是如何变化的。通过研究因素组合的收益行为,我们可以评估这些因素的收益和风险概况。在某些情况下,我们可能发现不同投资组合之间的收益存在单调关系。而在另一些情况下,我们可能发现极端的投资组合的收益之间存在很大的差别。还可能在另外一些情况下,投资组合的收益之间根本没有任何关系。总之,投资组合的收益行为将帮助我们得出是否存在与一个因素相关的溢价的结论,并且描述因素的性质。

投资组合分类法的一个应用就是建立因素模拟组合(FMP)。因素模拟组合是一个多空组合,即买空某个因素值较高的股票,同时卖空相同价值的该因素值较低的股票。因素模拟组合是零成本的因素交易策略。

投资组合分类法在从业人员和学者中已经变得非常流行,以至于他们很少会提出计量方面的问题进而经常没有针对这种方法的计量上的支持。虽然关于这个问题的详细讨论超出了本书的范围,但是我们还是想指出用于分类的投资组合中使用的资产定价测试可能会出现偏差,这一偏差可能会拒绝本应在考虑范围内的资产定价模型。[①]

根据某一因素分类的投资组合的构建过程是很直接的:
- 选择合适的分类方法。
- 根据因素对资产进行分类。
- 把分类过的资产分为 N 种投资组合(通常 $N=5$ 或 $N=10$)。
- 计算连续的时间段内每种组合中资产的平均收益(或者其他统计量)。

投资组合分类的标准统计检验过程是利用 t 检验来评估具有最高因素值和最低因素值的股票组合之间平均收益差异的显著性。

选择分类方法

分类的方法应该与因素分布的特征和因素溢价背后的经济动机相一致。我们列出对

[①] 关于这一最常见问题的一个很好的概述,参见 Jonathan B. Berk. Sorting out Sorts. *Journal of Finance*, 55 (2000), pp. 407—427 和其参考文献。

因素进行分类的六种方法：

方法 1
- 根据因素值从最高到最低对股票进行分类。

方法 2
- 根据因素值从最低到最高对股票进行分类。

方法 3
- 首先把因素值为零的股票分配到最底下的组合中。
- 然后把余下的因素值非零的股票分到余下的不同组合中。

例如，股息收益率这个因素就适合这种分类方法。这种方法利用经济原理调整有股利支付和无股利支付股票的因素分布特征。通常无股利支付股票与有股利支付股票的特征是不同的。所以我们把无股利支付的股票分到一个组合中，然后把剩下的股票根据它们非零的股利收益率的大小分到其他的组合中。我们根据股利收益率的不同来区分股票有两个原因：(1)股利收益率的大小与公司的成长期有关；(2)一些投资者更喜欢以股利的形式获得投资收益。

方法 4
- 把因素值为零的股票分到中间组合中。
- 把因素值为正值的股票分到余下较高的组合中(高于中间组合)。
- 把因素值为负值的股票分到余下较低的组合中(低于中间组合)。

方法 5
- 把股票分为几个部分。
- 对每部分中的资产进行排序。
- 把不同部分中排序相同的资产分在一个组合中。

我们举个例子就能清楚地说明这个过程。比如我们要在行业中性的基础上根据收益增长率对股票进行分类。首先，我们根据行业的不同把股票分成几组。其次，在每一行业内，我们根据收益增长率对股票进行排序。最后，我们把所有收益增长率排序相同的股票分到最终的组合中。这个过程确保了每个组合中来自各个行业的股票数量是相同的，从而得到的组合是行业中性的。

方法 6
- 把所有因素值为负值的股票分离出来，以中值为分割点把这些股票分为两组。
- 把所有因素值为零值的股票分到一个组合中。
- 把余下的具有非零因素值的股票根据因素值分到不同的组合中。

关于方法 6 的例子，我们可以回想一下在第六章中关于股权回购量的讨论。我们感兴趣的是这一因素的极端正值和极端负值。正如我们在图 6.4 的图 A 中看到的那样，这一因素的分布是尖峰的，正值偏向右侧而且负值聚集在一个很小的范围内。通过运用方法 6 对这一变量进行分割，我们就可以区分被视为极端值的那些因素值了。因为负值是聚集的，所以我们希望能区分那些数量众多的负值。我们根据所有负值的中间值对负值进行了分类，从而实现了我们的目标。负值较大的股票形成了极端负值组合。因为正值是右偏的，所以我们希望将较大的正值与较小的正值区分开来。当运用了方法 6 之后，我们还能将零值与正值区分开。

投资组合分类法有一些优点。这个方法很容易实施而且容易处理退出样本和进入样本的股票。由这种方法得到的投资组合分散了单项资产的特定风险并提供了研究不同因素值的资产组合的平均收益如何变动的一种方法。

投资组合分类法也有一些缺点。由此得到的投资组合可能会受到作为组合分类依据的因素之外的不同风险的影响。在那些情况下,很难知道哪些风险特征会对组合收益产生影响。由于投资组合分类是非参数的,它们不能给出投资组合的平均收益率和因素之间关系的函数形式。

接下来,我们将用三个例子来说明因素背后的经济学常识和横截面统计量是如何帮助我们确定分类方法的。

例1:基于 EBITDA/EV 因素的投资组合分类法

在上一章中,我们介绍了 EBITDA/EV 因素。图 7.1 中的图 A 给出了 EBITDA/EV 因素的横截面分布。该分布近似于均值为 0.1 的正态分布,而且有轻微的右偏。我们运用方法 1 把变量分到五个组合中(记为 q1,…,q5),因为这种分类方法利用了在因素和收益率之间存在线性关系这一经济学常识调整了因素收益率的横截面分布。在图 7.1 的图 B 中,我们看到,组合 1(q1)和组合 5(q5)之间的等权重加权月度平均收益率有很大的不同。因此,买空组合 1 并卖空组合 5 的交易策略(在图中用 ls 表示)能获得超常收益。

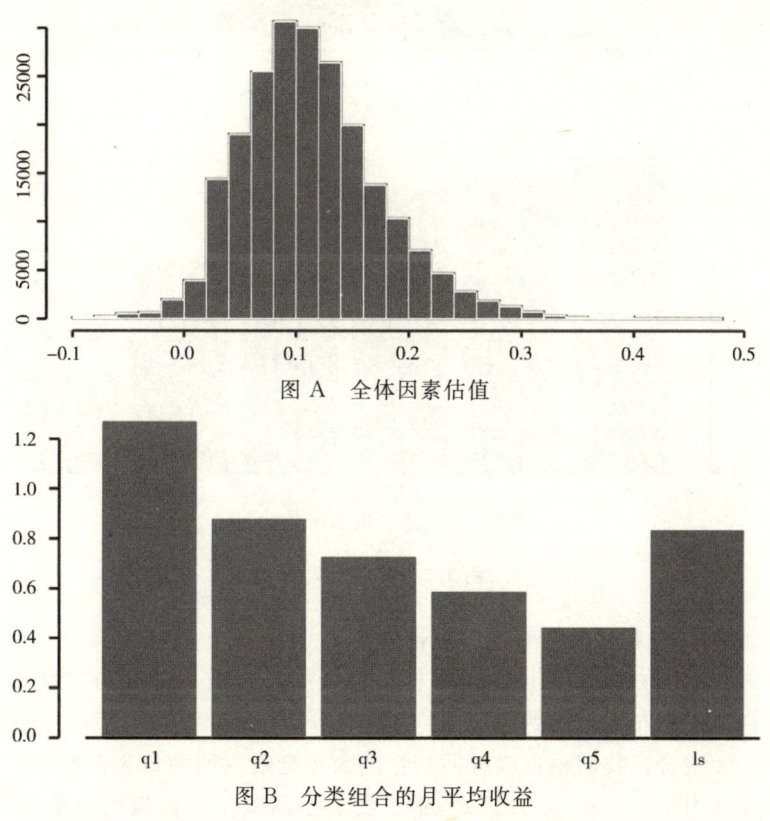

图 A 全体因素估值

图 B 分类组合的月平均收益

图 7.1 基于 EBITDA/EV 因素的投资组合分类

例 2：基于修正值因素的投资组合分类法

从图 7.2 的图 A 我们可以看到，盈利修正值的分布是尖峰的，其均值大约为零且剩余的值在尖峰两侧呈对称分布。这个横截面分布图形为我们根据这个因素进行分类提供了帮助。我们使用方法 3 把变量分为 5 个组合。我们把修正值没有改变的公司股票分到中间的组合（组合 3）中。然后我们根据修正值的大小把修正值为正值的股票分到组合 1 和组合 2 中，同时我们根据修正值的大小把修正值为负值的股票分到组合 4 和组合 5 中。从图 7.2 的图 B 中我们可以看到在组合和其月收益率之间存在一定的关系。修正值和其收益率之间的正向关系与因素背后的经济常识是统一的：我们预期盈利不断提高的公司会有超常的表现。买空组合 1 同时卖空组合 5（在图中用 ls 表示）的交易策略可能会获得超常收益。

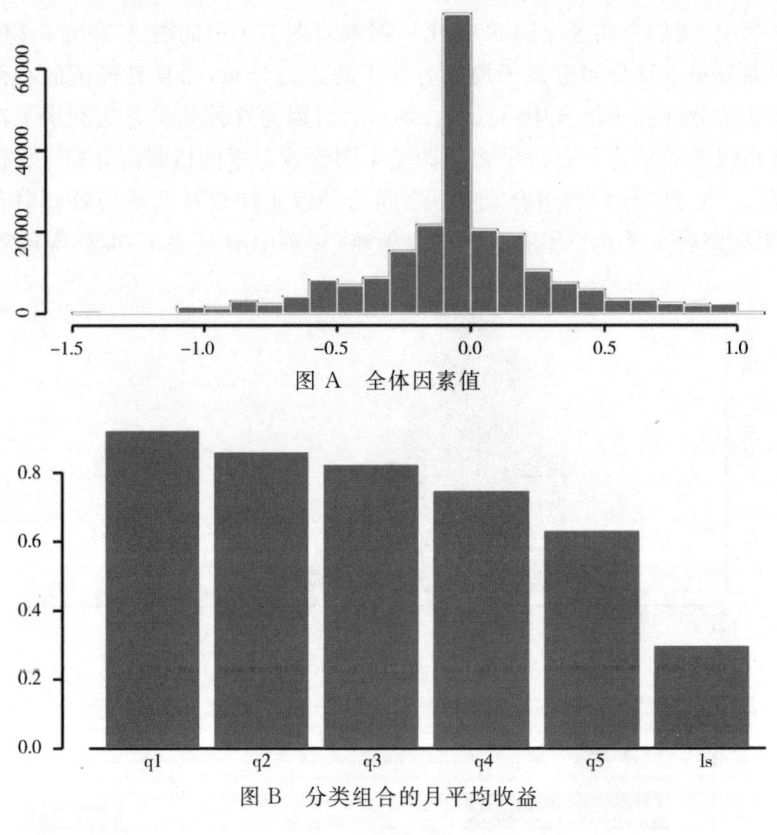

图 A 全体因素值

图 B 分类组合的月平均收益

图 7.2 修正值因素

例 3：基于股权回购量因素的投资组合分类法

从图 7.3 的图 A 中我们可以看到股权回购量的分布是不对称的并且尖峰在均值零附近。这种横截面分布图形为我们根据这个因素进行分类提供了帮助。我们使用方法 6 把变量分为 7 个组合。我们根据股权回购量的大小把股权回购量为正值的股票分到组合 1 到组合 5（在图中用 q1,…,q5 表示）当中。我们把回购量为负值的股票分到组合 q−2 和组合 q−1 当中，其中负值的中间值决定它们的归属。我们把负值分开是因为我们更关注流通在外的股权的大的变化。由图 7.3 的图 B 我们可以看到,不同于以前的因素,这些投资组合之间没有线性关系。但是极端的投资组合(在图中用 ls 表示)之间的收益存在很大差异。这一大的差异与该因素背后的经济常识是相符的:流通在外的股权数量的变化是公司未来价值和前景变化的一个潜在信号。一方面,流通在外的股权数量的大幅增加可能会告诉投资者:(1)由于融资困难公司需要额外的现金,或者(2)公司股票价值被高估了。另一方面,流通在外的股权数量的大幅度减少或许意味着管理层认为股票价值被低估了。最后,流通在外的股权数量的微小变化,不管是正的还是负的,通常不会对股票价格产生影响,因此没有多大意义。

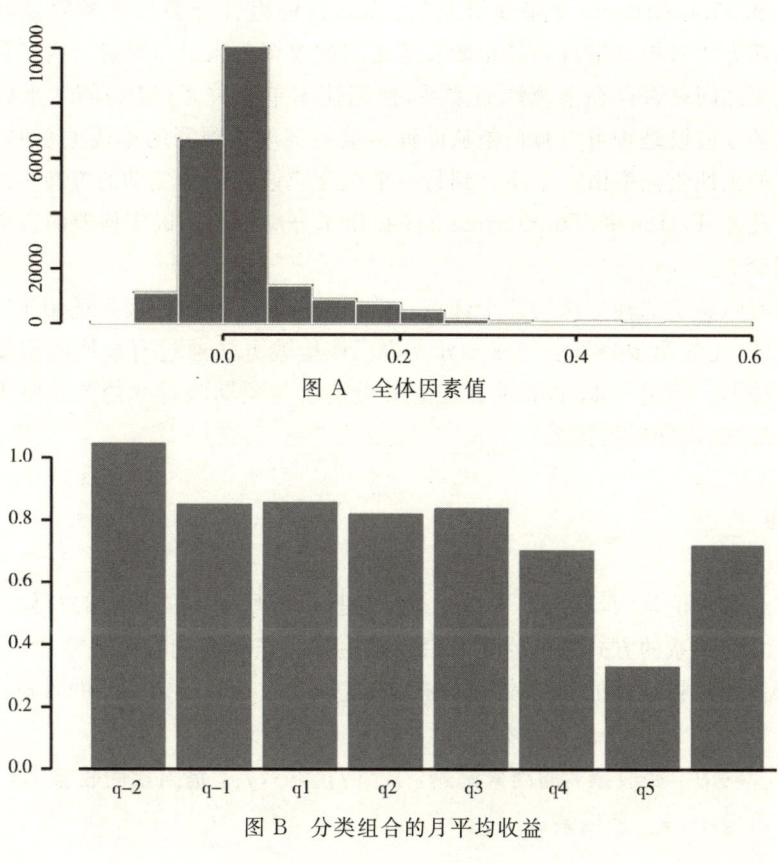

图 A 全体因素值

图 B 分类组合的月平均收益

图 7.3 股权回购量因素

投资组合分类法的信息比率

信息比率(IR)是反映一个投资策略的风险调整后的表现的一个统计量。它被定义为平均超额收益与收益标准差的比值。对于积极管理型的股权多头投资组合,IR 衡量了投资组合经理所要求的在基准水平之上的风险调整后的收益[1]。IR 也可以用于评价获取从投资组合分类法中得到的多空组合的风险调整后的表现。当针对使用不同的因素构建的组合进行比较时，IR 是区分不同策略的表现的有效方法。

组合分类方法的新研究

正如我们在本节前面提到的那样，投资组合分类法的标准的统计检验方法是利用 t 检验对分类因素值最高的组合和分类因素值最低的组合之间的平均收益率的差别进行评估。然而，我们评估这两个组合的收益率的同时却忽略了有关剩余组合中收益的整体情况的重要信息。

Patton 和 Timmermann 的最新研究[2]为提高投资组合分类法推断的稳健性提供了分析方法。该方法对投资组合和其预期收益之间的单调关系进行检验。为了探求在因素和组合收益率之间是否存在系统性的关系，他们使用单调关系（MR）测试来研究不存在系统性关系的零假设是否可以被拒绝从而证实被经济理论预测的单调关系的存在。MR 意味着因素的预期收益率由一个组合到另一个组合应该与组合变动的方向一致地单调上升或下降。此外，Patton 和 Timmermann 还提出了分离检验来确定偏差的方向是支持还是反对该理论的。

作者同时强调了这种方法的几个优点。这个检验是非参数的而且适用于其他投资组合分类的方法，比如两步分类法和三步分类法。该检验方法通过有放回的重复抽样方法是很容易实施的。更进一步，该检验在建立分类变量与预期收益率的关系时不需要设定具体的函数形式（例如线性函数）。

因素模型

经典的金融理论认为，股票的平均收益是对投资者所承担的风险的补偿。表述这种风险与收益之间关系的方式之一就是采用因素模型。正如我们在第五章中讨论的那样，因素模型可以用于将某种证券的收益分解为特定因素收益和特定资产的收益：

$$r_{i,t} = \alpha_i + \beta_{i,1} f_{1,t} + \cdots + \beta_{i,k} f_{k,t} + \varepsilon_{i,t}$$

其中 $\beta_{i,1}, \beta_{i,2}, \cdots, \beta_{i,k}$ 是股票 i 的因素暴露，$f_{1,t}, f_{2,t}, \cdots, f_{k,t}$ 是因素的收益率，α_i 是股票 i 的平均超常收益率，$\varepsilon_{i,t}$ 是残差。

---

[1] 在 Richard C. Grinold and Ronald N. Kahn, *Active Portfolio Management: A Quantitative Approach for Providing Superior Returns and Controlling Risk*（New York: McGraw-Hill, 1999）中，作者讨论了 t 统计量和信息比率的不同。两种方法在计算上是有紧密联系的。t 统计量是策略的平均收益率和其标准差的比值。Grinold 和 Kahn 认为它们之间相近的计算过程并不能模糊它们之间的区别。t 统计量测量的是收益率的统计显著性，而 IR 考虑的是风险和收益率之间的权衡以及投资策略的附加价值。

[2] Andrew J. Patton and Allan Timmermann. Monotonicity in Asset Returns: New Tests with Applications to the Term Structure, the CAPM and Portfolio Sorts. Working Paper, University of California San Diego, 2009.

这个因素模型是同期的,也就是说左边和右边的变量(收益率和因素)具有相同的时间下标 t。对于交易策略,人们一般会采用预测模型,其中收益和因素的时间下标分别为 $t+h(h \geqslant 1)$ 和 t。在这种情形中,计量经济模型变为

$$r_{i,t+h} = \alpha_i + \beta_{i,1} f_{1,t} + \cdots + \beta_{i,k} f_{k,t} + \varepsilon_{i,t+h}$$

我们如何解释一个基于因素模型的交易策略?解释变量代表了可以预测证券收益率的不同因素,每个因素都有与其相关的因素溢价。所以,证券的未来收益率与其因素溢价暴露是成比例的

$$E(r_{i,t+h} \mid f_{1,t}, \cdots, f_{k,t}) = \alpha_i + \boldsymbol{\beta}'_i \boldsymbol{f}_t$$

而股票未来收益率的方差由下式给出

$$\text{Var}(r_{i,t+h} \mid f_{1,t}, \cdots, f_{k,t}) = \boldsymbol{\beta}'_i E(\boldsymbol{f}_t \boldsymbol{f}'_t) \boldsymbol{\beta}_i$$

其中 $\boldsymbol{\beta} = (\beta_{i,1}, \beta_{i,2}, \cdots, \beta_{i,k})'$ 且 $\boldsymbol{f} = (f_{1,t}, f_{2,t}, \cdots, f_{k,t})'$。

我们在第二章和第五章中已经讨论了线性回归模型和因素模型的估计,下一节我们将讨论关于横截面回归模型和因素模型的一些具体的计量问题。

关于横截面因素模型的计量问题

在因变量是股票的收益率而自变量是因素的横截面回归模型中[①],可能会出现推断问题,这是我们在第二章解释过的违反古典线性回归理论的结果。三种最常见的问题是测量问题、残差的共变性和多重共线性。

测量问题

有些因素并没有明确给出而是需要进行估计。对这些因素进行估计时会产生误差。因素的估计误差可能会影响基于因素的模型的推断。这个问题通常简称为"变量问题的误差"。例如,包含股票贝塔值的因素在估计时会产生误差,因为贝塔值是由股票的超额收益率对市场指数的超额收益率进行回归得到的。虽然超出了本书的范围,但是已经有人提出了几种方法来处理这个问题。[②]

残差的共变性

回归模型的残差中通常包含一个共变性的来源。残差中共变性的来源是异方差性和序列相关性。我们注意到,当异方差和序列相关的形式已知时,我们可以应用在第二章中讨论过的广义最小二乘法(GLS)。如果其形式是未知的,就需要进行估计,比如利用同样在第二章讨论过的可行广义最小二乘法(FGLS)。接下来我们总结另外一些可能出现的问题。

在线性回归中,当残差的方差随观测值变化而变化时就出现异方差问题,它会影响到统计推断。具体地,得到的标准差会被低估并且 t 统计量会因此被夸大。忽略异方差可

[①] 参见例如,Eugene F. Fama and Kenneth R. French. The Capital Asset Pricing Model: Theory and Evidence. *Journal of Economic Perspectives*, 18 (2004), pp. 25—46.

[②] 方法之一是使用在第四章介绍的贝叶斯法或模型平均法。关于贝叶斯法的详细内容请参见 Svetlozar T. Rachev, John S. J. Hsu, Biliana S. Bagasheva and Frank J. Fabozzi. *Baysian Methods in Finance* (Hoboken, NJ: John Wiley & Sons, 2008).

能会使研究者发现某一显著关系,而这种关系实际上是不存在的。正如在第二章讨论过的,我们已经有一些方法来计算关于异方差稳健的标准差,也被称作异方差一致的标准差。

当线性回归中连续的残差项相关时就出现了序列相关问题,这也违背了回归理论的假设。如果序列是正相关的,那么标准差会被低估,并且 t 统计量将被夸大。Cochrane[①]认为,使用财务数据做横截面回归时的误差往往因 10 个因素中的一个而消失。当计算出标准差后,我们就有办法来修正序列相关性。

当回归方程的残差既是异方差的又是序列相关时,我们有办法来修正它们。一个常用的方法是由 Newey 和 West 提出的,我们将在第八章中对其进行讨论。

当残差序列相关时,Petersen[②] 为如何选择适当的方法来正确地计算面板数据回归的标准差提供了指南。他说明不同方法的相对精度取决于数据的结构。当存在公司效应时,某一给定公司的不同年份的残差可能是相关的,这时无论使用普通最小二乘估计、Newey-West 方法(针对面板数据集修正后的)或者是 Fama-MacBeth 方法[③],即针对一阶自相关进行了修正后的方法所得到的标准差都是有偏的。为了对此进行修正,Petersen 建议使用企业聚类的标准差。如果公司效应是永久的,使用固定效应模型和随机效应模型能得到无偏的标准差。在存在时间效应时,某一给定时期不同公司的残差可能是相关的(横截面相关),这时使用 Fama-MacBeth 方法能得到无偏的标准差。更进一步,当存在充分数量的簇时,时间聚类的标准差也是无偏的。为了选出合适的方法,他建议先确定数据相关的形式然后再比较这几种方法的结果。

Gow,Ormazabal 和 Taylor[④] 评估了用会计研究中使用的实证方法来修正横截面数据和时间序列的相关问题的效果。他们对每一种方法进行了回顾并讨论每种方法在什么情况下会得到有效的推断。他们还分析了几种从会计学文献中得到的之前没有被正式讨论过的方法。

多重共线性

当两个或多个自变量高度相关时就产生了多重共线性的问题。当出现多重共线性时,我们可能会遇到几个问题。第一,我们很难确定是哪个因素在影响因变量。第二,单个 P 值可能是有误导性的 即使某个变量很重要,P 值也可能很高。第三,回归系数的置信区间会很大。它们甚至可能会包含零值在内。这就意味着我们不能确定自变量的增大会导致因变量的增大还是减小。我们没有基于某种理论的正式的解决办法来修正多重共线性问题。修正多重共线性的最好的办法是移除一个或多个相关的自变量。增加样

[①] John H. Cochrane. *Asset Pricing*. (Princeton,NJ:Princeton University Press,2005).

[②] Mitchell A. Petersen. Estimating Standard Errors in Finance Panel Sets:Comparing Approached. forthcoming,*Review of Financial Studies*.

[③] 我们将在下一节讨论 Fama-MacBeth 回归。

[④] Ian D. Gow,Gaizka Ormazabal and Daniel J. Taylor. Correcting for Cross-Sectional and Time-Series Dependence in Accounting Research. Working Paper,Kellogg School of Business and Stanford Graduate School,2009.

本容量也能减轻多重共线性的影响。

Fama-MacBeth 回归

为了解决由残差相关所造成的推断问题,Fama 和 MacBeth[①] 提出了如下的方法来估计因素收益率的横截面回归模型。为了叙述的方便,我们针对一种因素情形来描述这个方法,将其向多因素情形推广是很直观的。

首先,我们在指定时期内的每个时点上进行横截面回归。

$$r_{i,t} = \beta_{i,t} f_t + \varepsilon_{i,t}, i = 1, 2, \cdots, N$$

在学术文献中,通常使用月度或季度数据进行回归,但是这个方法可以应用于任何时间频率的数据。

我们通过评估斜率和残差时间序列的的均值和标准差来确定横截面回归的显著性。我们用它们的横截面估计的均值作为 f 和 ε_i 的估计值

$$\hat{f} = \frac{1}{T}\sum_{t=1}^{T}\hat{f}_t, \hat{\varepsilon}_i = \frac{1}{T}\sum_{t=1}^{T}\hat{\varepsilon}_{i,t}$$

在没有实际估计相关性的情况下,估计值的变化情况决定了标准差的大小并捕获了残差相关性的影响。[②] 我们用横截面回归估计的标准差来计算这两个估计量的样本误差

$$\sigma_{\hat{f}}^2 = \frac{1}{T^2}\sum_{t=1}^{T}(\hat{f}_t - \hat{f})^2, \sigma_{\varepsilon_i}^2 = \frac{1}{T^2}\sum_{t=1}^{T}(\hat{\varepsilon}_{i,t} - \hat{\varepsilon}_i)^2$$

Cochrane[③] 对这个方法进行了详细分析并将它与横断面 OLS 和混合时间序列横截面 OLS 进行了比较。他证明当因素不随时间变化而变化而且残差是横截面相关但不是时间相关时,这些方法都是等价的。

信息系数

从业者通常使用信息系数(IC)来确定一个模型的预测能力。IC 是测量一个因素和其随后实现的收益率之间的横截面相关性的一个线性统计量[④]

$$IC_{t,t+k} = \text{corr}(f_t, r_{t,t+k})$$

其中 f_t 是在 t 时刻的横截面因素值的向量,$r_{t,t+k}$ 是从 t 时刻到 $t+k$ 时刻收益率的向量。

和标准相关系数完全一样,IC 的取值介于 -1 和 1 之间。正的 IC 值表示在因素和收益率之间存在正向的关系。负的 IC 值表示在因素和收益率之间存在负向的关系。IC 值

---

① Eugene F. Fama and James D. MacBeth. Risk, Return and Equilibrium: Empirical Tests. *Journal of Political Economy*, 81 (1973), pp. 607–636.

② Fama and French. *The Capital Asset Pricing Model: Theory and Evidence*.

③ Cochrane, *Asset Pricing*.

④ 参见 Grinold and Kahn. Active Portfolio Management A Quantitative Approach for Providing Superior Returns and Controlling Risk; Edward E. Qian, Ronald H. Hua and Eric H. Sorensen, Quantitative Portfolio Management: Modern Techniques and Applications (New York: Chapman & Hall/CRC, 2007).

通常是一段时间区间内计算一次,比如说一天或是一个月。我们可以通过检验 IC 值时间序列的情况来评估一个因素是如何表现的。观察 IC 的均值可以告诉我们因素的预测性如何。

这个方法的另一种形式是让 f_t 代表横截面因素的矩阵。该计算方法类似于 Spearman 秩系数的计算。通过利用因素的秩,我们可以关注于因素值的排序而不是因素值的大小。对因素值进行排序可以减小离群值的过度影响和具有异方差性的变量的影响。出于同样的原因,我们也选择对收益率进行排序而不是使用它们的具体数值。

Sorensen,Qian 和 Hua[①] 提供了基于 IC 值进行因素分析的框架。他们的 IC 值测量的是因素秩之间的相关性,其中秩是因素的标准 z 值[②]和因素的收益率。直观地说,该 IC 测量的是与该因素的单位标准差暴露相关的收益率。该 IC 通过风险调整而得到进一步完善。对于风险调整,作者移除了 IC 中的系统性风险,从而使得 IC 适用于特定风险。将这些风险移除后,Qian 和 Hua[③] 发现得到的 IC 值能更精确地测量因素的收益预测能力。

因素收益实现的时间通常是不一样的。例如,基于价格反转的因素的收益在短时间内就可以实现,而诸如 EBITDA/EA 之类的价值因素的收益需要在一个较长的时间内才能实现。所以为一组因素预测值计算多个 IC 是很有必要的,其中每次计算中测量收益的时间段都是不同的。

IC 方法有很多和回归模型相同的优点。该方法很容易实施。因素和其收益率之间的函数关系是已知的(线性的)。

IC 也可以用来评估因素和交易策略的风险。某个特定因素的 IC 时间序列的标准差($std(IC_{t,t+k})$)可以被解释为该因素的策略风险。检验在不同时间区间上的 $std(IC_{t,t+k})$ 的时间序列行为能帮助我们更好地了解某一特定因素失效的频率。Qian 和 Hua 认为 $std(IC_{t,t+k})$ 可以用来更有效地理解投资组合较活跃的风险。他们的研究表明事后跟踪误差往往要超过由风险模型得到的事前跟踪误差。之所以会出现这种跟踪误差差别是因为跟踪误差同时是从风险模型得到的事前跟踪误差和信息系数变化性 $std(IC_{t,t+k})$ 的函数。他们把预期跟踪误差定义为

$$\sigma_{TE} = std(IC_{t,t+k}) \sqrt{N} \sigma_{model} dis(\boldsymbol{R}_t)$$

其中 N 是股票池中的股票数量,σ_{model} 是风险模型的跟踪误差,$dis(\boldsymbol{R}_t)$ 是收益的离差[④],其定义是

$$dis(\boldsymbol{R}_t) = std(r_{1,t}, r_{2,t}, \cdots, r_{N,t})$$

[①] Eric H. Sorensen, Ronald Hua and Edward Qian. Contextual Fundamentals, Models, and Active Management. *Journal of Portfolio Management*, 32 (2005), pp. 23—36.

[②] 一个因素的标准化 z 值由以下公式得到:$z=(f-\bar{f})/std(f)$,其中 f 是因素,$\bar{f}$ 是均值,$std(f)$ 是因素的标准差。

[③] Ronald Hua and Edward Qian. Active Risk and Information Ratio. *Journal of Investment Management*, 2 (2004), pp. 1—15.

[④] 这里我们采用 Qian and Hua. Active Risk and Information Ratio. 中所用的记号。为了避免混淆,Qian 和 Hua 用 dis() 表示横截面数据的标准差,用 std() 表示时间序列的标准差。

例：信息系数

图 7.4 描述了 EBITDA/EV、财政年度 1 到财政年度 2 的预计收益的增长率、修正值和动量等因素的 IC 值随时间变化的行为表现。该图给出了信息系数的时间序列均值

$$\overline{IC_k} = mean(IC_{t,t+k})$$

该图描述了每个因素的信息大小，展示了随后的收益率是如何随时间实现的。纵轴给出了平均信息系数 $\overline{IC_k}(k=1,2,\cdots,15)$ 的大小。

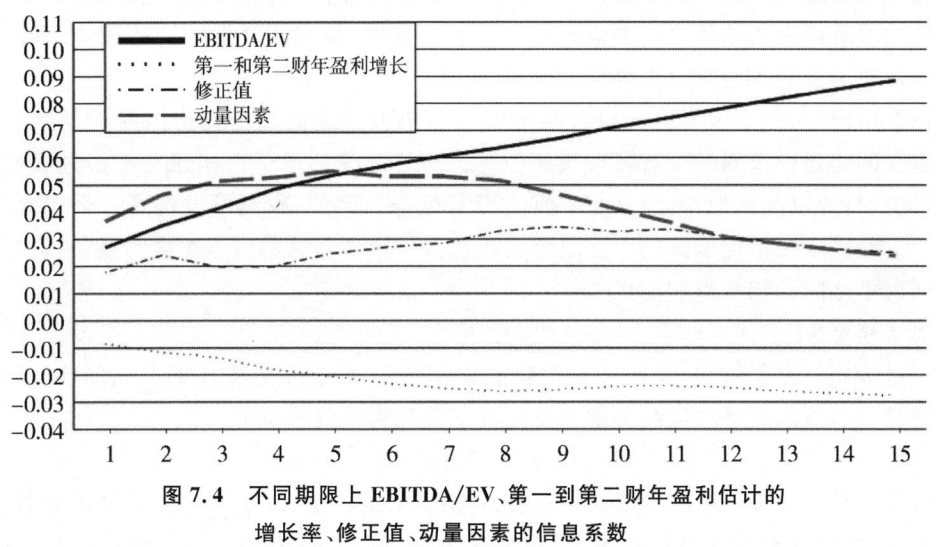

图 7.4　不同期限上 EBITDA/EV、第一到第二财年盈利估计的
增长率、修正值、动量因素的信息系数

具体来说，EBITDA/EV 的 IC 大约从 0.03 开始，并且随着投资期限从 1 个月到 15 个月不断延长是单调增加的。当期限为 15 个月时，EBITDA/EV 因素的 IC 为 0.09，是图中所描述的所有因素中最高的。这一关系说明持有期越长，EBITDA/EV 的收益率越高。

图中其他因素的 IC 值的变化情况也是很有趣的。本财年与下财年预计盈利的增长率被定义为由买方分析师提供的下财年（fy2）的预计盈利和本财年（fy1）的预计盈利相比的增长率。① 在本章余下部分中，我们将把本财年与下财年盈利估计值之间的增长率简称为盈利增长率。它的 IC 值是负的而且随着投资期限的延长而递减。动量因素的 IC 开始于 0.02 并且在 5 个月中上升到大约 0.055。第 5 个月之后，它的 IC 开始减小。修正值的 IC 开始是正的然后一直缓慢上升到第 11 个月，然后就开始下降。

由图中的整体图形，我们可以看出不同因素的收益实现形式是不同的。一个值得注意的现象是随着持有期的延长，因素的收益率并不一定都是减小的，有时也会增加。当我们试图将几个因素进行合并时，理解每个因素的多时期的影响是十分重要的。这一信息或许会影响人们构建模型的方式。例如，我们可以利用将因素的减小或增加描述为一个校准参数的函数把关于信息期限的这一信息加入我们的模型中。或者我们可以通过改变

---

① 盈利估计值来自 IBES 数据库。关于该数据的详细描述参见附录 A。

我们的交易策略中的证券持有期来隐含地纳入这一信息。具体地，Sneddon[1] 研究了将一个具有短期预测能力的因素和一个具有长期预测能力的因素组合到一起的例子。纳入关于信息系数随期限而变化的信息常常可以提高一个模型的收益潜力。Kolm[2] 则描述了包含信息衰减、市场冲击成本和现实世界的限制在内的一般的多期模型。

因素组合

我们常常通过构建因素组合来测量某一因素的信息含量。其目的是要模仿因素的收益表现并尽量减少残差风险。类似于投资组合分类法，我们通过评估这些因素组合的表现来确定该因素是否能获得系统性溢价。

通常情况下，一个因素组合包含某个因素的单位暴露而关于其他因素的暴露为零。因素组合的构建要求同时持有多头头寸和空头头寸。我们也可以构建关于多种属性（比如贝塔值、行业以及其他特征）具有暴露的因素组合。例如，我们可以构建一个包含市净率和小盘股因素的单位暴露的因素组合。包含多种因素暴露的因素组合为我们提供了分析不同因素之间的相互影响的机会。

因素模型法

通过运用多因素模型，我们可以构建能控制各种风险的因素组合。[3] 我们可以利用回归把某一时点的收益和风险分解为系统性部分和特殊组成部分：

$$r = Xb + u$$

其中 r 是我们所分析的股票的超额收益率的 N 维向量，X 是 $N \times K$ 阶的因素载荷矩阵，b 是 K 维的因素收益率向量，u 是 N 维的公司特定收益率（残差收益率）向量。这里我们假设因素收益率与公司的特定收益率是无关的。此外我们还假设不同公司的特定收益率之间也是无关的，股票收益率 V 的 $N \times N$ 阶协方差矩阵给出如下

$$V = XFX' + \Delta$$

其中 F 是因素收益率的 $K \times K$ 阶协方差矩阵，Δ 是特定收益的方差的 $N \times N$ 阶对角矩阵。

我们可以使用之前讨论过的 Fama-MacBeth 方法来估计一段时间内因素的收益率。每一个月我们进行一次 GLS 回归，得到

$$b = (X'\Delta^{-1}X)^{-1}X'\Delta^{-1}r$$

虽然通过 OLS 我们可以得到无偏的估计量，但是由于残差是异方差的，所以 GLS 方法更适合我们的分析而且能给出更有效的估计。得到的每种因素组合的持有量由矩阵 $(X'\Delta^{-1}X)^{-1}X'\Delta^{-1}$ 的行给出。

---

[1] Leigh Sneddon. The Tortoise and the Hare: Portfolio Dynamics for Active Managers. *Journal of Investing*, 2 (2008), pp. 106—111.

[2] Petter N. Kolm. Multi-Period Portfolio Optimization with Transaction Costs, Alpha Decay, and Constraints. Working Paper, Courant Institute of Mathematical Sciences, New York University, 2010.

[3] 因素组合的推导参见 Grinold and Kahn. Active Portfolio Management: A Quantitative Approach for Providing Superior Returns and Controlling Risk.

最优化法

构建因素组合的第二种方法是利用均值—方差最优化方法。最优化技术提供了解决带有附加目标和约束的问题的灵活方法。①

和上一节的记法一样,我们用 X 表示因素的集合。我们希望构建一个组合,它关于 X 中的一个目标因素(α 因素)具有最大暴露,而关于其他因素的暴露为零,并且组合的风险最小。我们用 X_α 代表 α 因素,用 X_σ 代表其他所有的因素。则得到的最优化问题的形式是

$$\max_w \left\{ w'X_\alpha - \frac{1}{2}\lambda w'Vw \right\}$$
$$\text{s.t.} \quad w'X_\sigma = 0$$

这个最优化问题的解析解是

$$b^* = \frac{1}{\lambda}V^{-1}[I - X_\sigma(X'_\sigma V^{-1} X_\sigma)^{-1} X'_\sigma V^{-1}]X_\alpha$$

我们可能想给这个问题加上一些额外的限制条件。增加限制条件以使因素组合更容易实现并且满足额外的一些目标。一些常见的限制条件包括交易数量的限制、交易成本、资产的数量和流动性偏好。这些限制条件②通常都是以线性不等式约束的形式出现的。这种情况下不存在解析解,所以我们必须进行二次规划(QP),我们将在第八章中对其进行讨论。③ 在本章的最后我们将给出关于该方法的一个例子。

因素表现的评估

分析不同因素的绩效表现是构建基于因素的交易策略过程的重要组成部分。一个研究人员可能会构建并分析超过 100 个不同的因素,所以用于评估并比较这些因素的方法是必不可少的。通常情况下这一过程始于了解每个因素的时间序列的性质,然后研究它们之间是如何相互影响的。

我们使用本章之前讨论过的五个因素:EBITDA/EV、修正值、股权回购量、动量和盈利增长率,来介绍实施这一过程的基本思路。这些就是我们接下来在本章中讨论的因素交易策略模型中所用到的一个因素集合。为了叙述的方便,我们选择有限数量的因素。特别地,我们会更重视那些具有更为有趣的实证性质的因素。

表 7.1 的表 A 给出了由这些因素构建的多—空投资组合的月收益率的汇总统计数据。我们看到平均月收益率在盈利增长率因素的 −0.05% 到动量因素的 0.9% 之间变

---

① Dimitris Melas, Raghu Suryanarayanan, and Stefano Cavaglia. Efficient Replication of Factor Returns. MSCI Barra Research Insight. June 2009.

② 一个例外是对资产数量的限制,它是整数约束。

③ 关于最优化问题和最优化软件的更详细的讨论参见 Frank J. Fabozzi, Petter N. Kolm, Dessislava Pachamanova, and Sergio M. Focardi, Robust Portfolio Optimization and Management (Hoboken, NJ:John Wiley & Sons,2007).

化。对于EBITDA/EA、股权回购量和动量等因素来说,平均收益率的t统计量在95%的置信水平上是显著的。月波动率在修正值因素的3.77%到动量因素的7.13%之间变动。也就是说,不同因素之间收益和风险特征的变动是显著的。我们注意到对于所有因素,最大月度下跌从很大到非常大,这意味着存在显著的下行风险。总之,结果表明存在与EBITDA/EV、股权回购量和动量等因素相关的系统性溢价。

我们分别用pctPos和pctNeg表示在一段时间内的正收益率的比例和负收益率的比例。该指标为解释某一因素收益性的强弱和连续性提供了另一种方法。例如,EBITDA/EV和动量的t统计量分别为2.16和1.90,这意味着前者收益性更强。但是,pctPos(pctNeg)为0.55:0.61(0.45:0.39),这意味着动量因素的正收益率出现得更为频繁。这就为动量因素的有用性提供了再保证,尽管其t统计量低于95%的置信水平。

表7.1的表B给出了多—空组合的月收益率的无条件相关系数。不同因素之间因素收益的关联变动情况是不同的。最小的相关系数出现在EBITDA/EV和修正值之间,为-0.28。最大的相关系数出现在动量和修正值之间,为0.79。此外,我们观察到修正值和股权回购量之间、EBITDA/EV和盈利增长率之间的相关系数都接近于零。相关系数较宽的波动范围为将不相关的因素进行组合可以构成一个成功的策略提供了证据。

表 7.1 投资组合分类法的收益

表 A 多—空组合的月收益率的汇总统计数据

	均值	标准差	中间值	t-统计量	最大值	最小值	正值比例	负值比例
修正值	0.29	3.77	0.77	1.17	10.43	-19.49	0.55	0.45
EBITDA/EV	0.83	5.80	0.72	2.16	31.61	-30.72	0.55	0.45
股权回购量	0.72	3.89	0.43	2.78	22.01	-14.06	0.61	0.39
动量	0.90	7.13	0.97	1.90	25.43	-42.71	0.61	0.39
盈利增长	-0.05	4.34	0.25	-0.18	14.03	-23.10	0.53	0.47

表 B 多—空组合的月收益率的(无条件)相关系数

	修正值	EBITDA/EV	股权回购量	动量	盈利增长
修正值	1.00	-0.28	0.01	0.79	0.25
EBITDA/EV	-0.28	1.00	0.78	-0.12	0.01
股权回购量	0.01	0.78	1.00	0.20	0.12
动量	0.79	-0.12	0.20	1.00	0.28
盈利增长	0.25	0.01	0.12	0.28	14.03

图7.5给出了多—空组合的累积收益率。多—空因素组合的收益率波动很大。我们需要强调一下不同因素的累积收益率的如下特点:

■ 修正值因素的累积收益率在早期(从1989年12月至1998年6月)是正的。下一时期(从1998年7月至2000年7月),虽然不稳定,但累积收益率更高。随后的时期(从2000年8月至2003年6月),它开始大幅度地降低,并在接下来的时期内(从2003年7月至2008年12月)呈平稳状态。

第七章 基于因素的交易策略Ⅱ:横截面模型及交易策略

- EBITDA/EV 因素的累积收益率在早期(从 1989 年 12 月至 1998 年 9 月)一直是正的,在接下来的时期内(从 1998 年 10 月至 2000 年 1 月)开始降低,然后强势反弹(从 2000 年 2 月至 2002 年 7 月),接下来(从 2002 年 8 月至 2007 年 4 月)以较慢的但与历史更一致的速度增长,随后时期(从 2007 年 5 月至 2007 年 9 月)开始降低,然后在最后一个阶段(从 2007 年 10 月至 2008 年 12 月)回到了与历史较一致的水平。
- 股权回购量因素的累积收益率在早期(从 1989 年 12 月至 1999 年 5 月)以一个较缓慢的速度增长,在中间阶段(从 1999 年 6 月至 2000 年 1 月)缓慢下降,然后(从 2000 年 2 月至 2002 年 7 月)强势反弹,在接下来的时期(从 2002 年 8 月至 2008 年 4 月)先下降后保持平稳水平,然后(从 2008 年 5 月至 2008 年 12 月)以较快的速度上升。
- 动量因素的波动性最大。该因素的累积收益率在早期(从 1989 年 12 月至 1998 年 12 月)表现一直很好,在中间阶段(从 1999 年 1 月至 2003 年 5 月)经历了很大的波动,然后(从 2003 年 6 月至 2007 年 6 月)保持平稳水平,接下来(从 2007 年 7 月至 2008 年 12 月)以越来越快的速度增长。

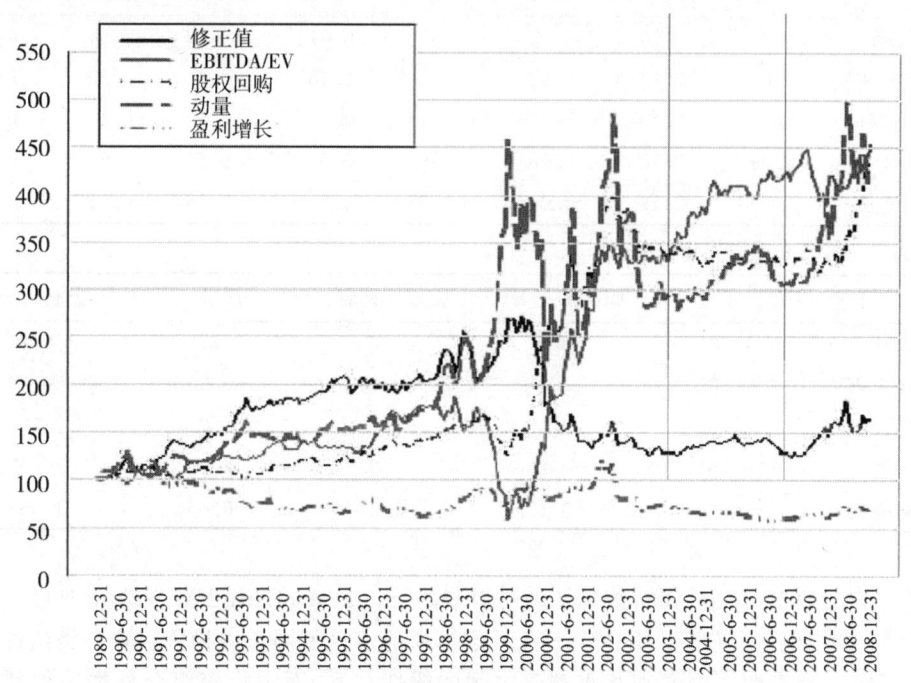

图 7.5 多空组合的累积收益

在整个期间内盈利增长率因素的表现比较平稳或者有所下降。因素的累积收益率的整体走势清楚地表明因素的收益率和相关性都是随时间而变化的。

在表 7.2 的表 A 中,我们给出了因素的月度信息系数的汇总统计信息。平均月度信息系数在 EBITDA/EV 和动量因素的 0.03 到股权回购量因素的 0.01 之间变动。对于除了盈利增长率之外的所有因素,IC 均值的 t 统计量在 95% 的置信水平上都是显著的。除了股权回购量和盈利增长率之外,其他因素的正收益率的比例明显大于负收益率的比例。

我们需要对股权回购量因素作出一些说明。与多—空投资组合分类法中的正收益率相反，这里它的信息系数是负的，这是因为负的股权回购量与其后的收益率是相关的。它的信息系数比我们预期的要小，因为在其收益率和该测度之间并没有很强的线性关系。和投资组合分类法的结果表明得一样，该因素的极端值提供了最高的收益率。

表7.2的表B给出了月度信息系数的无条件相关系数。因素收益率的IC值的关联变动在不同因素之间是不同的。最小的相关系数是EBITDA/EV和股权回购量之间的—0.66。但是这一次我们同样需要对此进行谨慎地解释，因为我们认为很有吸引力的是负的回购量。表中最高的相关系数是动量和修正值之间的0.79。与多—空因素组合收益率的相关系数一样，变动范围较大的相关系数为将不相关的因素进行从而形成一个成功的策略提供了证据。

表7.2 月度因素信息系数汇总

表A 因素的月度信息系数的基本统计量

	均值	标准差	中间值	t统计量	最大值	最小值	正值比例	负值比例
修正值	0.02	0.10	0.02	2.51	0.31	—0.29	0.58	0.42
EBITDA/EV	0.03	0.13	0.02	3.13	0.48	—0.41	0.59	0.41
股权回购量	—0.01	0.10	—0.00	—2.13	0.20	—0.45	0.48	0.52
动量	0.03	0.18	0.05	2.86	0.50	—0.57	0.59	0.41
盈利增长	—0.00	0.13	0.00	—0.56	0.26	—0.28	0.51	0.49

表B 月度平均信息系数的相关系数

	修正值	EBITDA/EV	股权回购量	动量	盈利增长
修正值	1.00	—0.31	0.13	0.79	—0.14
EBITDA/EV	—0.31	1.00	—0.66	—0.26	—0.49
股权回购量	0.13	—0.66	1.00	0.02	0.58
动量	0.79	—0.26	0.02	1.00	—0.05
盈利增长	—0.14	—0.49	0.58	—0.05	1.00

在表7.3的表A中，我们给出了来自因素的Fama-MacBeth(FM)回归的月度系数的时间序列平均的汇总统计数据。由FM系数提供的信息不同于由投资组合分类法提供的信息。FM系数表明了因素和其收益率之间的线性关系，而由投资组合分类法得到的结果提供了关于因素的极端值和其收益率的信息。FM系数和投资组合分类法之间平均收益的差别有一部分被掩饰了，因为FM回归中的截距项并没有在表中给出。

平均的月度FM系数在股权回购量的—0.18到动量因素的0.31之间变动。我们又一次要对关于股权回购量的结果作谨慎的理解，因为我们认为有吸引力的是负回购量。对于EBITDA/EV和股权回购量，IC均值的t统计量在95%的置信水平上是显著的。

我们也对比一下表7.2的表A中投资组合分类法的结果和表7.3的表A中FM的系数。这两个表中因素收益率大小的排序是很相似的。FM回归的t统计量略大于投资组合分类法的t统计量。对于除了股权回购量之外的所有因素，表7.2的表B中的投资组合分类法的相关系数与表7.3的表B中的FM系数是一致的。关于股权回购量的结果我们需要谨慎地理解,因为我们认为有吸引力的是负回购量。投资组合分类法对其进行了考虑而FM回归没有考虑。

表7.3 月度 Fama-MacBeth 回归系数汇总

表A　Fama-MacBeth(FM)回归的系数的基本统计量

	均值	标准差	中间值	t统计量	最大值	最小值	正值比例	负值比例
修正值	0.09	1.11	0.22	1.22	3.36	−5.26	0.59	0.41
EBITDA/EV	0.27	1.61	0.14	2.50	8.69	−7.81	0.59	0.41
股权回购量	−0.18	0.96	−0.06	−2.90	3.21	−5.91	0.44	0.56
动量	0.31	2.42	0.29	1.94	9.97	−12.37	0.60	0.40
盈利增长	−0.08	0.99	−0.04	−1.20	2.83	−4.13	0.48	0.52

表B　Fama-MacBeth(FM)回归系数的相关系数

	修正值	EBITDA/EV	股权回购量	动量	盈利增长
修正值	1.00	−0.27	0.05	0.77	−0.26
EBITDA/EV	−0.27	1.00	−0.75	−0.18	−0.58
股权回购量	0.05	−0.75	1.00	−0.04	0.64
动量	0.77	−0.18	−0.04	1.00	−0.18
盈利增长	−0.26	−0.58	0.64	−0.18	1.00

为了更好地理解这些因素的表现随时间的变化情况,我们计算了这些因素滚动的24个月的均值和相关系数,计算结果在图7.6中给出。我们可以看到所有因素的收益率和相关系数都是随时间而变化的。在滚动的24个月的收益中,有些时间序列的波动性很大。EBITDA/EV因素的收益变化最大,随后是动量和股权回购量因素。所有因素都经历了滚动平均收益率有正值和负值的时期。

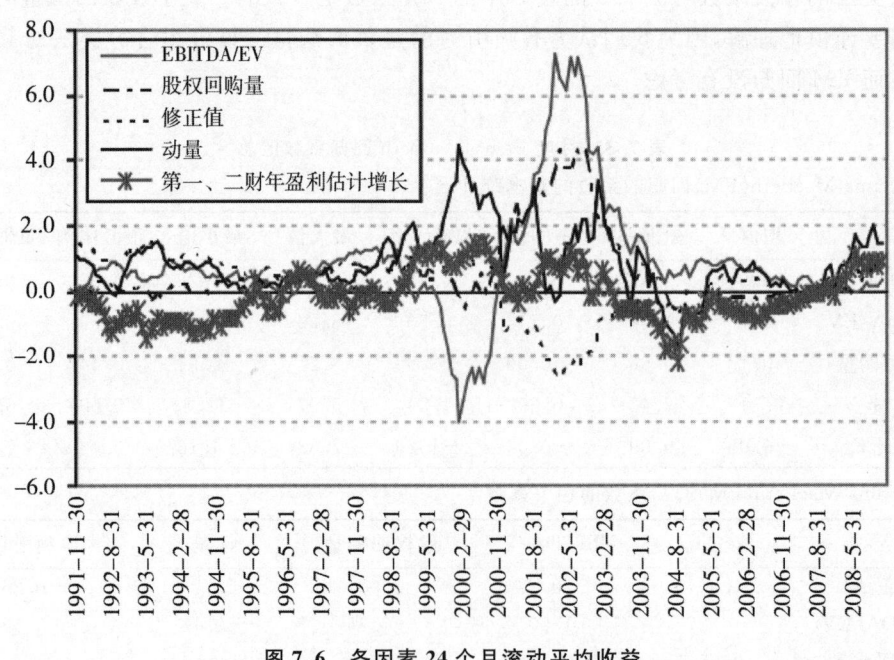

图 7.6　各因素 24 个月滚动平均收益

图 7.7 描述了每两种因素之间的滚动相关系数。很多相关系数都有很大的波动性。大多数情况下,相关系数以波浪线的形式变动。这一变动形式强调了各因素间的相关系数随时间变动的特征。将这一变动特征纳入因素交易模型中是十分重要的。最有连续性的相关系数出现在动量和修正值之间,而且其相关性相当高。

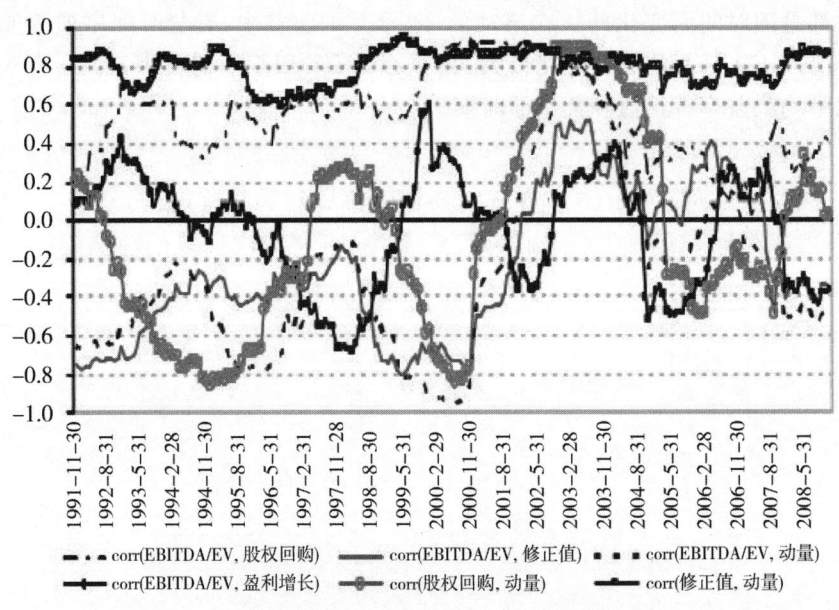

图 7.7　各因素月度收益滚动 24 个月相关系数

基于因素的交易策略的模型构建方法

在前一节我们分析了每个因素的绩效表现。构建交易策略的下一步工作就是确定如何将各种因素组合到一个模型中。构建这一模型的关键点有(1)确定在我们所拥有的因素中应该使用哪一些,(2)如何确定它们的权重。

我们将介绍四种合并因素并确定因素权重以构建交易策略模型的方法。这些方法用来把关于因素的实证结果转化为可以运行的模型。大多数方法在形式上都是很灵活的,而且它们之间有一定的重叠。尽管方法很多,但在这里我们只着重介绍现在数量化投资组合经理和研究人员频繁使用的那些方法。这四种方法是数据驱动法、因素模型法、试探法和最优化法。

认真理解每种方法是如何实施的是十分重要的。特别地,在发现一个具有很好的预测能力的稳健模型和寻找一个数据挖掘得到的模型的迭代过程之间进行平衡是至关重要的。

数据驱动法

数据驱动法利用统计的方法来对预测模型中的因素进行选择并确定其比重。这种方法将收益率作为因变量,同时将因素作为自变量。有很多的估计方法可以用来估计这些模型,比如神经网络法、分类树法和主成分法。通常我们需要改造统计量作为判定模型是否成功的标准。统计方法的算法是评估数据并将结果与标准进行比较。

很多数据驱动法没有关于由统计方法发现的潜在关系的结构性假设。所以,有些时候要理解甚至要解释模型中使用的因变量之间的关系是困难的。

Deistler 和 Hamann[1] 给出了用于模型构建的数据驱动法的一个例子。他们构建的模型被用于预测金融类股票的收益率。首先,他们将数据样本分成两部分——一部分是用于构建模型的样本内数据,另一部分是用于验证模型的样本外数据。他们使用三种不同形式的因素模型来预测股票收益率:拟静态主成分模型、带特异噪声的拟静态因素模型和降秩回归模型。对于模型的选择,Deistler 和 Hamann 采用的是迭代方法,在其中他们发现了基于 Akaike 的信息准则的因素和基于 Bayesian 的信息准则(见第三章)的因素的最佳组合。他们使用样本外数据对大量不同的模型进行了比较。他们发现降秩回归模型表现最好。在所有被评估的模型中,该模型提供了最高的样本外 R^2 值、命中率[2]和

---

[1] Manfred Deistler and Eva Hamann. Identification of Factor Models for Forecasting Returns. *Journal of Financial Econometrics*, 2 (2005), pp. 256—281.

[2] 命中率的计算公式为 $b = \dfrac{1}{T_2 - T_1} \sum_{t=T_1+1}^{T_2} sign(y_t^i \hat{y}_{t|t-1}^i)$,其中 y_t^i 是一步提前实现值,$\hat{y}_{t|t-1}^i$ 是一步提前预测值。

Diebold Marian 检验统计量①。

因素模型法

在第五章中我们介绍了因素模型法。在本节我们将简要介绍一下利用因素模型进行预测的方法。因素模型法的目的是构建可以准确预测收益率的简单模型。一种方法就是由研究人员基于经济常识事先确定将在因素模型中使用的变量。然后我们对模型进行估计并用估计的系数进行预测。

第二种方法是使用统计工具进行模型选择。在这种方法中,我们首先构建多种模型——常常通过改变因素及使用的因素的数量来实现——然后让它们彼此之间进行竞争,就像赛马比赛一样。接下来我们选择表现最好的模型。

因素模型的表现可以用三种方法进行评估。我们可以评估模型的拟合度、预测能力和经济显著性。评估模型拟合度的方法是基于包含模型的 R^2 和调整后的 R^2,以及模型系数的 F 统计量和 t 统计量在内的统计方法的。

我们有几种方法可以评估一个模型预测能力的好坏。West② 讨论了关于测量模型相对质量的几种方法的理论和准则。这些方法使用的是从模型中得到的预测值和预测误差的时间序列。当我们比较模型时,West 建议要考虑比率或均值差异;均方或者平均绝对预测误差;一个模型预测值和另一个模型的实际值之间的相关性(也被称作预测包容性);或者是效用或基于盈利的预测能力的对比。当评估单个模型时,他建议测量预测值和实际值之间的相关性、一步预测误差的序列相关性、预测变化方向的能力和模型的预测偏差。

我们可以通过利用模型进行预测或是利用预测值构建组合来评估模型的经济显著性。组合的盈利能力可以通过检验诸如平均收益、信息比率、美元收益和减少量之类的统计量来评估。

试探法

试探法是另一种用于构建交易模型的方法。试探法基于常识、直觉和市场洞察力,它并不是一种按照一系列给定要求设计的正规的统计或数学方法。基于试探的模型根据研究人员的判断得到。研究人员确定要使用的因素,建立评估因素的规则,同时还要选择如何组合因素并使用模型。

Piotroski③ 运用试探法构建了一个针对高市值股票(高账面市值比公司)的投资策

---

① 这个测度的计算参见 Francis X. Diebold and Roberto S. Mariano. Comparing Predictive Accuracy. *Journal of Business and Economic Statistics*,13(2005),pp. 253—263.

② Kenneth D. West. Forecast Evaluation. in Graham Elliot,Clive W. J. Granger and Allan G. Timmermann (eds.),Handbook of Economic Forecasting,Volume 1(Amsterdam:Elsevier,2006).

③ Joseph D. Piotroski. Value Investing:The Use of Historical Financial Statement Information to Separate Winners from Losers. *Journal of Accounting Research*,38,Supplement (2000),pp. 1—41.

略。他选取了 9 种基本面因素[①]来测量公司财务状况的三个方面:盈利能力、财务杠杆和流动性以及营运效率。根据因素对未来价格和盈利能力的影响,他将因素分为"好的"因素和"坏的"因素。如果某个因素是好(坏)的,那么关于这个因素的指示变量就是 1(0)。这 9 个二值因素的加总就是 F_SCORE。这个总分衡量了公司财务状况的总体质量或实力。根据 Piotroski 提供的历史结果,这个交易策略有很强的盈利能力。具体来说,买空较好预期的股票同时卖空较差预期的股票的交易策略在 1976—1996 年之间获得了 23% 的年收益率。

我们可以用不同的方法来评估试探法。统计分析可以用来估计得到错误结果的概率。另一种方法是评估经济显著性。例如,Piotroski 通过在公司的总得分(F_SCORE)基础上构造组合并评估该组合收益率的大小来确定其经济显著性。

使用试探法时没有理论可以指导我们选择模型。所以,研究人员必须十分谨慎,以免落入数据挖掘的陷阱。

最优化法

在这种方法中,我们使用优化技术来选取预测模型中的因素并确定其权重。最优化法可以使我们灵活地调整模型,同时根据理想的投资标准来优化目标函数。

用于预测模型的最优化法和用于构建组合的最优化法之间有很多重合。我们将在第 8 章到第 10 章中介绍投资组合最优化的方法。直接对因素而非所有的个股进行分析通常有一个优点。因素可以从一个较低的维度对所有要考虑的股票进行描述。这种方法除了可以通过降低维度来减少计算时间外,它所得到的最优化解通常对于输入值的变化也更稳健。

Sorensen,Hua,Qian 和 Schoen[②] 提出了使用最优化法把一系列因素(alpha 的来源)整合到一个多因素模型中的过程。他们的方法在不同因素间赋予最优权重以实现最高的信息比率。最后他们表明该最优权重是 IC 均值和 IC 协方差的函数。具体地,

$$w \propto Cov(\mathbf{IC})^{-1} \times \overline{\mathbf{IC}}$$

其中 w 是因素权重的向量,$\overline{\mathbf{IC}}$ 是风险调整后的 $\mathbf{IC}$ 平均值的向量,$Cov(\mathbf{IC})^{-1}$ 是 $\mathbf{IC}$ 的协方差矩阵的逆矩阵。

在随后的一篇论文中,Sorensen,Hua 和 Qian[③] 运用这种最优化方法捕捉到了不同背景下证券收益率的不同表现。这些背景是由关于股票风险特征(市值、增长率或是盈利变动率)的函数决定的。他们利用因素的历史风险调整后的 IC 值构建了一个多因素的模型,并通过使组合因素的 IR 最大化来确定多因素模型中各因素的权重。他们的研究表

[①] 这 9 种因素是资产的收益率、资产收益率的变化率、总资产基础上的营运现金流量、现金与净收入的比值、长期债务/资产的变化率、流动比率的变化率、流通在外的股权的变化率、毛利润的变化率以及资产周转比率的变化率。

[②] Eric H. Sorensen,Ronald Hua,Edward Qian and Robert Schoen. Multiple Alpha Sources and Active Management. *Journal of Portfolio Management*,40 (2004),pp. 39—45.

[③] Eric H. Sorensen,Ronald Hua,and Edward Qian. Contextual Fundamentals,Models,and Active Management. *Journal of Portfolio Management*,32 (2005),pp. 23—36.

明 α 模型(交易策略)中各因素的权重是随着证券背景(风险维度)的不同而改变的。由这一方法得到的模型与一刀切的方法相比提高了事后的信息比率。

模型构建和因素选择的重要性

实证研究表明因素及其权重的安排在决定交易策略模型的功效方面是十分重要的。利用来自 21 种主要的数量基金的股票选择模型的数据,Sanford Bernstein 的数量化研究小组分析了模型中股票排序和所用到的因素的重合程度。[①] 他们发现这些模型受到很多相同的因素的类似影响。大多数模型更多地受到基于现金流的估值(比如 EV/EBITDA)和价格动量的影响,而较少地受到资本使用情况、修正值和标准化价值等因素的影响。尽管他们发现了因素对这些模型影响的共同点,但是股票的排序和模型的表现还是很不相同的。这一惊奇的发现意味着不同的股票选择模型的构造是不同的,也为共同信号并不能彻底消除套利提供了证据。

该小组做的第二个研究展示了不同模型在现金流和价格动量因素上的共性,而股票排序和收益表现存在巨大差别。[②] 他们猜测好的模型和坏的模型之间的差别与一些由组合经理认定的特殊因素、模型构建的更好方法(比如静态的、动态的或情景模型)或是运气的好坏有关。

例:基于因素的交易策略

构建模型时,我们希望能实现如下目标:识别出未来表现好的和表现不好的股票,alpha 来源有很好的分散性,模型关于时变的收益率、波动性和相关性等变化的市场条件是稳健的。

如今我们已经识别出十种具有预测股票收益率能力的因素。[③] 在之前讨论的四种模型构建方法中,我们将使用最优化方法的框架来构建模型,因为它的灵活性最好。

我们通过求解如下最优化问题来确定具体因素的权重:

$$\min_{w} w'\Sigma w, w \geqslant 0$$

$$\sum_{v \in Value} w_v \geqslant 0.35$$

$$\sum_{g \in Growth} w_g \geqslant 0.20$$

$$3 \leqslant \sum_{i=1}^{10} \delta_i \leqslant 7$$

---

① Vadim Zlotnikov, Ann Marie Larson, Wally Cheung, Serdar Kalaycioglu, Ronna D. Lao and Zachary A. Apoian. Quantitative Research—January 2007:Survey of Quantitative Models—Vastly Different Rankings and Performance,Despite Similarity in Factor Exposures. Bernstein Research,January 16,2007.

② Vadim Zlotnikov, Ann Marie Larson, Serdar Kalaycioglu, Ronna D. Lao and Zachary A. Apoian. Quantitative Research:Survey of Quantitative Models—Continued Emphasis on EV/EBIT,Momentum,Increased Focus on Capital Use;Some Evidence on Non-linear Factor Implementation;Low Return Consistency. Bernstein Research,November 21,2007.

③ 我们使用增长率、价值量、质量和动量因素的组合。附录 A 中说明了所有这些因素的定义。

满足预算约束

$$w'e = 1, \quad e = (1, \cdots, 1)'$$

其中 Σ 是因素收益率的协方差矩阵，Value 和 Growth 分别是价值因素和增长率因素的集合，而且当 $w_i > 0$ 时 $\delta_i = 1$，其他情况下 $\delta_i = 0$。[①]

基于存在系统性的长期价值溢价的信念，我们限定关于价值因素最小暴露大于等于模型权重的 35%。

利用因素的收益率，我们每月进行一次优化来确定要选择的因素及其比例。图 7.8 演示了因素权重是如何随时间而变化的。

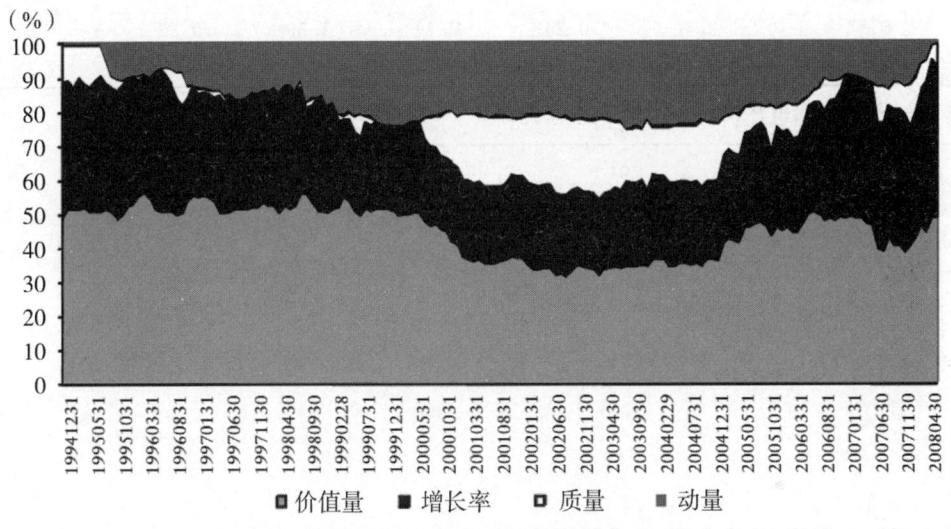

图 7.8　交易策略的因素权重

接下来，我们利用因素的权重来确定股票池中的股票的好坏。我们通过将因素的标准值与由最优化方法提供的因素权重相乘对股票池中的每一种股票进行打分。得分高的股票被认为是有吸引力的，得分低的股票被认为是没有吸引力的。

为了评估模型的表现如何，我们根据股票的得分将其分为五个等比重的组合，然后评估这些组合的收益率。表 7.4 的表 A 给出了每种组合收益的汇总统计量。我们注意到在这些组合的收益率之间存在单调的关系，组合 1(q1) 的收益率最高，组合 5(q5) 的收益率最低。在整个时期内，买空组合 1 同时卖空组合 5 的多—空组合(LS)平均每月获得 1% 的收益率，其月夏普比率为 0.33。其收益率在 97.5% 的置信水平上是显著的。

---

① 关于整数约束的讨论参见第八章。

表 7.4 模型结果汇总

表 A 模型收益的汇总统计量

	q1	q2	q3	q4	q5	LS
均值	1.06	0.98	0.83	0.65	0.12	0.94
方差	5.64	5.18	4.98	5.31	5.88	2.82
中值	1.61	1.61	1.58	1.55	1.11	0.71
最大值	15.79	11.18	10.92	13.26	13.01	12.84
最小值	−23.59	−23.32	−19.45	−21.25	−24.51	−6.87
变量值	169	169	169	169	169	169
t 值	2.44	0.245	2.17	1.59	0.27	4.33
IR	0.19	0.19	0.17	0.12	0.02	0.33

表 B 组合 1(q1)和组合 5(q5)换手率的汇总统计量

	q1	q5
均值	0.20	0.17
方差	0.07	0.06
中值	0.19	0.16
最大值	0.53	0.39
最小值	0.07	0.05
变量个数	169	169
t 值	36.74	39.17

表 7.4 的表 B 展示了组合 1(q1)和组合 5(q5)的月度股票平均换手率。了解某个交易策略换手率如何逐月变化是十分重要的。如果换手率太高,那么实施策略是不合适的,因为执行成本太高。尽管超出本书的讨论范围,我们可以利用第十一章讨论的市场冲击模型把交易成本纳入这一交易策略当中。[①] 因为我们的交易策略的动态特征——活跃因素每个月可能都会改变,20%的换手率与我们使用静态方法时所预期的相比略高一些。

我们评估模型得分和其后收益率之间的月度信息系数。这种评估为评价模型预测收益率的能力提供了信息。该模型得分的月度平均信息系数是 0.03,并且在 99% 的置信水平上是显著的。其月标准差是 0.08。我们注意到在较早时期信息系数和收益率都是比较稳健和持续的。

图 7.9 展示了组合 1 到组合 5 的累积收益率。在整个时期内,这些组合的累积收益率之间存在单调的关系。为了评估模型的整体表现,我们对多—空投资组合的收益率的表现进行分析。我们观察到模型在 1994 年 12 月到 2007 年 5 月之间以及 2008 年 4 月到

---

① 参见 Joseph A. Cerniglia and Petter N. Kolm. Factor-Based Trading Strategies and Market Impact Costs. Working Paper, Courant Institute of Mathematical Sciences, New York University, 2010.

2008年6月之间表现很好。这是因为我们的模型恰当地选取了在那些阶段表现很好的因素。我们注意到模型在2007年7月到2008年4月之间表现很差,平均每个月损失1.09%。该模型好像遭受了很多数量化股权基金和对冲基金在这一阶段所面临的相同的问题。[①] 该模型单个月最差的表现是-6.87%,发生在2001年1月,其最大的跌幅为13.7%,发生在2006年5月(顶峰)到2008年6月(谷底)之间。[②]

为了更全面地理解该策略的收益和风险特征,我们必须进行更详细的分析,包括风险和表现归因,整个时期以及某些特定时期内模型的敏感性分析。由于换手率的影响比较大,我们也要考虑引入换手率的限制或是使用将在第十一章讨论的市场冲击模型。

对于任何一个分析师来说,策略表现较差的阶段总是令人不安的。模型在2007年6月到2008年3月期间的糟糕表现意味着我们所使用的很多因素都无效了。我们需要回到单个因素,在该时间范围内对它们单独地进行分析。此外,这还凸显了利用新颖的数据资源和不同的方法提高现有因素的质量并构建新的因素的重要性。

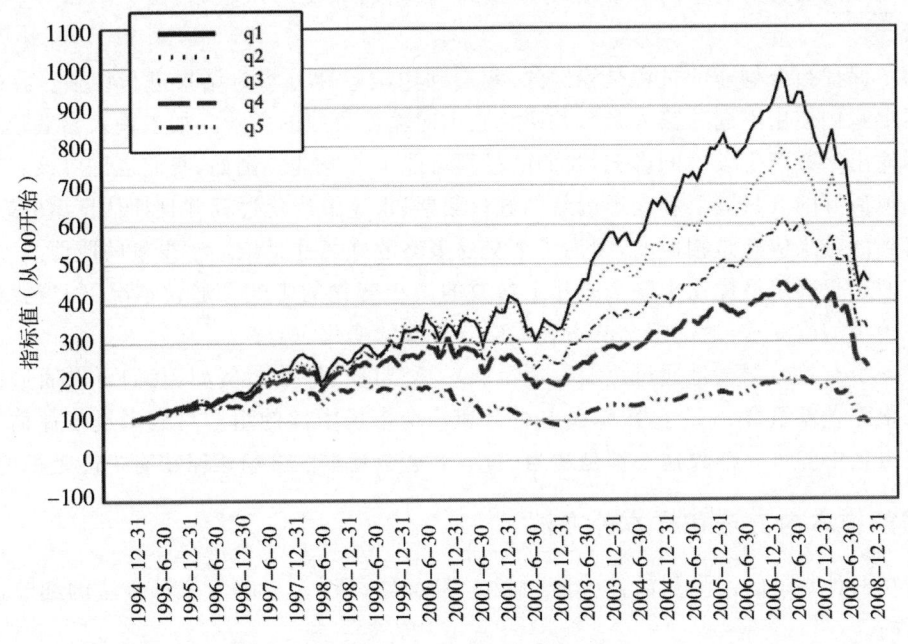

图7.9 模型的累积收益

[①] Matthew S. Rothman. Turbulent Times in Quant Land. Lehman Brothers Equity Research, August 9, 2007; Kent Daniel. The Liquidity Crunch in Quant Equities Analysis and Implications. Goldman Sachs Asset Management, December 13, 2007, presentation from The Second New York Fed-Princeton Liquidity Conference.

[②] 我们通过将该模型的持有期从1个月扩展到3个月对模型进行额外的分析。其结果要显著得多,因为两个月持有期的月收益率上升为1.6%,三个月持有期的月收益率上升为1.9%。同时用下跌量度量的风险也更大,两个月持有期为-17.4%,三个月持有期为-29.5%。

回溯测试

在交易策略的研究阶段,模型的得分被转化为投资组合,然后被用来评估一段时间内这些组合的表现。这一过程被称为策略的回溯测试。回溯测试应该尽可能地反映包括投资目标和交易环境在内的真实的投资环境。

当我们在回溯测试中模拟交易环境时,需要特别注意交易成本和流动性问题。将交易成本包括在内是很重要的,因为它们可能对整体收益率产生较大的影响。现实的市场冲击和交易成本的估计会影响到组合构建时期证券的选择。流动性是另一个需要评估的特征。可投资的股票池应该限于那些有足够流动性、便于进出的股票。

投资组合经理在构建组合时可能会使用很多限制条件。通常情况下这些限制条件来自公司的组合策略、风险管理策略或者投资者目标。常见的限制条件包括每种股票、所属行业或者风险因素持有量的上下限,还包括持有量限制、交易量限制、换手率和多空资产的数量。[①]

为了保证组合构建的过程是稳健的,我们利用敏感性分析对结果进行评估。在敏感性分析中我们使用不同的输入参数并研究它们对输出参数的影响。如果输入参数较小的变化对输出参数产生较大的影响,我们的过程可能不够稳健。例如,我们也许应该去掉模型中表现最好的五只股票和表现最差的五只股票、重复最优化过程并且评估模型的表现。这样得到的结果应该是相似的,因为一个交易策略的好坏并不依赖于少量股票。

我们还想确定最优化中一个或几个参数的微小变化的影响。通常情况下,当我们做出这些较小的改变后,最优组合的表现不应有显著的变化。

另一个有效的测试是通过改变投资目的对模型进行评估。例如,我们可以通过构建一个低跟踪误差组合、一个高跟踪误差组合和一个市场中性的组合对模型进行评估。如果这些组合中的每一个收益率都是适当的,那么这个基本的交易策略很有可能是稳健的。

理解样本内方法和样本外方法

存在两种基本的回溯测试方法:样本内法和样本外法。了解每一种方法的细节还是很重要的。

我们称一个回溯测试方法是样本内方法,如果研究人员使用相同的数据样本来确定、调整并且评估模型。

当研究人员使用一个样本来确定并调整模型,然后用另外一个不同的数据样本来测试模型的预测能力时,我们称所使用的回溯测试方法就是样本外方法。实行样本外方法的方式有两种。第一种是样本分裂法,这一方法将数据分成两部分,其中一部分用于构建模型,另一部分用于评估模型。

第二种方法是递归的样本外测试法。这种方法利用历史数据的一系列递归或滚动窗

[①] 关于现实中最常见的投资组合限制的讨论参见第八章中。

口来预测未来值并对照实际值对其进行评估。例如,在一个基于滚动回归的模型中,我们使用截止到时刻 t 的数据来计算回归模型的系数。这个回归模型预测 $t+h$ 时刻的因变量值,其中 $h>0$。预测误差是 $t+h$ 时刻的实际值与通过模型得到的预测值之间的差值。在 $t+1$ 时刻我们再次计算回归模型的系数,并对照实际值对 $t+1+h$ 时刻的预测值进行评估。我们在整个样本中重复这一过程。

计量学家的传统想法是与样本外测试相比样本内测试更有可能拒绝不存在预测性的零假设。这种观点得到了很多研究人员的支持,因为他们认为样本内测试是不可靠的,常常产生虚假的预测。支持这一观点的两个原因是存在数据的未建模的结构性变化及使用导致数据挖掘和模型过度拟合的方法。

Inoune 和 Kilian[①] 对这个传统的想法提出了质疑。他们使用渐近理论在大小和力度方面对预测能力的样本内测试和样本外测试的权衡进行了评估。他们认为较强的样本内结果和较弱的样本外结果并不是说明样本内测试不可靠的证据。使用分离样本的样本外测试导致了信息的损失和对于小样本的低效,所以,样本外测试可能无法检测到预测能力,而样本内测试将准确识别预测能力。他们还认为对于由于非建模的结构性变化导致的参数的不稳定性而言,样本外测试并不是比较稳健的。

对基于因素的策略和风险模型之间相互关系的评论

通常地,我们可以使用不同的因素模型计算一个组合优化中的风险输入和预期收益率。我们常常要考虑的是风险模型中的因素和其预期收益率之间的相互影响关系。Lee 和 Stefek[②] 评估了不同的因素模型的结果,并且总结出:(1)使用风险和 α 的不同模型能导致意想不到的组合风险,它将使策略的表现变差;(2)用 α 因素来调整风险因素可能提高信息比率;(3)通过加入一些 α 因素来修改风险模型可以降低问题的严重程度。

因素交易策略的回溯测试

使用交易策略例子中的模型得分,我们构建两个优化组合并评估它们的表现。不同于仅仅根据模型得分构建的五个等比重的组合,我们现在讨论的模型试图尽可能地反映一个投资组合经理在现实中会构建的交易组合。我们的股票池是罗素1 000指数的成分股票。我们用动态因素模型为罗素1 000中的所有股票分配 α 值。这些组合中只有多头头寸而且以 S&P 500 指数为基准。组合的差别就在于它们的基准跟踪误差不同。对于低跟踪误差的组合,优化过程中的风险规避值应该设定得较大,行业比重被限制在基准中行业比重的上下 10% 的范围内,组合的贝塔值被限制为 1。对于高跟踪误差的组合,风险规避值应该设定为一个较低值,行业比重被限制在基准中行业比重的上下 25% 的范围

[①] Atsushi Inoune and Lutz Kilian. In-Sample or Out-of-Sample Tests of Predictability:Which One Should We Use. Working Paper, North Carolina State University and University of Michigan, 2002.

[②] Jyh-Huei Lee and Dan Stefek. Do Risk Factors Eat Alphas. *Journal of Portfolio Management*, 34 (2008), pp. 12-24.

内,组合的贝塔值同样被限制为1。我们每个月都要对其再平衡一次。对于低跟踪误差组合,月成交量要限制在组合价值的10%以内;对于高跟踪误差组合,月成交量要被限制在组合价值的15%以内。

表 7.5 总收益报告(年化)　　　　　　　　　　　　　　　单位:%

从 01/1995 至 06/2008	当季	当年	1年	2年	3年	5年	10年	全体时间
组合:低跟踪误差	−0.86	−10.46	−11.86	4.64	7.73	11.47	6.22	13.30
组合:高跟踪误差	−1.43	−10.47	−11.78	4.15	8.29	13.24	7.16	14.35
S&P 500:总收益	−2.73	−11.91	−13.12	2.36	4.41	7.58	2.88	9.79

表7.5给出了我们的回溯测试的结果。表现值是费用和交易成本的加总。我们看到组合在整个时期内的表现很好而且很连续。在各个时期,组合的表现都要优于基准表现。在整个时期内,低跟踪误差组合、高跟踪误差组合和S&P500的年度夏普比率分别是0.66、0.72和0.45。[①]

总　结

■ 评估因素的收益率和风险特征的四种最常用的方法是投资组合分类法、因素模型法、因素组合法和信息系数法。

■ 投资组合分类法根据某一因素将股票排序分为多个组合。分类方法应该与因素的分布特征以及其溢价背后的经济学动因相一致。

■ 信息比率(IR)是概括一个投资策略的风险调整后表现的统计量,被定义为平均超额收益与收益标准差的比值。

■ 我们根据方程左右两边的变量(收益和因素)的时间下标相同还是左边变量的下标较大将模型区分为同期因素模型和预测因素模型。

■ 横截面因素模型中违背经典的回归理论的三种最常见的情况是:(1)变量误差问题;(2)残差的共同性问题如异方差性和序列相关性;(3)多重共线性。我们可以用统计学的方法来解决前两个问题。处理第三个问题最好的方法是从回归模型中去除共线性的变量或是增加样本容量。

■ Fama-MacBeth回归解决了横截面回归中由残差的相关性引起的推断问题。

■ 信息系数(IC)用来评估因素的收益预测能力。它测量的是因素和其实现的收益率之间的横截面相关性。

■ 因素组合被用于测量一个因素的信息容量。其目的是模拟因素的收益表现并最小化其残差风险。我们可以通过因素模型或者最优化方法来构建因素组合。最优化方法更灵活,因为它能加入更多的限制性条件。

---

① 这里夏普比率的计算方法是组合的超额收益率(超过无风险利率部分)与其标准差的比值。

■ 对不同因素的表现进行分析是构建基于因素的交易策略很重要的一部分。这一过程是首先分别了解每个因素的时间序列的性质，然后再研究它们是如何相互影响的。

■ 模型构建中将因素进行组合并确定其权重的方法有数据驱动法、因素模型法、试探法和最优化法。

■ 当研究人员使用一个样本来确定模型并用另一个不同的样本来评估模型的预测能力时，他们使用的是样本外回溯测试方法。实施样本外方法的方式有两种：样本分裂法和递归迭代样本外测试。

■ 如果我们在使用组合最优化方法时使用不同的因素模型计算风险输入和预期收益率一定要加倍小心。

第八章 投资组合最优化:基本理论与实践

投资组合最优化今天被看作是投资组合管理中一个极其重要的工具。马可维茨在1952年发表于 *Journal of Finance* 的开创性论文"Portfolio Selection"奠定了现在通常称作均值—方差分析、均值—方差最优化和现代投资组合理论(MPT)的理论基础。最初,均值—方差分析在学术界之外没有引起多大兴趣,但随着时间推移金融界开始采用这个理论。今天,建立在相同的原理之上的金融模型正在不断地被重新创建以吸纳新的发现。在1990年,哈里·马可维茨、莫顿·米勒和威廉·夏普由于他们在金融经济学理论中所做的开创性工作而被授予诺贝尔奖。①

在其最简单的形式中,均值—方差分析基于投资的期望表现和投资者的风险偏好为我们提供了一个构建和挑选投资组合的框架。均值—方差分析也引进了新的术语,现在已成为投资管理领域的规范标准。

传统的至理名言总是说:"不要把你所有的鸡蛋放在一个篮子里。"用更专业的术语来讲,这个古老的谚语指明了分散化的好处。马可维茨利用单个证券之间的协方差统计量和一个组合总的标准差来量化分散化的概念。本质上,这个古老的谚语是在说将你所有的钱投资于一组可能在同一时刻表现都很差的资产中——也就是说它们的回报是高度相关的——并不是一个非常审慎的投资策略,无论任一资产表现差的几率多么小。这是因为如果任一单个资产表现很差,由于它与其他资产的高度相关性,很有可能其他资产也将表现很差,从而导致投资组合很差的表现。

这一章里,在介绍经典的均值—方差框架之前,我们先对均值—方差分析的进行直观地概述。在只有风险资产的情况,均值—方差的有效边界的形状是一个抛物线。但是,随着无风险资产的加入,有效边界变成了线性的,形成了所谓的资本市场线(CML)。实践中,当进行均值—方差最优化时,投资组合经理通常在问题中添加不同的约束条件来描述制度特征和投资政策决定。我们将讨论现今实际中最普遍使用的约束条件。

然后我们讨论均值—方差最优化中所要求的输入参数的估计问题,这些参数包括资产的期望收益和它们之间的协方差,采用的是经典的和实践上成熟的技术。②

在本章最后,我们介绍其他替代的投资组合的风险度量方法,如离差和下跌风险度

---

① 马可维茨因为发展了证券投资组合理论而被授予诺贝尔奖,夏普因为他对金融资产的定价理论发展的杰出贡献和资本资产定价模型的提出而获得诺贝尔奖,米勒则是因为他对公司财务理论的方面的贡献获得诺贝尔奖。

② 我们将在第九章讨论诸如 Black-Litterman 模型和 Bayes 技术。

量,并提出一个均值—CVaR最优化模型。

均值—方差分析:概述

马可维茨理论的出发点是一个理性的投资者在 t 时刻决定构建怎样的投资组合并持有一段时间 Δt。投资者在权衡了 $t+\Delta t$ 时刻其所能获得的收益与损失后作出决策,并没有考虑 Δt 期间或者 Δt 之后其所获得的最终收益与损失。在 $t+\Delta t$ 时刻投资者将重新考虑境况并作出新一轮的决策。这种单期的框架往往被称为短视(或近视)行为。一般地,与基于多期考察进行投资决策的投资者相比,短视的投资者的行为是次优的。例如,当需要在未来多个时期对消费与投资进行权衡时,或者在持有期内出现与特定的投资子集相关的巨大交易成本时,非短视的投资决策会被采用。

马可维茨推断投资者应该在风险与期望收益的权衡基础之上作出决策。证券的期望收益被定义为所考察的时间区间内期望的证券价格改变与诸如股息支付之类的额外收入之和,除以期初证券的价格所得的比值。他指出风险应该用收益的方差——围绕期望收益的平均方差来测度。

我们需要指出一个普遍的误解是认为马可维茨均值—方差模型依赖于证券收益服从联合正态分布。马可维茨均值—方差模型并没有假定证券收益服从联合正态分布。其实,均值—方差方法与下面两个不同的出发点都是相容的:(1)在某些假设条件下的期望效用最大化;(2)证券收益服从联合正态分布的假设。

此外,马可维茨主张在期望收益水平给定的情况下,一个理性的投资者将在所有可行的投资组合集合中选择方差最小的投资组合。所有可能被构建的投资组合的集合称为可行集。具有最小方差的投资组合称为均值—方差有效组合。对应于期望收益的不同目标水平的所有均值—方差有效投资组合的集合称为有效边界。图8.1给出了风险资产有效边界的一个图例。特别地,要注意的是可行集以曲线Ⅰ—Ⅱ—Ⅲ作为边界。所有处于曲线Ⅱ—Ⅲ上的投资组合都是对应不同风险水平的有效组合。在给定的期望收益水平下,这些投资组合给出了最低的标准差水平。或者等价地,它们构建了在给定风险水平下具有最大期望收益的投资组合。因此,有效边界提供了期望收益和风险之间的最佳可能的权衡——在它下方的组合,例如投资组合Ⅳ,是无效的,而它上方的组合是不可得到的。在点Ⅱ处的投资组合经常被称作全局的最小方差组合(GMV),因为它是有效边界上具有最小方差的投资组合。

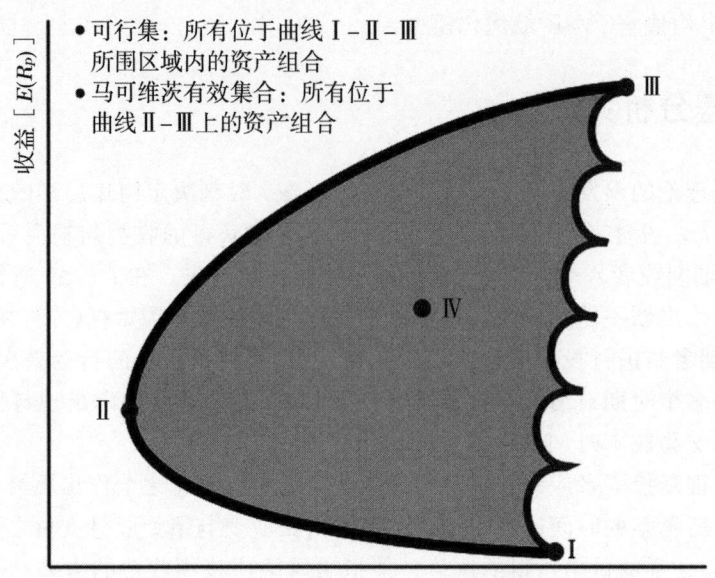

本图仅作示例，可行域的实际形状取决于选择的资产的收益和风险，及它们之间的相关系数。

图 8.1　可行域与马可维茨有效投资组合

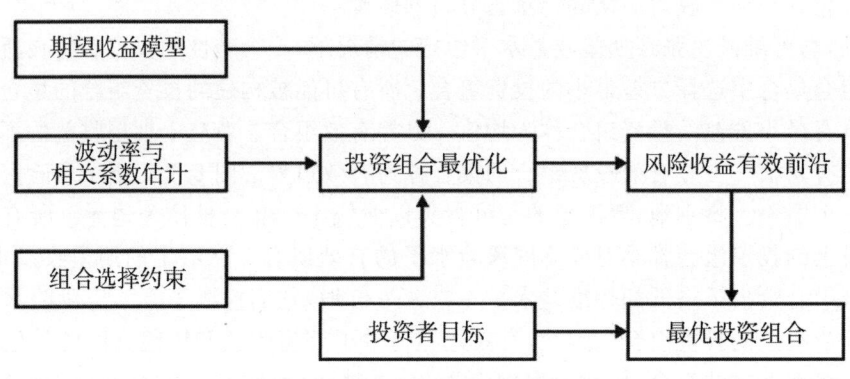

图 8.2　MPT 投资过程

来源：Exhibit 2 in Frank J. Fabozzi, Francis Gupta, and Harry M. Markowitz. The Legacy of Modern Portfolio Theory", *Journal of Investing*, 11 (Fall 2002), p. 8.

图 8.2 从现代投资组合理论角度给出了投资过程的图示。这个过程也经常称作均值—方差最优化或者投资组合的选择理论。该过程的输入就是所有证券资产期望收益、波动率以及相关系数的估计连同各种各样投资组合的约束条件。例如，约束条件可以像不允许资产卖空这样简单，或者像限制资产只能以批量交易这样复杂。在本章的后面，我们将讨论实践中最普遍用到的投资组合约束条件。最优化软件包则被用于求解一系列的最优化问题以形成有效边界。鉴于投资组合的复杂性，最优化问题可以利用电子表格或

者更专业的最优化软件来解决。在得到有效边界之后,投资者基于其自身情况,如对各种风险厌恶程度,选择最优的投资组合。

虽然投资过程的实现是相当繁琐的,但理论却是相对简明的。在下一节我们会提出马可维茨的经典模型。我们的重点放在提供现代投资组合理论的实践方法,而不是给出完整的理论处理。

均值—方差最优化的经典框架

在这一节我们将把前面的直观的讨论放在更加正式的数学范畴内进行,并提出均值—方差最优化理论。首先假设一个投资者必须选择一个包含 N 个风险资产的投资组合[①]。投资者的选择用 N 维权重向量 $w = (w_1, w_2, \cdots, w_N)'$ 来表达,此时每一个权重 i 代表所持有的第 i 种资产在投资组合中所占份额,并且

$$\sum_{i=1}^{N} w_i = 1$$

目前,我们允许卖空,即权重可以为负数。

假设资产的收益 $R = (R_1, R_2, \cdots, R_N)'$ 存在期望收益 $\boldsymbol{\mu} = (\mu_1, \mu_2, \cdots, \mu_N)'$ 和 $N \times N$ 的协方差矩阵

$$\boldsymbol{\Sigma} = \begin{bmatrix} \sigma_{11} & \cdots & \sigma_{1N} \\ \vdots & \ddots & \vdots \\ \sigma_{N1} & \cdots & \sigma_{NN} \end{bmatrix}$$

其中 σ_{ij} 表示资产 i 和资产 j 之间的协方差,使得 $\sigma_{ii} = \sigma_i^2$,$\sigma_{ij} = \rho_{ij}\sigma_i\sigma_j$,$\rho_{ij}$ 代表资产 i 和资产 j 之间的相关系数。在这些假定下,权重为 $w = (w_1, w_2, \cdots, w_N)'$ 的投资组合的收益是一个随机变量 $R_p = w'R$,其期望收益和方差的分别为[②]

$$\mu_p = w'\boldsymbol{\mu}$$
$$\sigma_p^2 = w'\boldsymbol{\Sigma}w$$

目前,我们简单地假设期望收益为 μ,它们之间的协方差矩阵为给定的 $\boldsymbol{\Sigma}$。自然地,实际中这些量需要估计得到。在本章后面我们将给出用于这一目的的许多不同技术的概述。

通过选择投资组合的权重,一个投资者可以在可得到的均值—方差匹配组合中进行选择。为了计算一个可能组合的权重,我们选择一个目标平均收益 μ_0。依据马可维茨理论,投资者所面对的问题是一个带约束条件的最小化问题,具体而言投资者必须求解

$$\min_{w} \frac{1}{2} w'\boldsymbol{\Sigma}w$$

[①] 在全书中我们用 X' 表示向量 X 的转置。
[②] 随后,我们将等价地使用 $E(R_P)$ 和 u_p,其中 R_P 表示投资组合的收益。

服从约束条件①
$$\mu_0 = w'\mu$$
$$w'\iota = 0, \iota' = [1,1,\cdots,1]$$

我们将这种形式的经典均值—方差最优化问题称为风险最小化的模型。

这个问题是一个带有等式约束条件的二次优化问题,其解为②
$$w = \lambda \Sigma^{-1} \iota + \gamma \Sigma^{-1} \mu$$

其中
$$\lambda = \frac{C - \mu_0 B}{\Delta}, \gamma = \frac{\mu_0 A - B}{\Delta}$$

并且
$$A = \iota' \Sigma^{-1} \iota, B = \iota' \Sigma^{-1} \mu, C = \mu' \Sigma^{-1} \mu$$

容易看出
$$\sigma_0^2 = w' \Sigma w$$
$$= \frac{A\mu_0^2 - 2B\mu_0 + C}{\Delta}$$

因此,有效投资组合 w 在 (σ_0^2, μ_0) 平面中形成一条抛物线,而在 (σ_0, μ_0) 平面中形成一条双曲线,即所提及的有效边界。有效边界上的每个资产组合是通过针对不同的 μ_0 求解前文提到的最优化问题而得到的。

全局最小方差投资组合可以通过求解如下问题来得到
$$\frac{d\sigma_0^2}{d\mu_0} = \frac{2A\mu_0 - 2B}{\Delta} = 0$$

得到的投资组合权重为

---

① 在实际应用中很常见的一个做法是将投资组合的预期回报率目标约束用 $\mu_0 \leqslant w'\mu$ 代替,表示预期回报率不能低于一个最小值。然而,一旦引进了不等式约束(除非它们是紧的)以后,资产组合的最优问题就不再能够解析处理了,只能用数值优化技术予以解决。

② 这里的最优化问题可以用拉格朗日乘子法求解。拉格朗日函数为:
$$L = \frac{1}{2} w' \Sigma w + \lambda(1 - w'\iota) + \gamma(\mu_0 - w'\mu)$$

关于 w 微分,我们得到一阶条件:
$$\frac{\partial L}{\partial w} = \Sigma w - \lambda \iota - \gamma \mu = 0$$

求解 w,我们得到
$$w = \lambda \Sigma^{-1} \iota + \gamma \Sigma^{-1} \mu$$

将带有参数的解 w 代入约束条件,我们得到关于 1 和线性方程组
$$\iota' w = \lambda \iota' \Sigma^{-1} \iota + \gamma \iota' \Sigma^{-1} \mu = 1$$
$$\mu' w = \lambda \mu' \Sigma^{-1} \iota + \gamma \mu' \Sigma^{-1} \mu = \mu_0$$

或者写成矩阵形式
$$\begin{pmatrix} A & B \\ B & C \end{pmatrix} \begin{pmatrix} \lambda \\ \gamma \end{pmatrix} = \begin{pmatrix} 1 \\ \mu_0 \end{pmatrix}$$

$$w_g = \frac{\Sigma^{-1}\iota}{A} = \frac{\Sigma^{-1}\iota}{\iota'\Sigma^{-1}\iota}$$

数学上,先前描述的均值—方差问题是一个被称作二次规划的优化问题。在所给的简单形式中,这个问题可以给出解析解。在仅涉及等式约束条件[①]的扩展中,寻找最优投资组合问题化简为求解一组线性方程。但是,对于涉及不等式约束条件的问题,是没有解析解的,除非约束条件是紧的。在其他情况下,必须采用数值优化技术。

我们需要指明的是,现代投资组合理论的结果与"收益都是服从联合正态分布的"或者"所有投资者仅仅关注他们投资组合收益的均值与方差"这样两个假设中的任意一个都是相容的。实践中,众所周知资产收益并非正态分布,并且许多投资者都有超越均值与方差的偏好。最早证明资产收益的非正态性的研究应该追溯到 20 世纪 60 年代早期 Benoit Mandelbrot[②] 和 Eugene Fama[③] 的工作。有时被称为物理经济学[④]的运动提出了对资产收益的分布精确地进行实证分析的方法,资产收益的分布表现出与正态分布明显的偏差。[⑤⑥] 特别地,有证据表明一些资产收益的方差不是有界的,而是无穷大。此外,人们可以证明在方差无界并且资产收益行为类似于某种稳定的帕累托分布的特殊情况下,分散化不再可能[⑦]。

均值—方差最优化问题有几种可选择的但是等价的模型,它们在实际运用中非常有用。它们都导致相同的有效边界,因为它们以相似的方式对投资组合的期望收益与风险进行权衡,在这个意义上,这些模型是等价的。

首先,我们可以选定目标投资组合的风险水平,比如说 σ_0,然后使投资组合的期望收益最大化

$$\max_{w} w'\mu$$

---

① 形如 $Aw=b$ 和 $Aw \leqslant b$ 的两种约束分别称为等式约束和不等式约束。

② Benoit Mandelbrot. The Variation in Certain Speculative Prices. *Journal of Business*, 36 (1963), pp. 394—419.

③ Eugene F. Fama. The Behavior of Stock Market Prices. *Journal of Business*, 38(1965), pp. 34—105.

④ Rosario N. Mantegna and H. Eugene Stanley. *An Introduction to Econophysics* (Cambridge: Cambridge University Press, 2000).

⑤ Ulrich A. Mueller, Michel M. Dacorogna and Olivier V. Pictet. Heavy Tails in High-Frequency Financial Data. in Robert J. Adler, Raya E. Feldman and Murad S. Taqqu(eds.). A Practical Guide to Heavy Tails (Boston, MA: Birkhaeuser, 1998), pp. 55—77.

⑥ 关于资产收益分布以及分布非正态时的组合选择问题的最近实证研究参见 Svetlozar T. Rachev and Stefan Mittnik. Stable Paretian Models in Finance (Chichester: John Wiley & Sons, 2000); Svetlozar T. Rachev (eds.). *Handbook of Heavy Tailed Distributions in Finance* (New York: Elsevier/North Holland, 2001).

⑦ Eugene F. Fama. Portfolio Analysis In a Stable Paretian Market. *Management Science*, 11 (1965), pp. 404—419.

服从约束条件[1]

$$w'\Sigma w = \sigma_0^2$$
$$w'\iota = 1, \iota' = [1,1,\cdots,1]$$

我们将这个模型称作经典均值—方差最优化问题的期望收益最大化的模型,这个模型常常被投资组合经理所使用,他们被要求承担的风险不能高于某个预定水平,这里风险由投资组合收益的标准差来度量。例如,相对于一个基准管理的投资组合可以按这种形式建模。此时目标就是投资组合高于基准的超额期望收益最大化,与此同时要确保在这个过程中的风险不要超越在基准之上给定的跟踪误差。

或者,我们也可以使用风险厌恶系数 λ 在目标函数中对风险与收益的权衡进行明确地建模。我们将下面的模型称为经典均值—方差最优化问题的风险厌恶模型

$$\max_{w}(w'\mu - \lambda\frac{1}{2}w'\Sigma w)$$

服从

$$w'\iota = 1, \iota' = [1,1,\cdots,1]$$

风险厌恶系数也被称为 Arrow-Pratt 风险厌恶指数。当 λ 较小时(也就是风险厌恶较低),来自投资组合风险的惩罚也较小,进而得到风险较大的投资组合。相反地,当 λ 较大时,投资组合风险暴露更多,来自风险的惩罚也更高。如果我们将 λ 从零开始逐渐增加,对应每一个水平都去求解这个最优化问题,我们最终沿着有效边界计算了每一个风险组合。常见的做法是调整 λ 使得一个特定的投资组合具有期望的风险类型。

包含无风险资产的均值—方差最优化

正如 William Sharpe[2],James Tobin[3] 和 John Lintner[4] 所论证的那样,对于应用均值—方差分析的投资者来说,在无风险资产缺失情况下,他所能得到的投资组合的有效集劣于存在无风险资产情况下所获得的有效集。在这一节我们给出这一模型。

假设存在无风险资产,其无风险收益用 R_f 表示,投资者可以在该利率水平上进行借

---

[1] 在很多实际应用中普遍的做法是将风险约束条件中的等号替换为较弱的不等式,也就是说,$w'\Sigma w \leqslant \sigma_0^2$ 表示的是风险不允许超过最大值。

[2] William F. Sharpe. Capital Asset Prices: A Theory of Market Equilibrium Under Conditions of Risk. *Journal of Finance*,19 (1964),pp. 425—442.

[3] James Tobin. Liquidity Preference as a Behavior Towards Risk. *Review of Economic Studies*,67 (1958),pp. 65—86.

[4] John Lintner. The Valuation of Risk Assets and the Selection of Risky Investments in Stock Portfolios and Capital Budgets. *Review of Economics and Statistics*,47(1965),pp. 13—37.

贷[①]。投资者需要选择 N 项风险资产与一项无风险资产的组合。权重 $w'_R = (w_{R1}, w_{R2}, \cdots, w_{RN})$ 加总和不必为 1,因为剩余部分 $(1 - w'_R \iota)$ 是对无风险资产的投资。请注意,如果我们允许无风险借贷,则投资的这个权重可以为正数也可以为负数。投资组合的期望收益和方差分别是

$$\mu_p = w'_R \mu + (1 - w'_R \iota) R_f$$
$$\sigma_p^2 = w'_R \Sigma w_R$$

因为无风险资产具有零方差并且与风险资产不相关。

投资者的目标还是在投资组合期望收益的目标水平 μ_0 下通过求解二次最优化问题来选择资产的配比,其二次最优化问题为

$$\min_{w_R} w'_R \Sigma w_R$$

服从约束条件

$$\mu_0 = w'_R \mu + (1 - w'_R \iota) R_f$$

最优投资组合的各项资产权重为

$$w_R = C \Sigma^{-1} (\mu - R_f \iota)$$

其中

$$C = \frac{\mu_0 - R_f}{(\mu - R_f \iota)' \Sigma^{-1} (\mu - R_f \iota)}$$

先前所述的模型表明任何最小方差投资组合中的风险资产的权重与向量 $\Sigma^{-1}(\mu - R_f \iota)$ 成比例,比例常数为前面定义的 C。因此,存在无风险资产时,所有最小方差投资组合都是无风险资产与一个给定的风险组合的组合。该风险投资组合称为切点投资组合。Fama 证明在一定的假设下切点投资组合必须包含投资者可获得的所有资产,每一项资产的持有比例等于该项资产的市场价值占全部资产市场价值的比重。[②] 因此,切点投资组合经常被称为市场投资组合或者简单的市场。[③]

我们知道对于一个特别的权重选择 w_R^0,使得 $(w_R^0)' \iota = 0$,投资组合仅仅包含无风险资产。在另一方面,对于权重选择 w_R^M,使得 $(w_R^M)' \iota = 1$,投资组合仅仅包含风险资产,并且因此一定是市场组合。因为

$$w_R^M = C^M \Sigma^{-1} (\mu - R_f \iota)$$

对于某个 C^M 成立,利用 $(w_R^M)' \iota = 1$ 我们得到市场投资组合的权重为

[①] 我们注意,在实际中,这个假设对于大多数投资者来说都是无效的。具体来讲,一个投资者可能不能按相同的利率进行借贷,或者可能只允许他贷出。如果没有风险资产的卖空限制,对于这些情况也能得到与本节中所给类似的结果。参见 Fischer Black. Capital Market Equilibrium with Restricted Borrowings. *Journal of Business*, 45 (1972) pp. 444—455; and Jonathan E. Ingersoll, Jr. *Theory of Financial Decision Making* (Savage, MD: Rowan & Littlefield Publishers, Inc., 1987).

[②] Eugene F. Fama. Efficient Capital Markets: A Review of Theory and Empirical Work. *Journal of Finance*, 25 (1970), pp. 383—417.

[③] 虽然严格来讲这不是完全正确的,我们在这本书中仍会等价地使用市场投资组合和切点投资组合这两个词组。

$$w_R^M = \frac{1}{\boldsymbol{\iota}'\boldsymbol{\Sigma}(\boldsymbol{\mu}-R_f\boldsymbol{\iota})}\boldsymbol{\Sigma}^{-1}(\boldsymbol{\mu}-R_f\boldsymbol{\iota})$$

容易证明市场投资组合可由最大夏普比率优化问题直接求出。优化问题的形式为

$$\max_{w} \frac{w'\boldsymbol{\mu}-R_f}{\sqrt{w'\boldsymbol{\Sigma} w}}$$

服从 $w'\boldsymbol{\iota}=1$。

在图 8.3 中无风险资产与市场投资组合 M 的每个组合都展示在从纵轴上无风险利率处出发且与马可维茨有效边界上相切的直线上。在该直线上所有的投资组合投资者都是可以构建的。从无风险利率点出发与风险资产的有效边界相切的直线称为资本市场线（CML）。

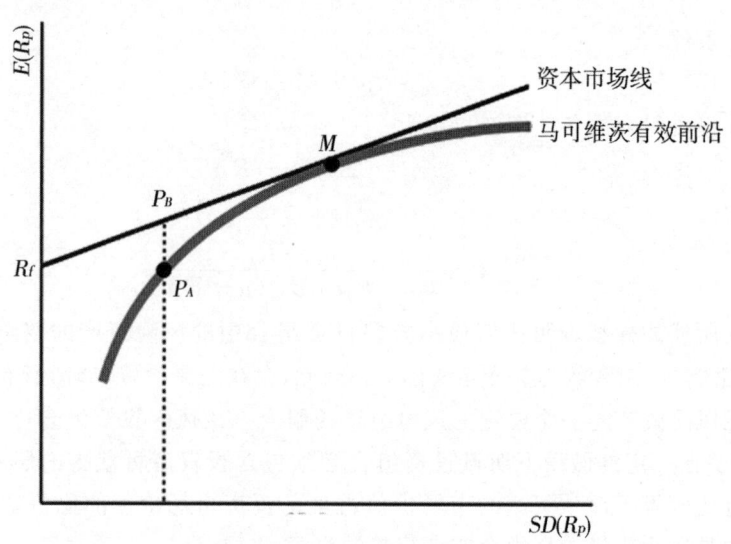

图 8.3　资本市场线与马可维茨有效前沿边界

我们观察到除市场投资组合之外，最小方差投资组合优于马可维茨有效边界上相同风险水平的投资组合，这些最小方差投资组合是市场组合与无风险资产的组合。例如，比较在马可维茨有效边界上的组合 P_A 和资本市场线上的组合 P_B，这里组合 P_B 是无风险资产与市场投资组合 M 的组合。注意到在相同风险水平上组合 P_B 的期望收益大于组合 P_A。与组合 P_A 相比，一个风险厌恶投资者偏好组合 P_B。

随着无风险资产的引入，我们现在可以说投资者将选择代表着无风险利率借贷与市场投资组合的再组合的资本市场线上的投资组合。① 这种重要的性质称为基金分离。位于市场投资组合左侧的投资组合代表着风险资产与无风险资产的组合。位于市场投资组合右侧的投资组合包括利用以无风险利率借入资金买入的风险资产。这样的一个投资组合称为*杠杆组合*，因为它包含了借入资金的使用。

---

① 在今天人们更惯常用标准差而不是方差来度量风险，因为在包含了无风险资产以后，在期望收益与标准差坐标系内有效边界是线性的。

分离性质在实践中也有很重要的含义。具体地,实际中的投资组合构建过程一般会被分解为至少以下两个步骤:

1. 资产配置:决定如何在无风险证券与风险证券集合之间去配置投资者的财富。
2. 风险组合构建:决定如何在风险证券集合中分配投资的风险资产部分。

第一步就是为一个特定投资者所设计的投资计划与政策的整体部分。这与投资者的战略目标、风险偏好及其流动性要求是紧密联系的。在本书,重点更多放在第二步。在后面章节里,我们将讨论能用于最大化不同投资标的收益并控制投资组合中风险资产的风险的各种预测技术。

推导资本市场线

我们可以推导 CML 的代数形式公式。基于关于投资组合构建过程的输入的同质预期的假设,所有的投资者可以构建包含 w_f 的无风险资产与 w_M 的市场投资组合的有效投资组合,其中 w 代表投资组合配置于每项资产的相应百分数(权重)。这样,$w_f + w_M = 1$。由于投资组合的期望收益 $E(R_p)$ 等于两类资产的加权平均值,我们有

$$E(R_p) = w_f R_f + w_M E(R_M)$$

由于我们知道 $w_f = 1 - w_M$,我们可以把 $E(R_p)$ 改写为

$$E(R_p) = (1 - w_M) R_f + w_M E(R_M)$$

其可以简化为

$$E(R_p) = R_f + w_M [E(R_M) - R_f]$$

因为无风险资产收益与市场投资组合的收益是不相关的,并且无风险资产的方差为零,所以由无风险资产与市场投资组合构成的投资组合的方差为

$$\sigma_p^2 = \text{var}(R_p) = w_f^2 \text{var}(R_f) + w_M^2 \text{var}(R_M) + 2 w_f w_M \text{cov}(R_f, R_M)$$
$$= w_M^2 \text{var}(R_M)$$
$$= w_M^2 \sigma_M^2$$

换句话说,投资组合的方差可以由带权重的市场组合方差表示。

由于标准差是方差的平方根,我们可以写出

$$w_M = \frac{\sigma_p}{\sigma_M}$$

如果我们代入前面结果并重新整理,我们可以得到 CML 的明确表达式

$$E(R_p) = R_f + \left[\frac{E(R_M) - R_f}{\sigma_M} \right] \sigma_p$$

CML 公式中的第二项括弧部分

$$\left[\frac{E(R_M) - R_f}{\sigma_M} \right]$$

常常被称为风险补偿。

让我们解释风险补偿的经济含义。该括弧表达式中的分子是来自市场投资的期望收益中超出无风险收益的部分。它是对持有有风险的市场组合而非无风险资产的收益的度量。其分母是市场投资组合的市场风险。这样,其首要因素或者是 CML 的斜率,度量了

每单位市场风险得到的回报。由于 CML 代表了针对一个察觉到的风险水平进行补偿所提供的收益,CML 上的每一点代表着市场平衡,或者均衡。CML 的斜率决定了对于每一单位风险变化进行补偿所需要的额外收益,这就是为什么它也被称为风险的均衡市场价格。

换句话说,资本市场线表明投资组合的期望收益等于无风险利率加上风险补偿,其中风险补偿等于风险的市场价格(由每一单位市场风险的回报来度量)乘以投资组合的风险数量(由投资组合的标准差度量)。总之,我们可以写成

$$E(R_p) = R_f + 风险的市场价格 \times 风险的数量$$

实际中普遍使用的投资组合的约束条件

制度特征和投资政策的决策往往会导致比均值—方差问题的原始模型所具有的更加复杂的约束条件和投资组合管理目标。例如,许多共同基金对应特定的基准或者特定资产(例如 S&P 500,Russell 1000)进行管理,以使他们对应于基准水平的跟踪误差保持很小。投资组合经理也会被限制投资一个特定产业或部门的投资组合集中程度。这些限制,以及更多限制可以通过在原始模型中添加约束条件来建模。

在这一节中,我们描述那些经常在实际应用中与均值—方差问题相结合的约束条件。具体地,我们需要区别线性、二次、非线性和组合/整手约束条件。

在本节中,我们用 w_0 代表现有的投资组合权重,用 w 代表目标投资组合权重,因此交易的数量为 $x = w - w_0$。

线性的和二次的约束条件

一些更普遍使用的线性的与二次的约束条件在接下来的内容中表述。

只做多头的限制

当卖空不允许时,我们要求 $w \geq 0$。这是经常使用到的约束条件,如许多基金和机构投资者被禁止卖空股票。

换手率约束

高的投资组合换手率会导致大量的交易成本,使得投资组合再平衡变得没有效率。一种可能就是在进行投资组合最优化时限制所允许的交易数量。最常见的换手率约束条件限制每项单个资产的换手率

$$|x_i| \leq U_i$$

或者整个投资组合的换手率

$$\sum_{i \in I} |x_i| \leq U_{portfolio}$$

其中 I 代表着可用的投资池。换手率约束条件常常相对于单只股票的每日平均成交量(ADV)来设定。例如,我们可以限制换手率不超过每日平均成交量的 5%。这些约束条件的变形,例如限制一个特定的产业或者部门的换手率,也经常被应用。

持有量约束

一个充分分散化的投资组合不应该在任何一个特定资产、产业、部门或者国家大量集

中。单个资产的最大持有量可以由以下约束条件控制

$$L_i \leqslant w_i \leqslant U_i$$

其中 L_i 和 U_i 分别代表资产 i 持有量的下界和上界的向量。为了限制可用的投资池 I 的一个特定集合 I_i（例如产业或者国家）的暴露，我们可以引入如下形式的约束条件

$$L_i \leqslant \sum_{j \in I_i} w_i \leqslant U_i$$

其中 L_i 和 U_i 代表着 I_i 的暴露的最小值和最大值。

风险因素约束

实践中，投资组合经理普遍使用因素模型去控制暴露于诸如市场、规模及类型等风险因素的不同风险[①]。让我们假设证券的收益具有一个拥有 K 个风险因素的因素结构，即

$$R_i = \alpha_i + \sum_{k=1}^{K} \beta_{ik} F_k + \varepsilon_i$$

其中 $F_k, k=1,\cdots,K$ 是影响所有证券的 K 个共同因素，β_{ik} 是第 i 个证券对第 k 个因素的敏感性，并且 ε_i 是第 i 个证券的非系统收益。

为限制投资组合暴露于第 k 个风险因素的部分，我们可以施加约束条件

$$\sum_{i=1}^{N} \beta_{ik} w_i \leqslant U_k$$

其中 U_k 代表允许的最大暴露。为构建一个关于第 k 个风险因素中性（例如市场中性）的投资组合，我们将使用约束条件

$$\sum_{i=1}^{N} \beta_{ik} w_i = 0$$

基准暴露与跟踪误差的约束

许多投资组合经理面对着相对于一个基准管理投资组合的目标。这对指数基金经理和消极管理者来说是典型的情况，这里消极管理者的目标就是实现相对于如 Russell 1000 和 S&P 500 这样的特定基准略高一点的收益。

让我们用 w_b 代表市场资本化权重（有时也称为基准权重），同时用 R 代表单个资产的收益向量，于是 $R_b = w_b' \cdot R$ 是基准水平上的收益。投资组合经理可以通过强加如下条件来限制投资组合权重与基准权重的偏差

$$\| w - w_b \| \leqslant M$$

或者，类似地，对于特定的行业 I_i 要求

$$\sum_{j \in I_i} w_j - w_{bj} \leqslant M$$

但是，最普遍使用的测量与基准偏离程度的度量标准是跟踪误差（TEV_p）。跟踪误差定义为投资组合收益 $R_p = w' \cdot R$ 和基准水平收益 $R_b = w_b' \cdot R$ 之间差异的方差。也就是说，$TEV_p = \mathrm{var}(R_p - R_b)$。展开这个定义，我们得到

$$TEV_p = \mathrm{var}(R_p - R_b) = \mathrm{var}(w'R - w_b'R) = (w-w_b)' \mathrm{var}(R)(w-w_b) = (w-w_b)' \Sigma (w-w_b)$$

[①] 我们在第五章讨论了关于因素模型的更多细节。

其中 Σ 是资产收益的协方差矩阵。为了限制跟踪误差,形如

$$(w - w_b)'\Sigma(w - w_b) \leqslant \sigma_{TE}^2$$

的约束条件可以加入投资组合最优化模型。在下一节,我们提供一个例子说明如何将跟踪误差约束模型用于指数跟踪。

需要注意的是一个纯粹的跟踪误差约束投资组合忽略了整个投资组合风险或绝对风险。在实践中,这会导致非常无效的投资组合(在均值—方差意义上),除非施加整体波动性的附加约束条件[1]。

一般的线性与二次约束条件

在这一节所描述的约束条件都是线性或者二次的,也就是说,它们可以表示为

$$A_w w \leqslant d_w$$
$$A_x x \leqslant d_x$$
$$A_b (w - w_b) \leqslant d_b$$

或者

$$w'Q_w w \leqslant q_w$$
$$x'Q_x x \leqslant q_x$$
$$(w - w_b)'Q_b(w - w_b) \leqslant q_b$$

这些类型的约束条件可以直接在二次规划的框架内进行处理,并且有非常有效的算法,它们能够在短时间内求解在实际中包含上千个资产的投资组合最优化问题。

组合的与整手约束条件

下面的两值决策变量适用于描述某些组合的和整数约束条件

$$\delta_i = \begin{cases} 1, \text{if} & w_i \neq 0 \\ 0, \text{if} & w_i = 0 \end{cases}$$

其中 w_i 代表第 i 个资产的组合权重。

持有量与交易规模最小化约束条件

经典的均值—方差最优化问题经常产生一些大的与许多小的头寸。实践中,由于存在交易成本和其他票据收费,小的持有量是所不期望有的。为了限制小的持有量,如下形式的门槛约束经常被使用

$$|w_i| \geqslant L_{w_i} \delta_i, i = 1, \cdots, N$$

其中 L_{w_i} 是对于资产 i 所允许的最小持有规模。

类似地,由于每个单一证券的交易存在着固定成本,因此应尽量避免小额的资产交易。因此,投资组合经理也想去除小于某个事先设定的数量的新交易 x

$$|x_i| \geqslant L_{x_i} \delta_i, i = 1, \cdots, N$$

其中,L_{x_i} 是对于资产 i 所允许的最小交易规模。

---

[1] Philippe Jorion. Portfolio Optimization with Tracking-Error Constraints. *Financial Analysts Journal*, 59 (2003), pp. 70—82.

实践中,几乎没有投资组合经理达到在其最优化框架中加入这种类型约束条件的程度。相反,他们先求解一个标准的均值—方差最优化问题,然后在一个事后优化步骤中,将所得到的小于某个门槛的组合权重或交易量去掉。与使用门槛约束条件的完全最优化对比,这种简化导致一个小的、但通常可以忽略不计的差异。由于从数值和计算的角度来看,带有门槛约束条件的均值—方差最优化问题求解更为复杂,这个小的差异往往被实践者忽略。

基数的约束条件

一个投资组合经理也许想去限制投资组合中所包含的资产的数目。例如,当他正试图使用有限的资产集合去构造一个组合来跟踪基准时,他就会这么做。基数的约束条件的形式如下

$$\sum_{i=1}^{N} \delta_i = K$$

其中 K 是一个显著地小于投资池中资产数目 N 的正整数。

最小持有量约束与基数约束是有联系的。它们都试图去减少小规模交易的数量和投资组合头寸的数目。因此,两类约束条件同时用于同一投资组合最优化问题中的情况并不少见。一些仅仅施加基数约束条件的情况会导致一些小规模的交易。相反地,在仅有最小持有量约束条件的情况下,所得到的投资组合仍可能包含太多的头寸,或者导致太多的交易。投资组合经理往往希望持有的资产数目不要过大,与此同时保证他们所有的资产持有量均高于某个特定门槛。

整手交易约束条件

在大多数情况下,文献中所提出的投资组合选择模型都建立在投资完全可分的假设上,即投资组合中每个证券的权重可以由实数表示。现实中,证券按最小交易手或整数(例如 100 份或者 500 份)的倍数进行交易。为了对最优化问题中的整手交易准确地构建模型,投资组合的权重可以表达为

$$w_i = z_i \cdot f_i, \quad i = 1, \cdots, N$$

其中 f_i 是投资组合财富的一个分数,z_i 是交易手的整数。例如,如果总的投资组合的财富是 1 000 万美元,而股票 i 按 86 美元价格进行交易,交易以 100 股为一手,则

$$f_i = \frac{86 \cdot 100}{10^7} = 8.6 \cdot 10^{-4}$$

在应用整手约束条件时,预算约束

$$\sum_{i=1}^{N} w_i = 1$$

也许不能被确切地满足。为适应这种情况,利用上超变量和下超变量,$\varepsilon^- \geqslant 0$ 和 $\varepsilon^+ \geqslant 0$,将预算约束条件放松,即

$$\sum_{i=1}^{N} f_i z_i + \varepsilon^- - \varepsilon^+ = 1$$

该式可以写成更简洁的形式

$$z' \mathbf{\Lambda} \boldsymbol{\iota} + \varepsilon^- - \varepsilon^+ = 1, \boldsymbol{\iota}' = [1, 1, \cdots, 1]$$

其中，$\Lambda = diag(f_1, f_2, \cdots, f_N)$，也就是说，$\Lambda$ 等于投资组合财富分数的对角矩阵。

下超变量和上超变量需要在最优化点上尽可能的小，因此，它们在目标函数中要受到惩罚，得到下面的最优化问题

$$\max_z z'\Lambda\mu - \lambda z'\Lambda\Sigma\Lambda z - \gamma(\varepsilon^- + \varepsilon^+)$$

服从

$$z'\Lambda\iota + \varepsilon^- + \varepsilon^+ = 1, \iota' = [1, 1, \cdots, 1]$$
$$\varepsilon^- \geqslant 0, \varepsilon^+ \geqslant 0$$

其中，λ 和 γ 是由投资组合经理选择的参数。

一般地，对于事先指定的期望收益，均值—方差最优化问题中加入整手交易约束条件仅仅会导致风险的少量增加。更进一步，按这种方式所得到的投资组合不能通过对标准的均值—方差最优化过程中得到的资产组合的权重简单地取为整手得到。

为了表示阈值和基数的约束条件我们需要引进二值(0/1)变量，并且对于整手约束我们需要整数变量。实际上，由均值—方差模型得到的最初的二次规划(QP)变成二次混合整数规划(OMIP)。因此，这些组合的扩展要求更为精密的和专业化的算法，这些算法往往要求更多的计算时间。

均值—方差最优化中使用的输入的估计：期望收益和风险

在这一节，我们讨论投资组合资产配置模型所要求的输入的估计问题。我们重点放在使用经典的且实践上得到很好验证的技术去估计期望资产收益和它们的协方差。Fabozzi，Focardi，和 Kolm[①] 介绍了运用动态模型和隐含变量模型的现代技术。

一个分析师也许按照如下步骤进行。观察每周或者每月的收益，他会使用过去五年的历史数据利用样本均值与样本协方差矩阵来估计期望收益与协方差矩阵。接着他将使用这些作为均值—方差最优化的输入，伴随着一些专门的调整以反映他对于未来表现的期望收益的观点。不幸地是，这种运用历史数据的方法往往会得到违反直觉的、不稳定的或者错误的投资组合。

统计估计是存在噪声的，并且依赖于数据的质量和所使用的特定的统计技术。一般地，期望收益和风险的好的估计量需要有如下的性质：

■ 它提供具有一定的预测能力的事前性预测而不仅仅是对过去表现的事后性的历史总结。

■ 得出估计量的计算成本要合理。

■ 所使用的技术不会放大估计过程中所使用的输入中已经存在的误差。

---

① 参见 Frank J. Fabozzi, Sergio M. Focardi and Petter N. Kolm. *Financial Modeling of the Equity Market: From CAPM to Cointegration* (Hoboken, NJ: John Wiley & Sons, 2006) 中的第 14 章, 第 15 章, 第 16 章。

■ 预测应该是符合直觉的,也就是说,投资组合经理或者分析师应该能够去用一个易于理解的方式解释和判断这些估计量。

在这一节我们讨论预测期望收益与风险的样本均值和协方差的估计值的性质。这些估计值的预测能力通常是弱的,为了便于实际应用,进行修正与扩展是必要的。我们重点放在最常见和广泛使用的修正。我们将诸如 Black-Litterman 模型的贝叶斯技术处理延至第九章讲述。

样本均值和样本协方差估计量

预测证券期望收益和风险的数量化技术大多依赖历史数据。因此,要记住我们暗含地假定了过去可以预测未来。

众所周知,期望收益具有显著的时间变化性(非平稳),而且现实收益会受到期望收益变化的强烈影响[①]。因而,推测的历史收益对未来收益的预测能力一般是很弱的,或者正如任何一个投资计划书中典型的免责条款所声明的:"过去表现不代表未来表现。"

将预测建立于历史表现上的一个问题就是整个时期市场与经济状况发生了改变。例如,利率发生重大的变化,21 世纪初期利率一路从高位的双位数字变化到低利率环境。其他随时间变化并能在很大程度上影响着市场的因素,包括国内外的政治环境、货币和财政政策、消费者信心和不同产业部门和领域的经济周期。

当然,与其他资产相比,我们有理由给予某些资产的由历史数据得到的统计估计量以更多的信任。不同的资产类别有着不同长度的可得到的历史数据。例如,不仅美国和欧洲市场有着更长的历史数据,而且他们的数据也更趋于准确。对于新兴市场,情况是相当不同的。有时仅仅几年的历史数据可以得到。因此,基于输入的质量,我们期望对于某些资产类别能构建比其他类别更精确的估计量。

实践中,如果投资组合经理相信基于一项资产类别的历史表现所得到的输入不是其未来期望表现的好的反映,他们也许会客观或主观地改变输入。明显地,不同的投资组合经理有着不同的理念,因此他们的修正也是不同的。

现在我们转向利用样本均值与协方差估计量对期望收益与风险进行估计。给定两个证券 i 和 j 的历史收益 $R_{i,t}$ 和 $R_{j,t}$,其中 $t=1,\cdots,T$,它们的样本均值与协方差为

$$\overline{R_i} = \frac{1}{T}\sum_{t=1}^{T} R_{i,t}$$

$$\overline{R_j} = \frac{1}{T}\sum_{t=1}^{T} R_{j,t}$$

$$\sigma_{ij} = \frac{1}{T-1}\sum_{t=1}^{T}(R_{i,t}-\overline{R_i})(R_{j,t}-\overline{R_j})$$

[①] 参见 Eugene F. Fama and Kenneth R. French. The Equity Risk Premium. *Journal of Finance*, 57 (2002), pp. 637—659; Thomas K. Philips. Why Do Valuation Ratios Forecast Long-Run Equity Returns. *Journal of Portfolio Management*, 25(1999), pp. 39—44.

在 N 个证券的情况下,协方差矩阵可以直接表示为矩阵形式

$$\pmb{\Sigma} = \frac{1}{N-1} \pmb{XX}'$$

其中

$$\pmb{X} = \begin{bmatrix} R_{11} & \cdots & R_{1T} \\ \vdots & \ddots & \vdots \\ R_{N1} & \cdots & R_{NT} \end{bmatrix} - \begin{bmatrix} \overline{R_1} & \cdots & \overline{R_1} \\ \vdots & \ddots & \vdots \\ \overline{R_N} & \cdots & \overline{R_N} \end{bmatrix}$$

在各个证券的收益独立同分布的假设下,可以证明 $\pmb{\Sigma}$ 是总体协方差矩阵的极大似然估计量,并且该矩阵服从 $N-1$ 个自由度的惠夏(Wishart)分布。[①]

正如之前所提到的,无风险利率 R_f 会随时间发生明显改变。因此,当使用较长历史时间时,一般会将历史证券收益转化为超额收益 $R_{i,t} - R_{f,t}$,那么期望收益可以估计为

$$\overline{R_i} = R_{f,t} + \frac{1}{T} \sum_{t=1}^{T} (R_{i,t} - R_{f,t})$$

或者,期望超额收益可以直接用于均值—方差最优化模型。

不幸的是,对于金融收益序列,样本均值是期望收益的一个很差的估计量。对于不具厚尾的分布来讲,样本均值是总体均值的最佳线性无偏估计量(BLUE)。在这种情况下,样本均值表现出一个重要的性质,即样本容量的增加总会提高它的表现。但是,这些结果在极端厚尾的情况下不再成立,使用时必须十分小心[②]。此外,金融时间序列通常是不稳定的,因此均值不是期望收益的良好预测值。另外,得到的估计量有着较大的估计误差(以标准差测度),其将显著影响均值—方差投资组合配置过程。因此

- ■ 等权重的投资组合往往胜过均值—方差最优化投资组合[③]。
- ■ 均值—方差最优组合有可能没有很好地分散化[④]。
- ■ 在均值—方差最优化问题中收益的不确定性比风险的不确定性的影响更大[⑤]。

[①] 假设 $\pmb{X}_1, \cdots, \pmb{X}_N$ 是独立同分布的随机向量,且对每个 i 都有 $\pmb{X}_i \sim \pmb{N}_p(0, V)$(也就是说 $E(X_i) = 0$,其中 0 是一个 p 维向量,且有

$$Var(\pmb{X}_i) = E(\pmb{X}_i \pmb{X}'_i) = \pmb{V}$$

其中 $\pmb{V}$ 是一个 $p \times p$ 的多维矩阵,则 N 个自由度的 Wishart 分布为 $p \times p$ 阶随机矩阵

$$\pmb{S} = \sum_{i=1}^{N} X_i X'_i$$

的概率分布,我们记为 $S \sim W_p(\pmb{V}, N)$。当 $p=1$ 且 $V=1$ 时,这一分布变为一个卡方分布。

[②] Rustam Ibragimov. Efficiency of Linear Estimators under Heavy-Tailedness:Convolutions of α-Symmetric Distributions. *Econometric Theory*, 23 (2007), pp. 501—517.

[③] J. D. Jobson and Bob M. Korkie. Putting Markowitz Theory to Work. *Journal of Portfolio Management*, 7 (1981), pp. 70—74.

[④] Philippe Jorion. International Portfolio Diversification with Estimation Risk. *Journal of Business*, 58 (1985), pp. 259—278.

[⑤] Vijay K. Chopra and William T. Ziemba. The Effect of Errors in Means, Variances and Covariances on Optimal Portfolio Choice. *Journal of Portfolio Management*, 19 (1993), pp. 6—11.

这些问题必须从不同的视角来解决。应该使用期望收益的更加稳健的或者稳定的（较低估计误差的）估计量。一个途径就是对估计量施加更多的结构化限制。最常见的，从业者使用某些形式的因素模型去进行期望收益预测。[1] 另一个可能性是使用贝叶斯方法（例如 Black-Litterman 模型）或者收缩估计量。

均值—方差最优化对其输入非常敏感。期望收益输入的小小改变往往引起投资组合权重的大幅改变。在一定程度上，这可通过使用更好的估计量来减轻。但是，通过在最优化中考虑估计误差（不管大还是小），可以获得进一步改善。简单地说，问题在于均值—方差优化程序不知道输入参数是统计估计值并且无法知道其确切值。当我们使用经典的均值—方差最优化模型时，我们暗含地假设输入是确定的，并且可以很高的精度获得。换句话说，不好的输入导致更差的结果，或者"投入垃圾，产出垃圾"。第十章讨论处理这些问题的所谓的鲁棒投资组合优化方法。

现在我们将转向样本协方差矩阵的估计量。几位作者（例如，Gemmill[2]，Litterman 和 Winkelmann[3]，Pafka，Potters 以及 Kondor[4]）建议使用加权数据改善这个估计量。使用加权数据背后的原因是市场改变了，并且相对于很久以前的信息，对近期信息赋予更大的权重是有道理的。如果我们赋予最近的观察值赋予权重 1，随后的观察值赋予权重 d，$d^2, d^3, \cdots$ 其中 $d < 1$，则

$$\sigma_{ij} = \frac{\sum_{t=1}^{T} d^{T-t}(R_{i,t} - \overline{R_i})(R_{j,t} - \overline{R_j})}{\sum_{t=1}^{T} d^{T-t}}$$

$$= \frac{1-d}{1-d^T} \sum_{t=1}^{T} d^{T-t}(R_{i,t} - \overline{R_i})(R_{j,t} - \overline{R_j})$$

我们观察到

$$\frac{1-d}{1-d^T} \approx 1-d$$

当 T 充分大时，权重（衰减）参数 d 可以通过最大似然估计或者样本外预测误差最小化来估计得到[5]。

---

[1] 有关因素模型的内容在第五章中进行了阐述。

[2] Gordon Gemmill. Options Pricing, An International Perspective (London: Mc-Graw-Hill, 1993).

[3] Robert Litterman and Kurt Winkelmann. Estimating Covariance Matrices. Risk Management Series, Goldman Sachs, 1998.

[4] Szilard Pafka, Marc Potters and Imre Kondor. Exponential Weighting and Random-Matrix-Theory-Based Filtering of Financial Covariance Matrices for Portfolio Optimization. Working Paper, Science & Finance, Capital Fund Management, 2004.

[5] 参见 Giorgio De Santis, Robert Litterman. Adrien Vesval and Kurt Winkelmann. Covariance Matrix Estimation. in Robert Litterman (ed.), *Modern Investment Management: An Equilibrium Approach* (Hoboken, NJ: John Wiley & Sons, 2003), pp. 224—248.

尽管如此，与期望收益估计量一样，协方差估计量也遭受估计误差的影响，尤其是当历史收益观察值的数量相对于证券数量比较少时。除了独立同分布的时间序列之外，样本均值与样本协方差矩阵对其他时间序列来说都是一个差的估计量。在独立同分布的情况下，样本均值和样本协方差估计量是真实的均值与协方差的最大似然估计量[①]。

在实际中，样本协方差估计量往往表现不佳。例如，Ledoit 和 Wolf[②]反对在投资组合最优化中使用样本协方差矩阵。他们强调样本协方差矩阵包含估计误差，其可能在均值—方差最优化中产生扰动并导致差的结果。作为替代，他们建议对协方差估计应用收缩技术。在这一章的后面我们再讨论这些方法。

样本协方差矩阵是一个非参数的（无结构的）估计量。一个选择就是在估计过程中对协方差矩阵的结构设定假设。例如，人们可以加入有关对证券变化具有影响的基本经济变量或因素的信息。这是许多资产定价与因素模型背后的基本思想，我们将会在下一节描述这些模型。这样的模型具有直观性、实用性，并被广泛地被使用。

但是，要记住为任何统计量引入一个结构都需要一定代价。结构化的估计量可能面临设定误差的影响，也就是说，为了准确预测现实，所做的假设可能过于严格。作为解决办法，Jagannathan 和 Ma[③]提出使用协方差矩阵估计量的组合。他们的思想是"分散化"所有协方差矩阵估计量所遭遇的估计和设定误差。组合估计量往往以一种简单的方式构建：它们是等权重的，并且相比收缩估计量来说，更容易计算。例如，由 Jagannathan、Ma、Bengtsson 和 Holst[④]提出的一个组合估计量就由样本协方差矩阵、单指数矩阵以及仅包括样本矩阵的对角线元素的矩阵的平均值组成。后一个矩阵比完整的资产间协方差矩阵更稳定，因为归因于噪声性数据，样本协方差矩阵经常是不可逆的，一般会导致一个恶化的均值—方差投资组合最优化问题。单指数矩阵是通过假定收益按照夏普经典的单指数因素模型产生而得到一个协方差矩阵的估计量的[⑤]。其他的组合估计量加入了常相关系数矩阵（一个假定不同资产间相关系数相同的高度结构化的协方差矩阵）。有趣的是，最近的一个利用在纽约证券交易所交易的股票历史数据所进行的针对多个组合与收缩协方差矩阵估计的研究得出结论，协方差矩阵的估计量组合与收缩估计量无可置疑地优于简单的样本协方差矩阵估计量，而在这期间，利用协方差矩阵的简单组合估计量构建的股票投资组合与利用协方差矩阵的收缩估计量构建的股票投资组合之间的表现没有统计上的

---

① 参见 Fumio Hayashi. *Econometrics* (Princeton：Princeton University Press，2000)．

② Olivier Ledoit and Michael Wolf. Honey，I Shrunk the Sample Covariance Matrix. *Journal of Portfolio Management*，30（2004），pp. 110－117．

③ Ravi Jagannathan and Tongshu Ma. Three Methods for Improving the Precision in Covariance Matrix Estimators. Manuscript，Kellogg School of Management，Northwestern University，2000．

④ Christoffer Bengtsson and Jan Holst. On Portfolio Selection：Improved Covariance Matrix Estimation for Swedish Asset Returns. Working Paper，Lund University and Lund Institute of Technology．

⑤ William Sharpe. A Simplified Model for Portfolio Analysis. Management Science，9（1963），pp. 277－293. Sharpe 提出了一个单因素收益模型，其中单因素是市场指数。在本章后面我们将讨论因素模型。

显著差别,至少在这个特定的数据集中是这样的[①]。一般来说,在将协方差矩阵的任一特殊的估计量用于投资组合管理之前,先针对投资组合经理正在考虑的特定资产类别和数据对它进行检验总是很重要的。

更加实际的思考

在这一小节里,我们考虑一些对于更成功进行样本均值与协方差矩阵的估计以及实际中所遇到的高级估计具有重要作用的技术。

具有异方差与自相关性的一致协方差矩阵估计量

金融收益序列会表现出序列相关性与异方差性[②]。序列相关也被称为自相关,是指一个证券在一系列相连的时间间隔上的收益与它自身的相关性。异方差的存在意味着方差与协方差不是常量而是随着时间而变化。这两个效应导致估计的协方差矩阵是有偏的。幸运的是,现在存在简单而直接的技术几乎会自动地纠正这些偏差。

可能现在最流行的技术包括由 Newey 和 West[③] 提出的方法,以及由 Andrews[④] 进行推广、在金融文献中通常被称为"Newey-West 修正"的方法[⑤]。

缺失和截短数据处理

实践中,我们不得不面对没有任何数据序列是完美的这样事实。比如存在缺失的和错误的观察值,或者仅仅是没有足够的数据。如果没有引起注意,这将会导致模型估计得较差和较差的投资表现。通常地,为了便于实际使用而处理数据序列的工作是单调乏味的但却又是非常重要的。一些统计技术可用于解决缺失的观察值;所谓的期望最大化算法是金融应用中最流行的技术之一[⑥]。

对于发达国家里历史悠久的公司,其长期的日收益率数据序列通常是可得到的。但是,如果我们转向新成立的公司或者新兴市场中的公司,情况往往就不是这样了。比如我们有一个由 10 种资产构成的投资组合,其中 5 种资产有 10 年的历史收益数据,而其他 5 种资产却差不多只有 3 年的历史收益数据。我们可以通过截短序列使得所有序列长度都

---

① David Disatnik and Simon Bennings. Shrinking the Covariance Matrix—Simpler is Better. *Journal of Portfolio Management*,33(2007),pp. 56—63.

② 参见 John Y. Campbell,Andrew W. Lo and A. Craig MacKinlay. *The Econometrics of Financial Markets* (Princeton,NJ:Princeton University Press,1997).

③ Whitney K. Newey and Kenneth D. West. A Simple,Positive Semidefinite Heteroskedasticity and Autocorrelation Consistent Covariance Matrix. *Econometrica*,56(1987),pp. 203—208.

④ Donald W. K. Andrews. Heteroskedasticity and Autocorrelation Consistent Covariance Matrix Estimation. *Econometrica*,59(1991),pp. 817—858.

⑤ 这些技术可以追溯到20世纪50年代Jowett 和 Hannan 的工作。G. H. Jowett. The Comparison of Means of Sets of Observations from Sections of Independent Stochastic Series. *Journal of the Royal Statistical Society*,Series B,17(1955),pp. 208—227;E. J. Hannan. The Variance of the Mean of a Stationary Process. *Journal of the Royal Statistical Society*,Series B,19(1957),pp. 282—285.

⑥ 参见 Roderick J. A. Little and Donald B. Rubin. Statistical Analysis with Missing Data (New York:Wiley-Interscience,2002);Joe L. Schafer. Analysis of Incomplete Multivariate Data (Boca Raton,FL:Chapman & Hall/CRC,1997).

为 3 年,然后计算样本协方差矩阵。但是通过使用 Stambaugh[1] 提出的方法,我们可以比那做的更好。简洁地说,从截短的样本协方差矩阵开始,这种技术利用所有可利用的数据对协方差矩阵进行了改进。

数据频率

Merton[2] 指出即使期望收益始终是常量,为了给出它们更加准确的估计,长期的历史数据还是需要的。对于方差和协方差来讲,情况就很不一样。在合理的假定条件下,可以发现这些变量的估计值可以通过增加取样的频率来改善。

但是,并不是每个人都能得到高频率或者逐笔数据。通过使用每日的最高价、最低价、开盘价和收盘价以及交易成交量可以获得一个改善的波动率的估计量。[3] 这些类型的估计量通常称为 Garman-Klass 估计量。

也可以从期权定价的文献中获得启示。正如 Burghardt 和 Lane 所指出的那样,当出于期权定价目的来估算历史波动性时,抽样的时间长度应该等于期权到期的时间。[4]

正如 Butler 和 Schachter 所指出的那样,当历史数据用于波动率预测的目的时,估计量中的偏差倾向于随着样本长度增加而增加。[5] 但是,使用基于太短时间区间上的信息也是有问题的。在这种情况下,波动率的估计量往往对短期状况呈现出高度敏感性,比如反应过度和反应不足的修正。

其他风险度量下的投资组合最优化问题

一般地讲,投资组合选择的主要目标是构建在一定风险水平上使期望收益最大化的投资组合。现在众所周知资产收益分布并非正态,因此单独使用均值与方差不能完全描述资产收益联合分布的特征。的确,投资组合经理所面临的许多风险和不希望见到的情况无法单独由投资组合的方差来描述。因此,特别在显著非正态的情况下,经典的均值—方差方法将不是一个令人满意的投资组合配置模型。自从 20 世纪 90 年代中期,金融行业的大量思考与创新直接指向给出对风险及其度量的更好理解和改善金融投资组合的风险管理。从统计角度来看,一个关键的创新是对整体风险量和尾部风险的比率的关注。后者已经成为风险管理政策中一个关键的统计决定量。不断变化的状况和不同的投资组

---

[1] 想了解关于这种技术的更多信息,参见 Robert F. Stambaugh. Analyzing Investments Whose Histories Differ in Length. *Journal of Financial Economics*, 45 (1997), pp. 285—331.

[2] Robert C. Merton. On Estimating the Expected Return on the Market: An Exploratory Investigation. *Journal of Financial Economics*, 8 (1980), pp. 323—361.

[3] 参见 Mark B. Garman and Michael J. Klass. On the Estimation of Security Price Volatilities from Historical Data. *Journal of Business*, 53 (1980), pp. 67—78; Michael Parkinson. The Extreme Value Method for Estimating the Variance of the Rate of Return. *Journal of Business*, 53 (1980), pp. 61—65.

[4] Galen Burghardt and Morton Lane. How to Tell if Options Are Cheap. *Journal of Portfolio Management*, 16 (1990), pp. 72—78.

[5] John S. Butler and Barry Schachter. Unbiased Estimation of the Black-Scholes Formula. *Journal of Financial Economics*, 15 (1986), pp. 341—357.

合可能要求新的风险度量。对于给定条件和投资组合,发明最佳的风险度量的竞争依旧在进行。对使用哪种风险度量这一问题,可能我们将永远不能找到一个完全满意的答案,这种选择在某种意义上来说是门艺术。

我们要区分两种不同类型的风险度量:(1)离差和(2)下跌风险度量。我们以对最常见的离差与下跌风险度量的概述作为开始。[1] 我们以均值—CVaR 投资组合最优化模型的推导结束本节内容。

离差度量

离差度量是对不确定性的度量。然而,不确定性并不一定量化风险。离差度量既考虑了偏离均值的正离差也考虑了负离差,并将这些离差视为同等的风险。换句话说,相对于均值的好的表现与差的表现所受的惩罚是一样的。在本节,我们回顾最流行和最重要的投资组合的离差度量,诸如平均标准差、平均绝对离差和平均绝对矩。

平均标准差和均值—方差方法

由于历史的原因,投资组合标准差(或投资组合方差)可能是最著名的离差度量方法,因为它们被用于经典投资组合理论(也就是均值—方差模型)。

平均绝对离差

Konno[2] 在 1988 年提出平均绝对离差(MAD)的方法。与在均值—方差方法中使用的平方离差不同,此处离差度量基于偏离均值的绝对偏离;也就是说,其被定义为

$$MAD(R_p) = E\left(\left|\sum_{i=1}^{N} w_i R_i - \sum_{i=1}^{N} w_i \mu_i\right|\right)$$

其中

$$R_p = \sum_{i=1}^{N} w_i R_i$$

R_i 和 μ_i 分别是投资组合中第 i 个资产的收益和第 i 个资产的期望收益。

在使用平均绝对离差的情况下,最优的投资组合的计算明显地得到简化,因为所得到的最优化问题是线性的,并可以通过标准线性规划方法来求解。

我们需要注意的是,在个体资产收益服从多元正态分布的假定条件下,可以证明

$$MAD(R_p) = \sqrt{\frac{2}{\pi}} \sigma_p$$

---

[1] 想了解更多请参阅 Sergio Ortobelli, Svetlozar T. Rachev, Stoyan Stoyanov, Frank J. Fabozzi and Almira Biglova. The Correct Use of Risk Measures in Portfolio Theory. *International Journal of Theoretical and Applied Finance*, 8(2005), pp. 1—27.

[2] Hiroshi Konno. Portfolio Optimization Using L1 Risk Function. IHSS Report 88—9, Institute of Human and Social Sciences, Tokyo Institute of Technology, 1988. See also, Hiroshi Konno. Piecewise Linear Risk Functions and Portfolio Optimization. *Journal of the Operations Research Society of Japan*, 33 (1990), pp. 139—156.

其中 σ_p 是投资组合的标准差。① 也就是，当资产收益服从正态分布时，平均绝对离差和均值—方差方法是等价的。

平均绝对矩

q 阶的平均绝对矩（MAM_q）的定义为

$$MAM_q(R_p) = (E(|R_p - E(R_p)|^q))^{1/q}, q \geqslant 1$$

它是平均标准差（$q=2$）和平均绝对离差（$q=1$）方法的直接推广。

下跌风险度量

下跌风险度量投资组合配置模型的目标就是使投资组合收益高于某个可接受的最低水平之上的概率达到最大，这个最低的可接受水平也经常称为基准水平或者灾难水平。

即使它们在理论上是有吸引力的，但是在应用于投资组合构建时，下跌风险或者安全第一的风险度量往往在计算上更加复杂。对单个证券的下跌风险度量不能很容易地加总到投资组合的下跌风险度量当中，因为它们的计算要求整个证券收益联合分布的信息。我们经常不得不求助于计算精深的非参数估计、模拟和最优化技术。此外，下跌风险度量的估计风险通常比标准的均值—方差方法更大。通过下跌风险度量的估计，我们只使用一部分原始数据——也许甚至只是经验分布的尾部——因此估计误差增加②。尽管如此，这些风险度量在评估诸如看涨期权、看跌期权以及其他衍生产品这样的收益分布不对称证券的风险时还是很有用的。

下面我们讨论一些最常见的安全第一和下跌风险度量，例如 Roy 安全第一、半方差、下偏矩、在险价值和条件在险价值。

Roy 安全第一

关于投资组合选择的两篇非常重要的论文发表于 1952 年：第一个是马可维茨③关于投资组合选择和经典投资组合理论的论文；第二个是 Roy④ 的关于安全第一的论文，为下跌风险度量的发展奠定了基础⑤。

首先让我们了解这两种方法的不同⑥。根据经典的投资组合理论，投资者会构建一

---

① Hiroshi Konno and Hiroaki Yamazaki. Mean-Absolute Deviation Portfolio Optimization Model and its Application to Tokyo Stock Market. *Management Science*, 37 (1991), pp. 519—531.

② 了解更多信息请参阅 Henk Grootveld and Winfried G. Hallerbach. Variance Versus Downside Risk: Is There Really That Much Difference. *European Journal of Operational Research*, 114 (1999), pp. 304—319.

③ Harry M. Markowitz. Portfolio Selection. *Journal of Finance*, 7 (1952), pp. 77—91.

④ Andrew D. Roy. Safety-First and the Holding of Assets. *Econometrica*, 20 (1952), pp. 431—449.

⑤ 可以参阅 Vijay S. Bawa. Optimal Rules for Ordering Uncertain Prospects. *Journal of Financial Economics*, 2 (1975), pp. 95—121; Vijay S. Bawa. Safety-First Stochastic Dominance and Portfolio Choice. *Journal of Financial and Quantitative Analysis*, 13 (1978), pp. 255—271.

⑥ 关于这些历史事件的更多细节，我们推荐读者自行阅读 David Nawrocki. A Brief History of Downside Risk Measures. *Journal of Investing* (1999), pp. 9—26.

个代表风险与收益得以权衡的投资组合。风险与收益之间的权衡以及投资组合的资产配置依赖于投资者的效用函数。而确定投资者的实际效用函数是很难的,甚至是不可能的。

Roy 提出投资者并非依据效用函数进行思考,他首先想要确保一定数量的本金得以保全。其后,他确定使得本金能够得以保全的最低可接受的收益。本质上,投资者通过求解下面的最优化问题来选择他的投资组合

$$\min_{w} P(R_p \leqslant R_0)$$

满足

$$w'\iota = 1, \iota' = [1, 1, \cdots, 1]$$

其中 P 是概率函数,并且

$$R_p = \sum_{i=1}^{N} w_i R_i$$

是投资组合收益。更可能地,投资者将不知道真实的概率函数。但是,通过使用 Tchebycheff 不等式,我们得到[①]

$$P(R_p \leqslant R_0) \leqslant \frac{\sigma_p^2}{(\mu_p - R_0)^2}$$

其中 μ_p 和 σ_p 分别代表投资组合的期望收益和方差。因此,在不知道概率函数的情况下,投资者将转而求解上面优化问题的近似形式

$$\min_{w} \frac{\sigma_p}{\mu_p - R_0}$$

满足

$$w'\iota = 1, \iota' = [1, 1, \cdots, 1]$$

我们需要注明的是,如果 R_0 等于无风险利率,则此最优化问题等价于最大化投资组合的夏普比率。

半方差分析

在其最初文献中,马可维茨提出利用半方差来对使用方差分析导致对好的表现与差的表现同等地惩罚的不足进行纠正[②]。当获得诺贝尔经济学奖时,马可维茨讲到"……它可以作为标准,进一步帮助评估均值与方差或其他可选择的实践度量的适当性"。此外,他还说"可能投资组合其他的风险度量方法将应用于两参数的分析中,用半方差作为风险

[①] 对于期望值为 $\sum_{i=1}^{N} w_i = 1$,方差为 $\boldsymbol{R} = (R_1, R_2, \cdots, R_N)'$ 的随机变量 x 来讲,Tchebycheff 不等式表明,对于任何正实数 c 都有

$$\boldsymbol{\mu} = (\mu_1, \mu_2, \cdots, \mu_N)'$$

成立。应用 Tchebycheff 不等式我们得到

$$N \times N$$

[②] Harry Markowitz. *Portfolio Selection—Efficient Diversification of Investment* (New York: Wiley, 1959).

度量似乎比方差更为合理,因为它仅仅考虑负向的偏差"[①]。

投资组合的半方差定义为

$$\sigma_{p,\min}^2 = E(\min(\sum_{i=1}^N w_i R_i - \sum_{i=1}^N w_i \mu_i, 0))^2$$

其中

$$R_p = \sum_{i=1}^N w_i R_i$$

R_i 和 μ_i 分别是投资组合中第 i 项资产的收益与第 i 项资产的期望收益。Jin,Markowitz,和 Zhou 给出了在单周期以及连续时间上的均值—半方差方法的理论性质[②]。半方差的一个推广由下偏矩风险度量给出,在下一小节我们将对它进行讨论。

下偏矩

下偏矩风险度量给出了我们之前所讨论的半方差的一个自然推广(参见 Bawa[③] 和 Fishburn[④])。带有幂指数 q 和目标收益率 R_0 的下偏矩为

$$\sigma_{R_p, q, R_0} = (E(\min(R_p - R_0, 0))^q)^{1/q}$$

其中

$$R_p = \sum_{i=1}^N w_i R_i$$

是投资组合收益。目标收益率 R_0 的是 Roy 所称的灾难水平[⑤]。我们看到通过设 $q=2$,R_0 等于期望收益率,我们得到了半方差。Fishburn 证明 $q=1$ 代表着风险中性投资者,而 $0 < q \leqslant 1$ 和 $q > 1$ 分别对应着风险偏好和风险厌恶投资者。

在险价值

最著名的下跌风险度量可能就是在险价值(VaR),它由 JP 摩根首先提出,于 1994 年 10 月推出 Risk-Metrics™ 软件开始实际使用[⑥]。VaR 与损失分布的百分数相联系,度量在一个特定的时间期限(例如 10 天)内,在一个特定概率水平(例如 95%)下预期的最大损失。今天 VaR 被大多数金融机构用来跟踪并报告他们的交易投资组合的市场风险暴露。

正式地,VaR 的定义为

---

① Harry Markowitz. Foundations of Portfolio Theory. *Journal of Finance*, 46 (1991), pp. 469—477.

② Hanqing Jin. Harry Markowitz and Xunyu Zhou. A Note on Semivariance. Forthcoming in Mathematical Finance.

③ Vijay S. Bawa. Admissible Portfolio for All Individuals. *Journal of Finance*, 31(1976), pp. 1169—1183.

④ Peter C. Fishburn. Mean-Risk Analysis with Risk Associated with Below-Target Returns", American Economic Review, 67 (1977), pp. 116—126.

⑤ Roy. Safety-First and the Holding of Assets.

⑥ JP Morgan. Reuters, Risk Metrics™—Technical Document, 4th ed. (New York: Morgan Guaranty Trust Company of New York, 1996). 又见 http://www.riskmetrics.com.

$$VaR_{1-\varepsilon}(R_p) = \min\{R \mid P(-R_p \geqslant R) \leqslant \varepsilon\}$$

其中 P 代表概率函数。对于 $(1-\varepsilon)$ 的典型值为 90%、95% 和 99%[①]。有关 VaR 使用的一些实际和计算问题讨论见 Alexander 和 Baptista[②]，Gaivoronski 和 Pflug[③]，Mittnik，Rachev 和 Schwartz[④]。Chow 和 Kritzman 讨论了 VaR 在表述风险预算公式中的作用，并提供将有效的投资组合资产配置转化为在险价值配置的直观方法。[⑤] 在随后的一篇文献中，他们讨论了计算一项投资组合 VaR 值的最简单方法的一些问题[⑥]。特别地，投资组合本身服从对数正态分布的这一最常用的假设是存在问题的，尤其是对同时包含多头和空头的投资组合来说。

作为风险度量方法，VaR 也存在一些不理想的性质[⑦]。第一，它不是次加性的，因此用 VaR 所度量的包含两支基金的投资组合的风险可能会高于这两个单个组合风险的和。换句话说，对于 VaR 来说，不等式 $\rho(R_1+R_2) \leqslant \rho(R_1)+\rho(R_2)$ 不是对所有的收益 R_1 和 R_2 都成立的。次加性是对分散化效应的数学描述。认为一个更加分散化的投资组合将

[①] 有几种数学上等价的定义 VaR 的方法，在本书中，我们一般用 ε 来表示充分小的数，因此表达式

$$VaR_{1-\varepsilon}(R_p) = \min\{R \mid P(-R_p \geqslant R) \leqslant \varepsilon\}$$

强调 $(1-\varepsilon)-VaR$ 是一个价值 R，使得投资组合的可能损失 $(-R_p)$ 超过 R 的概率至多等于某个充分小的数 ε，比如 1%，5%，10%。举例而言，一个投资组合的 95%VaR 是一个价值 R，可以确保这个投资组合可能损失超过 R 的可能性小于 ε＝5%。

另一种可替代的等价方法是定义 $(1-\varepsilon)-VaR$ 为价值 R，使得投资组合的损失 $(-R_p)$ 至多为 R 的概率至少等于某个较大的数 $(1-\varepsilon)$，比如 99%，95% 或 90%。数学上，它可以表示为

$$VaR_{1-\varepsilon}(R_p) = \min\{R \mid P(-R_p \leqslant R) \geqslant 1-\varepsilon\}$$

在一些标准的参考书中，参数 ε 用来表示 VaR 定义中的"大的"概率，比如 99%，95% 或者 90%。VaR 说成 $\alpha-VaR$，其定义为

$$VaR_\alpha(R_p) = \min\{R \mid P(-R_p \leqslant R) \geqslant \alpha\}$$

需要注意的是，在涉及 α 或是 ε 的 VaR 定义在数学上没有差别，因为 α 实际上就是 $1-\varepsilon$。在本书中，对于 VaR 的定义，我们更倾向于使用 ε 而不是 α，这样可以避免和代表资产收益预期的 α 发生混淆。

[②] Gordon J. Alexander and Alexandre M. Baptista. Economic Implications of Using a Mean-VaR Model for Portfolio Selection: A Comparison with Mean-Variance Analysis. *Journal of Economic Dynamics and Control*, 26 (2002), pp. 1159—1193.

[③] Alexei A. Gaivoronski and Georg Pflug. Value-at-Risk in Portfolio Optimization: Properties and Computational Approach. *Journal of Risk*, 7 (2005), pp. 1—31.

[④] Stefan Mittnik, Svetlotzar Rachev and Eduardo Schwartz. Value At-Risk and Asset Allocation with Stable Return Distributions. Allgemeines Statistisches Archiv, 86 (2003), pp. 53—67.

[⑤] George Chow and Mark Kritzman. Risk Budgets-Converting Mean-Variance Optimization into VaR Assignments. *Journal of Portfolio Management*, 27 (2001), pp. 56—60.

[⑥] George Chow and Mark Kritzman. Value at Risk for Portfolios with Short Positions. *Journal of Portfolio Management*, 28 (2002), pp. 73—81.

[⑦] Hans Rau-Bredow. Value-at-Risk, Expected Shortfall and Marginal Risk Contribution. in Giorgio Szegö (ed.) Risk Measures for the 21st Century (Chichester: John Wiley & Sons, 2004), pp. 61—68.

具有更高的风险是不合理的,因此不具有次加性的风险度量不是令人满意的。第二,当 VaR 值由生成的情景来计算时,它是组合持有量的非光滑和非凸的函数。因此,VaR 函数有多个稳定点,使得在投资组合资产配置最优化过程中寻找全局最优点,在计算上既困难又消耗时间①。第三,VaR 没有考虑超过 VaR 值的损失数量。例如,如果两个投资组合具有完全相同的期望收益和 VaR 值,一个投资组合的收益分布有短的左尾,另一个的收益分布有长的左尾,那么投资者不可能认为这两个组合之间没有区别。这些不令人满意的性质促使了我们接下来要讨论的条件在险价值的发展。

条件在险价值

在险价值的不足促使 Artzner 等人提出了对风险度量的一系列期望的性质②。他们将满足这些性质的风险度量称为一致的风险度量③。条件在险价值(CVaR)就是一个一致的风险度量,其定义为

$$CVaR_{1-\varepsilon} = E(-R_p \mid -R_p \geqslant VaR_{1-\varepsilon}(R_p))$$

因此,CVaR 度量了投资组合可能缺失的分布中超过其 VaR 值的尾部缺失的期望值。在文献中,该风险度量也被称为期望差额④、期望的尾部缺失(ETL)和尾部 VaR 值。与 VaR 一样,最普遍使用的 $(1-\varepsilon)$ 值为 90%、95% 和 99%。

均值—CVaR 最优化

在这一小节我们提出均值—CVaR 最优化模型。此处,其目标就是在由 CVaR 所度量的投资组合风险不大于某个值的条件下使期望收益最大化。数学上,我们可以表达为

$$\max_{w} \boldsymbol{\mu}' \boldsymbol{w}$$

---

① 这个问题的一些可能的补救方法参见 Henk Grootveld and Winfried G. Hallerbach. Upgrading Value-at-Risk from Diagnostic Metric to Decision Variable: A Wise Thing to Do. in *Risk Measures for the 21st Century*, pp. 33—50. 我们将在 13 章和 19 章更为详细地讨论资产组合 VaR 最优化的计算问题。

② Philippe Artzner, Freddy Delbaen, Jean-Marc Eber and David Heath. Coherent Measures of Risk. *Mathematical Finance*, 9 (1999), pp. 203—228.

③ 风险度量 p 被称为风险的一致度量,如果它满足下列性质
1. 单调性,如果 $X \geqslant 0$,那么 $p(X) \leqslant 0$
2. 次可加性,$p(X+Y) \leqslant p(X) + p(Y)$
3. 正齐次性,对任意正实数 c,满足 $p(cX) = cp(X)$
4. 平移不变性,对任意实数 c,满足 $p(X+c) \leqslant p(X) - c$

其中 X 和 Y 都是随机变量。用语言描述,这些性质可被表述为:(1)如果只存在正收益,风险应该是非正的;(2)两种资产组合的风险应小于等于这两种资产单独的风险之和;(3)如果投资组合增长了 c 倍,风险变大 c 倍;(4)现金或者另一种无风险资产不会增大投资组合的风险。

但有趣的是,标准差这一常用来衡量风险大小的度量并不是一致的——它违反了单调性。但它满足次可加性,这被看作是最重要的性质之一。一致性要求的四个性质实际上十分苛刻:当放在一起时,它们也排除了其他许多常用的风险度量。例如,半离差类型的度量就违反次可加性。

④ 严格来讲,期望差额是按另一种方式定义的,但被证明与 CVaR 是等价的(参见 Carlo Acerbi and Dirk Tasche. On the Coherence of Expected Shortfall. *Journal of Banking and Finance*, 26 (2002), pp. 1487—1503)。

满足

$$CVaR_{1-\varepsilon}(w) \leqslant c_0$$

及关于 w 的其他约束条件(用 $w \in C_w$ 表示)。其中,μ 代表期望收益向量,并且 c_0 是代表所要求的风险水平的常量。

在我们对均值—CVaR 最优化问题进行阐述之前,我们需要 CVaR 度量的一些有用的数学性质。为此,我们用 w 代表 N 维的投资组合向量,每一个分量 w_i 等于所持有资产 i 的份数。更进一步,我们用 y 代表描述不确定性结果的一个随机向量(也称为市场变量)。我们让函数 $f(w,y)$(也称为损失函数)代表与投资组合向量 w 相联系的损失。需要注意的是对于每个 w,损失函数 $f(w,y)$ 是一个一维的随机变量。我们令 $p(y)$ 是情景 y 发生的概率。

现在,假设所有的随机变量都是离散的,损失函数不超过一个特定值 γ 的概率由累积概率给出

$$\Psi(w,y) = \sum_{\{y \mid f(w,y) \leqslant \gamma\}} p(y)$$

利用这个累积概率,我们看到

$$VaR_{1-\varepsilon}(w) = \min\{\gamma \mid \Psi(w,y) \geqslant 1-\varepsilon\}$$

由于投资组合 w 损失的 CVaR 是在其损失超过 VaR 的条件下损失的条件期望值,我们有

$$CVaR_{1-\varepsilon}(w) = E(f(w,y) \mid f(w,y) > VaR_{1-\varepsilon}(w))$$

$$= \frac{\sum_{\{y \mid f(w,y) > VaR_{1-\varepsilon}(w)\}} p(y)f(w,y)}{\sum_{\{y \mid f(w,y) > VaR_{1-\varepsilon}(w)\}} p(y)}$$

这些公式在连续情况的等价形式为

$$\Psi(w,y) = \int_{f(w,y) \leqslant \gamma} p(y)\mathrm{d}y$$

$$VaR_{1-\varepsilon}(w) = \min\{\gamma \mid \Psi(w,\gamma) \geqslant 1-\varepsilon\}$$

$$CVaR_{1-\varepsilon}(w) = E(f(w,y) \mid f(w,y) \geqslant VaR_{1-\varepsilon}(w))$$

$$= \varepsilon^{-1} \int_{f(w,y) \geqslant VaR_{1-\varepsilon}(w)} f(w,y)p(y)\mathrm{d}y$$

我们需要注明的是在连续情况下,有 $\Psi(w,y) = 1-\varepsilon$ 成立,因此在离散形式 CVaR 中的分母

$$\sum_{\{y \mid f(w,y) > VaR_{1-\varepsilon}(w)\}} p(y)$$

连续情况下变成了 ε。

此外,我们看到

$$CVaR_{1-\varepsilon}(w) = \varepsilon^{-1} \int_{f(w,y) \geqslant VaR_{1-\varepsilon}(w)} f(w,y)p(y)\mathrm{d}y \geqslant \varepsilon^{-1} \int_{f(w,y) \geqslant VaR_{1-\varepsilon}(w)} VaR_{1-\varepsilon}(w)p(y)\mathrm{d}y$$

$$= VaR_{1-\varepsilon}(w)$$

因为

$$\varepsilon^{-1}\int_{f(\boldsymbol{w},\boldsymbol{y})\geqslant VaR_{1-\varepsilon}(\boldsymbol{w})}p(\boldsymbol{y})\mathrm{d}\boldsymbol{y}=1$$

换句话说，CVaR 总是至少和 VaR 一样大，但如我们上面所提到的，CVaR 是一个一致的风险度量方法，而 VaR 不是。也可以证明 CVaR 是一个凸函数，因此有唯一的最小值。但是，在实际中直接使用上面的那些公式是很困难的，因为它们涉及 VaR 函数（除了人们已知 VaR 解析表达式的那样一些极少数情况）。幸运的是，Rockefellar 和 Uryasev 发现了一种更简单的方法[①]。

他们的思路是函数

$$F_{\varepsilon}(\boldsymbol{w},\xi)=\xi+\varepsilon^{-1}\int_{f(\boldsymbol{w},\boldsymbol{y})\geqslant\gamma}(f(\boldsymbol{w},\boldsymbol{y})-\xi)p(\boldsymbol{y})\mathrm{d}\boldsymbol{y}$$

可以用来替换 CVaR。具体地，他们证明了下列三个重要性质：

性质 1：$F_{\varepsilon}(\boldsymbol{w},\xi)$ 是一个关于 ξ 的凸的和连续可微的函数。

性质 2：$VaR_{1-\varepsilon}(\boldsymbol{w})$ 是函数 $F_{\varepsilon}(\boldsymbol{w},\xi)$ 的最小值点。

性质 3：函数 $F_{\varepsilon}(\boldsymbol{w},\xi)$ 的最小值为 $CVaR_{1-\varepsilon}(\boldsymbol{w})$。

特别地，通过求解以下最优化问题，我们可以找到 $CVaR_{1-\varepsilon}(w)$ 的最优值

$$\min_{\boldsymbol{w},\boldsymbol{\xi}}F_{\varepsilon}(\boldsymbol{w},\xi)$$

因此，如果我们用 $(\boldsymbol{w}^{*},\xi^{*})$ 表示该最优化问题的解，则 $F_{\varepsilon}(\boldsymbol{w}^{*},\xi^{*})$ 是最优的 CVaR 值。另外，最优投资组合由 $\boldsymbol{w}^{*}$ 给出，相应的 VaR 由 ξ^{*} 给出。换句话说，通过这种方式，我们可以在不先计算 VaR 的情况下，直接求出最优的 CVaR。

实践中，概率密度函数 $p(\boldsymbol{y})$ 常常是得不到的，或者很难去估计。作为替代，我们可以有 T 个不同的情景 $Y=\{\boldsymbol{y}_1,\cdots,\boldsymbol{y}_T\}$，它们由概率分布取样得到或者通过计算机模拟得到。利用情景 Y 估算辅助函数 $F_{\varepsilon}(\boldsymbol{w},\xi)$，我们得到

$$F_{\varepsilon}^{Y}(\boldsymbol{w},\xi)=\xi+\varepsilon^{-1}T^{-1}\sum_{i=1}^{T}\max(f(\boldsymbol{w},\boldsymbol{y}_i)-\xi,0)$$

因此，在这种情况下最优化问题

$$\min_{\boldsymbol{w}}CVaR_{1-\varepsilon}(\boldsymbol{w})$$

形式变为

$$\min_{\boldsymbol{w},\boldsymbol{\xi}}\xi+\varepsilon^{-1}T^{-1}\sum_{i=1}^{T}\max(f(\boldsymbol{w},\boldsymbol{y}_i)-\xi,0)$$

将 $\max(f(\boldsymbol{w},\boldsymbol{y}_i)-\xi,0)$ 用附带适当的约束条件的辅助变量 z_i 替代，我们得到等价的最优化问题

$$\min\xi+\varepsilon^{-1}T^{-1}\sum_{i=1}^{T}z_i$$

---

① 参见 Stanislav Uryasev. Conditional Value-at-Risk: Optimization Algorithms and Applications. *Financial Engineering News*, 14 (2000), pp. 1—5; R. Tyrrell Rockefellar and Stanislav Uryasev. Optimization of Conditional Value-at-Risk. *Journal of Risk*, 2 (2000), pp. 21—41.

满足

$$z_i \geqslant 0, i = 1, \cdots, T$$
$$z_i \geqslant f(\boldsymbol{w}, \boldsymbol{y}_i) - \xi, i = 1, \cdots, T$$

以及关于 w 的其他约束条件,例如不允许卖空的约束条件或者在本章前面我们所讨论过的约束条件。在 $f(\boldsymbol{w}, \boldsymbol{y})$ 关于 w 是线性函数的假设下[1],上面的最优化问题是线性的,因此可以利用标准的线性规划技术进行有效地求解[2]。

之前讨论的推导可以看作是最小方差组合 GMV 计算过程的推广,并且可以在基础资产收益分布不对称并表现为厚尾时作为一种替代方法来使用。

此外,由辅助函数 $F_\varepsilon(\boldsymbol{w}, \xi)$ 所给出的关于 CVaR 的表述可以用于其他投资组合最优化问题的构建。例如,均值—CVaR 最优化问题

$$\max_{w} \boldsymbol{\mu}' \boldsymbol{w}$$

满足

$$CVaR_{1-\varepsilon}(w) \leqslant c_0$$

以及关于 w 的其他约束条件(由 $w \in C_w$ 表示),其中 $\boldsymbol{\mu}$ 代表期望收益向量,c_0 是代表所要求的风险水平的一个常数,将导致下面的近似问题

$$\max_{w} \boldsymbol{\mu}' \boldsymbol{w}$$

服从

$$\xi + \varepsilon^{-1} T^{-1} \sum_{i=1}^{T} z_i \leqslant c_0$$

$$z_i \geqslant 0, 0 = 1, \cdots, T$$

$$z_i \geqslant f(\boldsymbol{w}, \boldsymbol{y}_i) - \xi, 0 = 1, \cdots, T$$

$$w \in C_w$$

为了对均值—CVaR 最优化方法进行说明,我们讨论来自 Palmquist、Uryasev 和 Krokhmal[3] 的一个例子。他们考虑从 1997 年 7 月 1 日到 1999 年 7 月 8 日期间 S&P 100 指数中的所有股票的两周收益作为原始数据。最优投资组合通过在两周的期限上,

---

[1] 这是通常的情况,因为在离散情况下,损失函数取为

$$f(\boldsymbol{w}, \boldsymbol{y}) = -\sum_{i=1}^{N} w_i (y_i - x_i)$$

其中 x_i 是证券 i 的现价。

[2] 可以参见,例如,Frank J. Fabozzi, Sergio M. Focardi, Petter N. Kolm and Dessislava Pachamanova, *Robust Portfolio Optimization and Management* (Hoboken, NJ: John Wiley & Sons, 2007)一书的第 9 章中关于投资组合管理的数值优化技术的讨论。

[3] Pavlo Krokhmal, Jonas Palmquist and Stanislav Uryasev. Portfolio Optimization with Conditional Value-At-Risk Objective and Constraints. *Journal of Risk*, 4 (2002), pp. 11—27.

针对不同信心水平,求解前面所述的均值—CVaR 最优化问题来进行构建。在图 8.4 中,我们看到三个不同的均值—CVaR 有效边界,它们分别对应于 $1-\varepsilon$ 等于 90%、95% 和 99%。两周的收益率计算为最优投资组合价值除以最初价值的比值,同时风险计算为最初投资组合的价值中被允许暴露于风险中的比例。换句话说,当风险为 7%,而 $(1-\varepsilon)$ 为 95% 时,这意味着我们只允许在 5% 的概率下不多于资产组合最初价值 7% 的损失。从图中我们观察到随着 CVaR 约束减少(也就是概率增加)收益率增加。

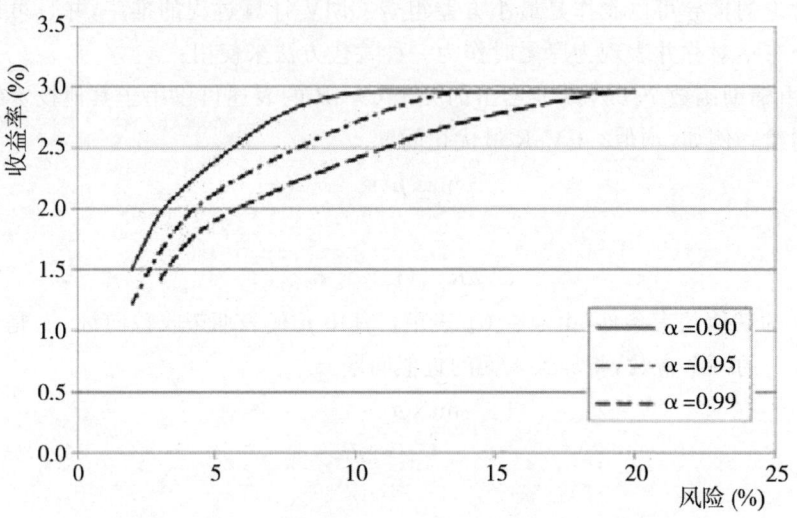

图 8.4　不同均值—CVaR 投资组合的有效前沿

来源:Pavlo Krokhmal,Jonas Palmquist,and Stanislav Uryasev. Portfolio Optimization with Conditional Value-At-Risk Objective and Constraints. *The Journal of Risk* 4,No. 2 (2002),p. 21. 该图翻印经由 *Incisive Media Plc*,*Haymarket House*,28 – 29 *Haymarket*,*London*,*SW1Y 4RX*,*United Kingdom*. 授权许可。

可以证明对于一个正态分布的损失函数,均值—方差模型和均值—CVaR 模型生成相同的有效边界。但是,当分布非正态时,这两种方法明显地不同。一方面,在均值—方差方法中风险定义为损失分布的方差,因为方差同时包含了来自分布左侧和右侧尾部的信息,盈利与损失对风险的贡献是相同的。另一方面,均值—CVaR 方法仅仅涉及在分布当中贡献较高损失的那部分尾部。

在图 8.5 中,我们可以看到在 $(1-\varepsilon)=95\%$ 的情况下,两个方法之间的比较,使用的是前面例子中完全相同的数据。我们注意,在收益/CVaR 坐标系下,如同预期那样,均值—CVaR 有效边界位于均值—方差有效边界上方。在这个特殊的例子中,两个有效边界彼此接近并且形状相似。但是当包含诸如期权和信用衍生证券这样的衍生资产时,情况将不再是这样[1]。

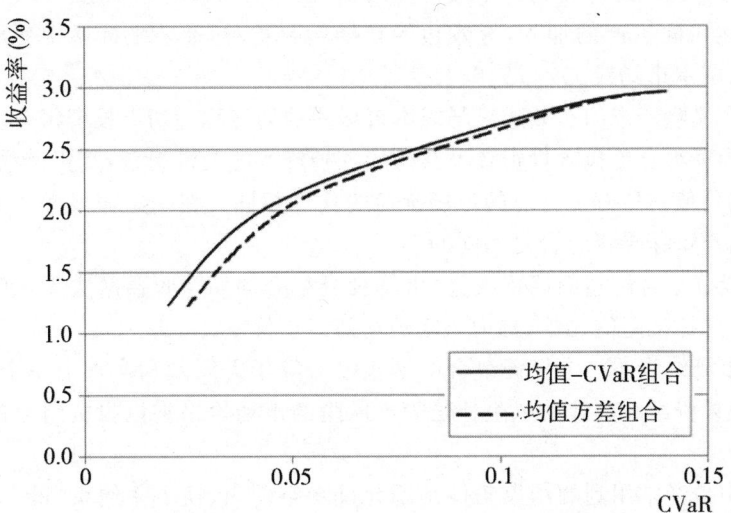

图 8.5　比较均值—CVaR 95％与均值—方差有效投资组合

来源：Pavlo Krokhmal, Jonas Palmquist, and Stanislav Uryasev. Portfolio Optimization with Conditional Value-At-Risk Objective and Constraints. *The Journal of Risk* 4, No. 2 (2002), p. 23. 该图的翻印经由 *Incisive Media Plc*, *Haymarket House*, 28—29 *Haymarket*, *London*, *SW1Y 4RX*, *United Kingdom* 的许可。

总　结

■ 马可维茨通过单个证券之间的协方差以及投资组合的整体标准差这两个统计概念对分散化进行了量化。

■ 现代投资组合理论背后的基本假设是投资者的偏好可以由一个投资组合的期望收益与方差的函数（效用函数）来表示。

■ 作为现代投资组合理论基础的基本原理是，在给定的期望收益水平上理性投资者会在所有可行的投资组合集合中选择方差最小的投资组合。我们给出三个等价模型：(1)最小方差模型；(2)期望收益最大化模型；(3)风险厌恶模型。

■ 最小方差投资组合称为均值—方差有效投资组合。所有均值—方差有效投资组合的集合称为有效边界。仅含有风险资产的有效边界在期望收益/标准差坐标系中具有抛物线的形状。

---

[1] Nicklas Larsen, Helmut Mausser and Stanislav Uryasev. Algorithms for Optimization of Value-at-Risk. in P. Pardalos and V. K. Tsitsiringos (eds.). *Financial Engineering*, *e-commerce and Supply Chain* (Boston：Kluwer Academic Publishers, 2002), pp. 129—157.

- 有效前沿上具有最小方差的投资组合称为全局最小方差投资组合。
- 均值—方差问题转化为一个最优化问题,被称为二次规划问题。
- 随着无风险资产的加入,有效边界在期望收益/标准差坐标系中变成一条直线。该直线被称为资本市场线。
- 仅包含风险资产的有效边界与资本市场线的切点称为切点投资组合。
- 市场投资组合是包含投资者可获得的各种资产的投资组合,其资产配置比例与每个证券的市场价值占所有证券总的市场价值的比例相同。在一定假设条件下可以证明,切点投资组合与市场投资组合是相同的。
- 市场投资组合的超额期望收益(市场投资组合的期望收益减去无风险利率)除以市场投资组合的标准差的比值,称为风险的均衡市场价格。
- 资本市场线表明一个投资组合的期望收益等于无风险利率加上一个组合具体的风险补偿。该投资组合具体的风险补偿等于风险的市场价格乘以投资组合的风险(标准差)。
- 实际中最经常用到的约束条件是不允许卖空约束、换手率约束、最大资产持有量约束和跟踪误差约束。这些约束条件可由用于求解均值—方差问题的相同类型的优化算法直接处理。
- 整数约束条件或者组合属性的约束条件更难以处理,需要更加专业的最优化算法。这种类型约束条件的一些例子包括最小持有量约束、交易规模约束、基数约束(投资组合中所允许的证券数量)和整手交易约束。第六章基于因素的交易策略Ⅰ:因素的构建和分析金融收益序列的样本均值与样本协方差是容易计算的,但是会表现出显著的估计误差。
- 序列相关性或者自相关是指一个证券在一列相连的时间间隔上的收益与它自身的相关性。异方差意味着方差/协方差不是常量而是随着时间不断变化。
- 实践应用中,修正存在序列相关和异方差的时间序列的协方差估计量是很重要的。
- 样本协方差估计量可以通过提高样本频率来改善。这种方法对于样本期望收益估计量不适用,后者的准确性只能通过扩大样本长度来提高。
- 均值—方差模型仅仅考虑了前两阶矩:均值与方差。当投资者的偏好超出前两阶矩时,就需要将均值—方差模型进行推广以包含高阶矩。
- 两种不同类型的风险度量方法可以被区分:离差与下跌风险度量。
- 离差度量是对不确定性的度量。与下跌风险度量相比,离差度量同时考虑了相对均值的正负偏离,并把那些偏离视为同等的风险。
- 一些常见的投资组合离差方法是平均标准差、均值—方差、平均绝对离差和平均绝对矩。
- 一些常见的投资组合下跌风险度量是 Roy 的安全第一、半方差、下偏矩、在险价值和条件在险价值。

第九章 投资组合最优化：Bayes 技术和 Black-Litterman 模型

采用诸如样本均值和样本协方差矩阵这样的低级估计来构建的投资策略，一般在实际中表现都很差。每次调整组合除了会带来组合权重的虚假变化之外，也会导致不必要的交易额和增加的交易成本。这些现象不一定是组合最优化失效的标志，而是表明了现代投资组合理论框架对输入参数的准确性非常敏感。

有多种不同的方法可以解决这一问题。从估计角度看，人们可以尝试给出最优化问题输入参数的更具鲁棒性的估计，最常通过使用对外部变量和其他样本误差不太敏感的估计量来实现，比如 Bayes 估计和收缩估计量。从模型角度看，人们可以约束投资组合的权重，使用投资组合重新抽样或者运用鲁棒的或随机的优化技术来设定场景或由数据估计出参数取值区间，从而将不确定性纳入优化过程本身。①

本章的结构如下：首先，在讨论期望收益率和协方差矩阵的收缩估计量之前，我们给出均值—方差优化中一些常见问题总的一般概述。在 Bayes 估计的范围内，我们集中讨论 Black-Litterman 模型。我们使用经典计量经济学中所谓的 *混合估计* 来推导这个模型。在介绍一个简单的截面动量策略之后，我们将展示如何在均值—方差框架下，运用 Black-Litterman 模型，将这一策略与市场均衡结合，按月对投资组合进行重新调整。

在均值—方差优化中遇到的实际问题

利用现代投资组合理论构建投资组合的简单性和直观性吸引了学术界和实务界的广泛关注。然而，尽管付出了相当多的努力，但还是经过了多年之后，投资组合经理才开始利用现代组合理论来管理资金。不幸的是，在现实世界的运用中仍存在着很多问题，许多实际工作者还是认为组合优化很难运用。在这一部分，我们将考虑均值—方差优化中遇到的一些典型问题。特别地，我们详细阐述：(1)对估计误差的敏感性；(2)优化过程中输入不确定性的影响；(3)准确估计投资组合优化框架的输入参数所必需的大量数据要求。我们先用一个例子来说明估计误差的影响。

---

① 有趣的是，一些新的结果表明这两种方法未必是不相交的，某些情况下，也许会产生相同的结果；见 Bernd Scherer. How Different Is Robust Optimization Really. *Journal of Asset Management*, 7 (2007), pp. 374—387.

例:真实的、估计的和实际的有效边界

Broadie 引入*真实边界、估计边界和实际边界*这样几个术语来分别表示利用真实期望收益率(观察不到)、估计期望收益率和估计边界上的资产组合的真实期望收益率计算出来的有效边界。[①] 在这个例子中,我们把利用真实的但是未知的期望收益率计算的边界称为真实边界。相似地,将利用期望收益率的估计值和真实的协方差矩阵计算出来的边界称为估计边界。最后,我们定义实际边界如下:取估计边界上的投资组合,利用真实的期望收益率计算它们的期望收益率。由于我们利用的是真实的协方差矩阵,因此估计边界上的投资组合的方差同实际边界上的方差相同。

由这些定义,我们可以看出实际边界总是位于真实边界下方。估计边界可以位于相对其他边界的任意位置上。然而,如果期望收益率估计值的误差均值为零,那么估计边界位于真实边界上方的概率特别高,特别是当投资范围很大时。我们看 Ceria 和 Stubbs 所给出的两个案例:[②]

1. 利用取自 Idzorek[③] 的协方差矩阵和期望收益率向量,他们随机地形成了正态分布收益率的时间序列,然后计算它们的平均值作为期望收益率的估计值。使用这种方法计算的期望收益率估计值和真实的协方差矩阵,他们构建了一个风险和期望收益率的估计有效边界,这里投资组合服从无卖空约束和标准预算约束,即组合权重的和为 1。类似地,Ceria 和 Stubbs 利用原有的协方差矩阵和期望收益向量计算了真实的有效边界。最后,他们利用协方差和期望收益的真实值来计算估计的有效边界上的组合的期望收益和风险,由此构造了实际的有效边界。这三个前沿边界如图 9.1 所示。

2. 利用相同的期望收益率估计,Ceria 和 Stubbs 又给出了风险对期望收益率的边界,这里活跃的资产持有量限制在每种资产的基准持有量±3%的范围内。这些前沿边界如图 9.2 所示。

我们观察到在两种前沿中,对于任一风险水平,估计的前沿都显著地高估了期望收益率。更重要的是,我们注意到两个案例中,实际前沿远远低于真实前沿。这表明最优均值—方差资产组合未必是一个好的组合,也就是说,它不是均值—方差有效的。由于真实期望收益率观察不到,我们无法知道实际期望收益率距离均值—方差最优组合的期望收益率究竟有多远,我们最后持有了一个较差的资产组合。

[①] Mark Broadie. Computing Efficient Frontiers Using Estimated Parameters. *Annals of Operations Research*;*Special Issue on Financial Engineering* 45,nos. 1—4 (December 1993),pp. 21—58.

[②] 感谢 Axioma. Inc 提供这个例子。此前该例出现在 Sebastian Ceria and Robert A. Stubbs. Incorporating Estimation Errors into Portfolio Selection:Robust Portfolio Construction. Axioma,Inc.,2005.

[③] Thomas M. Idzorek. A Step-By-Step Guide to the *Black-Litterman Model*:Incorporating User-Specified Confidence Levels,Research Paper,Ibbotson Associates. Chicago,2005.

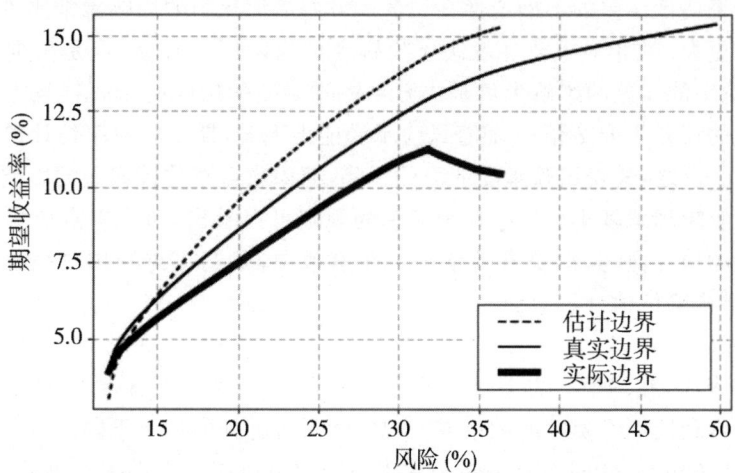

图 9.1　马可维茨有效边界

来源：Figure 2 in Sebastian Ceria and Robert A. Stubbs. Incorporating Estimation Errors into Portfolio Selection：Robust Portfolio Construction. *Axioma，Inc.*，2005，p. 6. 该图翻印已经过 Axioma，Inc. 允许。

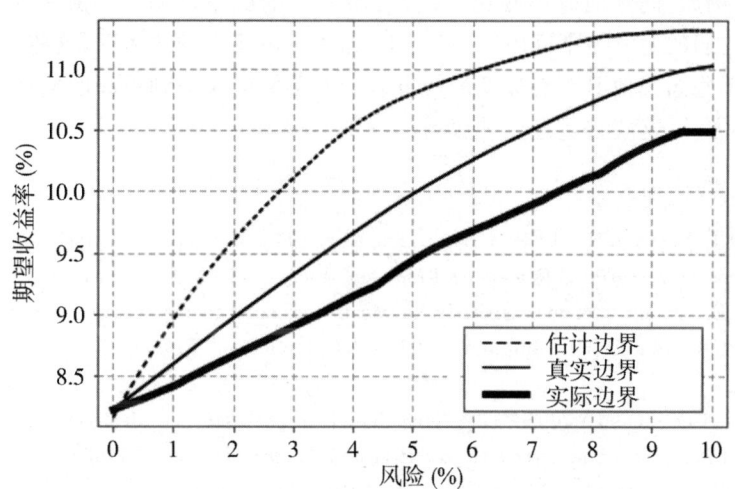

图 9.2　马可维茨基准相关有效边界

来源：Figure 3 in Sebastian Ceria and Robert A. Stubbs. Incorporating Estimation Errors into Portfolio Selection：Robust Portfolio Construction. *Axioma，Inc.*，2005，p. 7. 这幅图翻印已经过 Axioma，Inc. 允许。

对估计误差的敏感性

在一个资产组合优化问题中，具有较高期望收益率和较低标准差的证券会被过度提高，相反地具有较低期望收益率和较高标准差的证券其权重会被过度降低。所以，对期望收益率和/或方差的大的估计误差会导致最优组合权重出现大的误差。由于这个原因，人们常常讽刺地把组合最优化称为*误差最大化*。

期望收益率估计误差的不确定性在均值—方差最优化中的影响常常比协方差矩阵的不确定性影响更大。[1] 相对重要性取决于投资者的风险厌恶程度,但是根据一般的经验法则,期望收益率的误差的影响大约是协方差矩阵误差的影响的10倍,且方差的误差的影响比协方差的误差重要2倍。[2]随着风险承受能力上升,期望收益率估计误差的相对影响越来越重要。反之,随着风险承受能力的下降,期望收益率估计误差的影响相对协方差矩阵的误差的影响越来越小。依据这个简单的规则可以看出,研究重点应集中在为期望收益率提供好的估计值,其次是方差估计。在本章中,我们探讨利用收缩技术和Black-Litterman模型来降低估计误差。

约束组合权重

一些研究表明,在均值—方差优化问题中加入约束,可以带来更好的样本外表现。[3] 实际工作者通常利用不可卖空的约束或者规定购买每种证券的上下限以避免权重过度集中于某些资产。Gupta和Eichhorn提出约束组合权重可能也有助于抑制波动性,提高实现的效率,以及降低下行风险或损失的概率。[4]

Jagannathan和Ma给出了这些观察的理论上的解释。[5] 具体表现为,他们证明了无卖空约束与降低估计的资产协方差的效果是相同的,并且上限约束与提高相应的协方差的效果相同。例如,同其他股票相比,有较高协方差的股票倾向于得到一个负的组合权重。因此,当它们的协方差下降时(这等价于"加入不可卖空的约束"),这些负权重就会消失。类似地,那些同其他股票有较低的协方差的股票倾向于得到更高的权重。因此,通过增加相应的协方差,这些权重过大的股票的权重会减小。

---

[1] Michael J. Best and Robert R. Grauer. The Analytics of Sensitivity Analysis for Mean-Variance Portfolio Problems. *International Review of Financial Analysis*,1(1992),pp. 17—37;and Michael J. Best and Robert R. Grauer. On the Sensitivity of Mean-Variance-Efficient Portfolios to Changes in Assets Means:Some Analytical and Computational Results. *Review of Financial Studies*,4(1991),pp. 315—342.

[2] Vijay K. Chopra and William T. Ziemba. The Effect of Errors in Means,Variances and Covariances on Optimal Portfolio Choice. *Journal of Portfolio Management*,19(1993),pp. 6—11;Jarl G. Kallberg and William T. Ziemba. Misspecification in Portfolio Selection Problems. in G. Bamberg and K. Spremann (eds.). *Risk and Capital:Lecture Notes in Economics and Mathematical Systems* (New York:Springer,1984).

[3] 例如,Peter A. Frost and James E. Savarino. For Better Performance:Constrain Portfolio Weights. *Journal of Portfolio Management*,15(1988),pp. 29—34;Vijay K. Chopra. Mean-Variance Revisited:Near-Optimal Portfolios and Sensitivity to Input Variations. Russell Research Commentary,December 1991;Robert R. Grauer and Frederick C. Shen. Do Constraints Improve Portfolio Performance. *Journal of Banking and Finance*,24(2000),pp. 1253—1274.

[4] Francis Gupta and David Eichhorn. Mean-Variance Optimization for Practitioners of Asset Allocation. Chapter 4 in Frank J. Fabozzi (ed.), *Handbook of Portfolio Management* (Hoboken,NJ:John Wiley & Sons,1998).

[5] Ravi Jagannathan and Tongshu Ma. Risk Reduction in Large Portfolios:Why Imposing the Wrong Constraints Helps. *Journal of Finance*,58(2003),pp. 1651—1683.

第九章 投资组合最优化：Bayes 技术和 Black-Litterman 模型

更进一步，Jagannathan 和 Ma 进行的 Monte Carlo 实验表明，当引入无卖空约束时，样本协方差矩阵与由因子结构构造出的一个协方差矩阵估计量具有差不多相同的表现（通过全局最小方差（GMV）资产组合测得）。

当出于鲁棒性和稳定性的目的，强加约束时需要特别小心。例如，如果所采用的约束太严格的话，它们将会完全决定组合配置——而不是预测了。

正如 Bouchaud、Potters 和 Aguilar 所提出的那样，人们可以使用所谓的*多样化指标*，而不是为每种证券提供特定的上下限，来测量资产组合的集中度。[1] 这些多样化指标可被用作组合构建中的约束来限制个别证券的集中度。这些作者证明了从信息理论的意义来讲，这些指标与资产组合的信息含量是相关的。[2] 例如，一个非常集中的组合对应于一个大的信息含量（如果我们关于未来价格波动的信息是非常完美的，我们只可能选择一个非常集中的资产配置），而一个平均分配的资产组合意味着较低的信息含量（如果我们关于未来价格波动信息很缺乏，我们不会"把所有鸡蛋放在一个篮子中"）。

敏感性分析的重要性

在实际中，为了最小化由于估计误差导致的巨大变化，进行敏感性分析是可取的。例如，人们可以研究输入的小的变化或扰动对由一个均值—方差优化模型得出的有效组合选择的影响。如果由一个扰动的输入计算出的投资组合与原来组合差距很大，这可能意味着出现了问题。这一扰动也可以在每一种证券上逐个执行，以找出最敏感的那些证券。这种敏感性分析的目的是识别一组证券的权重，它在貌似可信的几种不同输入下都接近有效。

高度相关资产的问题

包含高度相关的证券是造成均值—方差优化框架不稳定性的另一个主要原因。例如，普通资产类别中较高的相关系数是房地产在最优投资组合中广受欢迎的原因之一。房地产是与其他普通资产类别具有较低相关性的少数几个资产类别之一。但是房地产一般不具备构造这个组合所必需的流动性，因此可能不能保证房地产指数承诺的收益率。

当相关矩阵是由历史数据估计得到的时候，高度相关的问题一般会恶化。特别地，当相关矩阵在利用一个稍微不同的时期数据重新估计得到，相关性可能因此而改变，而新的组合权重可会受显著影响。在这些情形下，采取收缩估计量或因素模型来模拟协方差和相关性也许是个好方法。

在投资组合配置过程的输入中融入不确定性

在经典的均值—方差优化问题中，期望收益率和收益率协方差矩阵是不确定的，需要估计出来。在估计出这些数量之后，资产组合最优化问题作为一个确定性问题可以求解

---

[1] Jean-Philippe Bouchaud, Marc Potters and Jean-Pierre Aguilar. Missing Information and Asset Allocation. Working Paper, Science & Finance, Capital Fund Management, 1997.

[2] 与信息理论的关系基于多样化指标是广义的熵这样一个前提，参见 Evaldo M. F. Curado and Constantino Tsallis. Generalized Statistical Mechanics: Connection with Thermodynamics. *Journal of Physics A: Mathematical and General*, 24 (1991), pp. L69—L72, 1991.

了——完全忽略输入的不确定性。然而，将期望收益率和风险的不确定性融入优化过程中，建立一个更切实际的模型是有意义的。使用期望收益率和收益率的协方差矩阵的点估计，在组合配置中把它们当作无误差的，这种做法不符合谨慎投资者的行为方式。

投资者可能更乐于选择这样的一个投资组合，它在多个不同情境下都具有良好表现，因此也在一定的程度上规避了估计风险和模型风险。显然，为了在不太可能发生但是更为极端的情况下（比如在收益率正态分布的假设下极不可能发生的情形）获得一些保障，投资者必须自愿放弃在更可能发生的情境下的某些上涨的部分。这样的投资者寻求鲁棒的投资组合，也就是能保证最差模型设定误差下表现的投资组合。这一估计过程可以通过鲁棒的统计技术，比如本章之后会讨论的收缩率和 Bayes 估计量，来改善。然而，在金融决策过程中，综合考虑估计风险和模型风险正变得越来越重要。

估计过程通常不是给出一个点预测（也就是单独的一个数），而是给出期望收益的一个完整的分布。最新的方法通过在优化过程中使用期望收益率分布，将估计风险放到均值—方差框架之中。一个简单的方法是从收益率分布中取样，并且计算产生的投资组合的平均数（蒙特卡罗方法）。[1] 然而，因为每次抽样都要计算均值—方差，对于较大的投资组合来说计算量太大。除此之外，平均化不能保证得到的投资组合权重满足所有的约束。

20 世纪 90 年代末期，Ben-Tal、Nemirovski[2]、El Ghaoui 和 Lebret[3]介绍的鲁棒的最优化框架在计算上比蒙特卡罗方法更有效。最优化技术的发展使人们可以用与经典的均值—方差优化方法差不多的时间有效地求解鲁棒版本的均值—方差优化问题。这一技术使用了由估计过程得到的分布，在优化中寻找一个鲁棒的投资组合，因此它将输入的不确定性吸收到了确定性的框架中。经典的投资组合最优化问题，如均值—方差资产组合选择问题、夏普比率最大化问题和 VaR 资产组合问题都存在相对应的鲁棒问题，求解这些问题所耗用的时间与原问题大致相同。[4] 在第十章我们会详细地讨论投资组合鲁棒最优化问题。

大量的数据要求

在经典的均值—方差最优化中，我们需要为所考虑的投资领域的所有证券提供期望收益率和协方差的估计。然而，投资组合经理通常只对这些资产中的一个小的子集的收

---

[1] 参见，例如，Richard O. Michaud. Efficient Asset Management：A Practical Guide to Stock Portfolio Optimization and Asset Allocation（Oxford：Oxford University Press，1998）；Philippe Jorion. Portfolio Optimization in Practice. *Financial Analysts Journal*，48（1992），pp. 68—74；Bernd Scherer. Portfolio Resampling：Review and Critique. *Financial Analysts Journal*，58（2002），pp. 98—109.

[2] Aharon Ben-Tal and Arkadi S. Nemirovski. Robust Convex Optimization. *Mathematics of Operations Research*，23（1998），pp. 769—805；Aharon Ben-Tal and Arkadi S. Nemirovski. Robust Solutions to Uncertain Linear Programs. *Operations Research Letters*，25（1999），pp. 1—13.

[3] Laurent El Ghaoui and Herve Lebret. Robust Solutions to Least-Squares Problems with Uncertain Data. *SIAM Journal Matrix Analysis with Applications*，18（1997），pp. 1035—1064.

[4] 参见，例如，Donald Goldfarb and Garud Iyengar. Robust Portfolio Selection Problems. *Mathematics of Operations Research*，28（2003），pp. 1—38.

益率做可靠预测。这可能是均值—方差框架没有普遍地被实际工作者采纳的主要原因之一。要求投资组合经理给出经典组合投资理论所要求的所有输入的良好估计是很不现实的。

本章稍后会提到，Black-Litterman 模型给出一个修正，它融入了投资者关于市场均衡的看法（这可以是关于一个、几个或全部证券的预测）。当没有看法时，得到的 Black-Litterman 期望收益率恰好是与市场均衡一致的期望收益率。反之，当投资者对一些资产持有看法时，得到的期望收益率就会偏离市场均衡。

收缩估计

自从 Stein 具有开创性的工作后，有偏估计通常会得到比人们偏好的无偏估计更好的参数估计量这一事实开始广为人知。[1] 特别地，可以证明，如果我们考虑具有已知协方差矩阵 Σ 的 N 维正态变量的均值估计问题，样本均值 $\hat{\mu}$ 在二次损失函数

$$L(\mu, \hat{\mu}) = (\mu - \hat{\mu})' \Sigma^{-1} (\mu - \hat{\mu})$$

意义上，不是均值 μ 的最优估计量。例如，所谓的 James-Stein 收缩估计量

$$\hat{\mu}_{JS} = (1-w)\hat{\mu} + w\mu_0 \iota,$$

与样本均值相比其二次损失更小，这里

$$w = \min(1, \frac{N-2}{T(\hat{\mu} - \mu_0 \iota)' \Sigma^{-1} (\hat{\mu} - \mu_0 \iota)})$$

且 $\iota = [1, 1, \cdots, 1]'$。此外，$T$ 是观测值的数量，μ_0 为任意值。向量 $\mu_0 \iota$ 和权重 w 分别称为收缩目标和收缩强度（或者收缩因子）。尽管 μ_0 的某些选择优于其他的选择，但这个结果的奇妙之处在于它可以取任意的值。这种现象被称作 Stein 悖论。

实际上，收缩是对不同的估计量进行平均的一种形式。收缩估计量一般包括三个部分：(1)无结构或具有很简单结构的估计量（如上述的样本均值）；(2)具有很复杂结构的估计量（如收缩目标）；(3)收缩强度。收缩目标的选取有以下两个要求。第一，它应当仅具有少量的自由参数（鲁棒的且有多种结构）。第二，它具有同被估计的未知量相同的一些基本特征。收缩强度可以依据理论性质选取或简单地根据数值模拟选取。

在金融文献中，用于估计期望收益的最著名的收缩估计量[2]也许是由 Jorion 提出的。[3] 其收缩目标由 $\mu_g \iota$ 给出，这里

$$\mu_g = \frac{\iota' \Sigma^{-1} \hat{\mu}}{\iota' \Sigma^{-1} \iota}$$

---

[1] Charles Stein. Inadmissibility of the Usual Estimator for the Mean of Multivariate Normal Distribution. *Proceedings of the Third Berkeley Symposium on Mathematical Statistics and Probability*, 1 (1956), pp. 197—206.

[2] 许多类似的方法已被提出。例如，Jobson and Korkie. Putting Markowitz Theory to Work; Frost and Savarino. An Empirical Bayes Approach to Efficient Portfolio Selection.

[3] Philippe Jorion. Bayes-Stein Estimation for Portfolio Analysis. *Journal of Financial and Quantitative Analysis*, 21 (1986), pp. 279—292.

且

$$w = \frac{N+2}{N+2+T(\hat{\boldsymbol{\mu}}-\mu_g\boldsymbol{\iota})'\boldsymbol{\Sigma}^{-1}(\hat{\boldsymbol{\mu}}-\mu_g\boldsymbol{\iota})}$$

我们注意，μ_g 是第八章讨论的 GMV 投资组合的收益率。一些研究在均值—方差框架方面有如下记载，同样本均值相比，使用收缩估计量：(1)在一个周期到下一个周期组合权重的可变性会下降；(2)样本外风险调整表现显著提高。[1]

我们也可以在协方差矩阵估计中运用收缩技术，这涉及把一个非结构化的协方差矩阵估计量缩减为一个更具结构化的协方差矩阵估计。一般地，根据随机矩阵原理（见第二章），结构化的协方差矩阵估计量只有很小的自由度（只有少数的非零特征值）。

例如，对于收缩目标，Ledoit 和 Wolf[2] 建议使用由 Sharpe[3] 提出的单因素模型的协方差矩阵或者常数相关系数协方差矩阵。在实际中，单因素模型和常数相关系数模型得出类似的结果，但是常数相关系数模型运用起来更简单。在常数相关系数模型中，协方差矩阵的收缩估计量取如下形式

$$\hat{\boldsymbol{\Sigma}}_{\mathrm{LW}} = w\hat{\boldsymbol{\Sigma}}_{CC} + (1-w)\hat{\boldsymbol{\Sigma}}$$

这里 $\hat{\boldsymbol{\Sigma}}$ 是样本协方差矩阵，$\hat{\boldsymbol{\Sigma}}_{CC}$ 是具有常数相关系数的样本协方差矩阵，其计算过程如下。

首先，我们将样本协方差矩阵分解为

$$\hat{\boldsymbol{\Sigma}} = \boldsymbol{\Lambda}\boldsymbol{C}\boldsymbol{\Lambda}'$$

这里 $\boldsymbol{\Lambda}$ 是一个收益波动率的对角矩阵，C 是样本相关矩阵，也就是

$$\boldsymbol{C} = \begin{bmatrix} 1 & \hat{\rho}_{12} & \cdots & \hat{\rho}_{1N} \\ \hat{\rho}_{21} & \ddots & \ddots & \vdots \\ \vdots & \ddots & \ddots & \hat{\rho}_{N-1N} \\ \hat{\rho}_{N1} & \cdots & \hat{\rho}_{NN-1} & 1 \end{bmatrix}$$

其次，我们用常数相关系数矩阵

---

[1] 参见，例如，Michaud. The Markowitz Optimization Enigma: Is 'Optimized' Optimal; Jorion. Bayesian and CAPM Estimators of the Means: Implications for Portfolio Selection; Glen Larsen, Jr. and Bruce Resnick. Parameter Estimation Techniques, Optimization Frequency and Portfolio Return Enhancement. *Journal of Portfolio Management*, 27 (2001), pp. 27—34.

[2] Olivier Ledoit and Michael Wolf. Improved Estimation of the Covariance Matrix of Stock Returns with an Application to Portfolio Selection. *Journal of Empirical Finance*, 10 (2003), pp. 603—621; and Olivier Ledoit and Michael Wolf. Honey, I Shrunk the Sample Covariance Matrix. *Journal of Portfolio Management*, 30 (2004), pp. 110—119.

[3] William F. Sharpe. A Simplified Model for Portfolio Analysis. *Management Science*, 9 (1963), pp. 277—293. Elton, Gruber and Urich 在1978年提出了协方差估计的单因子模型。他们指出这种方法可以达到下述目的：(1)协方差矩阵的更好预测；(2)在时间上更稳定的投资组合配置；(3)更多样化的投资组合。他们同样发现了平均相关系数是未来相关矩阵的一种好的预测。参见 Edwin J. Elton, Martin J. Gruber, and Thomas J. Urich. Are Betas Best. *Journal of Finance*, 33 (1978), pp. 1375—1384.

$$\boldsymbol{C}_{CC} = \begin{bmatrix} 1 & \hat{\rho} & \cdots & \hat{\rho} \\ \hat{\rho} & \ddots & \ddots & \vdots \\ \vdots & \ddots & \ddots & \hat{\rho} \\ \hat{\rho} & \cdots & \hat{\rho} & 1 \end{bmatrix}$$

替换样本相关矩阵,这里 $\hat{\rho}$ 是所有样本相关系数的平均数,换言之

$$\hat{\rho} = \frac{2}{(N-1)N} \sum_{i=1}^{N} \sum_{j=i+1}^{N} \hat{\rho}_{ij}$$

可以证明,最优收缩强度与一个常数除以历史长度 T 的值成比例。[1]

在 Ledoit 和 Wolf 的两篇文章中,他们将收缩协方差矩阵估计的样本外表现与其他的协方差矩阵估计,诸如样本协方差矩阵、基于前五个主成分的统计因素模型、由 Fama 和 French[2] 定义的基于 48 个行业因素的因素模型,进行实证比较。结果表明在计算

---

[1] 尽管实现很直接,最优收缩强度 w 在数学上的写法有些冗长。我们用 $r_{i,t}$ 表示证券 i 在时间段 t 内的收益率,$1 \leq i \leq N, 1 \leq t \leq T$,

$$\bar{r}_i = \frac{1}{T} \sum_{t=1}^{T} r_{i,t}, \quad \hat{\sigma}_{ij} = \frac{1}{T-1} \sum_{t=1}^{T} (r_{i,t} - \bar{r}_i)(r_{j,t} - \bar{r}_j)$$

则最优收缩强度由公式

$$w = \max\left\{0, \min\left\{\frac{\hat{k}}{T}, 1\right\}\right\}$$

给出。这里

$$\hat{k} = \frac{\hat{\pi} - \hat{c}}{\hat{\gamma}}$$

参数 $\hat{\pi}, \hat{c}, \hat{\gamma}$ 计算如下。首先,$\hat{\pi}$ 由下式给出

$$\hat{\pi} = \sum_{i,j=1}^{N} \hat{\pi}_{ij}$$

这里

$$\hat{\pi}_{ij} = \frac{1}{T} \sum_{t=1}^{T} ((r_{i,t} - \bar{r}_i)(r_{j,t} - \bar{r}_j) - \hat{\sigma}_{ij})^2 \circ$$

其次,$\hat{c}$ 由下式给出

$$\hat{c} = \sum_{i=1}^{N} \hat{\pi}_{ii} + \sum_{N} \frac{\hat{\rho}}{2} (\sqrt{\hat{\rho}_{jj}/\hat{\rho}_{ii}} \hat{\vartheta}_{ii,jj} + \sqrt{\hat{\rho}_{ii}/\hat{\rho}_{jj}} \hat{\vartheta}_{jj,ii})$$

这里

$$\hat{\vartheta}_{ii,jj} = \frac{1}{T} \sum_{t=1}^{T} \left[((r_{i,t} - \bar{r}_i)^2 - \hat{\sigma}_{ii})((r_{i,t} - \bar{r}_i)(r_{j,t} - \bar{r}_j) - \hat{\sigma}_{ij}) \right]$$

最后,$\hat{\gamma}$ 由下式给出

$$\hat{\gamma} = \| C - C_{CC} \|_F^2$$

这里 $\| \cdot \|_F$ 表示 Frobenius 范数,其定义为

$$\| A \|_F = \sqrt{\sum_{i,j=1}^{N} a_{ij}^2}$$

[2] Eugene F. Fama and Kenneth R. French. Industry Costs of Equity. *Journal of Financial Economics*, 43(1997), pp. 153—193.

GMV 投资组合时,他们的收缩估计量优于其他估计量,其中常数相关系数矩阵收缩估计更好一些。非常有趣的是,它表明单因素模型的收缩强度(常系数模型的收缩强度没有提及)保持在 0.8 左右,基本不变。这表明,样本协方差矩阵的估计误差是单因素协方差矩阵的 4 倍。

Black-Litterman 模型

在 Black-Litterman 模型中,未来期望收益率的估计基于市场均衡(比如 CAPM 均衡)和投资者的看法。正如我们将看到的那样,Black-Litterman 期望收益率是一个收缩估计量,这里市场均衡是收缩目标,收缩强度由投资组合经理对模型输入的确信程度决定。我们稍后将在本节更明确地给出其描述。这些看法可以描述为偏离均衡的绝对或相对背离以及这些看法的置信度(由这些看法的标准差来测量)。

Black-Litterman 模型的期望收益率通过计算市场均衡和投资者观点的加权平均值来得到。这些权重依赖于:(1)每项资产的波动性及它与其他资产的相关性;(2)每次预测的置信度。得到的期望收益率是后验分布的均值,接下来它被用作投资组合最优化过程的输入。这种方式计算出的投资组合权重更加直观,并且对原始输入(也就是,市场均衡的预测、投资者的看法和协方差矩阵)的小的扰动变得不敏感。

Black-Litterman 模型可以解释为一个 Bayes 模型,该模型是用英国数学家 Thomas Bayes 的名字命名的。Bayes 方法基于概率的*主观表述*。一个概率分布用来表示投资者对一个特定事件将要发生的概率的信念。这一概率分布称为*先验分布*,反映了投资者在观察到任何数据前对于概率分布的认识。当获得更多信息后(比如,观测到的数据),投资者关于概率的看法可能会发生变化。Bayes 法则是计算新的概率分布的公式,该分布被称为*后验分布*。后验分布是由对于先验概率分布的认识加上新的数据得到的。期望收益率的后验分布是通过将由实证数据得到的预测和先验分布相结合推导得到的。

将外部看法,比如投资组合经理的判断,整合到原有模型中的能力是很重要的。这些看法可能是模型使用的最重要的输入变量。除了传统信息资源,比如市场数据和专有资料,Bayes 结构框架使得预测系统能够使用这些外部信息资源和主观干预(也就是基于判断的模型修正)。

由于投资组合经理可能不愿意放弃对黑箱的控制,利用 Bayes 技术将外部看法整合到原有模型中可以使投资组合经理在量化结构框架下实现更好的控制。预测是通过概率分布来表示的,该概率分布可以修正或调整以整合其他的相关信息资源。唯一的限制是这样的外部信息(即投资者的看法)必须通过概率法则整合到现有模型之中。实际上,将 Bayes 看法整合到一个模型之中,可以在正式的、量化的框架中将主观性合理化。正如 Markowitz 曾指出的那样:"理性的投资者就是 Bayes。"[①]

---

① 参见,Harry M. Markowitz. *Mean-Variance Analysis in Portfolio Choice and Capital Markets* (Cambridge,MA:Basil Blackwell,1987),第 57 页。

第九章 投资组合最优化:Bayes 技术和 Black-Litterman 模型

Black-Litterman 模型的推导

在本节和下一节我们将讨论的 Black-Litterman 模型的基本特征是它将投资者看法同市场均衡结合在一起。让我们来理解一下这句话的含义。在经典的均值—方差优化框架中,投资者被要求提供所投资领域内所有证券的期望收益率和协方差的估计值。在给定今天可获得的证券数目的情况下,这是一个非常繁重的任务。组合和投资经理不可能详细地了解所有的证券、公司、行业以及部门。一般而言,他们中的大多数都具有某一特定领域的专业知识以取得超额收益。

这可能是均值—方差模型没有被实践者普遍采用的主要原因之一。对于投资组合经理来讲,给出经典投资组合理论所要求的输入的合理估计(除了估计误差的额外问题)是明显不现实的。

更进一步,如今所使用的许多交易策略无法被轻松地变为期望收益率和协方差的预测。特别地,不是所有的交易策略都给出绝对收益的看法,有的给出的是所预测证券的相对排行,即预测这些证券表现优于/劣于其他证券的表现。例如,考虑两只股票 A 和 B,不采用它们的绝对看法"A 和 B 的月预期收益率分别为 1.2% 和 1.7%,标准差分别为 5% 和 5.5%",而采用相对看法,它也许采用这种形式:"下个月 B 的表现会超过 A 半个百分点"或简单地"B 在下个月表现会好于 A"。显然,将这些相对看法转换到现代投资组合理论框架要求的输入变量之中并不是一个很容易的任务。我们现在将分三个简单的步骤演示 Black-Litterman 模型的使用过程。

第一步:基本假设和出发点

支持 Black-Litterman 模型的基本假设之一是证券的期望收益率应该和市场均衡相一致,除非投资者对证券有独特的看法[①]。换句话说,对市场没有任何看法的投资者应该持有市场。[②]

我们的出发点是 CAPM 模型

$$E(R_i) - R_f = \beta_i(E(R_M) - R_f)$$

这里 $E(R_i), E(R_M), R_f$ 分别是证券 i 的期望收益率,市场投资组合的期望收益率和无风险利率。另外,

$$\beta_i = \frac{\text{cov}(R_i, R_M)}{\sigma_M^2}$$

[①] Fischer Black and Robert Litterman. *Asset Allocation:Combining Investor Views with Market Equilibrium*, Goldman, Sachs & Co., Fixed Income Research, September 1990.

[②] Black-Litterman 模型的前身是所谓的 Treynor-Black 模型。在这一模型中,投资者的组合包括两部分:(1)完全为了模拟市场投资组合的消极头寸;(2)基于投资者收益率/风险期望的积极头寸。这个比较简单的模型依赖于这样一个假设:只有通过市场投资组合的变动,所有证券的收益率才是相关的(Sharpe 的对角模型)。参见,Jack L. Treynor and Fischer Black. How to Use Security Analysis to Improve Portfolio Selection. *Journal of Business*, 46 (1973) pp. 66—86.

这里 σ_M^2 是市场投资组合的方差。我们用 $w_b = (w_{b1}, \cdots, w_{bN})'$ 表示市场资本额或基准权重,因而在有 N 种证券的资产领域中,①市场的收益率可以写作

$$R_M = \sum_{j=1}^{N} w_{bj} R_j$$

根据 CAPM 模型,资产 i 的期望超额收益率 $\prod_i = E(R_i) - R_f$ 变为

$$\prod_i = \beta_i (E(R_M) - R_f)$$

$$= \frac{\text{cov}(R_1, R_M)}{\sigma_M^2} (E(R_M) - R_f)$$

$$= \frac{E(R_M) - R_f}{\sigma_M^2} \sum_{j=1}^{N} \text{cov}(R_i, R_j) w_{bj}$$

我们也可以把这个公式以矩阵向量的形式表示为②

$$\prod = \boldsymbol{\delta} \sum w$$

这里我们定义风险的市场价格为

$$\hat{\delta} = \frac{E(R_M) - R_f}{\sigma_M^2}$$

期望超额收益率向量为

$$\prod = \begin{bmatrix} \prod_1 \\ \vdots \\ \prod_N \end{bmatrix}$$

收益率协方差矩阵为

---

① 为了简便,我们只考虑股票证券。把这一模型扩展到其他资产,比如债券和货币,是很直接的。

② 有关下面两个关系的评论很重要:1. 由于准确估计期望收益率很困难,实践者使用其他的技术。其一是反向优化,也叫作隐含期望收益率。给定风险 μ_g 的市场价格,协方差矩阵 $\hat{\Sigma}_{LW} = w\hat{\Sigma}_{\alpha} + (1 - w)\hat{\Sigma}$ 和市场资本化权重 $\hat{\Sigma}$,这一技术简单地使用表达式 $\hat{\Sigma}_{\alpha}$ 计算期望收益率向量。这一技术由 Sharpe 和 Fisher 最先介绍,是 Black-Litterman 模型的一个重要的部分。参见,William F. Sharpe. Imputing Expected Returns from Portfolio Composition. *Journal of Financial and Quantitative Analysis*, 9 (1974), pp. 463−472; Lawrence Fisher. U-sing Modern Portfolio Theory to Maintain an Efficiently Diversified Portfolio", *Financial Analysts Journal*, 31 (1975), pp. 73−85.
2. 我们注意到 $\hat{\Sigma} = \boldsymbol{\Lambda C \Lambda}'$ 是所考虑到的资产领域中的市场风险溢价(或者股票溢价)。正如 Herold 和 Idzorek 提出的那样,使用具有不同风险—收益特征的市场替代者而不是市场资本加权组合也许导致非直观的期望收益率。Herold. Computing Implied Returns in a Meaningful Way. *Journal of Asset Management*, 6 (2005), pp. 53−64, Thomas M. Idzorek. A Step-By-Step Guide to the Black-Litterman Model:Incorporating User-Specified Confidence Levels. 例如,应该避免使用基于 S&P 500 的市场风险溢价计算 NASDAQ 100 的隐含均衡收益率向量。

第九章 投资组合最优化：Bayes 技术和 Black-Litterman 模型

$$\Sigma = \begin{bmatrix} \mathrm{cov}(R_1,R_1) & \cdots & \mathrm{cov}(R_1,R_N) \\ \vdots & \ddots & \vdots \\ \mathrm{cov}(R_N,R_1) & \cdots & \mathrm{cov}(R_N,R_N) \end{bmatrix}$$

证券的真实期望收益率 μ 是未知的。然而，由于对于一些较小的变量 $\tau \ll 1$

$$\prod = \mu + \varepsilon_\Pi, \varepsilon_\Pi \sim N(0, \tau\Sigma)$$

我们假定之前的均衡模型可以用作真实期望收益率的一个合理估计。我们可以把 $\tau\Sigma$ 看作估计均衡期望收益率的置信度。换言之，在均衡估计中很小的 τ 意味着很高的置信度，反之相反。

根据投资组合理论，由于市场投资组合位于有效前沿上，根据 CAPM 模型，一个投资者将会持有一个由市场投资组合和一个可获得无风险利率的金融工具组成的投资组合。然而现在让我们来看如果投资者对一些证券持有特别的看法将会发生什么。

第二步：表达投资者看法

在形式上，在 Black-Litterman 模型中 K 个看法表达为一个 K 维向量 q

$$q = P\mu + \varepsilon_q, \varepsilon_q \sim N(0, \Omega)$$

这里 P 是一个 $K \times N$ 阶矩阵（在随后的例子中再进行解释），Ω 是表达这些看法置信度的 $K \times K$ 阶矩阵。为了更好地理解这一数学表述，我们来看一个例子。

假设我们考虑的资产领域中有 5 个股票（$N=5$），投资者有以下两种看法：

1. 股票 1 有 1.5% 的收益率；
2. 股票 3 表现比股票 2 好 4%。

我们看出，第一个看法是绝对的，而第二个是相对的。在数学上，我们可以把这两个看法一起表示为

$$\begin{bmatrix} 1.5\% \\ 4\% \end{bmatrix} = \begin{bmatrix} 1 & 0 & 0 & 0 & 0 \\ 0 & -1 & 1 & 0 & 0 \end{bmatrix} \begin{bmatrix} \mu_1 \\ \mu_2 \\ \mu_3 \\ \mu_4 \\ \mu_5 \end{bmatrix} + \begin{bmatrix} \varepsilon_1 \\ \varepsilon_2 \end{bmatrix}$$

矩阵 P 的第一行表示第一个看法，类似地，第二行描述了第二个看法。在这个例子中，我们使第二个看法的权重和为零，但其他的权重取法也是可能的。例如，这些权重也可以选择股票市场权重倒数乘以某个因子，股票价格的倒数乘以某个因子，或者它们的其他变种。在本节后面，当讨论如何整合基于时间序列的策略和截面排序策略时，我们会回到这些话题。

在这里，我们也注意到误差项 ε_1 和 ε_2 不能直接代入到 Black-Litterman 模型中，但是它们的方差可以。简单地讲，它们就是不同看法的方差。在某些情况下，它们可以作为看法或策略的副产品直接得到，在其他情况下，它们需要单独进行估计。例如

$$\Omega = \begin{bmatrix} 1\%^2 & 0 \\ 0 & 1\%^2 \end{bmatrix}$$

对应于这些看法较高的置信度；相反

$$\boldsymbol{\Omega} = \begin{bmatrix} 5\%^2 & 0 \\ 0 & 7\%^2 \end{bmatrix}$$

表示这些看法较低的置信度。我们会在下面讨论选择置信水平的一些不同方法。$\boldsymbol{\Omega}$ 的非对角元素一般设置为零,其原因是通常假定大多数个人看法的误差项同其他人的看法相独立。

第三步:投资者看法同市场均衡相结合

分步设定市场均衡和和投资者看法后,我们现在准备将二者结合起来。有两种不同但是等效的方法可以实现 Black-Litterman 模型。我们要描述一个基于标准计量技术的推导,具体来说就是由 Theil[①] 提出的所谓的混合估计技术。基于 Bayes 统计的方法已由 Satchell 和 Scowcroft[②] 详细讨论过。

首先回忆市场均衡的表述

$$\boldsymbol{\Pi} = \boldsymbol{\mu} + \boldsymbol{\varepsilon}_\Pi, \boldsymbol{\varepsilon}_\Pi \sim N(0, \tau\boldsymbol{\Sigma})$$

以及投资者看法的表述

$$\boldsymbol{q} = \boldsymbol{P\mu} + \boldsymbol{\varepsilon}_q, \boldsymbol{\varepsilon}_q \sim N(0, \boldsymbol{\Omega})$$

我们可以将两个等式按如下形式结合起来

$$\boldsymbol{y} = \boldsymbol{X\mu} + \boldsymbol{\varepsilon}, \boldsymbol{\varepsilon} \sim N(0, \boldsymbol{V})$$

这里

$$\boldsymbol{y} = \begin{bmatrix} \boldsymbol{\Pi} \\ \boldsymbol{q} \end{bmatrix}, \boldsymbol{X} = \begin{bmatrix} \boldsymbol{I} \\ \boldsymbol{P} \end{bmatrix}, \boldsymbol{V} = \begin{bmatrix} \tau\boldsymbol{\Sigma} & \\ & \boldsymbol{\Omega} \end{bmatrix}$$

这里 $\boldsymbol{I}$ 代表 $N \times N$ 的单位矩阵。我们看到,这恰好是一个关于期望收益率 $\boldsymbol{\mu}$ 的标准线性模型。通过计算 $\boldsymbol{\mu}$ 的广义最小二乘估计量(GLS),我们得到

$$\begin{aligned}
\hat{\boldsymbol{\mu}}_{BL} &= (\boldsymbol{X}'\boldsymbol{V}^{-1}\boldsymbol{X})^{-1}\boldsymbol{X}'\boldsymbol{V}^{-1}\boldsymbol{y} \\
&= \left(\begin{bmatrix} \boldsymbol{I} & \boldsymbol{P}' \end{bmatrix} \begin{bmatrix} (\tau\boldsymbol{\Sigma})^{-1} & \\ & \boldsymbol{\Omega}^{-1} \end{bmatrix} \begin{bmatrix} \boldsymbol{I} \\ \boldsymbol{P} \end{bmatrix}\right)^{-1} \begin{bmatrix} \boldsymbol{I} & \boldsymbol{P}' \end{bmatrix} \begin{bmatrix} (\tau\boldsymbol{\Sigma})^{-1} & \\ & \boldsymbol{\Omega}^{-1} \end{bmatrix} \begin{bmatrix} \boldsymbol{\Pi} \\ \boldsymbol{q} \end{bmatrix} \\
&= \left(\begin{bmatrix} \boldsymbol{I} & \boldsymbol{P}' \end{bmatrix} \begin{bmatrix} (\tau\boldsymbol{\Sigma})^{-1} \\ \boldsymbol{\Omega}^{-1}\boldsymbol{P} \end{bmatrix}\right)^{-1} \begin{bmatrix} \boldsymbol{I} & \boldsymbol{P}' \end{bmatrix} \begin{bmatrix} (\tau\boldsymbol{\Sigma})^{-1}\boldsymbol{\Pi} \\ \boldsymbol{\Omega}^{-1}\boldsymbol{q} \end{bmatrix} \\
&= \left[(\tau\boldsymbol{\Sigma})^{-1} + \boldsymbol{P}'\boldsymbol{\Omega}^{-1}\boldsymbol{P}\right]^{-1} \left[(\tau\boldsymbol{\Sigma})^{-1}\boldsymbol{\Pi} + \boldsymbol{P}'\boldsymbol{\Omega}^{-1}\boldsymbol{q}\right]
\end{aligned}$$

上述公式的最后一行是结合市场均衡和投资者看法的 Black-Litterman 期望收益率。

一些备注和评论

为了提供对这一公式更直观的理解,下面给出一些评论。我们看到,如果投资者没有看法(也就是说 $\boldsymbol{q} = \boldsymbol{\Omega} = 0$)或者这些看法的置信度为零,则 Black-Litterman 期望收益率就变为 $\hat{\boldsymbol{\mu}}_{BL} = \boldsymbol{\Pi}$。由此可以推得,投资者将最终持有由 CAPM 预测出的市场投资组合。换言之,在没有看法的情况下,最优投资组合就是明确的市场。

---

① Henri Theil. *Principles of Econometrics* (New York:John Wiley & Sons,1971).

② Stephen Satchell and Alan Scowcroft. A Demystification of the Black-Litterman Model:Managing Quantitative and Traditional Portfolio Construction. *Journal of Asset Management*,1(2000),pp. 138－150.

如果我们在最优化过程中使用零收益目标或现金收益率来表达缺失的看法,其结果将是一个看起来与市场组合极为不同的最优投资组合。均衡收益率就是这样的预测,在缺失看法的情况下,这些预测值可以产生同市场投资组合等同的最优投资组合。从直觉来讲,Black-Litterman 模型的均衡收益率用来使最优投资组合接近市场投资组合。

利用 $q = P\mu + \varepsilon_q$,我们得到投资者看法单独给出的期望收益率估计 $\hat{\mu} = (P'P)^{-1}P'q$。由于 $P(P'P)^{-1}P' = I$,这里 I 是单位矩阵,我们可以把 Black-Litterman 期望收益率写成下面的形式

$$\hat{\mu}_{BL} = [(\tau\Sigma)^{-1} + P'\Omega^{-1}P]^{-1}[(\tau\Sigma)^{-1}\Pi + P'\Omega^{-1}P\hat{\mu}]$$

现在我们发现 Black-Litterman 期望收益率是由市场均衡 Π 和由投资者看法给出的期望收益率 $\hat{\mu}$ 以置信度为权重的线性组合。两个权重矩阵为

$$w_\Pi = [(\tau\Sigma)^{-1} + P'\Omega^{-1}P]^{-1}(\tau\Sigma)^{-1}$$
$$w_q = [(\tau\Sigma)^{-1} + P'\Omega^{-1}P]^{-1}P'\Omega^{-1}P$$

这里 $w_\Pi + w_q = I$。

特别地,$(\tau\Sigma)^{-1}$ 和 $P'\Omega^{-1}P$ 分别代表对市场均衡的估计和这些看法的估计的置信度。因此,如果我们对这些看法有较低的置信度,得到的期望收益率就会接近由市场均衡所得出的收益率。相反,对于这些看法有较高置信度得到的期望收益率会以较高的置信度偏离市场均衡所蕴含的收益率,从而远离了市场均衡。

可以直接证明,Black-Litterman 期望收益率也可以写成如下形式

$$\hat{\mu}_{BL} = \Pi + \tau\Sigma P'(\Omega + \tau P\Sigma P')^{-1}(q - P\Pi)$$

这里我们马上看到,我们与市场均衡的偏离与向量

$$\Sigma P'(\Omega + \tau P\Sigma P')^{-1}(q - P\Pi)$$

成比例。

我们也提到过 Black-Litterman 模型可以通过求解如下最优化问题来推导

$$\hat{\mu}_{BL} = \arg\min_{\mu}\{(\Pi - \mu)'\Sigma^{-1}(\Pi - \mu) + \tau(q - P\mu)'\Omega^{-1}(q - P\mu)\}$$

从这个公式我们可以看到 $\hat{\mu}_{BL}$ 的选择要保证它尽可能地接近 Π,同时 $P\mu$ 尽可能地接近 q。它们的差距由 Σ^{-1} 和 Ω^{-1} 决定。另外,均衡与看法的相对重要性由 τ 决定。例如,τ 变大,看法的权重就会提高;而 τ 变小,看法的权重就会下降。同时,我们也看到 τ 是一个多余的参数,因为它可以包含在 Ω 这个参数中。

利用标准的三明治公式,可以直接计算期望收益的 Black-Litterman 组合估计方差,也就是

$$\text{var}(\hat{\mu}_{BL}) = (X'V^{-1}X)^{-1} = [(\tau\Sigma)^{-1} + P'\Omega^{-1}P]^{-1}。$$

Black-Litterman 模型最重要的特点是它采用混合估计过程,根据投资者看法来调整整个市场均衡所暗示的期望收益率向量。证券收益率是相关的,由于这些相关性,关于少数资产的看法意味着所有资产的期望收益率的改变。从数学上讲,这可以由下述事实得出:尽管向量 q 的维数 K 可以远远小于 N,即,$K \ll N$,$P'\Omega^{-1}$ 是一个 $N \times K$ 阶矩阵,它将 K 个看法传递到 N 个分支 $P'\Omega^{-1}q$ 中去。不同证券间的相关性越高,这一作用越大。如果没有期望收益率向量的这种调整,均衡期望收益率和投资者预测的差额就会被均值方差优化者解释为一个套利机会,并且导致投资组合集中于少数几项资产("角点解")。

直觉来讲,任一估计误差被传播到所有的资产上,导致 Black-Litterman 期望收益率向量对个人看法的误差具有更小的敏感性。这一作用有助于缓和最优化过程中估计风险和误差最大化。

实践的考虑和扩展

在本节,我们讨论使用 Black-Litterman 模型的一些实际问题。特别地,我们要讨论如何在这一框架下整合因素模型和截面排名。此外,我们也会针对看法置信度不可直接获得的情况,给出如何估计看法置信度的一些建议。

将因素模型整合到 Black-Litterman 框架下是很直接的。假设我们有某些资产的收益率的因素模型,也就是

$$R_i = \alpha_i + \boldsymbol{F}\boldsymbol{\beta}_i + \varepsilon_i, i \in I$$

这里 $I \subset \{1, 2, \cdots, N\}$。一般地,从因素模型中很容易获得残差方差的估计值 $\text{var}(\varepsilon_i)$。在这种情况下,我们设

$$q_i = \begin{cases} \alpha + \boldsymbol{F}\boldsymbol{\beta}_i, i \in I \\ 0, 否则 \end{cases}$$

相应的置信度为

$$\omega_{ii}^2 = \begin{cases} \text{var}(\varepsilon_i), i \in I \\ 0, 否则 \end{cases}$$

矩阵 $\boldsymbol{P}$ 定义为

$$p_{ii} = \begin{cases} 1, i \in I \\ 0, 否则 \end{cases}$$

$$p_{ij} = 0, i \neq j$$

当然,在实际应用中我们会忽略只有零元素的行。

许多量化投资策略并不提前给出期望收益率,而是仅给出一个简单的证券排序。让我们考虑一个从最优到最差的证券排序(从跑赢大市到跑输大市的角度考虑,等等)。例如,一个价值型经理也许按市净率(B/P)上升顺序为证券排序。这里较低的 B/P 值意味着定价过低的股票(价值有增长的潜力),较高的 B/P 值意味着定价过高的股票(价值有降低的可能)。由这个排序,我们构造了买入—卖出的投资组合,其中买入前一半的股票(跑赢大市组),卖出后一半的股票(跑输大市组)。在这种情况下,看法 q 变为一个与这个买入—卖出投资组合期望收益率相等的标量。就像我们将要描述的那样,这一看法的置信度可以由回溯测试决定。另外,这里的矩阵 $\boldsymbol{P}$ 是由 1 和 -1 构成的一个 $1 \times N$ 阶矩阵。如果一个证券属于跑赢大市组,相应的列的元素设置成 1,如果一个证券属于跑输大市组,相应的列的元素设置成 -1。

在许多情况下,我们可能不能直接得到期望收益率的估计值和看法的置信度(方差)。有几种不同的方法来确定置信水平。

量化策略的优势之一是可以对它进行回溯测试。在之前讨论的买入—卖出投资组合情形,我们可以通过历史数据的模拟来估计历史方差。当然,我们不能完全由回溯测试来判断策略的表现。然而,回溯测试方法使我们可以获得 Black-Litterman 看法的估计和特定看法/策略的置信度。

另外一种推导看法置信度估计的方法是简单的统计假设。为了加以说明,我们考虑前面例子中的第二个看法:"股票 3 表现将比股票 2 好 4%。"如果我们不知道它的置信度,我们可以由一些简单问题的答案得到它的估计。首先我们问自己:有多大的把握确认这个策略可以带来 3% 至 5% 的收益率($4\% \pm \alpha$,α 为某个常数,这个例子中 $\alpha = 1\%$)。假设我们相信有三分之二的可能这种情况会发生,$\frac{2}{3} \approx 67\%$。如果我们假设收益具有正态性,我们可以把这种情况理解为未来收益率在区间 [3%,5%] 内的置信度为 67%。由这个置信区间我们可以计算隐含的标准差大约等于 0.66%。因此,我们将设 Black-Litterman 模型的置信度为 $(0.66\%)^2 = 0.43\%$。

Black-Litterman 模型的某些扩展也已出现。例如,Satchel 和 Scowcroft[1] 提出了一个模型,其中假定 τ 是未知且随机的,从而将投资者关于全局波动性的看法加入到之前的看法之中。Idzorek 介绍了确定一个看法置信水平的新想法。[2]他提出:投资者首先具体化偏离均衡(市场资本化权重和单一看法暗含的权重之差)的置信度,然后直接推导置信水平。Qian 和 Gorman 描述了一种基于条件分布理论的方法,这种方法使得投资者可以整合关于任一或所有方差的观点。[3]

当然,除了股票和债券之外的其他类型资产也可以被整合到 Black-Litterman 模型结构中。[4] Bevan 和 Winkelman[5],He 和 Litterman[6]描述了一些实证经验和执行细节。Harvey 等[7]提出了利用高阶矩选择资产组合的 Bayes 方法,该方法与 Black-Litterman 模型有某些相似之处。

Black-Litterman 模型:一个例子

在本节,我们通过将截面动量策略和市场均衡相结合,给出 Black-Litterman 模型的一个例子。得到的 Black-Litterman 期望收益率随后代入到一个均值—方差最优化过程

---

[1] Satchel and Scowcroft. A Demystification of the Black-Litterman Model:Managing Quantitative and Traditional Portfolio Construction.

[2] Idzorek. A Step-By-Step Guide to the Black-Litterman Model:Incorporating User－Specified Confidence Levels.

[3] Edward Qian and Stephen Gorman. Conditional Distribution in Portfolio Theory. *Financial Analysts Journal*,57(2001),pp. 44－51.

[4] 参见,例如,Fischer Black and Robert Litterman. Global Asset Allocation with Equities,Bonds,and Currencies. *Fixed Income Research*,Goldman Sachs,1991;and Robert Litterman,Modern Investment Management:An Equilibrium Approach (Hoboken,NJ:John Wiley & Sons,2003).

[5] Andrew Bevan and Kurt Winkelmann. Using the Black-Litterman Global Asset Allocation Model:Three Years of Practical Experience. *Fixed Income Research*,Goldman Sachs,1998.

[6] Guangliang He and Robert Litterman. The Intuition Behind Black-Litterman Model Portfolios. *Investment Management Division*,Goldman Sachs,1999.

[7] Campbell R. Harvey,John C. Liechty,Merril W. Liechty and Peter Mueller. Portfolio Selection with Higher Moments. Duke University,Working Paper,2003.

中。在讨论最优化策略之前,我们先描述一下动量策略。

截面动量策略

实践者和研究者已经发现一些方法,它们能够基于历史收益率成功预测证券收益率。在这些发现中,也许最流行的就是动量策略和反转策略。

动量策略的基本想法是买入表现好的股票,卖出表现差的股票,并期望同样的趋势在不久的未来还会延续。Jegadeesh 和 Titman[1]在 1993 年首先在其学术论文中记录了该策略在美国股票市场的效果,之后被用于许多其他国家股票市场中[2]。实证研究表明在 6～12 个月跑赢(输)大市的股票在接下来的 3～12 个月会继续表现很好(差)。一般这些策略的回溯测试在接下来的 12 个月能够每个月赚取 1%。

许多实践者依靠动量策略(短期长期兼有)投资。短期策略倾向于利用日间买卖压力;与此相反,中期和长期策略利用在新信息出现时,相对基础价值的价格反应过度或反应不足。[3]

动量资产组合有较高的成交额,因此交易成本成为需要考虑的重要因素。大多数研究表明,如果考虑到交易成本,动量策略产生的利润会下降。例如 Korajczyk 和 Sadka 考虑了买入和卖空股票的不同成本,指出基于不同的测量方法和特殊的策略,每月 17～35 个基点的收益(交易成本扣除后)是可实现的。[4]

尽管对于动量现象的鲁棒性和普遍性,研究者似乎在某种程度上达成了共识,但争论仍在继续,争论的焦点是实证检验是否暗示了市场不是有效的或者理性资产定价理论是否可以解释它。这一讨论超出了本书的范围。我们转而利用 MSCI 世界指数中的国家指数提供一个简单的典型截面动量策略的例证。[5]

在时间点 t(今天)构造截面动量组合且持有一个月。利用这些国家指数的波动率将过去 9 个月的"单日时滞"收益率标准化,并根据标准化的收益率对国家分类。换句话说,排序根据数量

$$z_{t,i} = \frac{P_{t-1day,i} - P_{t-1day-9months,i}}{P_{t-1day-9months,i} \cdot \sigma_i}$$

这里 $P_{t-1day,i}$,$P_{t-1day-9months,i}$ 和 σ_i 分别表示证券 i 在 t 日前一天的价格,证券 i 在 t 日前 9 个月的前一天的价格和证券 i 的波动率。排序后,前一半的证券赋予权重

$$w_i = \frac{1}{\sigma_i \cdot \kappa} \beta$$

这里 κ 是一个缩放系数,对其进行恰当选择以保证得到的年化投资组合波动率处于

---

[1] Narasimhan Jegadeesh and Sheridan Titman. Returns to Buying Winners and Selling Losers: Implications for Stock Market Efficiency. *Journal of Finance*, 48 (1993), pp. 65—91.

[2] K. Geert Rouwenhorst. International Momentum Strategies. *Journal of Finance*, 53 (1998), pp. 267—283.

[3] Kent D. Daniel, David Hirshleifer. Avanidhar Subrahmanyam. Investor Psychology and Security Market Under- and Overreactions. *Journal of Finance*, 53 (1998), pp. 1839—1885.

[4] Robert A. Korajczyk and Ronnie Sadka. Are Momentum Profits Robust to Trading Costs. *Journal of Finance*, 59 (2004), pp. 1039—1082.

[5] 数据的详细描述在附录 A 中。

第九章 投资组合最优化：Bayes 技术和 Black-Litterman 模型

一个令人满意的水平上。在本例中,我们把它设置为 20%。① 相似地,后半部分的证券被赋予权重 $w_i = \dfrac{1}{\sigma_i \cdot \kappa}$。

我们令投资组合权重是个体波动率的函数,这样可以保证不过多持有不太稳定的资产。这不是一个零成本的买入—卖出投资组合,因为组合权重和不为零。也可以直接修正权重安排以实现零成本,但是鉴于我们的目的,这么做没有必要也不会显著地改变结果。这个简单的动量策略的结果在图 9.3~9.4 中给出。②

动量策略的表现在 α 和夏普比率两个方面,都优于指数的表现。整个时期上这个策略的夏普比率为 0.88,指数为 0.62。整个时期年化 α 为 11.7%,与动量文献中的标准结果是一致的。我们也发现这一策略的 β 很低,整个样本只有 0.05。动量策略和指数的实现相关系数为 3.5%。换言之,这个动量策略大致为市场中性的。

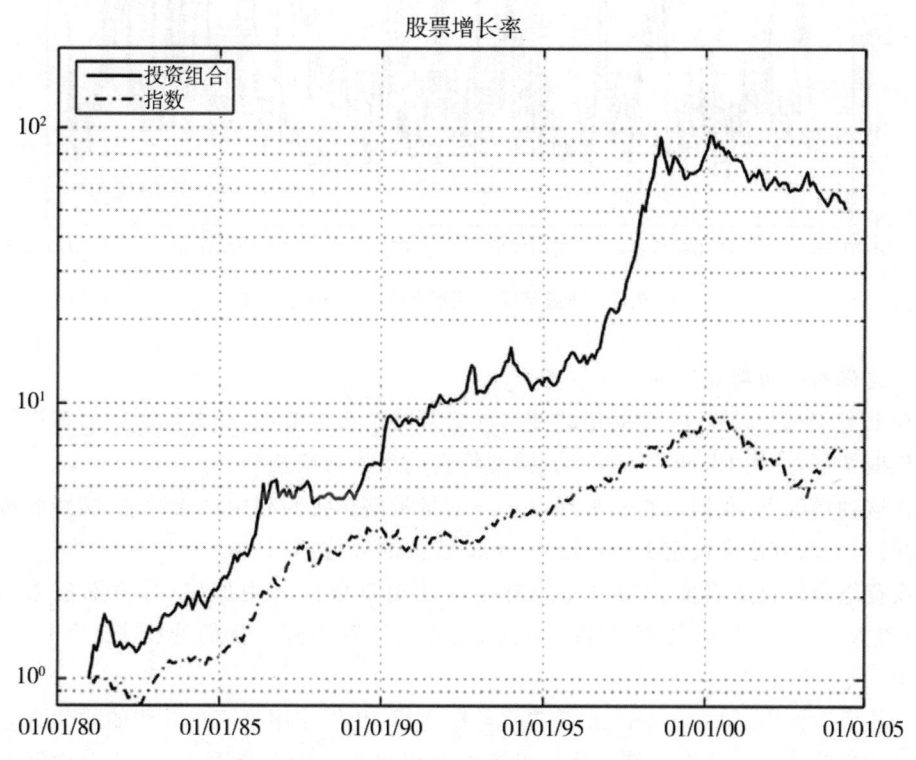

图 9.3　动量策略股票的增长和 MSCI 世界指数的增长

这一特定的策略月平均换手率为 23.7%,截面标准差为 9.3%。英国换手率最高(40.6%),新西兰最低(10.8%)。因此,对于实际的应用,考虑交易成本很重要。

---

①　κ 可以在每次再平衡时从过去的的投资组合收益率中估计。通常,从一个周期到下一个周期,它的值变化不大。

②　为了排序我们需要前九个月的收益率,因此第一个投资组合在 1981 年 1 月构建。

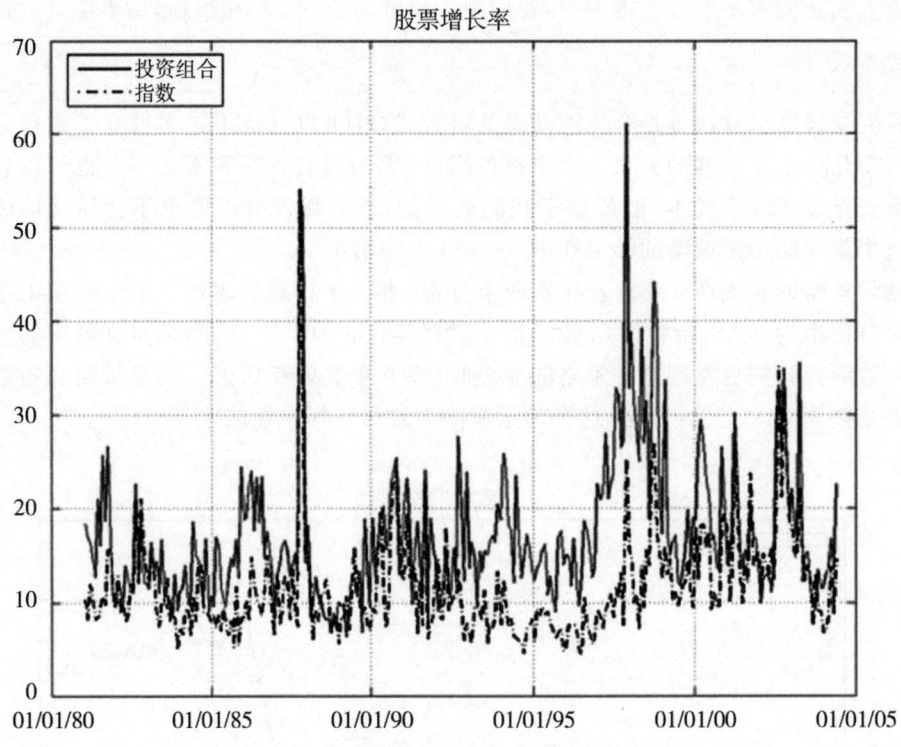

图 9.4 动量策略和指数的年化波动性比较

最优化的截面动量策略

在上节,我们介绍了一个简单的截面动量策略。在本节,我们将说明如何在投资组合最优化框架下,使用 Black-Litterman 模型将它同市场均衡相结合。

在这种情况下,我们只有一种观点——动量策略。我们利用之前讨论"实践的考虑和扩展"时提到的方法来设定 Black-Litterman 看法的参数。

投资组合优化所需要的协方差矩阵是由历史日数据利用加权(月度滞后参数 $d=0.95$)和 Newey 及 West(2 阶滞后)[①]自相关修正计算得到。我们选择 Black-Litterman 模型中的 $\tau=0.1$。

计算隐含的 Black-Litterman 期望收益率之后,我们使用第八章介绍的均值方差最优化问题的风险厌恶公式来计算最优化投资组合权重和月度组合再平衡,其中均值方差最优化问题的风险厌恶系数 $\lambda=2$(校正为与指数具有同样的波动率)。每月底再平衡之前,我们计算实现的投资组合收益率和它的波动率。结果和汇总统计量在表 9.1~9.2 中给出,与 MSCI 世界指数的对比在图 9.5 中给出。

最优化策略的全样本夏普比率为 0.92,而指数为 0.62,α 为 8.3%。我们观察到最后一个季度,该策略的夏普比率和 α 是负值,主要由于那个时期市场普遍下行。与前一部分

---

① 这个特殊的协方差矩阵估计在第八章中进行了描述。

讨论的独立动量策略相反,由于最优化策略是动量和市场均衡的一个混合组合,它产生的指数相关性显著不为零。例如,这个例子中全样本指数相关系数为 0.36。[1]

表 9.1 动量策略的汇总统计量

	起始日期	终止日期	均值(%)	波动率(%)	夏普比率	偏度	峰度	最小值(%)	最大值(%)	α(%)	β
第一个四分之一时期	1981 年 1 月	1985 年 12 月	23.90	19.40	1.18	0.12	2.82	−10.40	17.10	11.70	0.25
第二个四分之一时期	1986 年 1 月	1991 年 12 月	22.10	21.70	1.02	0.5	4.9	−14.90	21.80	14.30	0.06
第三个四分之一时期	1992 年 1 月	1997 年 12 月	26.90	20.90	1.29	−0.09	4.87	−18.80	20.20	22.30	−0.02
第四个四分之一时期	1998 年 1 月	2004 年 5 月	3.70	20.80	0.18	0.54	3.33	−13.10	16.90	−0.10	−0.05
上半时期	1981 年 1 月	1991 年 12 月	22.50	20.60	1.09	0.36	4.23	−14.90	21.80	12.90	0.12
下半时期	1992 年 1 月	2004 年 5 月	14.80	21.10	0.7	0.23	3.82	−18.80	20.20	10.70	−0.03
整个时期	1981 年 1 月	2004 年 5 月	18.40	20.90	0.88	0.29	4.01	−18.80	21.80	11.70	0.05

注意:均值、波动率、夏普比率和 α 列是不同时期组合的年化的收益率均值、波动率、夏普比率和 α。最小值和最大值分别是每日投资组合收益率的最大值和最小值。偏度和峰度按照三阶和四阶正态中心矩计算。α 和 β 利用一个月的 LIBOR 计算得到。

表 9.2 MSCI 世界指数的汇总统计量

	起始日期	终止日期	均值(%)	波动性(%)	夏普比率	偏度	峰度	最小值(%)	最大值(%)
第一个四分之一时期	1981 年 1 月	1985 年 12 月	10.20	11.50	0.88	−0.29	2.7	−7.60	7.70
第二个四分之一时期	1986 年 1 月	1991 年 12 月	13.20	16.40	0.81	−0.21	4.05	−14.60	12.80
第三个四分之一时期	1992 年 1 月	1997 年 12 月	9.60	9.80	0.98	0.62	3.28	−3.90	9.50
第四个四分之一时期	1998 年 1 月	2004 年 5 月	2.90	17.20	0.17	0.17	3.49	−12.30	16.00
上半时期	1981 年 1 月	1991 年 12 月	11.80	14.30	0.83	0.83	4.22	−14.60	12.80
下半时期	1992 年 1 月	2004 年 5 月	6.10	14.10	0.43	0.43	4.32	−12.30	16.00
整个时期	1981 年 1 月	2004 年 5 月	8.80	14.20	0.62	0.62	4.22	−14.60	16.00

注意:均值、波动率、夏普比率列是不同时期指数的年化的收益率均值、波动率和夏普比率。最小值和最大值分别是每日指数收益率的最大值和最小值。偏度和峰度按照三阶和四阶正态中心矩计算。

---

[1] 降低策略和指数相关性的可能方法之一是引入零 β 约束。

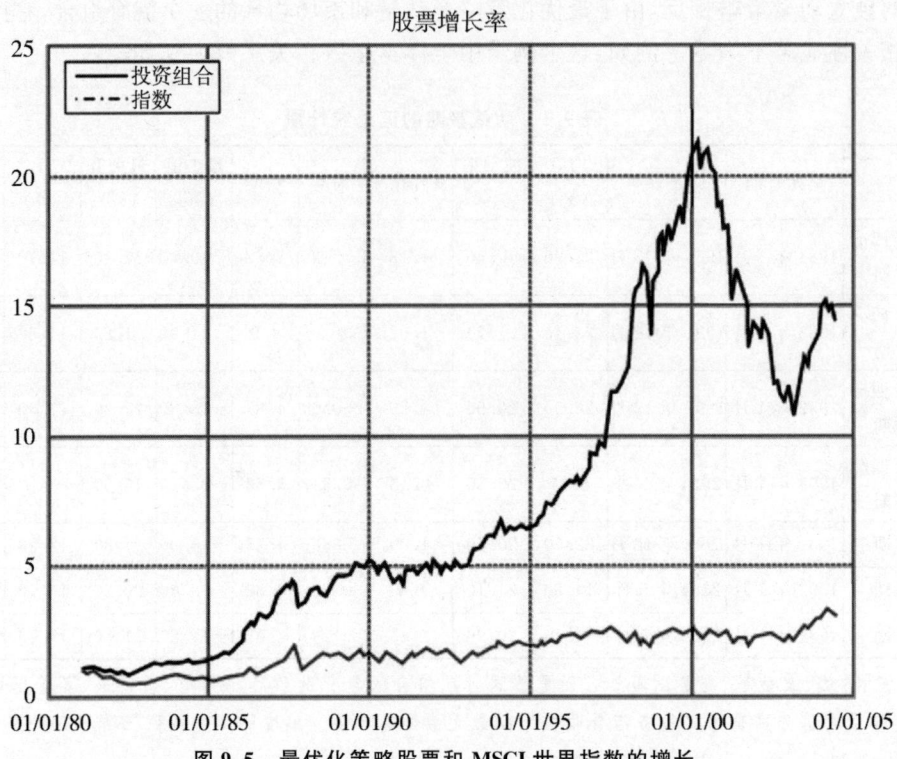

图 9.5 最优化策略股票和 MSCI 世界指数的增长

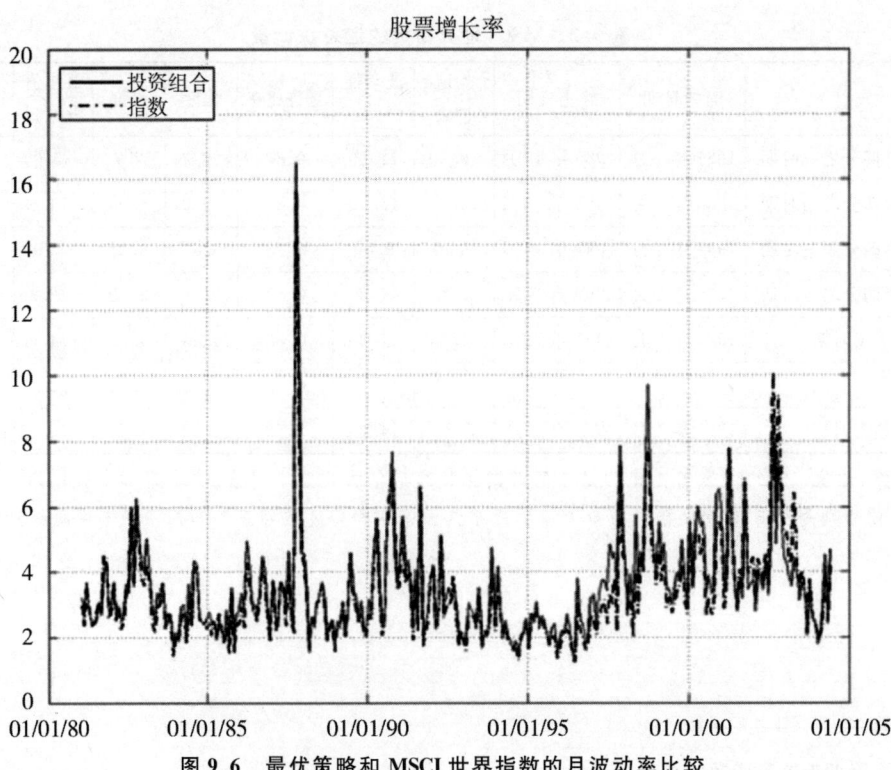

图 9.6 最优策略和 MSCI 世界指数的月波动率比较

表 9.3 月度再平衡最优策略的汇总统计量

	起始日期	终止日期	均值(%)	波动性(%)	夏普比率	偏度	峰度	最小值(%)	最大值(%)	α(%)	β
第一个四分之一时期	1981年1月	1989年12月	18.90	15.00	1.26	−0.33	4.39	−15.10	13.20	9.20	0.28
第二个四分之一时期	1990年1月	1994年12月	13.80	13.70	1.01	0.35	3.92	−9.40	12.80	11.23	0.4
第三个四分之一时期	1995年1月	1999年12月	23.80	14.00	1.7	0.19	4.12	−9.10	14.40	18.10	0.39
第四个四分之一时期	2000年1月	2004年5月	−2.90	15.30	−0.19	−0.28	2.82	−11.90	8.50	−5.00	0.65
上半时期	1981年1月	1994年12月	16.50	14.60	1.13	−0.09	4.08	−15.10	13.20	11.40	0.31
下半时期	1995年1月	2004年5月	11.40	15.20	0.75	−0.13	3.6	−11.90	14.40	6.30	0.37
整个时期	1981年1月	2004年5月	13.60	14.90	0.92	−0.11	3.88	−15.10	14.40	8.30	0.36

注意:均值、波动率、夏普比率和 α 列是不同时期最优组合的年化的收益率均值、波动率、夏普比率和 α。最小值和最大值分别是每日组合收益率的最大值和最小值。偏度和峰度按照三阶和四阶正态中心矩计算。α 和 β 利用一个月的 LIBOR 计算得到。

尽管不太成熟,这个例证展示了运用投资组合理论和均值—方差最优化设计盈利的投资策略是可能的。标准教科书版本的均值—方差最优化通常表现差于等权重投资组合和 GMV 投资组合。主要的问题是经典的均值—方差方法对证券期望收益率微小的变动很敏感。混合投资者看法和市场均衡来计算 Black-Litterman 隐含期望收益率的混合估计过程,在实践中是降低估计误差的有效方法,简单来讲,Black-Litterman 模型将个体看法的估计误差分散到所有的资产上,因此使得到的期望收益率对估计风险更具鲁棒性。

总 结

■ 经典均值—方差最优化对估计误差和输入的微小变动很敏感。

■ 有四种方法可以使经典均值—方差结构更加鲁棒:(1)提高输入准确性;(2)对投资组合权重设置约束;(3)利用投资组合再抽样计算组合权重;(4)在投资组合配置过程应用鲁棒最优化结构。

■ 一般而言,期望收益率的误差比协方差误差重要 10 倍,方差误差比协方差误差重要 2 倍。

■ 期望收益率和协方差的估计值准确性可通过使用收缩估计提高。收缩是不同估计值平均化的一种形式。收缩估计值一般由三个部分构成:(1)无结构或少结构的估计量;(2)多结构的估计量(收缩目标);(3)收缩强度。

■ Jorion 期望收益率的收缩估计值向全局最小方差投资组合收缩。

■ 样本协方差矩阵不能用作均值—方差问题的输入。通过把它向常相关系数协方差矩阵收缩,它的质量可以被提高。

■ Black-Litterman 模型将投资者看法同市场均衡相组合。

■ Black-Litterman 模型期望收益率是有关市场均衡和投资者看法的置信度加权线性结合。看法和市场均衡的置信度决定了相对权重。

■ 因素模型和样本排序模型可以同时整合到 Black-Litterman 模型中。

第十章 鲁棒投资组合优化

投资组合优化问题中输入参数(例如期望收益与它们的方差、协方差)的不确定性可以在优化的过程中直接构建在模型中。鲁棒优化可以直观而有效地描述这种不确定性。

在优化问题的文献中,鲁棒优化一词被用来描述很多不同的概念,因此有时会造成混淆。从根源上看,鲁棒优化源于鲁棒控制工程文献的优化领域。鲁棒优化通过恰当地定义不确定参数的集合,求解优化模型所谓的鲁棒版本,来使优化模型对于这些参数的偏差具有鲁棒性。鲁棒优化问题实际上是参数偏离其名义值的最差情况原始问题的表述;然而,通常地最差情况都按非常巧妙的方式进行定义,这样不会导致过于保守的公式表述。

我们只能猜测为什么鲁棒组合模型没有在金融领域里得到广泛应用。可能的一个主要原因是这是一种相对较新而且技术性较强的方法。然而,这个方法的运用通常是比较简单的,与没有鲁棒优化的原始问题有着相似的计算复杂度。本章,我们详细地阐述这项技术是如何应用的。

首先,我们讨论当不确定性仅限于预期的收益估计时,均值—方差组合优化问题的鲁棒版本。我们展示几种基于因素模型和贝叶斯统计的不确定性建模的方法。其次我们把模型推广到包含资产收益协方差矩阵中的不确定性的情形。最后我们讨论在实际中运用鲁棒模型技术的重要问题,并给出一个均值—方差优化问题的鲁棒版本例子。

鲁棒均值—方差优化模型

我们回顾一下第八章介绍过的经典均值方差问题:

$$\max_{w} \boldsymbol{\mu}'w - \lambda w'\boldsymbol{\Sigma}w$$
$$s.t. \quad w'\boldsymbol{\iota} = 1$$

其中 $\boldsymbol{\iota} = [1,1,\cdots,1]'$。在这个优化问题中,$\boldsymbol{\mu}$,$\boldsymbol{\Sigma}$,$\lambda$ 和 w 分别表示期望收益、资产收益的协方差矩阵、风险厌恶系数和组合权重。

正如在第九章中详细讨论的那样,预测中的估计误差可能严重影响得到的优化组合权重。Black 和 Litterman[1] 的一项研究证实,期望收益的一些小的改变可能产生重大影响。于是我们知道,如果期望收益出现大的估计误差——这在实际应用中经常发生——

---

[1] Fischer Black and Robert Litterman. Global Portfolio Optimization. *Financial Analysts Journal*, 48 (1992), pp. 28—43.

它们会对最优配置产生显著影响。因此,在实际应用中,将估计精度的不确定性纳入组合优化过程中显得尤为重要。

期望收益估计中的不确定性

处理由估计误差导致的不确定性的简单方法是,要求当每一个资产的估计期望收益 $\hat{\mu}_i$ 都围绕在其真实的期望收益 μ_i 附近时,投资者是受保护的。假设估计产生的误差小于某些比较小的数 $\delta_i > 0$。μ 的*不确定性集合*可以简单地选择为"盒子"

$$U_\delta(\hat{\mu}) = \{\mu \| \mu_i - \hat{\mu}_i | \leqslant \delta_i, i=1,\cdots,N\}$$

通过设定期望收益估计的置信区间,δ_i 可以被具体确定。例如,如果期望收益是用模拟来估算的(此时应用了中心极限定理)[①]或者如果资产收益服从正态分布,那么可以通过令 $\delta_i = 1.96\sigma_i/\sqrt{T}$,其中 T 是估计样本的个数,来得到 μ_i 的 95% 水平的置信区间。

在前面关于 $\hat{\mu}_i$ 的假设条件下,均值方差问题的鲁棒优化为

$$\max_w \hat{\boldsymbol{\mu}}'w - \boldsymbol{\delta}' | w | - \lambda w'\boldsymbol{\Sigma} w$$
$$s.t. \quad w'\boldsymbol{\tau} = 1$$

事实上,这个优化模型很明显地没有涉及任何其他更多的数学问题。如果组合中的资产的 i 的权重是负的,那么最差情况下资产 i 的期望收益是 $\mu_i + \delta_i$(我们可能损失的最大数额)。如果组合中资产的 i 的权重是正的,那么最差的情况下资产 i 的期望收益是 $\mu_i - \delta_i$(我们可能得到的最小数额)。注意 $\mu_i w_i - \delta_i | w_i |$,在权重 w_i 为正的时候等于 $(\mu_i - \delta_i)w_i$,在权重为负的时候等于 $(\mu_i + \delta_i)w_i$。因此,目标函数的数学表达式和我们的直觉是一样的:它试图使最坏情况下的组合收益最大化。在这个鲁棒均值—方差优化模型中,那些平均收益估计不够精确的资产(有很大的估计误差 δ_i)在目标函数中受到了惩罚,在优化组合配置中倾向于有比较小的权重。我们同时也注意到这个问题与非鲁棒

[①] 中心极限定理指出,在温和的假设条件下,来自任一分布的独立同分布的一组观测值的样本均值近似地服从一个正态分布,该正态分布的均值为原来分布的真实均值,标准差等于原来分布的标准差除以样本容量的平方根。

均值—方差优化问题有着同样的计算复杂度。①

为得到更深入的观察,我们把鲁棒优化模型重新写为:
$$\max_{w}(\hat{\boldsymbol{\mu}} - \boldsymbol{\mu}_{\delta,w})'w$$
$$s.t. \quad w'\boldsymbol{\iota} = 1$$

这里 $\boldsymbol{\mu}_{\delta,w} = \begin{bmatrix} \text{sign}(w_1)\delta_1 \\ \vdots \\ \text{sign}(w_N)\delta_N \end{bmatrix}$

其中,$\text{sign}(\cdot)$ 是符号函数(当 $x < 0$ 时 $\text{sign}(x) = -1$,当 $x \geqslant 0$ 时 $\text{sign}(x) = 1$)。在对这个问题的重新表述中,我们可以看到鲁棒优化与统计收缩相关联,把原来的期望收益向量收缩到 $\hat{\boldsymbol{\mu}} - \boldsymbol{\mu}_{\delta,w}$。

使用如下的等式
$$w_i \text{sign}(w_i)\delta_i = w_i \frac{w_i}{|w_i|}\delta_i = \frac{w_i}{\sqrt{|w_i|}}\delta_i \frac{w_i}{\sqrt{|w_i|}}$$

我们可以把这个问题重新写为
$$\max_{w} \hat{\boldsymbol{\mu}}'w - \lambda w'\boldsymbol{\Sigma} w - \hat{w}'\boldsymbol{\Delta}\hat{w}$$
$$s.t. \quad w'\boldsymbol{\iota} = 1$$

这里 $\hat{w} = \begin{bmatrix} \dfrac{w_1}{\sqrt{|w_i|}} \\ \vdots \\ \dfrac{w_N}{\sqrt{|w_N|}} \end{bmatrix}$

并且 $\boldsymbol{\Delta} = \begin{bmatrix} \delta_1 & & \\ & \ddots & \\ & & \delta_N \end{bmatrix}$

我们可以观察到,这个问题是经典均值—方差问题的另一种修正。特别地,一个类似

---

① 这里有两个众所周知的技术,可以通过去掉权重向量 w 的绝对值,把它转化成一个标准的二次规划问题,从而使优化问题易于求解。一个方法是引入一个新的变量 $\boldsymbol{\Psi}$ 来代替绝对值。这个问题可以重新写为:
$$\max_{w,\boldsymbol{\Psi}} \hat{\boldsymbol{\mu}}'w - \boldsymbol{\delta}'\boldsymbol{\Psi} - \lambda w'\boldsymbol{\Sigma} w$$
$$s.t. \quad w'\boldsymbol{\iota} = 1$$
$$\Psi_i \geqslant w_i; \Psi_i \geqslant -w_i, i = 1, \cdots, N$$

另一种方法是将 w 写成两个非负变量 w_+ 和 w_- 的差,并用 w_+ 与 w_- 的和代替 $|w|$。这时优化问题变为
$$\max_{w,w_+,w_-} \hat{\boldsymbol{\mu}}'w - \boldsymbol{\delta}'(w_+ + w_-) - \lambda w'\boldsymbol{\Sigma} w$$
$$s.t. \quad w'\boldsymbol{\iota} = 1$$
$$w = w_+ - w_-, w_+ \geqslant 0, w_- \geqslant 0$$

于风险的项 $\hat{w}'\Delta\hat{w}$ 被加入到这个经典模型。这一项可以被解释为由一个对估计误差厌恶的投资者所进行的风险调整。投资者对估计误差厌恶的精确形式可以由 δ 的大小来得到。

我们可以为期望收益向量 μ 定义很多种其他的不确定性集合。尽管更一般的不确定性集合会导致更复杂的优化问题，但是基本的直觉和解释是一样的。例如，考虑不确定性集合

$$U_\delta(\hat{\boldsymbol{\mu}}) = \{\boldsymbol{\mu} \mid (\boldsymbol{\mu}-\hat{\boldsymbol{\mu}})'\boldsymbol{\Sigma}_\mu^{-1}(\boldsymbol{\mu}-\hat{\boldsymbol{\mu}}) \leqslant \delta^2\}$$

其含义是，当实际平均收益与估计收益的整体偏离在 δ 以内时，投资者是可以得到保障的[①]。带有这种不确定集合的鲁棒优化问题的推导有一些复杂，但是我们接下来将对它进行解释。

与期望收益估计的不确定性建模的第一个例子类似，我们希望知道对期望收益的最坏的估计是什么，以及在这种情况下我们应该如何配置组合。在数学上，这可以表示为

$$\max_{w} \min_{\mu \in \{\mu \mid (\mu-\hat{\mu})'\Sigma_\mu^{-1}(\mu-\hat{\mu}) \leqslant \delta^2\}} \boldsymbol{\mu}'w - \lambda w'\boldsymbol{\Sigma} w$$
$$s.t. \quad w'\boldsymbol{\iota} = 1$$

这个问题叫作鲁棒优化问题，或者叫作极大一极小问题，它不是可以直接输入到一个标准优化程序求解的形式。我们要首先求解内部的问题，即保持向量权重 w 固定，在 μ 的可能值集合上计算最差的期望组合收益

$$\min_{\mu} \boldsymbol{\mu}'w - \lambda w'\boldsymbol{\Sigma} w$$
$$s.t. \quad (\boldsymbol{\mu}-\hat{\boldsymbol{\mu}})'\boldsymbol{\Sigma}_\mu^{-1}(\boldsymbol{\mu}-\hat{\boldsymbol{\mu}}) \leqslant \delta^2$$

这个问题的拉格朗日函数为

$$L(\mu,\gamma) = \boldsymbol{\mu}'w - \lambda w'\boldsymbol{\Sigma} w - \lambda(\boldsymbol{\mu}-\hat{\boldsymbol{\mu}})'\boldsymbol{\Sigma}_\mu^{-1}(\boldsymbol{\mu}-\hat{\boldsymbol{\mu}})$$

将其对 μ 求导，我们可以得到一阶条件

$$w + 2\gamma\boldsymbol{\Sigma}_\mu^{-1}(\mu-\hat{\mu}) = 0$$

因此我们可以得到 μ 的最优值为

$$\mu^* = \hat{\mu} - \frac{1}{2\gamma}\boldsymbol{\Sigma}_\mu w$$

将最坏情况下的 μ 的表达式，代入拉格朗日函数并求最大值，可以得到 γ 的最优值，即

$$\max_{\gamma \geqslant 0} L(\mu,\gamma) = \boldsymbol{\mu}'w - \lambda w'\boldsymbol{\Sigma} w - \frac{1}{4\gamma}\boldsymbol{\Sigma}_\mu w - \gamma\delta^2$$

求解一阶条件，我们得到

$$\gamma^* = \frac{1}{2\delta}\sqrt{\boldsymbol{\Sigma}_\mu w}$$

最后，将 γ^* 的表达式代入拉格朗日函数后，我们得到鲁棒问题

$$\max_{w} \boldsymbol{\mu}'w - \lambda w'\boldsymbol{\Sigma} w - \delta\sqrt{w'\boldsymbol{\Sigma}_\mu w}$$
$$s.t. \quad w'\boldsymbol{\iota} = 1$$

---

① 这种不确定性集合利用估计的易变性（标准差）度量了预期收益的估计值和可能值之间的距离。这个不确定性集合保证了对不确定性的容忍的总程度 δ 在具有不同易变性的预期收益估计中均匀分布。

正如在之前的问题中那样,我们把 $\delta\sqrt{w'\Sigma_\mu w}$ 解释为估计风险的惩罚,其中 δ 反映了投资者对估计风险的厌恶程度。我们要说明的是,这里使用的不确定集合可以解释为向量参数 $\hat{\mu}$ 的由估计误差协方差矩阵 Σ_μ 定义的 N 维置信区域。[①]

如何估计 Σ_μ 还不是马上就很显然的事情。注意 Σ_μ 是预期(平均)收益的估计误差的协方差矩阵。那么,如果一个投资组合经理预测下一期会有 5% 的正收益,但是实际上只得到了 1% 的正收益,他不能说其*期望*收益有 4% 的误差——实际误差应该包括期望收益的估计误差和真实收益的内在波动性两部分。事实上,批评者认为这个方法中*实际*收益通常还是有很大随机成分的,它使得*期望*收益被低估,因此从历史数据中准确估计 Σ_μ 是很困难的,如果不是不可能的话。[②]

理论上,如果一个给定总数为 T 的样本的收益是独立同分布的,则 Σ_μ 就等于 $(1/T)\cdot\Sigma$,这里 Σ 与之前讨论的一样,是资产收益的协方差矩阵。然而,经验显示在实际中这样的方法似乎不是最好的方法。一个问题是这个方法仅在收益稳定时有效。另一个重要的问题是如果资产协方差矩阵 Σ 是从一个历史数据的样本中估计得到的,那么这个估计本身是否可靠值得怀疑。正如我们在第 8 章中解释的那样,计算一个有意义的收益协方差矩阵需要大量的观测值——远远大于该组合中的资产数目,即便是这样,样本协方差矩阵可能仍然存在很大的估计误差,可能导致很差的均值方差优化的结果。当没有足够的数据去计算组合中所有证券的协方差矩阵时,可以计算在某个因素(例如产业、国家、部门)水平上的期望收益的估计误差,并利用它们的方差、协方差去估计单个资产收益的估计误差协方差矩阵。

在实际中已经找到一些效果很好的估计 Σ_μ 的近似方法。[③] 例如,使用仅包含估计方差的对角矩阵(与完整的误差协方差矩阵相反),通常能为鲁棒组合优化提供最多的便利。此外,估计期望收益的标准方法,如贝叶斯统计和基于回归的方法,[④]可以在生成期望收益估计的过程中得到误差协方差矩阵的估计。计算有效的误差协方差矩阵估计的方法包括最小二乘回归模型,James-Stein 估计量和 Black-Litterman 模型。接下来我们描述其中的一些技术方法。

最小二乘回归模型

如果期望收益是基于线性回归估计的,那么我们可以根据回归误差来计算误差协方差矩阵的估计。假设我们有这样一个收益的因素模型:

[①] 在某些参考文献中,用 $\|\Sigma_\mu^{1/2}w\|$ 代替了 $\delta\sqrt{w'\Sigma_\mu w}$,这里 $\|\cdot\|$ 表示 l_2(欧几里得的,椭圆的)向量的范数。这两个表达是等价的,但是 $\delta\sqrt{w'\Sigma_\mu w}$ 表明新惩罚项包含估计的标准误差,因此更容易解释。

[②] Jyh-Huei Lee, Dan Stefek and Alexander Zhelenyak. Robust Portfolio Optimization—A Closer Look. MSCI Barra Research Insights report, June 2006.

[③] Robert Stubbs and Pamela Vance. Computing Return Estimation Error Matrices for Robust Optimization. Report, Axioma, April 2005.

[④] 参见第 2 章关于回归分析的内容。

$$r = \mu + V'f + \varepsilon$$

它又可以改写为

$$y_i = Ax_i + \varepsilon_i$$

对于每个资产 i，或者更一般地写成

$$Y = AX + \varepsilon$$

这里

$Y = [y_1, \cdots, y_N]$ 是一个 $T \times N$ 阶矩阵，表示 N 个资产的 T 个收益数据观测值；

$A = [1, f_1, \cdots, f_M]$ 是一个 $T \times (M+1)$ 阶的因素实现矩阵；

$X = [\mu, x_1, \cdots, x_M]'$ 是一个 $(M+1) \times N$ 阶的回归系数矩阵。

如果一个组合经理把期望收益预测分解为特定因素收益和特定资产收益，那么他要考虑截距项 μ 标准误差协方差矩阵。这个协方差矩阵可以当作是 Σ_μ 的估计。根据因素实现 $(f_{t1}, \cdots, f_{tM}) \in R^M$ 得到的估计误差的矩阵如下

$$f'_t (XX')^{-1} f_\tau \left\{ \frac{1}{T}(Y-AX)'(Y-AX) \right\}$$

这里 $f_t = (1, f_{t1}, \cdots, f_{tM})'$。①

---

① 来看一下我们为什么考虑线性回归模型

$$y_i = z'_i \beta + \varepsilon_i, \varepsilon_i \sim N(0, \sigma^2)$$

这里 $i = 1, \cdots, N$。β 的最小二乘估计为

$$\hat{\beta}r = (zz')^{-1}zy$$

假设我们要预测因素实现（预报器）z_0 的反应并确定相关的预测误差。假设 y_0 是真实值，这里 $y_0 = z'_0 \beta + \varepsilon_0$，预测模型给出 $\hat{y}_0 = z'_0 \hat{\beta}$。因此，预测误差给出如下

$$e_0 = y_0 - \hat{y}_0 = z_0'(\beta - \hat{\beta}) + \varepsilon_0$$

其方差为

$$\begin{aligned} Var(e_0) &= \sigma^2 + Var[z_0'(\beta - \hat{\beta})] \\ &= \sigma^2 + z_0'E[(\beta-\hat{\beta})(\beta-\hat{\beta})']z_0 \\ &= \sigma^2 + z_0'E[(zz')^{-1}z\varepsilon\varepsilon'z'(zz')^{-1}]z_0 \\ &= \sigma^2 + \sigma^2 z_0'(zz')^{-1}z_0 \end{aligned}$$

这里我们利用了 $\hat{\beta} = \beta + (zz')^{-1}z'\varepsilon$ 这一关系式。因此这个预测方差取决于两个分离的项：(1) 第一项与回归的残差相关，(2) 第二项我们定义为估计误差。运用这个公式，我们需要对 σ^2 进行估计。这可以由观测

$$\begin{aligned} y_1 &= z'_1 \beta_1 + \varepsilon_1 \\ &\vdots \\ y_T &= z'_T \beta_T + \varepsilon_T \end{aligned}$$

或者矩阵形式 $Y = ZB + E$，利用标准公式

$$\hat{\sigma}^2 = \frac{1}{T}(Y - ZB)'(Y - ZB)$$

来得到。

James-Stein 估计量

期望收益的 James-Stein 估计量是按照样本平均收益(由一个容量为 T 的样本计算)和一个*收缩目标*μ_0 的加权平均来计算的

$$\hat{\mu}_{JS} = (1-w)\hat{\mu} + w\mu_0$$

Jorion 提出的 James-Stein 的收缩估计量的特殊形式[1](叫作 Bayes-Stein 估计量)是以贝叶斯方法为基础的。Bayes-Stein 估计量的收缩目标 μ_0 计算如下

$$\mu_0 = \frac{\boldsymbol{\iota}'\boldsymbol{\Sigma}^{-1}}{\boldsymbol{\iota}'\boldsymbol{\Sigma}^{-1}\boldsymbol{\iota}}\hat{\mu}$$

这里 $\boldsymbol{\Sigma}$ 是 N 个收益的*真实协方差矩阵*。这个矩阵在实际中是未知的,但是人们可以将前面公式中的 $\boldsymbol{\Sigma}$ 替换为

$$\hat{\boldsymbol{\Sigma}} = \frac{T-1}{T-N-3}S$$

S 是通常的样本协方差矩阵。期望收益的 Bayes-Stein 估计量的方差可以表示为[2]

$$\operatorname{var}(\hat{\mu}_{BS}) = \boldsymbol{\Sigma} + \frac{1}{T+\tau}\boldsymbol{\Sigma} + \frac{\tau}{T(T+\tau+1)}\frac{\mu'}{\boldsymbol{\iota}'\boldsymbol{\Sigma}\boldsymbol{\iota}}$$

它可以用作误差协方差矩阵 $\boldsymbol{\Sigma}_\mu$ 的一个估计。参数 τ 是描述对协方差矩阵 $\boldsymbol{\Sigma}$ 的估计的准确性的置信度的纯量。也就是说,Bayes-Stein 估计量假设期望收益先验地服从均值为 μ_0,协方差矩阵为 $(1/\tau)\boldsymbol{\Sigma}$ 的正态分布。

Black-Litterman 模型

正如我们在第 9 章中所解释的那样,估计期望收益的 Black-Litterman 模型将市场均衡和投资者的观点结合在一起。其估计公式是由期望收益的两个估计加权平均得来的

$$\hat{\mu}_{BL} = [(\tau\boldsymbol{\Sigma})^{-1} + \boldsymbol{P}'\boldsymbol{\Omega}^{-1}\boldsymbol{P}]^{-1}(\tau\boldsymbol{\Sigma})^{-1}\boldsymbol{\Pi} + [(\tau\boldsymbol{\Sigma})^{-1} + \boldsymbol{P}'\boldsymbol{\Omega}^{-1}\boldsymbol{P}]$$

或者等价地

$$\hat{\mu}_{BL} = [(\tau\boldsymbol{\Sigma})^{-1} + \boldsymbol{P}'\boldsymbol{\Omega}^{-1}\boldsymbol{P}]^{-1}[(\tau\boldsymbol{\Sigma})^{-1}\boldsymbol{\Pi} + \boldsymbol{P}'\boldsymbol{\Omega}^{-1}\boldsymbol{q}]$$

这里

$\boldsymbol{\Sigma}$ 是收益的 $N \times N$ 阶协方差矩阵

$\boldsymbol{\Pi}$ 是预期超额收益的向量 $[\Pi_1, \cdots, \Pi_N]'$,它是通过诸如 CAPM 这样的均衡模型计算得到的

τ 是一个代表市场优先性的估计置信度的纯量

q 是代表 K 个投资者观点的一个 K 维向量

$\boldsymbol{P}$ 是代表投资者观点的一个 $K \times N$ 阶矩阵

$\boldsymbol{\Omega}$ 是描述投资者观点置信度的一个 $K \times K$ 阶矩阵

---

[1] Philippe Jorion. Bayes-Stein Estimation for Portfolio Analysis. *Journal of Financial and Quantitative Analysis*, 21 (1986), pp. 279—292.

[2] 参见,Philippe Jorion. Bayes-Stein Estimation for Portfolio Analysis.

通常情况下,假设矩阵 Ω 为对角矩阵,也就是说,投资者的观点是相互独立的。

正如我们在第 9 章中所指出的那样,期望收益的 *Black-Litterman* 估计的协方差是

$$[(\tau\Sigma)^{-1} + P'\Omega^{-1}P]^{-1}$$

这个协方差矩阵可以用作估计误差方差矩阵 Σ_μ 的一个近似量。

收益协方差矩阵估计中的不确定性

相比较期望收益中的估计误差,均值方差组合优化对协方差矩阵 Σ 估计中的不准确性没有那么敏感。不过,对于估计中不确定性的防范是较容易做到的。更一般地说,鲁棒均值方差组合优化问题可以写为

$$\max_{w}\{\min_{\mu\in U_\mu}\{\mu'w\} - \lambda \max_{\Sigma\in U_\Sigma}\{w'\Sigma w\}\}$$
$$s.t. \quad w't = 1$$

这里 U_μ 和 U_Σ 分别表示期望收益和协方差矩阵的不确定性集合。

在实际中,还有一些为协方差矩阵的不确定性建模的方法。一些是在收益因素模型的基础上叠加的,另一些考虑协方差矩阵中各项的置信区间。对组合表现的提升甚至可以在不确定性集合 U_Σ 被简单地定义为协方差矩阵的一些可能情形集合时看到。[1] 随后的关于不确定性集合的定义导致在优化问题中增加了一些约束条件,其中每一个都对应于协方差矩阵的一个情景,也就是说,优化问题的大小没有明显增加。[2]

因素模型

如果我们假设收益的一个标准的因素模型为

$$r = \mu + V'f + \varepsilon$$

则收益的协方差矩阵 Σ 可以表示为

$$\Sigma = V'FV + D$$

这里

V = 因素负荷的矩阵

F = 因素收益的协方差矩阵

D = 误差项方差的对角矩阵

假设收益残差向量 ε 与因素收益向量 f 相互独立,μ 的方差为 0。

对于 V 的估计的统计性质自然地导致了如下的一种不确定性集合

$$S_v = \{V: V = V_0 + w, \|w_i\|_G \leqslant \rho_i, i = 1, \cdots, N\}$$

---

[1] Eranda Dragoti-Cela, Peter Haumer and Raimund Kovacevic. Applying Robust Optimization to Account for Estimation Risk in Dynamic Portfolio Selection. Manuscript, FSC (Financial Soft Computing), Siemens AG, Vienna, Austria, 2006.

[2] 参见 Frank J. Fabozzi, Petter N. Kolm, Dessislava Pachamanova and Sergio M. Focardi. Robust Portfolio Optimization and Management (Hoboken, NJ: John wiley & Sons, 2007) 中的第十章。

这里 w_i 表示为 w 的 i -th 列,并且
$$\|w\|_G = \sqrt{w'Gw}$$
是 w 关于一个对称正定矩阵 G 的欧几里德(椭圆)范数。[①] 如果我们还假设期望收益的估计属于一个区间不确定集合
$$U_\delta(\hat{\mu}) = \{\mu \mid |\mu_i - \hat{\mu}_i| \leqslant \delta_i, i = 1, \cdots, N\}$$
我们可以将得到的鲁棒优化问题写成一个二阶圆锥问题(SOCP)[②]。

$$\max_{w,\psi,v,\kappa,\tau,\eta,t,s} \mu'w - \delta'\psi - \lambda(v + \kappa)$$
$$s.t. \quad \left\| \begin{pmatrix} 2D^{1/2}w \\ 1-\kappa \end{pmatrix} \right\| \leqslant 1+k$$
$$w'\iota = 1$$
$$\psi_i \geqslant w_i; \psi_i \geqslant -w_i, i=1,\cdots,N$$
$$\tau + t'\iota \leqslant v - \kappa$$
$$\eta \leqslant \frac{1}{l_{\max}(H)}$$

这里

M = 因素模型中因素的个数

QLQ' = 矩阵 $H = G^{1/2}FG^{-1/2}$ 的频谱分解(注意这里 G 是用来定义因素负荷矩阵 V 的不确定性集合中的范数的矩阵)

L = 由元素 $l_1,\cdots,l_M$ 构成的对角矩阵($l_{\max}$ 是这些元素里的最大值)

$$s = Q'H^{1/2}G^{1/2}V_0 w$$

约束条件
$$\left\| \begin{pmatrix} 2D^{1/2}w \\ 1-\kappa \end{pmatrix} \right\| \leqslant 1+\kappa$$
是 SOCP 约束条件。这个范数 $\|\cdot\|$ 简单地要求计算如下向量各分量的平方和的平方根
$$\begin{pmatrix} 2D^{1/2}w \\ 1-\kappa \end{pmatrix}$$

一些专业的 SOCP 软件可能需要约束条件以这样的形式输入,如果 SOCP 结构被详细地阐述,计算会变得更有效。然而,如果运用一般用途的建模语言或者非线性求解方

[①] 这里有一个定义矩阵 G 的自然的方法,不确定系数的真实实现将落在椭球形不确定集合 S_v 的可能性的概率保证相联系。特别的,矩阵 G 的定义可以基于那些用于估计因素模型中的回归系数的数据。

[②] Donald Goldfarb and Garud Iyengar. Robust Portfolio Selection Problems. *Mathematics of Operations Research*, 28 (2003), pp. 1-38.

法,这个约束条件可以重新写成一个一般的非线性约束条件,即[①]

$$\sqrt{4w'(D^{1/2})'D^{1/2}w+(1-\kappa)^2} \leqslant 1+\kappa$$

协方差矩阵项的置信区间

如果不用基于因素模型估计得到的不确定性集合,我们可以设定协方差矩阵中各项的区间

$$\underline{\Sigma} \leqslant \Sigma \leqslant \overline{\Sigma}$$

如果我们假设期望收益的估计位于某些区间

$$U_\delta(\hat{\mu}) = \{\mu \mid |\mu_i - \hat{\mu}_i| \leqslant \delta_i, i=1,\cdots,N\}$$

不允许卖空(即 $w \geqslant 0$),矩阵 $\overline{\Sigma}$ 是正半定的(这意味着上界矩阵是一个很好地定义的协方差矩阵),这样得到的优化问题就变得很容易求解了。我们只需要在均值方差优化问题中用 $\mu + \delta$ 代替 μ,用 $\overline{\Sigma}$ 代替 Σ。这是因为表达式

$$\max_w (\hat{\mu} + \delta)'w - \mu w'\overline{\Sigma}w$$

实际上在前述条件下[②]等于

$$\max_w \{\min_{\mu \in U_\mu}\{\mu'w\} - \lambda \max_{\Sigma \in U_\Sigma}\{w'\Sigma w\}\}$$

一般情况下,鲁棒版本的优化不是平凡的,但是仍然是个凸优化问题。得到的优化问题事实上是一个半定规划(SDP)。更精确的,与之前一样假设期望收益的估计在某些的区间内变动

$$U_\delta(\hat{\mu}) = \{\mu \mid |\mu_i - \hat{\mu}_i| \leqslant \delta_i, i=1,\cdots,N\}$$

均值方差优化问题的鲁棒形式是

$$\max_{w,w_+,w_-,\underline{\Lambda},\overline{\Lambda}} \hat{\mu}w - \delta(w_+ - w_-) - 3(\langle \overline{\Lambda},\overline{\Sigma}\rangle - \langle \underline{\Lambda},\underline{\Sigma}\rangle)$$

$$s.t. \quad w'\iota = 1$$

$$w = w_+ - w_-, w_+ \geqslant 0, w_- \geqslant 0$$

$$\overline{\Lambda} \geqslant 0, \underline{\Lambda} \geqslant 0$$

$$\begin{bmatrix} \overline{\Lambda} - \underline{\Lambda} & w \\ w' & 1 \end{bmatrix} \geqslant 0$$

[①] 在某些情况下,人们可以将 SOCP 约束条件的两边平方,得到一个等价的二次约束条件。这就是这种情况,SOCP 约束条件

$$\sqrt{4w'(D^{1/2})'D^{1/2}w+(1-\kappa)^2} \leqslant 1+\kappa$$

等价于凸二次约束条件 $w'Dw \leqslant \kappa$。然而,通常情况下,二次的约束条件与 SOCP 约束条件不是自动等价的。因此,通常来讲,更安全的做法是把 SOPC 约束条件直接加入到一个非线性求解程序,而不是试图先将它们转化为二次的约束条件。

[②] 参见 R. Tutuncu and M. Koenig. Robust Asset Allocation. *Annals of Operations Research*,132 (2004),pp. 157−187.

这里记号 $\langle A, B \rangle$ 是两个对称矩阵 A, B 的乘积矩阵 AB 的迹 $Tr(AB)$。$Tr(AB)$ 等于乘积矩阵 AB 的对角线元素的和。[①]

我们之前解释了与期望收益中的不确定性相关的鲁棒优化的部分。为了阐释那些属于半定规划的鲁棒优化问题的推导,我们讲述如何推得协方差矩阵中与不确定性相关的项。

如前述,我们还是由这样的一个问题开始,如果协方差矩阵的估计位于区间 $\underline{\Sigma} \leqslant \Sigma \leqslant \overline{\Sigma}$ 内,那么最坏情况下组合方差 $w'\Sigma w$ 的值是多少。对于任意给定的组合的权重向量 w,我们可以通过求解优化问题

$$\max_{\Sigma} w' \Sigma w$$
$$s.t. \quad \underline{\Sigma} \leqslant \Sigma \leqslant \overline{\Sigma}$$
$$\Sigma \geqslant 0$$

找到这个最差值。我们用 $\geqslant$,$\leqslant$ 来表示分支意义下的不等式,用 $\succeq$ 来表示矩阵的半正定性。[②]

之前的问题是一个半定规划(SDP)。[③] 这个半定规划的对偶问题是

$$\min_{w, \underline{\Lambda}, \overline{\Lambda}} \langle \overline{\Lambda}, \overline{\Sigma} \rangle - \langle \underline{\Lambda}, \underline{\Sigma} \rangle$$
$$s.t. \quad -Z + \overline{\Lambda} - \underline{\Lambda} - ww' = 0$$
$$Z \geqslant 0, \overline{\Lambda} \geqslant 0, \underline{\Lambda} \geqslant 0$$

这里 $\underline{\Lambda}$ 和 $\overline{\Lambda}$ 分别是与约束条件 $\underline{\Sigma} \leqslant \Sigma$ 和 $\Sigma \leqslant \overline{\Sigma}$ 相联系的对偶变量,其中 Z 是一个明确的对偶松弛变量。这个问题可以改写为

$$\min_{w, \underline{\Lambda}, \overline{\Lambda}} \langle \overline{\Lambda}, \overline{\Sigma} \rangle - \langle \underline{\Lambda}, \underline{\Sigma} \rangle$$
$$s.t. \quad \overline{\Lambda} - \underline{\Lambda} - ww' \geqslant 0$$
$$\overline{\Lambda} \geqslant 0, \underline{\Lambda} \geqslant 0$$

---

① 记号 $\langle A, B \rangle$ 通常用来表示矩阵 A 和 B 的内积。在这里,我们处理的是对称矩阵空间上的内积,它定义为两个矩阵 A 和 B 乘积的迹。一个 N 行 N 列的对称矩阵 X 的迹,在数学上定义为

$$\sum_{i=1}^{N} x_{ii}$$

也就是说,它是主对角线(从左到右)上元素的和。容易看出,两个矩阵 A 和 B 乘积的迹可以表达为

$$Tr(AB) = \sum_{i=1}^{N} (AB)_{ii} = \sum_{i=1}^{N} \sum_{j=1}^{N} (A)_{ij} (B)_{ji}$$

② 一个矩阵 X 是半正定的,即 $X \geqslant 0$,当且仅当对任一实向量 z 都有 $z'Xz \geqslant 0$ 成立。

③ 参见 Fabozzi, Kolm. Pachamanova and Focardi, Robust Portfolio Optimization and Management (Hoboken, NJ: John Wiley & Sons, 2007) 第九章。

这里利用 Schur 补方法,[①]可以将约束条件 $\overline{\Lambda} - \underline{\Lambda} - ww' \geqslant 0$ 重写成半定规划可以理解的所谓的线性矩阵不等式形式(LMI),得到

$$\min_{w,\underline{\Lambda},\overline{\Lambda}} \langle \overline{\Lambda}, \overline{\Sigma} \rangle - \langle \underline{\Lambda}, \underline{\Sigma} \rangle$$

$$s.t. \begin{bmatrix} \overline{\Lambda} - \underline{\Lambda} & w \\ w' & 1 \end{bmatrix} \geqslant 0$$

$$\overline{\Lambda} \geqslant 0, \underline{\Lambda} \geqslant 0$$

注意变量 Σ 没有出现在这里的优化问题中。然而,这个对偶问题的优化值至少会和之前问题的优化值一样大。因此,人们可以在鲁棒均值方差优化问题中用表达式

$$\min_{w,\underline{\Lambda},\overline{\Lambda}} \langle \overline{\Lambda}, \overline{\Sigma} \rangle - \langle \underline{\Lambda}, \underline{\Sigma} \rangle$$

来代替表达式

$$\max_{\Sigma} w' \Sigma w$$

当然,所有的约束条件都将完整保存在规划中。这就得到了我们之前给出的鲁棒半定规划形式。

SDPs 比 SOCPs 更难以求解,但是仍然是一个凸优化问题,对于大规模问题(偶尔会发生)已经提出了内点方法和束方法。有效的 SDP 求解程序,例如 SeDuMi[②](MATLAB 中使用的)现在已经出现了,并且很多模型语言使它可以直接地求解 SDP 问题。

鲁棒均值—方差投资组合最优化在实践中的应用

正如我们在本章前面的例子中所看到的那样,经典资产组合最优化问题的鲁棒形式的计算复杂性并不是一个真正的问题。然而,鲁棒最优化的确需要额外的建模努力。重要的问题是这种努力是否值得。换句话说,在最优化过程中合并不确定性的好处是什么?

批评人士指出,鲁棒最优化没有提供比诸如收缩估计——将最小方差投资组合和一

---

① 在线性代数中,一个小方阵 D 在一个大方阵 M

$$M = \begin{pmatrix} A & B \\ C & D \end{pmatrix}$$

中的 Schur 补定义为表达式 $A - BD^{-1}C$。识别非线性表达中的 Schur 补,通常是将一个困难的非线性优化问题转化为计算上相对简单的 SDP 的一个关键。特别地,如果我们这里有形如 $Q(x) - S(x)R(x)^{-1}S(x)' \geqslant 0$ 的一个约束,这里 x 是一个变量的向量,如果 $Q(x) - S(x)R(x)^{-1}S(x)' \geqslant 0$ 且 $R(x) \geqslant 0$,则我们可以将约束条件表达为一个 LMI

$$\begin{pmatrix} Q(x) & S(x) \\ S(x)' & R(x) \end{pmatrix} \geqslant 0$$

注意,如果 $Q(x)$ 是一个纯量,则我们得到非线性约束条件 $Q(x) - S(x)R(x)^{-1}S(x)' \geqslant 0$,这里正半定记号 $\geqslant$ 被替换为不等号 $\geqslant$。

② Jos F. Sturm. Using SeDuMi 1.02, A MATLAB Toolbox for Optimization over Symmetric Cones. *Optimization Methods and Software*, 11—12(1999), pp. 625—653;又见 SeDuMi 的官方网址 http://sedumi.mcmaster.ca/,进行个别指导和免费下载。

个投机性投资组合相结合——更多的好处。的确,在某些的情况下(允许卖空,对于期望收益估计的不确定性采用椭球模型,用 $(1/T)\boldsymbol{\Sigma}$ 估计误差协方差矩阵),可以证明用鲁棒最优化得到的最优化投资组合权重是最小方差投资组合①权重和一个带有投机需求的均值方差有效投资组合的线性组合,因此隐含的期望收益率等于采用某个特定权重对应的收缩估计得到的期望收益率。② 因此,鲁棒最优化似乎在表达投资者偏好和对不确定性容忍的方式上比其他方法——诸如收缩分析和贝叶斯方法,其中收缩权重可以被精确地定义——更难懂。但是,在一般情况下,鲁棒最优化并不一定等于收缩估计。特别地,在存在额外的投资组合约束条件时,它们是不同的。进一步,正如我们在本章所阐述的那样,鲁棒最优化可以用来解释参数的不确定性而不是预期资产收益,从而使它很难和贝叶斯方法建立联系。

可以这样说,评估鲁棒最优化方法好处的困难在于它的表现很大程度上依赖于模型参数的选择(或者校准),例如,估计误差的厌恶 δ。然而,这个问题与在经典投资组合最优化框架下的标准参数确定没有什么不同。例如,估计区间的长度和风险厌恶系数。这些以及其他参数需要主观地确定。

我们注意到,其他建模工具,像贝叶斯估计(例如,James-Stein 收缩估计量和 Black-Litterman 模型)存在相似的问题。特别地,对于收缩估计量,投资组合经理需要决定使用哪个收缩目标和收缩参数的大小。在 Black-Litterman 模型中,他需要给出他对均衡和每个个人观点的信心水平。这些数量经常是由主观假设或者根据投资组合经理的个人经验得到。

鲁棒最优化方法的一个优势是在鲁棒模型中的参数值可以和概率水平相匹配。例如,如果预期资产收益估计被认定是正态分布,那么就可以保证有 $\omega\%$ 的机会使真正期望收益会落在经理的估计值 $\hat{\mu}$ 周围的椭球形区域。

$$U_\delta(\hat{\mu}) = \{\mu \mid \mu - \hat{\mu}' \boldsymbol{\Sigma}_\mu^{-1}(\mu - \hat{\mu}) \leqslant \delta^2\}$$

如果 δ^2 赋值为自由度等于资产组合中资产数目的 χ^2 分布的第 ω 分位数。更一般地,如果期望收益被认为属于任意可能的概率分布,那么赋值

$$\delta = \sqrt{\frac{1-\omega}{\omega}}$$

可以确保估计值落在不确定集合 $U_\delta(\hat{\mu})$ 中的概率高于 $\omega\%$。③④

处理保守主义:零净 α 调整

传统的不确定集合经常被修正以使它们可以用于特定目的或者在不太保守的情况下

---

① 最小方差组合与投资者的偏好或预期收益无关。

② 参见,例如,Bernd Scherer. Can Robust Portfolio Optimisation Help to Build Better Portfolios. *Journal of Asset Management*,7(2007),pp. 374—387.

③ Laurent El Ghaoui, Maksim Oks and Francois Oustry. Worst-Case Value-at-Risk and Robust Portfolio Optimization: A Conic Optimization Approach. *Operations Research*,51(2003),pp. 543—556.

④ 我们注意到在实际中有时这些理论上的估计可能太保守了。然而,这种情况通常可以通过对照历史数据去精确校准模型中的参数来进行检测并调整。

提高经典的资产组合最优化的鲁棒性。在实际中已经观察到,期望收益估计的不确定性集合设定为椭球形区域时标准的鲁棒均值—方差模型,有时会产生过于悲观的投资组合配置。当然,我们可以通过选取更小的不确定性集合的方式来减小模型的悲观性。对于椭球形的不确定参数集合,我们可以通过减小椭球的半径的方法达到这个目的。然而,在实际工作中存在着应用更为结构化的限制条件的新趋势。这里我们讨论一种技术,其在鲁棒资产组合期望收益建模的实践中表现得特别好。这个技术的思想是在鲁棒最优化问题中加入一个*零净α调整约束*。①

回忆一下,传统鲁棒模型试图针对不确定参数的最差实现,寻找满足包含不确定系数的约束条件的最优解。特别地,当我们试图要求组合优化问题关于期望收益估计误差具有鲁棒性时,我们会做这样一个假设:所有期望收益的真实实现要比它们的预期值更糟糕。因此,预期组合收益的净调整总是向下的。尽管这将会导致一个比原始情况具有更强的鲁棒性的问题,但是在许多例子中,也许假设所有估计误差都对我们不利有些过于悲观。所以,在实际中,也许假设这些真实实现中至少有一些会高于它们的预期值会更合理。例如,我们可能会假设在估计值之上的实现个数与在其估计值之下的实现的个数大体相等。通过增加一个约束条件到,比如说,期望收益的椭球形不确定集合上去,我们可以将这个条件合并到组合最优化问题中去。即,替代不确定集合

$$U_\delta(\hat{\boldsymbol{\mu}}) = \{\boldsymbol{\mu} \mid \boldsymbol{\mu} - \hat{\boldsymbol{\mu}}' \boldsymbol{\Sigma}_\mu^{-1} (\boldsymbol{\mu} - \hat{\boldsymbol{\mu}}) \leqslant \boldsymbol{\delta}^2 \}$$

我们可以考虑

$$U_\delta(\hat{\boldsymbol{\mu}}) = \begin{cases} \boldsymbol{\mu} \mid \boldsymbol{\mu} - \hat{\boldsymbol{\mu}}' \boldsymbol{\Sigma}_\mu^{-1} (\boldsymbol{\mu} - \hat{\boldsymbol{\mu}}) \leqslant \boldsymbol{\delta}^2 \\ \boldsymbol{\iota}' D (\boldsymbol{\mu} - \hat{\boldsymbol{\mu}}) \end{cases}$$

对于某些可逆矩阵 $\boldsymbol{D}$。当 $\boldsymbol{D} = \boldsymbol{I}$ 时,$\boldsymbol{I}$ 是单位矩阵,期望收益的总的净调整为 0,也就是说,预期组合收益的调整为 0。

按照我们之前所做的那样,利用涉及对偶优化的方法,但带有某些更复杂的不确定集合限制条件,我们可以证明,组合最优化问题中的期望收益向量 $\boldsymbol{\mu}' \boldsymbol{w}$ 应该被替换为

$$\hat{\boldsymbol{\mu}}' \boldsymbol{w} - \boldsymbol{\delta} \| (\boldsymbol{\Sigma}_\mu - \frac{1}{\boldsymbol{\iota}' D (\boldsymbol{\mu} - \hat{\boldsymbol{\mu}})} \boldsymbol{\Sigma}_\mu D' \boldsymbol{\mu}' D \boldsymbol{\Sigma}_\mu)^{1/2} \boldsymbol{w} \|$$

而不像简单的椭球形不确定集合情形中那样,替换为

$$\hat{\boldsymbol{\mu}}' \boldsymbol{w} - \boldsymbol{\delta} \| \boldsymbol{\Sigma}_\mu^{1/2} \boldsymbol{w} \|$$

因此,零净 α 调整可以看作是带有修正的估计误差协方差矩阵的一个标准鲁棒均值—方差模型。

在零净 α 调整的思想基础上可以有进一步的变化。例如,我们可以限制期望收益估计的标准差而不是限制它们的调整。即,我们可以强加一个要求——期望收益的每个向上调整的标准差都会被一个相等的向下调整的标准差所抵消。为了做到这一点,只需选择

$$\boldsymbol{D} = \boldsymbol{L}^{-1}$$

就足够了,这里 $\boldsymbol{L}\boldsymbol{L}^{-1} = \boldsymbol{\Sigma}_\mu$ 是期望收益估计的协方差矩阵的 Cholesky 分解。

---

① Sebastian Ceria and Robert Stubbs. ncorporating Estimation Errors into Portfolio Selection: Robust Portfolio Construction. Axioma, Inc., 2005.

类似地,如果我们想得到一个关于期望收益估计方差的零净 α 调整,我们可以选择
$$D = \Sigma_\mu^{-1}$$

可以证明,零净 α 调整对投资组合权重有预想的作用——也就是说,就期望收益而言,它没有使投资组合具有一种不必要的保守性。如果一个资产在投资组合中的权重高于在简单地对期望收益估计误差最小化所得到的组合中该资产的权重,则该资产的期望收益(α)得到向下的调整。相反地,如果一个资产的组合权重小于使期望收益估计误差达到最小组合中的权重,则该资产的期望收益(α)得到向上的调整。这种类型的调整在实际中已经被证实是十分有效的。

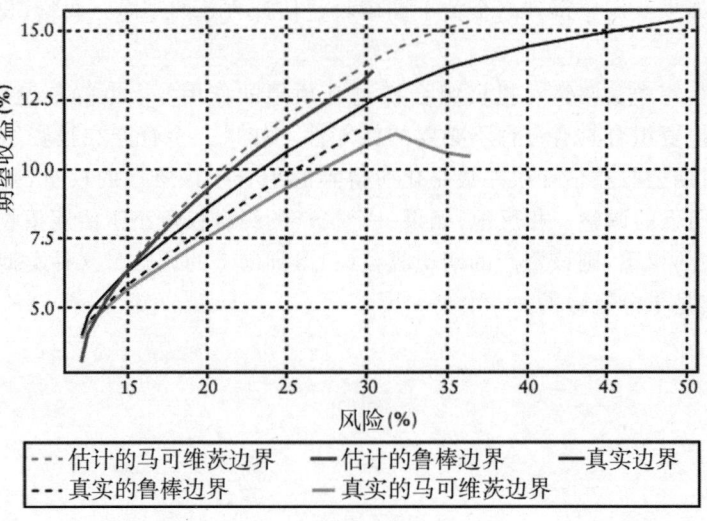

图 10.1 鲁棒有效边界

来源:Figure 4 in Sebastian Ceria and Robert Stubbs. Incorporating Estimation Errors into Portfolio Selection:Robust Portfolio Construction",Axioma,Inc.,2005,p. 14.该图的翻印得到了作者的许可。

在第九章图 9.1 中,我们给出了来自 Ceria 和 Stubbs 的结果[1],结果显示了真实的、估计的和实际的马可维茨有效边界差别有多大。图 10.1 展示了他们使期望收益的估计误差具有鲁棒性对有效组合前沿边界的作用,这里鲁棒有效边界是通过利用 $D=I$ 时的零净 α 调整而产生的。估计的马可维茨边界和估计的鲁棒边界都过高估计了真实边界。然而,估计的和实际实现的鲁棒有效边界都接近于真实有效边界。

不幸的是,鲁棒优化不是万能的。从行为和决策的角度来看,很少有投资者有最大—最小的偏好。的确,最大—最小偏好描述的是面对很强的不确定性并认为最坏情况是极有可能发生的决策者的行为。采用鲁棒组合优化模型,投资者可能在其预测正确情形下将其组合配置的最优性交换为对不精确估计风险的保护。因此,在估计误差几乎没有影响或当典型场景出现时,使用这个技术的投资者不应该期待比经典优化做得更好。然而,在估计偏离实际实现值的程度达到了他们在建模过程中预设的数值时,可以得到保险。一些利用模拟数据和实际市场数据的检验表明,当假定期望收益估计的不精确性存在时,在总超额收益方面,鲁棒最优化优于经典的均值—方差最优化百分比很大(70%~80%)。[2] 其他检验还没有确定性的结论。[3] 能够解释大部分差异的因素是在模型中参数的不确定性是如何描述的。因此,找到一个合适的鲁棒性程度和一个恰当的不确定性集

---

[1] Ceria and Stubbs. Incorporating Estimation Errors into Portfolio Selection:Robust Portfolio Construction.

[2] Ceria and Stubbs. Incorporating Estimation Errors into Portfolio Selection:Robust Portfolio Construction.

[3] Lee,Stefek and Zhelenyak. Robust Portfolio Optimization—A Closer Look.

合的定义会对投资组合表现有显著的积极影响。

由从业者和学者使用模拟数据和市场数据进行的独立的检验看起来证实了鲁棒最优化一般会产生更稳定的投资组合权重,也就是说,它消除了产生于传统的均值—方差优化过程中的极端角解。这个事实对于存在交易成本和税收情况下,投资组合的再平衡有内在的意义,因为当投资组合重新平衡时,交易成本和税收会增加大量的支出。依赖于所使用的特定的鲁棒表达式,鲁棒均值—方差最优化看起来也改善了最坏情况下投资组合的表现,并且导致了更平滑更连续的投资收益。最后,通过防止头寸的大幅波动,鲁棒优化常会更充分地利用交易量预算和风险约束。

关于鲁棒投资组合最优化模型的一些实践的评论

之前部分的讨论导致了这样一个问题:金融投资组合建模最好的方法是什么?简短的回答是这样的:要视情况而定。它取决于组合的规模,资产的类型和它们的分布特点,相关的组合策略和交易风格,已有的技术手段和智能基础设施,等等。有时候考虑几种技术的组合使用是很有效的,例如把贝叶斯估计和鲁棒组合优化融合使用。这是一个经验性的问题:的确,发现的唯一办法是通过大量的研究和检验。为了给出这方面的一些指导,我们提供了鲁棒数量组合管理的一个简单的步骤清单。[①]

1. 风险预测:建立一个准确的风险模型
2. 收益预测:建立鲁棒期望收益估计
3. 经典组合优化:从一个简单的框架开始
4. 降低模型风险
   a. 采用鲁棒估计将估计风险最小化
   b. 用鲁棒优化改进优化模型的稳定性
5. 扩展

一般来说,这个列表中最困难的部分是计算鲁棒期望收益估计。开发有利可图的交易策略("α生成")是众所周知的困难,但也不是不可能的。很重要的一点是要记住,如果基本的交易策略是次等的,则再现代的组合优化技术和再精湛的数学方法也是无济于事的。

这个清单告诉我们,如果要理解这些改变和模型新增结构的效果,就需要在 每一步对结果进行不断检验。数量分析师和组合经理在研究和开发过程中要经常修正之前的步骤。例如,弄清预测值生成与优化组合权重的可信度之间的互相影响是很重要的。引入鲁棒优化方法可以得到更可靠、通常也更稳定的组合权重。然而,如何使这个优化结构更具鲁棒性取决于期望收益和风险预测是如何产生的。因此,人们可能要不得不改进或修正基础的预测机制。识别不同技术间单独的和联合的贡献,对于成功地开发一个数量框

---

① 我们绝不认为这个列表是完整的,或者它需要认真地遵守。它只是简单地提供给数量组合经理作为一个起点和一般指导。

架是非常重要的。

估计风险的最小化和对鲁棒优化结构的改进可以按照次序进行,或者有时同时进行。这些方法的最终目标当然都是改进组合配置框架的整体可信度和表现。这里要考虑的一些重要的问题是:什么时候/为什么优化结构会表现得好(坏)?它对输入的变化的敏感度有多大?当约束条件改变时它将如何表现?组合权重是凭直觉的吗——它们有意义吗?组合的换手量是多少?

从组合优化的简单框架开始,很多推广都是可能的。这些推广包括引入交易成本模型、复杂约束条件(例如,交易数量的整数约束)、不同风险测量(例如下降风险测量、高阶矩),考虑跨时期问题的动态随机规划。通常这些问题都是具体化的,需要根据问题的具体情况具体处理。

总　　结

- 鲁棒组合优化将所有的不确定性直接合并在优化过程中。假设优化问题中的不确定参数在事前指定的不确定集合中取值,它们是基于统计技术和概率保证来确定的。
- 要求组合优化过程关于参数的不确定性具有鲁棒性,在计算成本上并不昂贵。但是它可能导致一个较差的目标值。这个问题可以通过采用"聪明的"参数的不确定性集合,以使得预期组合收益不会过于保守来加以解决。
- 迹象表明,鲁棒优化可能会消减组合的换手量和交易成本,改善最坏情况的表现,从而得到长时期内更高的、更稳定的收益。
- 鲁棒数量组合管理的一个简单步骤如下:
1. 风险预测:建立一个准确的风险模型
2. 收益预测:建立鲁棒的期望收益估计
3. 经典组合优化:从一个简单的框架开始
4. 降低模型风险
    a. 采用鲁棒估计将估计风险最小化
    b. 用鲁棒优化改进优化模型的稳定性
5. 扩展

第十一章 交易成本与交易执行

　　交易是一个完整投资过程的一部分。执行得很糟糕的交易会直接蚕食投资组合的收益。这是因为金融市场并不是无摩擦的,交易过程本身就会造成成本的损失。在进行证券买卖的同时,会产生诸如经纪人佣金、买卖差价、税收和市场冲击成本等形式的成本费用。

　　近年来,投资组合的管理者已经开始更加认真地考虑交易成本问题了。部分原因是在 20 世纪 90 年代股票市场年收益率达到大约 20% 之后,股票投资收益一直表现平平,经常只有个位数字的收益率。在市场萧条的时候,投资组合经理会更加关注他们的交易和决策所带来的成本损失。如果通过降低交易成本,可以使投资组合的收益率提高 100～200 个基点(bps),那么将会带来数额非常可观的收益,尤其是在行情不好的年度里。考虑一个年度换手率为 100%[①]的价值 10 亿美元的证券基金。若每笔交易产生 40 个基点的交易成本,那么这个基金将会产生 800 万美元的年度周转成本(10 亿美元×1×0.004×2)。

　　研究市场的微观结构、交易成本分析和控制以及机构交易的市场冲击成本等问题的文献正在迅速地增加。[②] 一种用来描述交易成本的方法就是将它们分成*显性成本*和*隐性成本*,显性成本包括经纪人佣金和税收等,隐性成本包括市场冲击成本、价格变动风险和机会成本等。一般地说,*市场冲击成本*是投资者为了获得市场流动性而付出的成本,*价格变动风险*就是从投资者决定要进行某项资产交易开始到交易真正执行的过程中,该项资产价格上升或者下降的风险。*机会成本*是如果交易没有被执行所承担的成本。

　　另一种看待交易成本的方法就是将其区分为*固定成本*和*可变成本*。经纪人佣金和手续费是固定的,买卖价差、税收和所有的隐性成本都是可变的。

　　在这一章,我们首先介绍一种交易成本的简单分类方法。这种分类不是最近才有的,

[①] 证券的买入和卖出均会被计入证券换手率。这相当于两笔交易。

[②] 参见,例如:Ian Domowitz, Jack Glen and Ananth Madhavan. Liquidity, Volatility and Equity Trading Costs Across Countries and Over Time. *International Finance* 4, No. 2 (2001), pp. 221-255; Donald B. Keim and Ananth Madhavan. The Costs of Institutional Equity Trades. *Financial Analysts Journal* 54, No. 4 (July/August 1998) pp. 50-69.

它已经在以前的书籍[①]中以各种形式出现过。然后我们讨论一下交易成本与流动性之间的联系,以及这些量的度量方法。

投资组合经理和交易员需要能够有效地建立交易成本模型,以衡量交易成本对其资产组合和交易行为的影响。如果情况允许,他们会要求每一笔交易的成本降至最低。为了更好地阐述这些问题,我们将介绍几种交易成本的建模方法。

交易成本的分类

也许描述交易成本的最简单的方法,就是按照下表将其分成固定成本和可变成本以及显性成本和隐性成本,这种方法是由 Kissell 和 Grantz[②] 提出的。

固定交易成本独立于交易规模和市场情况等因素。[③] 相反,可变交易成本则取决于这些因素中的一种或几种。换句话说,固定成本"有多少就是多少",而可变成本却可以通过投资组合经理和交易员的努力来减少、优化最终得到有效的管理。

显性交易成本可以被观察到,并且能够提前就计算出来,它包含诸如经纪人佣金、手续费和税收等。而隐性交易成本不能被观察到、不能够提前计算出来,这一类型的交易成本有市场冲击成本和机会成本等。总的来说,隐性成本构成了总交易成本的主要部分。

表 11.1

	固定成本	可变成本
显性成本	经纪人佣金	买卖价差
	手续费	税收
隐性成本		延迟成本
		价格变动风险
		市场冲击成本
		时间风险
		机会成本

显性交易成本

交易佣金和手续费、税收、买卖价差都是显性交易成本。显性交易成本也被叫作可观

---

① 参见 Robert Kissell and Morton Glantz. *Optimal Trading Strategies* (New York:AMACOM, 2003);Bruce M. Collins and Frank J. Fabozzi. A Methodology for Measuring Transaction Costs. *Financial Analysts Journal* 47 (1991),pp. 27-36;Ananth Madhavan. Market Microstructure:A Survey. *Journal of Financial Markets* 3 (2000),pp. 205-258;*The Transaction Cost Challenge* (New York:ITG,2000)。

② Kissell and Glantz. *Optimal Trading Strategies*.

③ 然而,我们要强调的是不同的交易所和不同的交易系统会有不同的固定成本。此外,固定成本的大小也会因一个交易是代理交易还是主体交易而不同。

第十一章 交易成本与交易执行

测的交易成本。

交易佣金和手续费

交易佣金是支付给经纪人来执行交易的。① 一般地,证券的交易佣金是可以通过协商确定的。手续费由负责为投资者保管证券的机构收取,也叫*保管费用*。当股票的所有权发生变更的时候,投资者需要支付一笔*变更手续费*。

税收

最常见的税收种类是*资本所得税*和*红利税*。税法中区分两种资本所得税:*短期的*和*长期的*。前者是按照投资者的税基征收,而后者目前则是按照15%的固定税率征收。② 截至本书写作时,美国的税法要求持有期至少为一整年的资产才有资格享受最低的长期资本所得税税率的标准。税收计划是很多投资决策的重要组成部分,但是此话题已超出本书的讨论范围。③

买卖价差

买方和卖方报价的差额叫作*买卖价差*。买卖价差是市场向需要交易的人所收取的一种即时交易成本。高的即时变现能力意味着有很小的价差。我们可以把买卖价差看作自营商在短期指令不平衡的时候,为了提供及时性和短期价格的稳定性而收取的价格。自营商起到了买方和卖方投资者之间的缓冲作用,因而通过保证一定量的指令被执行维持了市场的稳定性。在*协商交易市场*中,例如纽约证券交易所(NYSE),做市商和交易员会在账面上维持一定的最低存货数量。如果自营商不能够为一个买者找到与之匹配的卖者(或者相反),那么他应该有能力用自己持有的资产来匹配这一头寸。

然而,买卖价差并不一定代表着所能获得的最好价格,因而*半价差*也往往不是即时买卖交易的最低成本。一定程度上价格的改善是有可能的,发生的原因如:

- 纽约证券交易所的专业人士按照更优的价格执行了新来的市场指令。④
- 在指令向市场中心发送的过程中,市场向着有利的方向变动(所谓*幸运的节省*)。
- 隐藏流动性的存在。⑤

---

① 对于经纪佣金更详细的讨论,见 Alan D. Biller. A Plan Sponsor's Guide to Commissions. Chapter 10 in Frank J. Fabozzi (ed.). *Pension Fund Investment Management*:Second Edition (Hoboken,NJ:John Wiley & Sons,(1997).

② 有计划要在2009年提高这一比率。

③ 尽管在历史上,对于机构和富有的个体来说,税收计划只是投资决策的一个部分,但是现在的情况已不是这样。最近几年,由于个人投资对于具有税收效率的工具有了更大的需求,共同基金行业有建立更多具有税收效率共同基金的趋势。参考,如:Brad M. Barber and Terrance Odean. Are Individual Investors Tax Savvy? Evidence from Retail and Discount Brokerage Accounts. *Journal of Public Economics* 88,No. 1−2 (2004),pp. 419−442.

④ 参见,例如:Lawrence E. Harris and Venkatesh Panchapagesan. The Information Content of the Limit Order Book:Evidence from NYSE Specialist Trading Decisions. *Journal of Financial Markets* 8 (2005),pp. 25−67.

⑤ 例如,在*电子通讯网络*(ECNs)和纳斯达克市场上,尽管我们可以看到限价指令记录簿的内容,然而这一记录的绝大部分我们是看不到的。这被称作*隐藏*或者*自由指令*。

■ 买入和卖出指令会被 交叉交易。①

将买卖价差作为对真正流动性的衡量是具有误导性的,因为它只传达了小额交易的价格信息。对于大额交易,由于市场的冲击,我们将会看到非常不同的真实价格。在本章的后面和第十二章中,我们将会对流动性、交易成本和市场冲击成本的联系进行更详细的介绍。

隐性交易成本

投资延迟成本、市场冲击成本、价格变动风险、市场时间成本和机会成本都是隐性交易成本。隐性交易成本也被叫作不可观测的交易成本。

投资延迟成本

正常情况下,在投资组合经理做出买入或者卖出某一证券的决策到交易员真正在市场上执行这一交易决策之间会有延迟。如果在这段时间证券的价格发生了变化,那么这个价格的变化(可能会根据市场的整体变动而调整)就代表了 *投资延迟成本*,或者是未及时交易的成本。我们注意到这个成本取决于投资策略。例如,现代的数量化投资系统在产生交易决策之后会自动地提交电子指令,这种方式会带来比较低的延迟成本。更加传统的方式,也就是投资决策需要先通过诸如投资委员会的同意才会提交指令的方式,会产生较高的延迟成本。一些从业人员会把投资延迟成本看作本章后面要讲的机会成本中的一部分。

市场冲击成本

一笔交易的 *市场冲击成本*是指交易的价格与如果该交易未发生市场中会出现的(中间)价格②的偏离。价格的变动就是为了获得流动性而产生的市场冲击成本。我们需要注意的是,交易的市场冲击成本可以是负的,例如交易者按照一个比未交易价格(即如果该交易未发生市场中会出现的价格)低的价格执行交易时。一般而言,流动性的提供者会承担负的成本,而流动性的需求者会承担正的成本。

我们将市场冲击成本分成两种:暂时性的和永久性的。总的市场冲击成本是这二者之和。暂时性的市场冲击成本具有过渡性,可以被看成是让流动性提供者(例如做市商)接受指令所必须提供的额外 *流动性优惠、存货效应*(由于经纪商/自营商存货不平衡而产生的价格效应)或是 *不完全替代品*(例如,用来吸引市场参与者吸收额外股份的价格激励)。

永久性的市场冲击成本则反映了市场按照该笔交易所包含的信息进行调整后带来的持续性价格变动。更直观一点来讲,一笔卖出交易会向市场传达该证券可能被高估的信

---

① 交叉指令是指将一个投资者的买入指令与另一投资者的卖出指令直接对冲或者进行非竞争性的匹配。这一做法只有在符合美国商品交易法、美国商品期货交易委员会的规定和一些特定市场的规定的情况下才允许执行。参考,如:Joel Hasbrouck, George Sofianos and Deborah Sosebee. New York Stock Exchange Systems and Trading Procedures. Working Paper 93－01, New York Stock Exchange, 1993, pp. 46－47.

② 由于买方按照卖方的要价买入,卖方按照买方的出价卖出,这种对市场冲击成本的定义忽略买卖价差,这个价差是一种显性成本。

息,而一笔买入交易会向市场传达该证券可能被低估的信息。当市场参与者按照他们所看到的新闻和交易日内新交易所包含的信息来调整他们的观点时,证券的价格就会发生变化。

交易员可以通过延长指令的交易期限来降低暂时性的市场冲击。例如,对于不是很紧急的指令,交易员可以在一段时间内将他的头寸以较小的份额买入或者卖出,并且保证每一份额只占平均成交量的一小部分。但是这种方法是以更大的机会成本、延迟成本和价格变动风险作为代价的。关于这个问题我们会在后面的第十二章进行更详细的讨论。

市场冲击成本常常是*不对称的*,也就是说,对于买入和卖出指令,该成本是不同的。例如,Bikker 和 Spierdijk 以荷兰的 ABP 养老基金(Algemeen Burgerlijk Pensioenfonds) 2002 年第一季度3 728只股票的全球交易数据为样本,对市场冲击成本进行了估计。① 在所有的交易中,有1 963笔是买入,有1 765笔是卖出,总的交易价值为 57 亿欧元。他们总结出买入指令的暂时性和永久性价格影响分别是 7.2 和 12.4 个基点,而卖出指令的暂时性和永久性价格影响分别是－14.5 和－16.5 个基点。

这项研究以及很多其他实证研究表明了市场冲击成本对于买入指令来说通常要更高一些。然而,买入成本可能会高于卖出成本这一经验性的事实,来源于对上升或者下降市场的观察,而不是基于任何*真正的*市场微观结构影响。例如,Hu 的一项研究表明买方和卖方之间市场冲击成本的差异是因为交易参照基准不同而人为造成的②(我们将在本章后面对交易参照基准进行讨论)。当使用交易前方法时,买方(卖方)在上升(下降)的市场中会承担较高的隐性交易成本。相反,当使用交易后方法时,卖方(买方)在上升(下降)市场中会承担较高的隐性交易成本。事实上,交易前和交易后的方法都会受到市场变动的很大影响,而交易中和交易平均的方法就不会受到市场变动的影响。

尽管全球股票市场规模巨大,但是即使对于相对较小的基金来说,交易冲击也是很重要的问题。事实上,构成指数的股票的大额交易都是被拒绝的或者是严格受限的。例如,意大利一个大型保险公司 RAS 的资产管理机构——RAS 资产管理公司认为,超过一只股票当日交易量 10%的单笔交易会带来过大的市场冲击,因而不得不被拒绝,对于 5%～10%的交易,需要采取在几天之内分批交易的策略。③

要理解这些限制对于投资组合管理策略的影响,参看表 11.2,它详细地说明了 MSCI 欧洲市场在 2004 年 9 月至 12 月间交易量在 500 万欧元、750 万欧元和1 000万欧元以下的分布情况。

根据 RAS 资产管理公司的估计,在实际操作中,那些积极运用数量化技巧进行管理、市场资本总额超过 1 亿欧元的基金,对于那些日平均交易量在 500 万到1 000万欧元之间的股票,在市场交易额超过 500 万欧元的时候,只能将该交易分割并在数日之内完成。他

---

① Jacob A. Bikker. Laura Spierdijk and Pieter Jelle van der Sluis. Market Impact Costs of Institutional Equity Trades. *Journal of International Money and Finance* (2007),26 (6),pp. 974－1000.

② Gang Hu. Measures of Implicit Trading Costs and Buy-Sell Asymmetry. *Journal of Financial Markets* (to appear),2008.

③ RAS 资产管理公司的私人信息。

们只能自由地管理在 MSCI 欧洲市场上 2/3 的股票。

表 11.2 MSCI 欧洲市场截止到 2004 年 12 月 16 日三个月内的交易量分布

日平均交易量	<500 万欧元	<750 万欧元	<1 000万欧元
MSCI 欧洲市场股票数量百分比	17.76%	24.33%	33.75%

注:数据由 RAS 资产管理公司授权。

价格变动风险

一般来说,股票市场表现出了会产生价格变动风险的正向变动趋势。同样,单只股票也至少会暂时性地根据大势上升或者下降。跟整体市场或是单一证券的变动方向一致的交易会产生价格风险。例如,当交易者在上升市场中买入时,他可能会支付比他预计完成这个指令所需花费更多的费用。在实际操作中,我们很难把价格变动风险与市场冲击成本区分开来。通常,买入指令的价格变动风险被定义为交易过程中,归因于证券价格变动整体趋势的价格上涨部分,而价格变动风险之外的部分就是市场冲击成本。

市场时间成本

市场时间成本产生于交易时证券价格的变动,它可以归因于其他的市场参与者或一般的市场波动产生的影响。大额交易的市场时间成本较高,尤其是当它们被分割成更小的份额在一段时间内完成交易时。从业者常常将市场的时间成本定义成证券收益率的标准差和完成该笔交易预期时间的平方根乘积的一个倍数。

机会成本

未能成功交易所带来的成本代表了机会成本。例如,当某笔交易没有被执行时,该投资组合经理便失去了一次机会。通常来说,这种成本被定义为投资组合经理的意愿投资与他考虑交易成本后的实际投资表现之间的差别。机会成本一般是由价格风险或市场波动推动的。所以,交易的期限越长,就越有可能承担机会成本。

交易成本识别:一个实例[①]

现在,我们来通过一个实例强调一下股票交易中的关键交易成本。按照机构交易的完成过程,假设股票行情报价系统显示有 6 000 股 XYZ 股票按照 82.00 美元的价格被买入。

尽管 6 000 股 XYZ 股票已经买入成功,然而表 11.3 会告诉我们在交易背后究竟发生了什么——从最初管理者决定选购哪只股票(投资计划),到股票交易员发出买入指令,再到接下来的经纪人执行股票交易(股票交易完成过程中最重要的环节)。

[①] 这里的叙述与以下文章中的例子类似,Wayne H. Wagner and Mark Edwards. Implementing Investment Strategies:The Art and Science of Investing. Chapter 11 in Frank J. Fabozzi (ed.), *Active Equity Portfolio Management* (Hoboken,NJ:John Wiley & Sons,1998). 这里使用的例子来自 Frank J. Fabozzi and James L. Grant. *Equity Portfolio Management* (Hoboken,NJ:John Wiley & Sons,1999), pp. 309—310.

表 11.3　XYZ 股票交易的分解

股票管理者想要按照当前 80 美元的价格买入 10 000 股 XYZ 股票。

交易控制台在价格为 81 美元时向经纪人发出 8 000 股股票的买入指令。

经纪人以 82 美元的价格买入 6 000 股 XYZ 股票，并支付 0.045 美元（每股）的经纪人佣金。

XYZ 股票跳升至 85 美元，剩下的指令被取消。

15 日后 XYZ 股票的价格为 88 美元。

资料来源：Frank J. Fabozzi and James L. Grant, *Equity Portfolio Management* (Hoboken, NJ: John Wiley & Sons, 1999), p. 309.（第 11 章图表 1）。

我们可以按照如下的方式来计算 XYZ 股票的交易成本。经纪人佣金是最容易确定的——即每股 0.045 美元，也就是说买入 6 000 股 XYZ 股票需要 270 美元。

由于在 XYZ 股价达到每股 81 美元的时候，交易控制台才发出买入指令，所以估计的交易时间成本是每股 1 美元。此外，每股 XYZ 股票的市场冲击成本也是 1 美元，这是由于经纪人接收到指令的时候股票要求以 81 美元卖出——只比以 82 美元卖出 6 000 股 XYZ 的交易执行时间提前一点。

股票交易的机会成本——来自于未执行交易的股份——则更加难以估计。假设 XYZ 股价从 80 美元上涨到 88 美元这一变动，可以在很大程度上归结于股票管理者在选择股票时所依据的信息，它表明在 15 个交易日内买入 XYZ 股票的投资价值就是 10%（88 美元/80 美元—1）。但由于原始买单中 40% 的 XYZ 股票被搁置了，所以未买入 4 000 股 XYZ 股票的机会成本是 4%（10%×40%）。

在表 11.3 中所展现的基本交易成本表明，如果没有有效的股票交易管理过程，那么管理者投资计划的价值（总体 α）就有可能受到除经纪人佣金之外的大额交易成本的负面影响，其中包括交易员的时机选择、市场冲击成本和机会成本。此外，当积极的股票组合经理难以取得超出简单的买入并持有策略的收益表现时，比如市场指数基金的管理者，交易成本的管理就会尤其重要。

流动性与交易成本

流动性是由代理人在金融市场中买入和卖出证券的交易活动创造的。做市商和交易员并不创造流动性，他们是促进交易执行并维持一个有序市场的中介。

流动性和交易成本是相互联系的。在一个高流动性的市场中，大额交易可以被立即执行，而不会产生高额的交易费用。在一个无限制的流动性市场中，交易者可以按照报出的出价和要价直接执行大额的交易。在现实中，尤其是对于大额指令，市场要求交易者在购买时支付比要价更高的价格，在卖出时获得比出价更低的价格。正如我们前面所讨论过的，这种在交易执行时出价和要价变差的百分比就是市场冲击成本。

市场冲击成本按照交易规模的不同而变化：交易的规模越大冲击成本越高。市场冲击成本在时间上并不是不变的，它是随着交易者在限价指令簿中改变所设定的指令而在一天中不断变化的。*限价指令*是指有条件的指令,只有在达到限定的价格或者更优的价格时它才会被执行。例如,以 60 美元的价格买入证券 XYZ 的买入限价指令是指该资产只会在 60 美元或更低的价格上被买入。因此限价指令与*市价指令*完全不同,市价指令是一种无条件的指令,它按照当前市场上所能获得的最优价格进行交易(保证交易的执行,而不保证价格)。有了限价指令,交易者可以相对于市价指令价格去改善自己的交易价格,但是这种交易并不确定,也不会立即发生(保证价格,但不保证交易执行)。

值得注意的是,市场中有很多种限价指令,例如盯住价格指令、自由限价指令、IOC 指令、暂时性指令等。例如,暂时性指令是指在指令提交两秒后就撤销的限制性指令。Hasbrouck 和 Saar 发现,暂时性指令是与市价指令更相似的替代品,而不是传统的限制指令。[①] 这表明限价指令的作用已经从传统的流动性提供者变成了市价指令的替代品。

在一个任意给定的时刻,在限价指令簿中的指令表构成了某一时间点上的流动性。在看过整个限价指令记录后,不同交易额的市场冲击成本就可以被计算出来了。限价指令记录可以显示出当前市场上的供给和需求情况。[②] 因此,在一个纯限价指令市场中,我们可以通过加总限价买入指令(代表需求方)和限价卖出指令(代表供给方)来对流动性进行度量。[③]

我们首先将出价和要价进行排序,记作 $p_1^{bid},\cdots,p_k^{bid}$ 和 $p_1^{ask},\cdots,p_k^{ask}$(按照竞争力从最强到最弱),将与其对应的指令数额记作 $q_1^{bid},\cdots,q_k^{bid}$ 和 $q_1^{ask},\cdots,q_k^{ask}$。[④] 然后我们将排序后的出价和要价按照图 11.1 绘制成供给和需求图。例如,(p_2^{bid},q_2^{bid}) 代表价格为 p_2^{bid}、数额为 q_2^{bid} 的第二最优卖方限价指令。

我们注意到,如果在出价(需求)和要价(供给)方之间没有差价,那么就会产生相互匹配的卖方和买方,交易发生。价差越大,市场流动性和交易参与者的交易愿望就会越低。对于一笔交易额为 Q 的交易,我们将它的*流动性*定义为 Q 之前供给与需求曲线之间的区域(图 11.1 中画点的区域)。

但是,只有很少的指令簿会被公布出来,而且并不是所有的市场都是纯粹的限价指令市场。2004 年,纽约证券交易市场开始在它的新系统——*NYSE OpenBook*® 中出售其限价指令簿的信息。这一系统提供了在纽约证券交易所交易的所有证券实时的交易限价指

---

① Joel Hasbrouck and Gideon Saar. Technology and Liquidity Provision: The Blurring of Traditional definitions. *Journal of Financial Markets*(2008).

② 注意,尽管可以看到完整的限价指令记录,我们也不能知道市场中完整的流动性信息。这是因为隐藏指令和自由限价指令未被包括在内。关于这一话题的讨论,见 Laura A. Tuttle. Hidden Orders, Trading Costs and Information. Working Paper, Ohio State University, 2002.

③ Ian Domowitz and Xiaoxin Wang. Liquidity, Liquidity Commonality and Its Impact on Portfolio Theory. Smeal College of Business Administration. *Pennsylvania State University*, 2002; Thierry Foucault, Ohad Kadan, and Eugene Kandel. Limit Order Book As a Market for Liquidity. *Review of Financial Studies* 18, No. 4 (2005), pp. 1171−1217.

④ 在这一章中我们所使用的符号与本书其他章节略有不同。我们使用的是交易和交易成本相关书籍中常用的符号,并且将价格记作 p,指令数额记作 q,交易额记作 Q 或者 V。

令总量。①

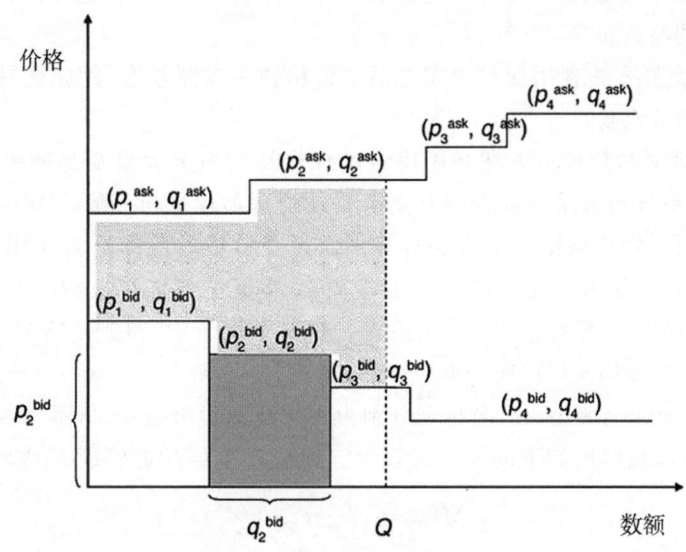

图 11.1 某一证券供给和需求图

资料来源：Ian Domowitz and Xiaoxin Wang. Liquidity，Liquidity Commonality and Its Impact on Portfolio Theory"，Smeal College of Business Administration，Pennsylvania State University，2002.（第 38 页，图 1A）

在缺少完全公开的限价指令簿的情况下，预期的市场冲击成本是衡量市场流动性最可操作、最现实的工具。与其他的度量方法相比，例如基于买卖价差的方法，这种方法更加接近市场参与者所真正面对的交易成本。

市场冲击的度量与实证发现

度量隐性交易成本的问题在于，真正的隐性成本是在没有资金管理者交易的情况下的股价与执行价格之间的差额，而这一差额是无法被观测到的。此外，执行价格取决于供给和需求之间的差额。因此，执行价格就会受到那些需要立即执行交易的竞争者或其他有类似交易动机的投资者的影响。这就意味着一名投资者所获得的执行价格是市场结构、边际投资者的流动性需求和具有相似交易动机投资者的竞争力量共同作用的结果。

用来度量交易成本的方法有很多。但是一般来说，这种成本就是执行价格与某一适当标准，也就是所谓的*公平市场参照基准*之间的差额。某一证券的公平市场参照基准就是假如交易没有发生，该证券的价格，即*未交易价格*。由于未交易价格无法被观测到，我

---

① NYSE and Securities Industry Automation Corporation. *NYSE OpenBook*®，Version 1.1，2004.

们只能去估计它。从业者认为有三种衡量市场冲击的基本方法:[①]

1. *交易前度量方法*利用交易决定之前或之时的价格作为参照基准,例如同一日的开盘价或前一日的收盘价。

2. *交易后度量方法*利用交易决定之后的价格作为参照基准,例如交易日的收盘价或者下一交易日的开盘价。

3. *同日或者平均化度量方法*利用决定进行交易的当天大量交易的平均价格作为参照基准,例如交易日当天某一证券所有交易的*成交量加权平均价格*(VWAP)。[②]

成交量加权平均价格按如下方法计算。假设交易员的目标是买入10 000股XYZ股票。交易完成后,交易清单显示有4 000股按照80美元的价格买入、有4 000股按照81美元买入,而剩下的2 000股按照82美元买入。在这个例子中,得到的VWAP是(4 000×80+4 000×81+2 000×82)/10 000=80.80美元。

我们用 χ 来表示示性函数,当指令分别为买入或者卖出指令时,示性函数的值分别为 1 或 -1。正式地,我们用如下的公式来表示三种衡量*市场冲击*(MI)的方法:

$$MI_{pre} = \left(\frac{p^{ex}}{p^{pre}} - 1\right)\chi$$

$$MI_{post} = \left(\frac{p^{ex}}{p^{post}} - 1\right)\chi$$

$$MI_{VWAP} = \left[\frac{\sum_{i=1}^{k} V_i \cdot p_i^{ex}}{\sum_{i=1}^{k} V_i} / p^{pre} - 1\right]\chi$$

其中 p^{ex},p^{pre} 和 p^{post} 代表股票的执行价格、交易前价格和交易后价格,k 代表交易日内某一特定证券的交易次数。按照这种定义,对于一个市场冲击为MI的股票,其数额为V的交易的*市场冲击成本*MIC是:

$$MIC = MI \cdot V$$

我们也经常将市场冲击按照整体的市场变动进行调整。例如,对于交易前市场冲击的调整可以表示为:

$$MI_{pre} = \left(\frac{p^{ex}}{p^{pre}} - \frac{p_M^{ex}}{p_M^{pre}}\right)\chi$$

其中 p_M^{ex} 代表交易执行时的股票指数价格,p_M^{pre} 代表交易前的股票指数价格。经过市场调整的交易后和同日交易基准的市场冲击可以按照相似的方法得到。

以上三种度量市场冲击的方法都是基于对某一时点公平市场参照基准的度量。显然,对于市场冲击不同的定义就会导致不同的结果。究竟使用哪一种度量方法取决于个

[①] Bruce M. Collins and Frank J. Fabozzi. A Methodology for Measuring Transaction Costs. *Financial Analysts Journal* 47 (1991), pp. 27−36; Louis K. C. Chan and Joseph Lakonishok. Institutional Trades and Intraday Stock Price Behavior. *Journal of Financial Economics* 33 (1993), pp. 173−199; and Fabozzi and Grant, *Equity Portfolio Management*.

[②] 严格地说,在这里VWAP不能算作一个标准,而应该算作一种交易类型。

人偏好,也取决于眼前所拥有的条件。例如,Elkins/McSherry 是一家提供金融咨询的公司,它提供定制的交易成本和执行分析,并通过使用当日开盘价、收盘价、最高价和最低价的均值来计算每只股票的同日参照价格。那么市场的冲击就是执行价格与该参照价格的百分比差距。然而,大多数情况下,VWAP 和 Elkins/McSherry 的方法会得到相似的衡量标准。[①]

当我们分析某一投资组合在一段时间内的收益时,一个重要的问题就是是否能将其好/坏的表现归结于投资利润/损失或者是交易利润/损失。换句话说,要想更好地理解一个投资组合的表现,把投资决策从指令执行过程中分离出来将是一个很实用的方法。这就是*执行落差方法*的基本观点。[②]

在执行落差方法中,我们假设在投资和交易决策之间有一定的间隔。投资组合经理根据投资战略(即应该买入、卖出和持有何种股票)做出决策。之后,这些决策通过交易员予以实现。

在假设的"纸面"投资组合中,所有的交易都是按照假设的市场价格进行交易的,通过比较真实的投资组合收益/损失(P/L)和假设的投资组合表现,我们可以对执行落差做出估计。例如,纸面投资组合回报率为6%,真实的投资组合回报率为5%,则执行落差为1%。

对于国际上交易成本的衡量和分析,人们有相当大的现实和学术兴趣。Domowitz, Glen 和 Madhavan[③] 利用 1995—1998 年的季度数据对多达 42 个国家的国际股票交易成本进行了衡量。他们发现平均总的单向交易成本是 69.81 个基点。然而,交易成本在不同国家之间存在着巨大的差异。例如,在他们的研究中,交易成本最高的国家是韩国,为 196.85 个基点,交易成本最低的国家是法国,为 29.85 个基点。显性成本约占总成本的 2/3。但是,美国是一个特例,它的隐性交易成本占到总成本的大约 60%。

新兴市场的交易成本会显著高于相对更发达的国家的市场。Domowitz, Glen 和 Madhavan 认为这个事实限制了这些国家从国际多样化中获得的收益,并部分解释了国内投资者*本土偏好*的现象。

一般来说,他们发现交易成本从 1997 年中期到 1998 年年末一直在下降,其中不包括东欧国家。有意思的是,这种交易成本的降低恰恰与该时期金融市场的混乱同时发生。Domowitz 等人提出的几种解释是:(1)交易机构的增加为经纪人和其他交易服务提供了更具竞争性的市场;(2)技术创新导致机构交易者更多地使用低成本的电子交叉网络(ECNs);(3)软美元的交易更加频繁。

---

① John Willoughby. Executions Song. *Institutional Investor* 32, No. 11 (1998), pp. 51—56; and Richard McSherry. Global Trading Cost Analysis. mimeo, Elkins/McSherry Co., Inc., 1998.

② Andre F. Perold. The Implementation Shortfall: Paper Versus Reality. *Journal of Portfolio Management* 14 (1998), pp. 4—9.

③ Ian Domowitz, Jack Glen, and Ananth Madhavan. International Equity Trading Costs: A Cross-Sectional and Time-Series Analysis", Technical Report, Pennsylvania State University, International Finance Corp., University of Southern California, 1999.

市场冲击的预测与建模

在这一部分我们会介绍一般的建立市场冲击预测模型的方法。这些模型在预测特定交易决策带来的交易成本与设计最有效交易方法时非常有用。

我们前面说过,显性交易成本在估计和预测的时候相对更容易一些。因此,我们在这一部分主要关注的是对于隐性交易成本的度量方法,更确切地说是对市场冲击的度量方法。这种方法是以市场冲击为因变量的线性因子方法。我们将自变量或预测因子区分为*基于交易*和*基于资产*的因素两种。

基于交易的因素

下面是一些基于交易的因素的例子:
- 交易规模
- 相对交易规模
- 市场流动性的价格
- 交易类型(信息化交易或非信息化交易)
- 投资者的效率和交易方式
- 市场或交易所的具体特点
- 交易提交的时间和交易时机
- 指令类型

市场冲击预测变量中最重要的可能就是绝对和相对的交易规模。绝对交易规模常常用交易的份数,或者交易的美元价值来衡量。而相对交易规模则是用交易的份数除以平均日成交量,或者用交易的份数除以总流通股本的方法来计算的。需要注意的是,前一个变量可以被看成是暂时性市场冲击的解释变量,而后一个则是永久性市场冲击的解释变量。特别地,我们预期暂时性市场冲击随着交易规模除以平均日成交量的值增加而增加,因为更大规模的交易需要更多的流动性。

每一种投资的方式对于交易的紧迫性有着不同的要求。[1] 技术性交易常常需要以更快的速度交易,以便利用一些暂时性的信息,并因此会显示出更高的市场冲击成本。相反,传统的长期价值投资策略则可以交易得慢一些。这些策略在很多情况下甚至可以提供流动性,于是就有可能产生负的市场冲击成本。

---

[1] Donald B. Keim and Ananth Madhavan. Transaction Costs and Investment Style: An Inter-Exchange Analysis of Institutional Equity Trades. *Journal of Financial Economics* 46 (1997), pp. 265—292.

一些研究表明,不同国家的股票交易成本会有很大的变化。[①] 每一个国家的市场和交易所都不同,因而它们的市场微观结构也不同。预测变量可以被用来捕捉特定的市场特征,例如流动性、效率、机构特点。

一笔交易的时机可以影响到市场冲击成本。举例来说,月初的市场冲击成本似乎在总体上比月末要高。[②] 这个现象的一种解释是许多机构交易员更倾向于在月初对他们的投资组合进行重新调整。由于这些交易中的很多笔都是基于同一股票的,因而这种调整会带来市场冲击成本的增加。交易在一天之中发生的时间也会对市场冲击成本产生影响。很多消息灵通的机构交易者会倾向于在市场开始的时候进行交易,因为他们希望利用前一天市场关闭后所产生的新信息。

在本章前面我们提到过,市场冲击成本是不对称的。换句话说,买入和卖出指令会带来完全不同的市场冲击成本。因此,对于买入和卖出指令会有不同的模型来进行估计。但是,目前人们通常会建立包含代表买卖、市价指令、限价指令等不同指令类型的虚拟变量的模型。

基于资产的因素

下面是一些基于资产的因素的例子:
- 价格动量
- 价格的波动性
- 市场的资本总额
- 成长型与价值型股票
- 具体的行业或部门特征

对于表现出正的价格动量的股票,买入指令是有流动性需求的,因此,它更可能带来比卖出指令更高的市场冲击成本。

一般来说,具有较高波动性的股票会带来更高的永久性价格影响。Chan 和 Lakonishok[③] 以及 Smith 等人[④] 认为其中的原因是波动性较高的股票在交易时会携带更多的信息。另一种可能性则是较高的波动性会增加成交的几率,因而可以按照流动性提供者的价格成交。于是,流动性提供者会在最优价格提供较少的股份数以降低逆向选择的成本。

[①] 参见 Domowitz, Glen and Madhavan. Liquidity, Volatility, and Equity Trading Costs Across Countries and Over Time; Chiraphol N. Chiyachantana, Pankaj K. Jain, Christine Jian and Robert A. Wood. International Evidence on Institutional Trading Behavior and Price Impact. *Journal of Finance* 59 (2004), pp. 869—895.

[②] F. Douglas Foster and S. Viswanathan. A Theory of the Interday Variations in Volume, Variance, and Trading Costs in Securities Markets. *Review of Financial Studies* 3 (1990), pp. 593—624.

[③] Louis K. C. Chan and Joseph Lakonishok. Institutional Equity Trading Costs: NYSE versus Nasdaq. *Journal of Finance* 52 (1997), pp. 713—735.

[④] Brian F. Smith, D. Alasdair, S. Turnbull and Robert W. White. Upstairs Market for Principal and Agency Trades: Analysis of Adverse Information and Price Effects. *Journal of Finance* 56 (2001), pp. 1723—1746.

大盘股票的交易更加活跃,因此比小盘股票的流动性更高。所以,大盘股票的市场冲击成本会常常比较低。[1] 但是,如果我们在衡量市场冲击成本的时候考虑到相关的交易规模(例如按照日平均成交量进行标准化),那么大盘股票的市场冲击成本则一般会高一些。同样的,成长型股票和价值型股票也会产生不同的市场冲击成本。其中一个原因与交易方式有关。成长型股票通常会表现出增长的动力和高的波动性。这会吸引技术型交易者的进入,他们喜欢利用短期价格的变动来获得收益。价值型股票的交易频率则较低,持有期也会稍微长一点。

不同行业的市场会显示出不同的交易行为。例如,Bikker 和 Spierdijk 证实,能源行业的股票交易会比其他可比的非能源行业股票带来更高的市场冲击成本。[2]

基于因素的市场冲击模型

在实践和文献中都很常用的一种市场冲击模型是如下形式的线性因子模型:

$$MI_t = \alpha + \sum_{i=1}^{I} \beta_i x_i + \varepsilon_t$$

其中,α,β_i 为因子载荷,x_i 是因子。通常情况下,我们假设残差项 ε_t 是独立同分布的。我们回顾一下,规模(美元)为 V 的交易带来的市场冲击成本是 $MIC_t = MI_t \cdot V$。但是,这个模型可以进行包含股票条件波动性假设的推广。通过分析市场冲击的均值和波动性,我们可以更好地理解和维持这二者的平衡。例如,Bikker 和 Spierdijk 使用了如下的假设,就是残差项之间序列不相关,均值为零,且满足

$$\text{Var}(\varepsilon_t) = \exp(\gamma + \sum_{j=1}^{J} \delta_j z_j)$$

其中 γ,δ_j 和 z_j 分别是波动性、因子载荷和因子。

虽然市场冲击方程是线性的,但这并不意味着被解释变量也必须是线性的。特别的,在前一假设中的因子可以是描述性变量经过非线性变换得到的。

举个例子,我们考虑这样一个模型,因子均与交易规模(例如交易规模及交易规模与日成交量的比值)相关。我们知道用交易规模衡量的市场冲击是非线性的。最早考虑这种情况的模型是由 Loeb[3] 提出的,他证明一大笔股票交易的市场冲击与交易规模的平方根成比例,带来的结果就是市场冲击成本与 $V^{\frac{3}{2}}$ 成比例。通常情况下,交易规模呈线性的市场冲击会低估中小盘交易的价格影响,而高估大盘交易的价格影响。

---

[1] Keim and Madhavan. Transaction Costs and Investment Style; Laura Spierdijk, Theo Nijman and Arthur van Soest. Temporary and Persistent Price Effects of Trades in Infrequently Traded Stocks. Working Paper, Tilburg University and Center, 2003.

[2] Bikker, Spierdijk and van der Sluis. Market Impact Costs of Institutional Equity Trades.

[3] Thomas F. Loeb. Trading Costs: The Critical Link between Investment Information and Results. *Financial Analysts Journal* 39, No. 3 (1983), pp. 39—44.

Chen,Stanzl 和 Watanabe 认为应该用 Box-Cox 变换[①]来描绘市场冲击模型中交易规模(美元交易规模 V)的非线性影响,即:

$$MI(V_t) = \alpha_b + \beta_b \frac{V_t^{\lambda_b} - 1}{\lambda_b} + \varepsilon_t$$

其中 t 和 τ 分别代表买入和卖出交易发生的时间。在他们的定义中,他们假设 ε_t 和 ε_τ 是独立同分布的,均值为零,方差为 σ^2。参数 α_b,β_b,λ_b,α_s,β_s,λ_s 是对每一只股票的市场数据进行非线性最小二乘估计得到的。我们需要注意,λ_b,$\lambda_s \in [0,1]$,以保证买入的市场冲击是凹的,而卖出的市场冲击是凸的。

在他们的数据样本中(NYSE 和 Nasdaq 市场 1993 年 1 月至 1993 年 6 月的交易),Chen 等人认为小企业的曲率参数 λ_b、λ_s 接近于零,而大企业的该参数则在 0.5 附近。我们能够看到 $\lambda_b = \lambda_s = 1$ 时,市场冲击与美元交易规模呈线性。此外,当 $\lambda_b = \lambda_s = 0$ 时,由于

$$\lim_{\lambda \to 0} \frac{V^\lambda - 1}{\lambda} = \ln(\lambda)$$

因而市场冲击方程是对数形式的。

我们刚刚提到过,市场冲击还是证券交易所在的特定市场特征的函数,此外还与投资者的交易方式有关。这些特征也可以包括在前面提出的一般假设之中。例如,Keim 和 Madhavan 提出了如下两种不同的市场冲击定义。[②]

1. $MI = \alpha + \beta_1 \chi_{OTC} + \beta_2 \frac{1}{p} + \beta_3 |q| + \beta_4 |q|^2 + \beta_5 |q|^3 + \beta_6 \chi_{Up} + \varepsilon$

其中 χ_{OTC} 是一个虚拟变量,如果该股票是在柜台交易的则为 1,否则为 0;

p 是交易价格;

q 是交易的股数与流通股数量的比值;

χ_{Up} 是一个虚拟变量,如果交易是在楼上市场[③]完成的则为 1,否则为 0。

2. $MI = \alpha + \beta_1 \chi_{Nasdaq} + \beta_2 q + \beta_3 \ln(MCap) + \beta_4 \frac{1}{p} + \beta_5 \chi_{Tech} + \beta_6 \chi_{Index} + \varepsilon$

其中 χ_{Nasdaq} 是一个虚拟变量,如果该股票在纳斯达克市场上交易则为 1,否则均为 0;

q 是交易的股数与流通股数量的比值;

$MCap$ 是该股票的市场总资产数;

p 是交易价格;

χ_{Tech} 是一个虚拟变量,如果该交易是短期技术型交易则为 1,否则为 0;

[①] Zhiwu Chen, Werner Stanzl and Masahiro Watanabe. Price Impact Costs and the Limit of Arbitrage. Yale School of Management, International Center for Finance, 2002.

[②] Donald B. Keim and Ananth Madhavan. Transactions Costs and Investment Style: An Inter-Exchange Analysis of Institutional Equity Trades. *Journal of Financial Economics* 46 (1997), pp. 265—292; Donald B. Keim and Ananth Madhavan. The Upstairs Market for Large-Block Transactions: Analysis and Measurement of Price Effects. *Review of Financial Studies* 9 (1996), pp. 1—36.

[③] 不是在交易所内而是完全由内部的经纪人直接执行的证券交易被称作楼上市场交易。通常,楼上市场交易由主要经纪商和机构投资者的交易平台网络组成。楼上市场的主要作用就是方便大额交易和程序化交易的执行。

χ_{Index} 是一个虚拟变量,如果该投资组合的交易是为了近似模拟标的指数的行为,则其值为 1,否则为 0。

这两种模型很好地向我们展示了如何把基础被解释变量的非线性变换与描述特定市场或交易特征的虚拟变量结合在一起使用。

诸如 MSCI Barra[①] 和 ITG[②] 那样的一些供应商或者是经纪人/交易商已经开发出了适合商业应用的市场冲击模型。它们是复杂的多市场模型,利用当日内的数据或者是逐笔交易的数据,并使用特定的估计技术来建立模型。但是,这些模型的一般特征都与本章所描述的类似。

我们要强调的是,在对交易成本进行建模的时候,很重要的一点就是要按照交易员或者投资者的目标设定因子。例如,一个市场的参与者的交易也许只是为了获得价格变动的好处,因此,只会在有利的时间交易。他的交易成本与需要在固定时间内重新调整投资组合的投资者是不同的,后者只能部分地利用寻找机会与流动性的策略。特别地,该投资者不得不考虑在特定时间段内该笔交易*没有完成的风险*。结果,即使市场并不有利,他也有可能会决定进行一部分的交易。前面所描述的市场冲击模型假设指令均会被完全执行,而忽略了这里提到的问题。

考虑交易成本的资产配置模型

标准的资产配置模型通常会忽略交易成本和其他与资产组合及配置调整相关的成本。但是,交易成本的影响绝不是无关紧要的。恰恰相反,如果没有考虑到交易成本,它们便会蚕食掉相当一部分的收益。因此,交易成本能否被资产组合或是基金经理有效地处理,会对资产表现能否超过同类机构或者某一特定参照基准产生巨大的影响。

一个典型的资产配置模型是由一个或多个预测期望收益率与风险的模型组成的。这些预测的微小变动就会导致资产的重新配置,而这种重新配置在考虑了交易成本的时候是不会发生的。因此,人们通常认为,包含交易成本的资产配置模型会减少交易和资产调整的次数。

在这一部分,我们会展示如何将交易成本模型融合到标准的资产配模型中去。为了简单起见,我们用均值—方差模型来介绍最基本的方法,但这种方法可以很容易地被推广到其他的框架中去。

在 1970 年,Pogue 给出了第一个描述包含交易成本的均值—方差推广模型。[③] 其他

---

① Nicolo G. Torre and Mark J. Ferrari. The Market Impact Model. Barra Research Insights.

② ITG ACE-Agency Cost Estimator:A Model Description. 2003,www.itginc.com.

③ Gerry A. Pogue. An Execution of the Markowitz Portfolio Selection Model to Include Variable Transactions' Costs,Short Sales,Leverage Policies and Taxes. *Journal of Finance* 25,No. 5 (1970),pp. 1005—1027.

的一些作者，例如 Schreiner[1]、Adcock 和 Meade[2]、Lobo、Fazel 和 Boyd[3]、Mitchell 和 Braun[4]，都对这种基本方进行了进一步的推广和修正。这些模型可以用包含交易成本的均值—方差风险厌恶模型表示来概括，即

$$\max_w w'\mu - \lambda w'\Sigma w - \lambda_{TC} \cdot TC$$

满足 $\iota'w = 1, \iota = [1,1,\cdots,1]'$，其中 TC 表示交易成本的罚函数，$\lambda_{TC}$ 表示交易成本厌恶参数。换言之，我们的目标就是最大化期望收益率，减少风险成本和交易成本。效用函数中的交易成本代表了资产调整过程中的摩擦阻力，也就是说它加大了实现均值—方差投资组合的难度，这里的均值—方差投资组合是指不考虑交易成本情况下的结果。我们可以想象，当我们增加交易成本的时候，会有某一数值使得持有当前的投资组合是最优的。

交易成本模型可以包含复杂的非线性方程。尽管存在求解一般非线性优化问题的软件，但是解决这类问题需要的计算时间通常很长，不能用于实际的投资管理，而且计算结果的质量通常不能得到保证。非常高效且可靠的软件也有，但是它们只能用于线性和二次优化问题。因此，在实际中，人们通常用一个可以很快求解出来的简单问题去近似模拟一个复杂的非线性优化问题。特别地，投资组合经理常常在均值—方差框架里使用交易成本罚函数的近似表示。[5]

对于交易成本罚函数最常用的设定是假设它是一个仅取决于投资组合权重 w，或者更确切地说，只取决于将要交易的部分 $x = w - w_0$ 的可分函数，其中 w_0 是最初的投资组合，w 是重新调整之后的投资组合。我们用数学公式表示如下：

$$TC(x) = \sum_{i=1}^{N} TC_i(x_i)$$

其中 TC_i 代表证券 i 的交易成本函数，x_i 代表证券 i 中将要被交易的部分。交易成本函数 TC_i 通常用如下的二次方程形式表示：

$$TC_i(x_i) = \alpha_i \cdot \chi_{\{x_i \neq 0\}} + \beta_i |x_i| + \gamma_i |x_i|^2$$

其中，系数 α_i，β_i 和 γ_i 对于不同的资产可能会有所不同，$\chi_{\{x_i \neq 0\}}$ 是示性函数，当 $x_i \neq 0$

---

[1] John Schreiner. Portfolio Revision: A Turnover-Constrained Approach. *Financial Management* 9, No. 1 (Spring 1980), pp. 67—75.

[2] Christopher J. Adcock and Nigel Meade. A Simple Algorithm to Incorporate Transaction Costs in Quadratic Optimization. *European Journal of Operational Research* 79, No. 1 (1994), pp. 85—94.

[3] Miguel Sousa Lobo, Maryam Fazel and Stephen Boyd. Portfolio Optimization with Linear and Fixed Transaction Costs and Bounds on Risk. *Annals of Operations Research* 152, No. 1 (2007), pp. 376—394.

[4] John E. Mitchell and Stephen Braun. Rebalancing an Investment Portfolio in the Presence of Transaction Costs. Technical Report, Department of Mathematical Sciences, Rensselaer Polytechnic Institute, 2002.

[5] 参见，例如，Andre F. Perold. Large—Scale Portfolio Optimization. *Management Science* 30, No. 10 (1984), pp. 1143—1160; and Hiroshi Konno and Annista Wijayanayake. Portfolio Optimization Problem under Concave Transaction Costs and Minimal Transaction Unit Constrains. *Mathematical Programming and Finance* 89, No. 2 (2001), pp. 233—250.

时值为 1,否则为 0。

当所有的 $\alpha_i = 0$ 时,得到的优化问题是如下形式的二次优化问题:
$$\max_{w} w'\boldsymbol{\mu} - \lambda w'\boldsymbol{\Sigma} w - \lambda_{TC} \cdot (\boldsymbol{\beta}'|\boldsymbol{x}| + |\boldsymbol{x}|'\boldsymbol{\Gamma}|\boldsymbol{x}|)$$
满足通常的约束,其中 $\boldsymbol{\beta}' = (\beta_1, \cdots, \beta_N)$,同时

$$\boldsymbol{\Gamma} = \begin{bmatrix} \gamma_1 & 0 & \cdots & \cdots & 0 \\ 0 & \gamma_2 & \ddots & & \vdots \\ \vdots & \ddots & \ddots & \ddots & \vdots \\ \vdots & & \ddots & \ddots & 0 \\ 0 & \cdots & \cdots & 0 & \gamma_N \end{bmatrix}$$

特别地,由于这是一个二次优化问题,它能够用与求解经典均值—方差优化问题完全相同的软件求解出来。

另外,我们也可以将交易成本函数模型按照分段线性的方法进行近似。假设交易规模为 x 的某一特定证券,其交易成本的一个分段线性函数如图 11.2 所示。在图中所展示的交易成本函数假设在特定的阈值点上交易成本的增长率(可以从函数的斜率上看出)会发生变化。例如,在基准成交量(Vol)0%~15%的范围内的交易成本增长率要小于 15%~40%范围内的增长率。图 11.2 中的交易成本函数在数学上可以表示为:

$TC(x) =$
$$\begin{cases} s_1 x, & 0 \leqslant x \leqslant 0.15 \cdot Vol \\ s_1(0.15 \cdot Vol) + s_2(x - 0.15 \cdot Vol), & 0.15 \cdot Vol \leqslant x \leqslant 0.40 \cdot Vol \\ s_1(0.15 \cdot Vol) + s_2(0.25 \cdot Vol) + s_3(x - 0.40 \cdot Vol), & 0.40 \cdot Vol \leqslant x \leqslant 0.55 \cdot Vol \end{cases}$$

其中 s_1, s_2, s_3 分别是图上三个线性部分的斜率。

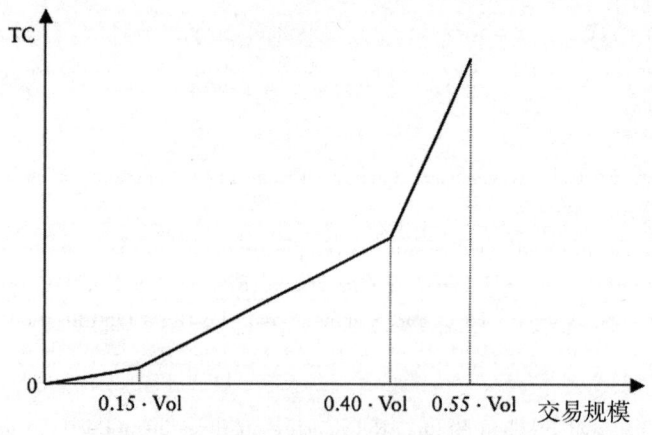

图 11.2 关于交易规模 t 的分段线性交易成本函数示例

在目标函数中包含有分段线性的交易成本函数,能使得均值—方差投资组合的优化

问题变得简单。① 我们可以引入新的决策变量，它们的数量与分段线性的交易成本函数中的区间数一致（在图 11.2 所示情况下，我们有三个线段，所以引入变量 y_1，y_2，y_3），并在某一资产的目标函数中加入如下惩罚项

$$\lambda_{TC}(s_1 \cdot y_1 + s_2 \cdot y_2 + s_3 \cdot y_3)$$

如果在投资组合中有 N 种资产，总的交易成本就等于每种资产交易成本的和。也就是说，惩罚项变成了

$$\lambda_{TC} \sum_{i=1}^{N} (s_{1,i} \cdot y_{1,i} + s_{2,i} \cdot y_{2,i} + s_{3,i} \cdot y_{3,i})$$

另外，我们还需要给新的决策变量加上如下约束：

$$0 \leqslant y_{1,i} \leqslant 0.15 \cdot Vol_i$$
$$0 \leqslant y_{2,i} \leqslant 0.25 \cdot Vol_i$$
$$0 \leqslant y_{3,i} \leqslant 0.15 \cdot Vol_i$$

需要注意的是，由于每一线性部分的斜率是增加的，同时，我们的任务是使得目标函数中的这一项最小化，所以优化程序永远不会将与第二部分相关的决策变量 $y_{2,i}$ 设定为大于 0 的数，除非与第一部分相关的决策变量 $y_{1,i}$ 达到它的上限。类似地，优化程序也不会将与第三部分相关的决策变量 $y_{3,i}$ 设定为大于 0 的数，除非 $y_{1,i}$ 和 $y_{2,i}$ 都达到它们的上限。这样的一组约束使得我们能够将资产 i 的总交易量记为 $y_{1,i} + y_{2,i} + y_{3,i}$。

当然，我们还需要将资产 i 的交易量与投资组合的优化配置联系起来。这可以通过增加另一组约束来实现。我们为投资组合中的每一资产设定一个变量 z_i，它代表该资产被交易的数量（但是不表示交易的方向），且该变量非负。然后，我们再作如下要求

$$z_i = y_{1,i} + y_{2,i} + y_{3,i} \text{ 对于每一资产 } i \text{ 成立}$$

同时 z_i 也等于投资组合中资产 i 持有量的变动，这一状况可以表示如下：

$$z_i = |w_i - w_{0,i}|$$

其中 $w_{0,i}$ 和 w_i 分别代表投资组合中资产 i 的最初持有量和最终持有量。② 尽管交易成本的分段线性近似方法看上去很复杂，但它能使实际的投资组合优化问题变得易于解决，并且节省时间（相对非线性模型而言）。尽管交易成本的这种建模方法需要引进新的决策变量和约束，但投资组合优化问题中维度的增加，并不会严重影响到优化软件运行的时间和效果，因为这个问题的设定非常简单。

投资组合综合管理：在期望收益和投资组合风险之外

我们不能将股票交易与股票资产组合管理分开来看待。相反地，股票交易成本的管理是任何成功的投资管理策略中的一部分。关于这一点，MSCI Barra 指出，超出一般的

---

① 参见，例如，Dimitris Bertsimas, Christopher Darnell and Robert Soucy. Portfolio Construction through Mixed-Integer Programming at Grantham, Mayo, Van Otterloo and Company. *Interfaces* 29, No. 1 (1999), pp. 49—66.

② 这个约束可以等价地写成另一种形式，它将更加便于优化问题的解决，即：

$$z_i \geqslant w_i - w_{0,i}$$
$$z_i \geqslant -(w_i - w_{0,i})$$

投资表现是在对下面四种重要因素进行了仔细考虑后得到的：①

1. 形成可行的收益预期
2. 控制投资组合风险
3. 有效控制交易成本
4. 监控整体投资表现

不幸的是，关于股票投资组合管理的讨论大多只集中在预期收益与投资组合风险的关系上——几乎没有人关注在最优组合或者目标组合中被选择的证券是否能够按照一种具有成本效益的方式获得。

为了说明在次优组合的决策中该问题的严重性，图 11.3 展示了（股票）投资组合管理的典型方法与理想方法。在典型方法中（图 11.3 的上半部分），投资组合经理利用基本研究以及/或者数量研究来发现投资机会——尽管采用了谨慎投资的方法（风险控制）。在完成之后，投资组合经理会向高级交易员上交一份证券列表，这些证券是构成目标投资组合的主要部分。这时，高级交易员会告诉投资组合经理哪些头寸不可交易——这就会使得投资组合经理对这一证券列表进行人为的或者其他特别方式的调整。这反过来使得投资者的资产组合变成次优的。

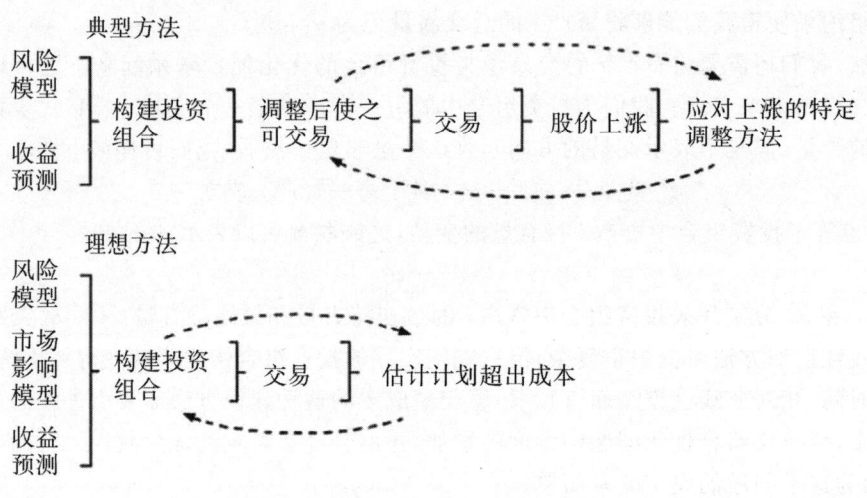

图 11.3　投资组合管理的典型方法与理想方法

资料来源：Nicolo Torre. The Market Impact Model™ — First in a Series：The Market Impact Problem. Equity Trading：Research，Barra Newsletters 165 (Barra,1998)，pp. 7－8（图 4）。

图 11.3 还说明，当交易员开始用现在的次优证券集合构建投资组合的时候，会出现额外的投资组合不平衡，这是因为市场冲击成本会使得一些证券的价格在交易执行的过

---

① 这一部分所描述的交易成本因素模型是基于 MSCI Barra 的市场冲击模型™。这一模型的基本描述可以在一个分为三部分的时事通讯上找到。参见 Nicolo Torre. The Market Impact Model™"，Equity Trading：Research，Barra Newsletters 165－167 (Barra,1998)。

程中大幅上涨。我们应该清楚的是,在这时交易员的任何特定调整方法都会反过来造成投资者资产组合的系统性不平衡——这样投资组合经理实际的资产组合会永久地偏离我们从收益—风险和交易成本的角度出发得到的有效组合。

股票投资组合管理的一种更好的方法(图 11.3 的下半部分)需要将投资组合管理与交易过程系统地结合起来。在这种情况下,收益的预测、风险的估计和交易成本的计算相结合以决定最优的投资组合。这样,投资组合经理就会马上知道这种(完整的)投资组合实施起来是不是可行的,或者在考虑交易成本的时候是否成本太高。

这样,投资组合经理可以在交易程序开始之前就将适当的交易成本信息结合到投资组合构建和风险控制过程中去。然后,投资组合经理就可以建立一个资产组合,其中实际的资产头寸符合按照完整投资组合的构建观点得到的最优头寸。

总　结

■ 交易和执行都是一个完整投资过程中的一部分。一个执行得很糟糕的交易会由于交易成本的存在而直接蚕食投资组合的收益。

■ 交易成本通常有两种分类方法:固定成本与可变成本,显性成本与隐性成本。

■ 在第一种分类方法中,固定成本包括经纪人佣金和手续费。买卖价差、税收、延迟成本、价格变动风险、市场冲击成本、时间风险和机会成本属于可变交易成本。

■ 在第二种分类方法中,显性成本包括经纪人佣金、手续费、买卖价差和税收。延迟成本、价格变动风险、市场冲击成本、时间风险和机会成本属于隐性交易成本。

■ 隐性交易成本在总交易成本中占有更大的比重。这些成本无法被观测到,因而必须进行估计。

■ 流动性是由代理人在金融市场中买入和卖出证券的交易活动创造的。

■ 流动性和交易成本是相互联系的:在一个高流动性的市场中,大额交易可以被立即执行,而不会产生高额的交易成本。

■ 限价指令是指只有在获得限定的价格或者更优的价格时才会执行交易的指令。

■ 市价指令是指按照当前市场可以获得的最优价格执行交易的指令。

■ 一般来说,交易成本就是执行价格与某一适当标准,也就是所谓的公平市场参照基准之间的差额。某一证券的公平市场参照基准就是假如交易没有发生时,该证券的价格。

■ 典型的市场冲击成本预测模型基于统计学上的因子方法。常见的基于交易的因子有:交易规模、相对交易规模、市场流动性的价格、交易类型、投资者的效率和交易方式、市场或交易所的具体特点、交易提交的时间和交易时机以及指令类型。常见的基于资产的因子有:价格动量、价格的波动性、市场的资本总额、成长型股票与价值型股票以及具体的行业或部门特征。

■ 交易成本模型可以被融合到标准的资产配置模型中去,例如均值—方差模型。

■ 一个有效的股票投资组合管理需要将交易成本管理、交易执行和投资组合管理系统地结合在一起。

第十二章　投资管理与算法交易[①]

科学技术越来越强烈地影响着证券在当今市场上的交易方式。许多交易大厅被电子交易平台所替代,而且美国超过 1/3 的交易量都来自算法交易。为了帮助机构投资者交易,每个大的经纪商都为他们的机构客户提供算法交易的服务。机构投资者、对冲基金和其他市场参与者所使用的算法是用来进行关于时机、价格以及交易规模的交易决策的,其目的是降低风险调整成本。

从广义上讲,算法交易用来描述按照一组规则、以一种自动的方式进行的交易。它常常与统计交易或者统计套利互换使用,后者或许不是自动交易,但是会根据从统计分析或模型中得到的信息进行操作。*智能买卖盘传递系统*、*程序化交易*和 *规则化交易*是与算法交易相关的另一些用语。最近,与算法交易相关的功能和活动范围已经扩展到包括市场冲击模型、执行风险分析、考虑成本的投资组合构建和市场微观结构影响的利用在内的领域。

在这一章,我们首先会从卖方和买方两个角度解释市场冲击和最优执行的基本含义。接下来,我们概述最流行的算法交易策略。最后,我们以对"高频军备竞赛"和算法交易对市场的影响的讨论来结束本章。

市场冲击与指令记录簿

限价指令记录簿中记录着被挂起的限价指令。这些指令在记录簿中被挂起并提供流动性,由于它们在等待与非挂单指令配对,因而代表了流动性的需求。三种最常见的非挂单指令包括市场化限价指令、市价指令和成交或取消指令。

限价指令簿的买方记录了以一定价格买入一定份数某一股票的挂单指令。卖方则记录了以一定价格卖出一定份数某一股票的挂单指令。

*市价指令*代表了按当前可获得的最优价格对一定份数的股票立即进行交易的需求。为了获得当前最优的价格,市价指令会逐个扫描限价指令簿的某一方——从最优价格开始——并与挂单指令进行匹配,直到市价指令被完全匹配或者指令记录簿中已经没有挂单指令为止。

[①] 这一章选自 Petter N. Kolm and Lee Maclin. Algorithmic Trading, to appear in Rama Cont (ed.), *Encyclopedia of Quantitative Finance*, John Wiley & Sons, 2010.

与市价指令不同的是,市场化的限价指令只能在某一特定价格或者更优的价格上执行。例如,一个以 90.01 美元买入 100 股的市场化限价指令可以与以 90.00 美元价格卖出 200 股的挂单限价指令匹配。交易的成交价是 90.00 美元。

下面的例子详细地说明了卖出市价指令是如何与挂单买入限价指令相匹配的。

图 12.1 显示了 200 股卖出市价指令的理想化市场冲击情况。横轴和纵轴分别代表时间和价格。

限价指令簿的买方记录了以一定价格买入一定份数某一股票的挂单指令。挂单限价指令——指令记录簿中的指令——可以通过减轻必须被立即执行的指令所带来的市场冲击来提供流动性。记录簿的状态建立了一种交易前的均衡(1),这种均衡被 200 股卖出市价指令所打乱(2)。市价指令必须被立即执行,因此代表了对流动性的需求。

在一个卖出指令与限价买入指令匹配的时候,它会逐个过滤买方限价指令簿上的指令直至没有指令,因而它会获得越来越不利(更低)的价格,带来的结果就是成交价格(3)。假设不存在其他的交易活动,一段时间之后,流动性供给者会重新补充限价指令簿的买方到(4)的水平,这就达到了交易后的均衡状态。

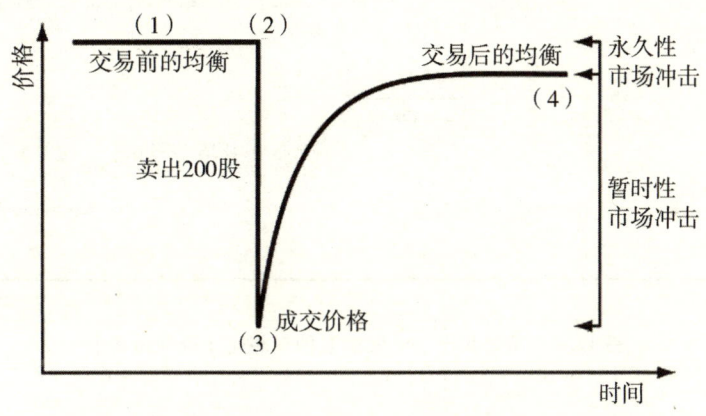

图 12.1 200 股卖出市价指令的理想化市场冲击模型

状态(4)与(1)之间的差别是由信息造成的影响,它被称作永久性市场冲击。它是市场对市场参与者决定卖出 200 股这种股票的反应。影响通常被设定成迅速的,且与交易总股数呈线性关系。Huberman 和 Stanzl[①] 证明,如果这种效果不是线性且迅速的,那么以不同的比率买入和卖出就会带来套利的利润空间。

状态(4)与(3)之间的部分叫作暂时性市场冲击。发起交易的人愿意以一个并不有利的执行价格(3)来立即执行他的交易。这种即时性成本通常被设定为一个线性的或者平方根的函数。在平方根市场冲击的设定下,假设其他因素均不变,在同一时间段内,200 股股票的每股暂时性市场冲击是 100 股股票的 $\sqrt{2}$ 倍以上。

---

① Gur Huberman and Werner Stanzl. Price Manipulation and Quasi-Arbitrage. Econometrica 72, No. 4 (2004), pp. 1247–1275.

图 12.2 显示了假如同一个交易者愿意在交易之间多等一些时间的话会发生什么。图 12.2 中的成交价被表示为虚线(1)。与图 12.1 一样,交易前的均衡状态(2)被 100 股卖出指令所破坏(3)。在市场指令与限价买入指令匹配的时候,它逐个过滤买方限价指令簿上的记录,然后得到一个成交价格(4)。过了一段时间(5),流动性供给者重新填满限价指令簿的买方。但交易后的新均衡(6)会比交易之前低,因为它包含了被执行的市价指令的信息。

然后,我们的交易者又提交了一个 100 股股票的卖出指令(6),得到成交价格(7)。一段时间之后,暂时性市场冲击——(8)减去(7)——衰减,并得到新的交易后均衡状态(8)。由于永久性的市场冲击被假设为线性的、迅速的,因而交易后的均衡对一笔 200 股的交易指令和两笔 100 股的交易指令而言都是相同的。

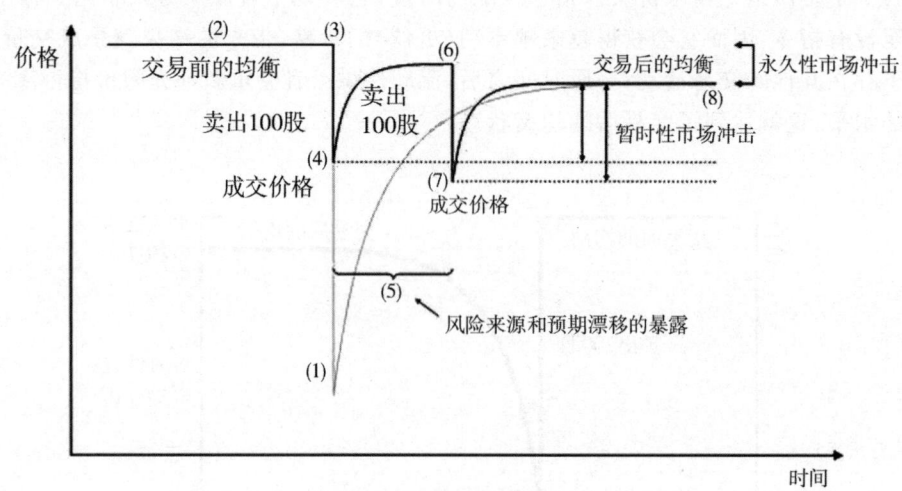

图 12.2　两笔卖出 100 股股票的理想化市场冲击模型

最优执行

当我们的交易者在两笔交易之间进行等待的时候(5),他遭遇到了价格风险——由于价格的随机变动,他的执行情况可能并不好。在这一部分里,差额是指有效执行价格与到达价格——交易执行开始时候的当前价——之差。如果我们用差额的方差作为风险的衡量标准,那么交易者对于风险的厌恶会使他作出风险/成本的权衡。在第一种情景下,他支付了更高的成本——(8)和(1)之间的差额——来降低风险。在第二种情景下,他支付更低的成本——(6)与(4)的差额和(8)与(7)的差额的均值——但是承担了更大的与交易间等候时间(5)相关的分散差额的风险。这就是 Almgren 和 Chriss[1] 在他们开创性的论文中所讨论的权衡。

---

[1] Robert Almgren and Neil Chriss. Optimal Execution of Portfolio Transactions. *Journal of Risk* 3, No. 2 (2000), pp. 5—39.

第十二章 投资管理与算法交易

风险厌恶增加了交易者的紧迫感,同时使得支付额外的费用来降低风险变得有吸引力。交易者支付的额外费用是以更高的暂时性市场冲击的形式表现出来的。假设其他因素保持不变,预期更高的暂时性市场冲击会带来较缓慢的交易,而预期更高的风险或者风险厌恶则会带来更快速的交易。

风险厌恶表达了人们不喜欢风险的态度。对于一个风险厌恶的代理人,一场公平博弈的效用 $u(G)$,一定会小于得到这场博弈预期价值的效用 $E(u(G))$。风险厌恶的程度可以由风险厌恶参数 λ 来反映,λ 可以将风险转化成*确定的美元等价值*——代理人放弃公平博弈的不确定性收益而愿意接受的最少美元数量。对于一个具有二次效用函数的代理人来说,他的确定美元等价值是 $E(G) - \lambda Var(G)$。因此,他的风险厌恶程度可以用一系列在预期收益和风险之间进行不变权衡的风险收益组合来描述。年化的目标收益率和标准差可以表示风险厌恶,并且可以给出在某些最优交易算法中所使用的那类风险厌恶参数。

另一个影响交易快慢决定的因素是价格变动的预期。以交易完成为目标,*正的 α* 代表了单位时间内每股未交易股份的预期收益。较迅速的交易可以更多地获得与这种价格变动预期相关的收益。*负的 α* 代表了单位时间内每股未交易股份的预期损失。较缓慢的交易会带来较少的与这种价格变动预期相关的损失。

例如,一个在执行卖出指令时预期价格将会向下变动的交易者具有正的 α。他可能会选择向前配置他的交易进度——在交易期开始更迅速地交易——以获得更好的交易价格。类似地,一个认为价格将向上变动的交易者则会向后配置他的交易进度或者延迟交易。

最优交易问题的一般形式都是按照某一特定的参照标准最小化风险调整成本,并在风险影响、市场冲击和 α 之间寻找最佳的权衡。通常使用的参照标准有成交量加权平均价格(VWAP)和到达价格(交易执行开始时的当前价)。

这种模型最早是由 Bertsimas 和 Lo[①] 及 Almgren 和 Chriss[②] 在他们开创性的论文中提出来的。假设交易者具有一个二次效用函数,这一问题的一般形式可以表示为:

$$\min_{x_t} E(C(x_t)) + \lambda Var(C(x_t))$$

其中,$C(x_t)$ 是因偏离参照标准而带来的成本。这一问题的结果由交易进度 x_t 给出,它表示在时间 t 时还需要买入或卖出的股票数量。交易者的最优交易进度是他风险厌恶水平——$\lambda \geqslant 0$——的函数,这决定了他交易的紧迫性,同时还表明了他所偏好的交易成本和风险之间的权衡。

在接下来的两小部分中,我们将从卖方和买方两个角度讲解典型的到达价格最优执行模型。

[①] Dimitris Bertsimas and Andrew W. Lo. Optimal Control of Execution Costs. *Journal of Financial Markets* 1, No. 1 (1998), pp. 1—50.

[②] Almgren and Neil. Optimal Execution of Portfolio Transactions.

卖方的角度

典型的最优执行模型用到达价格作为参照标准,并且在市场冲击、价格风险和机会成本之间进行权衡。假设 λ 大于或者等于零,这意味着延迟交易的执行会带来相应的机会成本,而不会带来预期利润。最优策略介于两种极端情况之间:(1)以某一已知成本立即执行所有交易,或者(2)以增加价格风险和机会成本为代价,通过将指令分割成较长时间范围内更小的交易来降低市场冲击。

Bertsimas 和 Lo[①] 提出了最优执行问题的一种算法,为一个风险中性的交易者寻找在一段固定长度的时间内交易的最小预期成本,该交易者 $\lambda = 0$,并假设价格变动不存在序列相关性。

Almgren 和 Chriss[②] 对这一概念进行了推广,他们使用了二次效用函数来表述预期成本与价格风险之间的权衡。更激进(消极)的交易进度表会带来更高(低)的市场冲击成本和更低(高)的价格风险。与经典投资组合理论相似的是,在 λ 变化的过程中,我们得到的点集 $(Var(\lambda), E(\lambda))$ 的轨迹是*最优交易决策的有效边界*。$\lambda = 0$ 和 $\lambda \to \infty$ 这两种极端情况对应着最低市场冲击策略——在一段交易时间内按照固定的速率进行交易——和最小变动策略——将全部要交易数量的股份在交易期刚开始用一笔交易完成。

我们来考虑卖出 X 股资产的情况,即 $x_0 = X$,$x_T = 0$。假设资产价格服从算术布朗运动,则永久性市场冲击是迅速的,且与总执行股数呈线性关系,暂时性市场冲击与交易速率呈线性关系,Almgren 和 Chriss 模型的结果是:

$$x_t = X \frac{\sinh(\kappa(T-t))}{\sinh(\kappa T)}$$

其中

$$\kappa = \sqrt{\frac{\lambda \sigma^2}{\eta}}$$

这里 σ 和 η 分别表示股票波动率和线性的暂时性市场冲击成本。

值得注意的是,这一结果实际上是按照一个衰减指数 $X\exp(-\kappa t)$ 来进行调整的,并使 $x_T = 0$。它并不依赖于永久性市场冲击,这与前一部分所讨论的结果一致。交易的紧迫性反映在 κ 中。这个参数决定了与指令规模 X 无关的清算速度。对于更高的风险厌恶参数或者波动性——例如,表现出更大的感知风险——交易的速度也会提高。我们也观察到,对于预期更高的暂时性市场冲击成本,交易的速度会降低。

冲击模型

冲击模型被用来预测交易活动所带来的价格变动。这种价格变动的预期可以为交易

[①] Bertsimas and Lo. Optimal Control of Execution Costs.
[②] Almgren and Chriss. Optimal Execution of Portfolio Transactions.

执行和投资组合的构建决策提供信息。学者们提出了一些非常有名的模型。Hasbrouck[1]，Lillo 等人[2]和 Almgren 等人[3]的模型就是这样的一些例子。

Almgren 等人使用的是从花旗集团的股票交易平台获得的私人数据集，在该数据集中包含交易的方向（买方或者卖方发起）。注意，大多数公开的数据包中，并不显示交易的方向，因而交易方向只能通过分类算法进行估计。按照诸如 Lee 和 Ready[4]，Ellis，Michaely 和 O'Hara[5] 的算法进行分类所产生的错误会带来偏差，而这种偏差会过高地估计真实的交易成本。

在 Almgren 等人的研究中，交易行为被看作交易不平衡的一种度量。他们认为，在源指令执行完成一段时间后，只存在永久性的市场冲击。这就使得他们可以将市场冲击分解成暂时性的和永久性的两部分。

然后，模型中的参数可以用回归方法计算出来，于是得到下面的结果。第一，永久性的市场冲击成本与交易规模和波动性呈线性关系。第二，暂时性的市场冲击成本与波动性呈线性关系，并大致与交易执行期间某人自己交易份额的平方根——Almgren 等人认为是 $\frac{3}{5}$ 次方——成比例。因此，对于一个给定的交易速率，波动较小、日平均交易额很大的股票具有最低的暂时性市场冲击成本。

买方的角度

如果最优执行算法与用其交易策略所获得的收益分开来进行分析，最优执行的算法对于典型投资组合经理的价值就会减少。事实上，高的交易成本本身并没有坏处——它们可以被简单地证明为产生较高回报的必要成本。目前，典型的卖方角度的算法交易并不考虑对利润的预期或者客户的投资组合目标。但毋庸置疑，这是交易执行中的一个重要部分。

交易员和投资组合经理的决策是基于不同的目标来完成的。交易员需要决定交易执行的时机，并在跨时交易时将大额的源指令分割成一系列子指令，这代表他正确地权衡了机会成本、市场冲击和风险。交易员只需看到交易的资产，而投资组合经理却要看到整个投资组合，它同时包含了交易的资产和静止的（非交易的）头寸。

---

[1] Joel Hasbrouck. Measuring the Information Content of Stock Trades. *Journal of Finance* 46, No. 1 (1991), pp. 179—207.

[2] Lillo Fabrizio, J. Doyne Farmer, and Rosario N. Mantegna. Master Curve for Price-Impact Function. *Nature* 421, No. 6919 (2003), p. 129.

[3] Robert Almgren, Chee Thum, Emmanuel Hauptmann and Hong Li. Equity Market Impact. *Risk* 18, No. 7 (2005), pp. 57—62.

[4] Charles M. C. Lee and Mark J. Ready. Inferring Trade Direction from Intraday Data. *Journal of Finance* 46, No. 2 (1991), pp. 733—746.

[5] Katrina Ellis, Roni Michaely and Maureen O'Hara. The Accuracy of Trade Classification Rules: Evidence from Nasdaq. *Journal of Financial and Quantitative Analysis* 35, No. 4 (2000), pp. 529—551.

投资组合经理的任务是通过最优化机会成本、市场冲击和风险之间的权衡,建立包括全部交易资产和非交易资产的一个投资组合。总的来说,Almgren 和 Chriss 描述的最优执行框架并不适合于投资组合经理。

Engle 和 Ferstenberg[①] 提出了一个综合这些目标的框架,他们将最优执行和经典的均值—方差优化模型结合在了一起。在他们的模型中,交易是按照离散的时间间隔发生的,而投资组合经理根据改变的预期收益 $\boldsymbol{\mu}$ 和风险(用收益的协方差矩阵来衡量)$\boldsymbol{\Omega}$,不断地重新调整资产组合,在时间 $t=0,1,\cdots,T$ 持有的组合为 w_t,直至他得到反映其最终目标的投资组合:

$$w_T = \frac{1}{2\lambda} \boldsymbol{\Omega}_T^{-1} \boldsymbol{\mu}_T$$

联合动态优化问题的形式为:

$$\max_{\{w_t\}} \sum_{t=1}^{T} (w'_T \boldsymbol{\mu}_T - \lambda w'_T \boldsymbol{\Omega}_T w_T) - \sum_{t=1}^{T} \{\Delta w'_T \boldsymbol{\tau}_t + (w_T - w_{t-1})' \boldsymbol{\mu}_t + \lambda (w_T - w_{t-1})' \boldsymbol{\Omega}_t (w_T - w_{t-1})\} + 2\lambda \sum_{t=1}^{T} (w_T - w_{t-1})' \boldsymbol{\Omega}_t w_T$$

其中 $\tau_t = \tau_t(\Delta w_t)$ 是暂时性市场冲击函数(为了论述简单起见,我们忽略永久性的市场冲击)。这是一个动态规划问题,我们只能用数值方法来求解。

上面目标函数中的三项各自都有着直观的解释。第一项代表着标准的均值—方差优化问题。第二项对应着最优执行问题。第三项是剩余的待交易股份与最终头寸之间的协方差。对于单一资产的情况,第三项对于买入(卖出)指令是正(负)的,暗示着风险被降低(增加)。如果忽略这一项,那么对于总体风险的衡量就是有偏差的,这种情况在投资组合配置和最优执行被分别执行时会发生。

流行的算法交易策略

少数的交易执行策略已经成了事实上的标准,并由大多数的技术提供商、银行和机构经纪人或经销商所提供。然而即使是在这些标准策略中,大量参数的输入也使得在交易执行策略之间进行直接比较变得困难。

通常,一个策略是被一个交易的*主题*或者*风格*所激发的。它的目的是要按照一个参照基准去最小化绝对的或者风险调整之后的成本。对于一个带有用数学定义的目标的策略,人们通过*优化过程*来决定如何最好地利用该策略来最大化交易员或者投资组合经理的效用。交易进度表——或是*轨迹*——是为目标数量的股票所制定的执行策略。

[①] Robert F. Engle and Robert Ferstenberg. Execution Risk. Journal of Portfolio Management 33, No. 2 (2007), pp. 34—44.

第十二章　投资管理与算法交易

指令安排引擎——有时也叫*微型交易员*——会将一个策略的整体目标转化成单个的指令。使用者定义的*输入参数*会控制交易的进度和指令安排策略。

在这一部分，我们要回顾一下一些最常见的算法交易策略。

成交量加权平均价格

六七年前，成交量加权平均价格（VWAP）执行策略代表了算法交易活动中最重要的策略。目前，它的受欢迎程度仅次于到达价格。人们喜欢用 VWAP 作为参照标准是因为它易于计算并且在直观上容易理解。

VWAP 执行策略常用的参数有开始时间、结束时间和需要交易的股数。另外，这一策略的优化形式要求对风险厌恶进行选择。

最基本的 VWAP 交易方法使用按照执行期间内日均交易量的比例来交易的模型。这时要计算一个交易进度表来与这一交易量模式进行匹配。例如，如果交易期是一天，预期当日交易量的 20% 将会在第一个小时内交易，那么使用这种基本策略的交易员将会在当天第一个小时内交易其 20% 的目标累积量或者清算量。由于日交易量图线呈 U 形——在上午和下午交易较多，在每日中间时段交易较少——在 VWAP 模式中按照交易量分配的股份交易数也会呈 U 形。

对于符合以下全部标准的交易员，VWAP 将会是一个理想的策略：

- 在交易期内，他的交易只有很小的 α 或者没有 α。
- 他以成交量加权平均价格作为参照标准。
- 他相信当他交易的速率代表了所有交易活动中最小的可能比例时，市场冲击是最小的。
- 他将要买入或者卖出一系列股票。

如果不符合这些标准，VWAP 策略的吸引力就会降低。例如，一个市场参与者在一天之内交易并具有很强的正 α，他会更喜欢向前配置的轨迹，就像采用到达价格策略的交易者所做的那样。

VWAP 执行策略的交易期大多都是一天或者一天之中较大的一个时段。基本的 VWAP 模型用成交量比例的简单历史平均来预测日成交量的模式。通常会使用几周到几个月的数据。但是这种预测是有干扰的。在任意给定的一天里，真正的成交量都会与它的历史平均值有很大的偏差，这使得该策略的目标——参照 VWAP 基准最小化风险调整的成本——变得更加复杂。一些用到成交量比例的模型都在试图通过按照每日观测到的交易结果对预测进行动态的调整，以此来增加成交量模型的预测准确性。

在基本 VWAP 策略上的一些变形是很常见的。最理想的 VWAP 使用者（如前面定义的那样）可以通过参照 VWAP 基准增加风险暴露来降低他的预期成本。例如，假设 α 为零，在整个交易期内设置限价指令，并在交易期最后按照市价指令完成目标数量股票的交易执行，这样就可以在增加风险的同时降低预期成本。这是风险最高的策略。按照成交量的比例模式连续设置小额市价指令是风险最低的策略，但是会带来较高的预期成本。对于某一特定的风险厌恶水平，在最高和最低风险策略之间的某一策略将会是完美地平衡了风险与成本的最佳妥协策略。

例如,一个风险厌恶的VWAP策略可能会每20秒钟设置一个100股的市价指令,而一个较低风险厌恶的策略则可能会设置200股限价指令,40秒之后再设置一个市价指令,该市价指令的数额为意图交易的200股与实际交易股数(可能较小)之差。在VWAP交易策略中市价指令的平均时间间隔可以反映出特定的风险厌恶情况。

对于具有正 α 的市场参与者,比较常用的经验性优化方法就是将交易压缩在一个更短的交易期内。例如,市场参与者为了尝试获得更多的利润,可能会在一天之中的前半天中将他所有的VWAP交易都执行掉,而不会选择在整个一天之中进行交易。

在另一种VWAP的变形——有保证的VWAP——当中,经纪人会投入资本来保证他客户的VWAP价格,作为回报,经纪人可以获得一个预先商定好的费用。经纪人会面临这样一个风险:他的交易价格与VWAP价格之间的差额可能会高于他所获得的费用。如果机构交易量与单个股票收益之间没有关系,有保证的VWAP交易的风险可以在许多客户与股票之间进行分散。在实践中,管理一个有保证的VWAP记录簿需要进行一些复杂的风险计算,其中包括建立机构交易量之间相关性的模型。

时间加权平均价格

时间加权平均价格(TWAP)交易策略试图通过在交易期内维持一个大致稳定的交易速率来最小化市场冲击成本。由于只需要很少的参数——开始时间、结束时间和目标数量——因而TWAP的优势就是它是可以采用的最简单的交易策略。与VWAP一样,TWAP优化模型也需要进行风险厌恶的选择。VWAP或者到达价格基准通常被用来衡量TWAP交易的质量。TWAP很少被用作自己的参照基准。

最基本的TWAP模型会将源指令分割成小额的子指令,并按照固定的速率将这些子指令执行。例如,交易期为10分钟的、300股股票的源指令可以被分割成三个100股的子指令。这些子指令可以在3:20、6:40和10:00分钟时执行。这个策略也许会在市价指令之间设置限价指令,以达到提高交易执行质量的目的。

理想的TWAP使用者与理想的VWAP使用者具有几乎相同的特点,但有一个区别,那就是他相信最低的*交易速率*——而不是最低的*市场参与率*——会带来最低的市场冲击成本。

TWAP使用者可以从与VWAP使用者相同类型的优化方法中受益,通过设置较低频率的市场指令和使用挂单限价指令可以提高交易执行的质量。

参与

参与策略或称*成交量参与*策略试图维持一个固定比例的交易速率。也就是说,按照市场总体交易速率的一个比例作为它自己的交易速率,而这一速率在交易期内应该是恒定的。如果这个比例交易速率被精确地维持住,成交量参与策略就不可能保证目标数量被完全交易掉。

成交量参与策略需要的参数有开始时间、结束时间、该策略所代表的市场成交量的比例和需要执行的最大股票数量。如果最大股票数量被明确地给定了,这一策略可能会在结束时间到来之前就完成交易的执行。与VWAP和TWAP一样,成交量参与策略也是一种未经过优化处理的流行方法,尽管我们仍然可以对其进行优化改进。

VWAP 和到达价格参照基准常常被用来衡量成交量参与策略的执行情况。使用 VWAP 这一基准尤其合适,这是因为,一个完美执行的成交量参与策略的成交模式是在交易期内市场的成交量模式。一个理想的成交量参与策略使用者具备理想的 VWAP 使用者的全部特点,除了这样一点,他愿意放弃一些特定的交易执行,以此来维持最低的比例成交量参与速率。

成交量参与策略不会使用交易进度表。这一策略的目标是在成交量上升的时候加入进来。没有交易进度表,成交量参与策略不能保证交易数量目标完全实现。最基本的成交量参与策略模式是等到交易成交量在行情报价系统上开始上涨的时候,设置市价指令跟上这一成交量。例如,如果目标比例成交量参与速率是 10%,并且其他的市场参与者执行了 10 000 股的交易,那么作为回应,成交量参与策略会执行 1 000 股的交易。

与 VWAP 交易策略不同的是,对于给定的交易执行,成交量参与策略不会带来与该交易期真实成交量模式之间的很大偏差,它会密切地跟随着真实的(与之对应的是预测的)成交量模式。然而,密切跟随是有代价的。在前面那个例子中,设置交易 1 000 股的市价指令会比用较小额的指令缓慢跟随市场交易成交量的方式带来更大的预期市场冲击。成交量参与策略的优化形式会将交易的差额在一段时间内进行分摊。特别地,如果其他的市场参与者执行了 10 000 股的交易,一个 10% 的成交量参与策略没有将 1 000 股股票一次全部交易,而可能会在一段时间内分别设置 100 股的指令来分摊 1 000 股的差额。这样做的结果是得到一个较低的预期差额和一个较高的差额分散程度。

收盘市价策略

收盘市价策略在希望按照当日收盘价去最小化风险调整成本或者希望控制(操纵)收盘价来获得成功交易感觉的市场参与者当中非常流行。理想的收盘市价策略使用者以当日收盘价作为参照基准,并且具有很低的或是负的 α。收盘市价策略需要的参数有开始时间、结束时间和将要执行的股份数。这一策略的优化形式需要风险厌恶参数。

当收盘市价策略被用作一种优化策略时,其公式与到达价格策略是相似的。然而,在采用收盘市价策略的时候,向后配置的交易进度表会比向前配置的时间表带来更少的风险。采用到达价格时,无限风险厌恶的交易者会在交易期最开始的几秒钟内执行所有的交易。采用收盘市价策略时,无限风险厌恶的交易者会在一天的最后几秒钟执行所有交易。对于通常水平的风险厌恶者,交易则会在整个执行期间内发生。而对于到达价格的优化方法,正的 α 会增加交易的紧迫性,负的 α 则会带来延迟交易的激励。

在过去,收盘市价策略被用来控制(操纵)收盘价,但是随着 VWAP 和到达价格的使用越来越多,这种策略已经不太流行了。收盘价的操纵通过在当日临近收盘的时候迅速地执行交易来实现。这一笔交易的价格会成为收盘价或者很靠近收盘价,因而从收盘价这个参照基准来看只有很少或是没有差额。等到第二天,暂时性的市场冲击消退、价格回到一个新的平衡时,真正的交易执行成本才会显露出来。

到达价格

到达价格策略(也被称作*执行落差策略*)试图利用到达价格基准来最小化风险调整成本。到达价格优化是最复杂的,也是常用算法交易策略中最受欢迎的方法。

理想的到达价格策略使用者具备以下的特点:

- 他以到达价格作为参照基准。
- 他是风险厌恶的,并知道自己的风险厌恶参数。
- 他具有很高的正 α 或负 α。
- 他相信,通过在最长的交易期内保持一个固定的交易速率和很小的交易规模,可以使市场冲击达到最低。

大多数的实现方法都基于我们之前讨论过的由 Almgren 和 Chriss[1] 引进的某种形式的最小化风险调整成本模型。用最一般的术语来说,到达价格策略会去评估一系列的交易进度表,并按照到达价格基准来确定哪一个进度表实现了风险调整成本的最小化。正如我们在最优执行那一部分所讨论过的,在特定的假设下,这一问题拥有封闭形式的解。

到达价格优化中用到的参数有 α、需要交易的股数、开始时间、结束时间和风险厌恶参数。对于买方(卖方)来说,正(负)的 α 会鼓励较迅速的交易。对于买方和卖方,风险会促使他们都进行较迅速的交易,而市场冲击成本则会促使他们都进行较缓慢的交易。

对于具有正 α 的交易者,交易进度表的可行域处在立即执行全部目标数量和在交易期内以固定的速率进行交易之间。

到达价格优化的更一般形式的允许买方和卖方拥有正或负的 α。例如,在负 α 的假设下,持有并决定进行清算的多头股票,其价格(不考虑个人的交易)预计将会在交易执行期间内上升。这会促使交易员延迟交易或者延长交易时间。这样,同时考虑正 α 与负 α 的可行域就同时包含了向后配置和向前配置的交易进度表。

在到达价格优化中,其他需要向后配置交易进度表的因素有流动性的预期变动和交叉交易的机会。例如,在之后的交易期内会出现交叉交易机会的预期将带来足够的成本节省,它可以作为承担一些价格风险和交叉交易未实现导致的交易压缩的担保。类似地,如果预期市场冲击成本会在之后的交易期内降低,那么一个理性的交易员就会愿意承担一些风险来获得这个节省成本的机会。

基本到达价格策略的一个变形是*适应性到达价格*。一个有利的执行可能会带来意外的财富,在这个交易中,大量股票按照比到达价格低很多的价格执行。这种情况只会随机发生。Almgren 和 Lorenz[2] 证明了一个风险厌恶的交易者会或多或少地利用这种意外财富,以降低剩余股票的风险。他通过更迅速地交易来实现这一点,这样也会带来更大

---

[1] Almgren and Chriss. Optimal Execution of Portfolio Transactions.

[2] Robert Almgren and Julian Lorenz. Adaptive Arrival Price. in Brian R. Bruce (ed.),*Algorithmic Trading* Ⅲ:*Precision*,*Control*,*Execution* (London:Euromoney Institutional Investor,2007),pp. 59—66.

的市场冲击。由于该策略会根据自己的表现来调整其行为,所以它是具有适应性的。

交叉交易

尽管交叉交易系统已经存在一段时间了,但是它们在算法交易策略中的应用却是较为近期的事。交叉交易系统背后的思想是,大额限价指令(可能是由大型机构投资者设置的一类指令)在公开交易中没有得到足够的保护。简单地在公开电子交易记录簿上显示大额限价指令,会将大量与机构交易者意图相关的信息泄露出去。这些信息会被潜在的对手所利用,由于他们预期时间的约束会使得机构交易员重新将一部分或全部的大额限价指令改为市价指令,这样潜在的对手方会采取更加消极的交易方式。换言之,信息的泄露会鼓励对大额限价指令的*博弈*。交叉交易系统通过不对客户及大众公开限价指令记录簿的方式来限制信息泄露。

交叉交易的一种常见形式就是*中间价交叉交易*,在这种交易中,两个对手方会得到一个中间交易价格。中间价是从参照交易所得到的,例如纽约证券交易所或者其他的公开交易所。管理条例中要求,在这之后应该将该笔交易的情况在公开交易所中予以披露,以此来提醒其他的市场参与者这笔交易已经发生。交叉交易不会带来市场冲击,但是两个对手方都要向交叉交易系统支付一笔费用。这笔费用通常会高于其他类型的算法交易的费用,因为它显著地缓解了市场冲击,不过,这笔费用只会在交叉交易成功后产生。

最近,交叉交易系统为客户提供了允许他们在交叉交易系统的隐藏记录簿中设置限价指令的功能。在交叉交易系统中设置限价指令可使交叉交易只发生在某一特定的价格上。这使得交叉交易系统更加接近于传统的交易所,而它们之间最大的区别就在于交叉交易系统中的记录簿对市场参与者是不公开的。

为了防止客户进行价格操纵,交叉交易系统设置了反博弈的规定。正如我们前面解释过的那样,不公开信息本身就是一种反博弈的形式,此外还有其他的策略。例如,一些交叉交易系统要求指令数额高于一个最小数值,或者指令在交叉交易系统中保留的时间要长过一个最短时间。其他的交易系统则只会在相似规模的指令之间进行交叉交易。这防止了交易者进行交易测试——向交易系统中发送小额的指令,以判断交易系统的哪一方出现了指令的不平衡。

另一种反博弈的方法是防止交叉交易在出现非正常市场活动时发生。其原因在于某些非正常市场活动是由于交易员试图操纵公开市场的价差以获取交叉交易系统内的更优价格而产生的。

一些交易系统还会试图限制活跃交易者的交易,通过监督客户的活动,来查看他们的行为是否更符合正常的交易,而不是博弈。

交叉交易系统分为几种不同的种类。*连续的*交叉交易系统会不停地扫描记录簿,以试图对买入指令与卖出指令进行匹配。*不连续的*交叉交易系统会设定特定的时间点来执行交易,例如每半小时执行一次。这便允许市场参与者在即将要进行交叉交易的时候才在交叉交易系统中排队,而不用在更长的时间段内在系统中设置挂单指令。一些交叉交易系统允许迅速检索(一次性的快速扫描,目的是查看指令是否能够在交叉交易系统中找到对手方),而其他的系统只允许挂单指令。

在*自动交叉交易系统*中,挂单指令会按照一系列的规则来进行匹配,而不需要对手方之间进行直接的互动。在*撮合型交叉交易系统*中,对手方首先要互相表达希望进行交易的兴趣,然后借助系统提供的工具协商价格和交易规模。

一些传统的交易所现在也开始允许使用*不可见指令*了,这是一种挂单指令,它们存在于指令记录簿中,但是却不能被市场参与者看到。这些指令也被称为*隐藏的流动性*。这些指令与交叉交易系统中指令的区别在于传统的交易所不会提供特殊的反博弈保护。

私人隐藏指令池是不直接对公众公开的指令的集合。例如,银行或者养老金管理者可能会有足够的指令流来维持一个内部指令记录,而这个指令记录在一定情况下可以接受外部交叉交易系统或者交叉交易处理器的迅速检索。

交叉交易处理器会对多元交叉交易系统中每笔大额指令的处理收取费用。由于指令的设置规则和反博弈规则在不同系统间是不同的,因而这项任务会十分复杂。交叉交易处理器也可以使用历史或者实时的成交信息来管理指令。例如,在交叉交易系统中,未能成功交易一个小额挂单买入指令,就可能泄露交叉交易系统的指令记录中存在更大的不平衡的信息。这使得这一系统对未来的卖出指令更具有吸引力。一般来说,交叉交易系统之间的信息管理应该注重给予交叉交易处理器更高的成交率,而不是泄露任何一个交易系统的信息。

交叉交易方式为其交易本身提供了几种优化策略。长期暴露在交叉交易系统中,可以提高实现无市场冲击交易的可能性,但同时如果一个指令未能成功执行,大额压缩交易的风险也会增加。寻找一个最优的暴露时间是一种交叉交易优化方法。这种方法更复杂一点的形式就是求解一个*退出交易计划*,它是让股票退出交叉交易网络、进入公开市场进行交易的计划。随着时间的流逝,交叉交易却没有被执行,那么这个交易就会通过缓慢地将指令的一部分拿到公开市场中去交易来降低大额压缩交易的风险。

其他的算法

另外两种交易算法通常也包含在标准的算法交易建议中。第一种是*流动性寻求*,它的目标是吸收可用的流动性。指令记录簿被清空的时候,交易就会变得缓慢。指令记录簿被重新填满的时候,交易速度就会上升。

第二种算法就是*融资交易*。这一策略的内涵是用卖出交易为买入交易融资,以期达到获得某种形式对冲的目标。这一问题包含了完整优化过程的全部构成因素。比如说,在卖出交易之后,如果买入交易执行得太快,那么它就会获得一个不是很有利的执行价格。另外,如果买入这一步骤执行得过于缓慢,就会增加对冲的两部分之间的追踪误差,也提高了完成该对冲所需要的成本分散程度。

接下来是什么?

根据 Trade and Quote(TAQ)数据库的报告,IBM 公司股票的平均交易规模从 2004 年的 650 股下降到了 2007 年的 240 股。减少的交易规模是算法交易产生影响的明证。大额、低频率的投资组合重新配置和交易正在逐步被*小额 delta 连续交易*所取代。

与小额 delta 连续交易方法对立的概念叫作*懒惰投资组合*，其中的投资组合不会经常地进行重新配置，以降低市场冲击成本。第一个反对懒惰投资组合的观点是，随着时间流逝，无论是从 α 还是风险的角度来看，投资组合的比重都会越来越远离最优的目标持有组合。第二，长期持有组合后，利用优化方法得到的最优组合会与当前组合产生很大的偏差。在交易执行的时候（通常比较迅速）这些偏差会带来很大的市场冲击成本。

Engle 和 Ferstenberg[1] 认为要想正确地衡量风险，我们必须同时考虑现有的头寸和未交易的资产。这一想法将执行风险和投资组合风险结合在了一起。类似地，通过将市场冲击成本直接纳入投资组合构建过程，我们将投资组合建立和最优执行结合在一起。

最理想的情况是，投资组合经理所要解决的问题本质上类似于多期消费投资问题[2]，并额外地考虑市场冲击成本和大量证券不断变化的概率分布。这种*动态的投资组合*或者*小额 delta 连续交易*问题将是机构资金管理的下一步发展方向。然而这同时也意味着某种程度的数学上和计算上的挑战。就像 Sneddon[3] 所指出的那样，动态投资组合问题在几个重要方面与经典的多期消费投资问题有差别。第一，收益的概率分布随着时间而变化。第二，积极的投资组合管理的目标并不取决于预测的 α 或是风险，而是取决于已实现的收益或风险。最后，模型的动态形式可能会更加复杂。Grinold[4] 提出了一种优美且易于处理，但却非常简化的模型。Kolm 和 Maclin[5] 描述了一种基于全面、模拟方法的框架，将现实中的约束和交易成本模型都纳入其中。

正在进行的其他关于算法交易的研究是将市场的微观结构和最优执行模型推广到期货、期权及固定收益产品中去。这些创造性的尝试沿袭了算法交易的主题，建立一种统一视角，一个覆盖全部交易过程的完整框架，包括建立模型、构造投资组合、风险分析和跨越所有交易资产种类的交易执行过程。

关于高频军备竞赛[6]的一些看法

一个经常被引用（但并未署名）的事实就是对于一些交易所和高频交易公司来说，每一毫秒交易延迟时间的减少相当于每年 1 亿美元的价值。不用说，这是一笔相当可观的资金。为什么公司会愿意支付这样大数额的资金呢？

---

[1] Engle and Ferstenberg. Execution Risk.

[2] Robert C. Merton. Lifetime Portfolio Selection under Uncertainty：The Continuous-Time Case. *Review of Economics and Statistics* 51，No. 3 (1969)，pp. 247—257.

[3] Leigh Sneddon. The Dynamics of Active Portfolios. Westpeak Global Advisors，2005.

[4] Richard Grindon. Dynamic Portfolio Analysis. *Journal of Portfolio Management* 34，No. 1 (2007)，p. 12—26.

[5] Peter N. Kolm and Lee Maclin. A Practical Method for Dynamic Portfolio Optimization. Working Paper，New York，Courant Institute，New York University，2009.

[6] 算法交易和高频交易领域在过去几年中经历了迅速的发展，并且这种发展还在持续着。这一部分所叙述的事实和评论是基于本书写作时可以获得的信息。由于这一领域还处在变化与发展中，因而本部分所展示的事实和结果也会变化和发展。

主要的观点认为,具有更快的交易速度可以让他们在他人之前对市场的变化做出反应,从而获得优势。他们的竞争优势来源于能够比其他市场参与者更快地处理和传递信息。这种所谓的*毫秒争夺*涉及使用从更快速的、尽可能更靠近交易所[①]的电脑,到其中信息数据包的规模已经被优化过的高度专业化的计算机代码在内的任何工具。

这些复杂的高频交易公司,占到美国约20 000家交易公司中的大概2%,却承担着将近3/4的全部美国股票交易量。他们的业务涉及数以百计最隐秘的职业式证券交易公司、大型投资银行中的自营交易平台和大约100家最复杂的对冲基金。[②] TABB集团估计这些高频交易公司2009年度的总利润大约为210亿美元。[③]

算法交易员是流动性的供给者,他们通过差价(大约1美分)和回扣(也被称作做市商—接受者费用)盈利。流动性供给者会在固定的价格发出买入或者卖出指令,如果他们的报价成交了,就可以从交易所获得回扣。今天,大多数的交易市场都会按照成交量的一定比例提供回扣以此吸引高频交易者进入。例如,2009年6月,Direct Edge交易所支付每股0.25美分的回扣来招募流动性供给者,同时收取流动性接受者0.28美分的费用。

每当交易所收到一个最新的报价,速度最快的公司就会收到这一信息,并在其他人之前相应地更新自己的报价。因此,他们提供流动性的指令就有更高的可能性被执行。一次成功的交易执行会为他们带来一小笔的收益,包括价差(如果有的话)和回扣。

延迟时间

当然,想要变得更迅速就意味着要缩短延迟时间。虽然交易延迟时间是高频交易中一个非常重要的部分,然而它却没有一个公认的定义。一个定义是考虑所谓的端到端延迟时间,也叫总延迟时间,它由两部分组成:(1)交易所延迟时间,(2)成员延迟时间。前者是指与来自交易所的价格发现和传递相关的延迟时间,而后者指的是公司接受信息并处理信息所花费的时间。这两部分可以按照顺序被分解成如下的几部分:

1. 价格在交易所的传递和分散。
2. 价格信息从交易所传递到公司。
3. 公司进行指令准备。
4. 将指令传递给交易所。
5. 在指令记录簿中记录指令。
6. 来自交易所的指令确认。
7. 来自交易所的指令执行最终报告。

---

① 这一现象被称作*主机托管*。2009年8月,100多家公司将他们的主机在NASDAQ进行托管,费用为每台每月7 000美元。

② Rob Iati. The Real Story of Trading Software Espionage. *Advance Trading*, July 10, 2009.

③ Larry Tabb and Robert Iati. Equity Trading in Transition: New Business Models for a Brave New World. Tabb Group, 2009.

Greene 和 Robin[①]进行的一项调查总结道,不同交易所之间、不同公司之间以上每一步骤所花费的时间差别很大。他们调查的结果如下:(1)500 微秒～5 毫秒,[②](2)4～5 毫秒,(3)＋(4)大约 100 毫秒,[③](5)5～25 毫秒,[④](6)500 微秒～2 毫秒。[⑤]这项研究并未涉及第(7)项。

交易延迟时间的一个重要组成部分就是远程数据传输。这些数据传输通常发生在公司与交易所之间,但也会涉及其他的组织(或是多个交易所)。在当今技术的条件下,纽约和芝加哥之间的这种传输可以在大约 7 毫秒之内完成,而东西海岸之间的传输大约需要 35 毫秒。[⑥]

高频交易和流动性

交易所最重要的一个组成部分就是能够向市场参与者提供流动性。为了便于讨论,我们将流动性简单地定义为:(1)能够在不带来显著价格变动的情况下迅速交易,和(2)能够在不带来显著价格变动的情况下完成大额的交易。

在本章写作的时候,技术领域和大众媒体就在讨论算法交易和高频交易是否提高了市场效率并提供了更多的流动性。

降低交易延迟时间改变了竞争的因素,包括流动性的需求和供给,以及报价以何种方式来更新以反馈公开信息。作为商业利润激励的结果,算法交易会在流动性便宜的时候消耗流动性,而在它昂贵的时候提供流动性,因而使得各个时间的流动性变得平滑。这样,算法交易员寻求最优报价而进行竞争的过程反过来引导价格向着有效价格移动。

---

① James Greene and Peter Robin. The Competitive Landscape for Global Exchanges:"What Exchanges Must Do to Meet User Expectations", Cisco Internet Business Solutions Group,2008. 该书作者采访了 40 位高级行政人员,他们覆盖了包含买方和卖方公司及交易所或者其他交易系统在内的广泛领域,例如 Alliance Bernstein、Cantor Fitzgerald/eSpeed、Credit Suisse、D. E. Shaw、Deutsche Börse、E * TRADE、Goldman Sachs、Highbridge Capital、HSBC Securities、ISE、ITG、Lehman Brothers、London Stock Exchange (LSE)、Madoff Investment Securities、Morgan Stanley 和 New York Stock Exchange (NYSE)。参加者需要进行排名并给出意见的交易所有 CME、Deutsche Börse、Euronext、ISE、LSE、NASDAQ、NYSE 和 TSE.

② NASDAQ(1 毫秒)、BATS Trading(400～500 微秒)、LSE(2 毫秒)、NYSE(2～5 毫秒)、Deutsche Börse(2 毫秒)。

③ 根据这一研究的说法,一些公司认为自己可以在 2～3 毫秒之内处理价格。

④ 平均执行时间:LSE(8～14 毫秒)、NYSE(10～25 毫秒)、NASDAQ(15 毫秒)、BATS Trading(5 毫秒)。而研究显示在研究范围之外的机构需要 250～500 毫秒的执行时间。

⑤ 这是交易所在接收到指令并登记在记录簿上之后所发出的确认:BATS Trading(500 微秒)、LSE(1 毫秒)、NASDAQ(1 毫秒)、NYSE(2 毫秒)。

⑥ 这些是单向的传输,来源 John Barr. Low Latency:What's It All About. 451 *Market Insight Service*,2008. 从东海岸到西海岸最短的距离(从佛罗里达州的杰克森维尔到加利福尼亚州的圣地亚哥,距离为 2,092 英里或者 3,347 千米),以光速计算需要花费 11 毫秒。光速为 299.792458 千米/毫秒。

Henderschott、Jones 和 Menkveld[①] 认为算法交易的增加使得大额股票的报价范围和有效价差变小。价差的减小来源于与交易相关的价格发现活动的减少（即逆向选择的减少）。

非常有趣的是，他们还指出流动性供给者的收入也随着算法交易的增加而增长。这是由于算法交易的流动性供给者在引入新算法的时候具备了某种形式的市场影响力，并且能够为自己捕捉到一些利润。

高频交易员和算法交易员常常被指责加大了近期市场的波动性。Riordan 和 Henderschott[②] 最近对德意志交易所法兰克福 DAX 指数的研究却给出相反的结论。特别地，他们发现没有证据证明在流动性较低的时候算法交易员对流动性的需求增加了市场的波动。另外，他们还指出，当算法交易员不提供流动性的时候，对波动性没有冲击影响。

很明显，在能够减少多少延迟时间的问题上存在着物理的限制。标准的经济学理论观点认为，随着时间的流逝和竞争的发展，高频交易所带来的利润率会逐渐地下降。大多数的参与者将会在某一时刻具备相同的技术性设施，但是却不一定有相同的算法。正如在很多的其他领域那样，最后的问题就变成了谁拥有最好（最"聪明"）的算法。一些人相信，高频交易的真正优势来源于使用最优秀的算法——那些不总是最快的，但是能够做出最好决策的算法。

总　结

■ 算法交易用来描述按照一组规则、以一种自动的方式进行的交易。智能买卖盘传递系统、程序化交易和规则化交易是与算法交易相关的其他一些用语。

■ 我们区分两种形式的市场冲击：一种基于信息的影响，叫作永久性市场冲击，另一种基于指令记录簿的影响，叫作暂时性市场冲击。暂时性市场冲击是由于指令记录上的限价指令被清空而产生的。它的大小取决于向指令记录中重新添加指令的时间。

■ 落差是指有效执行价格与到达价格（交易执行开始时候的当前价）之差。

■ 最优执行算法通过在执行成本与风险之间进行最优权衡来决定最优化交易的轨迹。Almgren 和 Chriss 的模型是要求出预期差额减去一个风险厌恶系数与差额方差的乘积的最小值。

■ 冲击模型被用来预测交易活动所带来的价格变动。

■ 交易员和投资组合经理的决策是基于不同的目标来完成的。交易员需要决定交易执行的时机，并在跨时交易时将大额的源指令分割成子指令，这些子指令代表了机会成本、市场冲击和风险之间的最优权衡。

[①] Terrence J. Hendershott, Charles M. Jones and Albert J. Menkveld. Does Algorithmic Trading Improve Liquidity?" (April 26, 2008). WFA 2008 paper; 得到 WFA NYSE-Euronext 股票交易最佳论文奖。

[②] Ryan Riordan and Terrence Henderschott. Algorithmic Trading and Information. *Working Paper*, 2009.

第十二章 投资管理与算法交易

■ 投资组合经理的任务是通过在机会成本、市场冲击和风险之间进行最优权衡,为全部交易资产和非交易资产建立一个投资组合。

■ 交易员只需看到交易的资产,而投资组合经理却要看到整个投资组合,它同时包含了交易的资产和静止的(非交易的)头寸。因此,标准的最优执行框架总的来说并不适合于投资组合经理。

■ 一些完善的买方算法交易策略包括:成交量加权平均价格(VWAP)、时间加权平均价格(TWAP)、成交量参与、收盘市价策略、到达价格(也叫作执行落差)和交叉交易。

■ 动态的投资组合和小额 delta 连续交易问题涉及多期模型,它们会在全部交易资产和非交易资产之间优化机会成本、市场冲击、α 衰减和风险(或是其中的一个子集)。

■ 高频交易军备竞赛和毫秒争夺指的是在高频交易和算法交易领域越来越激烈的竞争,这些竞争的目的是要减少延迟时间,从而能够比其他的市场参与者更迅速,这样就能够获得交易上和信息上的优势。

■ 延迟时间可以被分解成七个部分:(1)价格在交易所的传递和分散,(2)价格信息从交易所传递到公司,(3)公司进行指令准备,(4)将指令传递给交易所,(5)在指令记录簿中记录指令,(6)来自交易所的指令确认,(7)来自交易所的指令执行最终报告。

附录 A

数据说明和因素的定义

贯穿本书的一些例子中使用了不同的数据集合,包括 MSCI 世界指数及其分指数,一月期 LIBOR 以及 Compustat Point-In-Time 和 IBES Consensus 数据库。在本附录中我们将介绍这些数据集合的概况和汇总统计量。此外,在第六章和第七章中我们使用了一些价值、质量、增长率和动量因素。在本附录中我们也将给出这些因素的详细定义。

MSCI 世界指数

我们直接从摩根斯坦利资本国际公司获得了从 1980 年 1 月 1 日到 2004 年 5 月 31 日期间的 MSCI 世界指数和它所有的分指数的每日的水平和收益率以及市值比重。[1] 指数水平和收益率是从一个美国的投资者的角度给出的。

MSCI 世界指数是一个自由流通量调整市值指数,它是为衡量全球发达的股票市场的表现而设计的。截至 2004 年 12 月,MSCI 世界指数包括以下 23 个分指数(发达市场国家指数):澳大利亚、奥地利、比利时、加拿大、丹麦、芬兰、法国、德国、希腊、香港、爱尔兰、意大利、日本、荷兰、新西兰、挪威、葡萄牙、新加坡、西班牙、瑞典、瑞士、英国和美国。在 1980 年 1 月到 2004 年 5 月这一时期的某些时点上该指数包括的分指数还有马来西亚、墨西哥和南非金矿。

表 A.1 给出了截至 1985 年 1 月、1995 年 1 月和 2004 年 1 月,该指数不同的分指数及其以十亿美元计算的市值以及百分比权重和排名。我们观察到不同国家间的排名一直相对稳定。然而,MSCI 世界指数的总市值从 1985 年 1 月的 1.8 兆亿增加到了 2004 年 5 月的 17.4 兆亿。关于各个国家指数如何编制的详请可以从 MSCI 标准方法手册中得到。[2]

在表 A.2,A.3,A.4 中,我们给出了数据集合的一些基本的统计性质。因为截至 2004 年 5 月的指数的所有分指数同样也是 1988 年指数的分指数,所以为了简单起见,我们只给出在这段时期内计算的统计量。它们包括整个时期计算的统计量以及每半个时期

---

[1] 我们要感谢摩根士丹利资本国际公司(http://www.msci.com)为我们提供了数据。我们尤其要感谢 Nicholas G. Keyes 准备并回答了我们所有关于数据的问题。

[2] *MSCI Standard Methodology Book*,Morgan Stanley Capital International Inc.,May 11 version,2004.

计算的统计量,前半个时期是从1988年1月到1994年12月,后半个时期是从1995年1月到2004年5月。

我们报告了年度平均收益率、收益波动率和夏普比率。最小收益率(Min)和最大收益率(Max)都是单日数据。偏度和峰度计算为三阶和四阶中心矩。本书中所用的夏普比率的定义是年化平均收益率与同一时期年化波动率的比值。

我们观察到在所考察的时期内MSCI世界指数及其大多数分指数的表现是非常好的。整个时期该指数平均年均收益率是6.4%,年波动率是12.9%。前半时期和后半时期的平均收益率几乎是相同的(6.4%与6.3%),但是波动率从11.1%提高到了14%。在所有样本中,单个国家的收益率在11.1%(日本)到13.7%(芬兰)之间变化,同时波动率在16.0%(加拿大)到33.2%(芬兰)之间变化。

如果我们按夏普比率对单个国家的表现进行排名的话,丹麦和瑞士(都是0.65)排在前两位,接下来是美国(0.62)。很有意思的是,比较这两个阶段上按夏普比率的排名,我们可以看到它们之间几乎没有持续性。实际上,Spearman排名相关系数(两个时期排名之间的相关性)是—0.07。

波动率随时间有显著的变化。表A.5针对该样本的一些国家说明了这一事实,展示了MSCI世界指数以及新加坡、西班牙、瑞典、瑞士、英国和美国等国家指数的一年滚动标准差。

表A.6给出了整个时期的相关系数矩阵。不同国家间的相关系数在0.01(美国和意大利)到0.76(加拿大和荷兰)之间变动。所以我们预期通过分散化可以获得一些好处。

相关系数同时也表现出了随时间的变化性。例如,表A.7描述了美国与德国、香港、意大利、日本和荷兰的两年滚动相关系数。我们注意到在有些相关系数(美国与德国之间)上升的同时有些(美国与香港之间)则下降了。实际上,对于这一数据集合的更深入的分析表明不同国家之间的相关系数实际上随着时间降低了,而波动率却上升了。这一结果跟几个学术研究的结果是一致的。[①] 如果将整个样本的相关系数分解,我们会发现对于国际投资者来说,今天所能获得的分散化的好处中差不多一半都要归功于可进入的市场数量的增加,而另一半则归功于不同市场间较低的平均相关性。

[①] 参见,例如,Richard O. Michaud, Gary L. Bergstrom, Ronald D. Frashure, and Brian K. Wolahan, "Twenty Years of International Equity Investing," *Journal of Portfolio Management* 23, no. 1 (Fall 1996), pp. 9−22; 和William N. Goetzmann, Lingfeng Li, and K. Geert Rouwenhorst, "Long-Term Global Market Correlations," *Journal of Business* 78, no. 1, pp. 1−38, 2005.

表 A.1 截至 1985 年、1995 年和 2004 年 1 月第一个交易日 MSCI 世界指数及其分指数的市值权重

	1985			1995			2004		
	美元（十亿）	百分比	排名	美元（十亿）	百分比	排名	美元（十亿）	百分比	排名
世界	1,765.1	100.00		7,650.8	100.00		17,416.4	100.00	
澳大利亚	27.8	1.57	6	125.1	1.63	10	373.6	2.15	9
奥地利	0.8	0.05	20	18.0	0.23	20	16.0	0.09	22
比利时	7.6	0.43	15	49.3	0.64	16	77.5	0.45	15
加拿大	71.7	4.06	4	171.1	2.24	7	463.9	2.66	7
丹麦	3.6	0.20	17	35.3	0.46	17	55.5	0.32	17
芬兰	26.7	0.35	18	122.8	0.71	13			
法国	23.1	1.31	9	265.6	3.47	5	727.6	4.18	4
德国	49.1	2.78	5	300.1	3.92	4	530.8	3.05	6
希腊							33.3	0.19	20
香港	14.7	0.83	12	136.5	1.78	9	118.5	0.68	14
爱尔兰	12.5	0.16	23	54.1	0.31	18			
意大利	15.1	0.85	10	102.9	1.34	12	285.3	1.64	10
日本	367.5	20.82	2	2,145.7	28.04	2	1,576.7	9.05	3
马来西亚				105.6	1.38	11			
墨西哥	1.7	0.10	19						
荷兰	25.7	1.46	8	167.9	2.19	8	380.8	2.19	8
新西兰				17.3	0.23	21	15.8	0.09	23
挪威	2.7	0.15	18	19.9	0.26	19	35.7	0.20	19
葡萄牙							26.5	0.15	21
新加坡	14.7	0.84	11	56.8	0.74	15	60.4	0.35	16
南非金矿	12.4	0.70	13	13.6	0.18	22			
西班牙	7.0	0.40	16	74.3	0.97	14	271.3	1.56	11
瑞典	11.8	0.67	14	76.1	1.00	13	167.7	0.96	12
瑞士	26.4	1.49	7	215.0	2.81	6	545.0	3.13	5
英国	131.2	7.43	3	731.1	9.56	3	1,906.4	10.95	2
美国	950.4	53.85	1	2,784.6	36.40	1	9,571.3	54.96	1

表 A.2 1988 年 1 月至 2004 年 5 月期间日收益率的统计量

	均值%	波动率%	Sharpe 比率	排名	偏度	峰度	最小值%	最大值%
世界	6.4	12.900	0.49	6	−0.06	6.19	−5.1	4.91
澳大利亚	7.3	17.6	0.42	15	−0.20	6.02	−8.5	7.7
奥地利	7.7	19.1	0.41	17	−0.17	9.68	−12.6	9.7
比利时	8.3	18.1	0.46	8	0.31	9.19	−8.6	9.1
加拿大	7.2	16.0	0.45	9	−0.54	9.73	−9.3	5.4
丹麦	11.9	18.1	0.65	1	−0.25	6.16	−9.0	7.0
芬兰	13.7	33.2	0.41	16	−0.14	9.76	−18.2	17.3
法国	10.5	19.9	0.53	5	−0.13	5.89	−9.7	7.6

续表

	均值%	波动率%	Sharpe 比率	排名	偏度	峰度	最小值%	最大值%
德国	9.4	22.5	0.42	14	−0.29	7.87	−12.9	7.3
希腊	12.7	29.9	0.43	13	0.30	8.54	−11.1	17.3
香港	11.5	26.3	0.44	11	−0.47	20.42	−23.0	17.4
爱尔兰	8.7	19.3	0.45	10	−0.14	6.94	−7.5	7.2
意大利	6.4	22.3	0.29	21	−0.12	5.88	−10.5	6.9
日本	1.1	23.2	0.05	24	0.41	7.41	−8.1	13.1
荷兰	9.2	18.7	0.49	7	−0.14	7.20	−8.1	6.8
新西兰	2.8	22.1	0.13	23	−0.14	10.16	−14.6	11.7
挪威	9.2	21.3	0.43	12	−0.26	8.23	−11.6	10.3
葡萄牙	2.8	18.6	0.15	22	−0.03	8.63	−9.6	9.2
新加坡	7.6	21.0	0.36	20	0.21	11.76	−10.2	12.6
西班牙	8.4	21.1	0.40	19	−0.05	7.02	−10.6	9.6
瑞典	13.5	25.0	0.54	4	0.07	7.00	−9.3	12.1
瑞士	11.6	17.9	0.65	2	−0.14	7.08	−9.0	7.0
英国	6.8	16.9	0.40	18	−0.04	5.52	−5.2	7.5
美国	10.1	16.15	0.62	3	−0.14	7.24	−6.7	5.8

注：均值、波动率和 Sharpe 比率是各个国家指数的年化的平均收益率、波动率和 Sharpe 比率。排名是根据各国 Sharpe 比率的数值排名。最小值和最大值分别是每日最小收益率和最大收益率。偏度和峰度按三阶和四阶标准化中心矩来计算。

图表 A.3 1988 年 1 月至 1994 年 12 月期间日收益率的统计量

	均值%	波动率%	Sharpe 比率	排名	偏度	峰度	最小值%	最大值%
世界	6.4	11.1	0.57	12	0.04	7.70	−5.1	4.9
澳大利亚	9.0	17.4	0.51	14	−0.43	5.98	−8.5	4.5
奥地利	11.2	21.2	0.53	13	−0.08	11.80	−12.6	9.7
比利时	10.2	15.8	0.64	7	0.32	12.84	−8.6	8.5
加拿大	2.7	10.6	0.25	19	−0.35	5.08	−3.8	3.2
丹麦	13.2	17.4	0.76	5	−0.28	7.97	−9.0	7.0
芬兰	5.7	21.7	0.26	18	0.08	5.86	−7.9	7.3
法国	11.4	17.8	0.64	8	−0.30	7.93	−9.7	7.6
德国	12.1	20.1	0.61	10	−0.77	14.54	−12.9	7.3
希腊	15.7	31.9	0.49	16	0.51	10.29	−11.1	17.3
香港	20.3	24.1	0.84	3	−2.28	37.08	−23.0	8.6
爱尔兰	10.1	19.8	0.51	15	0.01	7.49	−7.5	7.2
意大利	3.0	22.2	0.14	21	−0.29	7.12	−10.5	6.9
日本	4.3	22.6	0.19	20	0.47	8.53	−8.1	11.4
荷兰	11.7	13.6	0.87	2	−0.46	6.11	−6.4	3.4
新西兰	2.2	22.7	0.10	22	0.02	7.83	−10.0	8.4
挪威	13.1	22.4	0.59	11	−0.15	9.09	−11.6	10.3

续表

	均值%	波动率%	Sharpe 比率	排名	偏度	峰度	最小值%	最大值%
葡萄牙	−3.1	19.3	−0.16	24	0.06	12.10	−9.6	9.2
新加坡	18.8	16.2	1.16	1	−0.52	11.49	−9.1	5.5
西班牙	1.2	19.1	0.06	23	−0.20	11.16	−10.6	9.6
瑞典	13.2	21.0	0.63	9	0.05	7.59	−9.3	8.3
瑞士	13.4	17.0	0.79	4	−0.41	8.47	−9.0	6.5
英国	6.8	16.1	0.42	17	0.09	6.13	−5.2	7.5
美国	9.0	12.6	0.71	6	−0.55	9.30	−6.5	3.8

注：均值、波动率和 Sharpe 比率是各个国家指数的年化的平均收益率、波动率和 Sharpe 比率。排名是根据各国 Sharpe 比率的数值排名。最小值和最大值分别是每日最小收益率和最大收益率。偏度和峰度按三阶和四阶标准化中心矩来计算。

表 A.4   1995 年 12 月至 2004 年 5 月期间日收益率的统计量

	均值%	波动率%	Sharpe 比率	排名	偏度	峰度	最小值%	最大值%
世界	6.3	14.0	0.45	9	−0.09	5.39	−4.4	4.7
澳大利亚	6.1	17.7	0.35	16	−0.03	6.05	−6.8	7.7
奥地利	5.2	17.3	0.30	20	−0.29	5.11	−6.1	4.0
比利时	6.9	19.7	0.35	15	0.30	7.57	−6.2	9.1
加拿大	10.6	19.0	0.56	4	−0.54	8.11	−9.3	5.4
丹麦	10.9	18.7	0.58	3	−022	5.10	−6.1	5.7
芬兰	19.7	39.7	0.50	7	−0.17	7.99	−18.2	17.3
法国	9.8	21.3	0.46	8	−0.06	4.93	−6.1	6.1
德国	7.4	24.1	0.31	18	−0.08	5.18	−7.5	7.1
希腊	10.5	28.2	0.37	14	0.07	6.11	−9.4	8.8
香港	4.9	27.8	0.18	21	0.42	13.03	−12.9	17.4
爱尔兰	7.6	19.0	0.40	11	−028	6.44	−7.5	6.1
意大利	8.9	22.3	0.40	10	0.01	4.97	−6.9	6.9
日本	−1.3	23.7	−0.06	24	0.38	6.70	−6.9	13.1
荷兰	7.2	21.7	0.33	17	−0.06	6.18	−8.1	6.8
新西兰	3.2	21.7	0.15	22	−0.28	12.18	−14.6	11.7
挪威	6.3	20.5	0.31	19	−0.37	7.20	−9.0	7.5
葡萄牙	7.1	18.1	0.39	12	−0.10	5.23	−6.3	5.2
新加坡	−0.7	24.0	−0.03	23	0.41	10.40	−10.2	12.6
西班牙	13.7	22.5	0.61	1	0.01	5.18	−6.2	7.3
瑞典	13.7	27.6	0.50	6	0.07	6.32	−9.2	12.1
瑞士	10.2	18.5	0.55	5	0.02	6.29	−6.9	7.0
英国	6.8	17.5	0.39	13	−0.11	5.15	−5.1	5.4
美国	10.8	18.3	0.59	2	−0.03	6.05	−6.7	5.8

注：均值、波动率和 Sharpe 比率是各个国家指数的年化的平均收益率、波动率和 Sharpe 比率。排名是根据各国 Sharpe 比率的数值排名。最小值和最大值分别是每日最小收益率和最大收益率。偏度和峰度按三阶和四阶标准化中心矩来计算。

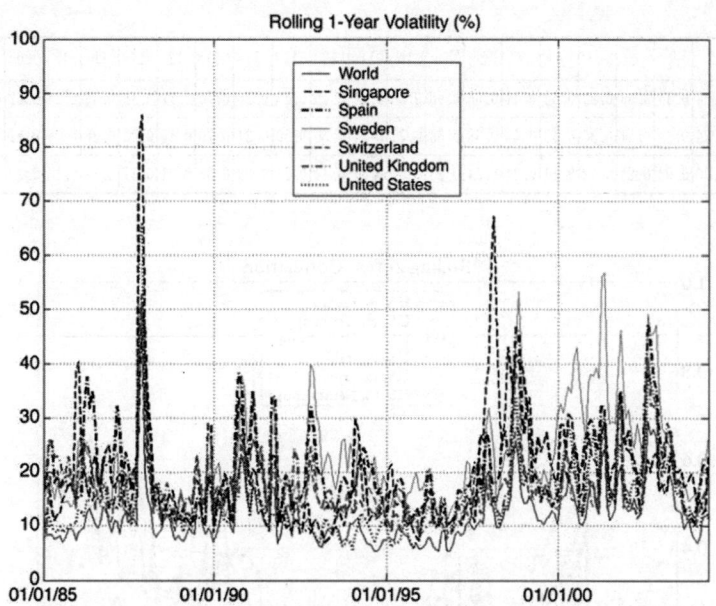

图 A.1 MSCI 世界指数、新加坡、西班牙、瑞典、瑞士、英国和美国指数的一年滚动波动率（标准差）

表 A.5 1988 年 1 月 5 日至 2004 年 5 月 31 日期间 MSCI 世界指数与各个分指数的相关系数矩阵

		1	2	3	4	5	6	7	8	9	10	11	12	13	14	15	16	17	18	19	20	21	22	23	24
世界	1	1.00																							
澳大利亚	2	0.29	1.00																						
奥地利	3	0.34	0.24	1.00																					
比利时	4	0.53	0.24	0.48	1.00																				
加拿大	5	0.61	0.20	0.14	0.25	1.00																			
丹麦	6	0.41	0.24	0.45	0.53	0.21	1.00																		
芬兰	7	0.46	0.22	0.26	0.37	0.33	0.38	1.00																	
法国	8	0.65	0.23	0.41	0.62	0.38	0.50	0.51	1.00																
德国	9	0.65	0.26	0.49	0.63	0.38	0.53	0.48	0.71	1.00															
希腊	10	0.24	0.16	0.28	0.30	0.12	0.29	0.20	0.27	0.29	1.00														
香港	11	0.31	0.37	0.21	0.18	0.18	0.21	0.24	0.23	0.26	0.15	1.00													
爱尔兰	12	0.42	0.30	0.42	0.48	0.20	0.46	0.33	0.48	0.49	0.31	0.23	1.00												
意大利	13	0.50	0.22	0.37	0.50	0.28	0.44	0.40	0.60	0.56	0.22	0.19	0.39	1.00											
日本	14	0.53	0.31	0.26	0.25	0.15	0.23	0.19	0.23	0.23	0.19	0.29	0.26	0.19	1.00										
荷兰	15	0.64	0.26	0.40	0.65	0.37	0.50	0.50	0.76	0.71	0.26	0.25	0.49	0.56	0.23	1.00									
新西兰	16	0.19	0.51	0.22	0.18	0.10	0.17	0.16	0.16	0.20	0.14	0.25	0.23	0.16	0.22	0.19	1.00								
挪威	17	0.42	0.31	0.40	0.42	0.25	0.47	0.37	0.48	0.48	0.26	0.25	0.43	0.38	0.24	0.51	0.22	1.00							
葡萄牙	18	0.37	0.21	0.41	0.47	0.20	0.45	0.34	0.45	0.47	0.30	0.17	0.40	0.39	0.22	0.43	0.18	0.36	1.00						
新加坡	19	0.34	0.36	0.24	0.23	0.18	0.23	0.24	0.25	0.27	0.20	0.54	0.26	0.21	0.35	0.26	0.28	0.29	0.20	1.00					
西班牙	20	0.59	0.25	0.43	0.57	0.34	0.49	0.45	0.71	0.64	0.28	0.23	0.44	0.60	0.24	0.65	0.18	0.45	0.48	0.26	1.00				
瑞典	21	0.57	0.29	0.35	0.47	0.36	0.47	0.61	0.63	0.59	0.25	0.27	0.42	0.51	0.26	0.59	0.20	0.49	0.40	0.30	0.58	1.00			

续表

		1	2	3	4	5	6	7	8	9	10	11	12	13	14	15	16	17	18	19	20	21	22	23	24
瑞士	22	0.58	0.24	0.46	0.63	0.29	0.52	0.41	0.68	0.68	0.30	0.21	0.49	0.53	0.25	0.70	0.17	0.48	0.46	0.24	0.62	0.55	1.00		
英国	23	0.64	0.24	0.34	0.51	0.36	0.43	0.44	0.68	0.58	0.21	0.24	0.50	0.50	0.24	0.70	0.16	0.43	0.36	0.25	0.57	0.54	0.60	1.00	
美国	24	0.78	0.06	0.08	0.24	0.62	0.14	0.24	0.34	0.35	0.07	0.11	0.14	0.24	0.08	0.33	0.01	0.17	0.12	0.13	0.30	0.29	0.26	0.34	1.00

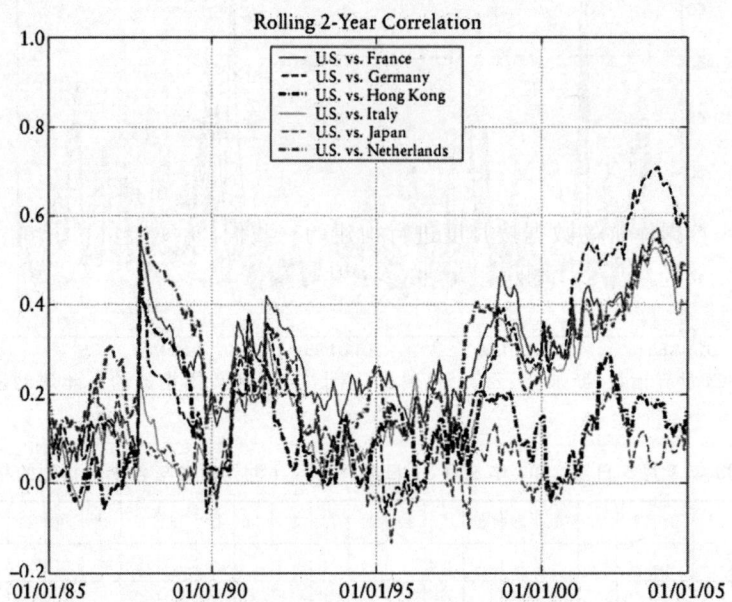

图 A.2　美国与德国、香港、意大利、日本和荷兰的两年滚动相关系数

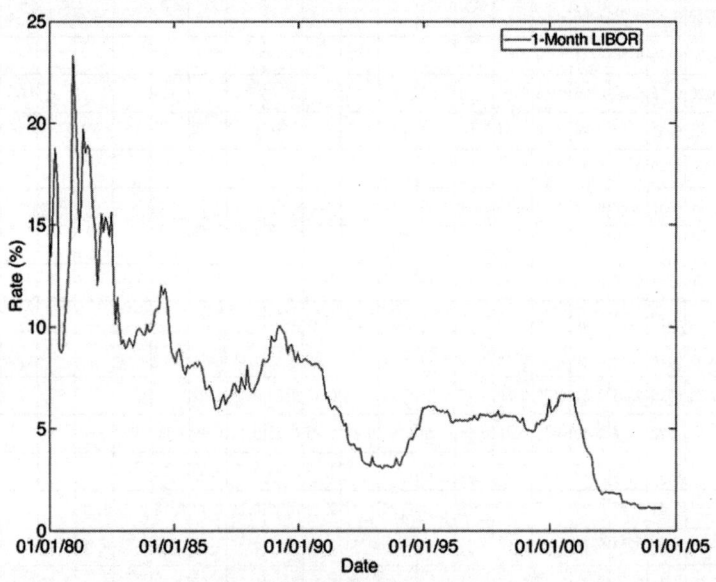

图 A.3　一月期 LIBOR

一月期 LIBOR

在本书的一些例子中我们使用了一月期 LIBOR。[①] LIBOR 代表伦敦银行间同业拆借利率,是使用最广泛的短期基准利率之一。它是在伦敦银行间同业市场上,银行能够从其它银行那里借到资金的浮动利率。图 A.3 描述了一月期的 LIBOR。

COMPUSTAT POINT-IN-TIME 数据库,IBES CONSENSUS 数据库和因素的定义

第六章和第七章中使用的因素是利用 COMPUSTAT POINT-IN-TIME 和 IBES CONSENSUS 数据库中的数据按月度进行构建的。我们的样本包括从 1989 年 12 月 31 日到 2008 年 12 月 31 日这一期间上的罗素 1000 指数中包含的所有股票。

COMPUSTAT POINT-IN-TIME 数据库[②]中包含了来自活跃的和不活跃的公司的利润表、资产负债表和现金流量表的季度财务数据。该数据库提供了一致的历史财务数据,同时包括报告的数据以及之后重述的数据,这是它在每一月末出现的形式。研究人员使用这个数据能够避免出现诸如生存偏差和前置偏差这样的常见的数据问题。在这个数据库中可以得到 1987 年 3 月以后的数据。

IBES 数据库[③]提供了公司的实际盈利和来自卖方分析师的关于各种财务度量的估计。这些估计的财务度量包括对盈利、收入/销售额、营业利润的估计、分析师的建议和其他度量。该数据是在汇总的(共识的)水平上给出的或在细化的(逐个分析师报告)基础上给出的。美国数据包括自 1976 年 1 月以来报告的盈利估计值和实际值。

在第六章和第七章中使用的因素定义如下。[④]

价值因素

折旧前营业收入与公司价值比率=EBITDA/EV

其中

EBITDA=营业收入(LTM)(Compustat 第 2 项)-商品销售成本(LTM)(Compustat 第 30 项)-管理及办公室费用(Compustat 第 1 项)

EV=长期负债(Compustat 第 51 项)+发行在外普通股(Compustat 第 61 项)×价格(PRCCM)-现金(Compustat 第 36 项)

市净率=股东权益总额(Compustat 第 60 项)/[发行在外普通股(Compustat 第 59 项)×市价(PRCCM)]

---

① British Bankers' Association,http://www.bbalibor.com.
② http://www.compustat.com.
③ http://www.thomsonreuters.com.
④ LTM 指最后四个报告季度。

销售收入对市价比率＝销售收入LTM（Computstat 第 2 项）/[发行在外普通股（Computstat 第 61 项）×价格（PRCCM）]

质量因素

股权回购量＝[当前发行在外普通股（Computstat 第 61 项）－12 个月之前发行在外普通股（Computstat 第 61 项）]/12 个月之前发行在外普通股（Computstat 第 61 项）

资产周转率＝销售收入（LTM）（Computstat 第 2 项）/[（当前资产额（Computstat 第 44 项）－12 个月之前的资产额（Computstat 第 44 项））/2]

资本周转率＝营业收入/投资资本

其中

营业收入＝特殊项目前收入（LTM）（Computstat 第 8 项）＋利息支出（LTM）（Computstat 第 22 项）＋少数股东损益支出（LTM）（第 3 项）

且

投资资本＝普通股股东权益（Computstat 第 59 项）＋长期负债（Computstat 第 51 项）＋少数股东权益（Computstat 第 53 项）＋优先股股东权益（Computstat 第 55 项）

权益负债率＝负债总额/股东权益

其中

负债总额＝流动负债（Computstat 第 45 项）＋长期负债（Computstat 第 51 项）

股东权益＝股东权益（Computstat 第 60 项）

权益负债变化率＝（当前负债总额－12 个月前的负债总额）/[（当前股东权益额＋12 个月前的股东权益额）/2]

增长率

修正值＝（向上修正的个数（IBES 中的项目 NUMUP）－向下修正的个数（IBES 中的项目 NUMDOWN））/估计修正的个数（IBES 中的项目 NUMEST）

本财年与下财年盈利估计值的增长率＝下财年的合意均值（IBES 中的项目 MEAN FY2）/本财年的合意均值（IBES 中的项目 MEAN FY1）－1

动量

动量＝从最近一个月起前一年的去除最高收益之后的 11 个月收益的总和。

汇总统计量

表 A.6 描述了前面定义的因素的月度汇总统计量。大于第 97.5 个百分位数和小于第 2.5 个百分位数的因素值被认为是离群值。我们把大于第 97.5 个百分位数的因素值调整为第 97.5 个百分位数值，把小于第 2.5 个百分数的因素值调整为第 2.5 个百分位数值。

表 A.6 汇总统计量

	均值	标准差	中位数	百分之二十五分位数	百分之七十五分位数
EBITDA/EV	0.11	0.06	0.11	0.07	0.15
市净率	0.46	0.30	0.40	0.24	0.62
销售收入对市价比率	0.98	0.91	0.69	0.36	1.25
股权回购量	0.03	0.09	0.00	−0.01	0.03
资产周转率	1.83	1.89	1.46	0.64	2.56
投资资本收益率	0.13	0.11	0.11	0.07	0.17
权益负债率	0.97	1.08	0.62	0.22	1.26
权益负债变化率	0.10	0.31	0.01	−0.04	0.17
修正值	−0.02	0.33	0.00	−0.17	0.11
本财年与下财年盈利估计的增值率	0.37	3.46	0.15	0.09	0.24
动量	13.86	36.03	11.00	−7.96	31.25

附录 B

著名因素及其基本经济原理概述

股息收益率

经济原理:投资者偏好于立即获得其投资收益所得。

参考文献:

Ray Ball, "Anomalies in Relationships Between Securities' Yields and Yield-Surrogates," *Journal of Financial Economics*, 6 (1978), pp. 103—126.

价值

经济原理:投资者偏好于低估值的股票。

参考文献:

Kent Daniel and Sheridan Titman, "Evidence on the Characteristics of Cross-Sectional Variation in Stock Returns," *Journal of Finance*, 52 (1997), pp. 1—33.

Jennifer Conrad, Michael Cooper, and Gautam Kaul, "Value versus Glamour," *Journal of Finance*, 58 (2003), pp. 1969—1996.

Eugene F. Fama and Kenneth R. French, "The Cross-Section of Expected Stock Returns," *Journal of Finance*, 47 (1992), pp. 427—466.

Eugene F. Fama and Kenneth R. French, "Common Risk Factors in the Returns on Stocks and Bonds," *Journal of Financial Economics*, 33 (1993), pp. 3—56.

Eugene F. Fama and Kenneth R. French, "Multifactor Explanations of Asset Pricing Anomalies," *Journal of Finance*, 51 (1996), pp. 55—84.

规模(市值)

经济原理:中小型企业比大型企业表现得更好。

参考文献:

Rolf W. Banz, "The Relationship Between Return and Market Value of Common Stocks," *Journal of Financial Economics*, 9 (1981), pp. 3—18.

Josef Lakonishok, Andrei Shleifer, and Robert W. Vishny, "Contrarian Investment, Extrapolation, and Risk," *Journal of Finance*, 49 (1994), pp. 1541—1578.

资产周转率

经济原理:这种度量能够评价一个企业所使用的资产的生产能力。投资者相信高周转率与未来的高收益有关联。

参考文献:

Patricia M. Fairfield and Teri Lombardi Yohn, "Using Asset Turnover and Profit Margin to Forecast Changes in Profitability," *Review of Accounting Studies*, 6 (2001), pp. 371—385.

盈利修正值

经济原理:乐观分析者的修正暗示着更强烈的商业前景与公司盈利。

参考文献:

Kent L. Womack, "Do Brokerage Analysts' Recommendations Have Investment Value?" *Journal of Finance*, 51 (1996), pp. 137—167.

Harrison Hong, Terence Lim, and Jeremy C. Stein, "Bad News Travels Slowly: Size, Analyst Coverage and the Profitability of Momentum Strategies," *Journal of Finance*, Vol. 55, Issue 1, Feb. 2000, pp. 265—295.

Narasimhan Jegadeesh, Joonghyuk Kim, Susan D. Krische, and Charles M. C. Lee, "Analyzing the Analysts: When Do Recommendations Add Value?" *Journal of Finance*, 59 (2004), pp. 1083—1124.

第 1 财政年度和第 2 财政年度盈利估计值的增长率

经济原理:投资者往往被盈利增长的公司所吸引。

参考文献:

Robert D. Arnott, "The Use and Misuse of Consensus Earnings," *Journal of Portfolio Management*, 11 (1985), pp. 18—27.

Gary A. Benesh and Pamela P. Peterson, "On the Relation Between Earnings Changes, Analysts' Forecasts and Stock Price Fluctuation," *Financial Analysts Journal*, (1986), pp 29—39.

动量

经济原理:投资者偏好于过去具有好的表现的股票。

参考文献:

Narasimhan Jegadeesh, "Evidence of Predictable Behavior of Security Returns," *Journal of Finance*, 45 (1990), pp. 881—898.

Narasimhan Jegadeesh and Sheridan Titman, "Returns to Buying Winners and Selling Losers: Implications for Stock Market Efficiency," *Journal of Finance*, 48 (1993), pp. 65—91.

收益反转

经济原理:股票对信息反应过度,也就是说,在目前月份中具有最高收益的股票倾向于在接下来的月份中取得较低的收益。

参考文献:

Narasimhan Jegadeesh, "Evidence of Predictable Behavior of Security Returns," *Journal of Finance*, 45 (1990), pp. 881—89.

异常风险

经济原理:在目前月份中具有高的异常风险的股票倾向于在随后月份中拥有较低的收益。

参考文献:

Andrew Ang, Robert J. Hodrick, Yuhang Xing, and Xiaoyan Zhang, "The Cross-Section of Volatility and Expected Returns," *Journal of Finance*, 61 (2006), pp. 259—299.

盈利不符预测

经济原理:投资者喜欢正的意外盈利,不喜欢负的意外盈利。

参考文献:

Ray Ball and Philip Brown, "An Empirical Evaluation of Accounting Income Numbers," *Journal of Accounting Research*, 6 (1968), pp. 159—177.

Dan Givoly and Josef Lakonishok, "The Information Content of Financial Analysts' Earnings Forecasts," *Journal of Accounting and Economics*, 1 (1979), pp. 165—185.

Victor Bernard and Jacob Thomas, "Post-Earnings-Announcement Drift: Delayed Price Response or Risk Premium?" *Journal of Accounting Research*, 27 (1989), pp. 1—48.

Victor Bernard and Jacob Thomas, "Evidence that Stock Prices Do Not Fully Reflect the Implications of Current Earnings for Future Earnings," *Journal of Accounting and Economics*, Vol. 13, 1990, pp. 305—340.

Narasimhan Jegadeesh and Joshua Livnat, "Revenue Surprises and Stock Returns," *Journal of Accounting and Economics*, 41 (2006), pp. 147—171.

应计收益

经济原理:收入具有较大现金成分的公司倾向于拥有更高的未来收益。

参考文献:

Richard G. Sloan, "Do Stock Prices Fully Reflect Information in Accruals and Cash Flows about Future Earnings?" *The Accounting Review*, 71 (1996), pp. 289—315.

公司治理

经济原理:公司治理较好的企业倾向于拥有更高的企业价值、更高的收益、更高的销售增长、更低的资本支出以及更少的企业并购。

参考文献:

Michael C. Jensen and William H. Meckling, "Theory of the Firm: Managerial Behavior Agency Costs, and Ownership Structure," *Journal of Financial Economics*, 3 (1976), pp 305—360.

管理层薪酬因素

经济原理:将管理层薪酬与股东利益结合在一起的公司倾向于表现更好。

参考文献:

Paul A. Gompers, Joy L. Ishii, and Andrew Metrick, "Corporate Governance and Equity Prices," *Quarterly Journal of Economics*, 118 (2003), pp. 107—155

Holthausen, R., D. Larcker, and R. Sloan, "Annual Bonus Schemes and the Manipulation of Earnings," *Journal of Accounting and Economics*, 19 (1995), pp. 29—74.

David Yermack, "Good Timing: CEO Stock Option Awards and Company News Announcements," *Journal of Finance*, 52 (1997), pp. 449—476.

John E. Core, Robert W. Holthausen, and David F. Larcker, "Corporate Governance, Chief Executive Officer Compensation, and Firm Performance," *Journal of Financial Economics*, 51 (1999), pp. 371—406.

会计风险因素

经济原理:具有较低会计风险的公司倾向于拥有更高的未来收益。

参考文献:

David Burgstahler and Ilia Dichev, "Earnings Management to Avoid Earnings Decreases and Losses," *Journal of Accounting and Economics*, 24 (1997), pp. 99—126.

Siew Hong Teoh, Ivo Welch, and T. J. Wong, "Earnings Management and the Underperformance of Seasoned Equity Offerings," *Journal of Financial Economics*, 50 (1998), pp. 63—99.

Douglas J. Skinner and Richard G. Sloan, "Earnings Surprises, Growth Expectations and Stock Returns, or, Don't Let a Torpedo Stock Sink Your Portfolio," *Review of Accounting Studies*, 7 (2002), pp. 289—312.

附录 C

特征值与特征向量的回顾

在这个附录中,我们将对特征值、特征向量以及消去算子进行回顾。

一个一般的 $N \times N$ 阶矩阵 A 的特征值和特征向量是满足方程

$$Ax = \lambda x$$

的数以及非零向量。

特征值是特征方程 $\det(A - \lambda I_N) = 0$ 的根。至多存在 N 个不同的特征值和特征向量。一般来说,特征值可以是实数也可以是复数。如果一个特征值是复数,那么它的共轭复数也是矩阵的特征值。两个或两个以上的特征值和特征向量可能会重合。如果矩阵 A 为半正定矩阵,即 $\forall x$,都有 $x'Ax \geqslant 0$ 成立,那么 A 的特征值都是非负实数。事实上,$x'Ax = x'\lambda x \geqslant 0$ 成立。协方差矩阵都是半正定的,因此它们的特征值都是实数但可以为 0,两个或两个以上的特征值也可以相同。

假设特征值 λ_i 均为非零的互不相同的实数。我们把特征值放在一个对角阵中

$$\Lambda = \begin{pmatrix} \lambda_1 & 0 & 0 \\ 0 & \ddots & 0 \\ 0 & 0 & \lambda_N \end{pmatrix}$$

并把与之相对应的特征向量 h_i 也放在一个矩阵中:

$$H = [h_1, \cdots, h_N]$$

因为 $Ah_i = \lambda_i h_i$,所以有 $AH = H\Lambda$ 以及 $H^{-1}AH = \Lambda$ 成立。我们说我们将矩阵 A 对角化。如果我们用以下矩阵右乘 H

$$\Lambda^{-\frac{1}{2}} = \begin{pmatrix} \frac{1}{\sqrt{\lambda_1}} & 0 & 0 \\ 0 & \ddots & 0 \\ 0 & 0 & \frac{1}{\sqrt{\lambda_N}} \end{pmatrix}$$

那么有 $\Lambda^{-\frac{1}{2}}(\Lambda^{-\frac{1}{2}}) = \Lambda^{-1}$ 和 $(H\Lambda^{-\frac{1}{2}})'A(H\Lambda^{-\frac{1}{2}}) = I_N$。

消去算子(sweep operator)

消去算子极大地简化了线性回归的记号。考虑一个 $N \times N$ 阶方阵 A。我们定义利用 A 的第 k 个对角元素对 A 进行的消去运算,$\text{SWEEP}(k)A = B$ 为如下定义的映射 $A \rightarrow B$:

$$B_{kk} = \frac{1}{A_{kk}}$$

$$B_{ik} = \frac{A_{ik}}{A_{kk}}, i \neq k \text{ 第 k 列}$$

$$B_{kj} = \frac{A_{kj}}{A_{kk}}, j \neq k \text{ 第 k 列}$$

$$B_{ij} = A_{ij} - \frac{A_{ik}A_{kj}}{A_{kk}}, i \neq k, j \neq k$$

如果 $B_1 = SWEEP(k_1)A, B_2 = SWEEP(k_2)B_1, \cdots, B = SWEEP(k_r)B_{r-1}$，则我们可以写成 $B = SWEEP(k_1, \ldots, k_r)A$。以下性质成立：

如果 $\boldsymbol{A} = \begin{pmatrix} \boldsymbol{B} & \boldsymbol{C} \\ \boldsymbol{D} & \boldsymbol{E} \end{pmatrix}$，这里 $\boldsymbol{B}, \boldsymbol{C}, \boldsymbol{D}, \boldsymbol{E}$ 分别为 $(r \times r)$，$(r \times s)$，$(s \times r)$，$(s \times s)$ 阶的矩阵，且 $s + r = N$，则有

$$SWEEP(1,2,\ldots,r)\boldsymbol{A} = \begin{pmatrix} \boldsymbol{B}^{-1} & \boldsymbol{B}^{-1}\boldsymbol{C} \\ -\boldsymbol{D}\boldsymbol{B}^{-1} & \boldsymbol{E} - \boldsymbol{D}\boldsymbol{B}^{-1}\boldsymbol{C} \end{pmatrix}$$

$$SWEEP(r+1, r+2, \ldots, r+s)\boldsymbol{A} = \begin{pmatrix} \boldsymbol{B} - \boldsymbol{C}\boldsymbol{E}^{-1}\boldsymbol{D} & -\boldsymbol{C}\boldsymbol{E}^{-1} \\ \boldsymbol{E}^{-1}\boldsymbol{D} & \boldsymbol{E}^{-1} \end{pmatrix}$$

利用消去算子我们可以将线性回归中的数更加简洁地表示出来，

$$SWEEP(1,2\ldots,N)\begin{pmatrix} \boldsymbol{R'R} & \boldsymbol{R'f} \\ \boldsymbol{Rf'} & \boldsymbol{f'f} \end{pmatrix} = \begin{pmatrix} (\boldsymbol{R'R})^{-1} & \boldsymbol{\beta} \\ -\boldsymbol{\beta'} & 0 \end{pmatrix}$$

消去算子是一个高度通用的统计算子，它可以用于

■ 最小二乘（一般的、广义的、多元回归的，以及一般线性模型）

■ 多元方差分析

■ 所有可能的回归

消去算子为大多数求逆运算提供了一种直觉，因为矩阵中每个正在被变换的元素都能迅速被识别，并且都具有统计学意义。

索引[1]

Absence of arbitrage principle,无套利原理,176
Accounting accruals factor,应计收益因素,490
Accounting risk factors,会计风险因素,491
Actual frontier,实际边界,362—363,414—415
Adaptive arrival price strategy,适应性到达价格策略,462—463
Adaptive market hypothesis,适应性市场假说,2,244
Adaptive modeling,适应性建模,7—8
Add-On database (Compustat),附加资料库(Compustat),254
ADF (augmented Dickey-Fuller) test,ADF(增广的迪基—富勒)检验,138,171
ADV (average daily volume),and turnover constraints,ADV(每日平均交易量)和换手率约束,328
Aitken's estimator,Aitken 估计量,75
Akaike information criterion (AIC):data driven approach 赤池信息准则(AIC):数据驱动法,296
    estimation of number of lags,滞后阶数估计,138

Algorithmic trading:算法交易
    arrival price,到达价格,461—463
    crossing networks,交叉交易系统,463—465
    description of,~描述,449
    financed trading,融资交易,465
    liquidity seeking,流动性寻求,465
    market-on-close,收盘市价指令,461
    participation strategy,参与策略,460—461
    strategies for,~策略,457
    time-weighted average price,时间加权平均价格,459—460
    volume-weighted average price,成交量加权平均价格,457—459

---

[1] 页码为原书对应页码。

Alpha models and factors, *see* Factor based trading strategies,阿尔法模型和因素,另见基于因素的交易策略

Analysis of data, and factor-based trading strategies,数据分析,以及基于因素的交易策略,261—266

Approximate factor models of returns,收益的近似因素模型,221—222

Arbitrage Pricing Theory (APT),套利定价理论(APT),219

Arrival price strategy,到达价格策略,461—463

Arrow-Pratt risk aversion index,Arrow-Pratt 风险厌恶指数,321

Asset allocation in portfolio construction,在投资组合构建中的资产配置,325

Asset-allocation models:资产配置模型
    estimation of inputs for,〜输入估计,333—342
    transaction costs in,〜中的交易成本,439—444

Asset-based factors in market impact forecasting,基于资产的市场冲击预测因素,435—436

Asset turnover factor,资产周转因素,488

Asymmetric market impact costs,不对称市场冲击成本,424,435

Augmented Dickey-Fuller (ADF) test,增广的迪基—富勒(ADF)检验,138,171

Autocorrelation:自相关
    covariance matrix estimation and,协方差矩阵估计和〜,340
    distributional properties of residuals and,残差分布的性质和〜,139

Automated crossing networks,自动交叉交易系统,464

Automatic problem-solving,自动化问题求解,162

Autoregressive models:自回归模型
    autoregressive conditional heteroscedastic type,自回归条件异方差形式,55
    autoregressive distributed lag type,自回归分布滞后形式,140—141
    stable vector autoregressive processes,稳定的向量自回归过程,110—114
    See also Variance autoregressive(VAR) models,另见 VAR 模型

Average daily volume (ADV), and turnover constraints,每日平均成交量(ADV),换手率约束,328

Averages, bias in,平均,平均偏差,167—170

Backfilling of data,数据回填,254

Backtesting of strategies,策略的回溯测试,306—309,383—384

Bayesian approach to modeling:贝叶斯建模方法
    analysis of univariate AR(1) model,单变量自回归模型(AR(1))的分析,186—188

Bayesian approach to modeling (*Cont.*) 贝叶斯建模方法
    analysis of VAR model, VAR 模型分析, 188—191
Bayes' theorem, 贝叶斯定理, 184—185
    description of, ~的描述, 374
    model risk in, ~中的模型风险, 186
    statistics, 统计学, 182—184
    See also Black-Litterman model, 另见 Black-Litterman 模型

Bayesian information criterion (BIC): 贝叶斯信息准则 (BIC)
    data driven approach, 数据驱动法, 296
    estimation of number of lags, 滞后阶数的估计, 138
Bayes-Stein estimator, 贝叶斯—斯坦因估计量, 403
Bayes' theorem, 贝叶斯定理, 184—185
BD (breakdown) bound, BD (崩溃) 边界, 85
Beane, Billy, 比恩, 比利, 44
Behavioral modeling, 行为建模, 21—22
Benchmark exposure constraints, 基准暴露约束, 329
Benchmarks: 基准
    algorithmic trading strategies and, 算法交易策略和~, 457
    trade, and market impact costs, 交易~, 和市场冲击成本, 424—425

Best linear unbiased estimator (BLUE): 最佳线性无偏估计 (BLUE)
    estimation of regression coefficients, 回归系数估计, 74—75
GLS estimator as, 广义最小二乘法估计量作为~, 75
    sample mean as, 样本均值作为~, 336
    Beta, estimation of, β, ~估计, 95—96

Bias: 偏差
    in averages, 平均~, 167—170
    in samples, 样本~, 165—167
    survivorship type, 生存类型~, 165—166, 255, 257

Bias in data: 数据偏差
    factor-based trading strategies, 基于因素的交易策略, 250—251, 254, 255, 257
    portfolio optimization, 投资组合最优化, 340, 342
    See also Data quality issues, 另见数据质量问题

BIC (Bayesian information criterion):BIC(贝叶斯信息标准)
    data driven approach,数据驱动法,296
    estimation of number of lags,滞后阶数的估计,138
Bid-ask spreads,买卖价差,422—423

Black-Litterman model:布莱克—李特曼模型
    combining investor views with market equilibrium,投资者观点与市场均衡结合,379—380,404
    cross-sectional momentum strategy,横截面动量策略,385—394
    data requirements and,数据要求和～,369
    derivation of,～的推导,375—385
    expressing investor views,表达投资者观点,378—379
    overview of,～概述,373—375
    robust portfolio optimization,鲁棒投资组合优化,404,411—412

BLUE,*see* Best linear unbiased estimator,BLUE,见最佳线性无偏估计量
Breakdown (BD) bound,崩溃(BD)边界,85
Bridging principles,桥梁原理,182
Buy-side perspective,买方角度,456—457
Canonical correlation analysis (CCA),典型相关分析(CCA),151—152
Canonical correlations, interpretation of,典型相关,～的解释,149

Capital Asset Pricing Model (CAPM):资本资产定价模型(CAPM)
    as factor model,作为因素模型,219
Capital gains taxes,资本所得税,421
Capital market line (CML),资本市场线(CML),323—326
Cardinality constraints,基数约束,331—333
(classification and regression trees),CART(分类回归树),22,96—98
Causality,因果关系,156—157
CCA (canonical correlation analysis),CCA(典型相关分析),151—152
Central Limit Theorem,中心权限定理,396
Certain dollar cost equivalent,确定的美元等价价值,453
Changing laws objection to using mathematics in finance,因规律是变化的而反对在金融中使用数学,7—8
Classification and regression trees (CART),分类回归树(CART),22,96—98
CLF (concentrated likelihood function),集中似然函数,144—149
Clustering models,聚类模型,155—156
CML (capital market line),CML(资本市场线),323—326

Coarse graining,粗粒化,179
Coherent risk measures,一致的风险度量,350
Cointegrated and integrated variables,协整和单整变量,114—120
Cointegrating relationships,协整关系,226
Cointegration models,协整模型,22
Combined and integer constraints,组合的和整数的限制,330—333
Commissions,explicit transaction costs,佣金,显性交易成本,421
Common variation in residuals,残差的共变性,279—281

Companion matrix:伴随矩阵
    definition of,~的定义,122
    estimation with eigenvalues of,利用~的特征值估计,154—155
Company characteristics,and factor construction,公司特种,和因素构建,253—266

Company publications:公司公告
    data quality issues,数据质量问题,255,258
    as source for factors,作为因素来源,252
Complete data,完整的数据,208

Compustat data:COMPUSTAT 数据
    description of,~的描述,254,483
    templates,模板,257
Concentrated likelihood function(CLF),集中似然函数(CLF),144—149
Conditional entropy,条件熵,180—181

Conditional Value-at-Risk (CVaR) measure:条件在险价值(CVaR)度量
    description of,~的描述,350—351
    mean-CVaR optimization,均值—CVaR 最优化,351—357
Confidence intervals,置信区间,407—410
Conjugate prior,共轭先验,185

Constraints:约束
    combined and integer,合并的和整数的~,330—333
    estimation error effects,估计误差影响,365—366
    linear and quadratic,线性的和二次的~,327—330
Continuous crossing networks,连续交叉交易系统,464
Corporate governance factor,公司治理因素,490
Correlation,see Autocorrelation;Serial correlation,相关,见自相关、序列相关

Correlation and covariance, see Covariance and correlation, 相关系数和协方差, 见协方差和相关系数

Cost of immediacy, 即时性成本, 451

Costs, see Market impact costs; Opportunity costs; Transaction costs 成本, 见市场冲击成本、机会成本、交易成本

Covariance and correlation: 协方差和相关系数
    estimation of, ～的估计, 52—55, 90—96
    overview of, ～的综述, 49—51
Random Matrix Theory, 随机矩阵理论, 55—61

Covariance matrix estimators: 协方差矩阵的估计
    sample estimators, 样本估计量, 334, 335—340
    uncertainty in inputs, 输入的不确定性, 400—401, 404—411
Covariance matrix of observations, 观测值的协方差矩阵, 203—204
Covariance stationary series, 协方差平稳序列, 103
Cowles Commission causality, 考尔斯委员会因果关系 156—157
Crossing aggregators, 交叉交易处理器, 464
Crossing networks, 交叉交易系统, 463—465
Cross orders, 交叉指令, 422—423

Cross-sectional characteristics: 横断面特征
    analysis of factor data, 因素数据分析, 262—266
    categories of factors, 因素种类, 245
Cross-sectional data, categories of data, 横截面数据, 数据种类, 253

Cross-sectional models: 横断面模型
    econometric considerations for, 关于～的计量问题, 279—281
    evaluation of factor premiums, 因素溢价评估, 270—278
    factor models, 因素模型, 278—28
Fama-MacBeth regression and, Fama-MacBeth 回归和～, 281—282
    model construction, 模型构建, 295—306
Cross-sectional momentum strategy, 横截面动量策略, 385—394
Custodial fees, 保管费用, 421

CVaR (Conditional Value-at-Risk) measure: CVaR（条件风险价值）测量
    description of, ～的描述, 350—351
    mean-CVaR optimization, 均值—CVaR 最优化, 351—357

Dark liquidity,隐藏流动性,464

Data:数据
    backfilling of,～回填,254
    complete,完整～,208
    cross-sectional,横断面～,253
    fully pooled,完全汇总～,192
    incomplete,不完整～,208
    irregularly spaced,models of,不规则间隔,～模型,156
    panel,面板～,253

Data analysis,and factor-based trading strategies,数据分析,与基于因素的交易策略,261—266

Data driven approach,数据驱动法,296—297

Data frequency issues:数据频率问题
    implementing estimators and,实施估计和～,341—342
    pitfalls in selection of data frequency,数据频率选择中的错误,173—174

Data quality issues:数据质量问题
    factor-based trading strategies,基于因素的交易策略,248,253—261
    portfolio optimization,投资组合最优化,340—342
    See also Bias in data 也见数据偏差

Data sets:数据库
Compustat Add-On database,Compustat 附加数据库,254
Compustat Point-in-Time,Compustat Point-in-Time 数据库,483
Compustat US database,COMPUSTAT 美国数据库,255,257
    IBES,IBES～,484
    Lipper,理柏～,33
MSCI World Index,MSCI 世界指数,473—482
one-month LIBO
Worldscope Globa
Decision making b
Decision trees,clas
Demeaned processe
Design matrix,设计
Diagnostics,regression,诊断,回归,80—
Dickey-Fuller (DF) test,迪基—富勒(DF)检验,138,152

Differential equations,微分方程,161,173
Diffuse prior,扩散先验,185
Discrete crossing networks,不连续交叉交易系统,464
Discretionary orders,自由指令,422,428
Dispersion measures,离差度量,342—344
Distributional properties of residuals,残差的分布性质,139

Diversification:分散化
  benefits of,～的好处,313—314
  diversification indicators,分散化指标,365
VAR risk measure and,VAR 风险度量和,350
Downside measures,下跌度量,344—351
Dynamic factor models:动态因素模型
  factor analysis and,因素分析与～,234—239
  of integrated processes,单整过程的～,226—227
  overview of,～概述,222—226
  principal components analysis and,主成分分析与～,228—234
Earnings growth factor:盈利增长因素
  information coefficients,信息系数,285
  performance evaluation,表现评估,288—295
Earnings revisions factor,收入修正因素,488
Earnings surprises factor,盈利不符预测因素,490
EBITDA/EV factor, see Enterprise value (EBITDA/EV) factor,EBITDA/EV 因素,见公司价值因素
Econometrics, see Financial econometrics,计量经济学,见金融计量经济学
Economy:经济体
  as engineered artifact,作为设计出来的事物,8
  as machine,作为机器,1
Econophysics movement,经济物理学运动,320

Efficient frontiers:有效边界
  definition of,～的定义,315,319
  mean-CVaR optimization,均值—CVaR 最优化,355—356
  of optimal trading,最优交易的～,454
  optimization overview,最优化概述,315—316
  optimization with risk-free asset,包含无风险资产的最优化,323—324
  problems encountered in optimization,最优化中遇到的问题,362—363
Efficient market theory (EMT),有效市场理论,243—244

Eigenvalues,特征值,493－494
Eigenvectors,特征向量,493－494
EM (expectation maximization) algorithm,期望最大化算法,208－213
Empirical Bayesian Statistics,实证贝叶斯统计学,184
EMT (efficient market theory),有效市场理论,243－244

Engineering:工程
    science and,科学与～,161－163
    theory and,理论与～,159－161
    See also Financial engineering,另见金融工程

Enterprise value (EBITDA/EV) factor:企业价值(EBITDA/EV)因素
    data analysis,数据分析,262,263
    data quality issues,数据质量问题,255－256
    information coefficients example,信息系数例子,284－285
    performance evaluation,表现评估,288－295
    portfolio sorts,投资组合分类,273,274
Entropy,熵,179－181
Equilibrium market price of risk,风险的均衡市场价格,326
Equity forecasting models and factors,*see* Factor-based trading strategies
股票预测模型与因素,见基于因素的交易策略
Ergodic processes,遍历过程,4,102
Error correction form of VAR models,VAR 模型的误差修正形式,116－118
Error maximizers,use of term,误差最大化,使用术语,365

Errors:误差
    estimation error effects,估计误差的影响,362－367,396
    use of term,使用术语,109－110
E-step of EM algorithm,EM 算法的 E 步骤,211－212
Estimated frontier,估计边界,362－363,414－415
Estimation errors in portfolio optimization,投资组合最优化中的估计误差,362－367,396
Execution price,transaction cost measurement,执行价格,交易成本度量,430
Executive compensation factors,管理层薪酬因素,491
Expectation maximization (EM) algorithm,208－213,期望最大化(EM)算法,341

Expected returns:预期回报率
estimation of inputs,输入估计,333－337

expected return maximization formulation,期望收益最大化的制定,321
uncertainty in inputs,输入的不确定性,396—404
Explicit transaction costs,显性交易成本,419,421—423
Exponentially weighted moving average(EWMA),指数加权移动平均(EWMA),54
Extreme value theory (EVT),极值理论(EVT),15,16

Factor analysis:因素分析
    determining number of factors in factor model,确定因素模型中因素个数,217—218
    dynamic factor models and,动态因素模型与～,234—239
    expectation maximization algorithm,期望最大化算法,208—213
    overview of,～概述,205—206
    via maximum likelihood,通过最大似然法,206—208
    via principal components,通过主成分方法,213—218

Factor-based trading strategies:基于因素的交易策略
    analysis of data,数据分析,261—266
    backtesting,回溯测试,306—309
    definition of factors,因素的定义,245—247
    desirable properties of factors,因素的理想特性,248,251
    development of strategies,策略构建,247—249
    efficient market theory,有效市场理论,243—244
    evaluation of factor premiums,因素溢价评估,270—278
    factor models,因素模型,278—287
    model construction,模型构建,295—306
    performance evaluation of factors,因素表现评估,288—295
    risk to,～的风险,249—251
    sources for factors,因素的来源,251—253
    working with data,数据处理,253—261
Factor mimicking portfolio (FMP),271,因素模拟组合(FMP)

Factor models:因素模型
Black-Letterman model and,Black-Letterman 模型和～ 382—383
CAPM as,CAPM 作为～,219
    description of,～的描述,195
    dynamic,动态～,222—239
    factor-based trading strategies,基于因素的交易策略,278—287
    factor model approach,因素模型法,297—298
Intertek European study of 2003,2003年天祥集团欧洲研究,13—14

linear,线性～,196－201,436－437
  market impact forecasting,市场冲击预测的～,436－439
  normal,正规～,204
  risk factor constraints,风险因素约束,328－329
  robust portfolio optimization,鲁棒投资组合优化,405－407
  static,静态的～,196－205
  strict,严格的～,201－202,221
  use of,～的应用,204－205

Factor models of returns:收益的因素模型
  approximate,近似的～,221－222
  overview of,～概述,219－220
  size of samples and uniqueness of factors,样本规模与因素的唯一性,220－221
Factor portfolios,因素组合,286－287
Factor premiums, evaluation of,因素溢价,～的评估,270－278

Factors:因素
  accounting accruals,应计收益～,490
  accounting risk,会计风险～,491
  adjustment methods for,～调整方法,259－260
  asset-based,基于资产的～,435－436
  asset turnover,资产周转率～,488
  categories of,～的种类,245
  corporate governance,公司治理～,490
  definition of,～的定义,245－247
  earnings revisions,盈利修正～,488
  earnings surprises,盈利不符预测～,490
  executive compensation,管理层薪酬～,491
  growth,增长～,485,488－489
  idiosyncratic risk,异常风险～,489
  momentum,动量～,486,489
  monthly summary statistics,月度汇总统计量,486
  performance evaluation of,～表现评估,288－295
  quality,质量～,484－485
  return reversal,收益反转～,489
  size,规模～,488
  trade-based,基于交易的～,434－435
  use of term,术语使用,195－196

value, 价值～, 484, 487
yield, 收益率～, 487
Fair market benchmark, 公平市场参照基准, 430－432

Fama-MacBeth（FM）regressions: Fama-MacBeth（FM）回归
 for cross-sectional regressions of returns on factors, 因素收益的横截面回归, 281－282
 example of, ～的例子, 286
 monthly coefficients from, 来自～的月度系数, 293－294, 291
Fat-tailed distributions, 厚尾分布, 39
Feasible GLS（FGLS）, 可行广义最小二乘法, 76
Feasible set, 可行集, 315
Fees, explicit transaction costs, 手续费, 显性交易成本, 421

Finance: 金融
 nonlinear models in, ～中的非线性模型, 22, 155－156
 as quantitative, 作为数量化, 1, 2
Financed trading, 融资交易, 465
Finance economic theory, treating as mathematical science, 金融经济理论, 视为一门数学科学, 3－8
Finance theory, 金融理论, 159

Financial econometrics: 金融计量经济学
 autocorrelation and distributional properties of residuals, 残差的自相关和分布性质, 139
 causality, 因果关系, 156－157
 classification and regression trees, 分类回归树, 96－98
 covariance and correlation, 协方差与相关系数, 49－61
 estimation of nonstationary VAR models, 非平稳 VAR 模型的估计, 141－151
 estimation of number of lags, 滞后阶数的估计, 137－139
 estimation of stable VAR models, 稳定 VAR 模型的估计, 120－137
 estimation with canonical correlations, 利用典型相关估计, 151－152
 estimation with eigenvalues of companion matrix, 利用伴随矩阵特征值估计, 154－155
 estimation with principal component analysis, 利用主成分分析估计, 153－154
 historical notes, 历史记载, 47－49
 integrated and cointegrated variables, 单整和协整变量, 114－120
 multivariate regression, 多变量回归, 76－78
 nonlinear models in finance, 金融中的非线性模型, 155－156
 quantile regressions, 分位数回归, 78－80

regression diagnostics,回归诊断,80—83
regressions and projections,回归和投影,61—76
robust estimation of regressions,回归的稳健估计,83—96
stable vector autoregressive processes,稳定的向量自回归过程,110—114
stationary ARDL models,平稳的 ARDL 模型,140—141
stochastic processes,随机过程,101—102
time series,时间序列,102—110

Financial engineering:金融工程
　　definition of,～的定义,159
　　product design and,产品设计和～,163—164
Financial modeling,learning approach to,金融建模,学习方法,164—165
Fixed transaction costs,固定交易成本,420,421
FMP (factor mimicking portfolio),因素模拟投资组合,271
FM regressions,see Fama-MacBeth Regressions,FM 回归,见 Fama-MacBeth 回归
Forecasting models:预测模型
　　factor use and,因素使用和～,245
　　for market impact costs,市场冲击成本～,433—439
Fractionability of investments,投资的可分性,332
Frequency domain,time series in,频域,～中的时间序列,107—109
Frequentist interpretation of probability,概率的频率论者解释,182
Fully automated quant investment process,完全自动化的数量化投资过程,38
Fully pooled data,完全汇总数据,192
Fundamental risk,基本面风险,249
Fund flows,Intertek study of 2007,现金流,2007 天祥集团研究,32—34
Funding risk,资金风险,250

Garman-Klass estimators,Garman—Klass 估计,342
Gaussian white noise,高斯白噪声,132,134—137
Gauss-Markov theorem,高斯—马尔科夫定理,70,75
Generalized dynamic factor model,广义动态因素模型 225
Generalized least squares (GLS) principle,广义最小二乘(GLS)原理,75—76
Global minimum variance (GMV) portfolio,全局最小方差(GMV)组合,316
Granger causality,格兰杰因果关系,156—157
Gross error sensitivity,总误差敏感度,86
Growth factors,增长因素,485,488—489
Guaranteed volume-weighted average price,有保证的成交量加权平均价格,459

Hat matrix,帽子矩阵,91
Heteroskedasticity:异方差
　　as common variation source 279—280,~作为共变性的来源
　　covariance matrix estimation and,协方差矩阵估计,340
Heuristic approach,试探法,298—299
Hidden factors,隐藏因素,198
Hidden orders,隐藏指令,422,428
Hidden qualitative variables objection to using mathematics in finance,因隐藏定性变量而反对在金融中使用数学,6

High-frequency trading:高频交易
　　latency and,延迟时间和~,468—469
　　liquidity and,流动性和~,469—470
　　overview of,~概述 467—468
Highly correlated assets,issues with,高度相关的资产,~的问题,367
Holding constraints,持有量约束,328,331,332
Horizon risk,期限的风险,250
Huber weighting function,Huber 权重函数,92—93
Hybrid approach to financial modeling,金融建模的混合方法,165
IBES (Institutional Brokers Estimate System) database,IBES(机构经纪人估计系统)数据库,262,484
IC (influence curve),IC(影响曲线),85—87
IC (information coefficients),IC(信息系数),282—285,291,292
Idiosyncratic risk factor,异常风险因素,489

Impact models:冲击模型
　　buy-side perspective,买方角度,456—457
　　description of,~的描述,455
Imperfect substitution,不完全替代品,424
Implementation risk,执行风险,250
Implementation shortfall approach,执行落差方法,432—433,461—463

Implicit transaction costs:隐性交易成本
　　description of,~的描述,419,420,423—426
　　forecasting model for,~预测模型 433—439
Incomplete data,不完整数据,208
Influence curve (IC),影响曲线(IC),85—87
Information coefficients (IC),信息系数,282—285,291,292

Information ratios, for portfolio sorts,信息比率,投资组合排序的~,277
Information theory approach to model risk,模型风险的信息理论方法,177—182
Input parameters,输入系数,457
In-sample methodologies,样本内方法,307—308
Institutional Brokers Estimate System (IBES) database,机构经纪人估计系统(IBES)数据库,262,484
Instrumental variables,工具变量,76
Integer and combined constraints,套数和组合的约束,330—333
Integrated and cointegrated variables,单整和协整变量,114—120
Integrated portfolio management, and transaction costs,投资组合综合管理,~和交易成本,444—446
Integrated processes, dynamic factor models of,单整过程,~的动态因素模型,226—227
Integrity of data, see Data quality issues,数据完整性,见数据质量问题
Intelligent finance,智能金融,44
Interquartile range (IQR),四分位距(IQR),90

Intertek European study of 2003:2003年天祥集团欧洲研究
  description of,~的描述,25
  factor models,因素模型,13—14
  integration of information,信息整合,16—17
  performance of models,模型表现,11—12
  risk management,风险管理,15—16
  role for models,模型作用,9—10
  use of multiple models,多模型的应用,12—13
  value-based models,基于价值的模型,14—15

Intertek study of 2006:2006年天祥集团研究
  description of,~的描述,17—19
  diffusion of models,模型的传播,23—24
  modeling methodologies,建模方法,19—22
  optimization,最优化,23
  role for models,模型的角色,19

Intertek study of 2007:2007年天祥集团研究
  barriers to entry in business,行业进入壁垒,42—44
  description of,~的描述,25
  fund flows,资金流,32—34
  implementing quant processes,实施数量化过程,36—38

model-driven investment strategies, impact of, 模型驱动的投资策略, ～的影响, 25—26
   objectives for implementing quantitative process, 实施数量化过程的目的, 40—42
   performance improvement, 业绩提升, 30—32
   performance issues, 表现问题, 26—30
   quantitative processes, oversight, and overlay, 数量化过程, 监督和覆盖, 34—36
   risk management, 风险管理, 38—40
Inventory effects, 存货效应, 424
Invertibility and autoregressive representations, 可逆性与自回归表示, 106—107
Investment delay cost, implicit transaction costs, 投资延迟成本, 隐性交易成本, 423
Invisible orders, 不可见指令, 464
IQR (interquartile range), IQR(四分位距), 90
Irregularly spaced data, models of, 不规则间隔的数据, ～的模型, 156
James-Stein shrinkage estimator, James—Stein 收缩估计量, 370, 403, 411—412
Johansen trace and maximum eigenvalue tests, 约翰森迹和最大特征值检验, 171
Kronecker product, 克罗内克积, 122
Lags, estimation of number of, 滞后, ～阶数估计, 137—139
Large data sets, pitfalls in choosing from, 大型数据集, 从～中选择的错误, 170—173
Latency, and high-frequency trading, 延迟时间, ～和高频交易 468—469
Latent factors or variables, 潜在因素或变量, 198
Lazy portfolios, 懒惰投资组合, 465
LCCA (level canonical correlation analysis), LCCA(水平典型相关分析), 151—152
Learning approach to financial modeling, 金融建模的学习方法, 164—165
Least median of squares (LMedS) estimator, 最小中值二乘(LMedS)估计量, 88, 89

Least squares (LS) estimation: 最小二乘(LS)估计
   asymptotic distribution of estimators, 估计量的渐进分布, 131—132
   multivariate, 多变量, 124—131
   unrestricted, 无约束, 142—143
Least squares (LS) estimators, 最小二乘(LS)估计量, 87—88, 91, 95—96
Least squares (LS) principle, 最小二乘(LS)原理, 67
Least squares regression models, 最小二乘回归模型, 401—402
Least trimmed of squares (LTS) estimator, 最小截取二乘(LTS)估计量, 88, 89, 96
Leinweber, David, 戴维·雷因韦贝尔, 1—2
L-estimators, L 估计量, 87
Level canonical correlation analysis (LCCA), 水平典型相关分析(LCCA), 151—152
Leveraged portfolios, 杠杆投资组合, 324
Leverage points, 杠杆点, 91
LIBOR (London Interbank Offered Rate), one-month, 一月期 LIBOR, 482—483

Limit order book,限价指令记录簿,450—452

Limit orders,限价指令,428—430

Linear and quadratic constraints,线性和二次约束,327—330

Linear factor models:线性因素模型
 description of,~的描述,196—200
 empirical indeterminacy of,~的实证的不确定性,200—201
 in market impact forecasting,市场冲击预测的~,436—437

Linear regression,regression as probabilistic model,线性回归,回归作为概率模型,63—69

Lipper data,理柏数据,33

Liquidity:流动性
 asset-based factors and,基于资产的因素和~,435—436
 crisis in,~危机,30
 definition of,~的定义,250
 high-frequency trading and,高频交易和~,469—470
 resting limit orders and,挂羊指令和~,451
 transaction costs and,交易成本与~,423—424,427—430

Liquidity concession,流动性优惠,424

Liquidity risk,流动性风险,250

Liquidity seeking,流动性寻求,465

Liquidity traders,流动性交易者,467

LMedS (least median of squares) estimator,LMedS(最小中值二乘)估计量,88,89

Lo,Andrew,安德鲁·W.罗,2

Local shift sensitivity,局部移动敏感性,86

London Interbank Offered Rate(LIBOR),one-month,伦敦银行同业拆借利率(LIBOR),一月期~,482—483

Long-only constraints,只做多头约束,327

Look-ahead bias,factor-based trading strategies,前置偏差,基于因素的交易策略,255

Lower partial moment risk measure,下偏矩风险度量,347—348

LS estimation,see Least squares (LS) estimation,LS 估计,见最小二乘(LS)估计

LS (least squares) estimators,LS(最小二乘)估计量,87—88,89,96

LS (least squares) principle,LS(最小二乘)原理,67

Macroeconomic influences,categories of factors,宏观经济影响,因素种类,245

MAD (mean absolute deviation),平均绝对离差,89—90,343—344

MAM (mean-absolute moment),平均绝对矩,344

Marčenko-Pastur law,Marčenko-Pastur 法则,57—59

索 引

Market impact,市场冲击,450—452

Market impact costs:市场冲击成本
　　~definition of,定义,420
　　as implicit transaction costs,作为隐性成本,423—425
　　market impact forecasting,市场冲击预测,433—439
　　market impact measurement,市场冲击度量,430—433
Market-on-close strategy,收盘市价策略,461
Market orders,市价指令,428,450
Market portfolio,市场组合,323
Market risk,estimation of,市场风险,~估计,95—96
Market risk premium,市场风险溢价,377
Market timing costs,implicit transaction costs,市场时间成本,隐性交易成本,426
Markowitz Harry,哈里·马可维茨,15
Markowitz efficient frontiers, see Efficient frontiers 马可维茨有效边界,见有效边界
Mathematical science,treating finance economic theory as,数学科学,把金融经济理论当做~对待,3—8
Maximum eigenvalue test,最大特征值检验,149—150,152,171
Maximum likelihood estimation (MLE) principle, and factor analysis,最大似然估计(MLE)原理,~和因素分析,206—208
Maximum likelihood (ML) estimators,最大似然(ML)估计量,87,134—137,143—149
Mean absolute deviation (MAD),平均绝对离差(MAD),89—90,343—344
Mean-absolute moment (MAM),平均绝对矩(MAM),344
Mean-standard deviation,平均标准差,343
Mean-variance optimization, see Portfolio optimization,均值—方差最优化,见投资组合最优化
Median absolute deviation (MAD),中位数绝对离差(MAD),89—90
Median estimator,中位数估计量,89
M-estimators,M 估计量,86—87,91—92
Microtraders,微型交易员,457
MI estimators,MI 估计量,150—151
Minimum holding constraints,最小持有量约束,331,332
Misspecification risk,误设风险,250

Mixed estimation techniques:混合估计技术
　　description of,~描述,379
　　importance as feature,作为特征的重要性,383
MLE (maximum likelihood estimation) principle,and factor analysis,MLE(最大似然估

计)原理,～因素分析,206－208
ML (maximum likelihood) estimators,ML(最大似然)估计量,87,134－137,143－149
Model averaging,模型平均,191－192
Model-driven investment strategies,impact of,模型驱动投资策略,～的影响,25－26
Model misspecification,模型误设,250

Model risk:模型风险
Bayesian approach to,～的贝叶斯方法,186
　　definition of,～的定义,11,175,250
　　information theory approach to,～的信息理论方法,177－182
　　shrinkage approach to,～的收缩方法,191－192
　　sources of,～的来源,175－177
Modern portfolio theory,see Portfolio optimization,现代投资组合理论,见投资组合最优化
Momentum,动量,14

Momentum factor:动量因素
　　description of,～的描述,486,489
　　information coefficients,信息系数,284－285
　　performance evaluation,表现评估,288－295
Momentum modeling,动量建模,20－21
Momentum strategy,cross-sectional,动量策略,横截面,385－394
Monotonic relation (MR) test,单调性关系(MR)的测试,277－278
MSCI World Index data set,MSCI世界指数数据集,473－482
M-step of EM algorithm,EM算法的M步骤,213
Multicollinearity,as inference problem,多重共线性,作为推理的问题,281

Multiple models,use of:多模型,～的使用
Intertek European study of 2003,2003年天祥集团欧洲研究,12－13
Multiple regression,多元回归,67
Multivariate least squares (LS) estimation,多变量最小二乘(LS)估计,124－131
Multivariate regression,多变量回归,67,76－78
Multivariate stochastic processes,多元随机过程,102
Multivariate time series,多元时间序列,102－103
Myopic behavior,短视行为,314
Negative alpha,负阿尔法,453
Negotiated crossing networks,撮合型交叉交易系统,464
Negotiated markets,bid-ask spreads in,协商交易市场,～中的买卖价差,422

Newey-West corrections, Newey-West 修正, 340
Noise trader risk, 噪音交易者风险, 249—250
Nonlinear dynamics, 非线性动力学, 5
Nonlinear models in finance, 金融中的非线性模型, 22, 155—156
Nonlinear state-space models, 非线性状态空间模型, 7
Normal factor models, 正规因素模型, 204
No-trade price, estimation of, 未交易价格, ～估计, 430—432
OLS (Ordinary Least Squares) method, OLS(普通最小二乘)方法, 67, 70—76, 78

Opportunity costs: 机会成本
    definition of, ～定义, 420
    estimation of, ～估计, 427
    as implicit transaction costs, 作为隐性交易成本, 426

Optimal execution: 最优执行
    description of, ～的描述, 452—453
    sell-side perspective, 买方角度, 454—455

Optimization approach: 最优化方法
    econometric forecasting and, 计量经济学预测和～, 163—164
Intertek study of 2006, 2006 年天祥集体研究, 23
    overview of, ～概述, 299—300, 301
See also Portfolio optimization, 另见投资组合优化
Optimization techniques, 最优化技术, 287
See also Portfolio optimization, 另见投资组合优化
Option pricing literature, 期权定价文献, 342
Order placement engines, 指令安排引擎, 457
Ordinary Least Squares (OLS) method, 普通最小二乘(OLS)方法, 67, 70—76 78
Orthogonality conditions, 正交条件, 68, 72
Orthogonalization, factor adjustment methods, 正交化, 因素调整方法, 259—260

Outliers: 离群值
    detection and management of, ～的检测和管理, 260—261
    properties of factors, 因素特性, 250
Out-of-sample methodologies, 样本外方法, 307—308
Overdifferencing, 过度差分, 115
Overfitting, 过度拟合, 164—165
Overlay, fundamental, 覆盖, 基本的, 35—36

Panel data, categories of data, 面板数据, 数据种类, 253
Participation strategy, 参与策略, 460—461
PCA, *see* Principal component analysis, PCA, 见主成分分析

Performance evaluation: 表现评估
  of factors, 因素的～, 288—295
  of quantitative approach, 数量化方法的～, 26—30

Performance of models: 模型表现
  in Intertek European study of 2003, 在 2003 年天祥集团欧洲研究中, 11—12
  in Intertek study of 2007, 在 2007 年天祥集团研究中, 30—32
Permanent market impact, 永久性市场冲击, 451
Piecewise-linear approximations, 分段线性近似, 442—445

Pitfalls: 错误
  in choosing from large data sets, 从大型数据集中选择的～170—173
  in selection of data frequency, 从数据频率选择的～ 173—174
See also Bias 另见偏差
Point-In-Time database (Compustat), Point-in-time 数据库(Compustat), 483
Portfolio management, approaches to, 组合管理, ～的方法, 164—165

Portfolio optimization: 组合最优化
  alternative risk measures, 替代的风险测量, 342—357
  backtesting and, 回溯测试和～, 306—308
Black-Litterman model and, Black-Litterman 模型和～, 373—394
  classical framework for, ～经典框架, 317—321
  constraints use, 约束条件的使用, 327—333, 365—366
  estimation error effects, 估计误差影响, 362—367, 396
  estimation of inputs, 输入估计, 333—342
  estimation of shrinkage, 收缩估计, 366—373, 403, 411—412
  overview of, ～概述, 313—317
  problems encountered in, ～中遇到的问题, 361, 362—369
  with risk-free asset, 包含无风险资产的～, 321—327
  See also Robust portfolio optimization, 另见鲁棒投资组合优化
Portfolios of estimators, 组合估计量, 339—340
Portfolio sorts, 投资组合分类, 270—278
Positive alpha, 正的阿尔法, 453
Posterior distribution, in Bayesian approach, 后验分布, 贝叶斯方法中的～, 374

Posterior probability,后验概率,185
Posttrade measures,交易后度量方法,431—432
Pretrade measures,交易前度量方法,431—432

Price movement risk:价格变动风险
 description of,～描述,420
 implicit transaction costs,隐性交易成本,425—426

Principal component analysis (PCA):主成分分析
 dynamic factor models and,动态因子模型与～,228—234
 estimation with,利用～的估计,153—154
 factor analysis via,通过～的因素分析,213—218
Principal components,主成分,229
Prior distribution,in Bayesian approach,先验分布,贝叶斯方法中的～,374
Prior probability,先驱概率,185
Private dark pools,私人隐藏指令池,464

Probability:概率
 frequentist interpretation of,～的频率论解释,182
 prior and posterior,先验和后验～,185
 subjectivistic interpretation of,～的主观解释,183
Probability distribution,in Bayesian approach,概率分布,在贝叶斯方法中的～,374
Problem-solving,automatic,问题求解,自动化～,162
Product design,and engineering,产品设计,～与工程,163—164
Quadratic and linear constraints,二次和线性约束,327—330
Quadratic mixed integer program(QMIP),and round lot constraints,二次混合整数规划(QMIP),整手交易约束,333

Quadratic program:二次规划
 description of,～的描述,319
 round lot constraints and,整手交易约束,333
Qualitative and quantitative robustness,定性和定量稳健性,84—85
Quality factors,质量因素,484—485
Quality of data,*see* Data quality issues,数据质量,见数据质量问题
Quantile regressions,分位数回归,78—80

Quantitative equity investment:数量化股票投资
 challenges for,对～的挑战,44—46

description of,～的描述,17
skepticism of,对～的怀疑态度,1－2

Quantitative equity management,数量化股票管理
Intertek European study of 2003,2003年天祥集团欧洲研究,9－17
Intertek study of 2006,2006年天祥集团研究,17－24
Intertek study of 2007,2007年天祥集团研究,25－44
skepticism of,对～的怀疑态度,1－2

Quantitative processes,数量化过程
description of,～的描述,34－36
implementing,～的实施,36－38
objectives for implementing,实施的目的,40－42
Random coefficient models,随机系数模型 192－193
Random matrix model (RMM),随机矩阵模型(RMM),56
Random Matrix Theory (RMT),随机矩阵理论(RMT),55－61
Recursive out-of-sample test,递归样本外检验,307
Regime-shifting models,体制变换模型,156,177
Regression analysis,回归分析,20

Regressions,回归
classification and regression trees,分类回归树,96－98
estimation of coefficients,～系数估计,69－74,90－96
multivariate,多变量～,67,76－78
as probabilistic model,～作为概率模型,61－69
quantile,分位数～,78－80
regression diagnostics,回归诊断,80－83
relaxing of assumptions,放松假设,74－76
robust estimation of,～的稳健估计,83－96
Rejection point,拒绝点,86

Residuals,残差
autocorrelation and distributional properties of,～的自相关和分布性质,139
common variation in,～的共变性,279－281
use of term,术语使用,109－110
Resistant beta,耐抗 β,95
Resistant estimators,耐抗估计量,85－87
R-estimators,R 估计量,87

Return premiums, evaluation of, 收益溢价, ～评估, 270—278
Return reversal factor, 收益反转因素, 489

Returns, see Factor models of returns, 收益, 见收益因素模型
Returns, expected estimation of inputs, 收益, 输入的期望估计, 333—337
　　expected return maximization formulation, 期望收益最大化模型, 321
　　uncertainty in inputs, 输入的不确定性, 396—404
Reverse optimization, 反向优化, 377

Revisions factor: 修正值因素
　　data analysis, 数据分析, 262—264
　　performance evaluation, 表现评估, 288—295
　　portfolio sorts, 投资组合分类, 273—275
Reweighted least squares (RLS) estimator, 重新加权最小二乘(RLS)估计量, 88—89
Reweighted least squares (RLS) procedure, 重新加权最小平方(RLS)估计, 92

Risk: 风险
　　determining market risk premium, 确定市场风险溢价, 377
　　estimation of inputs, 输入估计, 333—342
　　estimation of market risk, 市场风险估计, 95—96
　　price movement type, 价格变动类型, 420, 425—426
　　to trading strategies, 交易策略～, 249—251
　　See also Model risk, 另见模型风险
Risk aversion formulation, 风险厌恶模型, 321
Risk aversion parameter, 风险厌恶参数, 452—453
Risk factor constraints, 风险因素约束, 328—329
Risk-free asset, portfolio optimization with, 无风险资产, 包含～的投资组合最优化, 321—327

Risk management: 风险管理
　　Intertek European study of 2003, 2003年天祥集团欧洲研究, 15—16
　　Intertek study of 2007, 2007年天祥集团研究, 38—40

Risk measures: 风险度量
　　dispersion measures, 离差度量, 342—344
　　downside measures, 下跌风险度量, 344—351
　　mean-CVaR optimization, 均值—CVaR最优化, 351—357
Risk minimization formulation, 风险最小化模型, 318

Risk models：风险模型
    factor-based trading strategies and，基于因素的交易策略和～，308
    factor models as，因素模型作为～，204－205

Risk premia：风险溢价
    estimation of，～估计，96
    portfolio optimization and，投资组合最优化和～，326

RLS（reweighted least squares）estimator，RLS（重新加权最小二乘）估计量，88－89

RLS（reweighted least squares）procedure，RLS（重新加权最小二乘）估计，92

RMM（random matrix model），RMM（随机矩阵模型），56

RMT（Random Matrix Theory），RMT（随机矩阵理论），55－61

Robust counterpart problem，对应的鲁棒问题 399

Robust estimation：稳健估计
    of the center，中心～，89
    of regressions，回归的～，90－96
    robust statistics，稳健统计，83－90
    of the spread，偏离的～，89－90

Robust portfolio optimization：鲁棒投资组合优化
    benefits of，～的好处，411－412，415－416
    checklist for，～的清单，416－417
    definition of，～的定义，395
    overview of，～概述，368－369，395
    uncertainty in covariance matrix estimates，协方差矩阵估计的不确定性，404－411
    uncertainty in expected return estimates，期望收益估计的不确定性，396－404
    zero net alpha-adjustment，零净阿尔法调整，412－416

Robust statistics，稳健统计量，83－90

Role for models：模型的角色
Intertek European study of 2003，2003年天祥集团欧洲研究，9－10
Intertek study of 2006，2006年天祥集团研究，19
Round lot constraints，整受交易约束，332－333
Roy's safety-first risk measure，罗伊的安全第一风险度量，345－346

Russell 1,000：罗素 1,000
    backtesting of strategies，策略的回溯测试，308

EBITDA/EV factor,EBITDA/EV 因素,255—256
　　portfolio constraints and,投资组合约束,327,329
Sabermetrics,棒球数据统计分析法,44
Safety-first risk measures,安全第一风险度量,344—351
Same-day measures,同日度量,431—432
Sample biases,样本偏差,165—167
Sample mean estimator,estimation of inputs,样本均值估计,输入估计,335—337,340
Science,and engineering,科学,与工程 161—163
SDP (semidefinite program),半定规划,408—410
Second-order cone problem (SOCP),二阶锥问题,406—407,410
Seemingly unrelated regression (SUR) model,半相依回归(SUR)模型,77—78,114
Selection bias,选择偏差,166
Sell-side perspective,卖方角度,454—455
Semidefinite program (SDP),半定规划,408—410
Semivariance risk measure,半方差风险度量,347
Sensitivity analysis,importance of,敏感性分析,～的重要性,367
Separation property,分离性质,324—325

Serial correlation:序列相关
　　as common variation source,作为共变性来源,279—280
　　covariance matrix estimation and,协方差矩阵估计,340

Share repurchase factor:股票回购量因素
　　data analysis,数据分析,265—266
　　performance evaluation,表现评估,288—295
　　portfolio sorts,投资组合分类,275—277
Shortfall,落差,452
Shrinkage approach to model risk,模型风险的收缩法,191—192

Shrinkage estimators:收缩估计量
James-Stein,James-Stein～,370,403,411—412
　　overview of,～概述,369—373
　　portfolio performance and,投资组合表现和～,339—340
Singular value decomposition of design matrix,设计矩阵的奇异值分解,215—217
Size factor,规模因素,488
Small delta continuous trading,小额 delta 连续交易,465,466
SOCP (second-order cone problem),SOCP(二阶锥问题),406—407
Sorts,portfolio,分类,组合,270—278

Sources:来源
  for factors,因素～,251—253
  of model risk,模型风险～,175—177

S&P 500:标准普尔 500 指数
  classification and regression trees,分类回归树,98
  portfolio constraints and,投资组合约束和,327,329
"Spiked" covariance model,"锥形"协方差模型,60—61
Split-sample method,样本分裂法,307—308
Stable vector autoregressive processes,稳定的向量自回归过程,110—114
Standard deviation,coherence as concern,标准差,考虑一致性,350—351
Standardization,factor adjustment methods,标准化,～因素调整方法,259
Static factor models,静态因素模型,196—205
Stationary processes,平稳过程,101—102
Statistical factors,categories of factors,统计因素,因素种类,245

Statistical (algorithmic) trading,统计算法交易
  arrival price,到达价格,461—463
  crossing networks,交叉交易系统,463—465
  description of,～的描述,449
  financed trading,融资交易,465
  liquidity seeking,流动性寻求,465
  market-on-close,收盘市价,461
  participation strategy,参与策略,460—461
  strategies for,～策略,457
  time-weighted average price,时间加权平均价格,459—460
  volume-weighted average price,成交量加权平均价格,457—459
Statistics,robust,统计量,稳健,83—90
Stein paradox,Stein 悖论,370
Stochastic processes,随机过程,101—102,199

Stock selection models and factors,see Factor-based trading strategies,股票选择模型和因素,见基于因素的交易策略
Strict factor models,严格因素模型,201—202,221
Student's t-test use,学生 t 检验应用,271,277

Studies of quantitative equity management:数量化股票管理研究

2003 Intertek European Study,2003年天祥集团欧洲研究,9—17
Intertek study of 2006,2006年天祥集团研究,17—24
Intertek study of 2007,2007年天祥集团研究,25—44
Subjectivistic interpretation of probability,概率论的主管解释,183
SUR (seemingly unrelated regression) model,SUR(半相依回归)模型,77—78,114

Survivorship bias:生存偏差
    description of,～的描述,165—166
    factor-based trading strategies,基于因素的交易策略,255,257
Sweep operator,消去算子,494—495
Symbolic dynamics,符号动态性 179
Tangency portfolio,切点组合,323
Taxes,explicit transaction costs,税收、显性交易成本,421—422
Temporary market impact,暂时性市场冲击,451

Tests:检验
    augmented Dickey-Fuller (ADF),增广的迪基—富勒～,138,171
Dickey-Fuller (DF),迪基—富勒～(DF),138,152
    maximum eigenvalue,最大特征值～,149—150,152,171
    monotonic relation (MR),单调关系～,277—278、
    recursive out-of-sample,递归的样本外～,307
Student's t-test,学生 t 检验,271,277

Theorems:定理
Bayes,贝叶斯～,184—185
Central Limit,中心极限～,396
Gauss-Markov,高斯—马尔科夫～,70
Theoretical approach to financial modeling,金融建模的理论方法,165

Theory:理论
Arbitrage Pricing,套利定价～,219
    efficient market,有效市场～,243—244
    engineering and,工程与～,159—161
    extreme value,极值～,15,16
    finance,金融～,159
    finance economic,金融经济～,3—8
    information,信息～,177—182
Random Matrix,随机矩阵～,55—61

Vapnik Chervonenkis~,181—182

Threshold constraints,门槛约束,331,332,333

Time series:时间序列
    description of,~的描述,102—103
    errors and residuals,误差和残差,109—110
    invertibility and autoregressive representations,可逆性与自回归表示,106—107
    representation in frequency domain,频域表示,107—109
    representation of time series,时间序列表达式,103—106
    time series data category,时间序列数据种类,253

Time-weighted average price (TWAP),时间加权平均价格(TWAP),459—460

Trace test,迹检验,149—150,152,171

Tracking error constraints,跟踪误差估计,329—330

Tracy-Widom law,Tracy-Widom 法则,59—60

Trade-based factors,in market impact forecasting,基于交易的因素,市场冲击预测中~,434—435

Trade benchmarks,and market impact costs,交易基准,和市场冲击成本,424—425,430—432

Trade execution,and transaction costs,交易执行,与交易成本,419—420

Trade-outs,交易退出计划,465

Trade schedules,交易进度表,457

Trade sizes,交易规模 465

Trading idea,trading strategy compared to,交易计划,与~相比较的交易策略,247—248

Transaction costs:交易成本
    in asset-allocation models,资产配置模型中的~,439—444
    identification example,交易成本识别举例,426—427
    integrated portfolio management,投资组合综合管理,444—446
    liquidity and,流动性和~,427—430
    market impact forecasting models,市场冲击预测模型,433—439
    market impact measurements,市场冲击度量,430—433
    overview of,~概述,419—420
    taxonomy of,~分类,420—427

Transaction size constraints,交易规模约束,331

Transfer entropy,转移熵,181

Transfer fees,变更手续费,421

Transformation,factor adjustment methods,变换,因素调整方法,260

Treynor-Black model,Treynor-Black 模型,376

Trimmed mean,截尾均值,87,89

索 引

Trimming, outlier management, 修整, 离群值管理, 261
True frontier, 真实边界, 362—363, 414—415
T-statistic, information ratio compared to, T-统计量, 与信息比率相比较, 277
Tukey bisquare weighting function, Tukey 双平方权重函数, 92—93
Turnover constraints, 换手率约束, 327—328
TWAP (time-weighted average price), 时间加权平均价格, 459—460

Uncertainty: 不确定性
 in financial economics, 在金融经济学中的～, 4—6, 8
 in physical systems, 在物理系统中的～, 5
Uncertainty in inputs, 输入的不确定性
 covariance matrix estimates, 协方差矩阵估计, 404—411
 effects in optimization process, ～对最优化过程的影响, 367—369
 expected return estimates, 期望收益估计, 394—404
Univariate AR(1) model, Bayesian analysis of, 单变量 AR(1)模型, ～的贝叶斯分析 186—188
Universal function approximators, 通用函数逼近量, 164
Upstairs market transactions, 楼上市场交易, 438
U. S. database (Compustat), 美国数据库(COMPUSTAT), 257

Value-at-Risk (VaR) measure, 在险价值(VAR)的测量, 348—350, 353
Value-based models in Intertek European study of 2003, 在 2003 年天祥集团欧洲研究中基于价值的模型, 14—15
Value factors, 价值因素, 484, 487
Vapnik Chervonenkis (VC) theory, Vapnik Chervonenkis (VC)理论, 181—182

Variables: 变量
 cointegrated and integrated, 协整和单整～, 114—120
 instrumental, 工具～, 76
 latent, 潜在～, 198
Variable transaction costs, 可变交易成本, 420, 421

Variance autoregressive (VAR) models: 向量自回归模型
Bayesian analysis of, ～的贝叶斯分析, 88—191
 description of, ～描述, 112—114
 deterministic terms, 确定性项, 118—120
 in error correction form, 误差修正形式的～, 116—118
 estimation of nonstationary models, 非平稳模型的估计, 141—151

estimation of stable models,稳定模型的估计,120—137

estimation with eigenvalues of companion matrix,伴随矩阵特征值估计,154—155

nonstationary,非平稳~,115—116

Variance-covariance matrices,方差—协方差矩阵,93—95

VC (Vapnik Chervonenkis) theory,VC (Vapnik Chervonenkis) 理论,181—182

Vech operator,Vech 算子,122

Vectoring operators,向量化算子,122

Volatility,and high-frequency trading,波动率,和高频交易,470

Volume-weighted average price (VWAP),成交量加权平均价格(VWAP),457—459

Volume-weighted average price (VWAP), calculation of,成交量加权平均价格(VWAP),~的计算,431—432

W-estimators,W 估计量,92—93

Winsorization:缩尾

　　outlier management,离群值管理,261

Winsorized mean,缩尾均值,89

Winsorized standard deviation,缩尾标准差,90

Winsor's principle,Winsor 原则,86

Wishart matrices,Wishart 矩阵,56—57

Wold representation,沃尔德表达式,103—106,107

Worldscope Global database,Worldscope 全球数据库,257—258

Yield factor,收益率因素,487

Zero net alpha-adjustment,零净 α 调整,412—416

图书在版编目(CIP)数据

数量化股票投资:技术与策略/(美)法博兹(Fabozzi,F.J.),(美)福卡尔迪(Focardi,S.M.),(美)科姆(Kolm,P.N.)著;赵胜民等译.—厦门:厦门大学出版社,2015.1
(金融学优秀著作译丛)
ISBN 978-7-5615-4530-0

Ⅰ.①数…　Ⅱ.①法…②福…③科…④赵…　Ⅲ.①股票投资-研究　Ⅳ.①F830.91

中国版本图书馆 CIP 数据核字(2013)第 134950 号

著作权合同登记号:图字 13-2015-007

Title:Quantitative Equity Investing:Techniques and Strategies by Frank J. Fabozzi, Sergio M. Focardi, Petter N. Kolm. ISBN:978-0-470-26247-4

Copyright © 2010 by John Wiley & Sons, Inc. All Rights Reserved. This translation published under license. Authorized translation from the English language edition, Published by John Wiley & Sons. No part of this book may be reproduced in any form without the written permission of the original copyrights holder.

Copies of this book sold without a Wiley sticker on the cover are unauthorized and illegal.

本书中文简体版专有翻译出版权由 John Wiley & Sons, Inc. 公司授予厦门大学出版社。未经许可,不得以任何手段和形式复制或抄袭本书内容。

本书封底贴有 Wiley 防伪标签,无标签者不得销售。

官方合作网络销售商:

厦门大学出版社出版发行

(地址:厦门市软件园二期望海路 39 号　邮编:361008)
总 编 办 电 话:0592-2182177　传真:0592-2181253
营销中心电话:0592-2184458　传真:0592-2181365
网址:http://www.xmupress.com
邮箱:xmup @ xmupress.com

厦门集大印刷厂印刷

2015 年 1 月第 1 版　2015 年 1 月第 1 次印刷
开本:787×1092　1/16　印张:24.25　插页:2
字数:600 千字　印数:1~3 000 册
定价:60.00 元

本书如有印装质量问题请直接寄承印厂调换